Critical Issues in Education

Dialogues and Dialectics (Seventh Edition)

教育的关键议题

（第七版）

杰克·L. 纳尔逊（Jack L. Nelson）
［美］斯图尔特·B. 帕隆斯基（Stuart B. Palonsky）著
玛丽·罗丝·麦卡锡（Mary Rose McCarthy）
杨晓琼 译
胡庆芳 校

中国人民大学出版社
·北京·

作者简介

杰克·L. 纳尔逊（Jack L. Nelson），罗格斯大学教育学荣誉退休教授，曾在丹佛大学、加利福尼亚州立大学洛杉矶分校以及南加利福尼亚大学分别获得学士学位、硕士学位和博士学位。除了在罗格斯大学执教 30 年之外，他也曾在纽约州立大学布法罗分校、圣何塞州立大学和加利福尼亚州立大学洛杉矶分校任教。作为访问学者和教授，他曾去过的大学有：加利福尼亚州立大学伯克利分校、斯坦福大学、科尔盖特大学、纽约市立大学、科罗拉多大学和华盛顿大学，以及英格兰的剑桥大学、苏格兰的乔丹希尔教育学院和澳大利亚的悉尼大学、科廷大学和埃迪斯科文大学。他也曾在公立中学和公立小学执教。《教育的关键议题》是他出版的第 17 部著作，他还发表过 175 篇学术论文和评论。杰克曾多次获得美国大学教授协会颁发的各种奖项，他也是 2001 年度国家社会研究委员会学术自由奖的得主。《美国名人录》和《当代作家》中都录入了他的名字。

斯图特·B. 帕隆斯基（Stuart B. Palonsky），教育学教授，密苏里大学荣誉学院院长。他曾执教于纽约和新泽西州公立学校，在军队服役期间，也曾教过阅读和英语等课程。帕隆斯基毕业于纽约州立大学安尼昂塔学院和密歇根州立大学。他采用人种志研究方法，从一个教师的视角对高中课堂教学进行研究的著作 *900 Shows a Year：A Look at Teaching from a Teacher's Side of the Desk* 享有盛名。另外，他还在教育类期刊和社会科学杂志上发表了多篇学术论文和评论，在国内各级会议上提交过数篇研究教育问题的论文。帕隆斯基和纳尔逊在罗格斯大学共事 10 年，纳尔逊的学术成果更丰富，帕隆斯基则在网球方面更胜一筹。

玛丽·罗丝·麦卡锡（Mary Rose McCarthy），在纽约州立大学布法罗分校获博士学位，主要研究方向为教育史。在布法罗分校时，她是校长奖获得者（presidential fellow）和布法罗教师教育研究院的成员。她曾为佩斯大学教育学院的助理教授，并担任助理院长。玛丽曾是一名中学教师和行政管理人员，也曾在“天主教工人好客之家”主持工作；她一直是家庭生活教育工作者，与那些孩子有可能被送到收容所的家长打交道。她撰写并在学术会议上宣读过有关女子教育、教师教育史、残疾中学生的教育、全纳教育背景下的课堂管理以及消除学校种族隔离等方面的论文。她致力于积极的社会变革，这主要反映在她对教育改革、进步性教师教育以及残疾学生隔离式教育的研究上。

序言

我们生活的时代有自身的意识形态，这个时代推崇不加批判的忠诚观。在体育比赛中，无论在何种情况下我们都为自己喜欢的团队加油呐喊，这种态度是可以被接受的。但以同样的方式去对待政治、教育或宗教事务就算不上是健康的了。甚至作为一般消费者，我们也最好后退一步，以批判性眼光来瞧一瞧我们经常购买的那些商品——我们所购之物真的是物有所值，还是自己受广告影响而冲动消费呢？

《教育的关键议题》一书深受读者欢迎，在第七版中，作者们探讨了学校财政、性别平等、多元文化主义、学校改革以及其他诸多颇有争议的教育话题。就像我一样，他们也认为人们在探讨热点问题的过程中将学会如何成为批判性思考者（Noddings，2006）。只学习逻辑和辩论的形式规则是不够的，我们还必须用这些规则来论证实实在在的问题。在优秀教师的指导下探索问题的答案也许的确是掌握形式规则的最佳方法，不过这就引出了教学法上需要考虑的一个问题：应该要求学生在尝试着解决问题之前就掌握基本规则、知识细节和逻辑步骤，还是让学生在解决问题的过程中学会各种规则呢？我们是否应该根据主题内容或学生年龄给出不同答案呢？这是否必然取决于教师的知识和能力呢？

学校财政、性别平等、少数群体的公平待遇、择校权以及宗教信仰等都是一些始终有争议的话题，在本书第七版中，我特别欣喜地发现，除了对论述这些话题的章节进行了修订和更新之外，作者们还讨论了“企业、商业与学校”“价值观与品德教育”“纪律与正义”等新话题，同时还增补了关于“新移民与学校”的新章节。这些话题都涉及教育中的一些重大问题。

当各类企业组织对我们的公立学校表现出兴趣时，大多数民众的反应都是满心感激。但从教育的角度来看，这种兴趣出现在何时才是恰当的呢？“企业圆桌”以及其他企业组织对公立教育到底应该有多大的影响呢？也许我们对这些组织提出的批评和建议通常都是不加批判地一概接受吧（Emery and Ohanian，2004）。我们有必要问一问：这些批评理由充足吗？谁会从这些建议中受益？如果真有一致的目的，那么教育目的和企业目的共同之处体现在哪里呢？

纪律是每位教师都很感兴趣的话题。我们必须批判性地讨论其方法与策略。教育者的责任（或者说应该肩负的责任）不仅是实现教育目标，还包括对采取什么样的手段来实现教育目标进行决策。比如说，如果一位教师的课堂秩序井然，那么他是如何维持课堂秩序的问题是否重要呢？相信我们中的大多数人会回答说“当然重要”。那么，从道德的角度来看，什么样的方法是正确的呢？采取什么样的策略能促进民主的发展呢？

回答这些问题需要批判性思维。当我们遇到纪律问题时，难免经受不住这样的诱惑——只要能解决问题，采取哪种策略都可以。我们有时都忘了问自己：为什么会出现这样的问题呢？而教师们常常就贸然断定“这些孩子有问题”，当然，有时这样的结论是正确的，但通常都是错误的。

30多年前，当我还是高中数学教师的时候，孩子们在课堂上不说脏话（并且也从不会辱骂老师），他们认真听讲，按时完成家庭作业。难道那时的孩子乖一些吗？现在的孩子需要加强品德教育吗？抑或他们需要的是统一的校服、各种典礼以及始终如一的奖惩模式？也许吧。但是想一想，那时大多数学校没有保安，学校出入口没有上锁，也没有搜身用的金属探测器。更早一些时候，也就是当我自己还是个高中生的时候，我们的午餐时间足足有一小时，想去哪儿就去哪儿，而且我们的许多老师在同一个班任教能持续4年。在我们那小小的学校里，只要有陌生人出现在校园，我们立马就能认出。也许改变的不是孩子，而是环境。如果真是如此，那么接下来我们该如何分析我们的纪律问题呢？

我的言下之意并不是断然否定品德教育，品德教育意义重大。但我们究竟应该从中借鉴什么？我们为什么要对学生进行品德教育？我们可以理性地期待什么样的结果？我们又该如何实现品德教育的目标？乔治·奥威尔在谈到自己的学生时代时（那个时代有许多相当不靠谱的品德教育）曾这样说：“我生活的世界不可能让我学好……生活就更糟了，我比自己原来想象的更坏。”（Orwell，1946/1981：5）因此，教育工作者要让学生既期望变好又有可能变好。那么我们又该如何通过改变学校教育环境来推进这一目标呢？

新增章节“新移民与学校”很有意义，因为移民问题又一次成了政治和社会生活中的敏感话题。对于如何才能做到既公平、公正地对待合法移民和非法移民，同时又能够保护我们的边境并且继续保持我们作为移民国度的传统，我们也感到很矛盾。这个话题也与学校有关。移民的数量和种类，他们各自不同的教育需求，满足其需求所需要的资源以及必要的公共援助都属于需要我们采用批判性思维的地方。

讨论热点问题并不容易，因为这种讨论往往充满了攻击人的机会而不是辩论的机会。人类尚未学会如何有效地开展这些讨论。在个人的社会生活中，我们对那些会引发激烈争论的话题总是避而不谈，批判性地谈论宗教或政治事务也被视为不礼貌的行为。在学校里，我们也总是尽量避免讨论有争议的问题，对学校教科书的严格审查其实也就说明了为什么公众和社会有这种逃避的心理。

摒弃了辩论中的“吵架模式”之后，我们必须学会如何以一种智慧的、尊重他人的方式来参与这种批判性讨论。《教育的关键议题》一书对实现这一目标做出了重要贡献。

最后，我觉得有必要重述一下我在上一版的“序言”中所说过的那句话：当你阅读这本书时，要乐于思考，乐于畅所欲言，但是请对不同意你观点的对手温和一点。

内尔·诺丁斯（Nel Noddings）
斯坦福大学　哥伦比亚大学师范学院

参考文献

EMERY, K., AND OHANIAN, S. (2004). *Why Is Corporate America Bashing Our Public Schools?* Portsmouth, NH: Heinemann.

ORWELL, G. (1946/1981). *A Collection of Essays*. San Diego: Harcourt Brace.

NODDINGS, N. (2006). *Critical Lessons: What Our Schools Might Teach but Do Not*. Cambridge: Cambridge University Press.

前　言

祝贺《教育的关键议题》第七版面世。本书汇集的一系列具有原创性质的辩论性文章都是探讨学校教育中具有普遍争议性的话题的。我们更新并修订了所有章节，欢迎大家探讨并用批判性眼光审视书中的内容。

学校本身就是有争议的。虽然学校确实不像政治、宗教或两性问题那样容易引起明显的争议，但教育问题却引发了人们的热议。只需要问一问你的亲戚朋友对美国学校的看法，你就知道人们在教育问题上产生的分歧有多大了。实际上，学校问题本身就与政治、宗教和性别等的热门话题息息相关——政治家把教育作为赢得选举的筹码，宗教与学校的关系之辩也从未间断，学校里与性别有关的话题同样激起了一些尖锐的看法。从学校财政到标准化考试，在学校教育问题上引发的其他争论还很多，而且公众和社会对每一个问题也有许多不同的看法。

学校与大辩论

争执不休的学校问题实质上也反映了人类在政治、经济和社会价值观上存在的基本分歧，这些问题以及问题背后隐藏的意识形态值得我们对一些彼此冲突的观点进行批判性分析。诸如学生考试成绩、学校财政决策以及各种学校活动之类的教育信息也会见诸报端，但是大众媒体往往忽视或掩盖了隐藏在这些新闻背后的基本社会矛盾或意识形态冲突，因为媒体可以通过只呈现一种观点而对这些问题进行“消毒”处理，而且很少有媒体会对同一个问题提出截然不同的两种观点——这一做法就是在暗示针对一个话题只有一种正确的观点，从而掩盖了有关学校问题大辩论的重要特点。

300 多年以来，新大陆上的人们从未怀疑过教育的重要性，但对于教育管理、教育财政、教育组织、教育的运营机制以及教育评估等问题又争论不休。两个世纪以前，年轻的美国就围绕着是否应该建立免费义务教育制度、哪些人应该接受教育、由谁支付教育经费以及学校应该教授什么内容等问题展开了辩论。现在全美实行大规模的公立教育，但一些有关学校的争论仍在继续。

有些人认为美国的学校已经陷入困境，而且情况越来越糟，师资力量差，教育方案经不起推敲；还有些人认为自己的学校相当好，师资优秀，教育方案可行性强。教育问题引发的大辩论促使我们重新思考自己的立场和观点。教育的道路崎岖不平，充满了艰辛，跋涉在教育的征途上，我们几乎看不到明确的前行道路，但自相矛盾的路标却沿途可见。教育本身就是有争议的。

本书的架构

本书“绪论”阐述教育和教育改革引发的辩论所产生的背景及过程。

“绪论”之后分三大部分，每一部分阐述一个有关学校教育的主要问题，并且都由呈现主题语境的背景材料导入。

第一部分“学校应该为谁的利益服务?”的主题：正义与公平。

第二部分“学校应该教什么?”的主题：知识与素养。

第三部分“应该如何组织经营学校?”的主题：学校环境。

每一部分都包括对一些热点问题进行论述的诸多章节，而且每一章都包含针对同一问题阐述截然不同观点的两篇文章。显然，这些观点不可能穷尽所有的立场，但它们至少代表了两种观点。每一章末尾附有一些有待思考和讨论的问题，每一章最后都附有参考文献以方便读者进行更深入的探讨。

本书的三位合著者主要负责本书各章的撰写工作。其中，杰克·L. 纳尔逊负责撰写第一部分的导论、第二部分的导论以及第 1 章、第 7 章、第 8 章、第 11 章、第 13 章、第 17 章和第 18 章，斯图尔特·B. 帕隆斯基负责撰写第三部分的导论以及第 5 章、第 12 章、第 14 章、第 16 章和第 19 章，玛丽·罗丝·麦卡锡负责撰写第 2 章、第 3 章、第 4 章、第 6 章、第 10 章和第 15 章。斯图尔特和杰克两人共同负责第 9 章的撰写工作，瓦莱丽·庞（Valerie Pang）给予了他们许多帮助。

致谢

我们特别感谢斯坦福大学和哥伦比亚大学师范学院的内尔·诺丁斯教授为本书重新撰写令人备受鼓舞的序言。

我们也要感谢那些为本书的重新修订提出建议的同事和评论家。那些使用过前几版的教师和学生为本书提出了特别宝贵的建议，感谢他们为本书做出的重要贡献。

我们深深感激那些研究教育与社会的关系，并在我们参阅的各类文献中表达过各种不同观点的学者、作家、教师以及其他许多人。其中，不仅包括过着校园生活的教育实践者，也包括众多研究教育与社会的理论家和批评家。我们还要感谢那些在我们对各种主题进行探讨的过程中提出批评、给予帮助的学生、同事以及其他许多人。我们特别要感谢我们的主编阿利森·麦克纳马拉（Allison McNamara），他也是麦格劳-希尔出版公司的教育编辑。

我们特别感谢格温（Gwen）、南希（Nancy）和肯（Ken）给予我们的支持以及中肯的批评。

在本书撰写的过程中，许多同事阅读过本书原稿，并给予了我们很好的建议或是提出了一些引人深思的观点。我们衷心感谢他们的帮助和建议。他们是：西南得克萨斯州立大学的约翰·阿斯顿（John B. Aston）、威滕伯格大学的帕特·贝恩（Pat Benne）、特拉华大学的戴维·布莱克尔（David Blacker）、佐治亚州立大学的德龙·R. 博伊尔斯（Deron R. Boyles）、贝里学院的韦德·卡朋特（Wade Carpenter）、加利福尼亚州卡尔斯巴德市的律师马克·卡鲁阿纳（Mark Caruana）、西内布拉斯加社区学院的戴维·考博（David Cauble）、阿克伦大学的卡斯琳·A. 查普尔（Cathryn A. Chappell）、密西西比州立大学的琳达·T. 科茨（Linda T. Coats）、加利福尼亚州维斯塔市的编辑和技术顾问埃莉诺·科恩（Eleanor Cohen）、贝里学院的乔治·科雷亚（Jorge Correa）、宾汉姆顿大学的戴安娜·克鲁斯（Diane Crews）、勒努瓦-雷恩学院的弗朗西斯·P. 克罗克（Frances P. Crocker）、罗格斯大学的瓦伦·克朗（Warren Crown）、西顿霍尔大学的詹姆斯·戴利（James Daly）、波特兰州立大学的埃米莉·德·拉·克鲁兹（Emily de la Cruz）、巴克内尔大学的罗素·丹尼斯（Russel Dennis）、西佛罗里达大学的许地（Xu Di）、阿肯色大学的安尼特·迪格比（Annette Digby）、库兹敦大学的凯瑟琳·A. 多尔戈斯（Kathleen A. Dolgos）、印第安纳州费希尔斯镇的学校改革倡导者贝弗利·德拉姆（Beverly Durham）、印第安纳卫斯理大学的格洛丽亚·厄尔（Gloria Earl）、密歇根州哈伯斯普林斯市的赫伯特·爱德华兹（Herbert Edwards）、科罗拉多州科罗拉多泉市的律师保罗·爱德华兹（Paul Edwards）、太平洋大学的特雷西·福尔克纳（Tracy Faulconer）、新泽西州亨特敦县中央中学的威廉和希拉·费内克斯（William and Sheila Fernekes）、迪由维尔学院的马克·加里森（Mark Garrison）、哥伦比亚大学师范学院的威廉·戈德莱（William Gaudelli）、丹尼森大学的卡伦·格雷夫斯（Karen Graves）、印第安纳卫斯理大学的哈里·霍尔（Harry Hall）、阿兹塞太平洋大学的朱利亚·O. 哈珀（Julia O. Harper）、里海大学的沃伦·R. 海登博克（Warren R. Heydenberk）、史密斯国家博物馆名誉馆长罗伯特·希金斯（Robert Higgins）、蒙大拿州立大学的沙龙·霍布斯（Sharon Hobbs）、堪萨斯大学的迈克尔·因贝尔（Michael Imber）、科罗拉多州丹佛市的驻场艺术家玛丽·安·伊斯贝里（Mary Ann Isberg）、亚利桑那大学的克里斯·约翰逊（Chris Johnson）、西彻斯特大学的托尼·W. 约翰逊（Tony W. Johnson）、格林内尔学院的简·克特（Jean Ketter）、加利福尼亚州卡尔斯巴德市的工程师兼技术顾问雷蒙·卡罗纳（Ramon Khalona）、澳大利亚悉尼大学的凯文·劳斯（Kevin Laws）、底特律大学的乔斯伦·勒希尔（Joslen Letscher）、布法罗大学的贝基·刘易斯（Becky Lewis）、南卡罗来纳大学北部校区的查尔斯·洛夫（Charles Love）、伊利诺伊大学厄巴纳-香槟分校的斯蒂芬·厄尔·卢卡斯（Stephen Earl Lucas）、加利福尼亚州立大学洛杉矶分校的卓格拉·马洛菲（Chogallah Maroufi）、北亚利桑那大学的加里·马丁（Gary E. Martin）、哥伦比亚大学的科妮莉亚·麦卡锡（Cornelia McCarthy）、萨福克大学的约瑟夫·麦卡锡（Joseph McCarthy）、伊利诺伊州立大学的芭芭拉·布莱德菲尔德·迈耶（Barbara Bredefeld Meyer）、卡尔斯巴德-维纳卡辩论会的戴维·米歇尔斯（David Michels）、澳大利亚埃迪斯科文大学的沃利·莫罗兹（Wally Moroz）、南密苏里州立大学的玛克辛·G. 莫里斯（Maxine G. Morris）、佐治亚大学的约翰·D. 纳皮尔（John D. Napier）、斯坦福大学的内尔·诺丁斯、皮德蒙特社区学院的朱莉·R. 帕尔默（Julie R. Palmour）、圣迭戈州立大学的瓦莱丽·庞 、鲍林·格林州立大学的南希·帕特森（Nancy Patterson）、弗吉尼亚联邦大学的迈克·菲利普森（Maike Philipsen）、英国伦敦红盒子公司的技术总监凯尔·菲利普森（Kel Philipsen）、中佛罗里达大学的雅斯敏·卡德里（Yasmeen Qadri）、俄亥俄大学的阿达·沃德·伦道夫（Adah Ward Randolph）、瓦萨学院的克里斯托弗·罗尔克（Christopher Roellke）、加利福尼亚州河滨城市学校的邦妮·罗斯（Bonnie Rose）、帕罗奥图学校的贝蒂·索尔（Betty Sauer）、华盛顿州立大学的道恩·夏因（Dawn Shinew）、罗文大学的芭芭拉·舍斯特伦（Barbara R. Sjostrom）、佩斯大学的莱斯利·苏达克（Leslie Soodak）、蒙莫斯大学的威廉·斯坦利（William Stanley）、佐治亚州立大学的苏珊·塔尔伯特（Susan Talburt）、塞特多大学的罗纳德·K. 坦普尔顿（Ronald K. Templeton）、纽约城市学院的多丽丝·特尔（Doris Terr）、加利福尼亚州立大学弗雷斯诺分校的阿蒂拉诺·瓦伦西亚（Atilano Valencia）、加利福尼亚州德尔马尔市的工程师约翰·弗农（John Vernon）、澳大利亚新南威尔士州巴拉瑞特大学的马克·沃尔默（Mark Vollmer）、威廉帕特森大学的伯特·韦尔特曼（Burt Weltman）、科罗拉多州的政治分析师戴维和贾内尔·维达曼（David and Janelle Wiedemann）。

谨以此书献给梅根（Megan）、凯尔（Kel）、乔丹（Jordan）、沃里克（Warwick）、乔纳森（Jonathan）、芭芭拉（Barbara）、马克（Mark）、斯蒂芬（Steven）、吉姆（Kim）、罗伯特（Robert）、玛丽·凯瑟琳（Mary Catherine）、斯凯勒（Skyler）、奥尔文（Olwyn）以及其他处于21世纪教育大辩论中心的师生们。

杰克·L. 纳尔逊
斯图尔特·B. 帕隆斯基
玛丽·罗丝·麦卡锡

目　录

第1章

绪论：热点问题与批判性思考

本书简介：学校教育举足轻重，关于学校教育的各种问题也常常引发人们的热议。本书第 2 章至第 19 章讨论了 18 个具有普遍意义的教育议题，这 18 个教育议题分属于三大主题部分：

第一部分　学校应该为谁的利益服务？

主题：正义与公平

第二部分　学校应该教什么？

主题：知识与素养

第三部分　应该如何组织经营学校？

主题：学校环境

既然是辩论，因而至少涉及两种截然不同的观点，所以每一章都编排了两篇文章，论述的话题相同，但论点相反。这些辩论性文章都是原创的，专为本书而作，包括为阐明论点所使用的数据、进行的研究以及选取的论据等都只用于本书。进行批判性思考是一个很有益的过程，它有利于我们对热点问题及其引发的各种争议进行考察和评价（Clabaugh，2008）。

本章简介：第 1 章回顾了围绕教育问题产生的各种争议，并阐述了通过对话和辩证推理来考察教育问题的批判性思考过程。由于这些问题都产生于特定的历史、哲学和社会语境，所以我们不仅从政治学、经济学、公共政策、意识形态和社会实践等角度介绍了当下对学校教育进行的学术研究，而且还对这些问题产生的历史背景、哲学背景和社会背景等做了一些分析。同时，我们还论述了关于学校教育和学校改革方案的各种批评模式。在结束本章时，我们简要评述了变革学校的种种尝试和颇有争议的改革成效。

引言

教育之争议

如果你喜欢辩论，你就会喜欢研究教育。教育这个话题引发的争议最多，对我们未来的影响也最大。即使你不喜欢辩论，你仍会发现自己的生活和整个社会受到各种辩论以及辩论催生的各种决策的影响。教育赢得了民众的广泛支持，教育引发的大辩论也从未削弱过教育本身的价值。我们只是在教育目标、教育本质、教育形式和教育过程等方面有着不同的看法，但在教育基本价值的认识上并无任何分歧——即便价值问题仍然陷于激烈论战之中。

现在，许多关于学校和学校教育的辩论与2002年的《不让一个孩子掉队法案》(the No Child Left Behind Act)（简称NCLB法案）密切相关。该法案是继联邦中小学教育经费法实施数十年之后，同时赢得了两党支持但内容上有大幅度修改的法案。NCLB法案责成各州建立考核师生的标准，增加考试，问责学校，缩小少数族裔学生与白人学生成绩的差距以及制定处罚逾期不合格学校的措施。

NCLB法案生效后即陷入派系攻击，遭到来自多方面的反对。有评论家指出，资金供给严重不足、处罚过重、教育目标不切实际以及实施不到位等都是NCLB法案面临的问题。教育部回应说，教育经费增加了，给予各州的灵活性提升了，4年级学生的数学成绩也提高了（Spellings，2006，2008）。但评论家们不同意这种说法，他们驳斥官方的论据包括：州政府为此无偿付出了巨量资金，法案限制课程和思维，新规定毁掉了那些不参加统考的科目，法案本身的一些基本缺陷充满了不确定性，以及教育质量几乎没有显著提高等（Meier and Wood，2004；McKenzie，2006，2007；Sunderman，2006；AFT，2005；NEA，2006；Science News，2008；Nichols and Berlin，2008）。

来自不同阵营的评论家认为，NCLB法案

- 不合理，缺乏远见；
- 很狭隘，限制了课程设置，束缚了真正意义上的教育；
- 涉及面太宽，处罚面太广；
- 不恰当地将联邦政府的政策强加于各州；
- 过分依赖考试，不能正确评价教育上的进步；
- 强迫师生服从；
- 推行阶级导向，使低收入家庭处于不利地位；
- 限制了批判性思维；
- 是最糟糕的政治干预。

NCLB法案的实施结果喜忧参半：在有些地区，考试成绩极为有限的提高只能被解释成偶然，而不是显著进步。政府调研发现，每年获得10亿美元资助的阅读领先（Reading First）计划，并没有产生多大效果（Institute of Education Sciences，2008）。由于利益冲突、招标中的暗箱操作以及联邦教育部的种种规定而招致的抨击也使得这一计划的实施备受困扰（Dillon，2008）。现在许多人都认为NCLB法案是巨大的失败，更糟糕的是，它以一种不易觉察的方式削弱了政府对公立教育的支持（Meier and Wood，2004；McKenzie，2006，2008；Neil，2008；Spring，2008）。

在传统派这一方，黛安娜·拉维奇说，NCLB法案有着致命的缺点（Ravitch，2005）。乔纳森·科佐尔则站在进步派的立场，对NCLB法案中自上而下的标准化和统一化规定以及暗地里在学校教育中恢复种族隔离的做法进行了批评（Kozol，2005）。

目前关于学校教育的另一重大争论与进化论和神创论有关（Johnson，2006；Rudoren，2006）。自从达尔文提出进化论以来，到底是进化论正确还是神创论正确就一直是个“学校—社会问题”（a school and social issue）。斯科普斯审判案（Scopes trial）在80多年前就证明了这一点，而把“智创论”（intelligent design）纳入科学课程的努力则是进一步把这种争议拖入21世纪。智创论是神创论的变体，它质疑达尔文理论关于生物通过自然选择而进化的说法。智创论网站首页上是这样陈述其立场的：“宇宙和生物的某些特征最好用智创来解释，像自然选择之类漫无目的的过程是无法解释宇宙和生物的某些特征的。”（www.intelligentdesignnetwork.org，2005）。而进化论者则认为，到目前为止，人类尚未找到任何可靠的科学依据来驳斥进化论，而且宗教信仰也不可能战胜科学。

新近出版的一些著作中都可发现智创论的观点（Dembski，2004；Behe，Dembski，and Meyer，2000；Strobel，2004；House，2008），与之相对立的观点也同样存在（Perakh，2003；Forrest and Gross，2004；Young and Edis，2004；Scott，2004）。

雅各比说：

> ……美国人在发达国家里独树一帜，他们认为生物通过自然选择而进化的进化论并非既定的主流科学，而是“颇有争议”的话题。在美国，宗教原教旨主义势力日趋强大（这在发达国家里又是一独特现象），而这也通常被说成是固执坚持反进化论的唯一理由……真正更为复杂的原因可能并不在于美国所标榜的信仰，而在于公众对科学的无知，尤其是对进化论的无知。（Jacoby，2008：xvii）

显然，我们在学校里所传授的知识也是我们认为真实、正确、不矛盾以及合乎逻辑的东西，在科学教育中尤其如此。进化论与神创论之争也是以这一点为基础，并且与政教关系、知识本质、课程决策以及师生学术自由等学校教育问题密切相关。

在NCLB法案、进化论与神创论所引发的争论中，我们见证了涉及根深蒂固的政治观和宗教观的学校大辩论。如果学校不重要，那么它就不值得人们为之进行长期激烈的辩论。教育不是微不足道的事业，并非不去为之也不会造成任何损失的无足轻重的活动，它对于个人和社会的生存与发展都必不可少。人们会对许多有争议的话题发表自己独到的见解，但任何有争议的话题也不会像学校教育问题这样牵涉到如此众多有着亲身经历的专家。学校是社会机构，几乎所有人都有过长期接受学校教育的经历，而且大多数人对学校都有自己的看法。因此我们才会为教育以及普及教育的正式机构——学校——争论不休。

教育与学校教育

当然，教育也并非只在学校里进行的活动，但学校往往是教育大辩论的中心话题，因为学校是承担正规教育任务的社会组织。殖民时期的美国，大多数人接受的是校外教育（Bailyn，1960）。当今一些不愿受束缚的学生可能更喜欢接受校外教育而不愿待在学校，但能够做出这样选择的人毕竟是少数。对这些学生而言，学校可能还妨碍了他们的教育——扰乱了他们对生活的学习。尽管不愿待在学校，他们照样能成长为受过教育的人。

然而，对于大多数人而言，许多最重要当然也是最正规的学习都是在学校进行的。传播书本知识和计算机知识是学校的特点，而且社会也期望学校成为传播学术知识的主要场所。除了传授知识之外，社会还期望学校成为智力开发之地。智能学习与学业学习的区别在于前者培养了学生的质疑精神，它关注的是思想而非信息（Gella，1976；Gouldner，1979；Barber，1998；Schneider，2004；Jacoby，2008）。学业学习主要指一些代表性学科的正规学习，如英语、科学、历史、艺术、数学、社会科学以及语言等都是需要正规学习的科目。智能学习包括提出问题、批判性思考、创造性诠释以及在分析各种思想时不受学科领域的限制等方面。当学校过于注重智能学习时，有些人就会感到不安，因为公开探讨思想观点和倡导怀疑主义必然引起一些有争议的话题——这对有些人而言是一种威胁。

除了要求学校承担学业教育和智能教育的职责之外，社会还要求学校确保学生的个人安全、身心健康和文明守纪，同时促进学生的道德、身体和情感的健康发展。学业学习、智能开发、实践教育、道德及行为责任培养历来就是学校的核心任务。另外，学校还承担着处理诸如吸毒、性观念和犯罪等社会问题的责任。几十年来，不断有人提议让学校转型成为社区的中心，让学校承担更多的社会责任，而且1年365天每天24小时开放（Dryfoos，2002；Strike，2004）。

从学校教育大辩论之激烈程度可以看出学校承担的以上责任有多么重要。学校教育在教育过程中发挥着主要作用，对社会的活力和个人的成长特别重要。在当今世界，不会读写算的人承受着沉重的生计负担，那些缺乏基本知识和技能的人在社会、经济、政治以及个人问题上可能遭遇重重困难，不重视学校教育的社会也会蒙受损失走下坡路（Fuentes，2005）。

诺兰指出：

> 在所有可能引起争议的问题中，儿童的教育培养问题是最能切中要害的。随便看一看文化大战中的那些热点问题，就知道教育有多么重要。多元文化主义、性教育、避孕套发放、持枪入校、教材选择、神创论、价值观教育——这些所引发的种种争论表明，教育机构已然成为文化大战的聚焦点……那么，关于学校教育的争论无异于为美国未来而战。（Nolan，1996：37）

一些仍然存在的教育问题、学校问题和社会问题：

- 我们应该如何评价学校、教师、课程以及社会对学校的支持？
- 我们应该如何处理学校里的不平等、种族歧视、性别歧视和暴力等问题？
- 哪些人应该入学接受教育、学习多长时间、学习什么内容以及学习的目的是什么？
- 应该如何给学校划拨资金？教育经费的支持力度应该有多大？
- 学校进行宗教教育、价值观教育、品德教育和学业课程讲授的最好方法是什么？
- 如何组织经营学校？
- 尽管对优质教育的坚定看法有不少，但为何我们对于何为优质教育又觉得一无所知？

教育批评与教育改革并不是什么新现象（Cuban，2003）。教育改革倡导者古已有之，不可能弄清到底始于哪个人。也许教育改革第一人就是史前某个部落的成员，他挺身抗议孩子们没有像他那样学到一些基本技能，而部落里的另一人可能又提出了一个全新计划以提高孩子们的狩猎和食物采集技能。没准我们在史前文化遗址发现的那些头部受伤的骷髅就是教育大辩论引发的暴力所造成的呢！

批判性思考、对话和辩论

有关学校教育的问题促使人们提出了一系列既有可行性又往往相互冲突的解决方案，但没有哪一套方案是明确无疑、毫无异议的。如果我们能用一种简单的方案解决所有的问题，那么我们的生活虽说将少些乐趣，却会容易得多。但那些重大社会问题往往过于复杂，因此也不可能通过简单或不容置疑的方式得以充分解决。实际上，简单的解决方案经常会引发新问题，或者使本应解决的问题一再重复出现。

快捷、简单和不容置疑的解决办法在当代社会唾手可得——广播谈话节目、报刊社论和回应、网站和聊天室以及咖啡店等都是可以明确解答我们大多数问题（包括教育问题在内）的地方。我们在这些地方找到的答案可能简单明了而又掷地有声，但往往也相互矛盾、相互冲突或是前后不一致。性别、政治和宗教等复杂的人类问题所引发的大辩论之所以很有意思，在某种程度上就是因为我们找不到简易的答案。

恰当的怀疑主义和批判性思考是智慧的朋友。批判性思考是教育的主要程序和目标，它至少包括：

- 认识到重要问题值得审慎地判断；
- 认真思考，提出有价值的问题；
- 寻求具有可行性的解决方案，对相关证据进行评价；
- 考虑其他不同观点；
- 在另一问题或更好的解决方案出现之前，得出可接受的初步结论。

相比仅仅找到解决方案而言，批判性思考要难得多，也重要得多（Emerson，Boes，and Mosteller，2002；Kinchloe and Weil，2004）。对知识的追求远不止在书本的页码底端寻找那些倒印着的答案，或是向教师汇报百科全书上写的是些什么内容。对话和辩论有助于对知识的探索。

对话与辩证推理

争论很可能演变成嚷嚷比赛，演变成“这话是谁说的”“我，就是我说的”之类的对话，甚至升级成挥拳格斗。无论争论的事情是微不足道或是意义重大，争论本身可能都一样激烈而不假思索；我们很容易认识到自身观点的价值所在，却总是不乐意承认他人观点的可取之处。不过，重大话题引发的争论不应该变成乱嚷嚷或人身攻击。知识与社会的发展有赖于理性、文明的争论。“争论是共同商议的基本要素”（Makau and Marty，2001：7），积极的民主需要争论（Gutman and Thompson，1966，2004；Hess，2002；Zurn，2007）。有益的争论是经过思考的、理性的，是不同观点持有者之间的一场对话——或者说是对立观点持有者所进行的辩证推理。

理性对话需要倾听对方的意见，需要了解证据，需要评价原始资料的质量以及论点的说服力（Audi，2001；McCabe，2000）。辩证推理，即通过分析对立观点来构建更高级的新理念，是超越对话范畴所达到的更高层次（Sim，1999；Farrar，2000；Sciabarra，2000）。理性对话和辩证推理都需要我们进行批判性思考。

对话和论辩本身就是能动的、相互影响的，因而也是乐观的。之所以说是乐观的对话和论辩，是因为持有对立观点的人认为应该而且能够改善现状。争辩不是进行推理的唯一方式。比如说，直觉也完全适用于推理，就像我们在阅读和思考时会利用直觉一样。

对话需要两个人或两种思想——我们可以和自己对话，但我们至少需要两种思想才能进行对话。个人的长篇大论或内心独白可能有利于获取思想，大多数教科书只提出一种观点，这些实际上是在“唱独角戏”。但是对话更具能动性，也更具挑战性。不过，并非所有的对话都是既文明又有成效的。对话可能在最低层次上发挥其作用，威逼对方妥协，就像苏格拉底式攻击一样——诺丁斯说：“苏格拉底就是通过要求与他人进行对话来达到教育的目的……他主导对话，引领倾听者……委婉但也不是那么委婉地迫使他的听众发现自己的思维错误。”（Noddings，1995b：6-7）但理性对话则是主动考量对立观点，且对讨论交流本身感兴趣（Mercer，2008；NCDD，2008）。我们提倡有依据的怀疑主义，提倡利用理性对话来剖析教育问题——但是我们可以走得更远一些，在探寻教育改进的道路上，我们更鼓励通过论辩的方式来探讨一些问题 。

对话的目的是希望通过文明讨论来增进理解。辩证推理则是利用争辩和意见分歧来推导出更可取的观点。当你把一个论点（正题）与另一个论点（反题）相对照以得出一个高于二者的合题时，就是辩证推理（见图 1-1）。辩证推理是对重大问题的探究，它对一个问题有不同看法（至少两种）的各方所持的主要观点、重要证据和逻辑论据同等对待；它是以各方都有道理为前提对论辩各方提出的证据和论点进行的批判性分析。同时，辩证推理也是能动的。从一个层面的辩证推理得出的合题将成为更复杂层面上的新正题，这种探究过程呈螺旋式上升发展（Adler，1927；Cooper，1967；Rychlak，1976；Noddings，1995b；Blumenfeld-Jones，2004）。真正的探究永无止境。

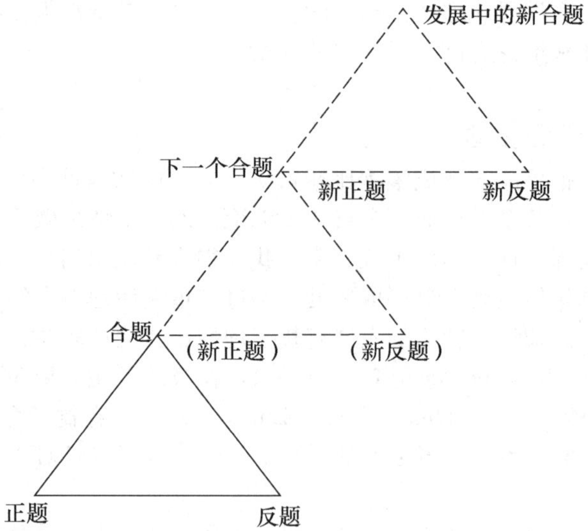

图 1-1　辩证推理：简图

对立观点之间的辩证推理不是为了击败一方，接受另一方的观点，而是为了寻找更完善的观点。辩证推理不是为了确认哪一方为获胜方，也不是为了谋求妥协方案（尤其是令双方都不满意的妥协方案），而是为了让思想认识更上一个台阶，让兼顾或包含正题与反题中最重要观点的新思想得以呈现。夏巴拉这样描述辩证推理的过程：

> 辩证思维法既不是二元对立也不是一元单向。凡是运用辩证的思维方法来思考问题的人既不接受二元对立的观点，也不接受二元折中的观点。辩证的思维方法促使他从矛盾双方的角度来思考问题。一个具有辩证思维的人也不会认为矛盾双方相互排斥或完全对立……他试图揭示看似矛盾的对立面有何共同之处……［从而］提升出对立统一体……（Sciabarra，2000：16）

我们可以用一个简单的例子来解释这个复杂的话题。正如马尔库塞所说，许多早期的哲学家认为个人自由和社会自由是对立的（Marcuse，1960）。只有践踏社会自由，才能享有个人自由；只有限制个人自由，社会才能行使其自由。其中一个为正题，一个为反题，这两种观点显然是对立的。当两种自由都被视为对现代文明和个人必不可少时，就形成了一个合题：只有在一个自由的社会里，个人自由才最有保障。没有社会，人类实际上也是没有自由的；仅仅维持生存谈不上自由。没有个人自由，社会实际上也不可能是自由的；个人自由的范围取决于同其他个体在社会契约上取得的共识，而实质平等、法制和理性思考又是建立社会契约必不可少的条件。

哲学家以多种不同的方式运用辩证法，诸如绝对社会控制（如各种形式的马克思主义）以及绝对个人主义和反社会（如艾恩·兰德［Ayn Rand］的一些自由主义思想）等对立的极端结论都可以用辩证法来证明其合理性（Sciabarra，1999）。开启西方政治哲学研究之先河的哲学家亚里士多德也可以被视为“辩证推理之父”。他把辩证法和修辞术视为彼此支撑的艺术，辩证法是形成论点的逻辑手段，而修辞术是用辩证推理的结果，以口头或书面的形式来说服他人的一种方法。亚里士多德更倾向于辩证法，因为逻辑论证要求人们从不同立场去分析一些重大问题。

辩证的思维方法从根本上而言也是使人乐观的：受辩证思维影响的人相信，不仅有更好的思想观念可指导我们改良社会，而且分析各种不同的思想观念同时也是完善这些思想观念的有效方法。许多问题不可能在任何特定的时候都能演变成合题，但这并不能否定辩证的思维方法是理解、批判性审视对立观点的好方法。用辩证推理的方法来思考本书提出的一些教育问题所耗费的精力可能会超出你的预期；用对话的方式来思考这些问题也是完全可行的，但辩证推理的过程有益于我们考察复杂的社会问题，有益于我们客观对待各种根深蒂固的观点以争取在改良学校的进程中达到共同的善（Van Emeren and GootenHorst，2003；Garanfa，2004）。就大多数教育实践活动而言，最重要的不是找到预设好的正确答案，而是思考的过程。正确的答案只能解决一个问题，但一个好的过程对于解决许多问题都有借鉴意义。

对话和辩论不一定必然能让我们得出真理，也可能只是让我们重复错误和偏见。因此，我们倡导在审视这些争论时保持健康、有依据的怀疑主义。按照古希腊的传统，保持怀疑主义意味着分析或思考——质疑他人提出的理由、证据和论点（Sim，1999；Wright，2001）。怀疑主义绝非仅是怀疑、绝望或愤世嫉俗，它是智慧的探寻。没有怀疑主义，我们很可能陷入“自鸣得意的自欺欺人和教条主义”；有了怀疑主义，我们能够“有效地拓展研究领域和知识领域”，并把这些知识运用于“实际生活、道德体系和政治制度”（Kurtz，1992：9）。有关教育问题的对话与辩论，再加上审慎的怀疑主义，合起来就是一种有深度的探究方式（McLaren and Houston，2004；Van Luchene，2004）。

民主活力与教育批评

要发现学校评论家并不难。人们可以直言不讳地指出学校的问题，但是对于问题出在何处、该由谁负责以及采取何种措施来变革学校又意见不一。在民主社会的所有社会机构中，学校应该是最乐意接受监督的，因为教育离不开批判性评价和再评价，但这并不意味着所有的批评都是合理的或者说是有用的。其中一些批评过于简单、动机不纯或者属于错误的自以为是。但许多批评是经过深思熟虑的，也很有说服力。尽管一些不公正的批评可能不利于一个民主社会的教育，但公开辩论可以使最好的理念得以传播、修正、完善和评价（DeWiel，2000）。

从长远来看，教育引发的大辩论促进了学校教育和文明的发展。相比前几代人而言，现在世界上享受更多、更优质教育的人也更多了。尽管教育中有失误，教育质量有时也会下降，但为更多学生提高学校教育质量的全球性运动从未停止过。这些辩论不仅迫使我们对各种教育理念进行重新思考，而且也增加了我们对学校与社会复杂性的认识。

民主活力与教育批评相伴而生。正如建国之父托马斯·杰弗逊所言，民主需要开明的民众和表达异议的自由。如果教育是开启心智和教人学会三思后再提出异议的基本手段，那么在一个努力提高民主化程度的社会里，学校就是不断遭受公众批评的基本社会机构之一。

- 亚历克西斯·德·托克维尔这样介绍他对美国民主的经典研究：

> 现在管理社会的那些人所要承担的首要职责就是进行有关民主思想的教育，若有可能，还要给民主信仰注入新的活力……（Tocqueville，1848/1969：12）

- 伯特兰·罗素指出，教育是民主的基础。

> ……社会本身就希望其民众具有读写能力……一个无知的民族是文明国家的耻辱，而且……没有教育也不可能有民主。（Russel，1928：128）

- 约翰·杜威把教育置于民主的核心位置。

> 民主对教育的忠实是人所熟知的事实……一个民主的社会不接受外界权威的原则，它必须按照自愿和兴趣的原则找到一个替代物，而这些只能通过教育得以创造。（Dewey，1916：87）

民主活力和教育批评需要公开表达不同观点，但又都以目标统一的乐观认识为基础。相异的观点和批评意见是检验我们思想正确与否的试金石。从表面来看，批评很可能是负面的、悲观的或是愤世嫉俗的，但这些并不是批评的唯一形式。本书所倡导的有根据的怀疑主义（这也是写作本书的目的）是一种更为乐观的态度，但也并不提倡像波利安娜（Pollyanna）那样过于乐观。我们之所以寻求不同的观点，是因为我们乐观地认为教育是可以改进的。目标的统一意味着在基本价值观和评判不同观点的标准上存在一致的基础。没有不同的观点，就没有活力和发展的机会；没有目标的统一，不同的观点就只能是混乱一片、毫无理性。

全球民主化与教育目标

在21世纪头20年，学校教育仍然是全球最普遍的教育方式。专为精英阶层的子女开设的学校历史悠久，但大众化教育则是晚近出现的全球化现象。尽管它本质上是20世纪的发展产物，但随着民主制度成为主导全球政体的潮流，大众化教育已经成为全球办学的主导方向。布热津斯基说："我们现在似乎正在享受民主思想在全球得胜的喜悦。"（Brzezinski，200：150）但是，民主化也并不总是意味着成效和进步。夏皮罗和马塞多指出，社会及其学校在促进民主生活时必须面对这类问题：

> 民主原则和民主制度不断得到更为广泛的传播，我们很难想象地球上有不受其影响的地方。但是民主革命带给人们的兴奋感往往持续不了多久，而对民主制度在实际运作上的失望、不满甚至嘲讽又似乎总是民主革命所取得成就的副产品……当然，制订具体的计划比洞察到改革的需要要容易得多。（Shapiro and Macedo，2000：1）

加福斯指出："毫无疑问，民主充其量不过是强大的教育力量，但是……它难免也会有欺骗性和腐败性，也难免不背叛真理。"（Garforth，1980：20）民主化带来了对大众化教育和批判素养的需要（Torres，2002）。虽然普通大众所受教育越少似乎对独裁越有利，但是在一个民主社会里对大众进行"错误教育"同样是不正常的。强大的民主需要批判性公民，需要能进行批判性思考的民众，而培养批判性公民又全靠批判性教育（Norris，1999；Winthrop，2000；Giroux，2004）。这对美国而言是头等大事，尽管美国的民主制度和大众化教育发展良好且获得了广泛的支持。对于缺乏民主制度和大众化教育的国家，培养批判性公民的意义更为重大。

全球教育综览

公立学校和私立学校是世界各国为所有学龄人口提供正规教育的社会机构。富裕一些的国家所提供的学校教育覆盖人口最多、持续时间最长，但是不那么富裕的国家也在迅速增加初等教育的投入，并努力为更多学生提供更多接受中高等教育的机会。1950年，全球中高学龄人口中，上中学的占16%，上大学的占3%。到2000年，全世界中高学龄人口中，上中学的超过了34%，上大学的占8%。表1-1显示的是全球教育情况（UNESCO，2005；U. S. Census Bureau，2008）。

表1-1　世界人口、在校学生、教师以及教育经费（1980—2010年）

年份	1980	1990	2000	2010
世界人口/亿	44	53	62	68
在校学生/亿	8.56	11	12	14
教师/亿	0.38	0.47	0.6	0.8
教育经费/亿美元	5 160	9 860	18 000	30 000

目前，全世界由学校聘用的教师加起来有 7 000 多万，教师也是世界上专职人员最多的职业。找到充足的资金来养活教师、经营学校是全球性的大问题。联合国在促进儿童教育、改善儿童待遇方面发挥着重要的作用。其主持签署的许多与教育有关的国际协议和公约都表明学校教育的重要性已与大多数国家达成共识。然而，最贫困国家的学校面临着教学硬件设施、教科书等基本需求严重匮乏的问题。世界各地都有一些学校的物质条件很差，而且还有越来越差的趋势，但是贫困国家由于缺乏学校设施和教育经费而更加举步维艰，这将进一步拉大贫富国家之间差距，因为学校教育决定着一个国家的未来（*UNESCO World Education Report*，*2000*）。

现在世界总人口已经超过了 70 亿，自 1960 年以来已经翻了一番。发展中国家人口约占世界总人口的 80%，1960 年只占 70%。人口增长率减缓到每年的 1.2%左右，这也意味着随着教育和健康水平的提高，人口在逐渐老化。在发展中国家，中位数年龄现在约为 24 岁，而 25 年前大约是 19 岁；在发达国家，中位数年龄达到了 37 岁，而 1975 年是 29 岁。尽管目前全球各国都在努力培养年轻人，但没有趁这批年轻人年轻的时候就进行扫盲教育使得文盲问题日趋严重。这说明，除了要把 18 岁以下的未成年人纳入学校教育，世界各国还有必要为年纪更大的公民拟定教育计划。

但是，较富裕和较贫困国家之间的教育支出差别很大。1980 年，发达国家的教育经费投入是 4 080 亿美元，约占国内生产总值（GDP）的 5%；欠发达的国家是 980 亿美元，约占 GDP 的 4%；最不发达的国家是 38 亿美元，还不到 GDP 的 3%。2000 年，发达国家的教育支出达到了 1 万亿美元，仍占 GDP 的 5%；最不发达国家为 70 亿美元，仅占其 GDP 的 2%（*UNESCO World Education Report*，*2000*；UNESCO，2003）。这种差距还在扩大（见图 1-2）。

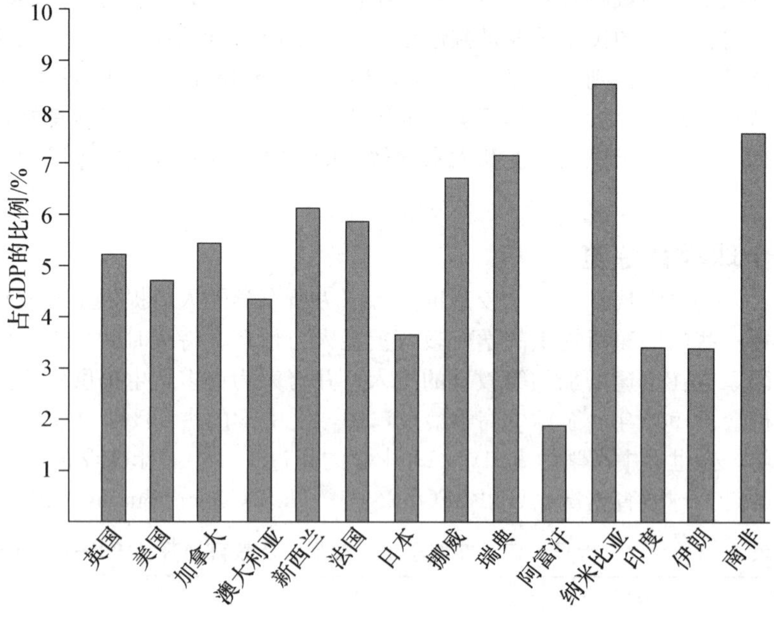

图 1-2　21 世纪初世界各国教育经费支出占 GDP 的比例

资料来源：*Education at a Glance*，*2000*. Paris：Organization for Economic Cooperation and Department；*World Statistics Pocketbook* 2001，*Statistical Extracts*，*2008*. New York：United Nations Department of Economic and Social Affairs；UNESCO.（2003）. *Financing Education*.

全球民主化、世界人口的增长及分布的不均衡、产业全球化、国与国之间的经济差距和中位数年龄的不断上移都是世界各国越来越重视教育的原因。教育是促进国家发展和国际交流的基本手段。伯恩斯等指出：

> 教育是减少贫困和不平等、为经济可持续发展打下基础的最有效手段之一；教育是建构民主社会以及动态的、有全球竞争力的经济体系之基础。(Burns et al.，2003：26)

在《联合国经济及社会理事会全球社会状况综述（2000 年）》（*United Nations Economic and Social Council Report on the World Social Condition*，*2000*）中有这样的叙述：

> 教育敞开了大门，有利于社会和经济的流动性……教育在社会生活中起着主导作用，社会的普遍进步与教育产业的活力和范围密切相关……全球而言，教育已经成为最大的产业，其总值占全球 GDP 总量的比例已达 5%。(UNESCO Council，2000：16)

在美国，学校教育也涉及大量的人力、财力和众多学区。美国有近 1.5 万个学区和 350 万名教师，每年的教育经费支出约为 3 000 亿美元。表 1－2 总结了美国公立学校和私立学校的在校学生数以及公立学校教育经费支出情况。学校教育耗费了大量的人力和财力，但学校也得到了许多“回报”。连高中学历都没有的人失业率最高，至少获得学士学位的人失业率最低；18 周岁及以上人群的收入中位数增长幅度与其学历高低是一致的（见图 1－3）。

表 1－2　美国公立学校和私立学校的在校学生数和教育经费支出一览表（1900—2010 年）

中小学学生注册人数/千					教育经费支出/百万美元	
年份	公立学校	%	私立学校	%	公立学校	私立学校
1900	15 500	92	1 350	8	215	n/a
1910	17 800	92	1 550	8	416	n/a
1920	21 500	93	1 690	7	1 036	n/a
1930	25 600	91	2 650	9	2 317	n/a
1940	25 400	91	2 611	9	2 344	n/a
1950	25 111	88	3 380	12	5 838	411
1960	35 150	86	6 300	14	16 700	1 100
1970	45 850	89	5 360	11	43 183	2 500
1980	40 850	88	5 300	12	103 162	7 200
1990	41 200	89	5 230	11	248 900	19 500
2000	47 000	89	5 950	11	389 000	28 400
2010	50 300	89	6 170	11	683 000	54 000

资料来源：*Digest of Education Statistics*，*2007*. Washington，DC：U. S. Department of Education.

注：有关私立学校的数据是估计的。私立学校包括隶属教会的学校，其中有些学校的教师和行政管理人员是不拿工资的。

表中的 n/a 是 not applicable 的首字母缩写，表示 1900—1940 年“教育经费支出”不适用于私立学校。——译者注

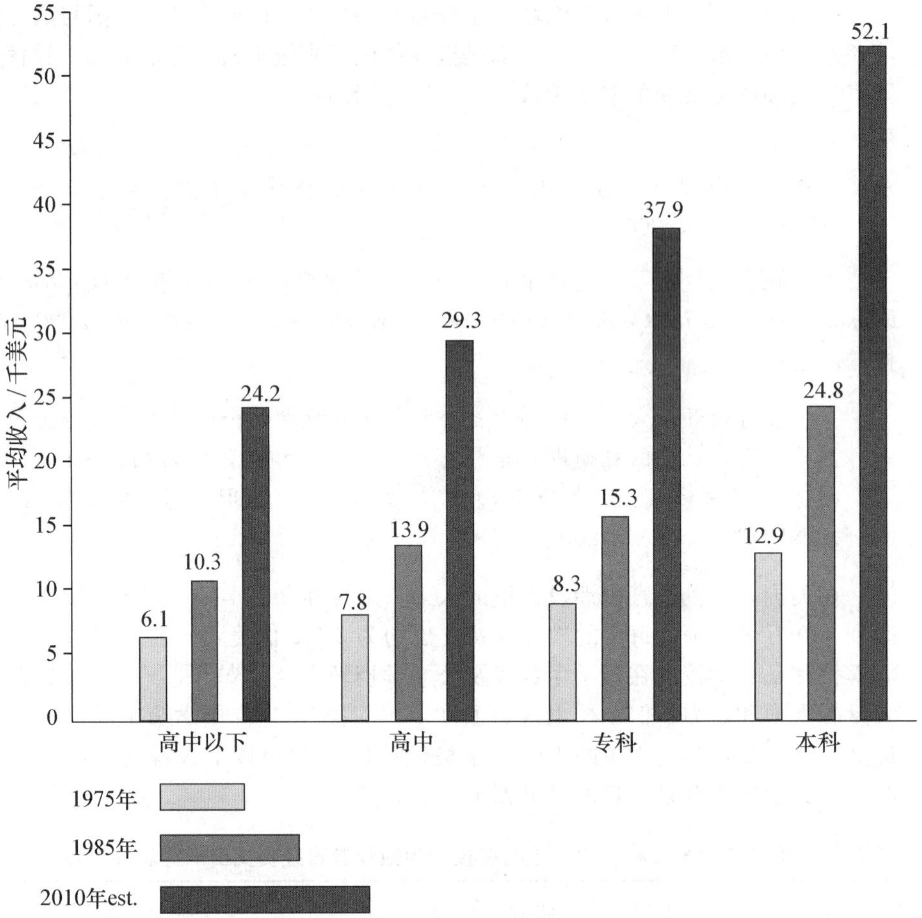

图 1-3　学历与收入的关系；18 周岁及以上人群；时间：1975—2010 年

资料来源：Gauguin，D. A.，and DeBrandt，K. A.（2001）. *Education Statistics of the United States*. 3rd Ed. Lanham，MD：Bernan；U. S. Census Bureau.（2008）. *Statistical Abstract of the United States*，2004—2005. Washington，DC：U. S. Government Printing Office. Digest of Education Statistics 2008，www. nces. ed. gov.

学校是批判与改革的聚焦点，因为学校是最具公共性质的机构，接受学校教育是人们的普遍经历，而且，学校也攸关社会的命脉和未来。几乎每个人一生中的很长一段时间都是在学校度过的，教师可能还会在学校待一辈子。学校承载着传播文化遗产、提升经济和政治竞争力以及为改进未来社会提供知识和灵感等社会重任。由于对文化遗产、竞争力以及知识的本质和形式的界定不一，所以对学校应该成为什么样的学校，应该做些什么等也就成了长期争论的主题。

公众对教育的期望很高，他们把子女获取福祉、价值观、技能和知识的任务都托付给了学校。社会也期望学校能够救治社会弊病，解决犯罪、青少年怀孕以及青少年法制意识淡漠等社会问题，期望学校能够提供有助于自我实现的教育，如职业技能教育和幸福教育等。因此，学校既被视为问题产生之源，也被视为问题解决之所。

学校教育的政治语境

教育再次成为政治斗争中最受关注的领域之一。对于如何解决学校存在的那些老问题，各位议员或总统候选人的回答总是干净、利落又简单，而他们在解决学校问题上的种种表态却总是前后不一致。

- 缩小班级规模，但也要削减学校经费。
- 维修教学大楼，但也要降低税收负担。
- 酌情把更多的管控权下放给地方，但推行更多的国家标准，给予更多的全面性支持。
- 要求学校进行反暴力和反吸毒的教育，但又要求学校只教授基础课程。
- 改善性教育，但不要在学校进行价值观教育。
- 敦促教师更加负责，但也要让教师享有更多自由、承担更多责任。
- 增加远程学习的时间，但也要延长学年和学生日常在校学习时间。
- 加强学业成绩和各类奖项的竞争，但也要使得学校的合作性、包容性和支持性更强。

教育大辩论可能是自相矛盾的。正如西奥多·赛泽所说："大家都支持高分制，直到自己的孩子考不到高分时才想起来反对高分制。"（Bronner，1998）声称我们自己曾接受的教育比孩子们现在在学校里所受教育要好得多，这是很容易的事，倡议回到美好的往日也不难；但实际上又有多少人真希望自己的孩子回到昨日的学校，面对昨日的实际和种种限制呢？

早在 10 年前，教育大辩论的政治性在"桑迪亚报告"（Sandia Report）催生的一系列行动中就得到了证明。一项受政府资助的研究表明，美国学校的状况比第一届布什政府希望透露的要好，但此项研究结果被政府隐瞒了两年。桑迪亚报告显示，美国学校的状况比政府以及颇有影响力的媒体所报道的要好得多。

> 现在许多"危机"评论声称整个教育系统失灵。但我们的研究表明这根本不是事实。（Carson，Huelskamp，and Woodall，1992：99）

学校既是政治机构，又是党派政治攻击的目标。学校耗费的地方财政预算资金比任何其他社会机构都多，同时也是耗费各州财政经费最多的机构之一。学校既要遵守州的法律，又受制于地方政府的管控，这使得它们既要承受来自当权派施加的压力，也要承受那些争权夺位的人所施加的压力。

学校批评与改革的传统

西方社会的教育大辩论至少从苏格拉底时代起一直延续至今，从学校教育引发的公共辩论之激烈程度可以看出人们期望要么大刀阔斧地变革学校，要么废除学校选择另外一种教育模式。在对苏格拉底的审判中，有一项指控就是"蛊惑青年"，苏格拉底因此指控最终被雅典法庭判处饮毒芹汁的死刑。在一个不欢迎其改革主张的政治环境中，苏格拉底因为自己是一个教育改革家而付出了生命的代价。如今，至少有一个批评家主张废除学校（Illich，1971），有些批评家提出要进行学校教育大变革（Sinclair，1924；Rafferty，1968；Apple，1990），但大多数变革倡议是温和的，也从未有过真正激进的举措。

有些学校目标是大多数人都接受的，如传播知识和提供教育机会。但对于我们应该传播什么样的知识，哪些孩子应该得到哪些机会以及由谁做出这些决定等问题又是有争议的。3 000 多年以来，人类社会从未否定过教育的价值，人们争论的是学校教育目标应该是什么以及如何实现教育目标的问题（Ulich，1954）。

批评的转向和改革的努力在美国教育史上并不罕见（Cremin，1961；Welter，1962；Tyack，1967；Katz，1971；Ravitch，2000；Cuban，2003；Ross and Gibson，2006），但学校实际上变化并不太大。传统的教育改革议程的确有别于进步的教育改革议程，但学校似乎只是非常缓慢地向社会所提出的改革方向前进，而且得到广为宣传的改革示范学校并不多，然后似乎又是等待下一次改革运动。凯索指出："真正的学校体制更像是一艘航行在水道中央的大油轮，碰到小小的激流就会轻微地左右摇晃。"（Kaestle，1985：423）

20 世纪初美国的学校改革

开创大众化教育之先河的美国始终保持着教育革新的传统。在美国的教育史上也出现过一些重大的失败，其中最为显著的就是非裔美国人、美国原住民、女性、移民群体和低收入群体享受不到平等的教育机会。但是，我们把教育作为促进民主和社会流动性的主要手段——这已经是教育观得到拓展的体现。我们也许还未认识到自己怀有这样远大的抱负，而且我们的真实动机也许并不是那么无私（Katz，1968）。但是通过教育进行民主改革的理想一直是美国传统的"豪言壮语"。

19 世纪以来，美国的学校就要通过以英语、美国史和公民学等课程为重点的义务教育使来自世界其他国家的移民融入美国的主流。在美国的社会生活和学校中，大多数人拒不关注种族歧视、性别歧视和民族偏见的历史，而且，我们反而有这样的错觉，以为我们大家都生活在一个有着同样语言、同样思想和同样价值观的人所构成的幸福社会里。学校是使来自不同文化背景的学生融入美国理想的主要社会机构，而令人不无奇怪的是，美国理想必然体现欧洲白人的男性特质和价值观。英语这门语言以及对西方文学、历史、政治和经济学之优越性的笃信主宰了学校。学校成了使一代又一代移民"美国化"的主要机构。

在 20 世纪初，城市化和工业化催生了对不同类型的学校服务的需求。由于许多工人阶级的子女在城区学校上学，所以传统的经典课程、教学方法以及受有闲阶级（leisure class）观念影响的教育方式都受到了批评。职业技能课程的广泛开发是第一次世界大战前学校教育最为显著的变化，同时，学校活动得以拓展，其中就包括体检、健康教育、免费午餐计划、放假期间学校为工人阶级子弟开放以及其他社区服务等。这些改革与社会进步主义是相符的（Jacoby，2008）。在 1920 年到第二次世界大战期间的进步教育运动时期，传统的学校教育思想以及体罚、严苛的纪律、死记硬背、反复操练、重视经典作品和高失败率等现象都受到了严厉的抨击。

革新派倡导学生参与社会实践，参与社区活动，研究争议性话题，在学校践行民主以及研究社会问题等。学校对各阶层学生开放，同时删减晦涩难懂的课程，增设有应用价值的课程，如家政学、商务职业教育、时事政治、健康教育、社会学、性教育和消费数学（consumer math）等。在那一段时间里总有人会时不时地大肆抨击这些进步思想，但右翼掀起的改革运动在“大萧条”的末期以及第二次世界大战后赢得了大众的关注。格雷厄姆对这一转向做了如下总结：

> 在 1919 年至 1955 年间的某个时候，“进步教育”从带有表扬色彩的术语变成了带有抨击色彩的术语。对于 1919 年的美国大众而言，进步教育意味着美国的教育什么都好；35 年之后，人们几乎把所有美国教育的弊端都归咎于它。（Graham，1967：145）

格尼·钱伯斯指出，1929 年华尔街股市崩盘之后，教育也受到了攻击：“人们指责教师盲目自满、缺乏活力，令人颇为惊讶的是，就连犯罪率和离婚率不断攀升以及政治腐败也归罪于进步学校。”（Chambers，1948：142-143）

在撰写美国反智主义的历史时，雅各比说：“具有讽刺意味的是，对专业化教育者的诋毁直到 20 世纪中期才盛行起来……在 18 世纪和 19 世纪……对西部边疆地区而言，聘用校长是地方文明的两大基本标志之一（另一标志是聘请牧师）。”（Jacoby，2008：xvi）

二战后的教育改革

20 世纪 40 年代末至 50 年代初，对学校的攻击更为频繁也更为猛烈。这一时期的学校大辩论涉及的许多问题一直延续到了 21 世纪。其中政教问题（包括校内祷告以及把公共资金用于宗教教育和其他校园服务等）备受关注。此外还有种族问题，由于最高法院在布朗诉托皮卡教育委员会（Brown v. Board of Education of Topeka，1954）一案中做出的具有里程碑意义的裁定以及规定学校用校车接送外区儿童上学以平衡黑人、白人学童比例的决定所产生的深远影响，成了学校争论的又一焦点。当时社会的税收负担日益沉重，为迎接“婴儿潮”而修建新校舍、增加新师资的所需资金通过税收转嫁到公众身上，激起了许多学校批评家的反对。1944 年出台的《退伍军人权利法案》使得成千上万的“非大学预备军”的退伍军人也进入了大学，由此引发了人们对教育越来越高的期望。课程问题，包括何为最有效的阅读教学法以及考试成绩能否证明学生在历史、数学、科学或英语等学科方面知识欠缺等引发的争论，一时之间充斥了报纸杂志。

从政治上来说，麦卡锡时代的“红色恐怖”导致公众对共产主义在美国生活中的渗透性影响普遍感到害怕，人们因此怀疑学校是“公有制”进步思想的“发源地”，这些恐惧以及其他因素导致了对学校的新一轮批判。许多人感觉学校未尽其职，而且这种“感觉”挥之不去。有两部著作可以证明对这一时期的种种批评：阿尔伯特·林德的《公立学校的骗术》（*Quackery in the Public Schools*，Albert Lynd，1950）和阿瑟·贝斯特的《教育的荒原》（*Educational Wastelands*，Arthur Bestor，1953）。这两部著作都对进步教育和鼓吹进步教育的“教育家”进行了攻击，因为传播传统学科知识的学校变成了满足孩子们“切身需求”的学校。正如历史学家克拉伦斯·卡里尔所说：“……在第二次世界大战后的冷战时期，那些挺身而出支持‘进步教育’和‘生活适应教育’的教育家们越发显得与时代格格不入。”（Karier，1985：238）

一些大型基金会开展了对美国学校进行研究的工作。福特基金会把教育视为中心工作，它给教育考试服务中心的拨款主要用于改进学生绩效评价体系。卡耐基基金会请曾担任哈佛大学校长和美国驻联邦德国大使的科南特开展了一系列公立教育研究。美国学校在提高学生学业成绩上的失败遭到了公众的强烈批评。1957 年苏联领先美国发射了人类第一颗人造卫星“伴侣号”，震撼之余的美国人又把目光投向了教育改革。“伴侣号”的成功发射显然成了保守派批评家“登上舞台”的催化剂，因为这说明第二次世界大战前的进步教育运动导致美国竞争力的匮乏。批评家们把美国缺乏竞争力归罪于“纵容”学生的学校环境。

追求卓越和不满足：后“伴侣号”时期

后“伴侣号”卫星时期的改革包括恢复传统从严治校、恢复课程教学、恢复标准等内容，同时增加了“追求卓越”（excellence）这一主题。“追求卓越”也是 20 世纪 80 年代美国教育改革的目标。实际上，早期改革运动无论是在改革“口号”还是在变革原因上都与 20 世纪 80 年代促使学校教育回归传统的种种努力有惊人的相似之处。国际竞争、不断更新的技术和商务贸易需求都是这两个时期的教育研究文献里常被提及的变革动因。

界定不准确而又广为使用的主题词“卓越”在这两个时期的许多报告中都出现过，约翰·加德纳的《追求卓越：教育与美国的未来》(*The Pursuit of Excellence: Education and the Future of America*，Gardner，1958）就是其中的一个例子。这两个时期经常使用的另一词语就是“平庸”（mediocrity)，莫蒂默·史密斯所著《退化的大脑：公立学校趋于平庸之研究》(*The Diminished Mind: A Study of Planned Mediocrity in Our Public Schools*，Smith，1958）一书的书名就暗指平庸化教育的潜在危害。

科南特的报告——《今日美国高中》(*The American High School Today*，1958）观点并不偏激，书中提出了开设高品质课程，按学习能力编班，为天才儿童开设特殊课程，改进英语作文教学，提供更好的咨询服务以及其他一些建议。联邦政府在 20 世纪 50 年代末 60 年代初大幅增加了教育改革经费。《国防教育法案》(National Defense Education Act，NDEA）应声出台，因为学校对“国防”至关重要，“伴侣号”的发射成功表明美国在军事上还很薄弱。用于提高科学和数学、外语、社会学和英语等学科教学质量的联邦专项拨款鼓励各个领域的大学学者们投入学科内容的研究之中，其中许多科研项目都是研究如何编制容易操作的“防教师”(teacher-proof）课程，以确保教师在课堂上万无一失。师范教育也遭到了批评，师范院校及其鼓吹的进步教育理念和师范毕业生的质量都受到了猛烈抨击。对读过当今教育批判之类文章的人而言，这一切已是耳熟能详。

随着趋于保守的教育理念赢得支持且学校重新回到标准本位和从严治校的轨道，社会上又出现了来自左翼的批评。死记硬背、过于频繁的考试、因循守旧的学校教育以及不断攀升的辍学率和不及格率逐渐成为学校的“特点”，由此招致了自由派的批判。保罗·古德曼（Paul Goodman)、乔治·丹尼森（George Dennison)、埃德加·苏迪亚格·弗里登伯格（Edgar Zodiag Friedenberg)、英国的尼尔（A. S. Neill)、纳特·亨托夫（Nat Hentoff)、约翰·霍尔特（John Holt)、赫伯特·科尔(Herbert Kohl）以及乔纳森·科佐尔等学者抨击学校毫无生气、官僚、缺乏创造力、僵硬死板、师生无能以及在培养弱势群体学生方面不称职。霍尔特说：

学校里的大多数孩子都厌学……他们之所以厌学是因为他们感到害怕、无聊和困惑……他们之所以感到无聊是因为他们在学校里所学到的知识技能以及要做的事情非常微不足道和枯燥，对于他们的智力、能力和天赋要求十分有限……学校应该是孩子们学其所想学的地方，而不是我们认为他们应该学什么的地方。(Holt，1964：xiii，xiv，174)

20 世纪 60 年代的左翼改革主要是针对保守的专制主义和学校的非人性化管理，这一时期的改革内容包括进行开放式教育，设立不分年级的学校，给学生更多自由，开设更多选修课程，减少对标准化考试的依赖，废除关于着装的规定和过于严苛的纪律，以及促进师生之间的平等。越南战争和反战示威对政局的影响引发了 20 世纪 60 年代末许多教育改革思潮。

多元文化教育起初并没有被纳入教育议程，因为人们普遍认为大众化教育催生的是融合各种不同文化观点、打造“新美国人”的大熔炉。20 世纪 50 年代和 60 年代兴起的民权运动表明，美国社会的“熔炉论”（melting pot theory）只是一个虚构的神话。其他一些解决差异性与统一性问题的方案就是在这种背景下出炉的。其中一个方案就是提倡分离主义：每一个大的亚文化群体都可以根据自己的意愿来决定社会结构和学校结构。另一个方案是重建熔炉：通过在住宅区、餐馆和学校等公共场所实行强制性融合来重建熔炉。然而，强制融合往往会导致再次的种族隔离，因为实行融合政策之后，美国又出现了白人“逃离”城区以及创建白人私立学校的现象。多元文化教育既承认差异性也承认统一性，其根本目的是承认各个民族、种族、族群以及女性和其他群体对美国人的生活所做出的积极贡献。

多元文化教育就是要纠正百年来以宣扬美国或欧洲中上层社会白人男性英雄为特点的学校教育。在英语课的推荐读物一览表上，开始出现了非裔美籍作家、拉丁裔作家和女性作家的作品。在历史和公民学的教材中，增添的内容有美国原住民、黑人、墨西哥裔美国人和女性对社会的贡献。为男女学生提供平等的体育教育机会，为弱势群体提供补偿性教育以及宣传少数族裔和女性楷模等计划在此时已酝酿形成。

传统主义卷土重来：20 世纪 80 年代及以后

在 20 世纪 80 年代初，有关美国学生 SAT 和 ACT 考试成绩不断下降、吸毒、故意破坏公共财物以及学校秩序混乱等问题的各种报道增强了民众对改革的期待。对国际竞争力的担心、贸易和技术的再度勃兴以及道德观和价值观的改变所引发的问题等都为指责学校失职提供了政治语境。1983 年，由里根总统任命的国家卓越教育委员会发表了一份极富政治色彩的报告——《国家处在危险之中》(*A Nation at Risk*)。报告声称学校出现了“日渐高涨的平庸化潮流”(National Commission on Excellence in Education，1983)。随之而来的公众大辩论促使一系列法律的出台，联邦政府希望通过增强学校教育的竞争性和增加可验证的标准来打造卓越教育。

20 世纪 60 年代的学生抗议运动退潮之后，社会出现了另一消极的浪潮，也即都市新贵“雅皮士”(Yuppies，年轻能干有上进心的专业人员）兴起，他们信奉追名逐利主义（careerism)，追求时尚，成为 80 年代学生效仿的典范。人们越来越相信美国家庭变得混乱，重新回到笃信宗教的时代成为许多人的共识。随着 20 世纪 80 年代末“铁幕”（Iron Curtain）的瓦解，与共产主义的公开对抗意识逐渐消退。自从 20 世纪 20 年代以来，反共产主义对保守派教育改革有过重大影响，但它似乎已被“反毒品战争”和品德教育取而代之。人们把社会弊病和对传统价值观的挑战都归咎于学校，并期望学校通过在教育质量上突然变得“卓越”乃至在是非观上突然变得坚定来回应这些外界压力。

一些基金会和批评家又一次承担起对学校进行研究的任务，其中包括 20 世纪基金会（Twentieth Century Fund，1983）、大学入学考试委员会（College Entrance Examination Board，1983）、国家科学基金会（National Science Foundation，1983）提出的一些趋于保守的教育改革报告书以及莫蒂默·阿德勒的《派代亚计划》（*The Paideia Proposal*，Adler，1982）。自由派著作包括约翰·古德拉德的《一个称为学校的地方》（*A Place Called School*，Goodlad，1983）以及西奥多·赛泽的《霍勒斯的妥协》（*Horace's Compromise*，Sizer，1984）。厄恩斯特·博耶受卡耐基基金会之托所写的《高中》（*High School*，Boyer，1983）一书也很受欢迎。

各州开始加大对学校教育的资金投入，一直持续到了 20 世纪 90 年代的经济衰退时期，曾颁布无数新规来指导学校工作的联邦和州政府官员也开始把教育改革的功劳往自己身上揽（*Results in Education*，1990；*The Education Reform Decade*，1990；Webster and McMillin，1991）。联邦政府的影响和各州日益增多的监管活动基本上没有多少显著变化，但还是进行了许多调整。大多数基本社会问题，比如贫困、家庭破裂、歧视和经济不平衡等问题，在 20 世纪 80 年代更加恶化，而学校难免不受其影响。在 20 世纪 90 年代，教育批判和改革的重点发生了转向：从对联邦与州管制和学生考试成绩的担忧转为发表各种不同观点来探讨国家政策对地方学校的影响、择校权、课程控制、高危学生（at-risk students，亦即学业失败、可能辍学的学生）、校本位学校的重建、教师增能、家长参与和共同决策等问题。这些观点可能是互相矛盾的，其中一些观点呼吁权力更加集中，而另一些则希望权力更加分散。

到了 21 世纪，用当代多元文化材料代替传统的文学和社会思想经典的做法引发了文化大战范围内的其他一些论战。美国教育部前任高级官员费恩和拉维奇主张学校讲授传统内容，突出统一的美国价值观，而不是来自社会各阶层的五花八门的观点（Finn，1990a；Ravitch，1990）。但“美国历史学家组织”则支持学校讲授非西方文化和文化差异性等方面的内容（Winkler，1991）。反对女权主义思想的卡米尔·帕格利亚说她的作品“接受西方传统，不接受所谓文化已分裂成无意义碎片之类的现代主义者的思想”（Paglia，1990：xii）。当斯坦福大学的教师争论是否应该用现代文学作品取代基础课程中的传统文学作品时，当纽约州社会学课程增加多元文化内容激起强烈抗议时，当一些州的立法机关规定英语为唯一的官方语言时，这场有关多元文化教育的论战就已经开始了。

多元文化教育引发的另一些争论与学校里政治正确的言语有关（*National Review*，1990；*The Progressive*，1991；D'Souza，1991；Winkler，1991；Banks，1995）。“政治正确”（politically correct）的言语，亦即不从言语上诋毁少数群体、女性或他人的性取向，引起了大众抗议，因为这无异于审查，压制了言论自由。保护民权和言论自由似乎与保护学校文明和保护“多元文化差异性”免遭长期的负面评论相矛盾。反对“政治正确”就是因为自由的思想市场需要言论自由，而不是言论有“礼”，理性辩论和公开反对就是对侮辱性言辞和诽谤的最好回应。尽管学校里少有人公开倡导制定“政治正确规章”，但许多人希望能够想办法限制带有种族歧视、性别歧视色彩的言论和涂鸦行为。学校显然成了这个问题的论战场所。

另外一个争论不休的问题与学校里技术的使用和滥用有关（Oppenheimer，2003）。通过对知识的不断追求，我们研制了速度更快也更复杂的通信系统、旅行系统和研究系统——这就需要更快、更复杂的教育系统来理解、拓展这些知识。多希尼-法里纳在论述即将到来的虚拟社会和虚拟学校时提出如下观点：“远程教育将得到普及，这也是推销教育产品最廉价的方式，而面对面的教学将成为富人的专利。”（Doheny-Farina，1996：108）但是他又断定：“大多数远程学习材料将是按规定研制的成套学习材料，久而久之将使专业化知识越来越集中……”而且，“学校的虚拟化使得学校脱离当地的社会结构”（Doheny-Farina，1996：110，116，117）。教育理论家迈克尔·阿普尔声称，远程学习使教师不再需要专业知识技能，它使教师成为开关操作人员，成为他人思想和程序的简单传递者。远程学习将毁掉民主教育的核心特点：教和学的自由（Apple，1994；Bromley and Apple，2002）。

在美国，我们秉持对社会各方面进行改革的理想，然而正如我们对学校的看法一样，我们对需要进行什么样的社会变革也有着截然不同的看法。历史学家戴维·泰亚克在论述学校改革与社会变革相互交织的关系时说：“一个半世纪以来，美国人已经把他们的文化焦虑和希望转化成了对教育改革的要求。”（Tyack，1991：1）

改革评价

人们普遍认为，改革的结果是喜忧参半。没有明确的证据表明教育因为改革而得到了明显的改观；对 20 世纪 80 年代学校改革的种种分析表明，分歧还很大（Giroux，1989；Finn，1990b；Darling-Hammond，1991；*U. S. News and World Report*，1990；Fiske，1991；Safire，1991；Moynihan，1991；*New York Times*，1992）。当改革分析专家试图解释为什么改革不奏效以及现在应该采取什么措施的时候，他们之间似乎存在观念形态的分歧。有关青少年吸毒、校园枪杀案以及团伙暴力的新闻报道与描述美国学生阅读能力如何差、数学和科学知识上如何无知以及在地理历史常识考试中都过不了关的新闻文章“交相辉映”（Holt，1989；*Newsweek*，1989；*Business Week*，1990；Hawley，1990；Novak，1990）。

批评家指责 20 世纪 80 年代的学校改革运动受主流保守主义思想的支配（Bastian et al.，1985；Presseisen，1985；Giroux，1988b）。其保守的改革议程包括标准化，增加考试次数，回归基础，灌输爱国主义价值观，加强管理，增加家庭作业，约束学生的言行自由，重新强调师生要遵守的着装原则和社会行为规范，加强纪律建设和建立教师问责制，等等。

在自由派/进步派看来，学校本身存在不足之处，因为学校太过整齐划一，竞争太激烈，太像工厂了。学生在“流水线环境”中接受评估和筛选，社会阶层、性别和种族决定哪些学生得到何种待遇。老师被“去专业化”，被视作逆来顺受的工人。批判性思考遭到谴责，一种课程或课堂教学模式“适合”所有学生。创造性和快乐从学校词汇中消失，因为教育本身就是枯燥乏味的苦活（McLaren，1989；Purpel，1989；Fisher，1991；Nathan，1991；Sacks，1999；Wraga，2001；Schoenfeld，2002）。让学校变得充满活力、令人愉快，以学生为中心，使学生有判断力、对社会问题敏感才是自由派提倡的改革目标。

教育研究员戴维·伯利纳和布鲁斯·比德尔对考试成绩、全球学校财务数据以及其他各种成绩指标进行了分析，他们得出的结论是：学校批评家判断失误或是不了解事实。他们认为，批评家所谓的学生成绩和教师质量下降以及学校辜负了社会期望等说法不可信。伯利纳和比德尔用一句话总结其分析结果："这些说法简直是胡说八道。"（Berliner and Biddle，1995：13）他们还断言："美国的教育最近遭受了不合理的、猛烈的和破坏性的攻击——这是一场人为的危机……主要的攻击声明原本是虚构的神话，人为的危机原本是一个弥天大谎。"（Berliner and Biddle，1995：343）

然而，在20世纪末，带有保守主义倾向的学校改革对美国学校教育产生了重要影响。有关学校变革的提议和行动方案包括打造学业要求更严格的学校，实行教育券制，建立特许学校，实施严格的标准，进行更频繁的考试，加强纪律建设，推行私有化管理以及开展道德行为培训，等等。

学校改革的自由主义激进思想并未消失（Fullen，2000；Bracey，2002b；Giroux，2004）。教师增能、学术自由、学生权利、限制考试、给予学生选择权以及积极的社会批评和社会参与等理念渗透进即将到来的学校改革。在有关学校与改革的大量研究文献中，把学校置于社会变革中心的重建主义思想并未完全被人忘记。威廉·斯坦利重新思考社会重建主义，剖析批判教育学运动的主要思想，以便为21世纪提供教育可选方案；他重点关注的是实践推理（practical reasoning），即对社会问题进行批判性研究，激发有积极意义的社会行动（Stanley，1992，2001）。

学校教育引发的长期争论

孩子们应该学些什么样的知识、应该有什么样的举止行为以及应该由谁来教等一直都是人类争论不休的问题。阅读和数学等基础学科的教学往往处于激烈争论的飓风眼中，因为这些学科对学生的生活及其未来前途有着重要的影响。阅读教学历来是自然拼读法（一种训练学生把语音和符号联系起来的阅读教授法）和整体语言教学法（一种强调在上下文中理解词汇意义的语言教学方法）之辩的焦点，尽管它往往更是一个政治意识形态问题，而非仅仅找到最佳教学方法的问题（Coles，2001；*Kappan*，2001）。有关数学素养的最佳培养方法所引发的争论涉及"民权"问题（Moses and Cobb，2001）和课程改革中相冲突的意识形态，舍恩菲尔德认为这些相冲突的意识形态"导致了数学大战，催生了实质为新保守主义的回归基础的运动"（Schoenfeld，2002：22）。几乎所有学科领域在取决于意识形态和政治语境的变革浪潮中寻求稳定时，都遭遇过同样的问题。现在不缺乏学校批评家和改革家，他们提出了许多令人困惑的教育理念，其中包括左翼、右翼，温和派和激进派信奉的理念。

不断变化的辩论焦点

在21世纪初，许多有关教育的公众辩论主题从教育危机论、教育悲观论和嘲讽式批评转换到哪名候选人能为学校提供更多的财政资助、人数更少的班级以及更好的设备和师资。20 世纪 80 年代对学校和教师的竞相抨击在某种程度上已经被学校未来与社会未来紧密相连这一共识所取代。当然，在大多数学校话题上仍然存在严重的分歧，偶尔还会有严厉抨击教师的现象，但辩论的总趋势已经从严厉批评和谴责转向讨论融资、问责制、标准本位和具体的纠偏行动等各种计划上。资金问题也许会扰乱改革，社会对目前学校教育状况也仍有尖锐的批评，但在 2010 年至 2020 年的学校教育大辩论中，更为温和的批评意见将成为主流。

学校漂浮在"平庸的潮流"之上，学校使得整个国家处于危机之中，学校要为日趋堕落的美国价值观和持续下滑的经济竞争力负责——这些是 1983 年的断言，随后对同类数据的不同分析却表明学校并没有变得那样糟糕，也没有后来 80 年代和 90 年代的报告和媒体向公众所描述的那样糟糕（Bracey，1992，1994，1995，1997，1998，2002a；Berliner，1993；Berliner and Biddle，1995）。但抨击学校和教师这一招有利于政客们找到一个能与公众产生共鸣的问题。学校批评的政治花招以及加大政府监管或私有化的干预是引人注目的，政客们发现学校是他们的理想目标。这意味着相比成功之处，对学校不足之处的关注要更多。

公众给学校的评级

从 20 世纪 80 年代一直到现在，对学校的批评从未间断，但在这些尖锐的批评中，最令人惊讶的就是公立学校在民意调查中的评级一直都很高。尽管对学校的负面报道不断，但民意调查结果表明，20 多年来，公众对当地公立学校的评价实际上一直都不错，且对公立学校的评价还越来越好。卡潘（Phi Delta Kappa，PDK）/盖洛普民意调查（Gallup Poll）自 1974 年以来每年进行教育民意调查。1992 年的民意调查结果显示，在近 20 年公众给予当地公立学校的评级活动当中，该年度是年度提升幅度最大的：1992 年 40%的人给学校的评级为 A 或 B，1993 年有 47%的人给了学校 A 或 B 的评级（Elam et al.，1993）。1998 年度民意调查显示，所有调查对象中有 46%的人给了当地学校 A 或 B 的评级，公立学校中有 52%的学生家长给子女就读的学校以 A 或 B 的评级（Rose and Gallup，1998）。盖洛普抽样调查美国公众对学校的看法，这在 33 年里还是第一次。2001 年盖洛普民意调查发现，大多数公众（51%）给公立学校的评级为 A 或 B，62%的家长给子女就读的公立学校评级为 A 或 B（Rose and Gallup，2001，2007）。与学校关系最密切的那些人对学校的评级似乎比媒体报道所显示的要好得多。公众对 NCLB 法案的看法不一，但大多数人是不支持这个法案的（Rose and Gallup，2005，2007）。

具有讽刺意味的是，人们对当地学校的评级比对全国其他学校的评级要高得多（在 1998 年仅有 20%，在 2001 年则有 23%的受调查者给全国其他学校的评级为 A 或 B）。家长们对其长子长女就读的学校给予的评级非常高（约有 65%的家长给这些学校的评级为 A 或 B）。盖洛普民意调查对这些数据的诠释是这样的：公众对学校的实际做法越了解，给学校的评级就越高。这些数据还表明，官方和媒体对学校教育的负面宣传影响人们对自己最不了解的学校的评价。

对学校的尖锐批评越来越少，这也许表明，过去 15 年的学校改革是成功的，但这其实也是误解。没有明显的证据来证明改革以及改革的效果，而且对于改革的最终结果也是有争议的。尽管许多断言都与具体的改革有关，但对于目前学校是因为改革而变得更好或更糟尚无全面的研究。既然最新证据表明学校从来不像政府和媒体所报道的那样糟，那么我们也可以这样说：由于不恰当地谴责和疏远教师，迫使学校进行更频繁的考试，迫使政府更多地干预学校的要求和运作，有些改革实际上阻碍了学校的进步。目前学校问责制的理念导致学校的考试更多，或许还会导致学生更多的焦虑，因为考试成绩令批评家们不满意。2002 年通过的 NCLB 法案使得这种状况更加恶化。

“标准运动”（standards movement）的政治语境以及学校教育文化大战的意识形态基础可以通过美国历史上因提出的标准所引起的抗议浪潮得以证明。联邦政府为加州大学洛杉矶分校的一个研究中心提供了大量资金，要求这个中心的历史学家针对每个年级的学生应该了解哪些美国历史设立具体的标准。在他们最初制定的标准里，有许多突出少数群体对社会贡献的当代多元文化的内容，但是，批评家们谴责这些标准不能体现爱国主义思想，参议院投票反对推行这些标准，结果历史学家们“投降”了，重新将之修订为符合保守派观点的标准。意识形态和政治主张都牢牢地盘踞在学校教育引发的论战之中，在这种语境中，煽动起各种情绪并不困难。但尽管如此，公立学校还是从那些最了解它们的观察者中得到了良好的评价，而且美国公众给予美国学校的评级比给美国社会许多其他机构的评级都要高。

虽然地方学校大受欢迎，但教育仍然是社会上最有争议的话题之一。中肯的批评让学校受益，但是隐性证据（suppressed evidence）表明，对于关乎学校的负面媒体报道和政治性评说，我们还是应当保持一定的怀疑态度。

尽管民意调查显示公众普遍支持当地学校，但我们中的大多数人还是能够指出一两处或更多学校有待改进的地方，如教师缺乏耐心或精力不济，行政人员办事呆板，辅导员烦躁易怒，教材和课程陈旧过时等。我们中的大多数人也可以从自己的亲身经历中了解学校的优点和不足之处。有些批评家提议通过快速、简单化的变革来改进学校，不过，幸运的是，大多数人明白学校教育的变革要复杂得多，不可能一蹴而就，而且变革的潜在影响也要求我们进行更慎重的考虑。

改革家要么认为学校是某种问题产生的根源，要么认为解决问题是学校的职责。我们受外界影响，也相信学校能够解决一些主要的社会问题，如种族歧视、性别歧视、交通事故、艾滋病、未成年怀孕和吸毒等。改革在提高学生学业成绩、治愈社会痼疾、促进智力发展以及提高学生、公众对学校的满意度等方面并不是很有成效，但改革引发的争论有助于引起公众对那些不利于改革的观念形态和政治束缚的注意。也许在讨论学校改进时还有一个比“改革”（reform）更好的词语，因为“reform school”不是“改革学校”而是“少管所”的意思，少管所是拘留社会越轨者和青少年罪犯的机构，在这种语境下，有关“改革学校”（reform schools）的措辞似乎很奇怪。

统一性与差异性：辩证法

思想上的整齐划一与迥然相异之间产生的张力是促进人类文明进步的条件之一。我们与他人分享自己对美好生活的幻想，但又意识到人类进步取决于与这种幻想相矛盾的新思想。统一性让我们有了共鸣的焦点，也让我们盲目自满；差异性激励我们思考，但也引起了纷争。因此，统一性与差异性里既有慰藉也有不满。这种张力在生活中无处不在，而且在学校教育之类的大事中最为显而易见。它也是文化大战的中心话题，那么我们应该提倡统一性还是差异性呢？一个是正题，另一个则是反题。

差异性与统一性往往被视为一对矛盾体。一些迥然相异的观点在有些人看来太激进、太荒谬或是对一些根深蒂固的信仰太具挑战性。原教旨主义者期望统一思想，不愿接受差异性，把对宗教教条的批判视为异端和亵渎神圣。就像那些认为自己拥有唯一真理的人一样，他们认为信仰统一是神圣不可侵犯的。

另一方面，有些人质疑统一性。其中一个论点是坚持目标或价值观的统一是当权派为了保住自己的权力而让民众牢记的胡话。努力工作、勤俭节约和拥护权威被视为虚构的价值观，这些价值观是有权势阶级为掩盖压迫行为、维护社会秩序以及奴役驯服工人所做的种种努力之中的一部分。

因此，差异与统一可被视为敌对的立场，是矛盾的统一。支持统一性的人认为，对不同的思想可以加以控制、忽视或是蔑视；支持差异性的人则认为统一性是掩盖社会基本矛盾的幌子。

还有可能把统一与差异理解为相映衬的立场，它们相互支持、相互增能。差异性与统一性之间的张力以及多重观点与共同原则之间的张力贯穿本书。择校权、教育财政、种族歧视、性别歧视、儿童福利、私有化、课程、商业化取向、学术自由、工联主义以及考试等问题都属于教育热点问题，对这些问题的争论也就是对学校教育的目的和模式的争论。这些问题反映了统一性与差异性之间暗含的深层次社会和政治张力，包括自由与平等、权利与责任、一致与矛盾以及个人发展与社会发展之间存在的张力。统一在同一目的之中的不同思想就是理想，它是不容易（也许永远都不可能）实现的理想。它是一个可能存在的合题，就像在辨证推理中利用两个相对立的部分推导而出的合题一样。但是在实践中它会是个什么样子呢？我们如何界定它所表述的差异性与统一性呢？

本书接下来的每一章都针对某一个话题提出两种不同的观点。这些观点不一定总是完全对立的，但它们都是针对如何改进学校教育而公开发表过的观点。从提出的证据和每一论点的逻辑将这些观点加以比较可以激发理性的对话，亦即可以为研究人类话语中出现的问题提供研究的机会。不同的文章有时也会利用相同的数据或是相同的文献来证明彼此对立的观点，但不同的文章所提出的证据多数还是引自不同的文献。谋求社会和学校教育的进步，在目的上是统一的，但对话需要差异。

学校不仅仅是争论的对象，也是对各种争论进行深思的合乎逻辑之地。学校应该是践行合理思想和进行公开探究的地方，是对重大问题（有争议的问题）引发的争论进行研究的地方。那些有重大意义的热点问题往往会引起最为激烈的争论。

对学校而言，21 世纪初的几十年也许是平静的，也许是动荡的，是最近一轮改革之后的恢复期或者说是迎接新一轮批判的时期。但是，即使在平静时期，教育问题也一定会出现，引起警觉，点燃激情。有些问题会成为新一轮学校改革的诱因，有些问题将促使学校不断改进，当然，几乎所有问题都是有争议的。

欢迎大家交流思想。

参考文献

ADLER, M. (1927). *Dialectic.* New York: Harcourt Brace.

———. (1982). *The Paideia Proposal.* New York: Macmillan.

AFT. (2005). "NCLB—Let's Get it Right." May 19. American Federation of Teachers. www.AFT.com.

APPLE, M. (1990). *Ideology and Curriculum.* 2nd Ed. London: Routledge.

———. (1994). "Computers and the Deskilling of Teachers." *CPSR Newsletter* 12(2):3.

APPLE, M., and Weis, L., eds. (1983). *Ideology and Practice in Schooling.* Philadelphia: Temple University Press.

AUDI, R. (2001). *The Architecture of Reason.* Oxford: Oxford University Press.

BAILYN, B. (1960). *Education in the Forming of American Society.* Chapel Hill: University of North Carolina Press.

BANKS, J. A. (1995). "The Historical Reconstruction of Knowledge About Race: Implications for Transformative Teaching." *Educational Researcher* 24:15–25.

BARBER, B. (1998). *Intellectual Pursuits.* Lanham, MD: Rowman and Littlefield.

BASTIAN, A., et al. (1985). *Choosing Equality: The Case for Democratic Schooling.* San Francisco: New World Foundation.

BEHE, M., DEMBSKI, W., AND MEYER, S. (2000). *Science and Evidence for Design in the Universe.* San Francisco: Ignatius Press.

BERLINER, D. (1993). "Mythology and the American System of Education." *Kappan* 74:632–640.

BERLINER, D., AND BIDDLE, B. J. (1995). *The Manufactured Crisis: Myths, Fraud, and the Attack on America's Public Schools.* Reading, MA: Addison-Wesley.

BESAG, F., AND NELSON, J. (1984). *The Foundations of Education: Stasis and Change.* New York: Random House.

BESTOR, A. (1953). *Educational Wastelands.* Urbana, IL: University of Illinois Press. (2nd Ed., 1985).

BLUMENFELD-JONES, D. (2004). "The Hope of a Critical Ethics." *Educational Theory* 54(3): 263–279.

BOGGS, C. (1993). *Intellectuals and the Crisis of Modernity.* Albany, NY: SUNY Press.

BOYER, E. (1983). *High School.* New York: Harper and Row.

BRACEY, G. (1992). "The Second Bracey Report on the Condition of Public Education." *Kappan* 74:104–108.

———. (1994). "The Fourth Bracey Report on the Condition of Public Education." *Kappan* 76:115–127.

———. (1995). "Stedman's Myths Miss the Mark." *Educational Leadership* 52:75–78.

———. (1997). *The Truth About America's Schools: The Bracey Reports, 1991–1997.* Bloomington, IN: Phi Delta Kappa.

———. (1998). "The Eighth Bracey Report on the Condition of Public Education." *Kappan* 80(2):112–131.

———. (2002a) "The Twelfth Bracey Report on the Condition of Public Education." *Kappan* 84(2):135–150.

———. (2002b). *The War Against America's Public Schools.* Boston: Allyn and Bacon/ Longmans.

BRAMELD, T. (1956). *Toward a Reconstructed Philosophy of Education.* New York: Holt, Rinehart and Winston.

BROMLEY, H., AND APPLE, M., eds. (2002). *Education/Technology/Power.* Albany, NY: SUNY Press.

BRONNER, E., "Candidates Latch onto Education Issue," *San Diego Union-Tribune,* Sept. 20, 1998.

Brown v. Board of Education of Topeka, Shawnee County, Kansas, et al. (1954). 74 Sup. Ct. 686.

BURNS, B., ET AL. (2003). *Achieving Universal Primary Education by 2015.* Washington, DC: The World Bank.

Business Week. (1990). "Using Flash Cards and Grit to Defeat a Secret Shame." July 16, pp. 22, 23.

CARANFA, A. (2004). "Silence as the Foundation of Learning." *Educational Theory* 54(2):211–230.

CARSON, C. C., HUELSKAMP, R. M., AND WOODALL, T. D. (1992). "Perspectives on Education in America." Final Draft, April. Albuquerque, NM: Sandia National Laboratories.

CHAMBERS, G. (1948). "Educational Essentialism Thirty Years After," in *Secondary Education: Origins and Directions,* ed. R. Hahn and D. Bidna. New York: Macmillan, 1970.

CLABAUGH, G. K. (2008). "Thinking Critically About Critical Thinking." *Educational Horizons.* 86 (3), 129–133. Spring.

COLES, G. (2003). *Reading the Naked Truth.* Portsmouth, NH: Heinemann.

COLLEGE ENTRANCE EXAMINATION Board. (1983). *Academic Preparation for College.* New York: College Board.

CONANT, J. B. (1958). *The American High School Today.* New York: McGraw-Hill.

COOPER, D., ed. (1967). *To Free a Generation: The Dialectics of Liberalism.* New York: Collier.

COUNTS, G. S. (1932). *Dare the Schools Build a New Social Order?* New York: John Day.

CREMIN, L. (1961). *The Transformation of the School.* New York: Random House.

———. (1965). *The Genius of American Education.* New York: Random House.

CUBAN. L. (2003). "The Great Reappraisal of Public Education." *American Journal of Education* 110 (November):3–31.

DAHL, G. (1999). *Radical Conservatism and the Future of Politics.* London: Sage.

DARLING-HAMMOND, L. (1991). "Achieving Our Goals: Superficial or Structural Reforms?" *Kappan* 72:286–295.

DE RUGIERRO, G. (1959). *The History of European Liberalism.* R. G. Collingwood, translator. Boston: Beacon Press.

DE TOCQUEVILLE, A. (1848/1969). *Democracy In America.* J. P. Mayer, ed. Garden City, NY: Doubleday.

DEMBSKI, W. (2004). *The Design Revolution.* Downer's Grove, IL: InterVarsity Press.

DENNISON, G. (1969). *The Lives of Children.* New York: Random House.

DEWEIL, B. (2000). *Democracy: A History of Ideas.* Vancouver: UBC Press.

DEWEY, J. (1916). *Democracy and Education.* New York: Macmillan.

DIGEST OF EDUCATIONAL STATISTICS. (2008). www.nces.edu.gov

DILLON, S., "Connecticut to Sue U.S. Over Cost of Testing Law," *New York Times,* April 16, 2005. www.nytimes.com.

———. (2008). "An Initiative on Reading is Rated Ineffective." *New York Times.* www.nytimes.com, May 2.

DOHENY-FARINA, S. (1996). *The Wired Neighborhood.* New Haven, CT: Yale University Press.

DRYFOOS, J. (2002). "Full-Service Community Schools." *Kappan* 83:393–399.

D'SOUZA, D. (1991). *Illiberal Education: The Politics of Race and Sex on Campus.* New York: Free Press.

The Education Reform Decade. (1990). Policy Information Report. Princeton: Educational Testing Service.

ELAM, S., ET AL. (1993). "25th Annual PDK/Gallup Poll." *Kappan* 75 (September).

EMERSON, J. D., BOES, L., AND MOSTELLER, F. (2002). "Critical Thinking in College Students," in *Educational Media and Technology Yearbook,* ed. M. A. Fitzgerald et al. Englewood, CO: Libraries Unlimited.

FARRAR, R. C. (2000). *Sartrean Dialectics.* Lanham, MD: Lexington Books.

FINN, C. (1990a). "Why Can't Our Colleges Convey Our Diverse Culture's Unifying Themes?" *The Chronicle of Higher Education* 36, 40, 41.

———. (1990b). "The Biggest Reform of All." *Kappan* 71:584–593.

FISHER, E. (1991). "What Really Counts in Schools?" *Educational Leadership* 48:10–15.

FISKE, E. B. (1991). *Smart Schools, Smart Kids.* New York: Simon and Schuster.

FORREST, B. C., and Gross, P. R. (2004). *Creationism's Trojan Horse: The Wedge of Intelligent Design.* New York: Oxford University Press.

FRIEDENBERG, E. Z. (1965). *Coming of Age in America.* New York: Random House.

FREIRE, P. (1973). *Education for Critical Consciousness.* New York: Continuum.
FUENTES, C. (2005). *This I Believe.* New York: Random House.
FULLEN, M. (2000). "Three Stories of Education Reform." *Kappan* 83:581–584.
GARDNER, J. (1958). *The Pursuit of Excellence: Education and the Future of America.* New York: Rockefeller Brothers Fund.
GARFORTH, F. W. (1980). *Educative Democracy: John Stuart Mill on Education in Society.* Oxford: Oxford University Press.
GELLA, A. (1976). *The Intelligentsia and the Intellectuals.* London: Sage.
GIROUX, H. (1988a). *Teachers as Intellectuals: Toward a Critical Pedagogy of Learning.* Granby, MA: Bergin and Garvey.
———. (1988b). *Schooling and the Struggle for Public Life.* Granby, MA: Bergin and Garvey.
———. (1989). "Rethinking Educational Reform in the Age of George Bush." *Kappan* 70: 728–730.
———. (2004). "Critical Pedagogy and the Postmodern/Modern Divide." *Teacher Education Quarterly* 37(1):31–47.
GOLDFARB, J.C. (1998). *Civility and Subversion: The Intellectual in Democratic Society.* Cambridge: Cambridge University Press.
GOODLAD, J. I. (1983). *A Place Called School: Prospects for the Future.* New York: McGraw-Hill.
GOODMAN, P. (1964). *Compulsory Miseducation.* New York: Horizon Press.
GOULDNER, A. (1979). *The Future of Intellectuals and the Rise of the New Class.* New York: Seabury Press.
GRAHAM, P. A. (1967). *Progressive Education: From Arcady to Academe.* New York: Teachers College Press.
GREENE, M. (1995). "Art and Imagination: Reclaiming the Sense of Possibility." *Kappan* 76:378–382.
GUTMAN, A., AND THOMPSON, D. (1996). *Democracy and Disagreement.* Cambridge, MA: Harvard University Press.
———. (2004) *Why Deliberative Democracy?* Princeton NJ: Princeton University Press.
HAHN, R., AND BIDNA, D., eds. (1970). *Secondary Education: Origins and Directions.* New York: Macmillan.
HAWLEY, R. A. (1990). "The Bumpy Road to Drug-Free Schools." *Kappan* 72:310–314.
HENTOFF, N. (1977). *Does Anybody Give a Damn?* New York: Alfred Knopf.
———, "God's Place in the Public Schools," *San Diego Union-Tribune,* Aug. 18, 1998.
HESS, D. G. (2002). "Discussing Controversial Public Issues in Secondary Social Studies Classrooms." *Theory and Research in Social Education* 30(1):10–41.
HOLT, J. (1964). *How Children Fail.* New York: Pitman.
HOLT, R. (1989). "Can We Make Our Schools Safe?" *NEA Today* 8:4–6.
HOUSE, H. W. (2008). *Intelligent Design 101.* Grand Rapids, MI: Kregel Publications.
HUELSKAMP, R. (1993). "Perspectives on Education in America." *Kappan* 74:717–720.
ILLICH, I. (1971). *Deschooling Society.* New York: Harper and Row.
International Education Indicators. (1997). National Center for Educational Statistics. Washington, DC: U.S. Department of Education.
JACOBY, R. (1987). *The Lost Intellectuals.* New York: Basic Books.
JACOBY, S. (2008). *The Age of American Unreason.* New York: Pantheon.
JENSEN, C. (1994). *Censored: The News That Didn't Make the News—And Why.* New York: Four Walls Eight Windows Press.
JOHNSON, H. L. AND SALZ, A., eds., (2008). *What is Authentic Educational Reform?* New York: Lawrence Erlbaum Associates.
JOHNSON, K., "Anti-Darwinism Bill Fails in Utah," *New York Times,* Feb. 28, 2006. www.nytimes.com.
KAESTLE, C. F. (1985). "Education Reform and the Swinging Pendulum." *Kappan* 66: 410–415.
Kappan. "No Quick and Dirty." (2001). Editor's Page. 83:278.
KARIER, C. (1967). *Man, Society, and Education.* Chicago: Scott, Foresman.

———. (1985). "Retrospective One," in A. Bestor, *Educational Wastelands.* 2nd Ed. Urbana, IL: University of Illinois Press.
KATZ, M. (1968). *The Irony of Early School Reform.* Cambridge, MA: Harvard University Press.
———. (1971). *Class, Bureaucracy, and Schools: The Illusion of Educational Change in America.* New York: Praeger.
KERLINGER, F. (1984). *Liberalism and Conservatism.* Hillsdale, NJ: Erlbaum.
KINCHELOE, J. L. AND WEIL, D. eds., (2004) *Critical Thinking and Learning.* Westport, CT: Greenwood Press.
KOHL, H. (1967). *36 Children.* New York: New American Library.
KOHLBERG, L. (1981). *The Meaning and Measurement of Moral Development.* Worcester, MA: Clark University Press.
KOZOL, J. (1967). *Death at an Early Age.* Boston: Houghton Mifflin.
———. (2005). *The Shame of the Nation: The Restoration of Apartheid Schooling in America.* New York: Crown Publishers.
KURTZ, P. (1992). *The New Skepticism.* Buffalo, NY: Prometheus Books.
LLOYD, T. (1988). *In Defense of Liberalism.* Oxford: Basil Blackwell.
LYND, A. (1950). *Quackery in the Public Schools.* Boston: Little, Brown.
MAKAU, J. M., AND MARTY, D. L. (2001). *Cooperative Argumentation: A Model for a Deliberative Community.* Prospect Heights, IL: Waveland Press.
MARCUSE, H. (1960). *Reason and Revolution.* Boston: Beacon Press.
MARSHALL, C. (1997). *Feminist Critical Policy Analysis I: A Perspective from Primary and Secondary Schooling.* London: Falmer Press.
MARTIN, J. R. (1994). *Changing the Educational Landscape: Philosophy, Women, and Curriculum.* New York: Routledge.
MCCABE, M. M. (2000). *Plato and His Predecessors.* Cambridge: Cambridge University Press.
MCCOLL, A. (2005). "Tough Call: Is No Child Left Behind Constitutional?" *Kappan* 86(8): 604–610.
MCKENZIE, J. (2006). "The Harsh Bigotry of Bad Policy." *No Child Left* 4(3): www.nochildleft.com.
———. (2007). "The Last Word." *No Child Left 5* (5). May.
———. (2008). "After NCLB: Back to the Basics of Inquiry and Comprehension." *From Now On.* 17 (5) 1. May.
MCLAREN, P. (1989). *Life in Schools.* New York: Longman.
MCLAREN, P., AND HOUSTON, D. (2004). "Revolutionary Ecologies." *Educational Studies* 36(1):27–45.
MEIER, D., AND WOOD, G., eds. (2004). *Many Children Left Behind.* Bellingham, WA: FNO Press.
MERCER, N. (2008). "The Seeds of Time: Why Classroom Dialogue Needs a Temporal Analysis." *Journal of the Learning Sciences* 17(1). 33–59.
MOSES, R., AND COBB. C. E. (2001). *Radical Equations: Math Literacy and Civil Rights.* Boston: Beacon Press.
MOYNIHAN, D. P. (1991). "Educational Goals and Political Plans." *The Public Interest* Winter: 32–49.
NATHAN, J. (1991). "Toward Educational Change and Economic Justice: An Interview with Herbert Kohl." *Kappan* 72:678–681.
NATIONAL COMMISSION ON EXCELLENCE IN EDUCATION. (1983). *A Nation at Risk.* Washington, DC: U.S. Government Printing Office.
National Review. (1990). "Academic Watch." 42, 18.
NATIONAL SCIENCE FOUNDATION. (1983). *Educating Americans for the 21st Century.* Washington, DC: Author.
NCDD (2008). National Coalition for Dialogue and Deliberation Online Newsletter. www.thataway.org
NEA. (2006). "Independent Commission on NCLB." News Release. Feb. www.NEA

.org.
NEILL, A. S. (1966). *Summerhill: A Radical Approach to Child Rearing.* New York: Hart.
NEILL, M. (2008). "Beyond NCLB." *Rethinking Schools.* 22(3), 14–17 Spring.
NICHOLS, S. L. AND BERLINER, D. C. (2008). "Testing the Joy Out of Learning," *Educational Leadership.* 65(6). 14–18.
NELSON, J. L., CARLSON, K., AND LINTON, T. L. (1972). *Radical Ideas and the Schools.* New York: Holt, Rinehart and Winston.
Newsweek. (1989). "Kids: Deadly Force." 111:18–20.
New York Times, "Education Life." Special supplement. Jan. 5, 1992.
New York Times, "Stand Firm for Educational Fairness," April 22, 2005.
NODDINGS, N. (1984a). *Awakening the Inner Eye: Intuition and Education.* New York: Teachers College Press.
———. (1984b). *Caring: A Feminine Approach to Ethics and Moral Education.* Berkeley: University of California Press.
———. (1995a). "A Morally Defensible Mission for Schools in the 21st Century." *Kappan* 76:365–368.
———. (1995b). *Philosophy of Education.* Boulder, CO: Westview Press.
NOLAN, J. L. (1996). *The American Culture Wars.* Charlottesville: University of Virginia Press.
NORRIS, P., ed. (1999). *Critical Citizens.* New York: Oxford University Press.
NOVAK, M. (1990). "Scaring Our Children." *Forbes* 144:167.
OPPENHEIMER, T. (2003). *The Flickering Mind.* New York: Random House.
PAGLIA, C. (1990). *Sexual Personae.* New Haven, CT: Yale Press.
PERAKH. M. (2003). *Unintelligent Design.* Buffalo, NY: Prometheus Books.
PIAGET, J. (1950). *The Psychology of Intelligence.* London: Routledge and Kegan Paul.
PIERCE, R. K. (1993). *What Are We Trying to Teach Them, Anyway?* San Francisco: Center for Self-Governance.
PRESSEISEN, B. (1985). *Unlearned Lessons.* Philadelphia: Falmer Press.
The Progressive. (1991). "The PC Monster." 55, 9.
Projections of Education Statistics to 2008. (1996). National Center for Educational Statistics. Washington, DC: U.S. Department of Education.
PUBLIC AGENDA. (2008). Education Overview. www.publicagenda.org.
PURPEL, D. (1989). *The Moral and Spiritual Crisis in Education: A Curriculum for Justice and Compassion in Education.* Granby, MA: Bergin and Garvey.
RAFFERTY, M. (1968). *Max Rafferty on Education.* New York: Devon Adair.
RASPBERRY, W, "Public Schools Bad for Education," *San Diego News-Tribune,* Aug. 18, 1998.
RAVITCH, D. (1990). "Multiculturalism: E Pluribus Plures." *American Scholar* 59:337–354.
———. (2007), *New York Times,* Get Congress Out of the Classrom October 3. www.nytimes.com.
RAVITCH, D., AND VITERITTI, J. (1997). *New Schools for a New Century.* New Haven, CT: Yale University Press.
Results in Education: 1990. (1990). The Governors' 1991 Report on Education. Washington, DC: National Governors' Association.
ROSE, L. C., AND GALLUP, A. M. (1998). "The 30th Phi Delta Kappa/Gallup Poll of the Public's Attitudes Toward the Public Schools." *Kappan* 80(1):41–56.
———. (2001). "The 33rd Annual Phi Delta Kappa/Gallup Poll." *Kappan* 83:41–47.
———. (2005). "The 37th Annual Phi Delta Kappa/Gallup Poll." *Kappan* 87(1):41–57.
———. (2007). "The 39th Annual Phi Delta Kappa/Gallup Poll." *Kappan.* 89(1). 41–47. September.
ROSS, E. W. AND GIBSON, R. eds., (2006) *Neoliberalism and Educational Reform.* Cresskill, NJ: Hampton Press.
RUDROREN, J., "Ohio Board Undoes Stand on Evolution," *New York Times,* Feb. 15, 2006. www.nytimes.com.
RUSSELL, B. (1928). *Sceptical Essays.* London: George Allen and Unwin.
RYCHLAK, J. F., ed. (1976). *Dialectic.* Basil, Switzerland: Karger.

SACKS, P. (1999). *Standardized Minds.* Cambridge, MA: Perseus Books.
SAFIRE, W, "Abandon the Pony Express," *New York Times,* April 25, 1991.
SCHNEIDER, C. G. (2004). "Practicing Liberal Education." *Liberal Education* 9(2):8–10.
SCHOENFELD, A. H. (2002). "Making Mathematics Work for All Children." *Educational Researcher* 31:13–25.
SCIABARRA, C. M. (1999). *Ayn Rand: The Russian Radical.* University Park: Pennsylvania State University Press.
———. (2000). *Total Freedom: Toward Dialectical Libertarianism.* University Park: Pennsylvania State University Press.
SCIENCE NEWS (2008). "Negative Implications of No Child Left Behind." www.sciencedaily.com Feb. 16.
SCOTT, E. (2004). *Evolution Versus Creationism.* Westport, CT: Greenwood Press.
SHAPIRO, I., AND MACEDO, S. (2000). *Designing Democratic Institutions, Nomos 42.* New York: New York University Press.
SIM, M. (1999). *From Puzzles to Principles.* Lanham, MD: Lexington Books.
SINCLAIR, U. (1924). *The Goslings.* Pasadena, CA: Sinclair.
SIZER, T. (1984). *Horace's Compromise: The Dilemma of the American High School.* Boston: Houghton Mifflin.
SMITH, M. (1954). *The Diminished Mind: A Study of Planned Mediocrity in Our Public Schools.* New York: Regnery.
SOWELL, T. (1993). *Inside American Education: The Decline, the Deception, the Dogmas.* New York: Free Press.
SPELLINGS, M. (2006). News Release. U.S. Department of Education. March 20. www.ed.gov.
———. (2008) News Release, US Department of Education. www.ed.gov. April 22.
SPRING, JOEL. (2008). "No Child Left Behind as Political Fraud." *In Johnson and Salz, What is Authentic Educational Reform?* New York: Lawrence Erlbaum Associates.
STANLEY, W. B. (1981). "Toward a Reconstruction of Social Education." *Theory and Research in Social Education* 9:67–89.
———. (1992). *Education for Utopia: Social Reconstructionism and Critical Pedagogy in the Postmodern Era.* Albany, NY: SUNY Press.
———, ed. (2001). *Social Studies Research for the 21st Century.* Greenwich, CT: Information Age Publishers.
STRIKE, K. A. (2004). "Community, the Missing Element of School Reform." *American Journal of Education* 110 (May):215–232.
STROBEL, L. (2004). *The Case for a Creator.* Grand Rapids, MI: ZonderVan.
SUNDERMAN, G. L. (2006). "The Unraveling of No Child Left Behind." Report. Civil Rights Project of Harvard University. Feb. www.civilrightsproject.harvard.edu.
TORRES, C. A. (2002). "Globalization, Education, and Citizenship." *American Educational Research Journal* 39(2):363–378.
Twentieth-Century Fund. (1983). *Making the Grade.* New York: Author.
TYACK, D. (1967). *Turning Points in American Educational History.* Waltham, MA: Blaisdell.
———. (1991). "Public School Reform: Policy Talk and Institutional Practice." *American Journal of Education* 100:1–19.
U. S. CENSUS BUREAU. (2008). International Data Base. www.census.gov March 27.
U.S. News and World Report. (1990). "The Keys to School Reform." Feb. 26, 108, 50–53.
ULICH, R. (1954). *Three Thousand Years of Educational Wisdom.* 2nd Ed. Cambridge, MA: Harvard University Press.
UNESCO COUNCIL. (2000). *Report on the World Social Condition, 2000.* New York: United Nations.
UNESCO EFA GLOBAL MONITORING REPORT. (2005). *Education for All.* Paris: UNESCO Publishing.
UNESCO. (2003). *Financing Education.* Paris: UNESCO.
UNESCO World Education Report, 2000. (2000). "The Right to Education: Towards Education for All Throughout Life." Paris: UNESCO Publishing.

VAN EMEREN, F. H., AND GOOTENHORST, R. (2003). "A Pragma-Dialectic Procedure for a Critical Discussion." *Argumentation* 17(4):365–386.

VAN LUCHENE, S. R. (2004). "Rekindling the Dialogue: Education According to Plato and Dewey." *Academe* 90(3):54–7.

WEBSTER, W. E., AND MCMILLIN, J. D. (1991). "A Report on Calls for Secondary School Reform in the United States." NASSP Bulletin 75:77–83.

WEIS, L., AND FINE. M., eds. (2000). *Construction Sites: Excavating Race, Class, and Gender Among Urban Youth.* New York: Teachers College Press.

WELTER, R. (1962). *Popular Education and Democratic Thought in America.* New York: Columbia University Press.

WILLIAMS, R. H. (1997). *Cultural Wars in American Politics.* New York: Aldine de Gruyter.

WINKLER, K. (1991). "Organization of American Historians Backs Teaching of Non-Western Culture and Diversity in Schools." *The Chronicle of Higher Education* 37:5–8.

WINTHROP, N. (2000). *Democratic Theory as Public Philosophy.* Sydney, Australia: Ashgate.

WRAGA, W. (2001). "Left Out: The Villainization of Progressive Education in the United States." Review of Left Back. *Educational Researcher* 30:7.

WRIGHT, L. (2001). *Critical Thinking.* New York: Oxford University Press.

YOUNG, M., AND EDIS, T. (2004). *Why Intelligent Design Fails.* New Brunswick, NJ: Rutgers University Press.

ZURN, C.F. (2007) *Deliberative Democracy and the Institutions of Judicial Review.* Cambridge, UK: Cambridge University Press.

第一部分　学校应该为谁的利益服务?

——正义与公平

第一部分简介：第一部分各章涉及关于学校相互角逐的意识形态利益。第2章至第9章涉及的话题包括择校权和教育券计划、学校经费投入的公平性、性别平等、标准本位与学校问责制、学校教育中的政教利益、公立学校的私营化、消费者与企业利益以及移民与学校问题等。

每一个话题都涉及美国社会正义与公平的一些基本问题。对正义与公平的界定及评价通常都是通过个人道德原则以及自由主义、保守主义等政治术语慢慢传播开来的。我们把某些制度和政策称为“保守的”，把某些称为“开明的”，还把极少数的一些称为“激进的”。我们支持这些政策和制度时，就想用“好的”“对的”“恰当的”“正义的”和“公平的”等有个人色彩或道德含义的词语来证明自己的观点是正确的。这些带有政治和个人色彩的“过滤器”也许不是意识形态或个人立场的正确标签或标志，但却得到了广泛应用。学校教育通常属于正义与公平这一主题。

利益角逐

学校服务的“主人”很多，学生、家长、教师、管理者、政府、商业、媒体、特殊利益群体以及各种教育哲学和教育法则都是学校的“服务对象”。这些“主人”通常都是议程不同、相互博弈的利益群体，它们在政治、经济、社会良知和意识形态领域进行利益角逐（Mauro，2008）。政治涉及利益群体之间的权力分配，经济涉及财富分配，社会良知和意识形态涉及人们用以解释政策和制度之合理性的依据。

在讨论学校教育应该重视哪些利益群体时，正义和公平是最基本的原则。但对于正义或公平的制度由哪些要素构成，我们却又有着各不相同的看法（Kitching，2001；Little，2002；Mitzman，2003；Kolm，2005；Barry，2005；Fuentes，2005）。评价社会和学校的正义与公平之特点时，利益群体是要纳入考量范围的一个重要问题（Rawls，1971，1979，2001，2005；Bowles，Gintis，and Gross，2005）。

我们大家都有各自的利益，同时我们也都是利益群体的一员。我们希望为我们自己、我们的家庭、我们的朋友、我们的协会以及我们的社会争取美好的东西。我们也许还希望我们的敌人、我们的竞争对手以及其他反对我们利益的人“讨不到好处”。我们喜欢听到我们国家的作家、科学家、运动员、演员、学生或工人在国际竞赛中获奖的消息。看到孩子们的考试成绩低于其他地区或国家，我们会感到失望。我们与住在同一条街上的某户人家或某个讨厌的表亲竞争，并希望达到自己的目的。当然，有时候我们的个人利益、家庭利益或团体利益相互冲突，正如在家庭中会为家用车归谁、从事何种职业或是否支持某场战争等问题发生争执一样。

开明自利（enlightened self-interest）是以一种令人愉快的方式解释我们为什么要做对己有利而对人无害的事情。作为哲学家和小说家的艾恩·兰德（Rand，1943，1957，1997）是利己主义的极力倡导者，不过她的利己主义里糅合了个人应该尊重他人权利这一开明的“规定”。她把自利视为美德，反对利他主义以及他人比自己更重要的观点。兰德的观点是典型的粗俗个人主义和“极端的自以为是”（Gladstein，1999：1）。安东尼·唐斯为市场上的开明自利提供了类似的支持（Downs，1957，1997）。但当个人利益或团体利益涉及对稀缺资源的争夺时，不刻意伤害他人、具有社会责任感的开明自利仍会导致严重的冲突。谁来决定谁的利己是开明的？基于什么判断标准呢？

不开明自利（unenlightened self-interest）的典型就是没有社会良知的自私自利，其实就是贪婪。安然公司的瞬间衰落，世界通信公司的破产，一些金融机构以及其他许多公司的倒闭都证明了这一点。公司高管通过工资、福利和认股权轻而易举就可拿走数百万美元，而工人则酬不抵劳、不了解情况、失去了退休金和医疗补助金等福利——甚至当高管们知道公司运营有多糟糕时仍胡作非为。在政治活动、学校事务、企业生活甚至在宗教机构中都会出现受贿渎职、贪污腐败以及舞弊营私等情况。

当然，获取个人利益不一定要如此“残酷”和不负责任，利他也可被视为一种有利于社会的自利。“己所不欲，勿施于人”就是金科玉律，也几乎是世界上每一种文化所共有的原则。自利就是这条金科玉律的理念依据；我们都希望过上好生活，而我们的好生活取决于他人也过上好生活。教师总是承认，拥有快乐、成功的学生就能满足他们自利的要求。当然，还有许多无私的人，他们把自己的一生都献给了他人，我们不会忘记大爱典范特雷莎修女和民权运动领袖马丁·路德·金，他们也有利益，但他们不是只关注自己的福祉。

超越个人利益的是团体利益，团体利益之争也非常激烈。特殊利益集团已成了政治上的一个嘲笑式术语——我们称竞选活动中的反对党候选人是处于特殊利益集团的控制之中。然而我们又因为我们自己或家人的职业、地理区域、业余爱好、所在慈善团体、旅游爱好、宗教信仰、购物习惯、教育追求以及几乎其他所有活动而归属于各种特殊利益群体中的一员。

显然，这些利益群体并不总是处于同一立场。我们希望少缴税，但又对公路设施、警察部门、干净的公园和学校等公共利益非常看重。我们希望拥有一个健康的环境，但又喜欢化学制品、塑料产品以及其他制造污染的厂家所生产的产品。我们加入或支持那些与我们有着共同理念的团体，即使我们有时是“说一套，做一套”。

然后还有我们的社会利益和国家利益。无论是民主党还是共和党政府执政，我们所宣布和执行的政策都是在贸易问题、边境问题、战争和打击恐怖主义等国际事务中捍卫国家利益。尽管对国家利益的界定和描述因国而异，但每个国家都把国家利益放在首位。战争、种族大屠杀、军国主义、边境保护主义、孤立主义、否定人权、贸易限制和国际立场等背后都是国家利益的博弈（Herbert，2005；Bandy and Smith，2005；Pavola and Lowe，2005）。和平、国际和解、自由、贸易协定、慈善事业、经济发展和人权保护等也是以国家利益为基础的（Nelson and Green，1980；Hahnel，2005）。我们使用的语言也表明利益在起“支配”作用：“邪恶轴心”指的是我们政府认为对美国构成威胁的国家集团，提出“天定命运”是为了掩盖美国将领土扩张到西部原住民的领地这一事实，“反恐战争”是为改变民权和公民基本权利的既定模式找理由。

社会利益涉及的问题包括有利于全体人民的安全福祉、环境、健康、教育、交通、通信、自由和秩序等。这些话题涉及跨越了城市、州和民族的政治界限。城镇乡村的居民都对安全的公路和机场、优质的医院和学校感兴趣——这些属于公共利益，不管这些社会机构是私营还是公营，它们都为公共利益服务。在这些社会服务机构中，有许多是政府控制和运营的，有一些是政府调控但私人运营的，还有一些是私人控制私人运营，几乎没有政府监督。如何管理这些与公众生活质量有关的领域对我们有着重大利害关系。

学校教育是美国公共问题中最重要的问题之一。对各类学校教育几乎都有相关的法律规定，包括入学率、经费、教师资历、课程以及学校运营要求等。美国大多数适龄学生就读于政府控制运营的公立学校，但是学生总数中约有15%的学生选择某种形式的私立学校教育，包括独立学校、教会学校、职业技术学校和家庭学校。另外，为那些想把孩子从公立学校转到私立学校读书的家长提供教育券，在公立学区建立特许学校以解除政府管制，以及与企业签订合同使公立学校运营私有化等，都是一些与教育有关的政策。

正义与公平的思想为调解、裁决、缓和、批判以及评价利益群体之间各种矛盾提供了理论依据，但是正义与公平本身也并非毫无争议的。

正义与公平：听上去不错

正义（justice）听上去很简单，它是法制社会的基本要素，或者说它是家庭、组织、学校以及与他人关系中的一个基本要素，这当然是无可置疑的。我们都希望自己生活在一个正义的家庭、正义的学校和正义的社会关系之中。对于我们眼中的不公之事，我们会愤怒谴责。当然，难就难在正义本身取决于许多因素，比如说，社会认同的价值观和原则、法律道德传统、政治经济情况、所用术语的字面界定和实际界定、时间段和地理位置以及社会和个人状况等都是决定正义内涵的因素，同时正义也是一个“仁者见仁，智者见智”的问题。因此，你碰巧在什么地方、在什么时候、你是个什么样的人、你维护谁的利益以及你对事物的看法等都决定了何为正义。

但这并不是说正义是一个永远无法界定的模糊概念，也不是说它的意义变幻不定，更不是说它的意义太模糊还不足以对你的生活构成太大的影响。实际上，正义几乎是构建所有政治理论、法律、道德标准和人际关系的基本理念。在特殊情况下，对正义的界定非常具体，但从家长到立法者等各种不同的群体仍在对它进行重新界定。对女巫处以火刑曾被认为是正义的；在以往的学校正义制度中，用棍棒体罚调皮捣蛋的学生是严厉女教师广为认可的职责。终极惩罚——死刑——在一些国家被认为太野蛮非正义，但在其他一些国家又经常动用。

现行正义概念几乎在各种情况下对你的生活都有影响，而且很有可能是对你影响最大的因素。想想看自己被指控犯有重罪，想想看自己成了受害者，想想看自己得到了一个自认为不能反映实际能力水平的成绩，想想看教师对这个成绩的看法。设身处地为这样的人想一想：他们正遭受着身体或精神上的折磨，或是生活在独裁专制的国家，或是正接受国税局的税务审计。这其中都有正义的因素。甚至日常生活中对餐馆食物或在百货大楼所购商品的抱怨都是在提出关乎正义的问题，尽管这都是些微不足道的琐事。餐馆服务员和商店售货员通常都是用正义感来判断是该认真对待投诉的顾客还是置之不理。对个人和社会而言，正义是一个既理想化又很实际的问题，但它同时也是一个难以界定、难以诠释的概念。

正义包括公正（impartially）和公平（fairness）两层意思，而这两个概念和“正义”这个词一样难以理解。所罗门的判断是公正的吗？他的裁定可能对大家都公平吗？我们怎么知道法官做到了公正、公平呢？在乔治·沃克·布什与阿尔·戈尔的2000年总统竞选中，最高法院做出的最后裁定是公正、公平的吗？最高法院对奴隶制、妇女选举权、种族隔离学校和堕胎权等问题做出的各不相同的、具有历史意义的裁定是公正、公平的吗？证券市场分析师在安然股票或次贷债券就要崩盘的时候仍推荐客户大量购入，他们这样做是公正的吗？当你的成绩与你预想中的不一致时，你的老师做到了公平、公正吗？学校是了解正义、公平和公正的好地方吗？学校为做到正义、公平和公正提供了好模式吗？

斯图尔特·汉普希尔认为正义的基础在于人类的冲突，他说：“……冲突解决程序中的公平是一种基本的公平。”（Hampshire，2000：4）冲突是人类存在的一种状态，它永不消失且颇有“吸引力”。对话和辩论有助于我们分析彼此冲突的观点，但是我们的正义感有赖于我们对处理冲突时的程序公平深信不疑（Fishkin，

1992)。汉普希尔提倡的程序公平可能造成不公平的情况。正在闹离婚、争夺子女监护权的家长不太可能达成公平的条件。评选学区年度优秀教师可能是按照公平程序而进行的公正评判，但结果并不公平。但是当我们认为程序公平的时候，不公平的结果可能更能为人所容忍。

公平的概念对于正义的理念而言是必不可少的——在一个民主法治国家，程序公平是实现正义的基本条件。合法性，在一个民主国家里，就是人民赋予政府以权力——这也是一种社会契约。这是得到被统治者之同意而取得应有之权力的思想，是一些政治理论家争论不休的概念，但它仍然得到普遍认可（Rawls，1999，2005）。当我们认为程序公平时，即使我们不喜欢，也仍会接受裁定结果。如果大家都担心基本程序不公平，那么社会就会出现动荡，同时播下革命的种子。

公平与平等

公平（equity）这一概念与正义有着直接的关系，它包括自然法或自然权利主张的平等对待的思想，不带任何偏见、也不偏袒任何一方的一视同仁的思想。公平和平等（equality）是差异很大的两个概念。平等可以用条件来衡量——每个人拥有完全一样的东西；也可以用待遇来衡量——依据某一原则给予每个人平等的待遇，比如说，“人人生而平等”的原则。但我们常常认为一些原则似乎比另外一些原则显得更平等一些；我们可能会怀疑关于人人平等的说法，因为实际生活中存在性别不平等。这些都是公平与正义的问题。我们可能以一种真正平等的方式进行分配吗？政治科学家戴维·斯皮茨说：“平等将我们逼入一个不可能解决的道德窘境，因此也就将我们逼入一个无法身体力行的窘境……强推结果的平等……也就限制了机会的平等。我们不可能同时拥有两种平等。”（Spitz，1982：105）

公平并不要求平等，但它确实需要一个被视为公平的过程。在美国，大多数关于平等的概念都是程序性的——依法平等对待，这与“程序公平”类似。这些理念意味着人人拥有机会，但并不保证结果平等或条件平等。公平是评判平等待遇之程序的思想基础。公平的原则并不要求条件或结果完全平等，也没有规定以平等的方式把好东西分给所有人。公平的原则所包含的只是对正义的期望——那么，任何不平等的分配都必须通过某一重要的社会原则或道德原则来证明其合理性（Rawls，1971，1999，2001）。

比如说，我们可以证明为学校里的天才学生提供专门资金、拟定单独培养计划是有道理的，因为这些学生是有价值的，具有给学校和社会更多回报的潜力。但并非每个人都认为这个理由很民主或很公平，也不是每个人都认为这些学生值得特殊对待或者为社会做的贡献会更大。麦肯齐根据罗尔斯的分配正义理论对学校的天才学生培养计划进行了研究，他得出的结论是：这些计划在选择学生和给学生的特殊待遇上既不民主也不公平，而且也没有规定这些受到特殊待遇的学生应该如何回报学校和社会（McKenzie，1984）。把学生按能力分班，分别学习大学预备课程、职业培训课程、一般知识课程和特殊教育课程，这样做同样涉及正义与公平的问题。融合教育或回归主流教育计划会更公平、公正吗？

在20世纪的最后25年，当我们在公共建筑物内为需要使用轮椅的残疾人提供特殊通道时，我们确定正义得到了伸张。这是基于已成为法律的公平原则：某一团体享受特殊待遇才能保证机会均等。那么，公平也可以包括不平等，如果以正义为基本前提的话。肯定性行动计划（affirmative action programs）依据的就是这一理念，其目的是弥补先前不公平的歧视性做法所带来的问题。为特殊教育、先行教育（head start）以及为来自贫困家庭的学生提供免费午餐等计划增加资金援助也是一个关乎公平的话题。为少数群体或移民家庭的孩子提供特殊学校待遇也是一个例子——来自少数族群、少数民族或是低收入家庭的孩子都可得到学校的特殊待遇。

消除基于性别、种族、阶级或性取向而形成的不平等和歧视也属于公平问题的范畴。地方学区间的公共财政不均等，州最高法院曾依据平等待遇原则对此做出过不同裁定，但它仍将是一个与公平、正义有关的重要话题。在裁定这种公平问题上涉及孩子、家长、纳税人、宪诉律师（constitutional lawyer）、毗邻学区的居民以及社会上其他大多数人的利益。应该在每所学校针对所有学生推行各学科领域的新国家标准吗？一些公立学校应该由私有企业来运营吗？私立学校有权使用公共资金吗？宗教应该成为公立教育的一部分并且得到公共资金的资助吗？当然，上面列举的每一个例子都一直是而且仍将是人们热议的社会和教育政策。

利益、政治和意识形态

我们的利益体现在各种思想之中，那些自由、保守、激进和反动的思想也“调节”着我们的利益观。尽管这些“标签”也许并不等同于我们每个人或我们大家对各种话题的看法，但它们代表了各种不同的观点，可被用来分析社会问题和教育问题。意识形态使人们能够为自己所喜欢的社会模式进行解释和辩护（Jacoby，2005）。意识形态包括与社会本质和目标以及个体本质有关的各种思想（Shils，1968），它为评价人类生活和社会提供了标准（Lane，1962），为自我认同提供了一种途径（Erikson，1960）。意识形态是由态度、价值观和信仰构成的上层建筑的系统，对个人观念和社会政策都有影响（Piper，1997）。

政治意识形态广为人知，从激进的右派到激进的左派，还有中间的保守派和自由派（Freeden，1988；也参见 *Journal of Political Ideologies*）。右翼和左翼的政治冲突往往是赤裸裸且不加掩饰的。关于意识形态的争论可能很激烈、富含激情，如果不总是很理性、很现实或者说很准确的话。

自由主义、自由派、保守派和激进派：困惑

把公平正义原则用于处理个人权利和社会权利问题时，围绕正义与公平进行的持久论战属于民主史和哲学的大辩论（Valentyne，2003；Barry，2005；Hahnel，2005；Rawls，2005）。人们对个人的相对权利和社会的相对权利以及这些权利中的公平性应如何界定都有着各自不同的看法，这些论战也是围绕着这些不同看法而展开的。尽管用一个相似的术语来指称不同事物有些令人困惑，但目前保守派模式和自由派模式仍遵循西方自由主义（liberalism）的传统。

笃信自由与平等的自由主义是西方民主国家中占主导地位的政治哲学（de Ruggiero，1927，1959；Noddings，1995；Klosko，2000；Richardson，2001；Kolm，2005）。夏皮罗通过一些重要政治文献追述了自由主义的历史，他说：“不管在哪个时代，自由主义的典型特征是它从未动摇过的信念，即自由是实现每一个向往目标

的必备条件……平等是另一基本的自由原则……所有人一律平等的原则。”（Shapiro，1958：10-11）这种具有双重意义的信念把现代西方国家的哲学和其他诸如“君权神授”、贵族世袭以及神权统治等政治思想区别开来。在美国和其他西方民主国家，我们并不是真正支持殖民时期神权政府、欧洲封建政府或强大君主国的回归。我们争论的是到底应该在何种程度上重视个人自由和社会约束（Dahl，1999；Kramer and Kimball，1999；Henderson，2001；Newey，2001；Fuentes，2005）。以赛亚·伯林指出：

> 自由不是唯一的目标……如果剥夺了他人的自由……那么我也不想为我自己争取自由……为了避免触目惊心的不平等或是普遍的痛苦，我愿意牺牲我的一部分或者全部的自由，我可以心甘情愿地这样做；但正是为了正义或平等，我才会放弃自由……（Berlin，1969：125）

美国的保守派和自由派基本上都支持民主自由和平等的基本思想——传统自由主义信条（Dewey，1930；Lippman，1934；Russell，1955；Spitz，1982；Bellah et al.，1985；Gutman，1999；Spragens，1999；Gill，2001；Tomasi，2001；Rawls，2005）。保守派和自由派之间的主要区别是：自由和平等的最佳定义或标准是什么，这二者之间的最佳平衡点是什么，如何达到这种平衡，在特定情况下又该如何彰显自由和平等。

除了使用自由主义这个术语可能会引起的混淆之外，当代政治学和教育政治学中还有一种非常有趣又常令人费解的倾向：当保守派和自由派试图影响公众的利益，暗中策划有可能成功的政治路线时，他们会转变原有观念。为赢得选票保证其候选人的竞选成功，各路政党纷纷走中间路线，结果模糊了我们习惯用来形容保守派和自由派的标签。共和党和民主党之间可能存在一些基本的意识形态差异，但是候选人不可能在公共生活中的所有问题上都表现出这种差异。每一个政党内部都既有保守派也有自由派，党内党外还有许多人更愿意被视为独立派。

新民主党人，像比尔·克林顿，设法削减赤字，刺激经济，增加企业财富，削减福利，积极支持在学校推行国家标准。这些做法，共和党和保守党也曾认同。新共和党人，像乔治·沃克·布什，增加公共开支和赤字，支持美国教育部，给非法移民提供机会，扩大维和部队——这些都曾是民主党和自由党的观点。一个政党的立场及其候选人的观点可能与有分歧的基本政治意识形态并不相干，从保守党到自由党都如此。但是在每个政党里，候选人之间经常有“竞争”，如果是共和党候选人，就看谁更保守，如果是民主党候选人，就看谁更开明，以此作为一种吸引核心选区投票者的方法。这表明了每个党派的基本意识形态取向，但保守和自由的标签不会如一些人希望的那样在个人身上贴得那么紧。

尽管有误读，但我们仍然用保守和自由这两个标签来识别观点和问题，以确定不同类型的人。前国会议员纽特·金里奇认为，他的很多反对意见都是针对“自由派”的（Gingrich，2008）。颇受欢迎的保守派作家戴维·布罗克，坦言自己在积极参与贬低“自由主义”事业、圣化“保守主义”事业的过程中，曾经夸大其词，篡改事实（Brock，2002）。所以这些标签还是有意义的，尽管在政治和教育中，这二者的差异有时泾渭分明，有时又模糊不清，还有时在变换角色。

“保守派”和“自由派”之间的当代政治论战是由决定权和程序问题引发的，

这场论战蔓延到我们对立法权、法院诉讼程序和学校教育的大辩论。总的说来，当今的保守派希望限制政府对个人自由的干涉，而当前的自由派通常都希望通过政府调控来确保个人权利；保守派主张个人拥有不受限制的持枪权，而自由派则主张政府控制枪支的所有权。保守派和自由派之间的区别还涉及许多混淆不清的方面，全面区分还需认真考虑。

其中一个方面就是关于堕胎问题的争论，自由派倾向于支持妇女堕胎选择权，保守派倾向于支持政府限制堕胎的政策。另一方面就是关于言论自由的问题，自由派倾向于支持个人拥有更多的言论自由，保守派则倾向于对背离传统的性观念、爱国观、政治观和经济观加以限制。第三个例子涉及一些关于学校的话题，自由派倾向于支持师生在探究有争议的话题以及提出抗议和批评等方面拥有更大的自由，保守派倾向于支持标准本位，支持问责学校和教师，支持规范社会可接受的学生行为，支持对可研究话题进行限制。

虽然保守派和自由派的界定并不明确，但这些术语经常使用，而且广泛理解为指称任何时期截然不同的两种思想和两类人。一个时期的自由主义思想可能在另一时期被视为保守，反之也一样。新保守主义思想和新自由主义思想是对保守主义思想和自由主义思想的反思（Steinfels，1979；Rothenberg，1984；DeMuth and Kristol，1995；Piper，1997；Dahl，1999；Newey，2001；Richardson，2001）。比如说，西姆霍尼和温斯坦声称，新自由主义超越了 20 世纪 80 年代关于自由主义与社群主义的陈腐辩论，它旨在协调“个性”和“社会性”之间的分歧，而自由派则不再把社会性方案或政府计划视为解决大多数社会问题和个人问题的主要办法（Simhony and Weinstein，2001）。

更多极不和谐的意识形态根源，包括社会及其学校应该是个什么样子的各种激进思想，超越了主流自由主义和保守主义的对话。激进的批判因其观点极端而影响一般性辩论，这使自由派和保守派可以采取更受公众欢迎的中间立场。激进思想在主流讨论中的可信性往往有限，但是自由派和保守派在提议改革时可从这些思想中攫取有价值的东西（Dahl，1999）。批判性观点总是最先出现在激进的文学作品中，然后渗入自由主义和保守主义的话语（Nelson，Carlson，and Linton，1972；Dahl，1999；Simhony and Weinstein，2001）。

作为改革的根据，那些主流观点听上去更合理，但是激进的观点将为长期的、更为重要的变革埋下了种子。在“君权神授”的时代，民主是一个激进的观点。在独裁国家，个人自由是激进思想。

在一个民主国家，决定正义与否的主要难点之一就是要在个人利益和社会利益之间找到一个恰当的平衡点。这一难点有许多称谓，但通常被称为个人主义与社群主义之间的意识形态之争。这些意识形态强调的重点不同，更极端的说法则称这些意识形态是完全对立的。

个人权利与社会权利

在个人主义和社群主义问题上，相比主流保守主义和自由主义之间的对话，派系之间更激进的分歧更大。右翼激进派，也就是极端保守主义者或自由至上主义者，倡导不受限制的个人自由。

诺齐克说：

> 个人拥有若干权利，而且有些事情是任何人或任何群体都不得对他们做的（否则就会侵犯他们的权利）。这些权利如此之大，影响如此深远，以至于引出了这样一个问题：如果可能，政府及其官员们可以做些什么。个人权利为政府留下的空间有多大？……关于政府，我们得出的主要结论是，一个最小化政府，其职能是狭隘的，仅限于保护人民免遭暴力、盗窃、欺诈以及强制执行契约等，这就是正当的；任何职能更为广泛的政府会侵犯个人权利，亦即逼迫个人做自己不愿做之事，这就是不正当的。(Nozick，1974：ix)

除了反政府的立场之外，自由至上主义者还坚决拥护资本主义，支持企业和私有企业相对不受政府的限制。他们认为政府管控过多会扼杀个人积极性。对自由至上主义者而言，政府发展不当，成了一个规模过于庞大、职能过于宽泛的机构——它压制了个人自由。赫伯特·斯宾塞说："过去的政治迷信是'君权神授'。现在的政治迷信是'议会权神授'。"(Spencer，1981：123)

自由至上主义者希望废除政府，取消管控、税收和公共财政。他们希望废除社会安全机构、医疗保险计划、社会福利、公立教育和国家征用权；自由至上主义者的目标"无异于社会存在的私有化"(Newman，1984：162)。正如托马斯·索维尔所说："但是，福利国家已经使得许多体面、能够自立的穷人看上去就像傻瓜，因为政府为那些违反一切规定、拒不为己负责的人制定了无数援助计划。"(Sowell，1999：89) 并非所有自由至上主义者都认为政府一无是处，一些自由至上主义者也承认，在调停争端、调控服务于人类基本需要的商业贸易以及保护社会等方面还是需要政府发挥一定的作用。

另一方是各种类型的社群主义者。他们主要批判的是不加控制的资本主义所导致的贪婪和腐败以及与个人主义相伴而生的自私自利和自我中心。他们认为共同体——我们社会的"黏合剂"——由于过度泛滥的个人主义而处于十分危险的境地。其中一些评论文章刻意把个人主义 (individualism) ——认为自己的价值高于他人——与个人特点 (individuality) ——借这个词来表示承认每个人都有其独特价值的重要性——区别开来，而约翰·杜威关于个人主义和个人特点之差异的详尽论述则有重要意义。在关于民主和学校教育的著述中，他进一步阐述了个体差异和个体学习的思想与社会本位教育思想的一致性 (Dewey，1916，1930)。杜威还谈到了涉及面更广的一系列矛盾：

> 个体与社会之间可能并不存在任何冲突，因为这两个词都是指纯抽象的概念。但一些个体与社会生活中的一些安排之间、群体与个体阶层之间、民族与种族之间、各种制度中根深蒂固的旧传统与新思维方式和新行为方式（源于攻击社会认可模式的少数几个人）之间的冲突确实存在。(quoted in Ratner，1939：435)

社群主义者并不总是忽略或贬低个人价值，他们提倡在个人自由与实现共同目标的社会需要之间寻求平衡——平衡权利与秩序。阿米泰·埃齐奥尼指出，从通过法令、独裁统治和严格控制来维持"传统的"社会秩序到个人权利的不断增加，这是一个重大转向。他说：

……在现代性的冲击力过后，传统主义的冲击力又卷土重来，但现代性的冲击力并未停止；相反，在上个时代（大概从1960年后算起），它们不断向前推进，在设法进一步拓展基本权利的时候，又逐渐侵蚀了相当薄弱的社会美德和秩序之基础。因此，我们看到有些社会已经失去了平衡，不堪过度自由所导致的反社会的后果（这里所说的自由不是自由至上主义者或自由派经常使用的那层含义）。（Etzioni，1996：xvii）

更为激进的社群主义者主张用平等主义来应对个人主义的泛滥。他们看到的是社会价值观的解体、家庭结构的坍塌、社会责任的瓦解、共同利益的缺失以及构成美好社会的集体目标之破灭。

他们担心的问题包括："自我"一代心态的贪婪延续和"雅皮士文化"影响力的扩大、逐渐削弱公众信心并导致竞争力削弱和不公平竞争的反政府抨击、对环境保护和其他监管需要的破坏、私人领域的不断扩大以及对他人的不信任等。他们声称，无节制的个人主义所造成的明显负面影响波及慈善事业、公共福利、公共服务事业以及公立教育——而这些都是我们文明的主要贡献者。在解除对公用事业和企业的管制，促使公共服务事业私有化以及维持基于出身、财富和历史地位的社会等级制度等方面所做的种种努力都体现了过度的自由主义。当然，个人主义通常都不是社会底层阶级所倡导的。个人主义者提出的一个前提条件是原本拥有即应继续拥有。与之相反的是平等主义者提出的一些观点，其中包括保证并扩大平等机会，开展各种形式的维权行动，实行累进税制，进行财富的重新分配，实行国家医疗保健计划、先行教育计划以及社会安全网福利计划等。这些计划旨在纠正或减少群体之间的不平等。

公司的倒闭和财务自律监管的失败掀起了加强公共监管和问责制的热潮。正如20世纪初反垄断时期一样，这也引起了公众对放宽管制的模式、私有化模式以及20世纪90年代泛滥的个人主义模式的关注。

学校争论的意识形态根源

由于对学校的期望不同而产生相互冲突的观点，其中包括自由与平等、公立与私立、个人与社会、群众与精英、统一性与多元化以及宗教化与世俗化等。

二元论本身是错误的，因为二元论的两个对立面并不是彼此完全孤立的，而且通常也不需要一个原初的选择。没有身体，我们也不可能有灵魂，而没有灵魂的身体倒是可能的，但我们对此没有确凿的证据，因此，我们既不能选择身体也不能选择灵魂。但是，我们又不断面临着必须在种种相冲突的利益之中行使选择权的情况。这些选择常常是在两种政治意识形态之间、两种对立的利益之间或是对立的两个方面之间进行的——无论选择哪一面，都必然涉及好结果和坏结果。作为心智建构的二元论有助于我们做出选择或找到一个新合题，有助于我们针对相冲突的利益和意识形态进行理性的对话。学校教育是一种公共活动，在这种公共活动中经常出现二元论。

学校直接参与改造未来的个体和社会，人们也非常关心个体和社会将发展成什么样子。正如阿普尔所说："对于学校应该教什么的分歧很尖锐、很深刻。这不仅是一个教育问题，本质上也是一个意识形态问题和政治问题。"（Apple，1990：vii）

传统派普遍认为学校应该遵循过去教育黄金时代传承下来的传统的思想、做法和知识技能。进步派所持观点不同，他们认为学校必须灵活变通，以学生为中心且以未来为导向。

从提倡废除公立学校到利用公立学校进行社会批判和推翻压迫，每一种意识形态下的教育观各不相同。我们可以从“意识形态连续体”（ideological continuum）的角度来理解学校教育与政治：从最右边的精英主义立场到最左边的平等主义立场，中间是主流保守主义和自由主义的立场（见图1）。

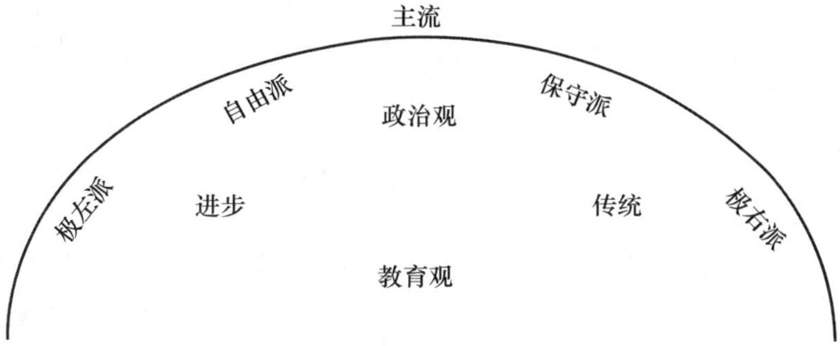

图1　政治观与教育观的光谱图

关于学校教育的极右思想并不完全一致，因为它们源自不同的特殊利益团体。一些极右派人士倡导讲授原教旨主义信条，一些主张删除涉及性、社会主义、无神论或是任何他们认为具有反美性质的教学材料，还有一些希望削弱公立学校的力量，针对少数学生实行精英化教育。右翼组织对世俗化人文主义、女权主义、堕胎权、性教育、全球化教育以及学校里的价值观教育都进行了攻击。

来自右翼的激进的教育观念形态包括：

- 自由至上主义者：“不让政府干涉我们和我们的学校。”
- 废除主义者：“废除公立学校。”
- 极端的精英主义者：“学校教育只面对最优秀学生；其余的学生作为后备劳动力培养。”

极左派人士也提出了对学校的批判性看法。一些人把教育视为群众揭露资本主义和公司制国家之罪恶的一种方式；一些人提出把教育作为革命的手段，对一切社会制度进行批判；左翼组织对企业赞助的教学材料、公立学校传播的宗教教义、按能力分班制、歧视性待遇、社会管制以及爱国式的服从教育进行了抨击。

激进的左翼思想包括：

- 解放论者：“把学生从学校和社会的压迫势力中解放出来。”
- 重建主义者：“利用学校批判社会，重造社会。”
- 极端的平等主义者：“废除所有特殊待遇或差别待遇。”

保守、自由、激进的社会观和教育观为批评学校和制订内容迥异的改革方案提供了各不相同的理念依据，个人和群体对学校的不满也是因为社会观和教育观的分歧而引起的。激进的观点很重要，因为这些激进的观点展现了平等主义和精英主义观念形态间的显著差异。但是，主流保守主义和自由主义的思想操纵着大多数改革运动，因为它们普遍受欢迎，而且对媒体和政府有巨大的影响。对于哪一种主流观点支配着学校，自由派、保守派和激进派所持意见各不相同（Aronowitz and Giroux，1993）。

围绕不同的意识形态观及其所代表的利益之争论也反映了教育在社会中的重要性。

意识形态的存在就是为了解释或证明目的和制度的合理性，或者是为了挑战其合理性。在教育中，这些基本的目标和制度在不同时期、不同地域也不尽相同。原始教育是为了生存以及传承长辈们确立的礼仪和生活模式，古代的学校教育在很大程度上是给学生灌输宗教知识。在雅典，哲学和冥想教育取代了宗教教育，而斯巴达教育则以军事训练为主。罗马教育更强调实效而非思辨哲学，其目标是培养忠诚的官吏和公民。中世纪的学校以宗教信仰的培养为主——为死后灵魂的生活做准备。文艺复兴为学校带来了不同的教育目标——人的潜在能力和个体创造力的启蒙与开发。在这一时期的大部分时间，正规学校教育只针对上层人士，通常只有宗教、社会和政治上的领袖人物的子女才能接受教育。主要的教育论战涉及如何培养社会的领袖、如何学习传统角色、礼仪和知识概念、如何进行善的冥想、如何启迪心智以及掌握更灵活的知识等。

大众化教育随着民主的发展而兴起，尤其是在 19 世纪中叶以来的美国教育中得到发展，现在已经遍布所有工业化国家。针对所有人的学校教育在不同的意识形态影响下形成了不同的教育目标：基本的读写算能力、社会管控、公民责任、忠贞爱国、职业和家政培训、品德和价值观的培养、健康安全知识、人际关系、自立自强和自我实现以及解决问题等。学校教育也转向了更世俗、更科学、更实用的目标。关于学校教育的理念从注重基本素养和社会管控转向更广泛意义上的智力开发和对个性的日益关注上，而这与民主政治概念的演变是一致的。

教育思想的新发展挑战着学校的既定目标和制度，并提出了个人与社会的关系以及正义与公平等有趣且重大的问题。

学校与课堂的公平正义应该体现在哪些方面？对于个人选择权、种族歧视、性别、阶级、财富和宗教等方面的公平正义问题，学校应该怎样处理？哪些利益处于危险之中？对这些问题的回答显示出对不同利益的维护。第 2 章至第 9 章将关注与正义、公平和公正有关的学校教育问题。

我们希望在本书中把关于每一个教育问题的所有观点都囊括进来，但这显然是不可能的。因此，我们在接下来的每一章针对所论述话题都只阐述两种截然不同的观点，以突出问题本身的对话性或辩证性。这些观点从自由派的进步思想、保守派的传统思想以及左派或右派的激进批判中汲取了思想营养。所参考的另外一些有关保守派、自由派和激进派的文献资料也一一罗列在各章最后，我们欢迎大家对这些存在极大分歧的观点进行探讨。

参考文献

APPLE, M. (1990). *Ideology and Curriculum.* 2nd Ed. London: Routledge.

ARONOWITZ, S., AND GIROUX, H. (1983). *Education Under Siege.* South Hadley, MA: Bergin and Garvey. (2nd Ed., 1993).

BANDY, J., AND SMITH, J. (2005). *Coalitions Across Borders.* Lanham, MD: Rowman and Littlefield.

BARRY, B. (2005). *Why Social Justice Matters.* Cambridge, UK: Polity.

BELLAH, R. N., ET AL. (1985). *Habits of the Heart: Individualism and Commitment in American Life.* Berkeley: University of California Press.

BERLIN, I. (1969). *Four Essays on Liberty.* Oxford: Oxford University Press.

BOWLES, S., GINTIS, H., AND GROSS, M. O. (2005). *Unequal Chances*. Princeton, NJ: Princeton University Press.

BRAUN, A., AND SCHEINBERG, S. (1997). *The Extreme Right*. Boulder, CO: Westview Press.

BROCK, D. (2002). *Blinded by the Right: The Conscience of an Ex-Conservative*. New York: Crown Publishers.

CHRISTENSON, R. M., ET AL. (1971). *Ideologies and Modern Politics*. New York: Dodd, Mead.

DAHL, G. (1999). *Radical Conservatism and the Future of Politics*. London: Sage.

DEMUTH, C., AND KRISTOL, W. (1995). *The Neoconservative Imagination*. Washington, DC: AEI Press.

DE RUGGERIO, G. (1927). *The History of European Liberalism*. R. G. Collingwood, translator. Boston: Beacon Press. (2nd Ed., 1959).

DEWEY, J. (1916). *Democracy and Education*. New York: Macmillan.

———. (1930). *Individualism Old and New*. New York: Minton, Balch, and Co.

———. (1933). *How We Think*. Boston: D. C. Heath.

DOWNS, A. (1957). *An Economic Theory of Democracy*. New York: Harper/Addison Wesley. (2nd Ed., 1997).

ERIKSON, E. H. (1960). *Childhood and Society*. New York: W. W. Norton.

ETZIONI, A. (1996). *The New Golden Rule*. New York: Basic Books.

FISHKIN, J. S. (1992). *The Dialogue of Justice*. New Haven, CT: Yale University Press.

FREEDEN, M. (1998). *Ideologies and Political Theory*. Oxford: Oxford University Press.

FUENTES, C. (2005). *This I Believe*. New York: Random House.

GEUSS, R. (2001). *History and Illusion in Politics*. Cambridge: Cambridge University Press.

GILL, E. R. (2001). *Becoming Free: Autonomy and Diversity in the Liberal Polity*. Lawrence, KS: University of Kansas Press.

GINGRICH, N. (2008). *Real Change*. Washington, DC: Regnery.

GLADSTEIN, M. R. (1999). *The New Ayn Rand Companion*. Westport, CT: Greenwood.

GOLDBERG, B. (2002). *Bias: A CBS Insider Exposes How the Media Distort the News*. Washington, DC: Regnery Publishers.

GUTMAN, A. (1999). *Democratic Education*. Princeton, NJ: Princeton University Press.

HAHNEL, R. (2005). *Economic Justice and Democracy*. New York: Routledge.

HAMPSHIRE, S. (2000). *Justice Is Conflict*. Princeton, NJ: Princeton University Press.

HENDERSON, D. (2001). *Anti-Liberalism 2000*. London: Institute of Economic Affairs.

HERBERT, B. (2005). *Promises Betrayed*. New York: New York Times Books.

JACOBY, R. (2005). *Picture Imperfect: Utopian Thought for an Anti-Utopian Age*. New York: Columbia University Press.

Journal of Political Ideologies. London: Routledge.

KITCHING, G. (2001) *Seeking Social Justice Through Globalization*. University Park, PA: Pennsylvania State University Press.

KLOSKO, G. (2000). *Democratic Procedures and Liberal Consensus*. New York: Oxford University Press.

KOLM, S-C. (2005). *Macrojustice: The Political Economy of Fairness*. Cambridge: Cambridge University Press.

KRAMER, H., AND KIMBALL, R. (1999). *The Betrayal of Liberalism*. Chicago: Ivan R. Dee.

LANE, R. E. (1962). *Political Ideology*. New York: The Free Press of Glencoe.

LIPPMAN, W. (1934). *The Method of Freedom*. New York: Macmillan.

LITTLE, I. M. D. (2002). *Ethics, Economics, and Politics*. Oxford: Oxford University Press.

MAURO, R. M. (2008). "Political Science Education and the Conceptual Analysis of Ideology." *Journal of Political Ideologies*. 13(1) 55–72. Feb.

MCKENZIE, J. (1984). *A Study of the Relative Democratic Nature of Gifted Education Programs in New Jersey*. Unpublished dissertation, Rutgers University.

MITZMAN, A. (2003). *Prometheus Revisited: The Quest for Global Justice in the Twenty-First Century*. Amherst, MA: University of Massachusetts Press.

NELSON, J., CARLSON, K., AND LINTON, T. (1972). *Radical Ideas and the Schools*. New York: Holt, Rinehart and Winston.

NELSON, J., AND GREEN, V. (1980). *International Human Rights*. Stanfordville,

NY: Coleman Publishers.
NEWEY, G. (2001). *After Politics.* New York: Palgrave.
NEWMAN, S. L. (1984). *Liberalism at Wit's End.* Ithaca, NY: Cornell University Press.
NODDINGS, N. (1995). *Philosophy of Education.* Boulder, CO: Westview Press.
NOZICK, R. (1974). *Anarchy, State, and Utopia.* New York: Basic Books.
PAVOLA, J., AND LOWE, I, eds. (2005). *Environmental Values in a Globalizing World.* New York: Routledge.
PIPER, J. R. (1997). *Ideologies and Institutions.* New York: Rowman and Littlefield.
RAND, A. (1943). *The Fountainhead.* New York: New American Library. (2nd Ed., 1957).
———. (1997). *The Journals of Ayn Rand.* D. Harriman, ed. New York: Dutton.
RATNER, J. (1939). *Intelligence in the Modern World: John Dewey's Philosophy.* New York: Random House.
RAWLS, J. (1971). *A Theory of Justice.* Cambridge, MA: Harvard University Press. (2nd Ed., 1999).
———. (1999). *The Law of Peoples.* Cambridge, MA: Harvard University Press.
———. (2001). *Justice as Fairness.* E. Kelly, ed. Cambridge, MA: Harvard University Press.
———. (2005). *Political Liberalism.* Expanded Edition. New York: Columbia University Press.
REISMAN, D. (1999). *Conservative Capitalism.* New York: St. Martins Press.
RICHARDSON, J. L. (2001). *Contending Liberalisms in World Politics.* Boulder, CO: Lynne Rienner Publications.
ROTHENBERG, R. (1984). *The Neoliberals.* New York: Simon and Schuster.
RUSSELL, B. (1955). *Authority and the Individual.* London: Allen and Unwin.
SHAPIRO, J. S. (1958). *Liberalism: Its Meaning and History.* New York: D. Van Nostrand.
SHILS, E. (1968). "The Concept of Ideology." In D. Sills, ed., *The International Encyclopedia of the Social Sciences.* New York: Macmillan.
SIMHONY, A., AND WEINSTEIN, D. (2001). *The New Liberalism.* Cambridge: Cambridge University Press.
SPENCER, H. (1981). *The Man Versus the State.* Indianapolis, IN: Liberty Classics.
SPITZ, D. (1982). *The Real World of Liberalism.* Chicago: University of Chicago Press.
SPRAGENS, T. A. (1999). *Civic Liberalism.* Lanham, MD: Rowman and Littlefield.
SOWELL, T. (1999). *The Quest for Cosmic Justice.* New York: Free Press.
STEINFELS, P. (1979). *The Neoconservatives.* New York: Simon and Schuster.
TOMASI, J. (2001). *Liberalism Beyond Justice.* Princeton: Princeton University Press.
VALENTYNE, P. ed., (2003) *Equality and Justice.* Volumes 1–6, New York: Routledge.

第2章

择校：资金自筹还是公共资助？

择校符合公共利益吗？

观点1：支持家长的教育选择权

> 择校意味着更好的教育机会，因为它利用教育消费者的机会和教育供给者的竞争所产生的互动来推动服务质量的提升……它重申家长的选择权和孩子的利益最大化而非制度的便利性，它把问责制和教育质量引入了教育体制，它提供的教育机会是前所未有的。
>
> ——The Center for Educational Reform，2008

为什么需要教育选择权？

如果你孩子所在学校的大多数学生的标准化考试成绩低于州平均分，你会怎么办呢？如果他们就读的学校里已获取相应资质的教师不多，教室拥挤不堪，计算机寥寥无几，实验室设备很差，书本或其他必需品配置不够，你又会怎么办呢？你能想出一个办法让他们得到自己所需要的教育吗？如果你对孩子所就读的学校不满意，因为课程设置不够严谨，或是因为课程内容与你的信仰和价值观相悖，你会如何处理这种情况呢？由于家庭经济情况不同，某些家长的选择范围可能非常有限。

对学校现状不满意的家长可以设法改善子女所就读公立学校存在的问题。但是这样做往往变成一次漫长复杂的政治行动——见老师，见校长，参加校董事会会议，游说教育委员会，还要积极参与学校的活动。而时间和精力上的投入又往往是大多数家长所无法承诺的，失败受挫的风险系数很高。即使这些努力没有白费，最终姗姗来迟的变化可能是最初想方设法改变学校状况的家长们等不起的，因为学生在一个年级只待一年，且学校往往也不可能那么快地更改其计划或政策。尽管为长远变革而铺路是一种选择，但这种选择无法满足家长和孩子最为迫切的需求。

富裕人家可以决定把孩子送到学费昂贵且与宗教无关的私立学校。即使这些家长继续缴税支持公立学校，但他们仍能承担送子女上私立学校所需要的费用。此外，因为这类学校数量有限，去这些学校上学可能意味着学生必须长期离开家人独自生活。对家长或年轻人而言，即使有条件这样做，但为了孩子的教育而打乱家庭生活又往往不是一个有诱惑力的选择，因为这种选择非但不会增加反而会削弱父母在孩子生活中的影响力。目前来看，私立学校仍然只是最富裕家庭的选择，因为每个孩子每年的学费高达数万美元（Broughman and Swaim，2006；National Association of Independent Schools，2008；U. S. Department of Education，2007，2008c）。

财力有限的家长可以选择把孩子送到学费相对便宜且与宗教组织有关的私立学校（McDonald，2008）。实际上，在美国近 28 000 所私立学校中，有接近 80%的学校都与宗教组织有关（Broughman and Swaim，2006）。但是这种选择对家长来说也不是很有利。许多家长不满意的是他们自己与赞助孩子所就读学校的宗教团体在宗教信仰上并不一致，而在经济困难时期，学费负担之重又会突破家庭预算的上限。

实际上，如果一个家庭没有多余的预算资金，那就不可能选择某一所私立学校。大多数贫困儿童都是在市区公立学校读书，他们的学习成绩远远落后于在郊区公立学校上学的同龄人（KewalRamani，Gilbertson，Fox，and Provasnik，2007）。许多生活在市中心贫民区的少数族裔家长对其子女所受教育的质量也深感担忧（Black Alliance for Educational Options，2008）。但是，不管穷人还是富人，如果没有既适合所有人又切实可行的择校计划，那么他们就不可能把担忧转化为行动。2002 年通过的 NCLB 法案试图通过容许转校就读，即容许家长把孩子从不能达标的“失败学校”（failing school）转到学生学习成绩更高的其他公立学校，来保证家长拥有更多的选择性。除了亚拉巴马州、北卡罗来纳州和弗吉尼亚州之外，其他各州都实施了“开放入学”（open enrollment）的政策。但在通常情况下，这些政策规定只能在学区范围内转校就读，而在部分市区，根本就没有那么多所达标学校来容纳希望从“失败学校”转走的学生。大多数州也准许但并不鼓励学生从低绩效学校转到高绩效学校就读，也缺乏接收转校生的激励机制。在大多数情况下，希望转校就读的学生甚至都不能享受前往新学校的免费交通（U. S. Department of Education，2008a）。

美国人希望保留地方对学校的高度控制权，所以学区也是分区域建立的——城镇、乡村或者是城市中的任何一部分都可成为学区。地方管理机构通常是校董事会，它由学校所服务的当地居民选举产生并对当地居民负责。但实际上，这些管理方式不太能满足那些不满教育现状的家长的要求。许多评论家认为公立学校的官僚主义积重难返，已经变得复杂化、自我保护化（Lips，2007）。

比如说，一个学区一旦成立，就会按居住地分配学生就近入学，而且在入学原则上泾渭分明。从同一个学区内的一所学校转到另一所学校就读往往是很困难的；从一个学区转到另一个学区读书则几乎不可能（除非全家搬迁改变居所）。按片区就近分配入学最大限度地减少了家长为孩子选择可就读学校的权利，家庭的财政状况，而不是他们愿意为孩子投入的时间和精力的多少，决定着家长教育选择权的大小。如果一家人有经济实力生活在一个“好地方”，亦即居住区周围有符合其愿望的好学校，那么一切都好；如果一家人生活的居住区周围没有如其所愿的好学校，而他们又没有足够的经济实力搬迁到另一个更好的学区，那么相对的贫穷就剥夺了他们为子女选择学校的自由。

除了家长之外，还有一些人也很关心教育，而且也拥有专业化知识技能，在决定什么样的学校和方案能最好地为我们的孩子和社会服务时，他们能够献计献策——教育工作者研究教学计划，确保那些不适应传统教和学方式的孩子取得学业上的成功；健康专家提出的建议有助于学校了解并应对影响学生身体健康和情感健康的问题；商务人士在培养学生如何应对未来要求更高的就业市场方面可以给学校提出建议，给予支持。然而，尽管这些人提出的一些教育问题是出于好意，是基于自己的专业知识，但他们当中没有谁对孩子福祉的关心赶得上那些满怀爱意、尽职尽责的孩子家长。尽管在这个国家，家长对孩子的影响力不是无限的，但是，我们美国人相信，家长的权威性是影响孩子生活方方面面的最重要因素。在那些担心孩子教育的人当中，家长与孩子的关系最长久，他们最了解什么最适合自己的孩子，在这一点上，甚至最有名的教育专家也无法与家长相比。对于子女的教育问题，家长才是最终的决策者。作为美国人，我们应该努力确保所有家长都享有这一权利，而不是仅仅保证那些有一定经济地位的人才拥有。

不过，我们已逐渐认识到州政府资助的学校限制了家长的教育选择权。我们必须让教育体制在一个自由竞争的市场环境中运行。“再多的钱或是再多的方案也只能带来微乎其微的改进，因为公立学校是为教师和行政管理人员服务，不是为学生及其家长服务的……只有市场才会迫使公立学校进行重构，虽令人不快但却是释放潜能所必不可少的重构。”（Manzi，2008：43）

家长的教育选择权不会没落，它对个人有着重大的利害关系。作为一个国家，我们所面临的问题不是是否应该制订切实可行的家长择校计划，而是应该如何制订切实可行的家长择校计划。尽管最近的一项盖洛普民意调查表明，美国人对这类计划也很关心，但在接受调查的人当中，有 41%的人表示他们支持这样的提案：容许家长把适龄学童送到他们自己选定的公立学校、私立学校或教会学校读书，并且由政府全部支付或者支付一半非公立学校的学费。在子女就读于公立学校的家长中，有 57%的人表示，如果有教育券，而且也可以使用的话，他们也愿意把孩子送到私立学校读书（Rose and Gallup，2007）。有些人对如何监管接受教育券的私立学校表示担心，但考虑周密的择校计划是可以让家长放心的。

为家长和孩子创造选择的机会

特许学校和开放入学

我们可以通过几种方式来拟定择校方案。首先，我们可以在小范围内进行，鼓励公立学校系统内部实行自由择校。政府资金仍然只用于公立学校，但这种制度使得家长有了更多的选择，如果他们对某一学校不满意的话。其次，我们可以推行一种更为激进的改革，把纳税人用于教育供给者（公立学校）的钱转到教育服务机构的消费者（家长和孩子）身上。让这些消费者来决定把钱花在什么地方。

尝试的结果表明，第一种择校方案的效果有限。有些地区自从 20 世纪 60—70 年代民权运动以来就把孩子教育的选择权交给了家长。开设特色课程来吸引学生的磁石学校（magnet school）成了许多城区废除种族隔离政策的工具；其中一些磁石学校仍在继续运营。自愿转学计划，有时也被称为“开放入学”，它的作用同样有限。自从 1988 年以来，18 个州颁布了允许学区内和跨学区转校就读的法律，还有 11 个州规定学生可以在同一学区内转学就读，将近 400 万学生参与了开放入学计划（U. S. Department of Education，2008b）。

公立学区之所以打造特色学校，除了促进种族融合之外，还有其他目的。自从20世纪70年代以来，一些合格教师获得州的准许（特许状）以进行探索教育革新，打造全新的、独立性更强的学校。现在已有39个州和哥伦比亚特区通过了特许学校法，即允许建立脱离所属学区、实行自治的学校。这些学校共同体的成员认为，摆脱了州和地方上条条框框的束缚，能更好地满足学生的需要。另外，他们还把特许学校（charter school）视作能够实现"另一种教育梦想"的地方——比起传统的公立学校，这些学校更能充分实现多元化教育、探究式学习以及学校共同体等教育价值观（U. S. Charter Schools，2008）。

在20世纪90年代初，研究人员断定，尽管就读于特许学校的孩子受益颇多，但是把这些计划与学校绩效或是学生学业成绩的提高直接挂钩还缺乏证据（National Center for Education Statistics，2004）。不过，最近的研究结果却表明，就连这种有限的竞争对学生学业成绩的提高也有促进作用（Betts，2006；Hoxbie，2007；Witte，2008），并且还能促使学区改进其服务质量（Betts，2006；Forster，2008）。

教育券计划

第二种选择是把纳税人的钱直接发给学生家长，把孩子的教育决定权归还给家长。教育券（vouchers）就是把纳税人的钱转拨给学生家长的一种机制。在教育券计划中，有孩子的家庭领取政府发放的教育券来为他们选择的教育方案买单。50年前最先提出教育券计划的经济学家米尔顿·弗里德曼（Milton Friedman）认为，最有效的方式就是每个家庭都能得到数额大小相当于公立学校生均教育经费的一笔钱，然后他们就能"货比三家"，选择最符合其需要的学校——或是公立学校或是私立学校（Hendrie，2004）。残疾学生还可以得到额外补贴。教育券经费主要来源于州和地方的税收；有特殊需求的学生还可得到联邦政府的额外资助。家长接受政府教育券的资助后，如果不够用，还可自己加钱支付学费，这是没有任何限制的，同样，也没有任何规定禁止在家长自己所选择的学校使用教育券。非宗派私立学校、教会学校以及政府资助的学校都是可选的。一些教育券计划的倡导者建议，为了增强教育券制度的竞争性，对任何教育选择都不应再追加政府补贴。从纳税人那儿得到的资助学校的资金量大小取决于学校注册人数，而学校注册人数又取决于消费者的满意度（Enrow，2008）。

20世纪90年代初期的教育券实验始于私人资助计划。在全国至少有八项这样的计划，其中最大的两项就是"儿童第一"（Children First America）和"儿童奖学金基金会"（Children's Scholarship Fund）。"儿童第一"帮助设立的学费奖学金计划惠及70多个城市的孩子；全国近29 000名儿童得到了儿童奖学金基金会的资助。但是这些计划还是不能满足实际需要，比如说，仅儿童奖学金基金会收到的资助申请就多达125万份。基金会的负责人认为，仅靠慈善机构无法满足美国家长的择校愿望，他们需要教育券（Children's Scholarship Fund，2008；Washington Scholarship Fund，2007）。

但是，全国仅有六个州——佛罗里达州、犹他州、缅因州、俄亥俄州、佛蒙特州、威斯康星州——以及哥伦比亚特区实施了教育券计划。这些计划都有一定的限制性，比如说，缅因州和佛蒙特州的教育券计划只适用于没有设立公立学校的学区，而且这两个州都不容许家长为孩子选择教会学校（Kafer，2005）。在佛罗里达州、亚利桑那州、佐治亚州、俄亥俄州和犹他州，残疾学生有资格领取教育券来支付私立学校的学费（Enrow，2008）。密尔沃基市和克利夫兰市启动了规模最大的公助教育券计划，这两个城市中大约有 11 000 名来自低收入家庭的学生得到了可进入私立学校的教育券，而且这些私立学校达到了州健康安全标准和规定，并且它们同意通过随机挑选来录取持有教育券的学生。在密尔沃基市、克利夫兰市和华盛顿特区的调查表明，能够使用教育券到所选学校上学的家庭对教育环境的满意度高于到公立学校上学的学生家庭（Wolf，2007；Read，2008；Witte，2008）。我们完全有理由相信，通过设立更多公助择校计划，我们就能够让更多的家庭享受到这些好处。实际上，我们应该在美国的每个州都用教育券取代目前的教育资助方式，这将让每个家长都真正掌握教育选择权。

实施教育券计划的好处

教育券计划将解决美国教育体制中的不公平问题。有了资金充足的资助计划，所有的家长，无论收入多少，都将能够让孩子接受符合其需要和兴趣的教育。现在属于富人阶层的特权将成为所有人都拥有的权利。比如说，许多家长认为，公立学校的一些政策、制度和教学违背了他们的宗教原则。

有些家长认为，学校实际上并没有采取中立的立场，而是在宣扬那些与他们的价值观相冲突的东西（Shaw，2005；Strom，2005）。有些家长也发现学校政策妨碍其子女从事宗教活动。年轻的穆斯林们在学校里常常找不到空间进行祷告；在穆斯林圣日星期五也不能离开学校去参加清真寺的宗教仪式（Farquhar，2008；Zine，2007）。穆斯林和犹太人有时觉得很难在公立学校的食堂里找到符合其饮食戒律的食物，而且，宗教节日和斋戒日在公立学校常常得不到认可。公立学校中男女同校的教育模式也违背了一些学生及其家庭的宗教信仰，因为男女分开教育是他们的宗教传统（Farquhar，2008；Zine，2007）。教育券计划将使家长有能力让子女离开那些他们认为“伤人信仰的”公立学校，并把子女送到学校课程或政策不违背其宗教价值观或道德价值观的学校读书；他们将有能力选择在家庭宗教传统或精神传统方面有利于孩子成长的学校。这样做再也不是少数有钱人的特权。

教育券计划也能帮助我们解决美国学校由来已久的种族隔离问题。即使一个家庭没有经济实力搬离居住地，家长也能用教育券为孩子选择其居住区之外的学校，家长将有能力把孩子送到不会重蹈种族隔离之覆辙的学校。教育券将使得私立学校有机会接收那些交不起学费、得不到奖学金的学生。这样一来，学校人口在种族方面就会变得更加多样化。有证据表明，私立学校，尤其是有宗教附属关系的私立学校，其种族隔离的程度已经低于公立学校（Forster，2006；Greene and Winters，2006）。

在学校竞争生源的制度下，学校的生存将取决于消费者决定到哪里使用教育券，因此，学校就会比在现行制度下更有动力去确保消费者的高度满意。显然，学生成绩会直接影响家长对学校的评价，推行教育券计划则有益于更多孩子取得学业上的成功。新的资助方式将帮助现有私立学校致力于造就提高学生学业成绩的新型私立学校。这种竞争也将迫使公立学校努力提高学生的学习成效（Hendrie，2004）。研究表明，在私立学校教育券制度得以实施的地区，公立学校的教育质量也提高了（Greene and Winters，2003；Wolf，2008）。这一系列的好处也是那么多子女在不合格率高的学校读书的家长支持教育券计划的原因之一

（Wolf，2008）。

教育券计划以及由此催生的竞争激烈的教育市场也将使满足学生特殊兴趣和需求的学校越来越多，例如，艺术类学校和主攻科学技术的学校将更普遍。学校种类的增多有望激发学生的学习动力，因为他们的兴趣和学校开设的课程将更加“匹配”。在鼓励创新的教育券制度下，不太适应当下学校的学生有可能找到一所更适合他们的学校。

给家长、学生带来的这些好处将最大限度地减少学校所引发的社会冲突。因为家长可以选择孩子的教育方案，如果不满意还可以转到另外一所学校，这自然会提高他们对学校的满意度。研究者对这一点似乎确信无疑。可以为孩子选择学校的家长比没有择校权的家长对学校更为满意（Wolf，2008）。即使许多学校实行私有化，它们在学校管理上给家长和学生的发言权也比需要与特殊利益团体代表们较劲儿的公立学校大得多（Center for Educational Reform，2008；Wolf et al.，2007）。

教育券计划的受益者不仅仅是家长和学生，教师也同样受益。既然学校的生存取决于家长对学生成绩的满意度，而学生的成绩又取决于教师们称职的教学，那么，优秀的教师就会成为“抢手货”。学校为了竞相吸引教学行家来本校教书，自然会提高教师的工资待遇。而且，随着学校数量和类型的增多，教师也更能找到与自己的价值观、教育使命和教育理念相契合的学校。因此，在教育券制度下，教师自身的满足感也会增加。教育券计划也有益于纳税人。大多数教育券用于私立学校和教会学校时，将使得学生进私立学校、教会学校的费用大大少于公立学校的费用——因为学区官僚常常超支使用或浪费资金（Michos and Aud，2006）。

持券择校计划的一些问题

当然，择校计划评论家也指出了几方面的问题。如果实施教育券计划，我们必须保证其合宪性、公平性以及与美国价值观的一致性。如果我们的教育券计划是深思熟虑后的产物，那么所有这些条件都是可以满足的。

当评论家质疑是否该用纳税人的钱来教育在宗教组织所办学校读书的孩子时，他们经常会提出合宪性的问题。这个问题源于他们对政教分离原则的理解：美国宪法第一修正案规定，国会不得制定任何法律以确定国教。最高法院常常把这一条诠释为：宪法没有赋予联邦政府对于宗教问题的任何管辖权。历史上的大多数时候，宗教事务都是交由州政府和地方政府处理，但在20世纪40年代，法院开始更加关注这个问题，并设立了一些标准以对州、市与宗教机构的关系加以限制。在此过程中，最高法院做出的一些裁定进一步拉大了政教之间的距离。

但是，最高法院也裁定许多有利于宗教组织的政府政策并不违宪。比如说，为教会和教会学校免税，为宗教慈善事业的捐赠减税，教会学校学费的税额减免，动用税款资助教会学校学生交通车辆以及给予宗教机构警力或消防保护，这一切都被裁定为合法。《退伍军人权利法案》(G. I. Bill)、佩尔助学金（Pell Grants）、联邦学生贷款计划以及州大学生学费资助计划等与择校问题的关系更为密切，但也没有被裁定为违宪，尽管这些计划的一些资金流入了与宗教团体直接挂钩的学校。

在这类资助方面，最高法院似乎是秉持一种“中立”政策。如果一项计划按照中立的指导原则为个人提供补助金，那么就可被裁定为合宪，即使个人决定把这些补助金用于宗教团体提供的服务。政府本身不扶持宗教机构，个人支持宗教机构只是个人的决定（Widmer et al. v. Vincent et al.，1981；Mueller v. Allen，1983；

Witters v. Washington Department of Services for the Blind，1986；Zobrest v. Catalina Foothills School District，1993；Agostini v. Felton，1997）。法庭裁定，问题不是用纳税人的钱资助什么，而是这些资助如何流入宗教机构的。如果个人独自决定把自己有权使用的那部分税款用于宗教机构提供的一项服务，那么，政教之间的壁垒就没有被打破（Lewin，1999；Lindsey，2000；Rosen，2000）。正是基于这样的推理，在泽尔曼诉西蒙斯-哈里斯（Zelman v. Simmons-Harris，2002）一案中，法官才裁定克利夫兰市教育券制度是合法的。最高法院规定，各州为学生家庭提供公共资金在私立学校消费是符合宪法的，即便是用于隶属宗教组织的私立学校也是合法的。这一原则同样适合资助学生上大学的佩尔助学金，受助学生可以用这笔资助金上任何大学，无论它是否有宗教背景。

对于教育券计划的批评者而言，他们还担心私立学校针对持教育券学生所制定的录取政策。他们自然担心市场体制会让学校在录取政策上区别对待学生。比如，教会学校可以只录取有特定家庭背景的申请者，即申请者的父母必须是学校所附属宗教组织的成员。他们还说，私立学校也可以拒绝接收那些有特殊教育需求的残疾学生。

尽管担心录取政策不公平是有道理的，但现行法律已能保护年轻人免遭任意歧视。实际上，在 2000 年，参与密尔沃基市教育券计划的几所高中所制定的录取政策里出现这类问题时，都是通过这些法律来解决的（Garn，2008）。

但是，最高法院又裁定，私人组织，甚至是那些间接受益于纳税人资助的私人组织，也可以拒绝招收某些人，如果接收这些人会使该组织受《宪法第一修正案》所保护的宗教自由权受到严重侵犯的话（Roberts v. United States Jaycees，1984；Hurley v. Irish American Gay，Lesbian，Bisexual Group of Boston，1995；Boy Scouts of America v. Dale，2000）。目前，法院还没有明确表示这一裁定是否适用于附属于教会的学校。

对教育券资助家长择校的另一担心是，那些在信仰上与美国人不一致的个人或组织会用纳税人的钱去维护那些宣扬其信仰的学校。例如，评论家们担心，诸如 3K 党之类的组织也许会利用教育券资金来建立倡导白人至上主义的学校（Center for Educational Reform，2005）。这些担心揭示了关于制度的合法性问题。但是，提出这些反对意见的人似乎忘了已有的法律规定：任何人不得在美国从事非法活动。私立学校的教师或行政管理人员也要遵守这些法规。另外，政府不再是教育券计划受益学校的唯一经营者，这是事实，但这也不一定就意味着政府就不能管理间接接受纳税人税款的教育机构。欧洲许多国家用公共资金资助私立教会学校，同时设立“督查团”来查核这些机构是否确实在为孩子们提供教育服务，没有做违法的事情。我们无须重回政府垄断教育的轨道，对这些制度加以修订就能满足当前的需要（Betts，2006）。

资助与宗教或政治异议群体有关的学校引出了关乎合法性的问题。但是，评论家们似乎忘记了容忍不同意见是美国民主传统的核心内容。在建议我们不要资助那些只传播某一群体的观念或信仰的学校时，评论家们也许只是无意之中参与了一种审查，而这种审查放在其他语境中他们自己也会觉得难以接受。缺乏政府资助可能使这些学校无法运营，因此也就能禁止他们表达自己的看法和信仰，而根据美国宪法第一修正案，他们是有权这样做的。管理这类学校是政府的一项新任务，但也并不意味着这是一项不可能完成的任务（Betts，2006）。

对那些从教育券计划中受益的学校是否会教授学生偏见和盲从的担心倒是合情合理的。但是，对于那些最可能成为仇恨目标的人，这些担心似乎并不那么重要，因为他们更担心的是孩子被迫在教育失败的公立学校读书，而在现行制度下公立学校又是他们的唯一选择。许多城区的少数族裔家长认为，尽管教育券计划可能存在一些问题，但那些问题不会比他们现在面临的问题更糟糕（Black Alliance for Educational Options，2008）。他们是正确的。作为一个社会，我们需要教育券计划带来的好处，我们必须接受以符合美国法律和价值观的方式来完善教育券计划的挑战。

建立美国公立学校体制的目标是为所有美国孩子提供教育服务，让所有那些受益于学校教育的人也分担学校的财政费用。但是，实现这一梦想从不要求让政府来运营学校，只是要求我们通过税收来资助学校。教育券计划只是资助学校而又不让学校受制于反应冷淡的官僚主义控制的一种方式。我们再也担负不起拒绝变革的后果了。所有家庭都理应能选择适合其子女的教育。如果我们不愿意让拥有优质教育的权利任由家长“操纵”，我们也就无法让处于社会边缘的贫困家庭拥有改变自身环境所必备的工具。教育券计划让这些孩子以及所有孩子的父母拥有了真正的教育选择权，他们不再是他人决策的被动接受者，毕竟，外人对其子女生活的了解要少得多。我们必须让家长拥有教育选择权变成现实——而公助教育券计划就能实现这一目的。

观点 2：反对教育券计划

在我看来，教育券代表着最糟糕、最危险的想法进入了教育话语中。

——Kozol，2007

可供家长和学生选择学校和教育的方式很多，而且还没有教育券计划这么麻烦。教育券计划的倡导者似乎忽视或贬低所有其他的可能性，把他们的择校计划描绘成改革美国教育现状的唯一希望。然而，热衷于推行自己观点的时候，他们低估了给私立学校划拨公共资金本身的困难。

我们之所以反对教育券计划，反对家长把公共资金用于私立学校，有以下几点理由：第一，教育券计划将破坏教育制度，尽管我们的教育制度还不完善，但它仍然使家长、学生、教师、行政管理人员以及其他公民了解了“民主生活意味着什么以及如何过一种民主的生活”（Dewey，1916：7）。第二，教育券计划捣毁了政治与宗教之间的这堵墙，违反了美国宪法。第三，教育券计划把公共资金转移到私人金库涉及是否合法的问题。第四，教育券计划对学校和纳税人将产生难以接受的财政影响，将妨碍崇尚多元化和包容等美国价值观的持续发展，将使得建立在不平等经济或社会状况基础之上的分裂愈演愈烈。第五，教育券计划也根本不可能如其倡导者所承诺的那样有助于学生学业成绩的提高。

不同类型的选择

家长对教育体制确实已有选择。NCLB 法案，为家长的多种选择提供财政资助，其中包括特许学校、公立学校以及磁石学校的选择。另外，如果一所学校连续两年没有达到州标准，这个学区必须为家长提供把孩子送到绩效更高学校就读的机会（U.S. Department of Education，2008）。

然而，法律没有规定政府必须提供专款来补贴私人的教育决定。当我们决定用公共资金支持何种教育的时候，家长和孩子所关注的问题不是唯一有待考虑的问题。既然所有纳税人对用于教育的资金都有贡献，那么他们也有权对学校进行选择。也就是说，学校教育的社会目标与家长为孩子制定的个人目标必须一致。

美国人在19世纪中叶就接受了“公立学校”这一概念，为下一代提供改造社会、创造社区内积极人际互动所必备的知识、技能和价值观是公立学校的教育目标。通过公立教育，年轻人将学会如何成为民主社会里负责任、有成就的公民，将了解投票的重要性，将养成争当诚实负责劳动者的习惯。他们还将学会包容，学会尊重造就这个国家的不同民族和不同观点（Good and Braden，2000）。

我们愿意把辛辛苦苦挣来的钱交给政府创办的学校，因为我们坚信这样的学校所回报的是社会的每一个成员，而不仅仅是在学校读书的孩子和学生家长。美国在通过公共资助的公立学校对几乎所有孩子进行高质量的学校教育方面有着骄人的成绩记录。

美国公民也认为应该通过美国生活中特有的选举、代议制程序对教育方面的问题进行集体决策，因此，我们建立的学校是通过选举产生的校董事会或其他形式的地方政府机构来管理的。如果人们不同意选任官员们所做出的决定，他们可以推选其他人。这一程序可以维护经济上支援学校的纳税人对学校的决策权，而教育券计划实际上夺走了纳税人的这一权利。

教育券计划的鼓吹者们想回避这个民主决策的过程，他们不喜欢民主决策过程中在课程或政策等方面所达成的各种妥协。因为达成的是妥协方案，所以就要求每个人在某些问题上都得“让步和放弃”。也许不满的家长和其他教育券计划支持者反倒认为，他们放弃的太多，而别人给予的又太少。即使他们是正确的，但是，民主过程就是这样运作的。少数派意见或者那些增加不了多少公共压力的意见，在我们的政治制度中占不了上风。但是，民主制度也要维护少数群体的权利，尤其是他们的参与权、为自己的立场进行最充分辩护的权利以及最终可能使大多数人改变看法的权利（Apple and Beane，1995）。

少数群体试图在关乎教育的民主决策过程中发挥更大的作用，但教育券计划并未真正代表这部分人的想法。相反，说到学校管理和责任，教育券计划倒是完全让家长出局（Paris，1995）。只需用纳税人的钱，家长就可以选择把孩子送到私立学校读书，这些私立学校完全可以逃避按照民主程序开展工作的各种困难，因为“计划相冲突、风格迥异的不同参与者所持有的观点，通过民主程序能被认可为合情合理”（Henig，1994：23）。

宗教、包容和民主精神

在家长用教育券所能做出的选择中，有宗教背景的学校是一个选择。教育券计划的倡导者认为，如此使用纳税人的钱是合乎宪法的，但这并不意味着这是一项好的公共政策。确定一项政策的合宪性仅仅意味着这项政策“可以”实施，而不是“应该”实施。

教育券计划使得学生更容易到那些实行宗教信仰隔离的学校就读，这实际上“有利于”孤立、误解那些与自己信仰不同的人。在这个需要公民更能够接受而非拒绝宗教差异性的时代，宗教学校并没有把学生培养得那么优秀以至于应该得到公共资助。正如我们所看到的那样，在一个民主国家，公民有权决定税款投资需要得到什么样的回报。那么在这种情况下，如果社会决定只资助那些最有可能让学生了解、接触与自己和家人不一样的那些人的学校，也不算侵犯家庭权利。通过学校的现实体验，教育学生形成多元包容的民主价值观，这样的集体决定并未削弱家长教导孩子信奉家庭宗教价值观的权利。它仅是关于如何最好地利用税款来实现社会目标的一个决定而已。

一些教育券计划的支持者说，有研究表明，就读私立学校的人实际上能够充分、忠实地履行公民义务。他们还说，私立学校的毕业生比其公立学校的同龄人更能容忍他人（Greeley and Rossi，1966；Gallup and Castelli，1987；Greeley，1990）。

但根据其他一些报告，我们有理由相信这种包容不是有宗教背景的私立学校的普遍产物（Slater，2005）。针对一些保守教会学校所用教科书进行的研究似乎表明，对于与学校共同体宗教信仰不一致的人来说，这类教科书可能助长否定和批评他们的态度（Mogra，2007；Paterson，2000）。这类课程可能“鼓励”学生给他人“贴标签”，“鼓励”学生不看别人的优点，仅凭模式化印象就对他人的观点不予考虑。利用政府资金培养学生的这种态度是有问题的，因为把公共资金用于教育就是为了打造具有包容和妥协的民主精神的公民，这是历史的决定。我们并不是说在政府资助的学校里不应该出现另外一些理念，但是，不应该花费纳税人的钱来进行这样的教育。

教育券计划导致的助学后果

不管我们考虑的是全部资助型还是部分资助型教育券计划，它们都会带来负面的助学后果。

全部资助型教育券计划是许多希望借由市场力量操纵教育的人所向往的，这种计划意味着美国每一个适龄儿童的父母或监护人都将从政府那里领取一张支票。根据大多数提议，这张支票的基本金额对每个学生而言都是一样的，有特殊需求的学生会得到额外资助。根据某些计划，家长收到的教育券在金额上与目前学生在地方公立学区的花费相当。但根据大多数计划，家长收到的教育券在金额上远低于学生在公立学区的花费，尽管有些提议支持政府资助的学校继续运营，而且可能对那些继续运营的学校仍按目前标准给予资助（Hendrie，2004）。

全部资助型教育券计划会对纳税人和教师产生影响。如果实施这些计划，政府的教育经费总额将会大大增加。在美国，超过500万的学生在私立学校读书，生均学费超过了6 600美元（U. S. Department of Education，2008b）。这些学生的家长目前没有领取政府提供的任何学费资助金。如果他们也领取资助金，我们也继续像现在这样提供教育资助金的话，即使我们以教育券的形式来资助，每年支出的额外费用将超过220亿美元。议员及其选民将不得不支持增加税收以保证这部分额外资金的供给。

如果我们决定把教育支出维持在现有水平，不增加税收，那么私立学校学生所需的这220亿美元将从现在就读于公立学校的学生所需经费总额中扣除。因此，即使这些学生得到了教育券，其金额也不会等同于学区目前得到的教育经费。

一些教育券计划的支持者会说可得资金的减少不是问题，因为教育券计划补贴出来的这笔钱仍可支付私立学校的学费。他们指出，那些私立学校目前教育学生所需平均费用约等于公立学校教育的一半。教育券计划的实施会使这种节省费用的私立学校在数量上有所增多，从而迫使政府资助的学校减少教育支出以保持竞争力。但这种论点是有问题的。它忽略了这样一个事实：私立学校的教育支出之所以低一些，主要是因为它们支付给教师的工资要少得多，尤其是在有宗教背景的学校，教会学校的生均学费在 5 050 美元之内。一些更高级的非教会学校收取的平均学费要高得多——多达 13 420 美元（U. S. Department of Education，2008b）。教会学校的教师可能有信仰承诺，这驱使他们愿意为低工资而工作。但这个行业的其他人并不一定也这样。

教育券计划的支持者经常说，教育体制的竞争性将为教师打造一个“卖方”市场。也就是说，因为优秀教师有市场，所以他们既能要求得到更高的工资待遇，也能实际得到更高的工资待遇。但是，他们所倡导的教育券计划似乎又无法保证这样的结果。实际上，大多数教育券计划所导致的结果往往是：除非家长愿意用额外的学费来贴补教育券的不足，否则，私立学校也不可能提高教师的工资待遇，而公立学校将不得不降低教师的工资待遇或是大大提高生师比例。

部分资助型教育券计划也会对财政有影响。通常这些计划是针对学习成绩水平低于州标准的城区学校学生而提出的备选方案。就读于这些绩效较差学校的学生家长可以得到政府资助来为孩子选择另一种教育。在大多数教育券计划中，这些资助金的额度与公立学校生均教育经费并不相当。密尔沃基市和克利夫兰市的教育券计划是这类计划的典范，其目的就是让生活在城市低收入家庭的学生享有受教育的机会。在这两个案例中，教育券提供的只是部分资助——只相当于公立学校学生所需教育经费的一部分。

在密尔沃基市，学生领取的教育券在金额上相当于私立学校的教育费用，最高资助金可达 6 500 美元。其中 56％的资金由州划拨，剩下 45％的资金是从本该划拨给密尔沃基市公立学校的教育经费中扣除的。在密尔沃基市的公立学校，生均教育经费为 11 885 美元。当给密尔沃基市的一个学生提供教育券的时候，州政府不再把该生的生均教育经费划拨给密尔沃基市的公立学校——即使这个学生没有教育券也同样会上私立学校。也就是说，密尔沃基市的公立学校因为那些本来就不会选择上公立学校的学生失去了本该得到的资助金。同时，州政府还从该学区本该得到的一些额外补助中扣除了一些作为教育券费用。因此，密尔沃基市的纳税人就得面对大幅提升财产税以弥补失去的州资助金的现实。不过，总的来说，在威斯康星州，教育券计划倡导者能够准确地说出，该计划在 2007 年为纳税人节省了 2 460 万美元。但通过这一数字，我们无法了解到底是哪些纳税人受益于教育券计划。威斯康星州的纳税人因为教育券计划而节省了 2 930 万美元，没有生活在密尔沃基市的财产纳税人节省了 4 230 万美元。在实施教育券计划资助孩子上（大多数时候是）教会学校的城市里，对财产纳税人（房主）的负面影响高达 4 000 万美元（Costrell，2008）。即使地方财产税的收入增加，但密尔沃基市公立学区也得大幅度削减计划费用和裁退教职工（Borsuk，2007；2007a）。

教育券计划支持者坚决认为，该计划并未真正损害学区的利益，因为受助学生已经离开了学区。因此，他们认为学校不会因为那些孩子而有任何开销。但是他们忽略了公立学校的固定费用仍然不变这一事实。教学楼仍然需要供热，需要用电；校车仍然需要加油，需要保养。私立学校教育券开支的增加导致公立学校得到的资助金减少，但公立学校同样要支付那些账单，只是手头的可用资金更少。

教育券计划导致的其他后果

种族孤立

教育券计划的支持者认为，他们的计划能够促进美国学校的种族融合。他们认为，因为私立学校招募学生的地理范围大于公立学校，所以，私立学校，特别是那些有宗教背景的私立学校，学生人口构成较之公立学校更具多样化。教育券的发放将使得更多贫困的少数族裔家长有能力选择私立学校。因此，他们断言，教育券计划赋予家长的择校权将导致更多学校实现种族融合。

但是，研究结果并不支持这种看法。美国以及其他各国的研究表明，家长择校计划，包括教育券计划在内，并未减少种族隔离。事实上，那些研究提供的数据表明，择校计划反而导致了学校环境的融合程度减弱（Betts，2006；Mickelson，Bottia，and Southworth，2008）。

在密尔沃基市，支持者声称，教育券计划致使参与这一计划的私立学校增强了种族融合（Fuller and Mitchell，1999）。但具有讽刺意味的是，这些学校种族平衡性的增强有可能是“白人出逃”的结果。这项研究提供的数据表明，在计划实施期间，在接受教育券的私立学校里，少数族裔学生的数量增加了。但是，同样的数据也表明，那些学校里白人学生的数量减少得更多。因此，私立学校所表现出来的更为显著的种族多样化可能并不是幸福和平的融合过程。相反，这很有可能表示，在以往比公立学校融合性更强的私立学校里，种族隔离有加深的趋势（Wolf，2008）。

诸如教育券之类的教育选择计划可能导致更严重的种族隔离，这种可能性应该不会令人惊讶。毕竟，这个国家最初为保护家长择校权所做的种种努力是在种族骚乱时期。在南方吉姆·克罗时代（Jim Crow era），为了支持白人家长有权选择不让自己的子女与黑人孩童在一起接受教育，形成了双轨教育体制。在法院命令消除种族隔离的初期，同样是这些州的白人家长建立起种族隔离的私立学校来保护家长的择校权，他们还游说州官员给这类新学校提供资金援助。在某些情况下，他们成功地说服州长和州立法机关将公立学校关闭，而不是将公立学校进行整合，这样做带来的后果是：留给黑人家庭的教育选择即便存在也是“所剩无几”。在同一时期的北方，当法院要求城区学校实行种族融合政策的时候，白人家长就想方设法把孩子从公立学校转走，送到附近的天主教学校上学。北方城市里的许多牧师不得不下令禁止其辖区的学校接收逃避种族融合的“难民”。就在同一时期，又有人开始呼吁动用公共税款资助教会学校。

“种族仇恨和恐惧为教育券和择校权的诸多最初提议提供了土壤。认为我们已经斩断了与不敢恭维之过去间的联系是令人欣慰的，但同时也是天真的。”（Henig，1994：114）例如，教育券计划的支持者很少建议说，我们应该既维护公立学校体制，又给予学生在学区之间拥有更大的选择权。他们通常并不主张那些在绩效较差的城区学校上学的学生，同时也是他们声称为之担忧的学生，利用教育券转学到城郊的好学校就读。

教育券计划的支持者似乎忽略了种族歧视和阶级歧视会影响他们正着力打造的教育“市场”。家长通常根据学生的素质来衡量学校的质量。在许多人心目中，那种“素质”往往在中产阶级和上等阶级的白人孩子身上才会体现出来（O'Shaunessy，2007）。认为仅凭教育券之类的一个要素就会改变消费者对何为好学校的看法，是完全没有道理的。在学生群体的种族和经济构成与家长对何为优质学校的看法相一致的学校，入学竞争将更为激烈（Michelson，Bottia and Southworth，2008）。在教育券制度下，办学者和行政人员都将为争夺生源和经济利益而展开竞争。为了迎合家长，学校官员将被迫调整学生结构，使之与家长对哪类人上“好”学校的看法相吻合。这些压力很可能导致学校在录取制度上对有色人种学生、有特殊需求的学生以及有学业成绩不良记录的学生在人数上加以限制。这种限制政策不太可能促进学校的种族融合。此外，教育券计划要求家长非常了解有哪些适合其子女的教育选择。一些有特权的家庭能够更好地调查了解各种可能性，能更好地为自己的孩子做宣传，从而使他们在最热门学校的入学竞争中更有“实力”。越来越多的证据表明，缺乏信息和社会关系限制了家长为孩子找到更好的公立学校的能力，即使法律规定必须提供这类帮助也无济于事（Bernstein，2006）。我们没有理由认为私立学校在竞争激烈的市场上就会做得更好，因为在这个市场上，种族多元化并不是激励人们选择某一学校的理由。

为子女挑选幼儿园或小学最终会演变成如同目前上名牌大学一样的激烈竞争。既会有成功者，也会有失败者，我们的经验告诉我们，每个成功者和失败者背后都有着不同的种族背景、族群背景和社会经济背景。另外，属于少数族裔一员的家长往往有遭遇歧视和偏见的体验，有时这些体验会导致他们对多数族裔成员掌控的社会机构产生不信任感、失望感和憎恨感。这些情绪会促使家长不让孩子参与进入名校的竞争。比如说，家长可能认为，在那种环境中他们的孩子也同样会有伤痛的体验。在教育市场化倡导者所提出的教育券计划中，没有任何可以减少这些社会现实影响的内容。因此，认为这些计划既不会维护也不会加深目前的社会不公和社会隔离的说法是没有任何道理的。

学校问责制的问题

倡导者认为，教育券将让学校对市场负责，也就是说，对孩子家长的喜好负责，而家长的权利大小和信息多少取决于他们的社会经济地位。但是，对接受公共资金的学校又有几种问责形式。学校必须对学生的学业成绩负责，遵守保护全体学生（包括残疾学生）权利的法律，确保教师达到专业化的标准。教育券计划似乎未能对教育券的买单人——公众——做出对学校进行问责的承诺（Garn and Cobb，2008；General Accounting Office，2007）。拒绝接受教育券计划的另一个原因是，我们不可能以确保私立学校真正对提供公共资金的公众负责的方式来实施这一计划。如果我们要管理公助私立学校，就必须以一种在美国前所未有的方式对教会学校进行政府干预。在有些宗教团体认为对其完成使命至关重要的方面，我们会要求那些学校放弃自主权。例如，教会学校在招生上的优先录用政策：如果学校隶属于某宗教组织，学生家人又是这个宗教组织的成员，那么教会学校就能优先录取这些学生。它们还可以决定只使用支持其信仰共同体的教科书，甚至在除宗教外的课程上也有同样的教材决定权。它们还可以忽视学生自己的传统，要求所有学生参加教义学习和宗教仪式。它们决定课程的设置、教师的聘用以及学校运营的诸多方面。如果政府管理是收取教育券的条件之一，那么这些制度是否能继续还是个问题。为私立学校费用买单的纳税人有权问责学校，而政府管理就是实现问责的最好方式。

所有的私立学校，不管是教会学校还是无宗教背景的学校，都必须重新考虑政府管理下的学生录取政策。目前，这些学校规定把考试成绩、书面申请、面谈和推荐信作为录取流程的一部分。它们不仅可以为学生先前的学业成绩和行为表现制定标准，也可以为这些评判标准制定标准。私立学校可以拒绝接收达不到这些标准的学生。因为有这种特权，所以私立学校没有接收或服务于有特殊需求学生的义务。另外，私立学校目前还可以开除不服从学校政策的学生。就像大多数商业条款一样，私立学校的预算及合同的审议过程都是保密的。这些权利和特权是公立学校所没有的，如果私立学校接受政府管理，它们就可能失去这一切。

对于那些不公开承担责任的学校而言，教育券计划实施过程中可能会遇到另一难题。如果监管不当，教育券计划中投入的这一大笔有风险的资金可能诱惑那些缺乏道德原则的人。即使没有出现欺骗行为，私立学校，尤其是新成立的私立学校，可能寿命也非常短暂，尤其是教育券的金额低于公立学校所需费用的计划更是让学校难逃倒闭的命运。在很多情况下，提供廉价、优质教育的学校所面临的困难是不能克服的。学校会破产，也许在学年中期就倒闭了，让学生及其家长没有任何选择的余地。这两种情况都在密尔沃基市出现过（Carr，2005）。没有政府监督，教育券计划将使最贫穷的家庭最易受伤害。这对家长而言是不负责任的抉择。

但是，要求对接受教育券的学校进行政府监督会导致费用增加，而增加的这部分费用又得由纳税人来承担。具有讽刺意味的是，这还会导致教育上的官僚体制，其庞大程度会大大超过教育券计划支持者认为已经过于臃肿的官僚体制。建立公助私立学校问责制的种种困难使得教育券计划完全行不通。

教育券计划对学业成绩的影响

教育券计划的支持者声称，这一计划的主要好处是可以提高学生的学业成绩。使用教育券的学生可以离开那些学生成绩不达标的“差”学校，找到帮助他们成功的学校。如果教育券计划的支持者能够证明教育券可以确保学生成绩的提高，那么在全国推行教育券计划就是有道理的。但是，所谓的成绩提高，说得好听些是夸大其词，说得难听些，根本就是子虚乌有。

一项有关私立学校与公立学校之间差别且持续30年之久的研究表明，私立学校学生比公立学校学生的学业成绩平均分要稍稍高一点。但是，同样的研究还表明，学生间的大多数差异可能是学校无法控制的一些因素造成的，例如，学生家长受教育程度以及学生家庭的收入水平等。公立学校必须接收所有合法的学生，而私立学校可以挑选学生，在这种事实面前，难免让人觉得奇怪：对公立学校和私立学校的学生成绩进行的对比研究，其用意究竟何在？“私立学校效应”，即由于学校原因导致的公立学校和私立学校学生在学业成绩上的差距，实际上是非常小的（Coleman，Hoffer，and Kilgore，1982；Alexander and Pallas，1985；Hoffer，2000）。尽管有这样的研究结果，但教育券计划的支持者仍然认为，为成绩差的学生提供到私立学校读书的机会将帮助他们达到更高的学业标准。

密尔沃基市和克利夫兰市实施的教育券计划规模最大，但是对它们的研究表明，就读于私立学校本身并不意味着学业成绩自然而然就会更好。研究人员按照合同为威斯康星州和俄亥俄州进行评估时发现，在密尔沃基市和克利夫兰市，“实施教育券计划的私立学校和公立学校，其学生的学习成绩没有差别或差别很小”（Miron，2008；Placker et al.，2006）。相对早先对私立学校和公立学校的学生成绩所进行的对比研究而言，这些研究结果并不出人意料。在密尔沃基市和克利夫兰市的研究中，公立学校和私立学校的学生都生活在同一社区，家庭的经济状况也相似。对学习影响最重要的因素对每一组学生而言几乎一样。“私立学校效应”是极小的。密尔沃基市的一名研究员发现，改变公立学校的环境，使公立学校课堂上的学生人数与私立学校课堂上的学生人数差不多，就可以消除“私立学校效应”（Rouse，1998）。实际上，自从 1995 年州政府不再要求调查研究要有数据基础以来，就没有再进行学生成绩数据分析的调查研究（Neas，2002；Borsuk and Carr，2005）。

确实没有任何证据能够证明，使学生能就读于私立学校的教育券计划将提高学生的学业成绩。倡导者还认为，来自成绩良好的私立“教育券受益”学校的竞争将促进同一城区的公立学校取得进步。但是，也几乎没有证据可以证明是市场力量导致的这种结果（Arnsen and Ni，2006；Costrell，2008）。进行有效的改革——比如说，减少班级人数，开设在各种环境中都被证明有效的课程——就会提高学生成绩。教育券计划的支持者可以尝试用其他一些论据进行辩护，但提高学业成绩不应该是其中的一个论据。

教育券计划不是好公共政策。它们有可能造成有美国特色的学校教育体制的解体，在美国的学校里，孩子可以遇到与自己不一样的人，遇到与自己的信仰、语言、风俗习惯和观点不尽相同的人。在美国的公立学校里，年轻人已经学会了彼此如何相处，尽管他们之间有那么多的差异。他们已经成为这一民主国家的公民。

教育券计划将使纳税人在教育上投入的资金比现在还多。增加费用的交换条件是，他们将使学校只对他们的“客户”负责，使学校对不诚实的、善于搞阴谋的牟取暴利者毫无抵御能力。另外，所有的迹象都表明，它们造就的学校不可能提高最贫困学生的学业成绩。如果我们任由教育券计划抽干公立学校的资金和学生，我们就有可能失去属于我们的公立学校——民主社会生活中最强大的核心领域。实际上，对于美国公众而言，教育券真是一项非常糟糕的协议。

讨论

1. 最高法院裁定，给家长提供政府资助金来支付孩子的教育费用是合乎宪法的，即使家长将此用于支付宗教组织资助的学校所要求的学费。你如何使这一裁定与宪法规定的政教分离原则统一起来？

2. 教育券计划的支持者认为，允许学校成为“自由市场”竞争中的一部分是提高美国公立教育质量的唯一途径。对于让市场力量来操控学校的观点，你赞同吗？自由市场体制的某些特点会妨碍学校之间的竞争以至于无法实现平等的目标吗？只要有选择的自由就可保证所有的消费者在市场上有均等的机会吗？需要其他一些保护措施吗？

3. 设想你所在的州已经制订了教育券计划，要求你为接受教育券的私立学校拟定“问责”章程。请制定一套规则，用“白皮书”的形式来阐述你的理由。

4. 为你心目中的特许学校设计一个提案。对学校的任务、组织结构以及与传统公立学校的不同之处做出解释。对州和地方学区针对特许学校制定的规章制度进行调查，确保你的提案没有违反这些规章制度。

参考文献

Agostini v. Felton. (1997). 522 U.S. 803.

Ahmad, I. and Szpara, M. (2003). "Muslim Children in America: The New York City Schools Experience". *Journal of Muslim Minority Affairs*, 23(2): 295–302.

Alexander, K. L., and Pallas, A. M. (1985). "School Sector and Cognitive Performance: When is a Little a Little?" *Sociology of Education*. April: 115–128.

Apple, M., and Beane, J. (1995). *Democratic Schools*. Alexandria, VA: ACSD.

Arnsen, D. and Ni, Y. (2008). "The Competitive Effect of School Choice Policies on Performance in Traditional Public Schools." East Lansing MI: Great Lakes Center for Education Research and Practice. www.greatlakescenter.org/docs/Research/2008charter/policy_briefs/09.pdf

Betts, J. et al. (2006). *Does School Choice Work? Effects on Student Integration and Achievement*. San Francisco: Public Policy Institute of California.

Birchard, K. (2007). "Campuses Should Meet Unmet Needs of Muslim Students, Report Says." *Chronicle of Higher Education*, March 21. http://chronicle.com/news/article/1842/campuses-should-answer-unmet-needs-of-muslim-students-report-says

Black Alliance for Educational Options. (2008) (http://www.baeo.org/)

Boy Scouts of America v. Dale. (2000). 530 U.S. 640.

Borsuk, A., "MPS Budget Forecast Grim; Closings Possible As Principals Cope With Dwindling Resources." *Milwaukee Journal Sentinel*, Dec. 27, 2007.

———. "Next year, MPS budget just grows tougher; More cuts, another tax increase loom for schools." *Milwaukee Journal Sentinel*, Nov. 14, 2007.

Brady, E., "For Muslim Students A Drive to Deem Holy Days as Holidays." *New York Times*, April 29, 2007.

Broughman, S.P., and Swaim, N.L. (2006). *Characteristics of Private Schools in the United States: Results From the 2003–2004 Private School Universe Survey* (NCES 2006–319). U.S. Department of Education. Washington, DC: National Center for Education Statistics.

Brownstein, R. (2003). "Locked Down." *Education Next*, 3(3), 40–46.

Canadian Federation of Students. (2007). "Final Report of the Task Force on Needs of Muslim Students." Toronto: Canadian Federation of Students. www.cfsontario.ca/mediareleaselinks/TaskForce-Final.Report.pdf

Carr, S., "State Seeks Fraud Inquiry into Two Voucher Schools." *Milwaukee Journal Sentinel*, Feb. 11, 2005.

Center for Educational Reform. (2008). "Charter Connection: Working together for the Community." www.edreform.com/parentpower/charter_schools/mountain_view. htm.

———. (2005). "Nine Lies About School Choice: Proving the Critics Wrong". www.edreform.com/index.cfm?fuseAction=document&documentID=825

Children's Scholarship Fund. (2008). "About CSF: Facts." www.scholarshipfund.org/index.asp

Coleman, J., Hoffer, T., and Kilgore, S. (1982). *High School Achievement*. New York: Basic Books.

Costrell, R. (2008). *The Fiscal Impact of the Milwaukee Parental Choice Program in Milwaukee and Wisconsin, 1993–2008*. Fayetteville, Arkansas: School Choice Demonstration Project, University of Arkansas.

Dewey, J. (1916). *Democracy and Education*. New York: Macmillan.

Enrow, R. (2008). "Grading School Choice: Evaluating Choice Programs by the Friedman Gold Standard." Indianapolis: The Friedman Foundation for Educational Choice.

Forster, G. (2008). "Lost Opportunity: An Empirical Analysis of How Vouchers Affected Florida Public Schools." Indianapolis: The Friedman Foundation for Educational Choice.

———. (2006). "Segregation Levels in Cleveland Public Schools and the Cleveland Voucher Program." Indianapolis: The Friedman Foundation for Educational Choice.

GARN, G. AND COBB, C. (2008). "School Choice and Accountability." East Lansing MI: Great Lakes Center for Education Research and Practice. www.greatlakescenter.org/docs/Research/2008charter/policy_briefs/04.pdf

GENERAL ACCOUNTING OFFICE (2007). District of Columbia Opportunity Scholarship Program Additional Policies and Procedures Would Improve Internal Controls and Program Operations. Washington, D.C.: General Accounting Office. www.gao.gov/new.items/d089.pdf.

GOOD, T., AND BRADEN, J. (2000). *The Great School Debate: Choice, Vouchers and Charters.* Mahwah, NJ: Lawrence Erlbaum.

GREENE, J. AND WINTERS, M. (2006). "An Evaluation of the Effect of D.C.'s Voucher Program on Public School Achievement and Racial Integration After One Year." Manhattan Institute Working Papers, No. 10, SCDP-06-01. www.manhattan-institute.org/html/ewp_10.htm

HARRISON, M. (2005). "Public Problems, Private Solutions: School Choice And Its Consequences." *CATO Journal*, 25(2) 197–216.

HENDRIE, C. (2004). "*Friedmans'* Foundation Rates Voucher Plans." *Education Week*, 23(27), March 17.

HENIG, J. (1994). *Rethinking School Choices: Limits of the Market Metaphor.* Princeton: Princeton University Press.

HOFFER, T. (2000). "Catholic School Attendance and Student Achievement: A Review and Extension of the Research," In *Catholic Schools at the Crossroads*, eds, J. Youniss and J. Convey, New York: Teachers College Press.

Hurley v. Irish American Gay, Lesbian, Bisexual Group of Boston. (1995). 515 U.S. 557.

KEWALRAMANI, A., GILBERTSON, L., FOX, M., AND PROVASNIK, S. (2007). *Status and Trends in the Education of Racial and Ethnic Minorities* (NCES 2007-039). National Center for Education Statistics, Institute of Education Sciences, U.S. Department of Education. Washington, DC.

KOZOL, J. (2007). "The Single Worst, Most Dangerous Idea" [Excerpted from Letters to a young teacher]. *Principal* 87(1): 56–59.

KROW, L. (2008). "Learning Curve." *JTNews. Net.* February 8. www.jtnews.net/index.php?/news/item/3949/C22/

LEWIN, N. (1999). "Are Vouchers Constitutional?" *Policy Review.* Heritage Foundation. Jan.–Feb., no. 93. (www.heritage.org/policyreview/jan99/lewin.html)

LINDSEY, D. (2000). "Vouchers and the Law." *Salon.* March 27. (www.salon.com/new/feature/2000/03/27/vouchers)

LIPS, D. (2007). "Reforming No Child Left Behind by Allowing States to Opt Out: An A-PLUS for Federalism." *Backgrounder*. Washington DC: Heritage Foundation.

MACFARQUHAR, N., "Many Muslims Turn to Home Schooling." *New York Times*, March 26, 2008.

MANZI, J. (2008) "A More Equal Capitalism." *National Review*, February 25: 40–43.

MCDONALD, D. (2008). "United States Catholic Elementary and Secondary Schools 2006–2007: The Annual Statistical Report on Schools, Enrollment and Staffing." Washington, D. C.: National Catholic Education Association. www.ncea.org/news/AnnualDataReport.asp#tuition

MICHOS, L AND AUD, S. (2006). *Spreading Freedom and Saving Money: The Fiscal Impact of the D.C. Voucher Program.* Washington, DC: Cato Institute.

MICKELSON, R., BOTTIA, M, AND SOUTHWORTH, S. (2008). "School Choice and Segregation by Race, Class, and Achievement." East Lansing MI: Great Lakes Center for Education Research and Practice. www.greatlakescenter.org/docs/Research/2008charter/policy_briefs/08.pdf.

MIRON, G., EVERGREEN, S. AND URSCHEL, S. (2008) "The Impact of School Choice Reforms on Student Achievement." East Lansing MI: Great Lakes Center for Education Research and Practice. www.greatlakescenter.org/docs/Research/2008charter/policy_briefs/10.pdf.

MOGRA, I. (2007). "Moral Education in the Makatib of Britain: A Review of Curriculum Materials." *Journal of Moral Education*, 36(3): 387–398.

Mueller v. Allen. (1983). 463 U.S. 388.

NATIONAL ASSOCIATION OF INDEPENDENT SCHOOLS. (2008). NAIS Facts at a Glance. www.nais.org/resources/statistical.cfm?ItemNumber=14671.

O'SHAUNESSY, T. (2007). "Parental Choice and School Quality when Peer and Scale Effects Matter." *Economics of Education Review*, 26(4): 501–515.

PATERSON, F. (2000). "Building a Conservative Base: Teaching History and Civics in Voucher-Supported Schools." *Phi Delta Kappan*. Oct: 150–155.

PEOPLE FOR THE AMERICAN WAY FOUNDATION. (2005). "Flaws and Failings: A Preliminary Look at the Problems Already Encountered in the Implementation of the District of Columbia's Federally Mandated School Voucher Program." www.pfaw.org.

PLACKER, J. ET AL (2006). *Evaluation of the Cleveland Scholarship and Tutoring Program 1998–2004*. Bloomington, IN: Center for Education Evaluation and Policy. http://ceep.indiana.edu/projects/PDF/200602_Clev_Tech_Final.pdf.

READ, T. (2008). "Exploring Quality Choices: Vouchers." *Closing the Achievement Gap: A Series of Stories, Results, and Lessons Learned from Seven Years of Investing by the Annie C. Casey Foundation. http://www.aecf.org/KnowledgeCenter/Publications.aspx?pubguid={B60E9AE0-5F6B-48CA-B0A5-732413FD287B.*

Roberts v. United States Jaycees. (1984). 468 U.S. 609.

ROSE, L., AND GALLUP, A. (2007). "The 39th Annual Phi Delta Kappan/Gallup Poll of the Public's Attitudes Toward the Public Schools." *Phi Delta Kappan*, 89(1): 33–49.

ROUSE, C. (1998). "Private School Vouchers and Student Achievement: An Evaluation of the Milwaukee Parental Choice Program." *Quarterly Journal of Economics*. May: 553–602.

SALISBURY, D. (2003). "Lesson from Florida." Cato Institute Briefing Papers, No. 81. March 20.

SHAW, L., "Parents Taking Issue with Forfeits When Boys Don't Join Girls on Mat." *Seattle Times*, May 7, 2005.

SLATER, J. (2005). "Christian Schools Fail Test of Tolerance." *Times Educational Supplement*, 4618, Jan, 21; p.1.

STROM, R. (2005). "Presbyterians: Pull Kids From Public Schools." *World Net Daily*, June 15 www.worldnetdaily.com/news/article.asp?ARTICLE_ID=44770.

U.S. CHARTER SCHOOLS. (2008). "Overview." www.uscharterschools.org/pub/uscs_docs/o/index.htm.

U.S. DEPARTMENT OF EDUCATION. (2003). The Conditions of Education, 2003." Washington, DC: National Center for Education Statistics. www.nces.ed.gov.

———. (2004). *America's Charter Schools: Results from the NAEP 2003 Pilot Study*. (NCES 2005–456). Washington, DC: National Center for Educational Statistics. www.nces.ed.gov.

———. *(2005). NAEP 2004 Trends in Academic Progress: Three Decades of Student Performance in Reading and Mathematics: Findings in Brief* (NCES 2005–463). Washington, DC: National Center for Education Statistics. www.nces.ed.gov.

———. (2007). *A Brief Profile of America's Private Schools*. Washington, DC: National Center for Educational Statistics. www.nces.ed.gov.

———. (2007a) *Education Options in the States: State Programs That Provide Financial Assistance for Attendance at Private Elementary or Secondary Schools*. Washington, DC: Office of Innovation and Improvement. http://www.ed.gov/parents/schools/choice/educationoptions/educationoptions.pdf.

———. (2008). "Choices for Parents." http://www.ed.gov/nclb/choice/index.html.

———. (2008a) "Number and Types of Open Enrollment Policies," Washington, DC: National Center for Educational Statistics. http://nces.ed.gov/progrms/statereform/ssco_tab1.asp.

———. (2008b). *Digest of Education Statistics 2007*. Washington, DC: National Center for Educational Statistics. http://nces.ed.gov/programs/digest/d07/index.asp.

———. (2008c). "Private School Questionnaire," 1999–2000. Washington, DC: National

Center for Educational Statistics. www.nces.gov.
WASHINGTON SCHOLARSHIP FUND. (2007). "D.C. School Choice Program Again Sets Record for Enrolled K-12 Students." www.washingtonscholarshipfund.org/news/news/pr_09_26_07.html.
WITTE, J. , WOLF, P., COWEN, J., FLEMING, D., LUCAS-MCLEAN, J. (2008). *MPCP Longitudinal Growth Study: Baseline Report.* Fayetteville, Arkansas: School Choice Demonstration Project, University of Arkansas.
Witters v. Washington Department of Services for the Blind. (1986). 474 U.S. 481.
WOLF, P. (2008). *The Comprehensive Longitudinal Evaluation of the Milwaukee Parental Choice Program: Summary of Baseline Reports.* Fayetteville, Arkansas: School Choice Demonstration Project, University of Arkansas.
WOLF, P. ET AL (2007). *Evaluation of DC Opportunity Scholarship Program: Impacts after One Year.* Washington DC: U.S. Department of Education.
Zelman v. Doris Simmons-Harris. (2002). 536 U.S. 639.
ZINE, J. (2007). "Safe Havens or Religious Ghettos? Narratives of Islamic Schooling in Canada." *Race, Ethnicity, and Education.* 10 (1): 71–92.
Zobrest v. Catalina Foothills School District. (1993). 509 U.S. 1.

第3章

学校经费资助：保持公平还是保持差距？

全国或州内各学区之间的教育经费均等化是可取的吗？

观点 1：支持教育财政的公平性

> 在各级政府，制定政策的人总是给拥有资源更多的学生提供更多的资源，而给拥有资源更少的学生反而提供得更少。这些投入上的差距会随着层层政府在教育投入上的不平等而逐渐拉大，其最终结果就是：原本差不多的学校因此而出现了巨大的差距。
>
> ——Carey and Roza，2008：1

教育经费分配不公的后果

1991 年，乔纳森·科佐尔阐述了美国儿童在公立学校所面临的“严重不平等”(Kozol，1991)，10 年之后，美国的激进主义者仍在揭露类似的状况（Oakes，2002；Campaign for Fiscal Equity，2001)。差不多 20 年后，一个州或一个学区的校际差距依然存在，这要归咎于我们资助公立教育和分配教育经费的方式（Roza，Guin，Gross，and DeBurgomaster，2007)。学校在设施和资源投入之间的差距之悬殊令人震惊，这就是我们年青一代在教育机会上的不平等。一个州，甚至一个学区各学校之间的差距源于我们资助美国公立教育的方式，因为其中有根深蒂固的根本性不公平（Carey and Roza，2008)。

资金不足的学校的现状最能解释为什么学校财政改革在过去有必要，而且现在仍然有必要。总体来说，有幸出生于中上层家庭的那些美国孩子所就读的学校不仅设备齐全而且环境优雅、安全。他们有科学实验室和进行实验所需的用品；他们有机会了解最新技术，这通常在他们资源丰富的图书馆里就能找到；他们的教材相对更新，更重要的是，每个学生都有一本教科书；这些“幸运儿”的学校还有艺术室、体育馆、游泳池、运动场、大礼堂和音乐室。当这些学区花钱改善设施时，资金可用于设备更新——如新的科学实验室或计算机设备——其目的是直接提高知识技能（Greifner，2006）。

在许多贫困家庭孩子就读的城区学校，学校状况大不相同。校长们报告说，城区学校中有20％的学校都是“人满为患”—— 公立学校中有50％左右的学生领取免费午餐或打折午餐，其中37％的学生都来自那些学校。在那里，有43％的学校在临时性教学楼里上课，有63％的学校没有科学实验室，有50％的学校没有艺术室，有35％的学校没有音乐室，有33％的学校没有体育馆（Chaney and Lewis，2007）。

在许多州，学校设施上的差距就是由生均费用直接导致的。在纽约州，比如说，最为富裕学区的生均费用约为15 000美元；纽约市的生均费用约为10 000美元；最贫困学区的生均费用约为7 500美元（New York State Department of Education，2008）。类似的差距在全国都能找到，难怪学生的体验会大不相同。在较为贫困的学区，教师薪水也要低得多，这就导致有经验的教师更少，有临时资格证的教师更多，而且教师跳槽率也更高（Carey and Roza，2008）。

学区间的学生成绩也不一样，而且学生的学业成绩与学生的需求层次、生均教育经费都有关系。在小学4年级的州统考中，在低需求、高资助的学区，得高分的学生人数是纽约市得高分学生人数的两倍，一级高中数学考试的通过率也同样如此（New York State Department of Education，2008b）。高中学生的毕业率也是一样。尽管影响学生学业成绩水平的因素很多，但低支出与低分数之间的关联性肯定是不容忽视的。

教育经费分配不公的原因

财产税

美国公立学校历来就是国民的希望之灯。19世纪初以来，教育给我们带来的就是社会流动性。学校教育有助于促进机会均等，有助于让所有年轻人都拥有改变人生命运的机会。改革家鼓励纳税人接受为学校买单的责任时，他们信誓旦旦地说，这将保证年轻人拥有为自己和整个国家创造更多财富的机会。因为教育能减少贫困人口的数量，所以，用于学校的税款将有助于消除贫富间产生矛盾的可能性。霍勒斯·曼说：“教育是人类创造的所有设施中最了不起的人类生活条件均衡器——它是社会机器的平衡轮。”（Mann，quoted in Cremin，1957：87）

尽管许多美国人逐渐认识到，教育不应该是只有富人才消费得起的奢侈品，但他们对如何管理公立学校又不无担心。正如美国宪法制定过程所暗示的那样，摆脱英国殖民统治赢得独立之后，建国初期的美国人希望限制集权政府的权力。在建立公立学校时，他们不希望地方社区失去对孩子们学什么以及请谁来教的控制权。各州授权地方政府对居民征收财产税，并把所得资金用于支持学校办学。因为这些税收收入来自地方社区，而不是来自州政府或联邦政府，所以对学校的基本控制权仍然掌握在地方当局手中。由于有选举产生的教育董事会，所以，社区仍然拥有对课程设置、教师聘用和资金分配的控制权。尽管州立机构加强了对学校的监管，尽管师资培养由州统一管理，有时连课程设置也由州统一管理，但让19世纪的美国人感到放心的是，地方资金决定了他们对学校的终极控制权（Tyack，1974；Katz，1975；Urban and Wagoner，2000）。

这种制度基本上没有什么变化并一直延续到20世纪30年代。地方学区资金枯竭时，也没有可求助的地方。在通常情况下，它们会关闭学校，等待额外的财政拨款。在经济大萧条时期，城镇和乡村都面临着巨大的财政困难，全国的学区都发不起工资，也无钱维修教学楼。许多州便通过个人所得税和销售税为学校提供援助（Mackey，1998）。1930 年至 1950 年，用于公共教育的州财政资助增加了一倍多，平均约为学校预算的 40%（Mackey，1998）。这一比例还在逐渐增大。从全国范围来看，在学区总收入中，各州贡献了近一半，地方资金略低于一半，还有一小部分来自联邦税款，约为 7%（Zhou，2008）。

如果各州提供了近一半的学区办学资金，那么学区间的差距为什么依然存在呢？难道各州就不能提供充足的资金，使每个孩子（不管其家庭收入如何）可获得的资源均等吗？在某种程度上，各州对学校经费的贡献有助于缩小学校之间的差距（Arroyo，2008；Glenn and Picus，2007）。但是，长期依靠地方财产税来资助学区近一半的预算仍然造成了实际教育资金量上的巨大差距。下面我们来看看这种差距是如何产生的。

在经授权可征收财产税的地方学区，地方居民对税率的确定有一定的发言权，他们可以投票表决。让我们想象一下这样两个学区，一个在城区，一个在城郊，两个学区采纳的财产税税率同为 2%。在城郊的学区 A，可以课税的财产总值相当于学区各学校在册学生平均每人 25 万美元。在城区的学区 B，财产税总值相当于每个学生 5 万美元。当每个社区的纳税人同样按照 2%的税率缴纳财产税时，学区 A 为学校每个学生筹集的教育经费为 5 000 美元，学区 B 仅为 1 000 美元。为了与学区 A 投入的教育经费持平，学区 B 的纳税人只好同意将税率提升至 10%。当你考虑到学区 B 的大多数纳税人比学区 A 的纳税人收入要低得多这一事实时，你就会明白如此高的税率对他们而言是一个多么沉重的负担。相对于收入比而言，原本就贫穷的人被迫缴纳的学校赞助费比其富裕的邻居要高得多。学区 B 的高税率会削弱它对购房者和企业家的吸引力。

尽管为提高税率做出了种种牺牲，但那也只是许多城镇学区不得已而为之。不过，税率可以提升至多少以及可以划拨多少资金给学校都会受到政治和经济的实际状况的制约。因此，即使那些社区的居民拿出更多的工资收入来资助学校，他们所筹集的资金与富裕社区的学区可获得的资金绝对不可同日而语（Noguera，2004）。这种模式造成了美国教育机会的不平等，在教育经费严重依靠财产税的那些州，高贫困学校和低贫困学校的学生所得的教育经费差距最大（Arroyo，2008）。

联邦政府在教育经费投入中的有限作用

尽管大多数美国人认为，美国公立学校并不缺资金，但在 30 个最民主的市场化国家中，美国在生均开支上实际排名第 5 位。尽管对学校占用了多少资金不乏抱怨，但美国人仅仅花费了 12%的国民生产总值用于 K-12 的教育——在 30 个 OECD 国家中排名第 22 位。“具有讽刺意味但又可以肯定的是，这一评判似乎与美国相比其他 OECD 国家的考试成绩的排名是密切相关的。因此，我们可以自信地认为，美国人在教育领域内所花的钱是物有所值的。在发现使得美国在 30 个 OECD 国家中排名低的国际考试成绩的同时，我们发现的也是一个财政投入低的国家。”（Alexander and Salmon，2007：220）

在大多数其他国家，国民政府——而不是州政府、省政府或市政府——提供大部分学校经费，美国联邦政府提供的学校经费则不足 10%（Organization for Economic Cooperation and Development，2007）。因此，学生依靠州政府和地方政府为学校提供资金。即使考虑到州与州之间生活费用的不同而进行调整，但学校与学校在可用资金上的差距仍然存在。像新泽西、纽约、康涅狄格和罗得岛这些州，它们在每个学生身上所花费用是犹他州、密西西比州、路易斯安那州和田纳西州的两到三倍（Zhou，2008）。

许多联邦学校资助计划，如 NCLB 法案中的"第一条款"（Title I），原本旨在补贴各州为最贫困学生提供平等机会所做的努力。但是，自从实施 Title I 以来，其资金一直不充足。在 2002 年 NCLB 法案通过后的每一年，用于 Title Ⅰ经费的实际拨款均达不到原来议案所规定的水平，亦即达到议案规定所需要的资金量（Rendell，2005）。

"目前，美国教育部划拨的 Title I 专项资金是按照每个县生活在联邦贫困线以下、5 周岁以上儿童总数的 40%来增加生均支出。这意味着，每个县只有 40%的特贫困生在受助范围之列，学区并未得到所有贫困生的补贴金。"（Brown，2007）因此，如果学区选择为所有生活在贫困家庭的孩子服务，那它就面临着一个挑战——如何公平有效地利用不充足的资金。由于旨在推动其他政治议程的新规的出台，这一任务变得更加复杂，如要求学区留出部分 Title I 专项资金用于特许学校和私立学校交通费的新规等。另外，4%～7%的 Title I 专项资金必须用于专业化发展、课后和暑期科学兴趣培养计划、家长参与的激励以及私立学校的帮扶（Brown，2007）。而且，NCLB 法案中的"免责"条款规定：即使低收入人口下降，学校也不得失去 Title I 专项资金。这一条款与留出 4%的 Title I 专项资金用于提高"失败学校"的教育质量的要求有着共同之处——那些"失败学校"通常是物质资源最少，有经验的教师最少，但贫困学生最多的学校。因此，绩效最低的学校并未得到提高学生成绩所需要的资金。

NCLB 法案的其他条款其实就是无资金支持的联邦政府规定。要求州和学区负责课程开发和课程修订；负责标准化考试的开发、实施和评分；为学生考试成绩不佳的学校提供促进专业化发展的服务并增加师资；为那些学校的学生提供其他帮助，如补习学校或暑期培训学校；招募、留住合格教师。但是，联邦政府并没有给州和学区提供完成这些任务所需要的资金——州和学区只得利用它们自己的资源来完成那些任务。为 K-12 教育而增加资金、重新调配资金是有必要的，因为这样才能确保所有美国学生在可用资源上的公平性。"……孩子们在美国上学不是为了成为萨克拉门托或奥尔巴尼或波士顿的公民，也不是为了成为加利福尼亚或北达科他州的公民，而是为了成为美国的公民……所有用于美国公立教育的钱都应该取自联邦税收并实行公平分配，即便进行调整也只是因为各个地区生活成本不尽相同，因为有些孩子有更大的教育需求。"（Kozol，2006）

对教育经费分配不公的法律质疑

自从 2000 年以来，至少有 36 个州出现针对教育经费不公平提出质疑的诉讼案件。但是，这些变化不是一蹴而就的。在某些州，改革遭到了激烈反对，遭到了地方政府的强烈抵制。

在新泽西州，比如说，州政府对法院裁决的抗议已经持续了 20 多年。来自富裕学区的学生家长、学校教职员工和民选官员们发起了声势浩大的运动，反对实施公立学校教育经费均等化的法院决议。

> 有些人坚决而固执地反对公平分配公共资源。许多个人和团体公开地、充满激情地争取继续利用公立学校和公共资金来维护富裕白人社区、白人家庭及其子女的利益，不惜牺牲贫穷的非白人社区、非白人家庭及其子女的利益……参与抗议活动的许多人在主张维护本质上不平等的公共教育体制时丝毫不以为耻，这种不平等的公共教育体制实际上就是利用公共资金给那些在设备齐全的城郊学校就读的学生提供私人特权，而在资金不足的城区学校里，甚至连基本的健康和安全标准都常常达不到。(Firestone，Goertz，and Natriello，1997：159)

这种反对应该是在意料之中的。那些对美国教育经费来源进行全面报道的人发现，涉及学校教育经费公平性的矛盾源于价值观念的冲突。

> 大多数美国人信奉机会平等，但他们也相信家长有权选择如何花自己的钱让自己的孩子受益。大多数美国人认为，每个孩子都有权享受公立学校的优质教育，但他们也信奉流动的自由，因为这使富裕的美国人可以居住在一起，居住在同一个地方支持优质学校，同时，这也可能使贫困和不利的状况趋于集中，而且往往是集中于城区……这些理念都是有道理的，所有这些理念都值得尊重，值得关注。但是，鉴于价值观念相冲突，不管是财政体制还是教育体制都不可能与所有这些价值观念保持一致。(Ladd and Hansen，1999：264)

这种反对是在特定政治背景下产生的。最近30年来，在要求政府减少干预公民生活的不懈追求中，保守派政客及其支持者们已经从在冲突中寻求权利平衡转向了支持个人权利和远离共同的善。例如，在最近30年，许多美国人对政府为实现全民机会平等所做的努力而感到愤懑不平。他们认为这些努力是对那些通过自己的劳动和奉献而取得成功的勤勉之人不公平的惩罚；他们认为打造正义社会的政府举措根本就是不公平的，犒劳的是那些工作没他们努力又指望施舍的人；他们认为他们的税款就是"他们自己的钱"，不属于整个社会，他们希望那些资金投入带来的是对他们及其家庭直接有利的回报。

在财产税方面，这种态度是以一种特殊方式呈现出来的。尽管与他们努力为家庭创造的价值有关，但对许多人而言，财产税也代表着对孩子未来的投资。他们认为，财产税应该用于他们自己的学区，而不是用于不愿意支持当地教育的家庭所在的学区。

那些秉持唯我优先世界观（me-first）的人对此进行辩护的理由是成功全靠自己，但这种断言并不完全正确。他们把自己的成就仅仅归功于自身的努力，对父母的族裔和社会经济地位给他们带来的优势视而不见。有意无意之间，他们似乎希望维护自己孩子来到人世时就拥有的优势，即使这样做意味着对其他孩子极其不利。但是，无论正确与否，当持有这些观点的公民行使其投票权时，这些观点就转化成了强大的政治力量，其结果就是对教育经费由州或联邦政府集中管理的提议表示反对。

但是，美国政府体制的特点有助于我们用独特的方式来解决这些价值观念的冲突。我们政治体制中的权力制衡机制使我们不至于以个人自由之名牺牲对平等的承诺。就教育经费来说，法院已经对那些限制贫困学生和少数族裔学生教育机会和学业成就的不公平法律和行政政策采取了必要的限制措施。通过问责的方式要求州政府承担起为所有孩子提供充足教育的宪法义务，法院就能确保不受那些只关心自己孩子的溺爱型父母可理解之愿望的影响，使依法为全体公民提供平等保护的宪法第十四修正案得到捍卫。

"财政充足"与教育经费

最早的教育经费公平性诉讼案把"财政中立"（fiscal neutrality）确定为检验各州教育融资合宪性的试金石（Serrano v. Priest，1971）。各州必须通过为经济欠发达地区提供额外补贴或减税照顾（tax relief）来缩小学区间的差距，如果地方政府的出发点是真心帮扶学校的话。这是相当简单的美元换美元式平等；即使不太容易实现，也是易于衡量的平等。但是，当这一术语用于教育经费的分配时，其他一些法院裁决让我们看到了更为复杂但终归更为合理的公平定义。

后来的一些案件使得衡量标准从"财政中立"变成了"财政充足"（fiscal adequacy）。州宪法保证每个学生都有权进入"全面有效的""扎实的""基础的"或是"恰当的"公立教育体制（Campaign for Fiscal Equity，2001；Imber，2004）。"如果一项服务是由宪法规定的，提供这一服务就是立法机关的职责而非特权，确保以一种宪法认可的方式提供这种服务也是司法部门的职责。"（Imber，2004：46）对学校提供资金的方式表示质疑而提起诉讼的案件已出现在全美46个州（Access Quality Education，2008）。法院的裁定是，各州必须为其学区提供充足的资源以确保其辖区内的儿童接受合乎宪法规定的教育。

提高教育标准的全国性运动推动了"财政公平"向"财政充足"的转向。2002年通过的NCLB法案设立了远大的目标，并为实现这些目标而问责州和学区。结果，30个州组织专家对"充足性"教育进行了研究，其目的有三：界定何为令人满意的学业成绩水平，弄清确保每个孩子达到那些标准需要什么样的资源，以及拟定给州内每个孩子提供那些资源的资助计划（Rebell，2007）。

对何为"充足性"教育所达成的共识性界定源于州法院的裁定："把学生培养成民主社会里合格的投票人、陪审员和公民，培养成能有效参与经济的人才。"（Rebell，2008a：432）要成为有效的公民和工人，学生需要具备英语方面的素养和流畅的口语表达能力；具备数学和科学知识；基本了解地理、历史和政治经济体系；具备批判性思考的能力；具备社会交际能力；具备在学术领域或职场上取得进步所需要的智力或职业技能。为了帮助学生掌握那些知识技能，学校需要能够提供学术化教学，创造安全有序的学习环境的教师和行政人员；需要充足的学校设施和恰当的班级规模；需要针对来自经济落后地区的学生、残疾学生和母语非英语的学习者制订补充性辅导计划；需要教材、图书馆、实验室和计算机等资源（Rebell，2008a）。但是，提供"充足性"教育所需要的费用不尽相同，这取决于学生的需求以及对其学校有影响的历史、社会和政治语境。如果学校和学区的学生人口包括较多的贫困生、残疾学生或母语非英语的学生，那么它们就需要得到更多的财政资源才能达到同样的结果。把需求上的差异转化成资助计划被称为"按需资助"（costingout）。

全国有多种"按需资助"成本测算法。一些州采用专家评议法：依靠有经验的教育者或教育研究员对教育成本充足性进行评判；一些州采用成功学区法，即对成功学区的资源进行分析，并依此计算出在不成功学区“复制”那些资源需要多大成本。无论采用什么方法，测算教育经费充足性最成功的方法——那些得到法院认可的方法——似乎有一些共同点：结果或目标表述很明确；关注贫困学生、残疾学生和母语非英语的学生的需求；最大限度地减少对测算过程的政治操纵；测算过程具有高度开放性，公众参与度很高（Rebell，2007）。无论采用什么方法，一旦一个州测算出提供完备教育的基本成本，它就可以保证每个学生得到相应的资金总额，从而给那些为众多贫困学生、残疾学生和母语非英语的学生服务的学校提供额外资源。

在阿拉斯加州、阿肯色州、康涅狄格州、马里兰州、明尼苏达州、新泽西州、新墨西哥州、纽约州、俄亥俄州和怀俄明州，教育财政充足性诉讼在减少教育经费不平等方面已经取得了显著成就。但是，有 16 个州为领取免费午餐和打折午餐学生人口比重高的学区提供的生均教育经费仍然不足；有 21 个州给有色人种学生人口比重高的学区划拨的生均教育经费不足；在超过 10%的学生都是母语非英语的 8 个州中，有 5 个州在该类学生密集的学区所投入的生均教育经费不足（Arroyo，2008）。

教育经费的集中化管理

说到教育，钱确实重要。尽管早期研究更强调家庭背景和社区环境等非学校因素对教育的影响（Coleman，1966；Hanushek，1996），但越来越多的证据表明，学校在教育上投入的资金多少也会影响学生的学业成绩（Bray，2003）。如果学校有充足的财政资源，能够开设小班，能够聘用经验丰富且受过良好教育的资深教师，能够为教师提供持续性、专业化发展的空间，能够购买足够用的教材和其他课程资料，能够对教学大楼进行维修保养，那么学生的成绩就会受到积极影响（Barth and Nitta，2008；Bray，2003；Rebell，2008b）。

承诺提供高标准、充足的教育财政经费意味着所有学校都拥有那些资源。显然，地方社区通过财产税筹资的能力有别，这意味着过分依赖流入学校的鱼龙混杂的资金往往会导致学校之间产生不公平。法院试图纠正教育经费分配的不公，其采取的办法是规定各州必须履行新职责，以确保其辖区内所有学区都有为所有学生提供完备教育所需的收入。但是，这些补救措施不能彻底解决问题。我们需要对教育经费问题进行全面的再思考。

在州政府和地方政府之间划分对学校的财政责任不能触及问题核心。如果州政府有权使用所有用于支持教育的税款，并实行“不均等”分配，那将更有利于平等。也就是说，如果目前通过征收财产税募集的资金能够由州政府而不是地方政府来管理，那么每一个学区——以及每一所学校——就能够得到为学生提供完备教育所需要的充足资金。如果一个学区有更多在教育上缺乏自信的学生——母语非英语的学生、残疾学生以及贫困学生——那么它得到的生均财政拨款也要多一些。为学校提供与其学生所需相匹配的教育经费将真正确保一个孩子的出生背景并不决定他的人生机遇，这在美国历史上还是第一次。

当然，为了确保经费用得恰当且正当，还需要联邦政府、州政府和地方政府进行充分监督；履行这种职责不容易，但并不是不可能，而且 NCLB 法案的各项规定也要求各州建立监督制度。说服富裕社区的居民支持州本位的教育经费体制并不容易，但是，如果各州以一种公民认为公平的方式来拓宽财政性教育经费的渠道，如征收销售税、使用税、收入税以及博彩税或赌博税等，那么他们对这种制度的抵制情绪是可以消除的。目前，几乎还没有立法者有勇气提出那样激进的改革。但是，不那么激进的改革方案已经提出或已经实施（Raffaele，2008；Schencker，2008；Sigo，2008；Walton，2008）。当然，这些改革提议的局限性也是很明显的。当州或地方共同承担教育成本时，其中一方可能退出协议，声称它们的财政收入与解决问题的预设方案不匹配。发生这种情况时，就像曾在纽约州所发生的情况一样，学生会失去所需的学习资源，同时，又会发生长期的、难以解决的争论。如果只有一个政府机构对教育经费负责，投票者更能够问责领导，更能确保所有学生都接受到公正且令其满意的服务。教育财政的公平是一个关乎正义的问题。法院裁定，这个国家的所有孩子都享有受宪法保护的平等待遇权，但在当前的教育经费体制下，他们并没有得到那种保护，这一点是很明显的。个人自由、地方控制权以及政府对我们日常生活的过多干预等问题确实值得考虑，但它们的重要性都不可能超过所有孩子接受教育的权利，因为孩子们所接受的教育将为他们增能，使他们能够承担起作为公民、社会成员和劳动者的责任。公立学校教育经费集中管理将确保各州的所有孩子都享有达到学业标准所需要的资源，而这与他们的居住地或是家庭的社会经济地位毫无关系。其他任何教育经费计划都是以牺牲不那么富裕家庭的权利为代价来维护富裕家庭的特权。

观点 2：反对教育经费的集中化管理

> 问题是，在大多数州……划拨的经费总有一些附带条件。州政府已经为公立教育提供了资助，州议会已经利用其经费划拨计划对学区所购买的东西以及如何有效利用资源施加了自己的影响。
>
> ——Timar and Roza，2008

那些建议我们集中管理美国公立学校的经费以确保所有孩子享有平等机会的人是出于好意但又是不对的。他们关心的是一些人的公平但几乎完全忽视了另外一些人的权利。在关心为儿童提供所谓的平等教育机会时，他们忘了考虑纳税人对如何使用自己的钱有行使最大可能控制权的自由；他们不给纳税人了解钱是否花得有效、明智和正当的机会；他们对让家长和其他纳税人能够尽己所能地支持自己孩子所就读学校的充分理由置之不理；对于支持能力更强的学生取得更大的学业成就，因为他们将更有能力回报在其教育上投入的公共资金等有说服力的观点，他们也拒绝考虑。

学校财政与学业成就之间缺失的联系

那些支持教育经费集中管理的人认为，我们应该让联邦政府或州政府募集税款并在所有学区之间平等分配这些税款。他们说这样做就能够给贫困学区的学校提供所需资源来提高学生的学业成绩。听上去好像这个计划有可能解决社会经济背景差的学生长期以来学业成绩低下的老问题。如果学校的物质资源与学生的学业成绩确实有关联的话，这样做确实能解决问题。但是，40 多年以来，学者们一直未能确切地证明这种联系的存在。

著名的“科尔曼研究”（Coleman study）开这类研究之先河，该研究始于 20 世纪 60 年代中期。那是约翰逊总统实施反贫困战略的年代，许多美国人坚信学校是赢得这场战争的主要工具。詹姆斯·科尔曼及其同事们对数千所学校进行了大规模的全国性民意调查。他们统计了他们认为与学生学业成绩有关的那些资源，例如，师资培育与教师经验、图书馆藏书量以及实验室设备等。换句话说，凡是钱能买到的东西他们都进行了统计。研究结果甚至令他们自己也感到惊讶——他们得出的结论是：学校的物质资源对学生成绩的影响微乎其微，而且他们还发现：“家庭背景差异比学校差异更能解释学生在学业成绩上的差距。”（Coleman，1966：73）其他一些研究者也得出了同样的结论：“教育经费与学生成绩之间没有任何必然联系。”（Hanushek，1989：46）即便那些声称研究证明与教育经费有关的几个因素确实能影响学校绩效的研究者也不能确切地证明，为那些服务于贫困生或缺乏家庭关爱学生的学校提供更多资源就能提高这些学生的学业成绩（Hedges，Laine，and Greenwald，1994）。甚至增加教育经费的最新实验也未能明确地界定金钱与学业成功之间的关系（Costrell，Hanushek，and Loeb，2008）。

除了财政资源之外，还有许多因素都影响学生的学业成绩。在不以受过良好教育的人为楷模的环境中长大的学生通常也不可能把学业成功视为一种真实的可能。至少有一项研究表明，属于少数群体一员的年轻人实际上已经拒绝考虑学业上的成功，因为他们认为要取得好成绩，就得“在举止行为上效仿白人”。他们认为，为了换取更充分融入资本主义制度的机会而脱离贫困社区、操劳的父母，或是不带偏见、地位相同的同辈，这种代价实在太大（Fordham and Ogbu，1986）。为这类学生所就读的学校增加资金投入未必能促进其学业成绩的提高，就是世界上所有的钱也不可能排解他们对学业成功的矛盾心理，那是他们自己及其家庭才能解决的问题（Wilson，2003；Ogbu，2003）。

即使贫困的父母希望子女在学校取得成功，也鼓励子女要努力取得学业上的成功，但他们的期望仍会落空。生活在贫困中的父母无法帮助自己的孩子应对他们将在学校面临的挑战。他们没有钱给孩子购买书籍或计算机，也不可能带他们去博物馆或音乐会。他们的问题如此多，时间又是如此紧，以至于他们根本就不可能给予孩子成长和发展所需要的关注。因此，贫困孩子来到学校时的准备是不充分的，远远赶不上那些在时间和金钱方面从父母身上获取更多的学生（Gershoff，2003）。无论教师如何努力，也无论在教育上投入的经费有多少，似乎都无法完全弥补孩子在学龄前这一阶段所失去的一切（Payne，2008）。

让我们面对现实吧——如果投入更多的金钱就能提高学业成绩，到现在为止我们应该早就看到效果了。在 20 世纪的最后 30 年里，我们为每个孩子的教育所花费的金钱比其他大多数工业化国家都要多（Organisation for Economic Cooperation and Development，2004）。30 年里，教育经费提高了 60%，生均教育经费是原先的 3 倍（National Center for Education Statistics，2003）。但是，一些学生在学业上仍然落后于其他孩子。比如说，尽管我们做了种种努力，但来自少数族裔群体的学生的标准化考试成绩仍然远远低于白人学生（Carey，2005；National Center for Education Statistics，2005a）。正如一些学者所说，这或许是因为有些族群没有其他族群那样聪明（Jensen，2003；Rushton and Rushton，2003）。把其他人大笔大笔的钱用在这些人的教育上，而收效和回报又低于将同样数目的钱投资在那些更有可能成功的孩子身上，这样做称不上“公平”。纳税人有权要求以尽可能有效的方式来使用他们辛苦挣来的血汗钱。教育经费集中管理的倡导者们认为集中管理是确保所有孩子享受到“充分”教育的唯一途径，但他们甚至对“充分”（adequacy）的界定或评判都没达成统一意见（Costrell，2008；Rebell，2007）。若此，我们怎么能够指望他们真正懂得如何有效地提供这种教育呢?

与其让其他人的钱流入那些有大量不合格学生的学校，还不如更明智地把公共资金投入为贫困儿童及其家庭提供创造更美好生活所需要的各种社会服务中去。如果孩子们要真正利用学校所必须提供的一切，我们就得改变他们的家庭和社区的现实状况。我们应该把税款用在打击犯罪活动、提供娱乐设施以及增加工作岗位等方面，而不是把钱浪费在学校；我们应该确保每个孩子都能享受良好的医疗服务（包括身体上和心理上的），确保每个孩子在安全的家庭和社区中生活。只有这样，他们来到学校的时候才会是已经做好了学习的准备。相比把钱投入腐败、管理不善的学区，花钱直接解决他们的社会经济问题才是更好的选择（Alexander and Salmon，2007；Rothstein，2008）。

城区学区滥用公共资金的历史

教育经费集中管理的倡导者声称，他们最关心在失败的城区学校读书的孩子。其中一些倡导者甚至认为，我们所讨论的所有因素都意味着，这些学生比那些家庭背景更好、更能取得学业成功的学生需要更多的公共资源，而且也理应得到更多的公共资源（Hansen，2001）。在这些倡导者看来，相比现在的经费投入，联邦政府和州政府应该把更多税款交由有更多贫困生所在的学校来管理（Halstead，2000，2002）。这真是一个很奇怪的建议——奖励失败的学校，惩罚成功的学校。

加大对失败学区的经费投入确实将惠及一些人，但是这样做未必就能帮助学生。比如说，提高教师工资待遇将使那些已经成为中产阶级的专业人士变得更加富裕；要求教师得到专业化发展将提高那些做师资培训工作的顾问的收入；鼓励各学区购买预先设计好的教学方案会给研发者带来不菲利润。至于这些花费对学生有无任何实质性帮助却是没有保障的（Merritt，2004；Olson，2005b）。

我们一直在利用城区学校来改善一些城市居民的生活质量，但却损害了孩子们的教育质量。城区学区历来就是政客们为换取选票给人安排“酬庸性工作”（patronage jobs）的发源地。各种少数族裔聚居区的成员轮流接手学区的控制权，为选区选民提供薪金报酬——有时甚至不要求他们干活儿但工资照发（Connors，1971）。“……酬庸的历史是那些无权享有其他政治经济资源的城区居民为了照顾自己及其朋友而采取的一种办法。”（Anyon，1997：159）在 20 世纪 80 年代，有批评家控诉说，在东北部的一个城市里，“政治酬庸如此普遍，以至于那些占据学区要职的人根本就不知道他们的实际职责是什么。这些工作岗位就是为亲朋好友创设的。那些人不仅绕过了常规的聘用、评估和记录程序，甚至压根儿没考虑要走这些程序”（Morris，1989：18）。这种情况一直没有得到显著改善。“大城市的酬庸制使得许多缺乏技能、不懂教育的学校行政人员得以任命，酬庸的历史在某种程度上也是导致城区学校那些无效教师得以立足的原因。”（Anyon，1997：158）

在许多学区，酬庸性工作造成的官僚作风限制了教师满足学生需求的能力。这些官僚体制内的雇员有时涉嫌参与腐败和非法活动。大城区学区的行政管理人员和雇员因为收受贿赂以及挪用公共资金而被拘捕是常事（Dugan，2008；Hernandez，2008；Waldman，2008）。给这些学区追加资金投入的任何计划都得确保新增款项不会创设更多毫无作用的行政岗位。另外，为了防止挪用新增资金，监管程序必须到位。

作为提供酬庸性工作的一部分，城区学校还聘用大量准专业人士。对当地社区成员而言，这些工作就是极好的收入来源。自助餐厅的服务人员、教师助理、考勤助理、特教助理、校车司机、交通助理和门卫等都是对从业人员要求很低的职位，通常不会要求他们具有高中以上的文化水平。这些职位是学校周围的社区成员专门“物色”出来的，能否让自己“榜上有名”往往取决于你的靠山是谁，而不是取决于你有什么能力，这一点大家都明白。在许多城市，这些准专业人士加入了工会，在教育系统内得到的薪水比他们在私人部门从事类似工作所得薪水要高得多。

过去，受聘于城区学校的教师往往是靠“关系”而不是“能力”。工会协议保护的是那些根据先前的酬庸性工作安排而进入教育系统的不合格教师，而这些工作安排又全打着“资历”特惠的幌子，而且工会协议通常又不允许校长聘用那些经验不足但责任心更强的教师。当资金紧张需要裁员的时候，这个问题就被放大了。无效教师保住了工作，而那些新聘用的有效教师却失去了饭碗（De Wys and Hill，2008）。

为城区学校提供服务一直都是许多人的赚钱生意。因为涉及大量资金，所以面对推销商的贪婪及其老板道德的缺失，城区学区特别缺乏抵抗力。在纽约市，负责校车安全的四名教育署职员因为向服务于数千残疾学生的公汽公司索取贿赂而遭到起诉（Greenhouse，2008）。在卡特里娜飓风后的新奥尔良学校重建中，校董会会长因为一个软件合同而收受了高达 14 万美元的贿赂（Nossiter，2008）。在芝加哥，学校官员收受了校车及其他车辆轮胎供应商提供的贿赂（Secter and Coen，2008）。

那些以正义之名要求辛勤的纳税人为这些管理不善的学区提供更多经费的人有必要再考虑一下事情的轻重缓急了。除非恰当的人事、财务和管理政策及制度到位，否则不应该再追加任何教育经费。这就是买单人所要求的公平。不应该要求纳税人作出牺牲却为一些“肥猫”提供快速致富的机会——从经费预算中捞钱或是通过给那些选他们上台当权的人提供职位都是他们赖以发财的手段。但教育财政均等化计划所得到的却正是这一效果。

学校财政集中化管理的后果

学生成绩更差

那些提议由联邦政府或州政府集中管理教育经费的人似乎没有意识到这样做的后果。那些“均等”政策在有些州很成功，但也常常导致一些灾难性后果。教育经费均等化计划有两种可选方案。在为学校提供教育经费时，可以“提高标准”也可以“降低标准”。若提高标准，各州可按照最富裕学区的生均教育经费标准给各个学校划拨经费；若降低标准，则以州中产阶级或贫困学区的生均教育经费标准给各个学校划拨经费。在大多数降低教育经费标准的计划中，对学区开支可以超过州补贴的多少都规定了一个上限。提高标准真的是一个代价不菲的提议。它要求全州增加税收；纳税人缴纳的税款更多，但只有少数人能看到其所在社区的公共服务事业因为税率的提高而得到改善。因此，提高标准的计划既不受欢迎，也很少得以充分实施。

1971年，加利福尼亚州最高法院审理了第一桩因教育经费差异引起的法律诉讼案。在塞拉诺诉普里斯特（Serrano v. Priest，1971）一案中，法院认为学区生均教育经费不均等违背了联邦宪法和州宪法的平等保护条款。那些支持教育经费均等化的人认为他们赢得了一场胜利，他们认为法院裁定引起的变革将改善教育状况，有利于所有加州学生，但他们错了。纳税人强烈反对通过提高税率来使教育经费均等的计划（Fischel，1989，1996），他们投票通过了《加利福尼亚州第13号提案》（Proposition 13），将房产税的税率限制在市值的1%，规定了税收上限，并“有效地”限制了加州所有学区的经费。结果，相比为富裕学生提供服务的同类学校，教育特困生的学校所得到的生均教育经费仅仅高出了13美元（Timar and Roza，2008）。尽管有人声称集中管理教育经费将改变学生的学习机遇，但在国家教育进步评估中，加州学生的数学和阅读成绩都低于全国的平均水平（U. S. Department of Education，2007，2006）。在俄克拉何马、南卡罗来纳、夏威夷、密歇根和堪萨斯这五个州，公立学校教育经费的90%都是由州政府提供的——高于加州集中管理的教育经费（Hoxby，2003）。在其中两个州，也就是堪萨斯州和密歇根州，学生的平均考试成绩略高于全国水平；另外三个州略低于全国水平（U. S. Department of Education，2007，2006）。换句话说，一律按照州标准资助学校并不能保证学生的学业成绩就会提高。

地方资助力度的减弱

对其他学校财政统筹均等分配的案例研究表明，州财政资助的增加往往伴随着地方资助的减少。换句话说，学校所得实际经费并未增加。有时候，地方政府不是把州追加的财政资助视作为孩子打造更优质学校的机会，而是将之视为减少居民地方税务负担的机会（Driscoll and Salmon，2008）。相对那些城镇而言，这些决定在政治和经济上都是有道理的，但这些决定同时也反映出一种对抗情绪，对强制推行法院决议产生的对抗情绪。不过，也不是只有地方对学校的财政资助会因为教育经费集中管理而受到影响。当州政府对学校经费实行高度管控的时候，“必然意味着当地学生家长和居民对学校控制权的减少。家长和邻人可能觉得这会让人对学校产生一种疏离感”。如果他们认为自己对教育决策没有真正的影响力，他们也就不太可能参与学校事务；如果他们在如何使用那些资源时几乎没有发言权，他们也就不太可能贡献额外的时间和物质资源（Hoxby，2003）。失去那些最关注孩子学业成功的家长的支持是任何学区都承担不起的损失。

地方控制权的丧失

学校的任务历来就是满足区域需求，这是美国教育体制最为独特的方面之一。比如说，在19世纪末20世纪初，农村学校与城区学校所开设的课程并不一样。有了关心公共事业的社区成员，每一个地方学区都能打造出符合孩子需求的学校（Cremin，1961）。学校有权按照当地确立的标准来决定教师的聘用和解聘。教师必须达到的是地方社区标准，而非那些几乎或根本不了解市民需求或价值观的官僚主义者所设定的州一级标准。

甚至在20世纪末，地方对学校的控制权仍然是学校管理的一个重要方面。纳税人有权接受也有权拒绝校董事会提出的预算方案。他们有权推选校董事会成员，也有权将之轰出校董事会。这样做，他们就能确保自己在子女教育问题上的理念能在学校得到落实。另外，纳税人可以选出一些民选官员来确定资助学校的财产税率，这样就能设法确保他们的税务负担不至于过重。因为城镇或乡村的大多数人都在地方学校读过书，或是有子女在地方学校念过书，所以他们对地方学区是很感兴趣的。地方管控教育经费加强了纳税人与学校的联系。如果人们看到自己的钱花得有价值，如果人们对什么是有价值的东西能够发表自己的看法，那么他们就愿意出钱。

当教育经费基本是集中统筹的时候——当各州接手大部分为教育买单的任务时——纳税人就失去了对他们所资助学校的基本控制权。一旦失去地方控制权，学校行政管理人员的变通性也就失去了。地方学校和市政领导再也无法有效地回应社区及其学生的需要。比如说，有些学校也许需要课外辅导计划，有些学校可能希望开设小班，还有些学校可能希望制订速成学习计划。当经费统一管理，由州统一划拨时，学校就再也不能做出有计划的决定了（Hoxby，2003）。比如说，在许多州，州政府增加了教育经费的投入，但同时规章制度也增多了。全国各州都在制定学生绩效标准，这些标准通常是对学生总体学业成绩所做的一些无关紧要的说明。例如，纽约州在语言方面（除英语外）确定的学业成绩标准包括“标准 1：学生要能够运用除英语之外的另一种语言进行交流；标准 2：学生要具备跨文化交流的技能和理解力”（New York State Department of Education，1996）。

谁会去争论那些枯燥乏味的提议？另一方面，谁又能板着脸一本正经地说那些标准足以指引那些想方设法衡量学生成绩的学校呢？实际上，支撑那些标准的通常是州教育署编制的考试测评体系。学区和教师对其所要讲授的课程几乎没有任何发言权，对于学生的考试发言权就更小了。尽管州纳税人可能有权要求自己的钱花得正当，但他们走这种程序时又夺走了地方对学生学什么以及如何评价学生的大部分支配权。

在集中管理教育经费的计划里，地方纳税人也体会到他们在如何使用税款这个问题上所能施加的影响力越来越小，因为有关教育财政的决定是由州议会而不是学区校董事会来定夺的。当教育税款由州而不是地方来征收时，地方当局在财源上就控制不住了。全州的利益团体都想把那些钱用在自己感兴趣的项目上，因此就必须以多种方式来分配这些资金，这比由地方划拨资金的方式复杂得多。资金集中管理时，参与管理的人员也要相应增多，制定州预算方案花费的时间更长，批准预算需要达成地方预算过程中的妥协闻所未闻。想象一下这种混乱的情景：全国每所学校都被迫等待州预算的结果，因为各地方学区不知道自己“养得起”多少教师或管理人员！地方管控不仅仅是为了方便，也是为了效率——更是为了公平。每个纳税人都有权期望自己所提供的资金能以一种高效的方式用于各种服务事业，因为筹措这些资金就是为了投入这些服务事业中。

优质学校是对勤勉工作的回报

无论集中管理教育经费的倡导者们喜不喜欢，我们都生活在资本主义社会。我们有着依靠企业和工人之间充分和公平的竞争而长盛不衰的经济制度。如果你生产的产品或提供的服务更能得到社会成员的“青睐”，那么你得到的回报自然比别人多一些。正是这种制度才使美国创造出了令世界其他国家的人们所羡慕的生活标准。我们为那些不能参与自由市场竞争的人提供“安全网”（safety nets），我们甚至也为不愿参与市场竞争的那些人的孩子提供“安全网”。

但是，这种经济制度之所以运行得如此成功，其中一个原因是人们能充分享受自己的劳动成果。那些“破译”这一制度，并琢磨出公众愿意买什么产品的人获得的金钱报酬可以转化成资产，而这些资产中最为大家珍视的就是房产。为子女提供更优质学校和更安全社区的概率大小是对购房者影响最大的因素之一。反过来，学校质量又是决定房产市值的重要因素。学校经费均等化以及确保所有学生得到同样的好处将会使某幢房子比另一幢房子更值钱的某个重要原因不复存在。

竞争以及一物“优于”另一物的思想是美国经济制度得以建立的基础。这些看得见的好处是大多数美国人努力工作以及省钱花钱的动力。如果我们集中管理教育经费，使孩子们接受的教育完全相同，那么我们就消除了激励成年人牺牲时间和金钱的最大动力之一，而我们这种经济制度需要这种激励机制。这也许看似不那么“公平”，但总的来说，这种制度有效，考虑对这一制度进行大变革是愚蠢的。

对于贫困学区的孩子发现自己的学校与富裕学区的学校有差别这一事实，科佐尔感到很遗憾。他暗示说，这种意识使得年轻人活得悲苦，正因为如此，他们最终退出了竞争，而竞争正是美国经济制度的核心（Kozol，2006）。但是，我们还可以从另一角度来审视孩子们的这种意识。我们同样可以将之视为一种认识，这种认识推动这个国家许多人更努力工作，努力的程度都超乎他们自己的想象。我们同样可以将之视为一种动力，正是这种意识给了开拓者穿越整个国家寻求美好生活的动力。一些人目前生活在能为学校提供更多资源的城市，但他们也是在科佐尔及其他人所描述的那种地区开始了艰辛的创业。他们的辛勤劳动以及坚定和坚持的精神使得他们能够为自己的孩子提供更好的生活。我们不应该认为今天的年轻人既不可能付出同样的努力，也不可能取得同样的成功。我们必须坚定不移地履行我们的承诺，对那些最有利于这个社会的行为予以奖励。集中管理平均分配教育经费将使人们选择以有利于建设这个伟大国家的方式而行事的基本动力不再。我们不可能甘冒失去这一动力之风险。

地方对学校经费的管控是美国公共生活的一个重要方面。在过去的 25 年里，美国选民明确表示他们拥护那些能够体现联邦主义和去集权化之基本原则的公共政策。他们希望立法部门、行政部门或司法部门的政府官员们能更少地干涉他们的生活。他们希望在自己生活的城镇或乡村里由自己掌控自己的命运。集中管理学校经费的提议违反了民众意愿。尽管这些提议可以反映其支持者创造更公平教育机会的良好愿望，但从长远来看，这些计划不会成功。“我们现在有充足的证据表明，一些乍眼一看不错的政策带来的结果是令人遗憾的。”（Hoxby，2003：36）“……去集权化……显得混乱而低效”，但它仍然优于各州对教育管控的“慈善式独裁”（benevolent dictatorship）（Rossell，2003：30）。

讨论

1. 调研你所在的州。你们州出现过要求教育经费公平分配的诉讼案件吗？原告和被告各自的论点是什么？各有什么利弊？法院决议是什么？这些决议得以实施了吗？结果如何？

2. 一些降低教育财政不公的提议取决于从财产税收入到销售税收入的转向。讨论这种转向的利弊。记得考虑在经济困难时期每种收入来源的可靠性等问题。

3. 思考一下各州增加对学区教育经费的投入将如何影响地方对学校的控制权。研究你所在的州对学区在课程、考试、人事和学年长短等方面的自主权大小的政策。

4. 反过来想一下整个教育财政问题，考虑一下政府是否有权对公民征税来为学校买单。讨论那样的税制是否侵犯了那些子女不在公立学校读书的公民的个人权利。讨论时，你也许会支持这种观点：只有家长有权利且有义务为子女提供他们认为恰当的教育，而政府无权干涉他们的决定。思考一下，实施这种教育财政政策将对国家有些什么影响。

参考文献

Access Quality Education (2008). "Litigation." www.schoolfunding.info/litigation/litigation.php3.

ALEXANDER, K, AND SALMON, R. (2007). "Warranting Failure: The System That Breeds Poverty and Starves Public Schools." Journal Of Education Finance. 33(2): 203–221.

ANYON, J. (1997). *Ghetto Schooling*. New York: Teachers College Press.

ARROYO, C. (2008). "The Funding Gap." Washington, DC: The Education Trust. www2.edtrust.org/NR/rdonlyres/5AF8F288-949D-4677-82CF-5A867A8E9153/0/FundingGap2007.pdf.

ASBY, C. (2008). "No Child Left Behind Act: Education Actions Could Improve the Targeting of School Improvement Funds to Schools Most in Need of Assistance. Report to Congressional Requesters." Washington, DC: General Accounting Office (GAO-08-380).

BARTH, J. AND NITTA, K. (2008). *Education in the Post Lakeview Era*. Little Rock: Arkansas Advocates for Children and Families. www.schoolfunding.info/states/ar/ARAdvocates-AchievementGap08.pdf.

BROWN, C. (2007). "Are America's Poorest Children Receiving Their Share of Federal Education Funds? School-Level Title I Funding in New York, Los Angeles, and Chicago," *Journal of Education Finance*. 33(2): 130–146.

CAREY, K. AND ROZA, M. (2008). "School Fundings' Tragic Flaw." Seattle: Center on Reinventing Public Education.

CHANEY, B., AND LEWIS, L. (2007). *Public School Principals Report on Their School Facilities: Fall 2005* (NCES 2007–007). U.S. Department of Education. Washington, DC: National Center for Education Statistics.

COLEMAN, J. (1966). *Equality of Educational Opportunity*. Washington, DC: U.S. Department of Health, Education, and Welfare, Office of Education.

CONNORS, R. (1971). *A Cycle of Power: The Career of Jersey City Mayor Frank Hague*. Metuchen, NJ: Scarecrow Press.

COSTRELL, R., HANUSHEK, E. AND LOEB, 2008. "What Do Cost Functions Tell Us About the Cost of an Adequate Education," *Peabody Journal of Education*, 83(2): 198–223.

CREMIN, L. (1961). *The Transformation of the School: Progressivism in American Education 1876–1957*. New York: Random House.

CREMIN, L., ED. (1957). *The Republic and the School: Horace Mann on the Education of Free Men*. New York: Teachers College Press.

DEWYS, S. AND HILL, P. "Putting Students First," *Seattle Post Intelliger*, Feb. 29, 2008. http://seattlepi.nwsource.com/opinion/353294_focus02.html.

DRISCOLL, L. AND SALMON, R. (2008). "How Increased State Equalization Aid Resulted in Greater Disparities: An Unexpected Consequence for the Commonwealth of Virginia." *Journal of Educational Finance* 33(3); 238–261.

DUGGAN, P., "Ex-official Sentenced in Embezzlement," *Washington Post,* May 8, 2008.
Final Report on the National Assessment of Title I: Summary of Key Findings. Washington, DC: U.S. Department of Education, Institute of Education Sciences, 2007.
FIRESTONE, W., GOERTZ, M., AND NATRIELLO, G. (1997). *From Cashbox to Classroom: The Struggle for Fiscal Reform and Educational Change in New Jersey*. New York: Teachers College Press.
FISCHEL, W. (1989). "Did Serrano Cause Proposition 13?" *National Tax Journal*. December: 465–474.
______. (1996). "How Serrano Caused Proposition 13." *Journal of Law and Politics* 12:607–645.
FORDHAM, S., AND OGBU, J. (1986). "Black Students' School Success: Coping with the 'Burden of Acting White.'" *The Urban Review*. 18(1), 176–206.
GLENN, W. AND PICUS, L. (2007). "The *Williams* Settlement and the Prospects for Future School Finance Adequacy Litigation in California," *Journal of Education Finance* 32(3): 382–394.
GOTTLOB, B. (2003). "The Results of the New Hampshire Education Funding Reform," The Josiah Bartlett Center for Public Policy.
GREENHOUSE, S. "School Bus Safety Officials Are Accused of Soliciting Bribes," *New York Times*, May 14, 2008.
GREIFNER, L. (2006). "Facilities Spending Criticized as Uneven," *Education Week*, November.18: 1.
HALSTEAD, T. (2000) "The National Debate Over School Funding Needs a Federal Focus." *Los Angeles Times*. Oct. 8, p. M2.
———. (2002). "Rich School, Poor School." *The New York Times*. Sec. A, Jan. 8, p. 19.
HANSEN, J. (2001). "21st Century School Finance: How is the Context Changing?" Education Commission of the States. ECS Issue Paper. Education Finance in the States: Its Past, Present and Future. www.ecs.org/clearinghouse/28/04/2804.htm.
HANUSHEK, E. (1989). "The Impact of Differential Expenditures on School Performance." *Educational Researcher*. May, pp. 45–51.
———. (1996) "School Resources and Student Performances." In G. Burtless, ed., *Does Money Matter?: The Effect of School Resources on Student Achievement and Adult Success.* Washington, DC: Brookings Institution.
HEDGES, L., LAINE, R., AND GREENWALD, R. (1994). "Does Money Matter? A Meta-Analysis of Studies of the Effects of Differential School Inputs on Student Outcomes." *Educational Researcher*. 23(3), 5–14.
HERNANDEZ, C. "A Lucky Return," *Newsday,* March 20, 2008.
HOXBY, C. (2003) "Achievement, Efficiency and Centralization in California Public Schools," Prepared for *Williams v California*. www.decentschools.org.
IMBER, M. (2004). "Adequacy in School Funding," *American School Board Journal,* November, 46–47.
KATZ, M. (1975). *Class, Bureaucracy and Schools: The Illusion of Educational Change in America*. New York: Praeger.
KNOEBBEL, R., VERSTEGEN, D., AND RINEHART, J. (2007). "What Is the Relationship Between Resources and Student Achievement? A Canonical Analysis," *Journal of Education Finance* 33(2): 183–202.
KOZOL, J. (2006). "Jonathan Kozol Takes on the World," *District Administration,* January. www.districtadministration.com/viewarticle.aspx?articleid=37&p=1#0.
LADD, H. AND HANSEN, J., EDS. (1999). *Making Money Matter: Financing America's Schools.* Washington, DC: National Academy Press.
MACKEY, S. (1998). "The School Money Puzzle." *Government Finance Review*. (2), 39–42.
MERRITT, J. (2004). "A Syllabus Way Beyond the SATs," *Business Week,* April 26.
MORRIS, G. (1989). "The Blackboard Jungle Revisited." *National Review*. 41(8), 18–19.
NEW YORK STATE DEPARTMENT OF EDUCATION. (1996). *Learning Standards for Languages Other Than English*. Albany: Author.

———. (2008a). *New York: The State of Learning (Chapter 655 Report)*. www.oms.nysed.gov/faru/PDFDocuments/2007_Analysis.pdf

______.(2008b) *New York State School Report Cards*: Accountability and Overview Report 2006-2007 www.nystart.gov/publicweb/.

NOGUERA, P. (2004). Racial Isolation, Poverty and the Limits of Local Control in Oakland. *Teachers College Record*, 106(11), 2146–2170.

NOSSITER, A. "Louisiana: Lawmaker's Brother Indicted," *New York Times*, April 3, 2008.

OAKES, J. (2002). " Education Inadequacy, Inequality, and Failed State Policy: A Synthesis of Expert Reports Prepared for *Williams v. State of California*. www.decentschools.org/experts.php.

OGBU, J. (2003). *Black American Students in an Affluent Suburb*. Mahawah, N.J.: Lawrence Erhlbaum Associates.

ORGANISATION FOR ECONOMIC COOPERATION AND DEVELOPMENT. (2007)). *Education at a Glance: OECD Indicators 2004 Edition*. Washington, DC: Author.

PAYNE, R. (2008) "Nine Successful Practices," *Educational Leadership*. 65(7); 48–52.

RAFFAELE, M., "District-by-district details on property-tax breaks released," Associated Press, May 1, 2008. www.philly.com/philly/wires/ap/news/state/pennsylvania/18453849.html.

REBELL, M., (2008a). "Sleepless in Seattle: There's Still Hope for Equal Educational Opportunity." *Education Week*, February 13: 32–33.

________. (2008b). "Equal Opportunity and the Courts," *Phi Delta Kappan* 89(6): 432–439. www.pdkintl.org/kappan/k_v89/k0802reb.htm.

________. (2007). Professional Rigor, Public Engagement and Judicial Review: A Proposal for Enhancing the Validity of Education Adequacy Studies. *Teachers College Record* 109(6): 1303–1373.

RENDELL, E. (2006). "Amicus Curiae Brief of the Governor of the Commonwealth of Pennsylvania in *Pontiac v Spellings*." www.nea.org/lawsuit/images/rendellbrief.pdf.

ROZA, M., GUIN, K., GROSS, B. AND DEBURGOMASTER, S. (2007). "Do Districts Fund Schools Fairly?" *Education Next*, 7(4). www.hoover.org/publications/ednext/9223676.html.

ROTHSTEIN, R. (2008). "Whose Problem is Poverty?" *Educational Leadership*, 65(7):8–13.

SCHENCKER, L. "Property-Tax Cut, Sales-tax Hike Proposed," *The Salt Lake Tribune*, February 20, 2008, n.p.

SECTER, B. AND COEN, J. "Levine Weaves Tawdry Tale," *Chicago Tribune*, March 19, 2008

SIGO, S , "Plan OK'd to End Florida-Mandated School Property Taxes," *The Bond Buyer*, April 28, 2008 p. 3.

TIMAR, T. AND ROZA, M. "A False Dilemma: Should Decisions about Education Resource Use Be Made at the State or Local Level?" Paper presented at University of Californa, Davis, Center for Applied Policy in Education Symposium, April 18, 2008.

TYACK, D. (1974). *The One Best System: A History of American Urban Education*. Cambridge: Harvard University Press.

U.S. Department of Education, National Center for Education Statistics. (2007). The Condition of Education 2007 (NCES 2007-064). Washington, DC: U.S. Government Printing Office.

______. (2006). The Condition of Education 2006, NCES 2006-071, Washington, DC: U.S. Government Printing Office.

URBAN, W., AND WAGONER, J. (2000). *American Education: A History*. 2nd Ed. New York: McGraw-Hill.

WALDMAN, S. "Missing Funds Reach $303,000," *Albany Times Union*, Sept. 11, 2007.

WALTON, V., "Suit Contests State Property Tax Claims that Tax Revenue for Schools Not Enough, Not Equal," *Birmingham News*, March 18, 2008 p. 1B.

WILSON, J. (2003). "Convincing Black Students That Studying Hard is Not Acting White," *Journal of Blacks in Higher Education*, 38, 85–88.

ZHOU, L. (2008). *Revenues and Expenditures for Public Elementary and Secondary Education: School Year 2005–06 (Fiscal Year 2006)* (NCES 2008-328). National Center for Education Statistics, Institute of Education Sciences, U.S.Department of Education. Washington, DC. http://nces.ed.gov/pubsearch/pubsinfo.asp?pubid=2008328.

第4章

性别平等：消除歧视还是照顾差异？

有必要打造按性别隔离学生的学校或课堂环境吗？

观点1：消除性别歧视

打造性别隔离的学校和课堂是浪费时间和精力，是改变资源的用途，是转移缩小班级规模和加强教师培训等促进男女教育的计划所需要的资源。而且，实行性别隔离的这些班级使得学生不能为工作和家庭中真实的、男女共同教育的世界做好充分准备。性别隔离计划非但不给予他们选择权，还限制了男女学生的教育。

——American Civil Liberties Union，2008

美国民权斗争从未间断，其中也包括为结束学校的性别歧视而做出的种种努力。在试图确保男女拥有平等的入学机会、教育机会和教育结果的过程中，我们面临着新的挑战。新近通过的联邦法律修正案不仅允许开设单一性别班级，而且默认教育经费划拨中再次出现性别歧视的现象，这威胁着我们已经取得的进步。也许这些变革是为了满足年轻人的需求而做出的诚挚努力，但这样做的结果就是重回性别歧视的政策和制度，在学校里使一种性别的学生凌驾于另一种性别的学生之上。

性别角色与教育

关于性别平等的争论总是与社会对性别角色的理解有着不可分割的联系——也就是说，男性和女性所承担的社会角色对美国人如何看待适合男孩和女孩的教育有着深刻的影响。当然，种族和社会阶级对学校里的男女平等也有影响。但在某些方面，人们心目中对男女各自应该成为什么样的人，应该做什么的看法超越了其他那类因素的影响。因此，结束学校里的性别歧视关键在于性别角色的改变——尤其对女性而言，更是如此。

在殖民时期的美国，对性别角色的理解是基于《圣经》中的解释：女性从属于男性。但殖民时期的基督教也要求每一个基督信徒（男教徒或女教徒）既能读《圣经》也能诠释经文，而且还要求他们教自己的孩子读《圣经》。因此，大多数男孩和女孩通过家庭或是家庭小学（dame schools）所接受的教育是非常有限的。因为男性接受的教育就是要肩负起在公共领域工作的职责，所以有潜力成为社区领袖的男孩就能接受更多的教育；但女孩有机会学习的东西只够她们履行个人宗教职责和家庭职责（Tyack and Hansot，1992；Spring，1997；Urban and Wagoner，2000；Tozer，Violas，and Senese，2002）。

美国独立战争之后，性别角色定位开始摆脱宗教意识，进而受到政治意识形态的影响。在这个新兴国家，男性继续履行公共职责。人们期望他们成为能明辨是非的邻居、见识广博的选举候选人以及有责任心的实业家。学校教育的目标不仅是培养男孩子的读写能力、自然科学能力、史学能力和数学能力，还要帮助他们养成服从权威、尊重他人权利以及崇尚“公平竞争”和爱国主义的男性美德（Tozer，Violas，and Senese，2002）。

女性在新生的美利坚合众国的职责基本上仍属私人领域。她们要操持家务，要营造让孩子成为有责任感的公民、让丈夫摆脱尘世烦恼的温馨家庭（Douglas，1977；Evans，1989；Tyack and Hansot，1992；Zinn，1995）。学校教育的目的是让女孩做好履行那些家庭职责的准备。正是因为相信男性和女性的贡献都对国家的福祉至关重要，所以美国人一般都支持入学机会上的性别平等，在某种程度上，也支持课程设置上的性别平等（Kaestle，1983；Evans，1989；Tyack and Hansot，1992；Zinn，1995）。实行男女同校制的小学在美国很普遍（Tyack and Hansot，1992；Sklar，1993）。

起初，中等教育的入学平等和机会平等引起的争议很大（Tyack and Hansot，1992）。到了19世纪初，中上层阶级的男孩就读的学校不再局限于小学，越来越多的男孩子选择上“文法学校”，因为这些学校培养的学生或者升入大学或者准备从事经商、测量和教师等行业（Tozer，Violas，and Senese，2002）。美国女子教育的开路先锋凯瑟琳·比彻（Catharine Beecher）、埃玛·威拉德（Emma Willard）和玛丽·莱昂（Mary Lyon）认为，国家的福祉需要女性拓展自己作为“共和国母亲”（Republican mothers）的职责范围，需要女性把自己“天生”的教学能力带入学校。她们积极倡导并广泛募集资金，在她们的努力下，私立女子学院（academies）成立了，这使得女子能够继续接受教育，为今后的教师生涯乃至最终成为育人者的生涯做好准备。到20世纪初，在相对平等的基础上实行男女兼收制度的公立中学取代了女子学院（Rury，1991；Tyack and Hansot，1992；Spring，1997；Urban and Wagoner，2000）。男女都能在公共生活中发挥作用的信念使得学校教育中的公平性达到了更高程度。

但是，教育领域仍秉持这样的理念：男性和女性有着显然不同的性别特征，这使得他们适合从事不同的工作。尽管上中学的机会越来越多，为女性争取上大学的机会的斗争也从未间断（Horowitz，1984；Solomon，1986），但真正有机会接受职业教育的女性还是很少。从事法律、商务、医学和牧师等工作的权利几乎只属于男性（Horowitz，1984；Solomon，1986；Tozer，Violas，and Senese，2002）。

即使到了中学，尽管入学机会是平等的，但性别成见会再次导致歧视。在19世纪末到20世纪初的进步时代（Progressive Era），使女生从事教师、护士、秘书、接待员和一般职员等工作是学校的培养方案。在家政课上，她们学习如何成为好妻子和好母亲（Rury，1991）。在同一时期，选修大学预备课程的男生在数量上远远多于女生，男生参与的职业培训项目都是培养他们在工业和贸易领域从事“男性化”工作（Rury，1991；Tyack and Hansot，1992；Ravitch，2000）。烹饪、缝纫、打字和速记等“女子选修课程”的引入加深了中学的性别隔离，减少了女性参与更具学术化课程学习的机会（Rury，1991）。30 多年以来，教育机会上的性别差异仍然是有着深远影响的美国中高等教育中的一部分。尽管在 1940 年至 1965 年间，完成四年制中学教育的女性比例增加了，但同一时期完成四年大学学业的女性要少于男性（U. S. Census Bureau，2008a）。

在 20 世纪后半叶，社会对性别角色的定位以及适合男女学生的教育类型之间的关系又一次成为公众讨论的话题。这一时期在结束教育中的性别歧视方面取得了显著进步。在第二次世界大战期间，女性开始从事那些原先被视为太“男性化”、不适合女性的技工工作（Evans，1989）。当前途远大的男性在服兵役的时候，大学和职业学校也对女性敞开了大门。尽管进入和平年代之后当局也曾尝试恢复原先的性别秩序（Evans，1989），但“覆水难收”。

生理差异不应影响男女接受教育的类型或质量，这一观点在 20 世纪 60 年代又重新得到了人们的支持。许多人认为，男女之间的差异与其说是生理差异，还不如说是社会差异（Miller，1976；Chodorow，1978；Gilligan，1982；Segal，1990；Connell，1995）。学者们对学校的政策、制度、课程以及师生互动情况进行了调查，以期对男孩和女孩在学业成绩上的差距做出解释，他们还揭示了许多性别不平等的现象（U. S. Department of Health，Education and Welfare，1978；Mac an Ghaill，1994；Sadker and Sadker，1982，1994）。

最早进行这类研究的女权主义者认为，性别歧视进一步证明了女性社会地位的低下。女性及其取得的成就从教科书上“消失了”。女孩学习的课程仍然与那些传统的低收入职业有关，如护理、教育、秘书工作或操持家务等职业。教学材料几乎忽略了女性在其他领域的贡献和经历。男生比女生在学校受到的关注更多，他们在学习上得到了更积极的支持。另外，在录取政策、经济资助、心理辅导、体育运动以及课程学习权限方面也存在性别歧视（Frazier and Sadker，1973；Howe，1984；AAUW，1995；Biklen and Pollard，1993；Sadker and Sadker，1994）。

教育上的性别歧视与大规模的民权运动联系密切，民权运动使美国民众认识到，否定任何公民的个人自主权都要付出社会经济代价。20 世纪 60 年代末通过的《民权法案》规定，结束妨碍种族平等的政策和制度。性别平等的倡导者认为，基于性别的歧视无异于违背了《宪法第十四修正案》。传统观念认为男性和女性各自独特的性别角色决定了男女需要不同的入学机会或教育机会，不以这种传统观念为基础来争取教育上的性别平等在美国历史上还是第一次。我们之所以争取教育上的性别平等，是因为我们秉持这样的理念：男性和女性同样享有《独立宣言》所提出且受美国宪法保护的“不可剥夺的权利”。

本着这种精神，国会在 1972 年通过了《教育法修正案第九条》（Title IX of the Educational Amendment Act）。尽管与这一法案联系最为密切的是促使男女在参加体育运动项目上更平等，但“第九条”实际上规定，任何人不得因性别原因受到排挤以至于不能参加联邦财政资助的教育项目或活动。选修课程的机会、课外活动的参与、申请奖学金的资格以及大学录取政策不再受学生性别的影响。1974 年，联邦政府通过了《女性教育平等法》（the Women's Educational Equity Act）。它要求教育部长承担起促进学校里性别平等的责任，尤其是要帮助那些因为性别、种族、原国籍、英语非母语、残疾或年龄等原因而遭受多重歧视的女性。根据《女性教育平等法》所划拨的资金主要用于以下领域：促进社会平等的示范项目，教职员工的培训，女性领导素质的培训，“从学校到工作”的过渡计划和职业培训计划，为怀孕的学生和已为人父母的学生提供帮助，性骚扰防治计划，非歧视性的课程、资源和标准化考试的开发与研究（U.S. Department of Education，2008a）。“第九条”为结束性别歧视提供了基准体系，而《女性教育平等法》则为学校消除性别歧视提供财政资助。因为有了这些法律，美国才能在促进教育结果平等的过程中取得巨大的进步，教育结果平等是教育平等的第三个方面，其识别指数是标准化考试成绩、课程选修情况、各项运动和课外活动的参与以及教育成绩等。这些成果是我们继续致力于消除学校性别歧视的动力。

取得的进步

自从“第九条”规定在大学录取政策、奖学金制度以及经济资助上禁止性别歧视以来，女性在完成学业方面取得了显著进步。1970 年，在 25 周岁及以上的美国人当中，只有 8.2%的女性具有学士学位，而有学士学位的男性占 14.1%。近 4 年后，有 28%的女性和 29.5%的男性获得了学士学位（U.S. Census，2008a）（见表 4-1）。获得硕士学位的女性比男性比例更高，攻读专业学位和博士学位的女性也更多了（U.S. Census，2008b）（见表 4-2）。

表 4-1　　一些专业授予女性学士学位的比例/%

	1970 年	2006 年
工程学	0.7	17.9
农学	4.1	47.7
商学	9.0	49.8
计算机科学	12.9	41.8
数学	37.4	45.1
物理学	13.6	41.8

资料来源：U.S. Department of Education（2008b）. *The Condition of Education，2008*.

表 4-2　　一些专业授予女性硕士/博士学位的比例/%

	1970 年	2005 年
法学（L.L.B.，J.D.）	5.4	48.6
医学（M.D.）	8.4	47.3
牙医学	0.9	43.7
计算机科学（Ph.D.）	1.9	21.7
工程学（Ph.D.）	0.7	20.2
物理学（Ph.D.）	5.4	30.0
商学（M.B.A.）	1.6	42.9

资料来源：U.S. Department of Education（2008b）. *The Condition of Education，2008* and U.S. Department of Education（2004）. “Trends in Educational Equity of Girls and Women.”

这些显著的进步，至少在某种程度上与结束中小学歧视性制度的努力是分不开的。例如，自从“第九条”通过以来，女生调整了中学修课计划。现在选修高级科学课和高级数学课的女生比男生还要多（U. S. Department of Education，2007）。有11%的女生正在学习包括物理和微积分在内的一些高水平课程（Gorbett，Hill，and St. Rose，2008），她们在数学和科学这两门课程上的平均成绩比男生还要高（U. S. Department of Education，2007）。这些进步使得她们与男生更平等了。由于选修的数学课更多，女生的SAT数学成绩也提高了，2007年，她们的平均分达到了502分（Corbett，Hill，and St. Rose，2008）。而且，更多的年轻女孩准备参加大学预修课程AP考试。参加AP考试的女生所得分数与男生的分数几乎一样——她们也同样能拿到大学学分，并享受优先录取的待遇（U. S. Department of Education，2004）。

出于公平对待女生的压力，教师现在在课堂上也“因材施教”，以满足不同个体学生复杂的教育需求。为了有效地帮助每一个学生充分发挥潜能，教师们研究出了一整套教学策略。结束对女生的性别歧视也提高了男生取得成功的可能性（Corbett，Hill，and St. Rose，2008）。在NCLB法案的激励之下，转向标准本位的教育也减少了学校里的性别歧视。几乎各个学科的教师协会都要求成员证明自己能够胜任涉及性别问题的教学（National Council on the Accreditation of Teacher Education，2008）。

“第九条”显然最适用于体育运动。尽管性别歧视仍然存在，但在最近35年，由于资源分配更均等，女生参与学校体育运动项目的机会大大增加了。1972年，大约有30 000名女生参加了高校运动项目；2002年，有205 500多名女生参加了高校运动项目。参加高校运动的这些女生也好好利用了这些机会——到2007年，甲组女性运动员中有71%在6年之内完成了大学学业，而6年内完成了大学学业的男生只有68%（Women's Sports Foundation，2008）。在颁布“第九条”之前，教育界还没有为女性设立体育奖学金，而现在45%的体育奖学金都是由女性拿到的（Cheslock，2007）。在“第九条”颁布之前，参加中学体育运动的女生不到30万人，而在2007年，参加中学体育运动的女生达到了300多万人（Women's Sports Foundation，2007）。

体育运动上实现两性平等的好处是很明显的。为女生所设立体育奖学金的种类增多，使得能够上大学的女生也比以往任何时候都多。参加体育运动还能帮助青少年养成更健康的生活方式，减少冒险性行为。学生运动员抽烟或吸毒的可能性更小；青少年女运动员在中学时期发生婚前性行为或是怀孕的可能性也更小（Women's Sports Foundation，2008）。热爱运动的女生萌发自杀想法的可能性更小（Women's Sports Foundation，2008）。而且，参加体育运动的女性会在健康方面长期受益。参加严格体育训练的女生在其生命历程中患心脏病、骨质疏松和乳腺癌的可能性也更小（Tuoker Center for Research on Girls and Women in Sports，2007）。体育运动参与中的性别平等化趋势不断增强，它所带来的诸如提高学业成绩之类的好处也具有持久性。

仍需做些什么？

尽管在入学机会平等、教育机会平等和教育结果平等方面取得了一些进步，但性别歧视仍然是美国学校中存在的问题。尽管“第九条”在某种程度上成功地促进了大学体育运动中的性别平等，但男队和女队在训练时间、训练设备和教练支持方面并不总是一样的。“女大学生运动员仅获38%的运动奖金，比男运动员少11.7亿美元；仅获45%的大学体育奖学金，比男运动员少1.48亿美元；仅获33%的运动队组建经费，这意味着征募女运动员比男运动员的预算要少4 300万美元”（Women's Sports Foundations，2008）。另外，中小学和大学都和“第九条”玩起了“推卸责任”的游戏。它们继续为篮球、足球和冰上曲棍球等烧钱的男性运动项目提供资金资助，将体育经费用得干干净净。然后，因为“第九条”禁止歧视女子体育，它们又解散了一些名气较小的男队，并把这种“不得已而为之”的做法归咎于“第九条”。然而，“第九条”中没有哪一条规定要解散男队。实际上，受“第九条”的影响，男性参加学校体育运动的机会、参加的人数以及用于男子体育运动的经费都增加了（National Coalition for Women and Girls in Education，2007）。性别不平等仍在继续，因为多年以来社会和学校并未以任何有意义的方式来执行“第九条”。

如果说在大学执行力度不够，那么在K-12学校则根本不存在执行一说。中学和大学运动员代表队中只有42%是女性，尽管她们的人数超过了学生总数的一半（Women's Sports Foundations，2007）。女队在训练的场地、时间和收入等方面都遭到歧视。有这样一个案例，一中学女子篮球队的教练跟学校领导申诉，这些歧视性行为违背了“第九条”，结果他被解雇了。通过最高法院裁定，这位教练及其队员们才挽回了权利（Jackson v. Birmingham Board of Education，2005）。没有“第九条”作为法律支撑，女性就没有办法阻止或纠正这些不公平的行为。

对“第九条”实施工作的监督不力不仅仅体现在体育运动上。研究者报告说，在大学，理科的女性教授也遭到了歧视（Settles，Cortina，Malley，and Steward，2007），总的来说，学校女性职员的薪水待遇比男性职员低，得到晋升的机会也比男性职员少（Cooperstein，2008）。

在中小学，结束性别歧视可能也意味着不仅仅是遵守字面上的法律。检查教师辅导内容和辅导制度，教育家长并让家长参与，向学生介绍非传统职业选择，树立行为榜样和教师楷模，把招募学生的努力放在扩大课程选择权上等都有利于促进学校里的性别平等（Lufkin，2005）。当学校教工都认真对待“第九条”时，好运就会降临在学生身上。

消除歧视面临的新挑战

1975年“第九条”实施细则修订案禁止公立学校按照性别隔离学生，甚至实行部分时间的隔离也不行。但是，自从20世纪90年代以来，许多学区不是忽视就是实际违背那些规定（Stowe，1991；Perry，1996；Streitmatter，1997，1998，1999）。2004年，教育部颁布了“第九条”新规：允许公立学校设立单一性别的学校和班级，且对这类计划几乎不加任何限制（*Federal Register*，2002）。2006年，教育部提出了更极端的意见，实际上就是鼓励学区设立单一性别的班级和学校（*Federal Register*，2007）。令人气愤的是，这些新政策竟然允许“隔离”而又不要求机会“平等”（American Civil Liberties Union，2008）。这些歧视性现象的发展是显著的。10年前，全国只有4所单一性别公立学校；今天，有近百所公立学校只招收某一种性别的学生，有300多所公立学校设立了性别隔离的班级（National Association for Single Sex Public Education，2008a）。尤其令人不安的是，许多特许学校也都提供这种选择。法律允许他们以性别隔离的方式来运营学校，但又不要求确保另一种性别的学生拥有类似的机会（American Civil Liberties Union，2008；National Association for Single Sex Public Education，2008c）。

支持单一性别教育计划的观点通常是基于公立学校不能满足学生的需求而提出的。比如说，女权主义者担心学校里的性别歧视造成了女生的机会不平等，而这正是专为年轻女性创设单一性别班级和学校的动力。支持专设非裔美国男生班级的那些人总是以他们在男女同校的环境里未能取得学业成功来说事（Gewertz，2007）。实际上，对有关该话题的科学研究（scientifically based research）进行全面回顾就可看出，在单一性别“因素”上的研究尚无定论（U. S. Department of Education，2005d）。关于这一话题的新近研究表明，还没有任何证据可以证明女生的学习动力在单一性别环境里能提高（Chouinard，Vezeau，and Bouffard，2008）。大多数研究表明，除了性别，还有其他因素也可以解释在单一性别环境里发现的所谓对学业的好处。单一性别学校规模更小，学校共同体成员之间有更强的社会人际关系，教学策略上给学生活动留出的时间更多。另外，送孩子上单一性别学校的家长就已经为孩子做出了“以学为重的选择”，而这本身就可以解释为什么学生的学业成绩会更好。

由于无法证明单一性别教育的有效性，那些倡导者仅仅提供了单一性别教育为什么应该有效的原因——基于性别差异的伪科学所提出的一些论据（Guerian，2007a，2007b；Sax，2006，2007）。有时，单一性别教育的鼓吹者甚至认为，大脑体积大小上的性别差异对年轻人如何学习确实有影响，甚至当他们所说的那类研究并没有做出任何以上断言的时候，他们仍坚持自己的观点（Lenroot et al.，2007；National Association of Single Sex Public Schools，2008b）。他们还认为，由于性别平等运动，学校经常对男生进行误导性教育，他们这样说也就旨在暗示：女生的所得是以男生的所失换来的（Sommers，2000；Sax，2007）。但是，最近研究表明，教育上所谓“男孩危机”（boys crisis）的说法是不正确的（Corbett，Hill，and St. Rose，2008；Klein et al.，2007）。“从中小学到大学入学考试的标准化测试来看，最近几十年男生和女生的平均成绩皆有所上升或是很稳定。同样，女生和男生从中学和大学毕业的比重较之以前也更大。”（Corbett，Hill，and St. Rose，2008：2–3）

允许公立单一性别教育环境的政策是违法的。1996年，最高法院裁定，州政府资助的弗吉尼亚军事学院所实施的单一性别录取政策违宪（United States v. Virginia，1996）。最高法院裁定，学校之类的政府机构必须先在专业研究的基础上提出“特别有说服力的”理由，才能制定有性别之区分的计划。单一性别计划拟达到的社会效果和教育效果必须与其所提出的理由相关，对于保证能实现那些目标并保护性别平等的计划必须有证据支撑。事实上，由于研究基础不可靠，设立单一性别学校或班级的政策一般都缺乏法院裁定所要求提供的基本理由（Salamone，2006）。

即使动机是好的，这种政策也是危险的。许多倡导设立单一性别学校或班级的人很可能是为了推行另一计划。他们总是强调提供这类选择增加了孩子受教育方面的“家长选择权”（Meyer，2008）。那些拿选择权来说事的人通常是支持教育私有化的——他们通常支持特许学校、教育券以及其他为非公立学校提供公共资金的提议。目前，大多数单一性别学校都是私立学校。如果性别隔离的倡导者能够使公众相信性别隔离的环境是有益的，那么就可能更容易说服选民允许学生选择公立学校系统之外的学校。毕竟，他们会说，给学生发学费到现有的学校就读，不是比费神费钱地再建一所新学校要容易些吗？闸门一旦打开就再难以关上，而且有可能被那些希望彻底废除美国公立学校体制的人“推得更远”。

实现美国公立教育性别平等的斗争既漫长又艰难。赢得这场斗争需要信奉典型的美国原则：诸如性别之类的命运偶然性不能限制一个人受宪法保障的、基本平等待遇权，也不能决定一个人的能力或命运。在入学机会平等、教育机会平等和教育结果平等方面对这一原则的任何背离，都有可能带来强化性别偏见和传统性别角色之危险，都有可能导致布朗诉托皮卡教育委员会一案中被裁定为违宪的性别隔离式教育环境的再现。在教育中，“隔离”从来就不是平等的，而“不平等”也从来就不是合法的。消除教育中的性别歧视是保证个人权利的最好办法，也终将是创造一个更公平国度的最好办法。

观点2：照顾性别差异

> 男女同校教育规定统一采用无性别差异的教学材料，统一测试，统一行为标准。于是，在通达我们学校性别绝对平衡的征途中，“与……平等”变成了“与……同样”。但是，当你抹杀性别差异的时候，也有一个问题：男孩和女孩本来就不一样。
>
> ——Gilbert，2007

毫无疑问，许多美国人为消除教育性别歧视所做的努力使教育得到了重大改进，尤其是在入学机会平等方面。公立教育的所有阶段——从幼稚园到研究生院——都是实行男女兼收制度。然而，男性和女性之间确实存在一些理应在学校得到照顾的差异。一味实行死板的“同一性”政策，没有合情合理的区别对待，实际上限制了学生的发展机会。我们有充足的证据表明，男生和女生对上学的体验并不一样。

学校里的性别经历

最近这一代人为消除学校性别歧视的努力都始于对性别如何影响学生受教育经历的分析。研究人员发现，与女童相比，学龄前男童玩得更多的是手工工具玩具、简单机械玩具、玩具球和积木玩具（Kahle，in AAUW，1995）。教师鼓励男生要自信独立，劝导女生不要冒险，还会因为她们“胆小文静、乐意合作”而给她们奖励（Tozer，Violas，and Senese，2002：392）。

在小学，教师与男生合作更频繁，给男生的关注和关爱比给女生的更多。他们鼓励男生动脑筋完成任务或独立解答难题，但对女生，很可能就是直接告诉她们答案或是直接教她们如何完成一项任务。当男生大声嚷嚷着回答问题时，教师会仔细倾听；当女生这样做的时候，教师往往不会理会她们所说的内容，还会训斥她们不遵守课堂纪律（Sadker and Sadker，1994）。与女生相比，男生更可能被视为“捣蛋鬼”，更可能因为行为问题而把家长请到学校里，更可能留级，也更可能被贴上学习无能的标签（U. S. Department of Education，2000）。

到上初中的时候，女生得付出很多努力来应对自己在学术能力上的问题，并且变得不敢在课堂上大胆发言（Brown and Gilligan，1993）。到了高中，许多女生很擅长于“按部就班地学习”——也就是说，作业做得整洁，按时上交作业，考试照搬书本。但她们在独立思考或批判性思维方面却并不擅长，在选择课程或任务上也几乎从不冒任何风险（Brown and Gilligan，1993；AAUW，1995）。男生则更可能选修难度更大的数学、科学和计算机课程。他们也更有可能辍学。男生面对同龄人的压力得参加运动，评判他们是否具有男子气概要看他们的竞争力如何。他们相互“鼓励”，参与吸毒、酗酒以及其他危险行为。他们觉得自己的情感表达受到讥讽（Kindlon et al.，1999；Pollack，1999），装腔作势反而能显摆能力，使用暴力反而能得到“回报”。若对阅读、艺术之类“女性化”内容表现出兴趣则会受人嘲笑（Kimmel，2000）。

教科书对性别角色的传统定位没有提出深刻质疑，因而“助长”了学校里的性别歧视。课程材料既不肯定同一性别的不同个体之间所存在的差异，也不把男性和女性的经历、需求和兴趣融入教材内容（AAUW，1995）。职业教育计划反映和再现了传统的性别期望。这些计划主要是引导或允许女性参与“一些培训计划，以便她们能胜任那些历来适合女性的、历来收入低的工作”，如美容、小儿护理和实用护理等工作（Brake，1999：10）。男性选修那些旨在把他们培养成从事木工、电工或铅管工等高收入职业的课程。

每五个女学生中就有四个报告说，她们是性骚扰的牺牲品。有四分之一的学生说“经常”遭受性骚扰（AAUW，1993）。中学里的性骚扰有很多形式，说闲话、开玩笑、打手势和扮鬼脸都在其列。学生被摸、被抓或者被捏；亮光屁股和暴露性器官等都是她们遭遇过的性骚扰。学生变成了性流言或乱涂乱写的目标，被人扒衣服，换衣间被人偷窥，被迫看自己不想看的性图片或性描述，被调戏性地拦住或被逼与人搭讪。她们违背自己意愿被迫亲吻他人，在有些情况下被迫做的事情甚至比亲吻更令她们难以接受。学校里似乎没有什么地方是完全安全的。学生报告说，在教室、走廊、体育馆、自助食堂、更衣室、停车场、操场和公共汽车上都会发生性骚扰（AAUW，1993）。“男女有别”支持者对这些行为带来的巨大影响抱怨不已：“这些行为造成的后果可能是毁灭性的，因为年轻女性得在常常令她们极其不愉快的学习环境里努力‘活下去’。当一个女生一天中的大部分时间都需要回避损人的评论、性暗示和身体骚扰时，怎么可能指望她在学校里茁壮成长呢？”（Larkin，1997：14）

最后，研究人员还发现，学校歧视那些怀孕或是带孩子的年轻女性，而且也几乎不会采取任何措施来照顾她们的特殊需求。学校不会因为一些母亲可能需要额外时间把孩子送到日托所而调整作息时刻表。就地提供托儿中心的学校就更少了。相比其他女学生，这些年轻母亲辍学的可能性更大（U.S. Department of Education，2000）。

研究结果令人信服地证明，男生和女生在学校有着不同的体验——因为性别歧视，男生和女生都觉得受到了不公平的待遇。但是，为应对这些问题而制定的政策和制度似乎与他们所描述的现实毫不相干。

一视同仁的规则

在20世纪70年代，女权主义者和其他民权倡导者试图将种族歧视和性别歧视等同起来。他们游说国会通过的《平等权利修正案》（Equal Right Amendment）本来是禁止一切基于性别的歧视。但是，关于《平等权利修正案》长达10年的全民大辩论让大多数美国人明白了，基于性别给予不同待遇与基于种族的歧视是大不一样的。有时候，为了给妇女及其孩子谋求最大的利益，合情合理地区别对待男女两性是有必要的，这一点他们是理解的。

那些看到《平等权利修正案》本身给妇女带来不利影响的人士发动了一场目标明确的运动以让美国人坚信，这一修正案将禁止法院允许公共政策上的男女有别，如子女监护权、抚养费和劳动人口食宿安排等公共政策。1977年以后，州立法机关无一批准该修正案。到1982年，甚至最激进的女权主义者也宣称，为通过《平等权利修正案》所做的努力到此为止（Blair，1997）。

但是，用一视同仁的政策来应对性别歧视的努力并未随着《平等权利修正案》的终止而结束。在1972年，国会通过了《教育法修正案第九条》，要求在男性和女性之间更公平地分配教育资源和教育机会。当以理性慎重的方式来实施“第九条”时，其结果就是更加公平的教育制度。但是，完全排除性别差别待遇之合理性，也导致了“第九条”实施结果并不公平甚至堪称荒谬的局面。

仅仅依靠结束歧视来实现性别平等的尝试因其局限性而遭遇了失败，这在把“第九条”的规定运用于体育教育时特别明显。这条法律原本是为了消除学校体育运动计划中的性别歧视，但随着时间的推移，却促成了高等院校体育运动计划中的“限额制”，这实际上等于限制某些学生的参与机会。在女权主义者以及其他支持严格推行“非歧视”政策人士的努力下，这条法律被诠释成要求学校中的女生比例与参加校队的女生比例完全“相称”。也就是说，如果某一院校有55%的学生都是女性，那么校队运动员中也必须有55%的女运动员。如果学校不遵守这一规定，就会被视为违法，并因此失去政府的财政资助（Kukas，2005）。

尽管参加体育运动的女生越来越多，但承诺参加大学校际比赛的年轻女性却并不多。由于忽略了打造性别同一性过程中个人选择这一要素以及个人选择对教育环境下性别平等的影响，支持不折不扣非歧视政策的那些人把学生参与体育运动方面的差异归咎于学校。当大学无法吸引或是迫使足够多的女性参加运动时，它们只得靠解散男队来达到比例均衡。参与人数减少最多的是田径、高尔夫球、网球、赛艇、游泳、体操和摔跤之类的运动。加入NCAA（美国大学体育总会）的女队比男队多1 000支左右。而各大学NCAA男运动员平均数从253人降至199人。随着大学男生比例的下降，男队数量随之减少，这就“淘汰”了更多NCAA男运动员（College Sports Council，2008）。体育运动上绝对“平等”的倡导者现在又把注意力转向了中学体育。我们完全有理由相信，对那些希望得到、需要得到、也理应得到参加比赛的机会的男运动员来说，结果将同样是灾难性的（Gavora，2007）。声称这一政策有助于实现公平显然是荒谬的。热衷于体育运动的男运动员被剥夺了参加体育运动的权利，让学校支持其选择的权利也被剥夺了。法律从未希望授权实施无视个人自主权的政策来歧视男性，法律的存在是为了保障男性和女性享有平等的机会。

学校教科书也深受社会工程（social engineering）的影响。黛安娜·拉维奇纪实性地描述了出版商对“第九条”的种种回应。比如列举的例子、考试试题以及图解说明都有定额限制；女性和男性的比例必须是50∶50。“女演员”（actress）、“女英雄”（heroine）、“手足情谊”（brotherhood）、“祖先”（forefathers）之类的词语都是禁止使用的。操持家务或照顾孩子的女性形象不能公之于众，也不能把男性描写成从事铅管工或木工等传统职业的人。男孩子不能表示愤怒，女孩子也不能胆小害怕（Ravitch，2003）。“净化”教材并未创造平等。实际上，要求课本中使用“政治正确”的词语不利于在追求正义的道路上取得真正的进步。批评家们发现那些努力容易成为嘲讽的目标，把真正的问题视为与语言上政治正确“大致一样”的问题而被忽视。提议修改教科书的出发点也许是好的：开阔思想促使学生超越传统性别角色的定位，为男生和女生创造公平的竞争环境。但是，结果却形成了这样一种制度——对年轻人的语言和观点进行监督的制度——这不是选择的自主权得以发展的土壤。

也许，消除男生和女生在学校的一切待遇差异的努力所带来的最荒谬结果就是对着装要求的影响。根据对法律最死板的诠释，在着装、戴首饰或化妆上学方面，学区对男生和女生应同等对待。当然，为男女学生创造教育机会平等并不要求在制定政策时把“同样”（sameness）等同于“公平”（fairness）。了解并恰当应对男生和女生不同的学习需求需要我们不断摸索和研究有效的方法。从长远来看，这样的政策和制度将为男性和女性带来更大的平等。

真正的差异需要真正的包容

男性和女性之间确实存在着生理差异，这是不容否认的。女人怀孕、生孩子、哺育人类的新一代。男人做不了这些事情。但是，繁殖后代的分工不同仅仅体现了男女差异的一个方面。男女的大脑也有差异。科学家们 100 多年前就已经知道男性的大脑体积比女性的要大。不过，最近他们发现女性大脑里的灰色物质比男性多出近 20%。“女性大脑内密布的神经元和树突更多，它们提供集中处理信息的能力——以及更多与思维有关的能力。”（Marano，2003）在完成视觉或空间任务时，男性的大脑结构使得他们比女性做得要好一些，而女性的大脑结构使得她们在完成与语言有关的任务上要强于男性（Burman，Bitan，and Booth，2008）。“与语言有关的大脑区域在完成语言任务时似乎为女孩工作得更卖力一些，在完成这些任务时，男孩和女孩依靠不同的大脑区域。”（*Science Daily*，2008）我们也许还不能完全了解男性和女性在身体上的差异与思维和学习有着怎样的联系，但我们所了解的足以使我们认识到，如果孩子们要得到平等教育机会，学校和教师就必须对那些差异做出积极回应。比如说，男孩需要明亮的教室，需要教师讲话声音洪亮充满热情。他们需要上学时有运动的时间，需要更多可比照的纪律制度，需要让他们去探索答案的学习活动。女孩则在鼓励合作、提倡同学情谊，而且更安静的课堂上学得更好（Sax，2006，2007）。显然，男女同校的环境不可能充分满足这两套不同的需求——在很大程度上，这些需求是相互排斥的。单一性别课堂和学校不是区别对待男生和女生——而是对男女生的必要照顾，这种照顾将促成学生取得真正有意义的成功。

完全了解男女身体差异与思维和学习有着怎样的联系可能还为时尚早。但是，那些差异确实存在，学校需要有探索方法、照顾差异的自主权。

单一性别环境

多年以来，只有那些家庭供得起上私立学校的孩子才能体会到单一性别学校的好处（Meyer，2008）。幸运的是，NCLB法案的新近变革使得公立学校也可能满足学生的真正需求。结果是十分好的。全国各地的教师和行政管理人员都报告说，课堂纪律问题减少了，考试成绩提高了，学生在学习任务上花的时间更多了；家长们说，孩子们更渴望上学，对学校发生的事情更加感兴趣；学生们则说，学起来更容易了（Conklin，2008；Gerwetz，2007；Holleran，2007；Jan，2008；Meyer，2008；Weil，2008）。

也许，单一性别环境的成功并不仅仅是因为这类环境能够照顾男生和女生的学习差异。但它们毕竟为学生提供了超越性别定位的另一种选择，更重要的是，为学生提供了挑战性别定位的安全空间。比如说，在单一性别学校，除了掌握知识，保证今后有更多的教育选择和职业选择之外，女生学习如何努力工作，了解对自己最有效的努力类型以及形成管理时间和解决问题的能力等都在社会所认可的女性素养之列。最重要的是，在这样的环境中，年轻的女性会逐渐相信，她们既可以主宰自己的人生道路，同时又是他人眼中“女人味儿十足”的女性。在大多数单一性别学校里，教师和行政管理人员也拓展了女性行为的广度。学生们将看到，女教师教授的就是化学、物理和高等数学等历来被视为不适合女性学习的科目（Meyer，2008；Weil，2008）。

针对单一性别环境对男生的影响所做研究提供的一些证据表明，在单一性别的空间里，传统的性别角色也受到了挑战。相比男女同校的教育环境，男子学校对男子气概的界定更加宽泛。因此，许多男孩和年轻男子可以参与历来被界定为女性化的活动，如艺术和社区服务等（Excellence Charter School，2008；National Association for Single Sex public Schools，2008d）。

在单一性别的教育环境中，学生在许多方面再也不必把自己的行为或态度与性别角色定位相对照。具有讽刺意味的是，教育平等的倡导者们竟然反对创设单一性别的环境。

争取实现性别平等教育的努力是值得赞赏的，追求性别平等教育是正当的且贯穿整个美国历史。废除真正的歧视性政策和制度是追求性别平等教育过程中不可或缺的一部分。但是，事实证明这样做还不够。废除了合理区分男女教育需求的可能性也就阻碍了争取教育平等的努力，最终我们也将无法抵达正义要求的平等的彼岸。

教育上的性别不平等问题仍然是美国学校中一个不可回避的事实。这个问题还将继续存在，直到我们允许教育者创造更优的环境来处理学校里因性别差异导致的所有问题。忽略男女同校教育环境有促成社会主流性别制度再现的可能性，如果不允许教育者创造抵制社会性别框框的环境，我们将永远也不能消解性别压力，而压力之下的学生也只好做出顺应压力的选择。我们需要的是一个承诺，一个保证公立教育能更好地满足其服务范围内所有学生需要的承诺。年轻人理应拥有承认性别问题之复杂性的教育平等权。

讨论

1. 尽管本章间接提到了种族、阶级和民族可能对个人的性别身份定位有一定影响，但并没有详细阐述。考虑一下，一个人的身份或生活状况的其他方面对他选择在多大程度上使自己的言行举止符合男性或女性行为规范是否有影响。或者说，一个人的种族、阶级或性别对人们觉得自己在偏离性别角色定位方面有多大自主权有影响吗？根据你的回答，你认为本章的提议需进行哪些改动，才能在学校里实现把种族、阶级和民族全部考虑在内的性别平等呢？

2. 在教育考试服务中心网站（www. ets. org/research）上 搜索与考试成绩上的性别差异有关的信息（比如说，参考文献中提到的 Richard Coley 撰写的报告就可在这一网站上搜索到）。根据本章的论述，你如何解释考试成绩上的性别差异？同一种族或民族之内在性别差异上的变化似乎很小，对此，你如何解释呢？你认为这对消除性别不平等有什么启示呢？

3. 研究你们大学的体育运动计划。它们符合“第九条”的规定吗？有没有解散男队来保持“均衡性”的现象？采访男女运动员及其教练，了解他们对计划中涉及性别问题的看法，自己辨别他们的意见是否带有歧视色彩。

4.“观点 2”讨论了单一性别学校的好处。你能想出在这种学校读书的不利之处吗？它们在本质上属于学术的还是社会的不利因素？采访在单一性别学校读书的朋友或同学。他们的经历是如何证明本章论点的？他们的经历是如何验证你所推断的不利之处的呢？

参考文献

AMERICAN ASSOCIATION OF UNIVERSITY WOMEN (AAUW). (1993). *Hostile Hallways: The AAUW Survey of Sexual Harassment in America's Schools.* Washington, DC: Author.

———. (1995) *How Schools Shortchange Girls.* New York: Marlowe.

American Civil Liberties Union (2008). "Sex Segregated Schools: Separate and Unequal." www.aclu.org/womensrights/edu/30129res20070614.html.

BIKLEN, S., AND POLLARD, D., EDS. (1993). *Gender and Education.* Yearbook of the National Society for the Study of Education. Chicago: NSSE.

BROWN, L., AND GILLIGAN, C. (1993). *Meeting at the Crossroads.* Cambridge: Harvard University Press.

Brown v. Board of Education of Topeka, Kansas. (1954). 347 U.S. 483.

BURMAN, D., BITAL, T. AND BOOTH, J. (2008). "Sex Differences In Neural Processing Of Language Among Children." *Neuropsychologia* 46(5): 1349–1362.

CHESLOCK, J. (2007). "Whose Playing Sports? Trends in Participation." East Meadow, NY: Women's Sports Foundation.

CHODOROW, N. (1978). *The Reproduction of Mothering.* Berkley: University of California Press.

CHOUINARD, R., VEZEAU, C., BOUFFARD, T. (2008). "Coeducational or Single-Sex School: Does It Make a Difference on High School Girls' Academic Motivation?" Educational Studies 34(2): 129–144.

College Sports Council. (2008). "Facts." www.collegesportscouncil.org/about/facts.cfm.

Conklin, M, "Single-sex Classes Tried in Janeville", *Wisconsin State Journal,* May 4, 2008.

COOPERSTEIN, D. (2008). "The Long Road to Pay Equity for Women at Adelphi." *Academe* 94(1):34–36.

CORBETT, C., HILL, C. AND ST. ROSE, A. (2008). *Where the Girls Are: The Facts About Gender Equity in Education.* Washington, D.C.: American Association of University Women.

DOUGLAS, A. (1977). *The Feminization of American Culture.* New York: Avon Books.

EVANS, S. (1989). *Born for Liberty: A History of Women in America.* New York: Free Press.

Excellence Charter School. (2008). "Our Program." www.uncommonschools.org/ecs/aboutUs/programAndValues.html.

FEDERAL REGISTER. (2006). "Nondiscrimination on the Basis of Sex in Education Programs or Activities Receiving Federal Financial Assistance; Final Rule." October 25: 62529.

———. (2002) "Nondiscrimination on the Basis of Sex in Education Programs or Activities Receiving Federal Financial Assistance: Notice of Intent to Regulate." May 8: 31098.

FRAZIER, N., AND SADKER, M. (1973). *Sexism in School and Society.* New York: Harper and Row.

GAVORA, J. (2007). "Sex Games: Coming To A High School Near You." *National Review.* June 20. http://article.nationalreview.com/?q=NTgxOTlmZmMzYTgwMWZkZWY1NDA1YjkxZWE5MTU0Yjc=.

GEWERTZ, J. (2007). "Black Boys' Educational Plight Spurs Single-Gender Schools: New Federal Rules Seen as Chance for Innovation." *Education Week* 26(42):1.

GILBERT, M. (2007). "Single Sex Schools Help Children Thrive." *Christian Science Monitor,* September 20. www.csmonitor.com/2007/0920/p09s01-coop.html.

GILLIGAN, C. (1982). *In A Different Voice: Psychological Theory and Women's Development.* Cambridge: Harvard University Press.

GUERIAN, M. (2007a). *Nurture the Nature.* New York: Jossey-Bass.

———. (2007b). *The Minds of Boys: Saving Our Sons From Falling Behind in School and Life.* New York: Jossey-Bass.

HOLLERAN, K., (2007). "Educators Report Benefits from Gender-Segregated Teaching," *Charleston Daily Mail,* November 7.

HOROWITZ, H. (1984). *Alma Mater.* New York: Knopf.

HOWE, F. (1984). *Myths of Coeducation: Selected Essays.* Bloomington: Indiana University Press.

Jackson v Birmingham Board of Education. (2005). 125 S. Ct. 1497

JAN, T., (2008). "Keeping the Boys Away from the Girls," *Boston Globe,* May 9.

KAESTLE, C. (1983). *Pillars of the Republic: Common Schools and American Society 1780–1860.* New York: Hill and Wang.

KENNEDY, C. (2007). "The Athletics Directors' Dilemma: $$$ and Women's Sports." *Gender Issues* 24: 34–45.

KIMMEL, M. (2000). "What About the Boys?" *WEEA Digest,* Nov. 1, 1–2, 7–8.

KINDLON, D., ET AL. (1999). *Raising Cain: Protecting the Emotional Life of Boys.* New York: Ballantine.

KLEIN, S., RICHARDSON, B., GRAYSON, D., FOX, L., KRAMARAE, C., POLLARD, D. AND DWYER, C. (Eds.). (2007). *Handbook for achieving gender equity through education* (2nd ed.). Mahwah, NJ: Lawrence Erlbaum Associates.

LARKIN, J. (1997). *Sexual Harassment: High School Girls Speak Out.* Toronto: Second Story Press.

LEE, V. (1998). "Single Sex Secondary Schooling: A Solution to the Problem of Gender Inequity?" In *Separated by Sex.* Washington, DC: AAUW.

LENROOT, R., et al. (2007). "Sexual Dimorphism Of Brain Developmental Trajectories During Childhood And Adolescence." *Neuroimage.* 36(2007): 1065–1073. www.boysadrift.com/2007Giedd.pdf.

LUFKIN, M. (2005). "Taking the Road Less Traveled." *School Counselor Magazine* 41(5), n.p.

MAC AN GHAILL, M. (1994). *The Making of Men: Masculinities, Sexualities and Schooling.* Buckingham: Open University Press.

MARANO, H. (2003). "The New Sex Scorecard," *Psychology Today,* July/August, n.p. www.psychologytoday.com/articles/pto-20030624-000003.html.

MEYER, P. (2008). "Learning Separately: The Case for Single Sex Schools." *Education Next* 8(1): 10–21.

MILLER, J. (1976). *Toward A New Psychology of Women.* Boston: Beacon Press.

National Association for Single Sex Public Education. (2008a). "Single-Sex Schools/Schools with single-sex classrooms/what's the difference?" www.singlesexschools.org/schools-schools.htm.

———. (2008b) "Brain Differences." www.singlesexschools.org/research-brain.htm.

———. (2008c). "The Legal Status of Single Sex Public Education." www.singlesexschools.org/policy-legalstatus.htm.

———. (2008d). "Single Sex Schools." http://www.singlesexschools.org/home.php.

National Coalition for Women and Girls in Education. (2007). *Title IX Athletics Policies Issues and Data for Education Decision Makers.* Washington, DC: author.
National Council on the Accreditation of Teacher Education. (2008). "Program Standards and Report Forms." www.ncate.org/public/programStandards.asp?ch=4.
POLLACK, W. (1999). *Real Boys.* New York: Dimensions.
RAVITCH, D. (2000). *Left Back.* New York: Simon and Schuster.
———. (2003). *The Language Police: How Pressure Groups Restrict What Students Learn.* New York: Alfred A. Knopf.
RURY, J. (1991). *Education and Women's Work.* Albany: SUNY Press.
SADKER, M., AND SADKER, D. (1982). *Sex Equity Handbook for Schools.* New York: Longman.
———. (1994). *Failing at Fairness: How Schools Cheat Girls.* New York: Touchstone.
SALAMONE, R. (2006). "Single-Sex Programs: Resolving the Research Conundrum," *Teachers College Record* 108 (1). (n.p.)
SAX, L. (2006). *Why Gender Matters: What Parents and Teachers Need to Know about the Emerging Science of Sex Differences.* New York: Broadway.
———. (2007). *Boys Adrift: The Five Factors Driving the Growing Epidemic of Unmotivated Boys and Underachieving Young Men.* New York: Basic Books.
SCIENCE DAILY (2008). "Boys' And Girls' Brains Are Different: Gender Differences In Language Appear Biological." *Science Daily*, March 5.
SETTLES, I.; CORTINA, L.; MALLEY, J. AND STEWART, A . (2007)."The Climate for Women in Academic Science: The Good, the Bad, and the Changeable." *Psychology of Women Quarterly* 30(1): 47–56.
SKLAR, K. (1993). "The Schooling of Girls and Changing Community Values in Massachusetts Towns 1750–1820." *History of Education Quarterly* 33(4), 511–542.
SOLOMON, B. (1986). *In the Company of Educated Women.* New Haven: Yale University Press.
SOMMERS, C. (2000). "The War Against Boys." *Atlantic Monthly. Digital Edition.* www.theatlantic.com/issues/2000/05/sommers.htm.
SPRING, J. (1997). *The American School 1642–1996*. New York: McGraw-Hill.
STOWE, L. (1991). "Should Physics Classes Be Single-sex?" *Physics Teacher* 29(6), 380–381.
STREITMATTER, J. (1997). "An Exploratory Study of Risk-Taking and Attitudes in a Girls Only Middle School Math Class." *Elementary School Journal* 98(1), 15–26.
———. (1998) "Single-sex Classes: Female Physics Students Make their Case." *School Science and Mathematics* 98(7), 369–375.
———. (1999). *For Girls Only.* Albany: SUNY Press.
TOZER, S., VIOLAS, P., AND SENESE, G. (2002). *School and Society: Historical and Contemporary Perspectives.* 4th Ed. Boston: McGraw-Hill.
TUCKER CENTER FOR RESEARCH ON GIRLS AND WOMEN IN SPORT. (2007). *The 2007 Tucker Center Research Report, Developing physically active girls: An evidence-based multidisciplinary approach.* University of Minnesota, Minneapolis, MN: Author.
TYACK, D., AND HANSOT, E. (1992). *Learning Together: A History of Coeducation in American Public Schools.* New York: Russell Sage Foundation.
United States v Virginia. (1996). 518 U.S. 515, 533.
URBAN, W., AND WAGONER, J. (2000). *American Education: A History.* New York: McGraw-Hill.
U.S. CENSUS BUREAU. (2008a). "Percent of People 25 Years Old and Over Who Have Completed High School Years 1940 to 2007. (Table A-2)" www.census.gov/population/www/socdemo/educ-attn.html.
———. (2008b). "Educational Attainment of the Population 25 Years and Older by Selected Characteristics". www.census.gov/population/www/socdemo/education/cps2007.html.
U.S. DEPARTMENT OF EDUCATION. (2008a). "Women's Educational Equity." www.ed.gov/programs/equity/index.html.
———. (2008B). *The Condition of Education, 2008.* Washington DC: National Center for

Education Statistics. http://nces.ed.gov/pubsearch/pubsinfo.asp?pubid=2008031.
———. (2007). *The Nation's Report Card: America's high school graduates: Results from the 2005 NAEP high school transcript study,* by C. Shettle, S. Roey, J. Mordica, R. Perkins, C. Nord, J. Teodorovic, et al. (NCES 2007-467). Washington, DC: U.S. Government Printing Office. http://nces.ed.gov/nationsreportcard/pdf/studies/2007467.pdf.
———. (2005). *Single-Sex Versus Secondary Schooling: A Systematic Review.* Washington, D.C: author. www.ed.gov/rschstat/eval/other/single-sex/single-sex.pdf.
———. (2004). "Trends in Educational Equity of Girls and Women." Washington, DC: National Center for Education Statistics. NCES 2005-016.
WEIL, E. (2008). "Teaching Boys and Girls Separately," *New York Times,* March 2.
Women's Sports Foundation. (2007). "Mind the Gap: Women Still Underrepresented in High School Athletics." www.womenssportsfoundation.org/Content/Articles/Issues/Participation/M/Mind-the-Gap-Women-Still-Underrepresented-in-High-School-Athletics.aspx.
———. (2008). "2007 Statistics - Gender Equity in High School and College Athletics: Most Recent Participation and Budget Statistics." www.womenssportsfoundation.org/Content/Articles/Issues/General/123/2007-Statistics--Gender-Equity-in-High-School-and-College-Athletics-Most-Recent-Participation--Budge.aspx.
ZINN, H. (1995). *A People's History of the United States.* New York: Harper.

第5章

标准本位改革：真正变革还是政治烟幕？

标准本位改革运动是促进教育还是歧视贫困学生？

观点1：标准本位改革让所有学生享有优质教育

作为一个国家，我们有责任采取大胆的措施来缩小困扰全国各个学校的学生成绩差距，我们有责任确保所有学生从中学毕业后都做好了迎接成功的、有成效的生活的准备。不采取可持续行动不仅将导致学生未充分发挥潜能的悲剧，而且将危及我国的经济和国际竞争力。

——Commission on NCLB，2007：9

公立教育总是一轮又一轮改革的聚焦点。前几代教育改革家关心的是入学机会问题，这是有道理的。一个世纪前，读到中学的美国人只占当时全国人口的10%，获得中学毕业文凭的只有2%（Gardner，2002），切实考虑读大学的人就更少了。在20世纪之前，种族、性别以及经济状况等因素叠加在一起，造成许多学生不太可能在读完小学之后还继续接受教育。先前改革的重点是让所有学生上得起学而且也有学可上，这些努力在很大程度上是成功的。当今的改革家们又把注意力转向了学校教育质量，从幼儿园到高中的学校教育质量都在他们的关注之列，这也是有道理的。美国人现在要求学校做到的不仅仅是招收大量学生并让学生顺利升级。为了公民个人的成长发展，为了整个国家的兴旺发达，学校必须确保学生掌握数学知识、科学知识和语言艺术。国家的经济和政治健康发展取决于学生在学校的所学。现在，教育质量是国家教育改革的核心。

根据美国的政府体制，宪法未明确授予联邦政府行使的权力均由各州或民众保留。美国宪法并未授予联邦政府管理或控制教育的权力，因此就形成了15 000个学区实施50种州教育制度的局面。地方控制教育是美国教育传统的一部分，不过，自从美国立国以来，联邦政府在教育中发挥的作用日益重要。联邦赠地被用来创办公立学校，有60多所“赠地学院”受益于1862年颁布的《莫里尔法案》（Morrill Act）。联邦政府在教育中的作用体现得最明显的莫过于最高法院对1954年布朗诉托皮卡教育委员会一案所做的裁定：公立学校实行种族隔离是违宪的。该案是对联邦政府干预教育的重大肯定，它从法律上保证了公立学校所有孩子的平等待遇权，解决了学校教育中的平等问题。47 年后，NCLB 法案进一步拓展了联邦政府的职能，要求政府为所有孩子解决教育中的质量问题。正如查布所说，除了承担更多公立教育成本之外，联邦政府还扩大职能，占领了道德制高点，“成了教育平等的主要倡导者——为少数族裔、特教生、母语非英语的学习者以及女孩争取教育平等……”（Chubb，2005：29）。

标准本位改革与美国的低成就学校

1983 年发布的报告《国家处在危险之中：教育改革势在必行》催生了 NCLB 法案，也就是当今的标准本位改革运动。这份长达 63 页的报告书，用直接、简单的语言写就，没有学术行话，也没有令人困惑的统计数字和图表，但它却唤起了公众对学校教育缺陷的关注。报告开头这样写道：“我们的国家处于危险之中。曾经，我们在商业、工业、科学和技术革新领域处于绝对领先的地位，现在，世界各国的竞争者正在超越我们……在一代人以前还是不可想象的事情已经开始发生——其他国家正在赶上并超越我们所取得的教育成就。如果怀有敌意的外国势力试图把今天平庸的教育绩效强加给美国，我们可能将之视为战争行为。”（National Commission on Excellence in Education，1983：5）

一帮严肃认真的教育专家，其中包括高校校长和公立学校领导，在教育部长的召集下，故意用“令人恐慌的”言语描述 K-12 的教育现状，把美国人从沉默和自我陶醉中惊醒。专家们发现了学校存在的许多问题，标准化考试成绩下降以及令人尴尬的国际比较就是其中之一。17 岁的美国人中有 13％属于功能性文盲，他们“不能根据书面材料推论出结果，不会写议论文，不会解答多步骤数学题”。这份报告的直言不讳引起了家长、教育者和民选官员的关注。报告中对公立教育的建议也是直截了当的：（1）全面提高教育质量；（2）制定更高的标准。这份报告还敦促负责美国学校事务的那些人制定更严谨的课程计划，更系统地考核学生取得的进步。

20 世纪 80 年代，乔治·赫伯特·沃克·布什总统认识到，若各州各自为政，联邦政府就不可能开展全国性教育改革。他认为，国家必须在核心课程领域设立世界一流的国家标准，并确保学生达到这些标准。为此布什政府要求在 4 年级、8 年级和 12 年级进行自愿测试。1989 年，在弗吉尼亚州夏洛茨维尔召开的教育峰会上，布什总统联合各州州长确立了 6 项国家教育目标，这些目标就是众所周知的《美国 2000 年教育战略》（America 2000）：

1. 确保所有学龄儿童具备入学学习的能力。
2. 高中毕业率至少要提高到 90％。
3. 4 年级、8 年级和 12 年级的所有学生在英语、数学、科学、公民学、外语、经济学、艺术、历史和地理等基础学科上能达到相应水平。
4. 美国学生的数学和科学成绩要达到世界一流水平。
5. 每一个成年人都将成为有知识有文化的人。
6. 美国的每一所学校都不会出现吸毒、暴力、擅自携带枪械和酒类的现象。（Jennings，1998：14；Ravitch，2005）

1994 年，国会在此基础上增加了提高教师教育质量和鼓励学生家长参与学校事务这两项目标。这些目标为标准本位改革指明了新的方向。《美国 2000 年教育战略》提出要为所有学生设立高标准和高期望值。联邦政府不得干涉州的教育管理权，但是可以敦促各州提高学业标准。乔治·赫伯特·沃克·布什总统提议的标准并没有被硬性设定为全国性标准，它们只是各州和地方学区可采纳以提高对师生期望值的学业成就评价模式。州标准的提高预示着要进行全国性教育改革。各州制定的标准可能仍有所不同，但是每个州的学生、家长和教师都知道上级对自己的期望是什么。教育学院要培养未来的在职教师掌握必要技能以帮助学生达到新标准，试题研制者要研制与标准相符的测试题目。一切按标准行事，则所有学生都将受益。

尽管后来的事实证明，实现目标的时间安排是过于乐观了，但乔治·赫伯特·沃克·布什总统提出的高绩效标准和绩效测评的要求却为教育质量上的实质性变革创造了条件。1992 年，比尔·克林顿当选为美国总统。克林顿在任州长时就积极参加了 1989 年教育峰会。次年，克林顿总统提出了《2000 年目标》（Goals 2000），这个议案使得乔治·赫伯特·沃克·布什总统联合各州州长提出的六项国家教育目标具有了法律效力。在乔治·赫伯特·沃克·布什总统执政时期，教育部给学者及教师组成的专家团队划拨专款用以编制重要学科的国家标准供地方自愿采用。克林顿政府为各州划拨专项资金研制州标准的时间与国家标准的发布几乎同步。由于各州和国家团队在同时研制学业标准，所以到底遵循什么标准就不太不明确。为了解决标准“冲突”的问题，克林顿总统同意支持州标准，前提条件是各州自愿接受国家测评。然而，由此导致的州标准与国家标准之间的含混以及通过一次国家统考对 50 个州进行测评本身的操作难度妨碍了学校改革的进程，这种状况一直延续到 2001 年。

2002 年通过的 NCLB 法案

获得参众两院绝大多数民主党人和共和党人支持，并由乔治·赫伯特·沃克·布什总统签署的 NCLB 法案，旨在设立一种更有效、问责性更强的教育制度。正如乔治·赫伯特·沃克·布什总统和克林顿总统所倡导的那样，它并不要求国家统一标准或国家实施统一考试。NCLB 法案把主动权转交给了各州。根据新法案，各年级学生在数学、英语/语言艺术和科学这些课程上应该达到的标准由各州自行研制。具体标准制定后——比如说，规定学生在 3 年级结束时应该达到什么样的阅读水平——各州要通过与州标准相一致的考试来评估每一个学生的达标情况。所有州都必须在阅读和数学这两门学科上对 3～8 年级以及高中的学生进行学业测评。从 2007—2008 学年开始，NCLB 法案要求各州针对 3～5 年级、6～9 年级和 10～12 年级的学生每年至少进行一次科学课的测评。

各州必须建立“全州问责制”以确保学校和学区——不是个别学生——在数学、英语/语言艺术以及科学这三科上取得“充足年度进步”[1]。各州必须证明所有学生都取得了学业进步，同时各州可专为经济弱势学生、少数族裔学生、残疾学生以及英语水平有限的学生分别设立“可衡量的年度目标”。到 2014 年，即 NCLB 法案颁布后的第 12 年，“所有学生都要在州统考中达到熟练水平”。NCLB 法案要求每所学校、每个学区和每个州都要取得“充足年度进步”。有孩子在“不合格学校”读书的家长有权将孩子转到办得更好的学校。校园暴力犯罪的受害者以及总是在不安全学校读书的学生也可以转校就读（No Child Left Behind，2008）。NCLB法案关注的是各种族、各社会阶层的所有孩子，因为美国的繁荣日益取决于少数族裔学生的学业成功，他们不佳的学业表现——白人学生与黑人学生和拉丁裔学生之间的成绩差距——不仅仅是对美国价值观的侮辱，也是对美国经济发展的一大威胁（Reyna，2005）。

三任总统，两位共和党人，一位民主党人，在21世纪初确立了教育改革议程的重点。他们一致认为，要想提高整个国家的教育质量，就得研制标准高、测评严的体系。标准改革运动将惠及所有学生，这本身就是意义重大的政策转向。目前，美国学校按照学习能力将学生分类，对学生因材施教。能力最强的学生学习优质的大学预备课程，但对所有其他学生而言——在许多情况下，也是对绝大多数学生而言——课程打了折扣（难度降低），用处不大，不太可能使他们掌握获得经济成功所需要的知识技能，也不太可能为他们提供积极的公民参与所需要的知识储备。标准改革运动旨在把所有学生的学业表现提升到更高层次，无论学生的起点如何（Tucker and Codding，1998）。基于学业标准的教育不仅有利于来自富裕家庭的学生，也有利于来自贫困家庭的学生，而且特别有利于那些在受教育过程中转校或转学区的学生。在对学生应该学什么达成共识的学校里，在对学生学习成绩期望值高的学校里，学生可能学得更多，这一点应该是不言而喻的。实际上，标准本位改革运动的逻辑是如此显而易见又令人信服，以至于你也许会觉得奇怪为何它被称为“改革运动”（Bennett et al.，1999：586）。正如黛安娜·拉维奇所说：“教师、运动队和企业领导早就认识到绩效测评很重要。激励机制很重要，激励机制的缺失也不可小觑。在任何其他行业或工作领域这些观点会被认为是明摆着的事实。这就是NCLB法案里蕴含的原则不会消失的原因。”（Ravitch，2005：50）NCLB法案的四大基本原则见表5－1。

表5－1　NCLB法案的四大基本原则

责任制：各州必须说明将如何缩小全州所有学生的成绩差距，确保所有学生达到学业熟练的水平。各州必须发布年度成绩报告单，让家长了解各州以及州内各学区学生的学业进步情况。
更多地方自主权：各州和各学区在如何使用联邦教育经费上具有前所未有的机动权。学区可以把这些资金用在它们最需要的地方，如聘用新教师、提高教师工资待遇、加强教师培训和促进教师专业化发展等。
支持经实践证明的方法：联邦教育经费旨在支持那些已被证明在增长学生知识、提高学生成绩方面行之有效的计划。阅读计划就是其中的一个例子。NCLB法案支持在小学低年级按照新“阅读优先计划”，在幼儿园按照“早期阅读优先计划”来实施科学化教学。
家长选择权：NCLB法案使得家长能够选择其他公立学校或利用免费辅导，如果孩子就读的学校有待改进的话。如果孩子就读的学校不安全，家长也可以选择另外一所公立学校。

资料来源：NCLB，2008.

我们支持标准本位改革运动是基于这样的设想——学生在学校里所学的学科知识很重要：内容很重要。个人所拥有的知识储备决定了一个人在学校的成败，在很大程度上也决定了一个人在生活中的成败（Hirsch，1996）。也就是说，懂得更多、知识储备量更大的人在学校里更成功，更有可能顺利地升入大学、找到工作以及挣得高于平均水平的薪水。学科内容知识是教育的精髓。阅读能力很重要，但所读内容更重要。相比阅读不那么重要、不那么具有挑战性作品的学生，研读狄更斯、莎士比亚和弗吉尼亚·伍尔芙作品的学生更有可能获得成功。对学校而言，让学生能按时上课又学了那么久的阅读和数学而使他们顺利升级，仍是远远不够的。各州必须确定有助于学生成功的内容标准（content standards），学生必须证明自己掌握了标准所描述的学科知识和学业技能。学校不应该只注重利用图书馆或因特网获取知识的"图书馆技能"和"键盘输入检索技能"，或是其他一些含混的目标。毕竟教育内容最重要。

如果学校只关注一些无实质内容的目标——比如说，自尊心训练、探索技巧（discovery techniques）和合作性学习策略——那么，所有学生都会"遭殃"，因为他们所学的学科内容知识减少了（Hirsch，1996；Bennett et al.，1999）。任何强调过程法（process approach）的学习方法都限制了孩子未来的发展，因为这会使得学生无法获得智力资本，亦即学生在学校和生活中取得成功所需要的知识储备。轻内容的教学方法害了所有学生，但对来自贫困家庭的孩子影响最大。来自中产阶级家庭的孩子还可以指望通过自己的父母来弥补学校不注重学科内容的不足。与有文化修养的成年人的交往、家庭旅游以及教他们学习外语、音乐艺术和数学的家庭教师都可使他们获益。难度降低的课程内容、低标准以及低期望值的负面影响对贫困学生和家长未受过良好教育的学生影响最大。对这些学生而言，标准本位改革运动将使他们取得显著进步。

看看弗农山（Mount Vermon）这个案例，纽约州的弗农山是一个少数族裔占人口多数的城市。纽约州按照国家模式为所有学童编制了课程标准和评估测试题，起初，这些测试令纽约州的各个城市都感到难堪。比如说，弗农山市4年级的学生中仅有36%通过了英语语言艺术（ELA）测试。面对这种局面，新上任的弗农山市学区总监罗纳德·罗斯没有逃避问题，也没有谴责考试，而是决定迎头解决这些问题。罗斯仔细研究了试题并断定：试卷设计很合理，有利于有价值的课程内容的教学。例如，要求4年级的学生能读懂故事和诗歌，能按照时间顺序罗列阅读内容，能理解其中的意象，能根据故事情节和诗歌内容写一篇文章。罗斯认为英语语言艺术测试是有教育价值的，相比过去所学，应试教育将帮助学生掌握更多的技能和内容。应试教育将引导师生沿着课程标准更高的道路前行。他要求孩子们每天晚上把书本带回家，至少阅读半个小时，他们每天都写作业，教师反复训练他们，培养他们达到州标准。次年，即使在成绩最差的学校，学生的及格率也从13%提高到了82%（Taub，2002：49）。

在教育界，"应试教育"（teaching to the test）之类的短语听上去就像异端邪说，强调内容重于过程似乎是宣布放弃进步的教育信条。数十年以来，人们就一直要求教师进行"个别化教学"，根据"每一个孩子的兴趣爱好"来安排教学内容——这是出于好意但不了解情况的人们念咒般不断重复的"格言"。遗憾的是，"以孩子为中心"的教育方法导致学校课程降低了标准，而且考试成绩也表明学生没有学到多少有价值的东西。标准本位改革运动要求各州和各学区编制高标准、难易程度适中的考试题目，以促使学校为传播有价值的内容负责。它可能不像以孩子为中心的学习方法那样让学生觉得有趣，听上去也许并不高尚也不能鼓舞人心，但从长远来看却对孩子更有利。

标准与测试项：以数学为例

> 要想让美国在21世纪继续强大，我们必须改进教数学的方法，必须给更多学生在高中选修高级数学和高级科学课程的机会。（Margaret Spellings，Secretary of Enducation，quoted on NCLB website，2008）

美国正在开展一场标准本位改革运动。在学业上制定恰当标准的努力已经持续了10多年。一些学科走在另一些学科的前面，有些州在标准本位教学与评估的道路上走得更远，总之，全国各地都在发生变化。数学领域所取得的进步就是一个很好的例子，而这还只是K-12教育中取得进步的学科之一。自从1989年以来，国家数学教师委员会发布了一系列文件，为高质量、深思熟虑的改革奠定了基础（NCTM，2008）。根据国家数学教师委员会的建议，各州制定了自己的数学标准和课程框架。州标准通常是由各州在本领域的专家——数学家、数学教育家和数学教师——共同制定的，覆盖了学生必须掌握的学科内容知识。

有一个州的网站解释说，该州数学标准旨在“使本州所有的孩子在迎接21世纪的时候，都已经具备了成功的职业素养和日常生活所需要的数学技能、数学思维能力和数学态度”[2]。后来，这一数学教育总目标又得到了充实，通过话题组成一个有机整体，分为16种不同的“标准”（“卓越数学教育之关键”的具体化）在各年级贯彻执行。子目标之一的“概率和统计学”标准是这样叙述的：

> 所有学生都将了解统计学和概率，都将利用它们来解释数据集、设计情境以及证明推断和论点。

大多数州在数学这一科目上编制了5～20种总标准，为了让学生及其父母能理解这些标准，为了让教师和行政人员能执行这些标准，每个州又制定了“子标准”，有时是以指标和活动的形式按照年级水平提出这些“子标准”，以便提供明确的方向和实际的课堂指导。以下这项指标对3～4年级学生应该在“统计学和概率”方面了解些什么和能做些什么进行了期望描述，这一指标要求学生：

> 弄懂并能非正式地运用值域、平均数、众数和中位数的概念。

这一指标非常具体，教师清楚自己应该教什么，学生应该学什么。以下活动范例为教师提供了一个联系实际的教学策略，它可用来帮助学生理解概念。

> 在要学生数一数24盒葡萄干的每一盒里有多少颗葡萄干之前，要求学生先估计一下每一盒里有多少颗。他们数完葡萄干之后，把所知的实际颗粒数与自己所估计的相比较。学生发现每一盒葡萄干的颗粒数都不一样。他们在黑板上构建频率图，运用值域、平均数、众数和中位数的概念进行讨论。

在7～8年级，“统计学和概率”这项标准要求学生：

> 选用恰当的图表和趋中量数（平均数、众数和中位数）来表达数据。

下面这个例子是教师让学生解决问题，注意教师所用的教学策略：

迪克福夫人班上20名学生的考试成绩如下：

62	77	82	88	73	64	82	85	90	75
74	81	85	89	96	69	74	98	91	85

现要求确定这一组数据的平均数、中位数、众数和值域。假设每个学生又完成了额外加5分的作业任务，这个5分要加在他的成绩上，那么现在这一组成绩的平均数是多少？解释一下你是怎么算出来的。

尽管不可能让每个学生都觉得数学有趣，但至少在全国范围内，针对所有学生的数学教学将达到一个更高的水平。教师知道要教什么，家长知道孩子要学些什么，州数学统考检测的就是教师在数学课上所教的知识。有了标准本位改革，所有学生都将接受质量更高的教育。国家数学教师委员会认为，除了那些有着非凡天赋，未来可能成为工程师或科学家的少数人必须学数学外，每个学生都必须学习数学。所有学生都理应接受高质量的数学教育。国家数学教师委员会认为，

> 我们生活在一个数学王国。所有学生理应拥有了解数学的力量、感受数学之美的机会。学生有必要掌握一套新的数学基本知识，有了这些知识，他们就能够流畅地进行计算，就能够创造性地解决问题（NCTM，2008）。

标准本位改革的逻辑

标准本位教育改革的倡导者提出了一些论据来证明他们的立场，他们鼓励我们在思考这个问题时记住以下几点：

- 标准本位教育改革是目前缩小经济弱势学生居多的学校和学区所出现的成绩差距的最好办法（Gamoran，2007）。
- 教育内容很重要。为了个人经济上的成功，为了国民的福祉，学生应该掌握数学、文学、社会科学、自然科学和生物科学中那些得到一致认可的知识（Hirsch，2006）。
- 一直以来，学校“纵容”教师根据潮流、想象力和个人喜好决定采用什么样的教学方法，而且这些方法的有效性并没有充足的证据做支撑。NCLB法案强调课堂实践必须以缜密、可复现的科学研究为基础（Yell and Drasgow，2005；Lyon，2005）。
- 高标准有效。NCLB委员会报告说：“9岁学童取得的进步比原先28年加在一起所取得的进步还大。4年级学生在阅读和数学这两门课上取得了创历史纪录的好成绩。”（Commission on NCLB，2007）
- 当课程策划者用最明晰的语言规定学生应该了解什么、应该有能力做什么的时候，学校将成为所有孩子眼中更美好的地方。
- 当学校教什么就考什么的时候，对学生是有利的。测评的目的就是确保学生已经掌握了课程内容。
- 为了帮助学生达到高标准，不合格学校必须聘用“非常合格的教师”。学术研究表明，教师的认知能力（通过客观测试测量的）及其掌握的学科内容知识是学生成绩的主要决定因素（Moe，2005：176-177）。
- 考试是标准本位改革的重要组成部分，对于评价学生在何种程度上遵循了标准、达到了标准是必不可少的（ Phelps，2004）。
- 教师引导式教学以及其他任务明确的教学形式是引导学生思考课程内容时最

有效的方法。书本知识的学习、反复记忆和反复操练是成功教学的一部分（Evers，2001）。

- 有证据表明，普通课程标准和课程本位测试可以提高学业成绩，缩小不同经济背景学生之间的成绩差距（Hirsch，2001：201；Hoxby，2005；Commission On NCLB，2007）。
- 标准本位教育改革不仅仅是确保学生有能力迎战难度更大的考试。与其说标准本位改革运动是把严格的标准强加给学校，还不如说是确保所有学生学业成功和个人成功的一个规划（Paige，2006）。

NCLB法案是美国历史上影响最为深远的公立教育改革，它承诺在美国的学校里不忽视任何一个孩子，不让任何一个孩子掉队。到目前为止，有证据表明，它能有效地提高所有孩子的学业成绩，无论他们来自什么种族，也无论他们的家庭背景如何。这是早就应该进行的改革，而且完全有成功的可能。

观点2：标准本位改革是政治烟幕

6年后，有大量证据表明，尚不完善的NCLB法案对我国的公立学校弊大于利。NCLB法案推行的“测评加惩罚”学校改革依靠有限的、“一视同仁”的手段使得教育沦为了应试。它形成不公平的决定，它要求对复杂问题采取未经证实而又常常不理性的“解决办法”。很明显，实施NCLB法案缺乏资金，但是为一糟糕的法律提供充足的资金支持也不是个办法。

——FairTest，2008

标准本位改革运动的倡导者认为，他们是在认真应对教育危机。1983年国家卓越教育委员会（National Commission on Excellence in Education，1983）发布的报告书《国家处在危险之中》，也就是经常被引用作为标准本位改革的动力诱因之一，阐述了学业标准“无力”和学生表现差导致的全国性教育危机。这份报告书认为，教师教得不好，学生在学校里也没学到多少有价值的东西。与其他国家的学生成绩相比较可以看出，美国学生的成绩很差，以至于人们认为这对所有美国人都是一个潜在悲剧。撰写报告书的专家们认为，美国人在政治上和经济上正面临着危机。他们声称，学校辜负了国家的期望，国家现在处于危机之中。如果这一切都是事实，那么，学术武装的号召就是合乎逻辑的。然而，这份报告书里的数据和论据却违背了常识，甚至经不起一般的推敲。《国家处在危险之中》自发布以来，已经过了20多年。这些年以来，尽管遭受恐怖分子的袭击和自然灾害，但美国仍然处于经济成长期，国家也仍然繁荣昌盛。美国在科学、技术和医学方面取得的成就举世瞩目。当宣布诺贝尔奖获得者时，肯定是美国人在所有获奖者中最耀眼。在横向国际比较中，美国学生也是成绩斐然，这也是有据可查的。两名研究人员对10年间的6次国际性成绩评估结果进行了研究，他们得出的结论是：“相比其他工业化国家的学生，美国学生的成绩普遍高于平均水平。”（Boe and Shin，2005：694）

并非一切教育都是完美的，但是美国的教育并没有衰退，当然也并未处于危机之中。这些教育悲叹也不足为信。《国家处在危险之中》为失败的公立教育体系这一荒谬说法“推波助澜”，它成了实现政治目的的工具，如果要说这份报告与学业质量有任何关联的话，那么这种关联性也是微乎其微。伯利纳和比德尔认为，报告书的作者们歪曲了美国学校的本来面目。尽管仍有太多贫困的、需要改进的学校，但也没有确凿的证据表明整个系统已经瘫痪，无中生有的虚华言辞和令人生疑的比较与事实并不相符。研究者表示，《国家处在危险之中》的指控简直就是“胡说八道”：

> 从已有的证据来看，尽管学生入学人数不断增多，但总的来说，美国的中学生和大学生与前几年的学生做得同样好，也许比他们做得还要稍稍好一些。实际上，不仅学生的成绩依然稳定或是在稳步上升，而且学生的智力也没有下降，甚至还有所提高（Berliner and Biddle，1995：64）。

不管是不是“胡说八道”，《国家处在危险之中》仍是多年以来第一次关注学校改革的研究报告，这份报告，经新闻记者的广泛宣传，使得美国人对他们的学校产生了怀疑。尽管一些政治家和学校改革者将此视为编制更完善学业标准的好机会，但也有一些人借此炒作，利用这份报告攻击学校，推行自己的主张。那些宗教、政治上的极右派以“编造的危险”为契机，试图攫取对学校的控制权，封杀意识形态上令他们反感的思想。只有通过设置国家课程和州课程才能让极端保守主义者感到放心，才能让那些令人不安的、狭隘的意见——比如说，支持同性恋权利、堕胎权和节育权的那些人发出的声音——远离学校。其他温和派保守主义者则希望趁着那些“社会实验主义者”——在学校推行整体语言法（whole language）、新数学（new math）以及性教育的倡导者——还未“夺取”学校之前，让学校回到“美好的往日”（Berliner and Biddle，1995）。在家接受教育者、教育券制支持者以及鼓吹取消公立学校的那些人也利用这份报告为自己的“政治议程”服务（Bracey，2000；Gardner，2002）。《国家处在危险之中》的发布，煽起了“不合格学校”之鬼话，为 NCLB 法案的出台创造了条件，为与真正变革几无关系的、保守的学校工作议程奠定了基础。

私营化以及教育中的企业逻辑带来的其他风险

麦克尼尔、霍恩和金奇洛笔下的得克萨斯州标准本位改革运动史颇有启发意义（McNeil，2000；Horn and Kincheloe，2000）。得州的标准本位改革运动既是一场全州的运动，也是全国效仿的榜样，并且深受成功大企业家罗斯·佩罗（Ross Perot，在 1992 年和 1996 年两度败北的总统候选人）的影响。佩罗当时任得州教育改革委员会的主任，他认为，凡是企业管理中被证明行之有效的东西，必定对教育也有好处。得州的许多人不仅欣赏佩罗先生在企业界的战绩和他友好坦率的个人风格，同时也对佩罗先生的这个论点深信不疑。佩罗不信任中层管理人员，这是他从企业管理中得到的经验。佩罗先生推崇自上而下的强制管理，他发现中层管理人员是变革的障碍和现状的捍卫者。他认为，企业的中层管理人员喜欢让一切维持原样，而且他相信这在教育中也是一样。佩罗把得州的教育问题归咎于学校行政管理人员，也就是教育部门的中层管理者，而且他坚信他们既反对改革，也不能胜任其工作。他深受教师的欢迎，因为他为教师开脱责任，嘲弄他们的“老板”。他认为学校行政管理人员没有领导能力，或者说没有不怕麻烦、勇于承担责任的精神。“他们之中有一半人，”佩罗一边取笑着他们“当教练”的经历一边说，“仍然在脖子上挂着个哨子。”（Thomas Toch，quoted in McNeil，2000：179）

佩罗的改革影响深远，但这些影响在很大程度上都是消极的。佩罗以及他负责的学校改革委员会鼓吹自上而下的管理和集权制，目的是绕过得州的学校行政管理人员，加速学校改革的步伐。学校必须进行迅速而又彻底的变革，否则，他说，中层管理者，“地方上的守旧好男人会逐步将改革推向夭折”（McNeil，2000：186）。得州立法机关试图按照佩罗先生的建议来变革学校，仿佛学校也是濒临破产的大企业一样。琳达·麦克尼尔认为，学校改革在得州之所以失败，是因为对企业有效的东西并不一定在教育中也有效。她在书中写道，得州议员试图把与课堂教学有关的一切都简化、标准化，比如授课计划、课堂教学和课堂评估。他们试图开发附带有教师行为自查一览表和学生最低技能测试的“防教师”（teacher-proof）的课程。这也许是改革流水线产业的有效方法，但用于教育就变成了错误的方法，而且对最有智慧、最有创造力的老师特别不利。

通过规定教学形式和课程形式，得州的学校官员使得学校令平庸教师感到特别舒服，因为他们喜欢按照标准的程序和范式进行常规课堂教学，喜欢像被“去技术化”（deskilled）的工人一样在工作时根本不用动脑筋。对那些精通学科知识和教学方法，能吸引学生、让教学与自己不断更新的知识同步的教师而言，在得州任教将特别不舒服（McNeil，2000：187）。

把学校当成企业是对教师工作的曲解，也是对教师在教育中所发挥的关键作用的曲解。这样做没有考虑到教师既能鼓励学生也能使学生失去信心，既能调动也能挫败学生发挥潜力的积极性，既能为学生开启了解新世界的大门，也能将这扇门关闭。企业式解决办法过于简单，因为它们强调的是结果的统一，片面地衡量成绩。企业的成功取决于企业利润和经济增长。根据企业模式，学校的成功可以通过学生的考试成绩以及取得进步的考生数量来衡量。只强调考试分数和全州成绩的衡量方式，对学校而言，实在是太狭隘了。麦克尼尔在书中写道，这就好像是一个多才多艺、受过良好教育的孩子被简化成了“简笔人物画”一样。全州统考的局限性在于它无法考察那些重要的知识层面。通过考试可以看出学生是否知道文章每一段的第一行应缩格，是否会约分，但我们无法由此来考察学生的社会意识、公民责任感、创造力和想象力以及情感发展状况。知识一旦简约成可测量的知识，那么它漏掉的肯定比所能测量的要更多。

在2007年，盖洛普组织就NCLB法案是否有利于社区公立学校对公众进行问卷调查。回复问卷的调查对象中有26%认为对学校有帮助；有27%认为对学校造成了消极影响；有41%回答说对学校没任何影响。在同样的问卷调查中，回复问卷的调查对象中有52%表示，NCLB法案对英语和数学教学过度重视，使得学校减少了花在科学教育、健康教育、社会学以及艺术方面的教学时间（Rose and Gallup，2007）。

教育采纳企业模式是毫无道理的，但是也并不奇怪。首先，以盈亏论成败的美国企业算是百分之百的成功，要理解美国的企业也并不难。《国家处在危险之中》把教育与企业绑在一块儿，并吓唬读者说这将对他们的“经济舒适”造成威胁。学校必须加强“新基础”（new basics）学科的教学，否则美国的体制就岌岌可危。这份报告书说：

> 危险不仅在于日本人比美国人生产汽车的工效更高以及日本人在发展和出口方面有政府补贴，危险也不仅在于韩国人最近建起了世界上生产效率最高的钢厂，或是一度称雄世界的美国机床现在正被德国货取代。危险还在于，这些发展趋势标志着训练有素的人才在全球的重新分配。如今知识、学问、信息和技术情报成了国际贸易中的新型原材料……（National Commission on Excellence in Education，1983：6-7）

想一想你在学校碰到的最好的老师。很有可能，他们都为你制定了很高的学业标准，但他们是不是照搬了别人的标准呢？他们是使用预先编制好的统一教案，还是根据对你和同学们的了解以及他们对你们喜欢读什么、探讨什么、思考什么的猜测来精心设定呢？你心目中最好的老师是把他人的教育计划挪用在你身上的高效经理，还是你和班上其他同学的个人策划者和评估者呢？你会怎样描述你心目中最好的老师呢？乔纳森·科佐尔说，他所知道的最好的老师本质上就是诗人，他们喜欢教学不可预测的一面，欣赏自己班上每一个学生的与众不同之处。他说，那也正是他们为什么选择教孩子而不去商学院的原因。如果标准不是自己设定的，那么按照标准来教学将使教师变成技术员，而课堂也将失去它最优秀的教师。科佐尔说："如果我们迫使他们成为听话的舞台监督，他们就不会待在公立学校了。付出的代价太大了。诗歌将变成散文：还是最糟的一种，是专家写的散文，这些专家洞察一切，唯独不知道他们自己的破坏性。"（Kozol in Cohen and Rogers，2000：xii）

NCLB法案不仅仅是一项判断失误的企业计划，它已经成为私有化的借口，这一点越来越明显（Mckenzie，2003；Kohn，2004；Borkowski and Sneed，2006）。NCLB法案要求，到2014年，所有学生在州级统考中的阅读和数学成绩必须达到熟练水平，事实上这个水平以前在历史上从未达到过。大多数学校将无法达到法律所规定的不切实际的要求，可能所有为经济状况最差的学生服务的学校都将无法越过这些专横的障碍（FairTest，2008）。学生考试成绩差可能引起人们对公立学校不能胜任社会所托之责的新一轮谴责。教师将受指责，教师教育将受到猛烈批判，学校管理人员，如果不被解聘的话，也会受到痛斥。所有这一切都将煽起公众的愤怒情绪，满足对教育券制度和公立学校私营化狂热追求的需要。

现在的改革正为私营化议程的实现铺平道路。不用到2014年，公立教育可能就遭到了猛烈抨击。NCLB法案问责制的一个重要方面就是家长选择权，即允许学生从至少连续两年未能取得"充足年度进步"的学校转走。正如布什总统所说，家长可以选择把孩子送到公立学校、特许学校或各州批准的教会学校读书。原本拨给公立学校的资金可能分流到质量参差不齐的"自由市场"学校。正如一所学校的前校监所说，与其说NCLB法案是好意的改革尝试，还不如说是对公立教育体系的攻击。与其说它是改革，还不如说它是强调放弃、惩罚和私有化（McKenzie，2003）。

高风险考试的代价

NCLB法案从根本上来说是不完善的。尽管在"充足年度进步"这个短语里用了“进步”这个词语，但法律对进步并未给予足够的认可。不仅如此，它还要求学校和学区达到那些主观、不合理的标准。(American Federation of Teachers，2007)

在20世纪80年代，批判公立教育的调查报告“充斥”全国[3]。标准本位改革运动提议把考试视为一种暂时的权宜之计，就像所有的权宜之计一样，它过于简单，而且自身问题不少。与核心课程标准挂钩的州问责制使得学生和学校员工受制于考试服务公司。多项选择题考试成了大多数州的评估工具，而且还是高风险考试。学生在州统考中考不好，可能就升不了级或是毕不了业。校长能拿多少薪水以及他的任期长短可能都取决于学校的成绩（FairTest，2002）。艺术和音乐课因为通常不是标准本位测评的一部分，可能从许多学校消失，海洋生物学或生物化学之类的高级科学选修课因为不参加统考，也可能成为标准本位改革运动的牺牲品。在许多学区，学生一学年的大部分时间都用在了备考上。既然教师从常规课程中夺走了数周、数月时间用于学生应考能力的培养，那么最终考试成绩的提高是真正源于学习进步和教育质量的提高，还是反复操练和复习的结果乃至应试技能提高的反映，我们不得而知（McKeon，Dianda，and McLaren，2001）。

高风险的多项选择题考试在教育界几乎没有支持者。教育实践者和教育研究者都认为，要想全方位了解学生的知识技能，有必要使用由任课教师设计并且运用多年的一些方法。除了标准化考试之外，测评学生时还应该利用基于课堂的学生评价、档案袋评价，以及论文考试等，因为通过这些方法我们能看出学习细节和思维的复杂性（Janesick，2001；FairTest，2008）。教育研究机构反对采用单一的高风险考试法。表5-2是美国教育研究协会（美国致力于教育科学研究规模最大的组织）对高风险考试所做的立场陈述。依赖于高风险考试的NCLB法案忽视了考试研究人员和其他专家的建议及经验。

在有些州，标准本位改革运动的主要问题是其三要素——标准本身、学校帮助学生达标所占有的资源和学习评价工具——缺乏一致性。通常的情况是，进行新型高标准学习需要新课程和新教学模式，而开发评价工具的步伐又快于新课程和新教学模式的开发（McKeon，Dianda，and McLaren，2001：5）。事实证明，编写多项选择题比改进课程和教学要容易得多。教师和学校管理者心无旁骛地编制更为严格的新计划，但当他们放下手头的课程编制工作稍事休息时，却发现评价工具已经研制完成。课程以及与之相配套的教学方法还未设计好，测评标准却已经编制完成只待使用了，这种情况在教育中屡见不鲜。考试推动改革，而在许多情况下，新课程与新考试并不一致。考试考的是学生没有学过的内容和技能，其结果也就是所谓的“错位”：问责制与课程或课堂教学不相配。给学生教的知识技能是一套，考的又是另一套。

表5-2　美国教育研究协会在中小幼教育立场陈述中提及的高风险考试（节选）

1. 防范基于一次考试所做的高风险决定
影响个别学生的生活机会（life chances）或教育机会的决定不应该只看考试成绩……当有可靠的证据表明考试成绩不能充分反映一个学生的真实水平时，应该通过另外一些令人信服的方式来证明学生达到了相应的测评标准。

2. 充足的学习资源和学习机会

在把考试失败的高风险后果强加给学生之前，必须证明考试内容与课程内容、学习材料和教学内容没有脱节。

3. 确认每一次考试的有效性

用于某种用途的考试可能对另一种用途是无效的。

4. 充分告知高风险考试计划可能存在的负面影响

只要有可靠的科学证据表明某种考试计划可能有负面影响，考试试题研发者和使用者就应该认真、严肃地向政策制定者解释那些可能存在的影响。

5. 考试与课程内容的一致性

考试内容和所考的认知过程都应该充分体现课程内容。高风险考试不应该局限于最便于测评的那部分课程内容。

6. 明确规定哪些学生参与测评并认真遵守这些规定

当把学校、学区或其他行政单位相互比较时，或是跟踪调查不同时期学生成绩的变化情况时，必须有明确的政策规定哪些学生参加测评。

7. 每一场考试的信度高

信度是指考试成绩的准确性或精确度。必须证明所汇报的个人成绩或学校成绩足够准确，能够证实所有预期解释。

8. 高风险考试的预期效果或非预期效果的持续性评估

资料来源：www.aera.net/about/policyandprograms (2008).

公平

> 因为指望教育体制的改进就能彻底消除历来成绩较差的学生群体所面临的不利条件是不现实的，所以我们有必要通过校外干预来对这些按计划行事的体制改革进行补充，如优质学前服务，以及处理住房、贫困、医疗保健和安全等非学校条件问题的计划。(Sunderman，2008：225)

来学校读书的学生有着各自不同的背景，在学业上的优劣势也不相同。超过10％的孩子来自英语非母语的家庭，每五个孩子中就有一个生活在贫困之中。这些孩子通常考试成绩差，在数学、科学和语言艺术方面学得很吃力（Janesick，2001；McKeon，Dianda，and McLaren，2001）。国家很可能处在危险之中，德博拉·迈尔表示——但不是《国家处在危险之中》的作者们所描述的那种危险。真正的危险，她认为，在于我们最为弱势的公民群体——穷人家的孩子——难以享受公平正义。美国在“育儿、儿童医疗保健和带薪家事假等儿童福利方面的资金投入几乎比其他任何一个发达国家都低”，在美国，贫富之间的差距也比其他发达工业国家的更大，而“监禁率之高，监狱方面的经费投入之大，使美国显得与众不同”(Meier，2000：12-13)。美国监狱系统的规模急剧扩大，成本迅速增加。2008 年，皮尤州务中心（Pew Center on the States）公布的研究结果显示，每 100 个成年人中就至少有 1 人进监狱，各州每年在此项上的支出超过了 490 亿美元，这在美国历史上还是第一次。20～34 岁年龄段黑人男性入狱率为 1：9。黑人成人入狱率为 1：41；白人成人入狱率为 1：245（Pew，2008）。

美国面临的真正危机是社会危机，不是教育危机。来上学的孩子们，又饿又穷，更严格的教育标准对他们来说可能没什么帮助。已经生育的学生和承受家暴的学生，在生活质量上也不可能因为州标准责任制计划的推行而得到改善。能更恰当衡量一个国家是否遭遇真正国家危机的不是考试分数，而是辍学率、失业统计数据和青少年入狱率。标准本位改革运动不会影响到更深层次的社会问题。我们也可以把标准本位改革运动视为一种新型歧视。打着公平的幌子，为所有学生提供同样的课程、同样的教学形式以及同样的客观考核，但这实际上就等于不给那些来自不那么富裕而且父母也没受过良好教育的家庭的学生提供他们所需要的教育。由于更重视通过反复训练和重复练习来备考，所以标准本位改革运动也使得课堂教学更加乏味，使得令人麻木的常规教学更加费时。高风险考试增强了压力和失败带来的威胁。标准本位改革对贫穷的少数族裔学生产生的消极影响最大。在得克萨斯州，自从开展标准本位改革运动以来，少数族裔学生的毕业率下降了（McNeil，2000）。越来越多表现差的学生已被逐出学校，而标准本位改革带来的变化也使这些学校更加不受欢迎。

这并不是什么新现象。阶级和种族等可变因素总是与辍学率密切相关。比如说，不管黑人学生还是白人学生，他们的 SAT 分数都受社会阶级的影响。家长收入低预示着孩子的 SAT 分数也低；家庭收入越高，孩子的 SAT 分数也越高。在最高收入层，黑人学生和白人学生之间的考试成绩差距就很小了。如果你想在标准化考试中拿到好成绩，生在有钱人家也能助你一臂之力（Lemann，1999）。在种族和阶级对生活影响如此巨大的社会里，成绩和社会因素之间的紧密关系应该不会令人感到惊讶。标准本位改革运动的支持者说，学业成绩在找工作时比其他任何东西都重要。但是，通过学业成就预测谁将升入大学或得到一份好工作比通过种族和阶级来预测更不靠谱（Bowles，Gintis，and Groves，2005；Douthat，2005）。标准本位改革运动不过是烟幕而已。在竞争性经济体制下，并非每一个人都有望同样获得成功。标准本位改革的支持者声称社会按照学业成绩来区分成功者和失败者，好像学业成绩并不能代表种族和阶级一样，但决定生活中谁成功谁失败的真正可变因素恰恰是一个人的种族和阶级归属。

仅靠标准不能解决学校教育问题

人人都希望改进学校，提高学业水平。没有人反对标准，但是光靠制定更高标准可能对解决学校问题没多大帮助。我们已经论证了以下几点：（1）掀起标准本位改革运动的所谓教育危机在很大程度上是编造的；（2）通过实施更严格的标准不太可能实现打造更好学校的初衷；（3）标准本位改革是不恰当地借用企业模式；（4）学校改革采用的标准责任制挫伤了优秀教师的积极性；（5）标准本位改革运动令卷入其中的每个人感到困惑，因为课程标准、教学方法和评价方法不一致；（6）高风险考试给学生增加了不必要的压力；（7）标准本位忽视了公平问题；（8）标准本位改革者很少提及学校的真正问题：贫困和社会不公平，以及国家对这些问题的漠视。另外，标准本位改革运动还有许多未解决的问题和应该引起人们警觉的问题。仔细看看这些问题再加入标准本位改革的潮流吧！

NCLB 法案中未解决的问题和有待改进之处

● 教师和学校管理者的参与体现在哪里呢？教师和学校管理者应该参与编制适合他们自己学生的地方标准。在学校的工作者最了解社会需要什么以及课堂上教什么最有用。把他们排斥在外就等于否认他们的知识和能力。正如杰拉尔德·布雷斯所说，NCLB 法案的问题是："太多的人很少或根本就不待在学校了解实际情况，却又制定了太多的法律和改革政策。"（Bracey，2007：128）

● 强制性变革能带来可喜的变化吗？自上而下的学校改革完全是自以为是、毫无道理。没能让教师和学校管理者参与改革降低了标准改革达到预期效果的可能性。把家长和其他社区成员排除在外是不民主、伤人自尊和不负责任的做法（Kohn，1999）。

● 单一标准，无一适合。除了几条核心标准之外，没有令人信服的理由让一个州的所有学生都受制于同样的标准。那种统一既不利于在学校学得最吃力的学生，也不利于学业成绩最好的学生。

● 当心"择校权"的承诺。这种承诺最终也许就是一句华而不实的空话而已。NCLB 法案规定："有子女在不合格学校就读的家长可以把孩子转到表现更好的公立学校或公立特许学校。特许学校是独立运行的公立学校，由教育者、家长、社区领导、教育企业家及其他一些人共同设计和经营。其赞助商是政府指定的地方或州教育组织，这些组织对特许学校的质量和有效性进行监督，但允许它们在运行时不受公立学校传统体制的束缚。"（No Child Left Behind，2008）不过，择校权的承诺也可能只是幻想，因为在表现好一些的学校几乎没有多余的位置，而仅靠转学就能神奇地提高差生的学业成绩又不太可能（Borkowski and Sneed，2006）。

● 考试只是评估的一方面。NCLB 法案把学习等同于学生在学科内容知识的标准化考试上的表现。标准化考试只是考核的一方面，不足以了解学生其他方面的情况，包括信息加工能力、（影响行为或思想的）情感（affect）以及信仰等（Alexander and Riconscente，2005；Sunderman，2008）。

● 关注帮助贫困生的社会措施。美国在限制贫困人口比例和减少婴儿死亡率方面的能力赶不上其他工业化国家，这些比例与教育成就直接相关。如果这些比例不下降，教育成就要提高也是不太可能的。

● 不要欺骗穷人。在资金充足的学校里，那些考试成绩优异的学生将继续从全面的课程设置（如艺术和音乐等）和系列选修课中受益。而对来自经济落后地区的学生来说，他们的选择范围更小，反复训练更多，可以掌握的基本技能也更少（McKenzie，2003：2）。

● NCLB 法案不奏效！从国会授权的评估所得出的结论来看，每年投入高达 10 亿美元，旨在帮助所有儿童在小学 3 年级结束时能够达到或超过相应阅读能力的阅读领先计划，并没有提高学生的阅读理解能力（Gamse et al.，2008）。

标准本位改革运动的问题如此之多，尚待解决的问题如此之多，受到人们的怀疑是理所当然的。标准本位改革到底为谁服务？对谁不利？是真正的变革还是掩人耳目的假改革？标准本位改革把学校引向歧途，对真正的问题视而不见。它似乎只会挫伤教师和管理者的积极性，而在帮助大多数学生改进教育方面又没起多大作用。至于 NCLB 法案怎么能被称为"改革"，我们也觉得很困惑。

讨论

1. 2007 年底，一家有名的教育杂志刊登了一份致美国国会的请愿书，请愿人要求取消 NCLB 法案，理由是它的破坏性之大已经到了不可挽救的地步。在反对实施 NCLB 法案的 16 点理由中包括如下内容：

● 错误诊断低水平教育的原因，把那些师生无法控制的问题归咎于教师和学生。

● 认为竞争是人类行为的基本动力，乐观相信市场力量能够治愈一切教育痼疾。

● 忽视更高级思维能力的培养，而这类能力又不可能通过机器来评估。

● 把艺术、音乐、外语、职业技术、体育、地理、历史、公民学以及其他非考试科目赶出了课堂，在经济落后地区尤为明显。

● 用逐渐给所有公立学校贴上“不合格学校”标签的程序对其进行评量，当它们不能取得“充足年度进步”的时候——正如所有学校最终都将达不到“充足年度进步”的要求一样——只有教育券、特许状或是私有化才能“拯救”它们（Phi Delta Kappan，2007：273）。

你赞成这些观点吗？如果你也赞成的话，那么你会在请愿书上签名吗？

2. 约翰·查布建议修改 NCLB 法案，以鼓励合格的大学毕业生不经过教师教育专业培训而直接成为教师。根据查布的观点，做一名“合格的”准教师必须符合以下三个条件：(1) 所教授的科目与大学所学专业对应；(2) 必须通过学科知识能力测试；(3) 必须通过所教学生的州统考成绩来证明自己是有效教师（Chubb，2005）。你支持查布的建议以及他对“合格教师”的界定吗？他提出的观点有价值吗？

3.《宪法第十修正案》规定：“宪法未授予合众国、也未禁止各州行使的权力，由各州名自保留，或由人民保留。”由于立法权的划分，美国形成了地方分权而非中央集权的教育管理体制。而英国则转向了中央集权式的教育体制，法国则历来是中央集权的教育管理体制。且不说宪法的问题，如果美国教育转向国家标准和国家统考，你认为会对美国教育有益吗？如果有损失的话，你认为损失的是什么呢？

注释

[1] 正如在 NCLB（2008）网站上所解释的那样，“充足年度进步”是“各州对照至少在阅读、语言艺术和数学这几科上 100%的学生都要达到州学业标准的目标所进行的年度进步测评。它对各州及其学区和学校每年在年度统考和相关学业指标上所必须达到的最低程度的熟练水平都有具体的规定”。

[2] 我们典型案例都取自新泽西州制定的数学课程标准（New Jersey Department of Education，2008）。

[3] 同一时期批判公立学校的文献，参见：Adler，M. J. (1982). *The Paideia Proposal*; Boyer，E. L. (1983). *High School: A Report on Secondary Education in America*; Goodlad，J. L. (1984). *A Place Called School: Prospects for the Future*; Twentieth Century Fund. (1983). *Making the Grade: Report of the Twentieth Century Fund Task Force in Federal Elementary and Secondary Education*; and Sizer，T. R. (1984). *Horace's Compromise: The Dilemma of the American High School*.

参考文献

ALEXANDER, P. A., AND RICONSCENTE, M. M. (2005). "A Matter of Proof: Why Achievement ≠ Learning." In J. S. Carlson and J. R. Levin, eds., (2005). *The No Child Left Behind Legislation: Educational Research and Federal Funding.* Greenwich, CT: IAP.

AMERICAN FEDERATION OF TEACHERS. (2007). www.aft.org/topics/nclb

BENNETT, W. J., FINN, C. E., AND CRIBB, J. T. E. (1999). *The Educated Child: A Parent's Guide from Preschool through Eighth Grade.* New York: Free Press.

BERLINER, D. C., AND BIDDLE, B. J. (1995). *The Manufactured Crisis: Myths, Fraud, and the Attack on America's Public Schools.* Reading, MA: Addison-Wesley.

BOE, E. E., AND SHIN, S. (2005). "Is the United States Really Losing the International Horse Race in Academic Achievement?" *Kappan* 86: 688–695.

BOWLES, S., GINTIS, H, AND GROVES, M. O., eds. (2005). *Unequal Chances: Family Background and Economic Success.* Princeton, NJ: Princeton University.

BORKOWKI, J. W., AND SNEED, M. (2006). "Will NCLB Improve or Harm Public Education?" *Harvard Educational Review* 76:503–525.

BRACEY, G. W. (2003). *What You Should Know About the War Against America's Public Schools.* Boston: Allyn and Bacon.

———. (2007). "The 17th Bracey Report on the Condition of Public Education; The First Time 'Everything Changed.'" *Kappan* 89: 119–136.

BROWN V. BOARD OF EDUCATION, 1954, 347 U.S. 483.

CARLSON, J. S., AND LEVIN, J. R., eds. (2005). *The No Child Left Behind Legislation: Educational Research and Federal Funding.* Greenwich, CT: IAP.

COHEN, J., AND ROGERS, J., EDS. (2000). *Will Standards Save Public Education?* Boston: Beacon.

CHUBB, J. E., ed. (2005). *Within Our Reach: How America Can Educate Every Child.* Lanham, MD: Rowman and Littlefield.

COMMISSION ON NO CHILD LEFT BEHIND. (2007). *Beyond NCLB: Fulfilling the Promise To Our Nation's Children.* Washington, DC: The Aspen Institute.

DOUTHAT, R. (2005). "Does Meritocracy Work?" *The Atlantic* 296, November, 120–126.

EVERS, W. M. (2001). "Standards and Accountability." In T. M. Moe, ed., *A Primer on America's Schools.* Stanford, CA: Hoover Institution.

FAIRTEST. (2002). "Initial FairTest Analysis of ESEA as passed by Congress, Dec. 2001." www.fairtest.org/nattest/ESEA.html

———. (2008). www.fairtest.org/NCLB-After-Six-Years.

GAMORAN, A., ed. (2007). *Standards-Based Reform and the Poverty Gap: Lessons of No Child Left Behind.* Washington, DC: Brookings Institution.

GAMSE, B. C., ET AL. (2008). READING FIRST IMPACT STUDY: INTERIM REPORT. WASHINGTON, DC: Institute of Education Science, National Center for Education Evaluation and Regional Assistance. http://ies.ed.gov/ncee/pdf/20084016.pdf

GARDNER, H. (2002). "Too Many Choices?" *New York Review of Books.* April 11, 51–54.

HIRSCH, E. D. (1996). *The Schools We Need and Why We Don't Have Them.* New York: Doubleday.

———. (2001). "Curriculum and Competence." In T. M. Moe, ed., *A Primer on America's Schools.* Stanford: Hoover Institution.

———. (2006). *The Knowledge Deficit.* Boston: Houghton Mifflin.

HORN, R. A., AND KINCHELOE, J. L., eds. (2001). *American Standards: Quality Education in a Complex World.* New York: Peter Lang.

HOXBY, C. M. (2005) "Adequate Yearly Progress." In J. E. Chubb, ed., *Within Our Reach: How America Can Educate Every Child.* Lanham, MD: Rowman and Littlefield.

JANESICK, V. J. (2001). *The Assessment Debate: A Reference Handbook.* Santa Barbara, CA: ABC-CLIO.

JENNINGS, J. F. (1998). *Why National Standards and Tests? Politics and the Quest for Better Schools.* Thousand Oaks, CA: Sage.

KOHN, A. (1999). *The Schools Our Children Deserve: Moving Beyond Traditional Classrooms and "Tougher Standards."* Boston: Houghton Mifflin.

———. (2004). "Test Today, Privatize Tomorrow: Using Accountability to 'Reform' Public Schools to Death." *Kappan* 85:569–577.

LEMANN, N. (1999). *The Big Test: The Secret History of the American Meritocracy*. New York: Farrar, Straus and Giroux.

LYON, G. R. (2005). "Why Converging Scientific Evidence Must Guide Educational Policies and Practices." In J. S. Carlson and J. R. Levin, eds., (2005). *The No Child Left Behind Legislation: Educational Research and Federal Funding*. Greenwich, CT: IAP.

MCKENZIE, J. (2003). "Gambling with Children." http://www.nochildleft.com

MCKEON, D., DIANDA, M., MCLAREN, A. (2001). "A National Call for Midcourse Corrections and Next Steps." National Education Association. http:// www.nea.org/accountability/advancing.html

MCNEIL, L. M. (2000). *Contradictions of Reform: The Educational Costs of Standardized Testing*. New York: Routledge.

MEIER, D. (2000). "Educating a Democracy." In J. Cohen and J. Rogers, eds., *Will Standards Save Public Education?* Boston, MA: Beacon.

MOE, T. M. (2005). "A Highly Qualified Teacher in Every Classroom." In J. E. Chubb, ed., *Within Our Reach: How America Can Educate Every Child*. Lanham, MD: Rowman and Littlefield.

NATIONAL COMMISSION ON EXCELLENCE IN EDUCATION. (1983). *A Nation at Risk: The Imperative for Educational Reform*. Washington, DC: U.S. Department of Education.

NATIONAL COUNCIL OF TEACHERS OF MATHEMATICS. (2008). "Overview of Principles and Standards for School Mathematics." http://standards.nctm.org

NEW JERSEY, DEPARTMENT OF EDUCATION. (2008). "New Jersey Mathematics Curriculum Framework." http://state.nj.us/education/frameworks/math

NO CHILD LEFT BEHIND. (2008). www.ed.gov/nclb.

PAIGE, R. (2006). "No Child Left Behind: The Ongoing Movement for Public Education Reform." *Harvard Educational Review* 76: 461–473.

PEW CENTER ON THE STATES. (2008). *One in 100: Behind Bars in America* 2008. www.pewcenteronthestates.org

PHELPS, R. P., ed. (2004). *Defending Standardized Tests*. Mahwah, NJ: Lawrence Erlbaum.

PHI DELTA KAPPAN. (2007). "A Petition Calling for the Dismantling of the No Child Left Behind Act." *Kappan* 89:273.

RAVITCH, D. (2005). "A Historical Perspective on a Historic Piece of Legislation." In J. E. Chubb, ed., *Within Our Reach*. Lanham, MD: Rowman and Littlefield.

REYNA, V. F. (2005). "The No Child Left Behind Act and Scientific Research: A View from Washington, DC." In J. S. Carlson and J. R. Levin, eds. (2005). *The No Child Left Behind Legislation: Educational Research and Federal Funding*. Greenwich, CT: IAP.

ROSE, L. C., AND GALLUP, A. M. (2007). "The 39th Annual Phi Delta Kappa/Gallup Poll of the Public's Attitudes Toward Public Schools."*Kappan*: 89:33–48.

SUNDERMAN, G. L., ed. (2008). *Holding NCLB Accountable; Achieving Accountability, Equity and School Reform*. Thousand Oaks, CA: Corwin.

TAUB, J. (2002). "The Test Mess." *New York Times Magazine*. April 4, Sec. 6, 46–51, 60, 78.

TUCKER, M. S., AND CODDING, J. B. (1998). *Standards for Our Schools: How to Set Them, Measure Them, and Reach Them*. San Francisco: Jossey-Bass.

YELL, M. L. AND DRASGOW, E. (2005). *No Child Left Behind: A Guide for Professionals*. Upper Saddle River, NJ: Pearson.

第6章

宗教与公立学校：统一还是分离？

学校如何在宗教表达自由和政教分离之间找到平衡点？

观点1：支持学校的宗教自由

国会不得立法建立宗教，也不得立法禁止信教自由……

——U. S. Constitution，First Amendment

取出一张1美元的钞票，翻到背面。在钞票上端“美利坚合众国”几个字的下面，你看到了什么？纸币上印着美国国训“我们信奉上帝”（In God We Trust），其他面额的纸币上也印着这句话。我们是不是不久就得在其前面加上“除了在公立学校之外”这句话呢？因为无论是学生、教师还是行政管理人员，如果他们企图在公立学校讨论美国人所信奉的上帝，就会面临纪律处分和法律诉讼。法院的决议和特殊利益团体施加的压力削弱了学校的宗教自由，当然，这种局面是可以改变的，美国公立学校的所有人都可以既不违宪又重获宗教表达的充分自由。公立学校既能维护宗教自由这一基本人权，又能维护政教分离的原则。

《宪法第一修正案》

由制宪元勋们精心制定的《宪法第一修正案》就是为了保护他们认为属于美国公民的“不可剥夺的权利”（inalienable rights）。比如说，他们希望保护国民的信教自由权。因为了解英国历史，所以他们知道宗教自由的最大障碍之一就是国家对某一教派的支持。对于建国之初的美国人来说，摆脱英国的束缚还意味着结束了宗教冲突。因此，他们认为，对新合众国而言，禁止政府支持任何宗教教派是上上之策（Wood，1969；MacLeod，2000；Tozer，Violas，and Senese，2002）。

为了保护宗教自由，制宪元勋们在《宪法第一修正案》里设立了两个条款。第一款，建立条款，规定政教要保持分离，以此保证任何宗教都不比其他宗教拥有更多权利；第二款，自由行使条款，禁止政府限制美国人以自认为正确的方式表达自己的宗教信仰。仔细研读这两款很重要，因为通过细读我们才能理解为什么目前将宗教从公立学校驱逐出去的企图实际上违背了制宪元勋们的初衷。

“建立条款”规定：“国会不得立法建立宗教。”（Congress shall make no law respecting *an* establishment of religion）许多人在提到这一条款的时候，不正确地将之引用成：“国会不得立法建立国教。”（Congress shall make no law respecting *the* establishment of religion）这一差别至关重要。第一款的目的显然是禁止任何一种宗教教派得到其他所有教派都得不到的政府支持或保护。实际上，詹姆斯·麦迪逊（James Madison）最初起草的修正案中有一条是这样说的：“不得因为宗教信仰或宗教崇拜而剥夺任何人的公民权，也不得建立任何国教。”（Robb，1985：7）他的目的是很明确的。通过政府支持来建立任何宗教都是被禁止的，因为这将对个人宗教表达自由造成消极的影响。事实上，许多州确实已经做到了这一点，这就给制宪会议要完成的任务又添加了一份紧迫感。麦迪逊等人希望美国不再重蹈英国的覆辙，因为英国历史上就出现过因王室支持不同教派而引发的宗教战争（Wood，1969；MacLeod，2000）。

制宪元勋们也无意要求民众在公共生活中一律不得提及上帝——几乎所有的人都声称自己信仰上帝，尽管许多人并没有自称是任何宗教教派的成员。他们也常常在集会时祷告，仰望神的指引和眷佑，请求上帝保佑自己和同胞。他们在那些场合使用的语言超过了不同教派所使用的传统言语的范围。他们提到创造万物、维护世界的上帝，这个上帝比任何教派团体的信教者所声称信仰的上帝都要伟大（Farrand，1986）。

在大多数时候，美国最高法院并不干涉各州制定的有关学校宗教制度的法律（Batte，2008）。任何以牺牲其他教派为代价来扶持某一教派的政府行为都被视为违宪，限制个人宗教信仰自由表达权的政府行为也同样是不合法的。但是最近，对这两个宗教条款之间的平衡有了新的诠释。

最高法院与公立学校的宗教问题

当今的法院裁定一直强调“建立条款”不利于“自由行使条款”。这种倾向始于一个看似支持宗教自由的裁定。在1947年的埃弗森诉教育委员会一案中，美国最高法院裁定，动用州政府资金补偿家长用于送孩子到教会学校上学的交通费没有违背“建立条款”。但是，雨果·布莱克（Hugo Black）大法官在执笔撰写多数意见时，却以一种忽视文本的方式诠释《宪法第一修正案》的“建立条款”。布莱克说，“建立条款”导致了“政教之间的彻底分离”（Everson v. Board of Education，1947）。这种诠释的基础就是杰弗逊在《宪法第一修正案》生效十年之后写给丹伯里浸信会信徒的一封信函中提到“分离之墙”的名言（MacLeod，2000）。信上是这样写的：“……我以最崇高的敬意忖度全美民众之作为，宣告其立法机构应‘不立任何建立宗教之律法，或禁止行使宗教之自由’，依此于政教之间设立分离之墙。”（Koch and Peden，1944：307）

希望利用杰弗逊的这句话来限制个人宗教表达自由的那些人最好还是读一下这段引言的其余部分。杰弗逊接着写道：“如果为了捍卫良心权利而坚持全美民众这一至高无上的意愿，我将会无比欣慰地看到那些有助于恢复天赋人权的观点之进步，而且我坚信天赋人权并不与社会职责相对立。”（Koch and Peden，1944：307）显然，杰弗逊关于政教严格分离的言辞不是想限制个人的权利，而是反对任何宗教派别通过政府的扶持而变成“国教”。从这个角度理解的时候，杰弗逊所说的“墙”应该被视为对宗教表达自由的保护（Chadsey，2008）。但它却被用作将宗教逐出公立学校的借口，这并不是杰弗逊以及其他建国元勋的本意。在随后的其他一些诉讼案件中，法院在判决时也援引了布莱克大法官在埃弗森诉教育委员会一案中的解读。这一桩又一桩的诉讼案就形成了违背建国元勋意图的法律遗留问题。

在麦科勒姆诉教育委员会（McCollum v. Board of Education，1948）一案中，法院裁定，宪法禁止各教派的宗教领袖在学校里进行自愿的、非强制性的宗教教育。几年之后，在恩格尔诉瓦伊塔尔（Engel v. Vitale，1962）和阿宾顿学区诉申普（Abington Township School District v. Schempp，1963）这两桩诉讼案中，法院裁定，课前祷告和学校诵读《圣经》违宪，即使学生有权选择不参与也同样违宪。以布莱克大法官在恩格尔诉瓦伊塔尔一案中对“建立条款”的误读为基础，最高法院对照顾宗教差异、具有合宪性的政府行为进行了界定。但是，最高法院设定的范围如此狭隘，以至于自从莱蒙诉柯兹曼（Lemon v. Kurtzman，1971）一案以后，学校里几乎没有任何宗教行为被判定为合宪。众所周知的“莱蒙测试”（Lemon Test）包括三条标准。如果要证实学区行为是保护宗教自由而非支持宗教行为，那就必须达到莱蒙测试中的三条标准。要免于涉嫌违反宪法，学校支持的政策或活动：（1）必须有一个世俗的目的；（2）必须达到既不促进宗教也不限制宗教的效果；（3）必须避免政府和宗教之间有过多的牵连（ACLU Legal Bulletin，1996；MacLeod，2000）。在其他情况下使用“莱蒙测试”导致了对学校里宗教行为的更多限制。

例如，在斯通诉格雷厄姆（Stone v. Graham，1980）一案中，最高法院宣布，要求公立学校张贴《十诫》的州法违宪。在华莱士诉贾弗里（Wallace v. Jaffree，1985）一案中，最高法院裁定，要求公立学校规定“默想”或“默祷”时间的州法违宪。在李诉韦斯曼（Lee v. Weisman，1992）一案中，最高法院裁定，公立学校毕业典礼上举行宗教祷告仪式违宪，即使是与学校或政府没有任何正式联系的个人来主持祷告仪式也同样违宪。显然，在祷告中要求学生低头保持静默以示尊敬侵犯了那些不信奉上帝的学生的权利。根据最高法院的裁定，学生属于被迫参与，而在坚决要求学生参与时，学校无疑是在传递这样的信息：学校对宗教或某一宗教信仰的支持超过了对无宗教信仰的支持（County of Allegheny v. American Civil Liberties Union，Greater Pittsburgh Chapter，1989）。

最后，在桑塔菲独立学区诉简·多伊（Santa Fe Independent School District v. Jane Doe，2000）一案中，最高法院裁定，足球比赛之前由学生自愿主持的祷告仪式违宪。尽管参加足球比赛纯属自愿，但学区出钱赞助比赛这一事实使之变成了政府行为。因此赛前祷告也就是得到政府支持的活动，所以必须通过“莱蒙测试”的检验。最高法院说，赛前祷告活动不用通过“莱蒙测试”，因为祷告没有任何世俗的目的，只起到了促进宗教的效果，因为祷告“会被信徒视为……对其个人宗教选择的支持，被不信教者视为对其个人宗教选择的反对”（School District of the City of Grand Rapids v. Ball，1985）。在 2002 年，联邦法院裁定，效忠誓词中“上帝庇佑下”一语不能通过“莱蒙测试”（Newdow v. U. S. Congress，2002）。

结果，高中毕业典礼上校长带领学生祷告的仪式被取消了，即使高年级学生希望毕业典礼上举行祈祷仪式也不行。学生运动员也不得在体育运动赛事中进行祷告，甚至在他们自己的更衣室里也不行。召开校董事会会议时，也不得在会前祷告或静默。教师不能和孩子们讨论自己的宗教体验，即使他们认为所信仰的宗教要求他们这样做也不行。他们在与学生或家长交流时，不能说"愿主保佑你"之类的话。孩子们在口语交流课上不能为同学朗读《圣经》中故事，在课堂报告中也不能表达自己的宗教信仰。另外，他们也别指望看到自己根据宗教人物或宗教符号画出的图画会张贴在教室或学校的墙壁上。公立学校在上学期间也不能给学生分发《圣经》。教师和学生都不能庆祝感恩节、圣诞节或复活节等带有宗教色彩的节日（Pew Forum，2007）。

美国教育的历史

将最无碍于美国公立学校的宗教逐出校园的举措真是令人匪夷所思。在日后成为美利坚合众国的英属殖民地上的第一批学校，本身就是出于宗教原因而创建的。生活在马萨诸塞海湾殖民地的清教徒领袖们通过了设立学校、教孩子诵读《圣经》的律法。他们相信孩子们一旦有了文化，就可以不受"老骗子撒旦"的邪恶诱惑。

在美利坚合众国建立之初，新大陆的学校多半都是私立的，宗教教育被视为课程不可或缺的一部分。早期公立学校的宗教教育受启蒙运动的影响，对这些公立学校而言，要创设生活在民主社会所必备的道德规范就必须信仰上帝（McConnell，2000）。风靡19世纪的教材《麦古菲读本》（*McGuffey Readers*）就是基于这样的设想：美国人相信上帝将教会孩子们懂得什么行为是正确的。关心他人需要、尊重他人权利、诚实守信、不怕困难、锲而不舍等品质是所有信奉上帝的美国孩子的责任。"人们普遍认为，美国民主的力量源泉在于人们普遍相信人权论作者在美国第一份政治契约性文件《五月花号公约》中所规定的神圣权利。"（McCluskey，1967：237）孩子们接受的教育就是：每一个公民的权利来自全能的天主，任何人都无权剥夺这些权利。那个时代的大多数美国民众认为，大多数人，根据其宗教信仰，就可以确立那些基本社群规范，如宗教在公立学校课程和活动中的地位等（McCarthy，1983：7）。"无派性并不意味着不信教。……无宗派基督教徒被认为是'无派性'（nonsectarian）。"（McConnell，2000：1263、1264）新教徒的信仰和行为融入了公立学校。教师带领孩子们进行日常祷告。学校里诵读《圣经》（通常是《英王詹姆斯钦定本圣经》）并且庆祝宗教节日（Goodman and Lesnick，2001）。州法律不仅准许而且规定学校必须开展这些活动（McCarthy，1983）。那么后来到底发生了什么事情呢？

《宪法第一修正案》中有关宗教两个条款之间的失衡始于19世纪上半期。来自爱尔兰、德国、意大利和东欧的移民子女使得美国公立学校的学生注册人数猛增，尤其是在1840—1924年间。这些孩子中的大多数都是天主教徒，所以天主教领袖反对公立学校偏向新教教徒的宗教教育。他们不理解公立学校生活中的宗教向度实际上是为了帮助他们的孩子融入美国生活（Kaestle，1983；Goodman and Lesnick，2001）。天主教领袖坚决抗议，发起了创建教派学校、按照他们自己的宗教信仰教育孩子适应社会的运动（Cross，1965；Sanders，1977；Tozer，Violas，and Sen-ese，2002）。在许多信奉新教的美国人看来，这些早期移民似乎拒绝成为这个国家的一部分，即便当初他们为了逃避政治经济压迫所求助的也正是这个国家（Kaes-tle，1983）。

尽管有矛盾，但几个因素使得两方的妥协成为可能。外来移民意识到公立教育有助于提高他们的社会流动性，而土生土长的公民认为学校能使新移民美国化。为了达到这两个目的，学校进行了理性的调整。一些学区彻底取消了《圣经》诵读会以平息天主教徒对使用新教版《圣经》的抵制（Wright，1999：18）。

在保护师生行使宗教信仰自由权的公立学校里，各教派之间达成了保持中立的默契（Goodman and Lesnick，2001）。用“有神论的”语言而不是“基督教的”语言进行祷告，既庆祝天主教也庆祝新教的传统节日。不接受这种调整的天主教徒和犹太教徒也可以把子女送到可更自由地践行其宗教信仰的学校读书（Cross，1965；Sanders，1977；Zeldin，1986）。在一些历史学家看来，到 19 世纪末，宗派性宗教行为已经退出了公立学校的舞台。但是，学校仍然忠于教育孩子，尤其是移民孩子融入美国社会、适应美国人生活方式的计划。

在 20 世纪后半期，公立学校同化移民学生的角色面临着新的挑战。来自非《圣经》信仰传统的移民子女开始进入公立学校。对于那些信奉上帝或是寻求神灵帮助的学生，学校已经在言辞和制度上做出了妥协。比如说，许多学校想方设法照顾穆斯林学生白天祷告五次的宗教义务（Chmelynski，2004）。还有些学校修改了着装规定，允许学生根据自己的宗教传统决定自己的着装方式。

但是，在最近 60 年，由于更世俗化信仰体系的发展，实施《宪法第一修正案》两个条款所需要的微妙平衡被打乱了。美国，像其他许多西方国家一样，也是不可知论、无神论和反宗教哲学发展的见证者。具有这些哲学信仰的人担心自己的孩子在学校里容易受影响。他们担心，学校公开支持宗教信仰的自由表达——在某些情况下其实就是推行宗教——实际上就是在营造这样一种氛围：有宗教信仰才合乎规范。他们认为，对宗教信仰的这种默认会迫使年轻人宣称自己拥有宗教信仰，却又得不到评判它们的机会。

大多数美国人——约有 90%——信奉上帝（Gallup Organization，2007）。只有极少数美国人完全不相信上帝的存在。但是，那些直言不讳、强烈抗议的少数人提起的许多诉讼却对师生的宗教自由行使权产生了很大的消极影响（1948 年的麦科勒姆诉教育委员会案、1952 年的佐拉克诉克劳森案、1962 年的恩格尔诉瓦伊塔尔案、1963 年的阿宾顿学区诉申普案、1963 年的默里诉克尔列特案）。这些“不信教”者实际上也有自己的信仰体系：源于自由主义政治思想世俗化的信仰体系。对于世俗主义者来说，科学探究而非宗教学说才是解决人类所面临重大问题的根本途径（Council for Secular Humanism，2008）。甚至美国最高法院也宣布：世俗人文主义是一种宗教信仰，世俗人文主义者行使其宗教信仰的权利受《宪法第一修正案》“自由行使条款”的保护（Torcaso v. Watkins，1961；U. S. v. Seeger，1965）。

大多数信奉上帝的美国人逐渐认识到，在美国公立学校里进行宗教教育是再也不可能的了。但是，不信教者又想把他们的意识形态强加于人，他们采取的方式与 19 世纪学校变革者的计划非常相似。他们说，他们的信仰实际上就是在宗教上保持中立。但是，他们在很多方面却是仇视宗教的。他们声称，任何信仰上帝的表达在公共场合都是违宪的，因为他们的孩子在那些活动的影响下会被迫接受那些宗教信仰。在大多数案件中，最高法院认可了他们的观点。结果，公立学校中最优越的信仰体系就变成了世俗主义。反对学校里进行公祷、安排静默时刻以及庆祝宗教节日的裁定让世俗信仰享受了特权。正如 2008 年总统候选人提名角逐中落败的米特·罗姆尼所说："最近几年，有些人对政教分离这一概念的理解早已超出了其原意。他们试图把对上帝的承认从一切公共领域中赶走。宗教只被视作在公共生活中没有任何地位的私人事业。他们似乎决心在美国建立一种新的宗教——世俗主义宗教，但他们打错了算盘。"（Romney，2007）

当然，那样的政策显然也是违宪的。最高法院的几个法官就公立学校的宗教中立到底是什么意思做出了解释。在埃弗森诉教育委员会一案中，雨果·布莱克说："州权力既不能用来妨碍宗教也不能用来支持宗教。"（Everson v. Board of Education，1947）在阿宾顿学区诉申普一案中，汤姆·克拉克（Tom Clark）这样写道："各州不可以用积极反对或敌视宗教的方式来建立'世俗宗教'，不可'欣赏不信教者胜过信教者'。"（Arbington Township School District v. Schempp，1963：225）在林奇诉唐纳利一案中，桑德拉·德·奥康纳（Sandra Day O'Connor）说："关键是政府行为所传递出来的信息既不应该是支持宗教，也不应该是反对宗教。"（Linch v. Donnelly，1984：692）这些警告似乎全被忽视了。公立学校对信教者越来越敌视，结果是限制了信教者的宗教表达自由，却允许世俗主义者和不信教者恣意把他们的信仰植入课程。这样做实质上等于忽略了宗教信仰在美国文化中的作用（Gateways for Better Education，2008）。

宗教与美国文化

尽管美国从法律上禁止建立州教派，但宗教信仰影响美国文化。美国从一开始就是这样一个国家——从政治和宗教上对人类生活价值的理解与自由的本质融为一体的国家。最高法院大法官安东宁·斯卡利亚（Antonin Scalia）说，政教关系的世俗化模式要求宗教绝对退出公共论坛，但这"不是美国所接受的模式，现在不是，过去也不是"（McCreary County v. ACLU，2005：74）。

正如斯卡利亚及其他大法官所说，宗教已经而且还将继续对美国文化产生积极的影响。比如说，一个民主的国家需要有道德的公民，他们能够自律，能够把他人需要放在自己的利益之上，能够为了共同的善（common good）而做出牺牲。美国人一直把宗教视作道德重要的老师之一（McCreary County v. ACLU，2005）。事实上，从古至今的历史已经证明，我们的政府肯定了社会对上帝的信仰，这种信仰在困难时给我们力量，在困惑时指引我们，在悲伤时安慰我们，让我们对共同生活之所得满怀感激之情。"历史实践表明，承认唯一的造物主与确立国教之间还有一段距离。"（McCreary County v. ACLU，2005：89）当人们在公共场合祈求上帝保佑时，极少数无位格神信仰者、多神论者和无神论者也许会觉得自己被排斥在外了。但是，只要社会没强迫他们加入祈祷行列，就是维护了他们个人信仰的权利（Feldman，2005）。

实际上，"公开表达宗教信仰甚至有可能使宗教少数群体积极参与到美国的公共领域中"。如果我们允许公开承认、公开庆祝宗教节日，我们将使犹太教、印度教、佛教以及伊斯兰教的传统成为传统基督教文化的一部分。这样做，我们将使更多公民的"归属感"得到认可，也许还能激发起更大的爱国热情（Feldman，2005）。

课程影响

诚然，让宗教成为美国大众文化生活的一部分是一个艰难而又微妙的过程。美国最高法院的首席法官威廉·伦奎斯特（William Rehnquist）曾暗示过，要想这样做，法院必须像长着两张面孔、同时朝着两个相反方向望着的罗马双面神杰纳斯一样。“一张脸望着宗教和宗教传统在我们国家的历史上所发挥的巨大作用……另一张脸望着政府干预宗教事务可能危及宗教自由的这一信条。”（Van Orden v. Perry，2005：11）

公立学校再也无法兼顾《宪法第一修正案》中的两个方面。宗教信仰者的观点几乎已经从公立学校的课程中清除了。总的来说，害怕引起争论的心理使得教材出版商忽略了宗教对思想观念或历史事件之影响的学习内容（Tolson，2007）。实际上，对宗教方法的敌视存在于大多数学科之中。在学生了解生命起源的科学课上每天都上演着这类冲突，而这也还只是其中最不可轻视的例子之一。任何不支持达尔文自然选择论的观点，在最好的情况下，是没人理会；在最坏的情况下，是遭人嘲讽。即使有令人信服的证据表明，仅仅随机性和物质力量还不足以解释我们生活的这个世界所具有的复杂性，但进化仍然被说成是事实。

智创论（intelligent design）是了解生命起源的科学方法，对进化论来说它是一种很大的挑战（Beckwith，2003；Dembski，2004；Dembski and Wells，2007）。智创论的反对者把智创论与希伯来《圣经·创世记》中所描述的上帝用六天时间创造宇宙万物的神创论混为一谈。但是，智创论并不以宗教为基础，而是建立在科学原则基础之上。例如，生化学家迈克尔·贝赫（Michael Behe）认为，自然选择不能解释“不可简约的复杂系统”——由相互作用共同完成系统任务的各部分所构成的系统。在细菌鞭毛、细胞内蛋白质的流动、使血凝结成块的机制等系统里，去掉任何一个部分都会使整个系统停止运作（Behe，2007）。进化论认为，这些系统是在先前系统不断演变的基础上形成的。但这是不可能的，因为如果不可简约的复杂系统失去任何一个组成部分，就完全不能运作。新系统也就没有进化的基础。同样，没有任何已知的科学“定律”可以解释在 DNA 分子中所发现的四种脱氧核苷酸的排列顺序。威廉·登伯斯基找到了一个科学可靠的方法，可用于把智创物体或系统与源于偶然或自然法则的物体或系统区别开来（Dembski and Wells，2007）。即使接受进化论的理论家也已经承认，许多生物似乎是一种智慧生命的产物，一种有目的的智慧生命的产物，而不是生物本身进化的结果。其中一些最坦诚的理论家甚至质疑他们自己的理论。“因此，越来越多的科学家已经开始争论说，生物似乎是设计而成的，因为它们确实是设计而成的。”（Buell，2007：xvi）但是，法律却禁止教师为学生提供了解不同于进化论的另一种理论的机会（Mclean v. Arkansas Board of Education，1982；Edwards v. Aguillard，1987；Webster v. New Lenox School District，1990；LeVake v. Independent School District 656，et al.，2002；Dover，2008；Kitzmiller v. Dover，2008）。

学区甚至不可以让学生意识到进化论并不是事实。比如说，佐治亚州科布县学区官员试图在科学书上贴上这样的标签：“教材涉及进化论方面的内容。进化论是关于生物起源的理论，不是关于生物起源的事实。探讨这些内容时应该不抱先入之见，要仔细研究，批判性思考。”（Selman Injunction，2005：13）但一联邦法院的法官裁定，这样做违背了《宪法第一修正案》，因为即使标签里既没提上帝也没提宗教信仰，但一个“理性的、有见识的观察者”会认为，对那些反对进化论进教材的公民来说，这种标签无异于支持他们的宗教信仰（Selman Injunction，2005）。尽管科布县贴纸标签象征的是一种很真诚的举措——提供不违宪的优质教育——但提起诉讼的那些人不愿达成妥协，不愿既照顾信上帝者又照顾不信上帝者，而是坚持要得到有利于不信上帝者的解决方案。

具有讽刺意味的是，不允许年轻人探索另一种可能性，而且既有最高法院做后盾，又受到“科学客观性”之保护的学校，实际上却要求年轻人“信仰”（on faith）进化论。这种“不允许”对年轻人乃至整个国家都将产生重大影响。它意味着美国的教育体系只依赖于对现实的唯物主义诠释。正如威廉·登伯斯基所说：“当你回顾这个国家的教育计划时，从小学、中学再到大学，你所发现的就是教育即颠覆，通过反复灌输培养学生的唯物主义心态，在这种心态下，显而易见的、有道理的东西越来越成为没有道理的东西，结果，如果你经历了这种教育而且相信这种教育，你就不会相信世界上也有智创的痕迹。你愿意接受的只是物质的力量。”（Dembski，2004）灌输不是教育。对有争论的问题进行自由、公开的辩论才是教育。

在对待信仰和非信仰问题上违背政府中立立场的又一课程领域就是健康课。在身体健康教育上，学校迫使学生——无论他们的宗教信仰是什么——去听一些讲座，在那些讲座里，学生原先所接受的那些关于堕胎、婚前性行为、同性恋、手淫以及其他话题的传统教导全被视为不科学和荒谬。在道德健康教育上，鼓励学生自搞一套，而不是根据西方在道德话题上丰富的哲学和宗教思想传统对其进行道德观教育（Zenit. org，2007）。不信教者让法院坚信，法院让校董会坚信，从宗教视角剖析那些话题违背政教分离的原则。但是这样做又形成了另一种局面：作为政府机构的学校在暗示，没有信仰反而更好就是学校所持的立场。这种支持实际上也是违背《宪法第一修正案》的行为（LaHaye，2007）。

显然，《宪法第一修正案》的宗教条款在宗教自由方面确立了两项政府职责：政府不得优待一种宗教胜过另一种宗教，不得妨碍公民自由表达其宗教信仰。建国元勋们认为，宗教在美国人的私人生活和公共生活中有着极其重要的作用。当法庭忽视这一基本事实以及宗教的历史作用，要求政府在信仰和非信仰之间保持中立时，一个不可能解决的问题也因此形成。在保护少数学生免听有“冒犯性”的宗教言论时，他们又对信教学生的权利保护不够。“在一个有着各种传统和思想观点的国度里——一些是宗教的，一些是世俗的——想当然地认为一套信仰比另一套更能为人所接受是不可能保持中立的……信教公民和宗教思想可以与其他所有人和其他所有思想一起，共同为公共福祉的发展做贡献。”（McConnell，2000：1264）有些行为，比如说在公共集会上祷告或是在讨论道德问题时提到上帝，是美国悠久传统的一部分，得到了历史的认可。如果学校管理者、教师和学生确保没有任何人是被迫参与那类活动或是被迫接受基于那类活动的信仰，那么相比目前状况而言，《宪法第一修正案》在公立学校里就能得到更大程度的维护。

观点 2：反对违背政教分离的原则

任何人的公民权都不得因为宗教信仰或宗教崇拜而被剥夺，也不得设立任何国教，也不得以任何方式或者任何借口侵犯良心的平等权利。

——James Madison（Original Wording of the First Amendment; Annals of Congress 434，June 8，1789）

听到宗教维权人士的抱怨，你会以为公立学校里一切有关宗教信仰的表达都已被禁止了。实际上，教师和学生在发表宗教言论和参与宗教活动方面享有很大的自由。NCLB 法案中"公立学校中受宪法保护的祷告行为指南"提醒学校官员："《宪法第一修正案》禁止政府赞助的宗教活动，但是保护私人发起的宗教活动。"（Paige，2003：2）这份文件列举了教师和学校管理人员不得从事的行为：带领学生祷告，虔诚地诵读《圣经》，劝说或强迫学生参加祷告或其他宗教活动，把祷告列入学校赞助活动的一部分。但是它也规定了一系列令人印象深刻的学生权利，比如诵读经文、饭前祷告以及在餐厅和走廊等非正式场合讨论宗教观点等都包括在内。学生与学生之间可以针对宗教话题进行交流讨论，学生可以在上学前和放学后参加祷告会，可以在家庭作业、艺术作品以及其他书面、口头作业中表达他们的宗教信仰——只要他们的宗教信仰不归因于学校的影响。学生祷告小组或宗教俱乐部像其他课外活动小组一样，同样享有使用学校设施的权利。他们可以请假在校外接受宗教教育，可以请假去履行祷告之类的宗教义务（Pew Forum，2007）。学校对这些言论自由表达的限制，在程度上不得超过对其他类似言语或活动的限制。因此，比如说，学生有权散发宗教传单，有权在学校操场上举行祷告会，有权讨论宗教信仰，就像他们在具有可比性的话题上可以从事类似活动一样——如政治问题或社会问题等。

听上去不错，是吧？看来那些希望参加宗教活动或谈论宗教信仰的学生有很多自由。听上去也公平合理——尊重每一个学生的宗教信仰自由权这一典型的美国式妥协。那么问题在哪里呢？

一些信教者想拆毁政教分离之墙。他们认为学校应该赞助宗教活动，应该强迫学生参加宗教活动。比如说，他们认为学校官员应该组织或规定毕业典礼上举行祷告仪式，或是为毕业生、他们的朋友及家人组织带有宗教性质的毕业文凭授予仪式。他们认为，鼓励学生上学前或放学后参加祷告会，希望教师在课堂上公开谈论自己的宗教信仰以及在学校里提倡庆祝宗教节日等应该都是可以接受的。甚至联邦政府颁布的"受宪法保护的祷告行为指南"似乎对此也表示赞同。它给学校官员提出了一些如何酌情批准这些活动的建议：只要在遴选学生代表参加集会、体育赛事或毕业典礼上的发言仪式时，"本着真正中立和公平公正的准则，并对其言辞保持基本控制"，那么发言内容实际上可以带有宗教甚至是祷告性质的（Paige，2003：3）。但是，那种诠释又是违宪的。法院的理由是，无论大多数参与者是多么希望活动中有祷告仪式，但在那类活动中进行祷告违背了《宪法第一修正案》中禁止政府支持宗教的原则。

当保护学生就读于政府不倡导宗教的免费公立学校的权利与照顾宗教表达自由权的需要并置在一起时，就会出现复杂的法律问题。美国的宗教自由意味着，所有人都可以自由表达自己的宗教信仰，但是不能把自己的宗教信仰强加给其他任何人。公立学校是政府机构，正因为如此，才受《宪法第一修正案》的制约：公立学校不得采取任何行动来表示对一种宗教的支持胜过另一种宗教——或者对有信仰的支持胜过对无信仰的支持。在公立学校里以牺牲纳税人为代价从事宗教行为以及向他人灌输自己的宗教信仰都违背了宪法规定的政教分离的原则。

在公立学校建立宗教

主张公立学校应该享有更大宗教表达自由权的支持者说，他们希望信教者和不信教者都得到同样的保护。但是，有证据表明，他们的真正意图是把基督教重建成受国家支持的宗教。宗教右翼人士经常暗示，公立学校倡导不分是非的价值观，没有宗教信仰，威胁着儿童和青年基督徒的健康和福祉（Christian Parents，2008）。一些宗教右翼领袖甚至建议，家长应该让孩子退学，建立基督学校或家庭学校（Exodus Mandate Project，2008）。还有一些人把公立学校视为“育人的后花园”，企图借公立学校倡导他们自己的宗教信仰。比如说，“通往更优质教育之路”这个团体的成员“把公立学校想象成学习社区，由于基督教价值观和思想得到恰当又合法的表达而得以充实的学习社区，由于教育者宣讲基督徒和基督教对美国和全世界已经做出并将继续做出的贡献而得以充实的学习社区”。这个团体号召教育者成为“校园伙伴”（Campus Partners），为教师提供课程资源，为启动一场宗教节庆重返校园的运动提供信息（Gateways to Better Education，2008）。

由儿童布道基金会资助的“好消息俱乐部”（Good News Clubs）就是信教者用以打造这些见证人的工具。在俱乐部聚会上，孩子们合唱赞美诗，诵记经文，并且表演《圣经》故事。自从2001年以来，由于最高法院的允准，好消息俱乐部的会员下课后还可以在公立学校聚会（Good News Club v. Milford Central School，2001）。俱乐部领袖还要求学校管理者允许他们利用官方的校园通信系统来为俱乐部会议做宣传，而且法院规定，只要允许非宗教团体为运动俱乐部或托儿中心做宣传，那就应给予宗教团体同样接触“顾客”的机会。

由于对这些收获还不满意，基督徒领袖又开展了一场让《圣经》学习走进公立学校课程的运动。全美公立学校《圣经》课程委员会（NCBCPS）给全国各学区分发课程大纲，声称它们“传递的《圣经》知识堪比文学和历史”（Ridenour，2007）。课程审定的学者们发现，“不符合事实的错误、边缘知识和剽窃来的观点充斥了《圣经》课程的各种版本。由于该课程倡导对《圣经》进行原教旨主义的解读，倡导重新审视美国作为一个鲜明的基督教（新教）国家的历史，所以它似乎并未达到法律的要求”（Chancey，2007：554）。“学生了解的是对《圣经》的一种宗教诠释，而这不仅违背宪法，也是给学生提供一种糟糕的教育。”（People for the American Way，2008）毕竟美国公民通过持续的政治压力以及法律诉讼才把宗教课程赶出学校，才成功禁止更多学区开设《圣经》课。

一些信教者为确保公立学校支持其宗教信仰而试图采取的另一种方式就是控制性教育。因为他们的宗教信仰禁止婚外性关系，所以“关注家庭”（Focus on the Family）、“为美国担忧的妇女”（Concerned Women for America）以及“美国家庭协会”（American Family Association）等福音派基督组织反对学校进行节育或性传播疾病方面的教育。由于基督教右翼的极力游说，从1996年起，联邦政府只给实行“唯禁欲”性教育的学区提供性教育计划专项资金。与这些计划有关的规章制度确保的是一些宗教团体的宗教信仰体现在这些计划之中。比如说，它们要求这样教育学生：在婚姻方面实行一夫一妻制符合预期的人类性行为准则，婚外性行为有可能对身体或心理产生不良影响。异性恋被视为正常行为，应对性取向问题的努力被指责为“同性恋运动”的一部分（Society for Adolescent Medicine，2006）。

这些“标准”就是信仰，它们植根于宗教信仰，属于少数美国人。为这些计划调拨的专项资金自1996年以来大幅提升的事实足以表明它们得到了政府的正式认可，但这显然违背了政教分离的原则。支持者认为他们仅仅是想保持一种学术和宗教自由的氛围，因为不信教者试图用“科学”替代“道德价值观”。实际上，唯禁欲之外的其他性教育计划更有可能为学生提供探讨自己及其家人宗教价值观的机会。唯禁欲教育计划提供的只是价值观的直接灌输。

这样违反“建立条款”原则的后果是可怕的。现在许多州的公立学校举行“忠贞宣誓”活动，要求学生承诺自己不在婚前发生性行为，有时则是要求学生直接对上帝起誓。教科书内容被删减，关于艾滋病以及其他性传播疾病的关键内容也从性教育课中略去了，教师因为回答的学生问题超过了唯禁欲课程范围而受到家长的骚扰和学校当局的惩罚（Planned Parenthood，2005）。研究一致表明，唯禁欲性教育计划不可能禁止年轻人发生性关系（Stepp，2007）。研究还表明，相比那些接受过更全面性教育的同龄女性，在健康课上没学过如何节育的年轻女性在性活跃期更有可能怀孕（Song，2008）。显然，对某些人来说，推行他们的宗教信仰是更为重要的目标。政府对这些“教育”计划的支持就是试图建立宗教，但却是违宪的。

神创论/智创论之辩

把某种宗教观植入公立学校课程的类似努力也发生在科学课上。进化论为我们理解所有生物间的联系做出了史无前例的贡献，它是遗传学、生化学、生理学和生态学的基础。“生物进化是现代科学最重要的理念之一。许多不同科学研究领域提供的充足证据足以支撑进化的观点。进化是包括生化学在内的现代生物学的基础，它在其他许多科学和工程领域都得到了应用。”（National Academy of Sciences，2008：47）不讲授进化论的地球科学课或生物课是对学生不公，是欺骗学生。“科学技术在现代社会如此普及，以至于学生越来越需要在科学的核心概念、核心应用以及核心意义方面接受全面的教育。因为进化已经并将继续充当生化学和生命科学至关重要的基础，所以帮助学生了解并理解进化的科学证据、进化的机制以及进化的结果是高质量科学教育的基础。”（National Academy of Sciences，2008：47）然而，80 年之后，全国各学区又开始争论讲不讲进化论的问题。一些人坚信，除非进化的“理论”在科学课上受到质疑，否则各州也侵犯了他们的宗教信仰自由权，造成了知识欺诈（intellectual fraud）的持久化。到底发生了什么事呢?

一些人反对进化论，因为他们认为世界是 6 000 年前由一个圣人刻意创造的。神创论者试图保护自己的孩子免受他们眼中进化论教学的邪恶影响发端于 1925 年的斯科普斯审判案（Scopes trial）。他们为此四处游说，要求把教科书“逐出”学校，如果教材编写者不给予神创论“同等时间”的话；他们说服立法委员和教育部门把进化论从对公立学校所授课程有巨大影响的州科学标准里删除。他们还企图把进化论部分从全州考试中去掉，这样就可以给学区绕开进化论的话题开绿灯：教师课堂上不必讲授进化论，也不用担心学生考试会受影响。

但是，法院驳回了他们的请求（Edwards v. Aguillard，1987）。于是神创论者对他们的论点进行了重新包装，试图抢占知识的制高点。他们不再为神创论赢得支持而四处游说，转而支持“智慧力量创造万物”的理论，希望学校把智创论作为不同于自然选择的学说提出来供学生讨论——尽管还缺乏科学证据来证实他们的观点。他们认为应该要求科学教师在讲课中暗示学生，进化过程很有可能是一位“智创师”的杰作。也就是说，他们希望教师告诉学生：上帝的存在有科学依据。但是，为了证明那种说法的合理性，“反进化论”人士得重新界定科学的含义。

“理论在形式上的科学界定与这个词的日常意思完全不同。它是指对本质某一层面的全面解释，而且是有大量证据支撑的全面解释。”（National Academy of Sciences，2008：11）在麦克莱恩诉阿肯色州教育委员会一案中，最高法院特别提到了科学的五大特点：“（1）受自然法则的制约；（2）其解释得参照自然法则；（3）可以对照经验世界加以验证；（4）其结论是不确定的；（5）它是可被证伪的。”（Mclean v. Arkansas Board of Education，1982）神创论和智创论都不符合这些标准。神创论的“科学”解释，即宇宙形成于“虚无”，是不可能按照自然法则对其进行解释的。神创论一说也没有确立它自己的科学假设，而且既不能被验证也不能被证伪。同样，声称宇宙万物的存在都是智慧力量刻意而为的智创论也无法推导出可验证的预言以及可被证实或复制的结果。智创论不是以自然法则为基础，而是用超自然的力量来解释生命的起源。神创论和智创论实际上都是宗教信仰，只不过它们那些观点不必为了被认定为宗教真理而接受检验。因为是信仰，所以一个人可以选择接受任何关于世界起源或生物间关系的解释。人们可以利用上帝的启示或宗教权威所说的话来解释。他们从那种信仰中得到了许多慰藉，基于信仰的解释令他们深受鼓舞。他们可以研究那些不同的信仰表达形式，进行比较对照——从中筛选出最令人信服的一种。但是他们无法做到的就是将它们称为“科学”。

相反，进化论则是对通过观察和实验等科学工具所搜集到的事实材料进行解释（Alberts，2005）。这是科学知识构建的基本方式：“从逻辑上讲，自然的解释源于确凿的证据。”（Alberts，2005）进化论是通过事实逐步建立起来的，如“地质岩层柱的岩层里存在或缺失某类化石等事实。从这些得以证实的观察结果，我们得出的解释或者推断出的结论是——能够解释所有这一切事实的就是：物种有自身发展的历史，物种具有遗传变异性”（Scott，2001：6）。科学家们不再争论是否发生了进化，因为实验和观察的数据太有说服力了。

然而，智创论的支持者把自己说成是信仰歧视的牺牲品，说他们没能行使《宪法第一修正案》赋予他们的言论自由权。他们打出了诸如“教授具有争议性的知识”以及“到证据指引你的地方去”等口号（Thomas，2008）。他们主张公平、容忍差异、个人选择权以及反对审查制度，在信奉这些核心价值观的社会里，这些都是强有力的论点。问题是毫无争议，至少没有任何科学的争议。相反，一种信仰传统的追随者正试图改变学校课程和教学方法，因为学校课程和教学方法不符合他们的宗教信仰。

现今，智创论的支持者在限制进化论进课堂的努力中已经不再提及宗教动机或宗教意图了。他们又打出了一些学者所谓的“微智创论”。他们不再声称智创者一定具有超自然的力量，因为他们知道最高法院已经裁定，在公立学校提及造物主违背了政教分离的原则。因此他们坚持这样的论点：生物的适应力“科学地”证明了作为解释性理论的进化论之不足，而且他们希望自己的科学教育常常受限制的美国人，会意识到这一点，会为了“公平”而游说政府。

这有什么大不了的呢？

关于公立学校的课程和宗教行为，少数服从多数的原则又有什么问题呢？90%的美国人表示他们信奉上帝（Gallup，2007），82% 的美国人认为耶稣是神或是神之子（Gallup，2007），81% 的美国人支持学校赞助活动中的祷告行为，61% 的美国人认为《创世记》里讲的创世故事是真实的（Ellison，2008）。把那些信仰带到公立学校又有什么害处呢？一些人说，美国就是由信奉犹太基督教义的人建立的国家，宗教为个人和社会提供了道德指南针。公共祷告和其他宗教礼仪“以唯一可能的合理方式服务于庆祝重大公共活动这一合法的世俗目的，借此表达对未来的信心，促使值得欣赏的东西在社会上得到认可”（Lynch v. Donnelly，1984：693）。对此表示反对的只是少数人，况且在学校里，也不勉强任何人参加；别人祷告时，他们可以保持沉默。为什么仅因为会伤害少数非基督徒或不信教者就不让大多数公民按照自己的喜好行事呢？

在学校里消除政教之间的障碍——即使是以少数服从多数之名——对任何人都算不上最有利，尽管从短期来看可能是令人满意的。这样做伤害个人，因为这使得是否完全接纳一个人为学校共同体的成员取决于这个人是否分享大多数人的宗教信仰；这样做伤害学校，最终危及社会，因为它把宗教宽容的需求降低到最小限度，致使在多元化社会里维持和平变得艰难。最后一点原因是，这样做等于挖宗教自身的墙角，因为它使得宗教语言、宗教符号和宗教活动变得乏味，以至于失去了一切宗教意义（Warren，2003）。

当学校里违背了政教分离的原则时——比如说，毕业典礼或足球比赛上举行祷告仪式，或是在科学课上介绍神创论者的论点——学生接受的信息是学校对有信仰的支持度超过了对无信仰的支持度。因此，无神论者或非一神教信徒就会因为学校的这些行为而陷入良心危机。他们要么就得冒着失去在学校共同体中被认可的危险，要么就得参加他们不认可的宗教活动。“建立条款”旨在防止在公共领域中出现这种进退两难的情况。在它的保护下，宗教信仰或无宗教信仰应该与充分参与学校教育没有任何关系。即使大多数人认为这些做法不碍事，但这种情况还是扰乱了受宪法保护的个人权利与集体权利之间的微妙平衡（Warren，2003）。

在学校里违背政教分离的原则也对社会造成了危害。支持一种宗教传统胜过另一种宗教传统，或者支持有信仰胜过无信仰，都会引起矛盾，从而对我们多元化社会的凝聚力构成威胁。比如说，学校活动中诵念“无派性”祷文时，体现的就是犹太教和基督教所共有的传统。少数派宗教团体的成员就会认为他们的信仰不是真正“美国的”信仰——他们既不受重视也遭排斥（Warren，2003）。结果就形成了这样一个社会：在这个社会里，个人和团体所得到的社会地位取决于他们的信仰与社会更为认可的宗教信仰之间的联系有多紧密。这种社会阶层化可能造成严重后果。犹太教徒、印度教徒、穆斯林、锡克教徒以及其他非基督教徒和不信教者可能就会使自己与公立学校隔离开来，如果他们认为自己的权利在公立学校得不到保护的话。那种隔离会加剧差异，导致仇恨和误解。通过考察过去——包括近几年和古时候——我们就会发现那种分裂造成的危害。伊拉克的什叶派和逊尼派穆斯林以及爱尔兰的新教徒和天主教徒之间的斗争只是近来的两个例子。无论在哪一种情况下，都是某一团体的宗教信仰和宗教行为得到了政府的支持，得到政府支持的宗教团体所享受的社会特权和经济特权是其他宗教团体享受不到的。但结果对双方而言都是悲剧。

尽管信教者认为宗教对社会有着良好影响，因为它能促使人们注重自己的举止行为是否合乎道德，但这种看法忽略了历史事实。宗教一直被用来为奴隶制、战争、恐怖主义、帝国主义和种族大屠杀进行辩护。声称能回答一切问题的信仰体系可能威胁到民主的基本层面。当政府支持宗教信仰时，也就限制了信仰对社会之影响的批评性话语（Warren，2003）。

最后一点是，违背了杰弗斐逊提出的政教之间有着阻隔之墙的原则会危及宗教本身。当一个人可以自由地选择信仰的时候，宗教才具有给人以慰藉、指引、社群归属感以及认同感的神奇力量；当规定在公立学校必须开展宗教活动时，信奉宗教出于自愿这一本质特征就丧失掉了；当在学校里规定必须参与宗教活动时，也就失去了个人对宗教的笃信。结果，人们对宗教的信奉可能取决于社会环境，而不是他们自己的信仰。当他们离开学校的时候，他们可能也把宗教习俗置于身后了。规定学校里践行宗教不仅没有巩固宗教的地位，实际上可能反而削弱了宗教的地位。另外，以仅仅出于“世俗的目的”为公立学校的祷告行为或其他宗教仪式辩解，否定了宗教的完整性。如果基督徒听说圣诞节之所以在学校里得到认可，是因为它仅仅是冬季假日的历史象征，那么他们会感到震惊，感到受到了伤害。依此说法来解释犹太教的圣烛台，犹太教徒同样难以接受。

“《宪法第一修正案》的文本只是有着几百年历史的纸页上留下的墨迹，它蕴含的力量取决于赋予它实际意义的宗教多元化国度的民众。如果这是一桩容易完成的任务，那么最高法院可能也不会自1815年以来审理多达90桩关于宗教自由的案件。”（Branch，2007）

讨论

1. 全美科学学会认为，神创论不符合科学理论的标准。进一步探讨全美科学学会给出的定义，判断神创论科学家是否能采集到证据来支撑他们在地球生命起源方面所秉持的理论，并判断他们需要何种证据。你能找到其他界定宽泛到足以涵盖创世科学（creation science）的科学知识定义吗？

2. 法院裁定，教师不能跟学生交流自己的宗教信仰。你认为这种裁定的基础是什么？研究一下其他限制教师个人自由的合法规定。它们反映了平衡个人权利和民主社会需要的社会企图吗？你认同为达到平衡而采取的方式吗？你会怎么做呢？

3. 读一读《向上帝挑战》（*Inherit the Wind*，取材自斯科普斯案）的剧本或者看一看这部影片，同时也研究一下具体事件。这个案件中的历史背景和地理环境在片中起着什么作用？在另一个不同的地方，即使在同一时期，主人公会向法院起诉吗？思索一下，在公立学校宗教自由的问题上，现在是否仍然存在地理差异呢？地理差异对于那些即将踏入教师行业的人来说，有什么影响呢？你的推断基于什么理由？你如何证明你的论点呢？

4. 美国教育部发布了公立学校宗教表达指南。利用这些指南，扮演教育学监的角色，为你们学区拟定一套规则。假设它们需要得到校董事会的批准，因此要求你对所设计的每一项规则做出解释。

参考文献

Abington Township School District v. Schempp. (1963). 374 U.S. 203.

ACLU Legal Bulletin. (1996). "The Establishment Clause and Public Schools." (www.aclu.org.issues/religion/pr3.html)

ALBERTS, B. (2005). "Intelligent Design." *New York Times.* February 12.

BATTE, S. (2008). "School Prayer Decision." The Constitutional Principle of Church and State Website. http://members.tripod.com/candst/pray2a.htm.

BECKWITH, J. (2003). *Law, Darwinism, and Public Education: The Establishment Clause and the Challenge of Intelligent Design.* Lanham, MD: Rowman and Littlefield.

BEHE, M. (2007). *The Edge of Evolution: The Search for the Limits of Darwinism.* New York: Free Press.

BOSTON, R. (2007). "Revised Standard Bunk: Religion Scholar Dissects Religious Right's Flawed Bible Course." Americans United for Separation of Church and State. http://blog.au.org/2007/09/14/revised-standard-bunk-religion-scholar-dissects-religious-rights-flawed-bible-course/

BRANCH, C. (2007). "Unexcused Absence: Why Public Schools in Religiously Plural Society Must Save a Seat For Religion in The Curriculum," *Emory Law Review.* 56 Emory L.J. 1431.

BUELL, J. (2007). "Preface," in Demski, W. and Wells, J. *The Design of Life: Discovering Signs of Intelligence in Biological Systems.* Dallas: Foundation for Thought and Ethics.

Brown v. Board of Education of Topeka, Kansas. (1954). 347 U.S. 483.

CHADSEY, M. (2007). "Thomas Jefferson and the Establishment Clause." *Akron Law Review,* 40 Akron L. Rev. 623.

CHANCEY, M. (2007). "A Textbook Example of the Christian Right: The National Council on Bible Curriculum in Public Schools." *Journal of the American Academy of Religion* 75(3): 554–581.

CHRISTIAN PARENTS. (2008). "Worst Enemy of Christian Children is not Dope or Pornography." http://www.christianparents.com/worst1.htm.

County of Allegheny v. American Civil Liberties Union, Greater Pittsburgh Chapter. (1989). 492 U.S. 573.

COUNCIL FOR SECULAR HUMANISM. (2008). "The Affirmations of Humanism: A Statement of Principles." http://secularhumanism.org/index.php?section=main&page=affirmations.

———. (2004). "Brief of the Council for Secular Humanism as *Amicus Curiae* in Support of Respondent Michael A. Newdow." http://supreme.lp.findlaw.com/supreme_court/briefs/02-1624/02-1624.mer.ami.sechum.pdf

CROSS, R. (1965). "Origins of Catholic Schools in the United States." *The American Benedictine Review,* XVI. June, 1965.

Daubert v Merrell Dow (1993). 516 U.S. 869.

DEMBSKI, W. (2004). "Intelligent Design: Yesterday's Orthodoxy, Today's Heresy," http://www.designinference.com/documents/2005.04.ID_Orthodoxy_Heresy.htm

DEMSKI, W. AND WELLS, J. (2007). *The Design of Life: Discovering Signs of Intelligence in Biological Systems.* Dallas: Foundation for Thought and Ethics.

DORRELL, O., "Some Say Schools Giving Muslims Special Treatment," *USA Today,* July 25, (2007).

ELLISON RESEARCH. (2008). "Liberals and Conservatives Both Want Freedom of Religious Expression and Practice." www.ellisonresearch.com/releases/20080110.htm.

Edwards v. Aguillard. (1987). 482 U.S. 578.

Engel v. Vitale. (1962). 370 U.S. 421.

Everson v. Board of Education. (1947). 330 U.S. 855.

EXODUS MANDATE PROJECT. (2008). "Exodus Mandate, Phyllis Schlafly and a Coalition of Christian and Pro-family Organizations Endorse Call for 'Exodus' From California Schools." www.exodusmandate.org/art_20080207-call-for-exodus-from-california-

schools.htm.
FARRAND, M. (1986). *The Records of the Federal Convention of 1878.* New Haven: Yale University Press.
FELDMAN, N., (2005). "A Church State Solution," *The New York Times,* July 3, Section 6, p. 28.
FREEDOM FORUM. (2005). *Education for Freedom.* (http://www.freedomforum.org/packages/first/curricula/educationforfreedom/index.htm)
THE GALLUP ORGANIZATION (2008). Easter Season Finds a Religious, Largely Christian, Nation. March 21.
———. (2007) The Gallup Poll, May 10–13. (http://www.pollingreport.com/religion.htm)
GATEWAYS FOR BETTER EDUCATION. (2008). "Keeping the Faith in Public Schools." http://www.gtbe.org.
GENERAL ACCOUNTING OFFICE. (2006). *Abstinence Education: Efforts to Assess the Accuracy and Effectiveness of Federally Funded Programs.* www.gao.gov/new.items/d0787.pdf
GOODMAN, J., AND LESNICK, H. (2001). *The Moral Stake in Education.* New York: Longman.
KAESTLE, C. (1983). *Pillars of the Republic.* New York: Hill and Wang.
Kitzmiller v Dover. (2005). 400 F. Supp. 2d 707.
KOCH, A., AND PEDEN, W. (1944). *The Life and Selected Writings of Thomas Jefferson.* New York: Random House.
LAHAYE, T. (2007). "Godless Society." *The Atlantic.* November. www.theatlantic.com/doc/200711/lahaye-godless.
Lee v. Weisman. (1992). 505 U.S. 577.
Lemon v. Kurtzman. (1971). 403 U.S. 602.
Lynch v. Donnelly (1984) 465 U.S. 668.
MACLEOD, L. (2000). "School Prayer and Religious Liberty: A Constitutional Perspective." Washington, DC: Concerned Women for America. www.cwfa.org/library/freedom/2000-09-pp_school-prayers.html.
MCCARTHY, M. (1983). *A Delicate Balance: Church, State and the Schools.* Bloomington, IN: Phi Delta Kappan Educational Foundation.
MCCLUSKEY, N. (1967). "The New Secularity and the Requirements of Pluralism." In T. Sizer, ed., *Religion and Public Education.* Boston: Houghton Mifflin.
McCollum v. Board of Education. (1948). 333 U.S. 203.
MCCONNELL, M. (2000). "Religion and Constitutional Rights: Why is Religious Liberty the 'First Freedom'?" *Cardozo Law Review,* February, 21 Cardozo L. Review 1243.
McLean v. Arkansas Board of Education. (1982). 529 F. Supp. 1255.
McCreary County v ACLU. (2005) 2005 U.S. LEXIS 5211.
Murray v. Curlett. (1963). 371 U.S. 944.
NATIONAL ACADEMY OF SCIENCES. (2008). *Science, Evolution and Creationism: A View from the National Academy of Sciences.* Washington, DC: National Academy Press.
Newdow v. U.S. Congress. (2002). 293 F. 3d. 597; 328 F.3d 466.
PAIGE, R. (2003). "Guidance on Constitutionally Protected Prayer in Public Elementary and Secondary Schools." U.S. Department of Education. www.ed.go/policy/gen/guid/religionandschools/prayer_guidance.html.
PEOPLE FOR THE AMERICAN WAY. (2008). "Texas School Board Agrees To Stop Teaching Unconstitutional Bible Class in Public Schools." http://www.pfaw.org/pfaw/general/default.aspx?oid=25063.
PEW FORUM ON RELIGION AND PUBLIC LIFE. (2007). "Religion in the Public Schools." Washington, DC: The Pew Forum. http://pewforum.org/church-state-law/religion-public-schools.pdf.
PLANNED PARENTHOOD. (2005). "Abstinence-Only Sex Education." http://www.plannedparenthood.org/pp2/portal/files/portal/medicalinfo/teensexualhealth/fact-abstinence-education.xml
RIDENOUR, E. (2007). "It's Coming Back and It's Our Constitutional Right." http://www.bibleinschools.net/.

ROBB, S. (1985). *In Defense of School Prayer.* Santa Ana, CA: Parca Publishing.
ROMNEY, M., "Romney's Faith in America Address," *New York Times,* Dec. 6.
SANDERS, J. (1977). *Education of an Urban Minority.* New York: Oxford University Press.
Santa Fe Indpendent School District v. Jane Doe. (2000). 530 U.S. 290.
School District of the City of Grand Rapids v. Ball. (1985). 437 U.S. 373.
SELMAN INJUNCTION. (2005). *Selman v Cobb County School Dist,* Civ. No 1 02-CV 2325-CC, 005, U.S. Dist LEXIS 432).
SEWALL, G. (1999) "Religion Comes to School." *Phi Delta Kappan,* 81(1), 10–16.
SOBER, E. (2007). "What's Wrong With Intelligent Design." *The Quarterly Review of Biology.* 82(1): 3–8.
SOCIETY FOR ADOLESCENT MEDICINE. (2006). "Abstinence-only education policies and programs: A Position Paper of the Society for Adolescent Medicine." *Journal of Adolescent Health* 38: 83–87.
SONG, K., (2008). "UW researchers say comprehensive sex ed cuts teen pregnancies," *Seattle Times,* March 20.
STEPP. L., (2007). Study Casts Doubt on Abstinence-Only Programs. *Washington Post,* April 14.
Stone v. Graham. (1980). 449 U.S. 39.
THOMAS, D. (2008). "President's Message," *The Beacon: News from the Coalition for Excellence in Science and Math Education."* www.cesamenm.org/download/beacon/03_2008beacon.pdf.
TOLSON, J. (2007). "In America, An F in Religion," *US News and World Report,* 142 (12): 28.
Torcaso v. Watkins. (1961). 367 U.S. 488.
TOZER, S., VIOLAS, P., AND SENESE, G. (2002). *School and Society.* New York: McGraw-Hill.
U.S. v Seeger. (1965). 380 U.S. 163.
Van Orden v Perry. (2005).2005 U.S. LEXIS 5215.
Wallace v. Jaffree. (1985). 472 U.S. 38.
WARREN, C. (2003). "No Need To Stand On Ceremony," *Mercer Law Review,* Summer, 54 Mercer L. Rev. 1669.
WOOD, G. (1969). *The Creation of the American Republic 1776–1787.* New York: W. W. Norton.
WRIGHT, E. (1999). "Religion in American Education: A Historical View." *Phi Delta Kappan* 81(1), 17–20.
ZELDIN, M. (1986). "A Century Later and Worlds Apart: American Reform Jews and the Public School-Private School Dilemma, 1870–1970." Paper presented at the Annual Meeting of the American Educational Research Association, San Francisco.
ZENIT.ORG. (2007). "What Abstinence Education Gets Right". http://www.zenit.org/article-20109?l=english.
Zorach v. Clauson. (1952). 343 U.S. 306.

第7章

学校私营化：是利还是弊？

判断学校公营还是私营哪个更好的最恰当标准是什么？

观点1：支持公立学校私营化

特许学校继续充当学校私营化的领头军，有4 000多所学校已经与政府机构签订了合同……为100多万孩子服务。

——Snell，2007：5

改变政府运营的方式为企业家敞开了大门，他们对当今问题提出的解决方案既有创意又有成本效益。外包经营权带来的好处很多——规模经济、不同领域的专业知识更多以及这个不断变化的新世界极需要的灵活性。

——Bush，2008：12

公立学校是私营化的主要候选人。私营化是指把原先由政府机构运营的公用事业转变成私营制或私营制——“资产或服务传递主体由政府转向私营部门”（Reason Foundation，2008）。通过私营化，我们可以减轻纳税人的负担，减少机构臃肿、人浮于事的状况，减少政府活动本身以及政府垄断造成的低效。公立教育是税款用得最多、最臃肿、最低效的政府事业单位之一，它在很大程度上具有垄断性质，但却一直没能打造出优质教育（*Economist*，2005）。由于种种原因，公立教育未能实现以合理成本提供高质量教育的社会目标。由于缺乏竞争以及效率低下，公立学校已经成了地方纳税人的主要负担，同时也令他们感到失望。私营化带来的是市场效率、问责制、专业化设计以及教育选择权。

私营化的类型主要有三种：（1）把国营企业转让或拍卖给私人、私营公司或私人组织；（2）把原先由政府经营的公用事业承包给私营公司；（3）解除对公用企业的管制，为私营企业参与竞争提供机会（Emmons，2000）。

学校私营化主要表现为第二种类型，即与私营企业签订以更低成本提供更优质教育的经营合同。公立学区不太可能像各国放弃国有电信和交通系统那样被公开拍卖给私营公司。再说，美国已经开展了声势浩大的私立学校运动。而且，大多数公立学校认识到学校的部分工作或全部工作交由私人承包会带来很多好处。许多州和学区正在酝酿特许学校或其他家长择校的方案，这就是教育中的解除管制法。

公立教育私营化是世界潮流。阿德尼特（Adnett，2004）指出，政府之所以对公立学校私营化感兴趣，有以下几个原因：

- 对公立学校所培养学生的质量越来越担心；
- 对教育成本不断攀升而教育质量停滞不前越来越不满意；
- 因不能找到变革学校的激励措施而产生挫败感。

在支持学校私营化的各种论点中，其中有一种就是：政府可以拟定结构性预算之内的具体绩效目标合同，而同意合同内容的私营公司一定会履行合同。美国公立学校目前的状况并非如此。NCLB 法案试图问责学校，但这一法案的有效性还有待证实，同时它也使得政府的官僚主义更加严重。签订公立学校私营管理的合同让民众看到了希望。

美国公立学校私营化的原因

为我们的孩子改进学校

允许私营企业介入学校的最重要原因就是为了照顾孩子，孩子理应拥有家长所能提供的最好的学校。官僚主义泛滥的公立学校不仅令地方财政不堪重负，而且对投诉不予回应。私营企业若像这样是不可能生存的，因为私营企业的成功与提高效率和消费者满意度密切相关。同时私营化也增强了问责性，它促使学校承担起为了孩子达到绩效标准的责任。问责制是私营企业的基石，通过问责，可以弄清楚学校存在的问题，实行绩效奖励。私营企业不会尽用一些语义模糊、经不起推敲的教育界行话来掩饰糟糕的学校制度，而是制定具体目标并对学校达标情况进行测评。有成效的学校受到奖励，没有成效的学校将接受改造或是被关闭。

用一种创新的方式实现学校私营化“爱迪生学校”（Edison Schools），就是与公立学校签订合同，确保在不增加成本但效果更好的前提下运营学校。爱迪生计划不仅提供了一个人皆可享用的“共用品”（a public good），而且给股东提供了参与机会。爱迪生计划的目的明确——“提供世界上最好的教育”，“欢迎所有学生”，“以较低成本运营学校”（“An Invitation to Public School Partnership：Executive Summary”，the Edison Project，www. edisonschools. com，undated）。这就使得学生的成绩成为关注的重点。爱迪生计划在合同里设定了严格的绩效条款，如果效果不理想可随时终止合同。实际上爱迪生学校的教育质量得到了提高有据可查，学生学业成绩也的确提高了（Chubb，1998；Edison Schools，2005，2008）。私人承包者把绩效条款写进了合同。那么，公立学校的运营在哪些方面给了公众同样的保证呢?

提供民主选择权——打破公立学校的垄断

学校私营化的第二个原因是打破公立教育在美国的垄断局面。学校私营化给担心子女教育的家长提供了教育选择权。择校权当然对孩子及其家长最有利，但同时也迫使学校为了吸引学生、获得财政资助而相互竞争。

约翰·孔斯把美国的教育制度称为“国营垄断”。他认为，把可选学校局限在居住所在地公立学校范围之内，实际上等于剥夺了家长为子女选择学校的权力（Coons，1988）。目前国家禁止数量相对较少的私立学校和教会学校收取纳税人的资金。因此，相比公立学校，它们服务的对象是另一类“更讲究”的客户；它们也不会争夺纳税人的钱。

公立学校对教育的垄断早已有之，且因为缺乏竞争而问题重重。公立学校患有机构性“动脉硬化症”，部门臃肿、效率低下，处理公共问题不及时，官僚作风严重。它们也几乎找不到任何理由来提供更好的公共服务、提高效率、制定更高标准或是铲除层层官僚主义。走私营化这条路可以把客户满意度和高效率引入公立学校。当然，公立学校不欢迎私营化，它们的工会也一直抵制私营化（Snell，2005；*The Economist*，2005；Murphy，2004）。

提升教育生产力

公立学校的生产力自20世纪初以来一直止步不前，而私营化可以提高公立学校的生产力。大多数公立学区的运营方式和我们的祖辈们当学生时的运营方式没什么两样。耗费大、劳动力密集型的公立学校还有着庞大臃肿的行政管理机构，这势必会消耗掉州和地方政府的大量资金。技术和通信的进步使美国企业发生了根本性变化，使得美国企业的生产力成倍增加，但这些进步对公立学校几乎没产生多大影响。计算机和其他高新技术加速了产业发展，但是学校，即使是配备有许多计算机的学校，走的仍然是费时费力费钱的老路子。大多数学校行政管理人员来自教育系统，他们缺乏商务背景和知识，实施战略性计划、进行高效资源分配、进行监督和问责管理以及有效管理学校等都超出了他们的能力范围。这也可以解释为什么他们对提高生产力不感兴趣（Hentschke et al.，2004）。

在高成本、需养护的大楼里，学生1年上学的时间大约只有1/2，每天上课时长约为6小时。教师在各自的教室里每小时所教学生约为25人，使用的仍是昂贵的纸质教材，与20世纪初的校园生活没什么两样。那些教师，无论教学能力如何，都是按照标准工资等级领取薪水，年薪为3万～7.5万美元，而且每年只需工作9个月。教师工资标准一刀切，拿多少工资取决于资历，而不是看老师教得有多好或是学生学得有多好。这种薪资制度损害了优秀教师的利益，迫使许多优秀教师离开了教学岗位。

迎接国际竞争

学校对美国的未来及其在国际市场上的地位有重大影响。国际竞争要求美国继续走在改革创新的最前沿，否则美国就会走向衰落。如果公立学校不能担当此重任，我们得想其他办法。学校私营化作为一种理念的时代已经到来。众所周知的苏联解体证明了依靠政府运营的经济结构自身的缺陷。现在的国际竞争就看哪个国家能够引领私营化的发展潮流。

随着民主和资本主义在全球的盛行，私营化仍将是21世纪公共生活中一场声势浩大的运动。国营企业的不足之处正好是私营企业可以克服的。在全世界，各国领袖都把私营企业视作改善民众生活、促使政府更高效地利用所得资金和资源的主要“工具”。有着不同经济传统国家的许多公用事业正朝着私营管理的方向过渡。在许多国家，学校也属于正在接受私营化洗礼的社会机构之一。英国和新西兰在私营化方面是我们的榜样，这些国家的公众认识到了私营企业在更有效、更高效运营学校中的重要作用。在这一全球性运动中，美国实际上落后于其他国家。

学校私营化的途径：从特许学校到食品公司

完全实行私营化带来的好处是明显的，如让学区能够就学生学习情况问责管理者等，同时也可发现目前学校运作中的哪部分工作交由私人承包商处理有利于学生和纳税人。在公私合作关系中，学校董事会聘请私人管理者管理公立学校，双方签署的多年期合同不仅明确规定了绩效标准，而且规定董事会可以提前 90 天把解聘决定通知管理者本人。

教育管理组织类似于医疗保险中的健康维护组织（HMO），它的出现就是为了改进学校。西尔万学习系统（Sylvan Learning Systems）、诺贝尔学习社区（Nobel Learning Communities）、爱迪生学校（Edison Schools）以及知识大学（Knowledge University）都是当前教育私营化的典型案例。21 世纪将见证学校私营化的比重从 2000 年的 13%扩大到 2020 年的 25%（Hentschke et al.，2004）。

实行彻底私营化之后，与地方学区教育董事会签署的严苛合同可以确保绩效。从管理学校、聘用和考核教职员工到开发课程、评价学生学习情况、与家长和社区沟通以及提供保洁服务等，这一切都属于彻底私营化的范围。这些项目也是学校运作部分私营化的绝佳内容。

目前公立学校承包出去的都是成本高或流程烦琐、在公共管控下无法运作的一些服务。许多学区签订了工资发放服务合同。还有一些学区发现，与麦当劳和必胜客等大众快餐公司签订为学校提供午餐服务的合同更省钱，更受学生欢迎，有时甚至比学校餐厅提供的标准套餐更有营养。从提供食物到负责学校一切工作，承包特定服务的私人合同已经向学生、学校官员和纳税人证明了它们的价值。学校服务逐步私营化已经在许多学校进行了多年，而且效果一直很好。现在，学校私营，甚至整个城市所有学区私营化运营都在不断发展。目前的特许学校计划（各州给一些团体颁发特许状，特许他们组建或接管学校的计划）大多都是合法的。

马萨诸塞州的特许学校法允许营利性公司申请创办特许学校。企业家克里斯·惠特尔创立的爱迪生学校联营公司最近获得了在马萨诸塞州经营公立学校的三张特许状，他最初的计划是在全美国建立 200 所营利性公立学校。惠特尔开办的“第一频道”（Channel One），是由私人赞助的教育电视频道，在许多学区运作得很成功——这是学校私营化的又一个例子。在爱迪生计划中，集团管理的学校大约有 130 所，共有 33 万名学生（Steinberg，2002；Edison，2006），而且经营成本低、效果好。

振兴公共部门：改进学校

对于任何发展停滞的公共部门而言，私营化都是合理的选择。公共机构提供私营企业所无法提供但又必不可少的公共服务。但是，公共机构必须达到服务标准，要评估它们提供的服务质量是不是我们花钱所能得到的最佳服务。如果公共机构的服务质量还赶不上私营部门，那么我们就应该让私营部门取而代之。这就是私营化的实质。公共机构既没有多大用处又耗竭公共资金。资深研究员丹尼斯·多伊尔认为，警察部门和货币发行必须由国家控制，但是公路、公共建筑以及桥梁的修建可以主要由（且已经是由）私人承包商来负责，正如许多城市的垃圾回收和处理都是由私人承包商负责一样。把服务性事业承包出去对许多公共机构而言也是一桩好事。多伊尔特别提到公立学校，他认为公立学校里需要企业家精神才能改革创新，才能战胜没有成效的旧传统，“学校体制的整齐划一，曾被视为优点，但在现代显然成了不利因子”（Doyle，1994：129）。

学校用的税款比地方社区的其他任何机构都多，在大多数州预算中所占比例最大。这种有利的财政支持应该使美国学校成为世界上最优秀的学校，但实际情况并非如此。公立学校花费纳税人的钱越来越多，同时也变得越来越平庸。相对于我们在20世纪后半叶所看到的花钱不少、倒退不少的教育模式而言，学校私营倒不失为一个有望成功的选择（Snell，2005）。

从历史上看，公立学校对国家是有贡献的，它们为许多人提供了入学接受教育的机会，解决了文盲问题，同化了移民子女。在当今这个全球化竞争的时代，大众化教育依然很重要，但是要求学校必须归政府所有，由政府运营就毫无道理了。公办学校不合时宜，迟迟没有废除公立学校是因为我们对传统还怀有浪漫的念旧情绪。有一天，当我们回忆起来时，也许会觉得奇怪：为什么公立学校那么多年“屹立不倒”，为什么要忍受那么高的成本去维持公立学校呢？

学校私营化的障碍

一旦人们懂得，只需花更少的成本，就能得到更好的服务和更大的问责权，他们立马就会成为私营转向的支持者。但其他更难以克服的障碍依然存在。

公共机构雇员劳工会四处游说，反对公用事业私营化——这显然是自私的。教师工会在反对学校私营化过程中特别积极，它们是州议会中人数最多、资金状况最好、最活跃的组织。许多州议员害怕它们的势力。教师工会反对密尔沃基市的学校教育券计划，反对巴尔的摩的学校管理合同，并提起了法律诉讼（Eggers and O'Leary，1996）。教师工会积极地但却是不成功地反对费城的学校私营化转向（Steinberg，2002；Snell，2005）。

政府官僚也给私人企业设置障碍，因为官僚们可能因此失去部分权力。特许学校不受那些让公立学校机构难以摆脱的繁文缛节的束缚。它们可以建立教师问责制而无须理会终身任职的要求，可以研发课程而无须应对州的命令，可以组建班级提供教学而无须遵守那些让公立教育故步自封的无意义规定。公立教育官僚制构筑了条条框框的巨大堡垒，它是学校事业发展的绊脚石。解除管制对有些机构的官僚来说是一件可怕的事情，因为他们的影响力和地位都会因此受到威胁。

私营化有利于美国

“总统私营化委员会”（President's Commission on Privatization）曾建议把一些公用事业部门转化成私营部门（*Privatization：Toward More Effective Government*，1988）。在教育方面，委员会发现：

> 最新的教育成绩记录远远没有达到美国民众为学校确立的基本目标……尽管各级政府在教育上花费的公共资金不少——但学校的教育质量却与投入不相称——成绩报告单显示，20世纪80年代是公众对学校不满的10年。（*Privatization*，1988：85）

委员会在报告书中说，在报告发布之前的20年，纳税人在公立教育上的投入翻了一番，但是教育成效却低于预期。私立教育的生均经费约为公立教育的2/3。尽管国家为公立学校投入了大量资金，但SAT平均成绩在20世纪80年代却下滑了。

这些成绩才刚刚开始有点断断续续的起色，过去数十年投入的税款对它们没有任何影响。国家教育进步评估（NAEP）以及其他测试表明，美国学生表现不佳。工业化国家学生的考试成绩对比研究表明，美国学生排名最低（Finn，1995；Mandel et al.，1995；*Economist*，2005）。把更多税款注入那些学校也不太可能改变它们长期以来效率低下的局面。费斯特里泽报告说，教育经费和学生成绩之间不存在明显的关联性（Feistritzer，1987）。事实上，不用花费任何额外成本，私营化就能改进学校，增强教师动力，提高学生学习成绩。

通过加强专业化管理、成本控制和绩效考核就能改进公立教育。学校是公用事业单位，但私营部门可以帮助学校。

私营化与公立学校危机：私营化能为学校带来什么好处？

我们之所以对继续按照目前的方式组织、运营公立学校提出严重质疑，是有许多原因的（Geiger，1995；Murphy，2004）。

公立学校体制僵化，与当代企业管理脱节。目前学校管理遵循的是成本不菲的旧模式，而且还是按照教育机构在20世纪初确立的规则行事。许多规模小的学校有独立的行政部门，进行独立预算，提供的服务基本相同。比如说，新泽西州就有600多个独立的学区。在有些州，甚至微型学校也有权聘请校长，通常还会聘请学监以及其他员工。在大型学区，各种拿着高薪的学校行政官员们从不上课，也很少去视察学区的下属学校。与其说学校组织结构类似于现代企业结构，倒不如说类似于那些效率低下的早期工厂。

公立学校利用陈旧的政治体制获取更多税款，为了提高教师薪资待遇、维护教师工会的权力而费尽心机、不计成本在州议会游说，为了维持现状而与州教育机构套近乎、拉关系。加强州的管制只会使没有实行问责制的学校行政部门变得更加臃肿。学校深陷官僚主义和自我保护的传统思维模式，办事效率不高。它们不是想办法在提高质量的同时降低成本（这一标准是企业制定的），而是捞取更多税款资助又不提高生产力。

在这种陈旧的教育体制里，要想提高生产力和学校绩效，还有许多方面待改进。学校上课时间和学年长短与过去的农耕生活有着密切关系。在大多数工业化国家，学生每天在学校的上课时间更长，每年上课的天数也更多。传统的小班教学，尽管每个班只有25名学生，并配有一名拿高薪的教师，但管理者却不会利用通信技术的显著进步提高灵活管理水平。与大型图书馆和学者们联网即可实现网上互动的计算机将使有限的资源得到更好的利用。缺乏认可教师实际能力的绩效工资制限制了教师的积极性。生产力低下是当前公立学校中根深蒂固的东西，而私营企业提供的新方法将为其注入活力。

全球语境下的私营化运动

遍及全球的私营化运动已在进行之中，交通和通信等其他许多领域的服务质量都因此得到了迅速的提高。学校是这一运动的重要组成部分，学校私营化应该纳入更大的语境来审视。

自从冷战结束以来，全球政治经济已经发生了变化，全世界日益认识到自由市场经济本身的价值。经济学家普遍认识有必要实行私营化，参与全球市场竞争

(Vickers and Yarrow，1991；van Brabant，1992；Earle，Frydman，and Rapaczynski，1993）。比如，厄尔、弗莱德曼和拉帕茨斯基指出：

> 在尝试运转失灵的计划经济数十年之后，在试图通过温和的“市场社会主义”改革来提高绩效失败之后，东欧和原苏联各国正在努力对它们的经济体制进行根本性变革。(Earle，Frydman，and Rapaczynski，1993：1)

1990年，民主德国有将近14 000家国有企业，仅仅4年之后，就只剩不到150家国营企业（Protzman，1994）。私营企业和市场竞争取代了效率低下、政府控制的企业。

其他国家也在进行大规模的公有企业私营化运动。英国最近把许多公有公营企业变成了私营企业，英国的经济因此也有了飞速发展。私营化是许多国家信奉的理念。比如说，水处理和废物处理在英国已经实现了百分之百的私营化，而美国在这方面的私营化只实现了15%（Farazmand，2001）。

私营企业的特点就是竞争，这就要求企业高效运作并赢得消费者的满意——这两个要素是政府垄断型企业所不具备的。私营化制度有可能保持并提高公用事业的服务质量，同时又减少税收。私营企业是以人类对成功的渴望以及获得成功的认可为基础的，其机制就是激发人们追求更大的成就，奖励绩效好的那些人。

我们不应该一直认为旧体系好，如果那些体系不再有效，我们就不应该再支持它们。当修车的钱比买车的钱还要多时，旧车就得换掉；我们必须对社会机构进行重新考察，以便弄清楚它们是否和取而代之的机构一样有效。

学校对国家利益及其国际竞争力至关重要。美国引领世界的地位取决于高质量、受过良好教育的人才——成就驱动型学校培养出来的有成就的学生。培养千人一面的学校将限制那些人的天赋和远见，这类学校培养出来的学生必然赶不上用当代最流行、最有效的教育方法所培养出来的学生。需要创新和效率才能生存的美国私营部门主动提出要重塑学校以满足全球化竞争的要求。由于种种原因，学校私营化已成为21世纪的浪潮。

观点2：公立学校就应该公营

> 简言之，私营化不可能取代政府职能；实际上，它甚至连这些职能中的一部分都无法取代。在有些方面，政府做得更好也做得最好，如制定政策，进行管理调控，促进社会公平，防止歧视和剥削，保护个人权益和公民权利，维护社会的安全和稳定，进行社会管制和促进社会团结等。
>
> ——Farazmand，2001：15

> 民众正在丧失学校所有权的意识，而这危及民主本身。
>
> ——Mathews，2008：560

公用事业交由私人运营更好的观点纯属有害社会的鬼话。施拉格指出：“即使公共设施越来越差，我们社会的模式也不是让社区变成有私人保安、私营娱乐设施以及一切皆私营的私人的封闭性飞地。”(Schrag，1999）私营企业服务更优、效率更高、竞争更激烈以及管理更完善等，都是企业界和企业导向型大众媒体为了谋取私利而宣传的一些鬼话。

克鲁格曼指出，各级政府在推进私营化方面的普遍感受是实际情况并不支持提高效率的说法（Krugman，2002）。私人承包商通常以低价投标而得到合同，在政府职员离场并对承包商不构成任何威胁之后，再抬高价格——或者说成本超预期。

没有任何可靠证据证明，在私营部门运营的学校里，绩效更优、质量更高、成本更低或是管理更好。爱迪生学校联营公司在管理学校的私营公司中规模最大，但它也不能拿出确凿数据来证明学生学业成绩的提高（Miron and Applegate，2000；Bracey，2002，2008；Henriques and Steinberg，2002a，2002b；Holloway，2002；AFT，2003；Lubienski and Lubienski，2004；Ratchford，2005）。

哥伦比亚大学教育私营化研究中心主持工作的教育经济学家亨利·莱文在对公立学校私营研究进行总结时说：

> ……对爱迪生学校联营公司等营利性教育管理组织的研究表明，相比类似的公立学校，它们的管理成本更高，依照合同所得到的资助也更多。而且，几乎没有证据表明，在生源质量相似的前提下，由教育管理组织经营的学校一定优于公立学校。（Levin，2006：11-12）

在大众媒体对特许学校不加批判的报告中，这些学校被描述成促进教育的"新事物"，但对其缺乏绩效却避而不谈。并非所有特许学校都是私营的，但大部分特许学校的确都是私营的，公众因此就产生了一种错误认识，认为它们在某种程度上比公立教育更好。加州大学洛杉矶分校的研究员进行了长达两年半的广泛研究，他们也没能发现任何证据可以证明特许学校能促进学生学习；特许学校既未践行其承诺也未提高学生的学业成绩（Magee and Leopold，1998）。一些特许学校不受许多州规定的束缚，但它们在财务状况、学生成绩以及管理方面依然存在着严重问题（*San Diego Union-Tribune*，2002）。布鲁金斯研究所布朗中心在 2002 年公布的美国教育报告中，对 10 个州的特许学校在 1999—2001 年的考试成绩进行了统计分析之后得出以下结论："概括说来，与公立学校相比，特许学校这 3 年的统考成绩要低 1/4 标准差。"（Brown Center Report，2002：1）。学校私营化既非改进也非进步，只不过是私人财富获取更多控制权的另一种手段。

既然私营公司在管理方面应该很擅长，那我们且看看爱迪生学校联营公司管理自己管理得有多好：该公司经常面临财务危机，借款数额巨大，只能通过发行新股票维持其运营。具有讽刺意味的是，它从公立学区弄到大笔资金仅是为了签订低成本管理学校的合同。据报道，2001 年，爱迪生公司必须以 6 100 万美元的资产作抵押以得到仅 2 000 万美元的贷款——这证明公司财务状况有问题。任何公立学校都不会获准进行那类风险性投资。另外，爱迪生公司有时还会从私人慈善机构那里得到补贴来经营学校——这不得不让人对公司声称自己能以低于公立学校生均成本的费用来运营学校的可信度提出质疑（Henriques and Steinberg，2002a）。布雷西和索尔特曼详细列举了爱迪生公司面临的一系列财务困难和教育窘境，并暗示爱迪生公司利用不正当的政治协议来换取费城等地的合同，而且爱迪生公司在纽约州、佐治亚州、马萨诸塞州、康涅狄格州、得克萨斯州和堪萨斯州等地方提供的私立学校教育已经受到了调查（Bracey，2002；Saltman，2005）。

公用事业私营化是良好的公共政策或只是企业宣传呢？企业做的事情就一定比公共机构更好吗？抑或它们只是在处理公共关系上更胜一筹？安然公司、世界通信公司以及次级贷款是私营化如何为教育服务的好榜样吗？慷慨回报学校CEO和少数几个知情权威人士，惩罚工人和普通股东，允许不合格的公司抽身走开却不为学校的失败承担任何责任，这是我们应该制定的公立学校私营化体系吗？

社会目标与个人目标

在资本主义民主国家，有些行业适合私营，有些行业适合公营和公共监管。乔纳森·科佐尔说他没有发现任何证据可以证明以下观点："即使不加任何限制，即使公共部门内部缺乏有效的制衡机制，充满竞争的自由市场也会为民众提供良好的医疗保障以及卫生、交通或教育服务。"（*Rethinking School*，1998：1）。

公立学校私营化的叫嚣代表了另一种鬼话：公学私营是以更低成本博取更好成绩的"塞壬之歌"（siren song）。值得注意的是，这就转移了民主国家公立教育的基本社会目标。这种转向可能有利于鼓吹私营化的那些人，但私营化引发的任何实质性辩论必然以基本社会目标为核心。一项活动的基本社会目标是检验公私平衡的重要标准。因此，我们可以对照着学校教育的社会目标来衡量学校公营和私营的利弊。任何有关公立学校私营化的辩论都应该关注，到底是公共管理还是私人管理更有可能促使我们实现那些远大的社会目标。

公立学校私营化的叫嚣以及居心叵测、妖魔化公立学校的长期运动压制了就实现社会目标而展开的更有意义的辩论。在学校私营化的压力之下，公众缺乏的是必要的、长远的社会视角（Hunter and Brown，1995）。取得更好的考试成绩和节省资金这些缺乏远见的目标不是学校私营化的充分理由，即使私立学校可以确保实现这些目标。当然，它们实际上也不可能实现这些目标。有证据表明，短期的考试成绩提高是人为操纵的结果，而非更优质教育的结果。私营化的鬼话加剧了困扰公立学校长达一个多世纪的社会经济问题，同时又掩盖了私营企业历来存在的重大缺陷。

在财务困难的情况下，公立学校仍有着提供优质公共服务长达一个世纪的傲人传统，但它在最近20年里却不断遭受负面攻击。具有讽刺意味的是，虽然私营企业同样经历了许多挫折和失败，对民主构成了重大威胁，但私营化"神话"却保护私营企业免遭类似攻击。私营企业，尽管有着道德标准令人生疑、不把雇员和大众当回事、用金钱操纵政治过程以及一遇麻烦就宣布破产或申请救助（bailout）的不光彩历史，但这些在大众媒体报道和有关私营化的公共话语中却隐匿无形。对公立学校私营化的许多支持都围绕着肤浅的宣传展开——主要是利用公立学校的负面形象、未经证实的节省潜在成本的说法以及企业最了解情况这种家长式的武断判断来宣传私营化的好处。但是现实证据并不支持这些说法。布鲁金斯研究所对公立学校（尤其是大城市的公立学校）私营化所做的一项研究发现，支持学校私营化的大多数论点都是一些主观臆想（Ascher，Fruchter，and Berne，1996）。其他一些研究则表明，营利性学校在做法、课程设置或是管理计划上都没有任何创新（Kaplan，1996；Zollers and Ramanathan，1998）。

"私营化热"需要我们严肃地审视一下私营化的理由、做法和潜在后果。在有些情况下，在严格、开放式公共管理和学区监管之下，由私营企业提供一些公共服务是合理的，如通过私营合同在学校食堂提供饮食服务等。但是，对处理公用事业而言，学校全盘私营化，即私营公司控制整个学校或学区的管理部门、课程和教学决策是极其危险的做法。在对社会未来至关重要的教育领域，私营化可能摧毁民主生活的灵魂（Saltman，2000；Sudetic，2001）。

有两点是很明显的：(1) 公立学校有助于实现重大公共目标；(2) 捍卫私营化是受了许多“鬼话”的影响，这些没有事实依据的鬼话正是为了掩盖私营化本身不光彩的历史。我们的首要结论是：一定不能以牺牲公立学校为代价来为私人牟取暴利。

私营化和公立教育的民主化目标

一个民主的国家需要见多识广、积极主动以及有自由权的民众。美国民主的基本理想包括正义、平等和自由。在那些高尚的社会理想中，公立教育的首要目标是培养知识渊博的学生积极参与社会。在学校，就是要培养学生的语言能力、数字能力（number facility）、社会知识、合乎道德的行为以及批判性思维——这一切都是以艺术与科学的智慧积累为背景的。当然，这一重要课程或是公立学校所要达到的社会目标在标准化考试成绩里是几乎看不到的。教育的根本目的是通过确保并促进正义、平等和自由来促进社会的文明进步。狭隘地关注成本和考试成绩而忘记了宏大的民主理想已然削弱了美国社会的基本结构。

民主社会与需要公营学校之间的关系在人类历史上得到了广泛的认可。西方第一位政治哲学家亚里士多德清楚地认识到，为全体公民提供教育服务以维护民主制度是公共需求。在支持民主社会公立教育的最有说服力的论著中，约翰·杜威的《民主与教育》（*Democracy and Education*）就是其中之一。在最近几年，一些知名的政治理论家和教育学者反复强调公立教育对民主的重要意义（Gutmann，1999；Saltman，2000；Kadlec，2007）。

促进正义、平等和自由是公立学校的核心理念，但不是私营企业的核心理念。为了达到这些高标准，我们在发展公立教育上还有很长的路要走；少数族裔和女性在学校里没有享受到平等的机会或自由，但是，我们在这方面已经取得了显著的进步，我们在公立教育上将继续为实现这些目标而努力。与学校私营化相伴而生的是对降低成本和提高学生考试成绩的重视，因此，最弱势群体或最贫困群体也不太可能因为私营化而得到更多机会。当我们真正重视要为全体公民而不仅为精英一族提供教育服务的时候，我们才能够真正促进社会进步——但我们可能在提高学生平均考试成绩或是削减学校预算方面仍无能为力。

为了实现民主，学校还应该给予师生探究的自由。开明的教育把我们从无知中解放出来，包括宣传和审查制度造成的无知。针对全体公民的公立教育要求师生拥有探究的自由，要求师生对社会问题进行批判性思考。但是对社会问题进行自由的、批判性研究可能就不是私营学校的目标。对争议性话题的开放式研究在一个民主社会是必不可少的，但这有可能与企业最懂行的理念之下形成的企业议程产生冲突。有多少家企业会鼓励人们对其目标和做法提出批评，尤其是公开批评呢？索尔特曼谴责公立教育的纯商业化是对民主的重大威胁（Saltman，2000，2005）。

美国的公立学校传统是民主社会的基础，它们为个人提供了掌握知识技能以实现自治的机会。学校还提供以社区为中心的服务，以各种方式承担对社区的责任。私营化对这一传统构成了威胁。戴顿和格利克曼明确指出了这种威胁的一面：

> 私营化运动的根本问题在于，它把公立教育仅仅视为另一种个人权利，忽视了普通公立学校所服务的至关重要的公共利益。人民选出来的代表对公立教育进行民主化管理，最终还是人民决定如何开支公共教育资金。私营化体制利用公共资金，但限制公共管理。允许公共资金由私人管控，回避了民主化管理和民众利益。（Dayton and Glickman，1994：82）

私人管理有可能把正义、平等和自由视为学校最重要的目标吗？公立教育也许遇到了一些难题，但它的办学目标却是清楚的、积极的。我们能够将发扬民主理想的重任托付给私营部门吗？

学校私营化的例子：抵制的理由

美国历史上最著名的两次学校私营化运动已经开始瓦解，其令人生疑的做法应该引起公众对整个私营化过程的怀疑（Saks，1995；Toch，1995；CUPE Report，1998；Shrag，1999；Breslau and Joseph，2001；Shrag，2001；Bracey，2002；Henriquez and Steinberg，2002a，2002b；Saltman，2005）。

爱迪生计划

得到广为宣传的爱迪生计划，是由克里斯托弗·惠特尔于1991年向媒介公布的，其目的是接管公立学校并从公立学校的运营中谋取利润。惠特尔是自由市场经济的坚决拥护者，因为对公立学校的抨击而出名，他的那些抨击显示出“对公立学校难以置信的敌视”（*New Yorker*，1994：53）。

爱迪生计划始于修建新学校的提议。那种想法很快转变成签订合同以对现有公立学校进行全方位操纵的努力。惠特尔预言爱迪生计划到1996年将经营200所私立学校，到2010年将为200万儿童提供教育服务。他还承诺以个人名义资助100名“惠特尔学者”在田纳西大学学习1年（Stewart，1994）。现在这一曾得到广泛宣传的计划似乎无法实现。据报道，爱迪生学校联营公司经营着一些营利性学校，但由于管理混乱、缺乏设备和资助以及其他相关问题，教师跳槽率很高（CUPE Report，1998；Breslau and Joseph，2001；Shrag，2001；Bracey，2002；AFT，2003；Moberg，2004；Glassman，2005；Snyder，2007）。

私营化意味着教师和辅导员的薪水更低且工作任务更重、在教材以及设备上节省的资金更多以及其他服务的缩水，而这一切都只为让管理层得到更高的薪水。管理层薪资过高而普通员工薪资过低的这种企业模式只会让少数精英受益，但对整个社会并无多大好处。

私营企业能够证明如何更好地利用公共资金来资助学校，同时既赚取利润又保证教育质量吗？到1994年，惠特尔通信公司的财务已濒临崩溃。《纽约客》杂志特载了一篇名为《宏大幻想》的长篇报道，详细描述了这一崩溃的过程，故事的副标题为“但最令人感到惊讶的是竟然花了这么长时间才知道情况有如此糟糕”（*New Yorker*，1994：63）。这篇报道把惠特尔描述成麦迪逊大街上“具有传奇色彩的商人”，而且“个人魅力是他最显著的特点”（*New Yorker*，1994：63）。但他的个人魅力却未能使爱迪生股票增值，在人们对其赢利能力的一片质疑声中，在美国证交会的调查中，爱迪生公司股票应声下跌，从每股 37 美元一直跌至 14 美分（Steinberg and Henriques，2002）。

惠特尔很早就创立了“第一频道”，这是一个私营电视频道，它给学校“捐赠”电视设备，条件是要求学生每天收看这一频道的电视节目和商业广告。因为需要资金来拯救其他企业，惠特尔把第一频道卖给了 K-III 通信公司。K-III 通信公司拥有杂志《青春少女》（*Seventeen*）和校报《每周读者》（*Weekly Reader*），而控制雷诺兹-纳贝斯克公司（RJR Nabisco）的法人也同样控制 K-III 通信公司。在《每周读者》登载了一篇题为《抽烟者的权利》的报道之后，它们之间的那种关系引出了人们对企业利益和企业影响的担忧（*Wall Street Journal*，1994）。但是人们更担心的是公立教育商业化的潮流。

爱迪生计划的财务困难揭示了私营化计划本身存在一些固有缺陷。创业投资具有高风险性，给少数人带来高潜在收益，这种投资不是经营民主国家的公立学校的最佳模式。传播知识以及倡导在正义、平等和自由的基础上按照道德规范来约束自己的行为是公立学校教育的远期目标，这些目标才是有利于社会进步的。靠个人魅力和广告宣传建立起来的公立教育体制与教育的民主化目标是背道而驰的。

私营化与私营企业：不适合学校教育

人们普遍认为私营企业在效率、财务敏锐性、问责制和绩效等领域最能展示其领导力，但私营企业在这些方面的表现却令人失望。财务操纵、浪费和低效以及公共问责不力等证据频频曝光（Sheppard，1998）。而且，私营企业也拿不出任何证据来证明私营团体接管公立学校之后确实以更低的成本提高了教学质量。当然，公立教育的社会目标在这些例子中也未曾论及。

私人创业是美国社会所珍视的价值观之一。我们很欣赏那些冒着财务风险把新思想和新产品推介到公共市场上的勇士。私人创业者倡导革新、试验和发展，但是，设立骗局、欺诈贿赂和贪污腐败等不道德和违法行为，“买者自负”等普遍的企业哲学，以及不负责任污染环境等也是私人创业的“特色”。强盗资本家的心态充斥着众多私营企业，用黑钱买通他人和暗中定价、操纵市场的阴谋诡计就是做生意的方法，满足个人贪欲就是首要目的。可以说，私营企业对社会责任几乎毫不关心。政府给克莱斯勒公司、洛克希德公司、储蓄信贷协会以及次贷金融家提供的紧急财政救助和各种补贴让纳税人损失了数十亿美元，而这些损失都是由私人经营不当和政府监管不力造成的。然而，私营企业仍保持着一副体面的样子，以示自己比公营企业要好得多。

质疑私营化的神话

有许多显著的例子告诉我们，公众生活质量的提高和下降可以归因于私营企业和公营企业，但从经济、道德或社会的角度而言，这二者无所谓孰优孰劣。除了缺乏确凿证据来证明私营化鼓吹者的种种奇怪说法之外，我们对私营化思想及其对社会的影响也颇有质疑。

私营化神话固有的假设是：能赚钱的就一定对我们有好处。一个民主国家怎么能认可贪婪比社会责任对社会的贡献还要大这种逻辑呢？私营化提倡损害公共利益。标准石油公司对公共信托机构的影响力过大，结果国会通过了反托拉斯法以保护我们免遭私营企业的进一步剥削（Tarbell，1904）。但遗憾的是，即使反托拉斯法给予我们一定的保护，我们仍长期遭受企业腐败、欺诈和对公众的操纵之苦（Adams，1990；Calavita et al.，1997；Mitchell，2001；Sherman，2001；Palast，2002）。

安然公司和世界通信公司向我们表明，企业界仍然乐于而且急于在公共必需品上捞取超额利润（有人说是不道德利润）而又不承担公共责任。安然公司采取的政治行为模式包括送礼、捐款和游说等，这使得安然公司的管理层可以接触到上层政客。在要求政府解除对能源产业管制（能源是必备公共商品）的各种活动中，安然公司的这些高层管理人员俨然化身成了领袖。他们给两党的大量捐款确保安然公司得到的不仅仅是在政府大厅里的平等陈述权。随后的解除管制，也就是私营化，使得私营企业可以操纵供电供气系统，制造危机，造成商品短缺，并给像安然这样的公司带来异常丰厚的意外利润。在2002年倒闭之前，安然公司也并非完全不受公众谴责；早在倒闭的3年前，人权观察组织就公布了一则不为人知的故事，揭露安然公司侵犯人权的行为（Human Rights Watch，1999）。尽管其他一些涉及公司贪婪腐败的例子不像安然丑闻这样引人注目，但类似的例子也很多。世界通信公司的隐性损失显然也为历史之最，在很大程度上承受这些损失的也是股东和雇员，而不是主要的管理人员。在听到企业会追求公共之善的神话时，我们必须保持高度警惕。

揭穿私营化的“神话”

在公众不信任政府、担心税率不断上涨的时期，巧妙包装使得私营化受到了普遍欢迎。但是，私营化是建立在一些假设基础之上的，而这些假设完全是错误的，或者至少是大有问题的。大众媒体从未质疑过这些假设，而它们是私营企业编造的神话。在公共资金更多流入私营企业的腰包之前，我们应该全面分析一下这些神话。

有关私营化的神话包括以下内容：

- 私营化能带来高效率，这样就能节约税款，同时又能提供优质服务。
- 私营化受市场驱动，因此能积极回应消费者需求。
- 私营化是以绩效为基础的，促进优胜劣汰。
- 私营化作为全球性运动是成功的。

神话1：效率

效率是私营企业引以为豪的东西。这几乎变成了一种信念，但这一说法经不起推敲。

效率是手段，不是目的；高效率本身并不足以成为制定社会政策的理论依据。努力使人类活动效率更高的背后一定有某种目的。在一个尊重环境、渴望为社会成员谋取公正的民主化社会，效率可能是一种有价值的追求，但有效性却更为重要。高效地利用人力资源以及其他资源的目的应该是保护和改善环境。那是一个崇高的目的，效率是实现那一目的的恰当手段，但是通过提高效率来改善环境不符合许多行业的利益。社会服务机构的高效运营应该是旨在改善整个社会的命运，而不是某一阶层的命运。

用于私营部门的那种肤浅的效率是达不到上述目的的。在追逐利润的动机之下，效率就是以节省成本的方式来增加企业收入。走危险的捷径来节省时间可能显得效率高，但也许只能算是胆大妄为。高效率捕杀野生动物曾是有钱人的消遣活动和一种贸易活动，而它加速了许多物种的灭绝。挂在墙上的野生动物纪念品和野味菜肴抵不上为那类效率所付出的代价。

高效率生产造成了有毒废物、工厂事故、工人健康问题、生产过剩和工业垃圾。我们很少计算这种效率的实际社会成本，对利润的追逐掩盖了产业效率背后的环境成本和人力成本。另外，政府还经常补贴私营部门，这种隐性补贴的方式就是在税收和自然资源的利用上制定“企业友好型政策”。

一个相关问题是：产业巨头本身是否效率高、有成效？它们的生活是以提高效率和促进社会进步为宗旨的吗？一些有钱人为社会进步做出了巨大贡献，而且他们也追求有效率、有成效的生活，但那并不具有普遍性。从私营企业获利最大的那些人拥有宽大的房子、昂贵的车子、成群的仆人、豪华的游艇、高级俱乐部和私人飞机，他们也擅长于利用税收漏洞来获取合法的财务援助。公立学校的教育者通常是不可能有这些“装备”的，但他们把自己的整个生命都献给了公用事业。惹人注目的消费是私营企业的一个特点，而公共服务机构是不具备这一特点的。

神话2：市场驱动和积极回应消费者

有关私营化的另一神话是私营部门参与开放市场的竞争，能让消费者满意。但是，在当前的经济体系中根本就没有自由、开放的市场。价格垄断、垄断组织托拉斯、照顾特殊利益团体的法案、监管不力的监管机构以及其他保护企业的做法已经影响了市场本身的公允性，最终受益的只是规模最大的企业和政治上最善于钻营的商人。游说、受贿、管理层收购（MBO）、控制监管局以及建立联谊关系网等手段使得新来者根本得不到平等的市场机会。大多数企业战略就是为了控制市场，挤兑他人，而不是鼓励自由竞争。当控制市场不成功时，企业就会请求政府给予它们特殊待遇或补贴，要不就宣布破产——这伤害的只是小投资者，管理层依然富足有余。因此，所谓真正自由的市场是不存在的。

对行将倒闭企业的紧急救助耗费了巨大的公共成本，但由于成功地让纳税人弥补了成本，它们也没被划入破产类企业。对行将倒闭企业的紧急救助可被称为“公共化”（publicization），但它们没有变成公共企业——它们仍然是让纳税人承担损失的营利性实体。我们把利用公共资金支撑要倒闭的或是弱势私营企业的行为称为“企业福利”（corporate welfare）。摧毁那些企业领袖有着出众的智慧、能力或高尚道德情操的神话有助于我们放慢学校私营化的脚步；而公立学校能长期以低成本、低道德缺失提供优质大众化教育，就是其拥有出众的智慧、能力和高尚道德情操的表现。

积极回应消费者是又一凭空想象出来的东西。促进消费主义大众化的营销是私营部门的重中之重，但其主要目的是增加利润而不是让消费者满意。引诱消费者购买他们并不需要的东西是其目的之一。消费者权益保护和消费者满意度是一个公共问题而不是私人问题，是私营企业数十年来对消费者进行操纵而引发的问题。每个消费者都有过与企业不愉快对峙的经历：服务屡屡出错，提供劣质产品，不愿意改良或替换产品，采取“上钩调包”诱售法，提供不可靠的保修单，罗列销售合同条款时字号小到无法辨认以及增收信用卡转账费等，都是企业的“常规做法”。

神话3：实行绩效管理，促进优胜劣汰

有关私营企业的另一神话是，它实行严格的绩效管理，可望提高生产力，促进优胜劣汰。但是，按照企业的说法，绩效仅仅就是以更少的成本售出更多的产品，获取更多的利润。这一目标与质量毫无关系。企业新闻讲述的尽是一些业绩差，但照旧拿着高薪和高额奖金的首席执行官的故事。不胜任的现象经常出现，而且出现在高层；玩转办公室政治（同事之间的钩心斗角）比保证工作质量更重要，即使高层决定是错误的，你也不能点穿。

如果美国企业如此致力于提高绩效，那为何其产品质量和全球市场占有率还在下降呢？为什么企业股东大会只是装门面，而普通股东的良策却基本上都是遭排斥的呢？为什么消费者协会的事务越来越多呢？为什么最有功劳的雇员常被遗忘，而关系硬的人却能在职场上得到快速提升呢？这些问题以及其他问题都表明，绩效并不总是企业关注的重点，也不是大型企业的主要原则。

神话4：全球私营化运动皆成功

许多国家所吹嘘的公用事业私营化正逐渐瓦解。英国公用事业私营化过程中出现的问题说明，私营化的实质是以公众之所失换私人之所得。在第二次世界大战之后，英国的许多企业实行了公有化，以便让民众能够更好地享受教育权益、医疗服务和社会服务。撒切尔政府和梅杰政府用了15年的时间实行私营化改革，而公用事业则发现自己不断遭受抨击。

埃林森对这一私营化计划进行了研究，他发现：“英国所热衷的私营化没有为民众带来任何回报……民众开始认识到，不仅资产贱卖使得原先那些管理国有企业的人摇身一变成了百万富翁，而且还从消费者身上榨取了约90亿美元。”（Ellingsen，1994a：21）

由于私营化，伦敦电力公司管理层见证了自己工资的飙升，从平均工资远远低于私营部门的管理层，涨到了年均400多万美元（指最高层12个管理人员每人可得年薪）。公用事业设备以极低的价格贱卖，这使得快速获利成为可能，高管工资在象征性的绩效考核中与那些利润挂钩——所有这一切基本上都是以纳税人受损为代价的。私营化的贪婪把第二次世界大战后的福利之邦变成了遭受各种问题困扰的国家，如社会阶层间的隔离日益加剧、非法童工、隐形血汗工厂、犯罪和吸毒等问题（Ellingsen，1994b）。

吉拉德就英国对纳税人资助的学校进行的“渐进式私营化”试验分析并指出，其中有许多“失败之处”与美国公立私营特许学校的结果类似。英国的失败包括：学校成绩在全国排名最差，缺乏问责制，少数群体被隔离的学校共同体，恃强凌弱现象加剧，员工积极性不高，教育策略缺乏一致性，社会阶层的隔离加剧以及宗教教育增多等（Gillard，2008）。

澳大利亚的私营化改革也是问题重重。尽管有研究断定，悉尼港海底隧道在经济上行不通，但仍有人提议由一家私营公司修建并运营。私营公司运营两年之后，纳税人才得知，在为期30年的私人合同中，他们将支付原先未报道过的40亿美元以弥补额外支出。这一消息公开之后，也给其他私营化活动敲响了警钟，因为其中暴露了许多问题：信息不透明，存在隐形成本，对医院、监狱、机场、铁路和自来水公司等公用事业的建设和运营等公私合作合同缺乏严格审查（*Sydney Morning Herald*，1994a，1994c，1994d；The Center for Public Integrity，2003）。作为私营收费公路的新型跨城隧道也存在类似由公众承担费用的问题（*Sydney Morning Herald*，2006）。

其他一些国家的公民在私营化运动下也遭罪不少。在东欧和原苏联加盟国家，私营化造成了高失业率、严重通货膨胀，让少数人致富和多数人遭受金融之灾，以及社会动乱（van Brabant，1992；Earle，Frydman，and Rapaczynski，1993）。加拿大也是在公用事业私营化（包括教育部门的一些服务外包等）过程中出现了一系列问题的国家之一（Public Services International，2006）。

一家名为"私营化晴雨表"（Privatization Barometer）的独立机构对全球私营化进程进行跟踪调查，其报告称，私营化"在欧洲正走向衰落，在中国正在兴起，在俄罗斯正在休息，在印度已陷于停滞"，那些国家可能正处于转折关头，"支持修正私营化计划的呼声很高"（PB Annual Report，2007：3-5）。对 28 个欧洲国家的 28 000 人进行的民意调查表明，其中 80%的人希望将私营企业重新收归国有或对投机商制定更现实的销售价格或税收政策。这些调查结果与拉美民众对私营化的不满是一致的（Panizza and Yanez，2006）。

在我们采取废除公立学校这种损失不可弥补的行动之前，这些有关私营化的神话应该成为公共大辩论的一部分。公立学校私营化是又一个虚构的神话，是在奏一曲成本更低、成绩更好的塞壬之歌。

观念形态还是明智的想法?

对公用事业私营化的经济制度进行了 6 年多的研究之后，斯科拉摒弃了私营化既能省钱又能提高服务质量这一说法。他发现这一承诺纯属意识形态的炒作，显然是没有研究或实践做支撑的保守主义议程。斯科拉暗示说，全球市场的真正竞争需要的是质量得到改进的，而不是遭到私营化破坏的公共基础设施。削弱公用事业的发展，增加实际总成本以及为关系过硬的人提供捞取意外之财的机会等并不能体现生活的质量，也不可能促进美国全球领导力的提升。斯科拉总结说："说到底，公共部门才是社会正义的给予者。如果公共部门的这一角色遭到破坏，很难想象美国能继续作为一个进步的民主国家而存在。"（Sclar，1994：336）

在民主资本主义体制下，公共部门和私营部门之间的关系是很微妙的，其中矛盾也很多。私营企业有一些优点和拥护者，但私营企业导致人与人之间出现了巨大的经济差距，而且它们还有着压榨剥削的历史。同样，公共企业也有自身的优点和拥护者，虽然公共企业造成了税务负担，容易犯官僚主义错误。事实上，每一公共部门都为个人和整个社会的不同需求服务，增加私营部门的比例就会使得公众为此付出代价。总之，对于一个民主国家而言，公立教育私营化的代价实在是太高了。

讨论

1. 表 7 - 1 展示的是有可能成为私营化内容的政府公用事业的分类列表。

a. 分析以下所列举的政府公用事业实行私营化的利与弊?

b. 确定利弊的标准是什么?

c. 如何将这些标准用于讨论学校私营化的问题?

d. 应该把私营化的决策权交给谁？

表 7－1　　政府公用事业与私营化

服务类型	私营化活动举例
国防	军事协助、培训
健康	公立医院、食品及药物管理局的工作
交通	机场、铁路、运输代理、城市公共交通系统
娱乐	公园服务工作、公用土地开发
司法	犯罪控制、监狱
通信	公共电台、监控广播
税收	追讨欠税、国内收入署审计

2. 思想对话：即使我们发现在私营企业的管理之下培养学生所需费用更多，但这显然是向公众表明有必要为学校提供更多资金。不管怎么说，它都有利于教育。这一立场的言外之意是什么？

3. 政府问责办公室发现，1991—1996 年，以运营成本和提供的服务质量为标准对加利福尼亚州、得克萨斯州、华盛顿州、田纳西州以及新墨西哥州的私人监狱和公共监狱进行的比较研究一共进行了五次（Government Accounting Office, 1996）。政府问责办公室没能从这些研究中得出任何结论，因为他们发现在运营成本和提供的服务质量上几乎没有或根本没有任何差别。这一报告是如何支持监狱的公营或私营的？如何把这一报告与学校联系起来呢？

4. 为了评价密尔沃基市的家长择校计划，即利用州政府的资金将少数来自贫困家庭的儿童送到私立学校读书的类似教育券之类的计划，研究者们进行了三项独立研究。有证据表明，参与私营化计划的家长比那些没参与这项计划的家长对学校更加满意，但是也有证据表明，公立学校和私立学校的学生在实际学业成绩方面并没有任何差别。如何解释这些研究结果？从这些证据中我们能得到什么启示？这对实行私营化又有什么启示？

参考文献

ADNETT, N. (2004). "Private-Sector Provision of Schooling: An Economic Assesment." *Comparative Education* 40 (3):384–399.

AMERICAN FEDERATION OF TEACHERS. (2003). "AFT Report on Edison Schools Finds Achievement Worse Than Edison Claims." Washington, DC: AFT

APPLEBOME, P., "A Venture on the Brink: Do Education and Profits Mix?" *New York Times*, Oct. 30, 1994.

ARISTOTLE. (1988). *The Politics*, ed. S. Everson. Cambridge: Cambridge: University Press.

ASCHER, C., FRUCHTER, N., AND BERNE, R. (1996). *Hard Lessons: Public Schools and Privatization.* Washington, DC: Brookings Institution Press.

BRACEY, G. (2002). "The 12th Bracey Report on the Condition of Public Education." *Kappan* 84(2):135–150.

———. (2008). "Who's out to Get Public Education?" *Huffington Post.* www.huffingtonpost.com January 30.

BRESLAU, K., AND JOSEPH, N. (2001). "Edison's Report Card: Problems in San Francisco and Elsewhere." *Newsweek* 138(1):48, 49.

BROWN CENTER ANNUAL REPORT ON EDUCATION IN THE UNITED STATES—CHARTER SCHOOLS. (2002). Brookings Institute Website: www.brook.edu/gs/brown/bc.

BUSH, J. (2008). "Improvement Requires Willingness to Change." *Privatization Watch* 31(5) 3, 12. www.reason.org

CALAVITA, K., ET AL., eds. (1997). *Big Money Crime.* Berkeley, CA: University of California Press.

THE CENTER FOR PUBLIC INTEGRITY. (2003). *The Water Barons.* February. www.publicintegrity.org.

CHUBB, J. (1998). "Edison Scores and Scores Again in Boston." *Phi Delta Kappan* 80(3): 205–213.

COONS, J. (1988). "Testimony, Hearings on Educational Choice. December 22." Cited in *Privatization: Toward More Effective Government.* Washington, DC: U.S. Government Printing Office.

CUPE REPORT. (1998). Canadian Union of Public Employees. www.cupe.ca.

DAYTON, J., AND GLICKMAN, C. D. (1994). "American Constitutional Democracy: Implications for Public School Curriculum Development." *Peabody Journal of Education* 69:62–80.

DEWEY, J. (1916). *Democracy and Education.* New York: Macmillan.

DOBEK, M. M. (1993). *The Political Logic of Privatization.* Westport, CT: Praeger.

DOYLE, D. (1994). "The Role of Private Sector Management in Public Education." *Kappan* 76:128–132.

EARLE, J., FRYDMAN, R., AND RAPACZYNSKI, A. (1993). *Privatization in the Transition to a Market Economy.* New York: St. Martin's Press.

The Economist. (2005). "The Missing Rungs in the Ladder." 376(8435):17.

EDISON SCHOOLS. (2005). Seventh Annual Report on School Performance 2003–04. "Student Achievement Data." www.edisonschools.com.

———. (2008). Edison Schools Overview. www.edisonschools.com.

———. (2008). "Welcome to Edison Schools." www.edisonschools.com

EGGERS, W., AND O'LEARY, J. (1996). "Union Confederates." *American Spectator.* March.

ELLINGSEN, P., "Making Profit in Private," *Sydney Morning Herald,* Nov. 26, 1994a.

———. "Rule Britannia—A Nation of Despair," *Sydney Morning Herald,* Oct. 29, 1994b.

EMMONS, W. (2000). *The Evolving Bargain.* Boston: Harvard Business School Press.

FARAZMAND, A., ed. (2001). *Privatization or Public Enterprise Reform?* Westport, CT: Greenwood Press.

FEISTRITZER, E., "Public vs. Private: Biggest Difference Is Not the Students," *Wall Street Journal,* Dec. 1, 1987.

FINN, C. (1995). "The School." *Commentary* 99:6–10.

GEIGER, P. E. (1995). "Representation and Privatization." *American School and University* 67:28–30.

GIBBS, N. (1994). "Schools for Profit." *Time.* Oct. 17:48–49.

GILLARD, D. (2008). "Blair's Academies: The Story So Far." *Forum* 50(1), 11–22.

GLASSMAN, J. K. (2005). "An Entrepreneur Goes to School." *Wall Street Journal.* Sept. 7.

GLANZ, J. (2008). "Iraq Spending Ignored Rules, Pentagon Says." *New York Times.* May 23. www.nytimes.com.

GLAZER, J. (1994). "The New Politics of Education: Schools for Sale." *Education Week* 14:44–*ff.*

GOVERNMENT ACCOUNTING OFFICE. (1996). "Private and Public Prisons: Studies Comparing Operational Costs and/or Quality of Service." Report GCD-96-158. Report to the Subcommittee on Crime, Committee on the Judiciary, House of Representatives. Washington, DC: August.

GUTMANN, A. (1999). *Democratic Education.* 2nd Ed. Princeton, NJ: Princeton University Press.

———. (2008). "Educating for Individual Freedom and Democratic Citizenship," in Siegel, H. ed., *Oxford Handbook of Philosophy of Education.* Oxford: Oxford University Press.

HASTINGS, S., AND LEVIE, H., eds. (1983). *Privatisation?* Nottingham, England: Spokesman.

HENIG, J. R. (2008). *Spine Cycle—How Research is Used in Policy Debates: The Case of*

Charter Schools. New York: Russell Sage Foundation.
HENRIQUES, D. B., AND STEINBERG, J., "Woes for Company Running Schools," *New York Times,* May 14, 2002a. www.nytimes.com.
———. "Operator of Public Schools in Settlement with SEC," *New York Times,* May 15, 2000b. www.nytimes.com.
HENTSCHKE, G., ET AL. (2004). "The Rise of Education Management Organizations" *Privatization Watch* 28(7):13.
HOLLOWAY, J. H. (2002). "Research Link: For-Profit Schools." *Educational Leadership* 59(7): 84, 85.
HUMAN RIGHTS WATCH. (1999). The Enron Corporation: Corporate Complicity in Human Rights Violations. New York: Human Rights Watch.
HUNTER, R. C., AND BROWN, F., eds. (1995). "Privatization in Public Education." *Education and Urban Society* 27:107–228.
JEFFERSON, T. (1939). *Democracy.* New York: Greenwood Press.
JUDSON, G., "Hartford Hires Group to Run School System," *New York Times.,* Oct. 4, 1994.
KADLEC, A. (2007). *Dewey's Critical Pragmatism.* Lanham MD: Rowman and Littlefield.
KAPLAN, G. (1996). "Profits R Us." *Kappan* 78(3):K1–12.
KRUGMAN, P., "Victors and Spoils," *New York Times,* Nov. 19, 2002. www. nytimes.com.
LESLIE, C. (1994). "Taking Public Schools Private." *Newsweek.* June 20:7.
LEVIN, H. (2006). "Why Is Educational Entrepreneurship So Difficult?" Unpublished paper: National Center for the Study of Privatization in Education. January.
LUBIENSKI, C., AND LUBIENSKI, S. J. (2004). Re-examining a Primary Premise of Market Theory. National Center for the Study of Privatization in Education. New York: Teachers College, Columbia University.
MAGEE, M., AND LEOPOLD, L. S., "Study Finds Charter Schools Succeed No More Than Others," *San Diego Union-Tribune,* Dec. 4, 1998.
MANDEL, M., ET AL. (1995). "Will Schools Ever Get Better?" *Business Week.* April 17:64–68.
MATHEWS, D. (2008). "The Public and the Public Schools." *Kappan* 89(8) 560–564. April.
MIRON, G., AND APPLEGATE, B. (2000). *An Evaluation of Student Achievement in Edison Schools Opened in 1995 and 1996.* Kalamzaoo, MI: The Evaluation Center, Western Michigan University.
MITCHELL, L. E. (2001). *Corporate Irresponsibility: America's Newest Export.* New Haven, CT: Yale University Press.
MOBERG, D. (2004). "How Edison Survived." *The Nation.* 278(10) March 15.
MOLNAR, A., ET AL. (2005). Profiles of For-Profit Education Management Organizations: 2004–2005. 7th Annual Report of Commercialism in Education Research Unit. Tempe: Arizona State University. www.asu.edu/educ/epsl.
MURPHY, R. (2004). "What Is the Proper Way to Run a School?" Ludwig Von Mises Institute. May. www.mises.org.
NEALE, J. (2004). *What's Wrong With America?* London: Vision Books.
New York. (1994). "Has Benno Schmidt Learned His Lesson?" Oct. 31:49–59.
PALAST, G. (2002). *The Best Democracy Money Can Buy.* London: Pluto Press.
PANIZZA, U. and Yanez, M. (2006). "Why are Latin Americans So Unhappy About Reforms?" Report, Research Department, Inter-American Development Bank. pp 1–29, July.
PB Report 2007. Privatization Barometer. www.privatizationbarometer.net
Privatization: Toward More Effective Government. (1988). Report of the President's Commission on Privatization. Washington, DC: U.S. Government Printing Office.
PROTZMAN, F., "East Nearly Privatized, Germans Argue the Cost," *New York Times,* Aug. 12, 1994.
PUBLIC SERVICES INTERNATIONAL. (2006). *Developments in Privatization of Public Services.* March. www.cupe.ca.
RATCHFORD, W. (2005). "Going Public with School Privatization." *The Abell Report.* 18(3). Sept./Oct.
REASON FOUNDATION. (2008). "What Is Privatization?" www.privatization.org.
Rethinking Schools. (1998). "The Market Is Not the Answer: An Interview with Jonathan

Kozol." www. rethinkingschools.org.
SAKS, J. B. (1995). "Scrutinizing Edison." *American School Board Journal* 183:20–24.
SALTMAN, J. (2000). *Collateral Damage: Corporatizing Public Schools—A Threat to Democracy.* Lanham, MD: Rowman and Littlefield.
———. (2005). *The Edison Schools: Corporate Schooling and the Assault on Public Education.* New York; Routledge.
SCHIPKE, A. (2001). *Why Do Governments Divest?* Berlin: Springer.
SCHMIDT, P. (1994). "Hartford Hires E.A.I. to Run Entire District." *Education Week* 14:1, 14.
SHRAG, P., "Private Affluence and Public Squalor." *San Diego Union-Tribune,* Jan. 8, 1999.
———. (2001). "Edison's Red Ink Schoolhouse." *The Nation* 272(25):20–24.
SCLAR, E. (1994). "Public-Service Privatization: Ideology or Economics?" *Dissent,* Summer: 329–336.
SHAFER, G. (1999). "The Myth of Competition and the Case Against School Choice." *The Humanist* 59(2):15–*ff*.
SHEPPARD, R. (1998). "A School Failure." *MacLeans* 111:52–53.
SHERMAN, M. (2001). *White Collar Crime.* Washington, DC: Federal Judiciary Center.
SNELL, L. (2005). "Unions Try to Discredit Education Outsourcing." *Privatization Watch* 29(1):12,13.
———. (2007). "Charter School Enrollment Swells." *Privatization Watch* 31(2) www .reason.org.
SNYDER, S. (2007). "Report: How Managers Fall Short in Philadelphia Schools." *Philadelphia Inquirer.* May 27.
SOLOMON, M. (2004). "Privatization Zealotry." Education News.Org. Dec. 13. www .educationnews.org.
STEINBERG, J. "Private Groups Get 42 Schools in Philadelphia," *New York Times,* April 18, 2002. www.nytimes.com.
STEINBERG, J., AND HENRIQUES, D., "Edison Schools Gets Reprieve," *New York Times,* June 5, 2002. www.nytimes.com.
Sydney Morning Herald, "Auditor Criticises Secrecy on Public Works Contract," October 8, 1994a.
———. "Competition May Kill Utilities: ACTU," October 29, 1994b.
———."Public Funds, Public Works," October 18, 1994c.
———."Why Parlt [Parliament] Must Scrutinize Projects with Private Sector," October 18, 1994d.
———."Let the Public See the Full Deal," April 5, 2006.
SUDETIC, C. (2001). "Reading, Writing, and Revenue." *Mother Jones* 26(3):84–95.
STEWART, J. B. (1994). "The World of Business: Grand Illusions." *New Yorker.* Oct, 31:64–81.
TARBELL, I. M. (1904). *The History of the Standard Oil Company.* New York: McClure, Phillips and Company.
TOCH, T. (1995). "Taking Public Schools Private: A Setback." *U.S. News and World Report* 117:74.
U.S. GENERAL ACCOUNTING OFFICE. (2003). Public Schools: Comparisons of Achievement Results for Students Attending Privately Managed and Traditional Schools in Six Cities." Washington, DC: U.S. General Accounting Office.
VAN BRABANT, J. V. (1992). *Privatizing Eastern Europe.* International Studies in Economics and Econometrics, No. 24. Boston: Kluwer Academic Press.
VICKERS, J., AND YARROW, G. (1991). "Economic Perspectives on Privatization." *Journal of Economic Perspectives* 2:111–132.
Wall Street Journal, "A KKR Vehicle Finds Profit and Education a Rich But Uneasy Mix." Oct. 12, 1994.
WEISLAK, L. J., AND LAFAIVE, M. D. (2004). "Privatize the University of Michigan." Michigan Privatization Report. Mackinak Center for Public Policy. www.mackinac.org.
ZOLLERS, N., AND RAMANATHAN. A. (1998). "For-Profit Charter Schools and Students with Disabilities." *Kappan* 80(4):297–315.

第8章

企业、商业与学校：利益互补还是利益冲突？

学校支持变成了企业支持吗？

观点 1：企业是学校的合作伙伴

> 学校是开发人力资源的核心公共机构。明天的劳动力就坐在今天的教室里，这些学生掌握的技能和形成的工作态度将影响我们在21世纪的企业绩效和社会进程。企业与学校挂钩的理由不仅包括企业能从教育中获取什么样的好处，而且也包括企业能为教育做出什么样的贡献。
>
> ——Committee for Economic Development，1985：5
>
> 没有受过良好教育、训练有素的劳动大军，美国就不可能保住在国际经济中的地位。美国需要一个强大的教育体系来培养下一代工人，以应对不断变化的经济形势。
>
> ——Business Roundtable，2008：2

教育支撑就业和经济

我们的经济和社会的健康与活力取决于学校。商界人士深谙此理。多年以来，企业一直是教育最强大的支持者之一。大量捐款、实习机会、奖学金、特邀演讲嘉宾、教学材料、咨询员、顾问、募捐援助以及家长、学生和其他纳税人得到的就业机会均由企业提供。商界领袖认识到好学校所能创造的巨大好处，因此也化身为教育改进的积极倡导者。从地方企业主到大型跨国公司的管理者，商界人士都明白美国社会中再也没有比改进学校更重要的工作了。好学校就是好生意。

在帮助人们过上富有成效的生活和促进经济的持续发展方面，学校发挥着重要作用。学校的基本职责是培养人们的交际能力、数学能力、公民能力、技术能力和职场能力。不仅就业、高等教育和公民生活需要人们提高认知能力和职场能力，而且美国在全球商业的持续竞争力也同样有赖于人们认知能力和职场能力的提高。还有一个与之相关的期望就是希望学校让学生了解自由市场经济以及消费者的重要性（National Council on Economic Education，2008），而大多数高中学生不懂基本的经济概念（National Council on Economic Education，2005）。企业通过提供资源、鼓励教育改进来帮助学校，学校通过为企业输送受过良好教育的人才来支持企业。如果求职学生的能力或态度令人不满意，或者说他们对基础经济学的了解不足以维持社会公众的生活水准，那么受损的就是我们每一个人。

民主制度、资本主义与教育产业

美国社会的活力源于民主制度与资本主义的偶然结合。我们不仅在政治上为人们提供自由和机会（民主的概念），而且在经济上也同样为人们提供这些。拥有不受刁难阻挠从事企业活动的自由对每个人而言都既是机会也是激励。自由企业是解放人的创业精神的基本条件，企业家建造了这个伟大的国家，并促进了它的发展。正是因为有了这种自由和创新精神，美国才从小小的殖民地变成了世界强国。美国的自由市场赢得了全球的尊重，但它还需要继续发展——那也包括教育的继续发展。学校对美国经济的未来发展至关重要（Business Roundtable，2008）。

我们的成功使得其他许多国家纷纷效仿美国的企业家精神。那是一种恭维，但也是一个挑战。随着冷战的结束，21 世纪初成了资本主义国家竞相角逐的世纪。这种新情况更需要美国致力于创建教育—企业合作机制。我们应该把教育摆在首要地位，因为只有教育才能维持美国在国际贸易竞争中的领导地位。为了确保美国保持它在全球市场的竞争优势，企业必须与学校建立起更为密切的新型伙伴关系。

商业发达，我们的经济就兴旺。为了保证经济的良好运转，我们必须拥有受过良好教育的民众。美国是最先认识到大众化教育与经济健康发展之间存在这种必然联系的国家之一。现在，国与国之间除了工业化生产和国内生产总值的竞争之外，还必然包括教育的竞争。世界各国你追我赶，竞相完善本国的教育体制。

正如德朗以及其他专家所说：

> 因此，20 世纪不仅是“美国人的世纪”，而且也是“人力资本的世纪”。20 世纪之所以成为人力资本的世纪，是因为商业、工业和技术领域发生的一系列变革使得社会对具有特殊认知能力人才的需求大增。比如说，20 世纪初，由于大企业和大规模零售业务、保险业务和银行业务的兴起，社会对具备读写能力和计算能力的办公室职员的需求也增加了。（DeLong et al.，2003：20）

人力资本（human capital）是经济学和社会学理论中的一个重要概念。人力资本的预设是，在人力上的投资至少像在工厂和设备上的投资一样对经济有利。这自然会让我们认同教育是一种重要投资战略的理念。加里·斯坦利·贝克尔之所以能荣膺 1992 年度诺贝尔经济学奖，在某种程度上就是因为他在人力资本研究方面取得的巨大成就，他说：“教育和培训是人力资本上最重要的投资。”（Becker，2005：1）他在 1992 年度诺贝尔奖获奖演说中说：“人力资本的方法考虑的是人的生产力在市场和非市场中如何因教育投资而得到改变的。”（Becker，1992）这种方法把学校教育视为一种投资而不是某种意义模糊的文化活动，贝克尔认为人们可以按照成本和收益来决定接受什么样的教育。他指出了这样一种整体趋势：“受教育更多的人，其收入也总是高于平均水平……”（Becker，2005：1）

在许多有关教育与经济学的重要著作中都阐述了这些观点（Schultz，1971；

Mincer，1974；Keeley，2007）。这些观点也可用来解释为什么企业会对学校教育有着浓厚的兴趣。教育与经济发展、生产力和个人报酬直接相关。雅克·菲兹-恩兹在提到人力资本的投资回报时说："在美国的经济制度里，超过一半的国民生产总值都要调拨给信息部门，显然，知识渊博者就是驱动力。"（Fitz-Enz，2000：1）

美国政府把人力资本视为一个重要的概念，其重要性使之足以：（1）成为美国人事管理局的工作重点；（2）建立机构改进的国家标准；（3）在《国土安全法》中占有一席之地——政府机构委任一名首席人力资本官（http://apps. opm. gov/HumanCapital. 2008；www. chcoc. gov）。学校是人力资本的基本要素：它发展和传播知识，提供技能和观点，不断革新。这是强大的经济所需要的。

迎接 21 世纪的竞争

教育与国民经济增长之间的关系促使政府为大多数公民提供基础教育，实际上是强制推行基础教育。这是教育史上的新近发展。在 20 世纪上半叶，大多数工业化国家只要求国民必须接受小学教育，以此保障国民的读写能力，而中等教育仅限于精英阶层。在小学毕业之后，孩子们通常去做学徒、接受其他职业培训或是找份工作。但是，在把强制性义务教育延伸至高中以及增加高等教育入学机会的公共支持方面，美国一直走在世界其他国家的前面。

美国引领着 20 世纪的教育，与之同步的是另一发展——国民人均收入显著增长，成为 20 世纪末生活水平最高的国家之一。随着科技、商业、金融和工业的迅速发展，仅仅掌握基本读写技能的雇员已经不能满足社会的需求。由于其他国家逐渐认识到了教育机会的增加与国民经济间的这种关系，它们也积极增加教育投入（The World Bank，2006）。有数据显示，进入 21 世纪后，美国实际上正在逐渐失去其国际领导地位，美国学生学业完成率下降了，而其他国家学生学业完成率却在不断上升。对美国而言，这种下降"可能抑制未来经济的发展"（DeLong et al.，2003：21）。

不仅仅是学校教育质量

除了美国学生学业完成率下降之外，还有关于学校质量的国际竞争，这种竞争意义更为重大。相比而言，我们的学生在知识测试中表现不够好，与我们的教育投资预期不相符。相比其他工业化民主国家学生的成绩，美国学生在数学和读写能力上的考试成绩排名几近最低。

语言能力和数学能力显然是当代企业和社会生活对人们的基本要求，学校必须重视这两种能力的培养。许多受聘雇员是文盲，语言不规范或数学能力达不到要求，或是缺乏良好的工作习惯。美国的企业，除了直接支援学校之外（Business Roundtable，2008），每年还花费数十亿美元用于企业员工的补习教育。学校对写作能力的普遍重视效果明显，但美国企业每年仍然投资约 30 亿美元用以提高那些已完成学业的员工的写作能力（*Education Week*，2004）。计算能力也是学校最重视的，但学生进入职场后仍然需要公司帮助其提高。如果学生离开学校的时候还不具备扎实的功底和职场价值观，那么美国将面临严重问题。不具备良好技能或态度的求职者必将遭受"职场冲击"。当学生没有为工作做好充分准备时，个人和社会都将遭受损失。

美国有可能因为劳动力未受良好教育而失去其竞争优势。在科技迅速发展的时代，尤其是当其他国家工人的技能又在不断提高的时候，这种情况尤其有害。美国公司之所以把工作外包给其他国家，部分原因在于它们发现印度和中国等国家的公民不仅受过良好教育，而且有很好的工作习惯和工作态度。在电子产品、汽车、家具和其他消费产品的生产上已经发生了显著变化：中国、印度、日本、中国台湾、韩国以及其他国家或地区现在变成了高质量产品的生产地。同样，服务业和信息业也从美国转移到了其他国家，而这与那些国家的教育质量的提高有着直接关系。

企业需要的是具备基本技能、懂技术指南和技术操作并能够与资方合作促进国民经济发展的员工。而在太多学校，学生连看懂简单的书面表格和说明书都困难，理解低级的技术信息也感到吃力，难以保持对工作的兴趣。

与学校合作的商业需求

正是在学业完成率和学校质量方面的竞争需要商人、企业和学校人（school people）实现利益交换。与这些理念相一致的是，企业领袖走在了学校变革运动的最前列（Ramsey，1993；Aaron et al.，2003）。“企业圆桌”（Business Roundtable）——由美国 200 强大型企业的首席执行官们组建的联盟组织——是 2002 年 NCLB 法案的强烈支持者。“企业圆桌”的网站首页上（www. businessroundtable. org）有各种“圆桌”学校改革活动和论坛链接，提供对 NCLB 法案实施情况进行跟踪调查的各种信息。加入“企业圆桌”的企业雇用的员工约为 3 400 万人，构成了一支关注教育且规模庞大、有影响力的企业人团队。

企业对学校改革的支持已远远超过了最初的支持力度，现在，几乎所有经济部门的知名企业都参与进来了。这些企业赞助的学校活动涵盖了各个方面，如教学改进、职业认知（career awareness）、公民教育、品格教育、毒品预防、辍学预防以及贫困生援助计划等。美国商会、全美商业联盟和“企业圆桌”发表的联合声明——“促进美国教育共同议程”——就是源于这样一种担心：“美国学校的毕业生尚未准备好迎接全球经济竞争所带来的挑战……企业仍然难以招聘到合格的员工。”（*A Common Agenda for Improving American Education*，1997：1）

NCLB 法案的许多条款源自《2000 年目标》中的改进学校的国家战略。《2000 年目标》把企业团体视为进行学校改革的关键因素。在一些国家报告详细列举了美国在教育质量上存在的种种问题之后，“企业圆桌”做出了改革公立教育体制的 10 年承诺。在企业领袖的倡导下，“教育卓越合作伙伴”（the Education Excellence Partnership）成立，这是一个由“企业圆桌”、美国教育部、美国教师联合会、全美教育协会、全美州长协会和美国商会等机构组合的联盟组织。

校企合作

全美教育协会主席在宣布一种新型工联主义时说：“无论用什么样的政治措辞，公立学校和企业都是天然的同盟军。”（Chase，1998）这种同盟的立场预示着：学校教育将得到显著改进，学校与企业将有合作的机会。有一些很好的例子可以证明这种结盟的好处。

几乎所有加入“企业圆桌”的企业都属于教育改革的学校合作伙伴。可口可乐公司在2001年组建的新型“企业与学校合作委员会”（www. corpschoolpartners. org），对参与合作活动的学校给予支援和奖励。这个委员会由前任美国教育部长和南卡罗来纳州州长担任主席，其成员包括学校行政管理人员、全美家长教师协会负责人、行政管理人员和校董会协会负责人以及各大型企业的首席执行官。该委员会的目的是鼓励学校与企业建立合作关系，以提高学生的学习幸福感、社会幸福感和身体幸福感，它每年为示范性校企合作关系颁发六大奖项。现在的校企合作伙伴多达数百，几乎各州都有，它们为赢得那些奖项而相互竞争。

“波士顿契约”（Boston Compact）确立了波士顿市公立学校与波士顿私营产业委员会之间的合作关系。企业承诺为学生提供就业机会，条件是学校能够提高学生成绩，降低辍学率。校企联盟达成后，企业为上千名毕业生提供了工作岗位，学生的阅读成绩和数学成绩也提高了。（www. bostonpic. org）

通过建立合作关系，企业领袖可以到学校举行讲座，可以与学生交流，可以帮助教师和咨询顾问制订提高学生技能、改变学生学习态度的计划。学生可以参观工作场所，了解经济以及企业利益和企业问题。通过建立合作关系，企业还可以安排学生半工半读，可以生产教学材料，可以为学校教育各方面——从举办教师研讨会到提高教育技术水平和就业指导水平——提供资金支持。许多企业参与了“企业扶持学校一帮一”计划，以帮助学校培养学生的就业能力。还有些企业邀请教师参观工厂，提供暑期工作和其他机会以便教师了解企业的运作，并且还准备了免费的教学材料。企业通过直接拨款、特殊项目资助、在学校媒体上刊发广告、产品购买折扣协议、购置设备和资源以及其他各种方式为学校提供资金援助，学校因此获得了大量急需资金。

企业之所以在这些方面帮助学校，是因为它们认识到了帮助学生充分发挥其潜能的价值所在。这不是企业领袖在美国学校里发挥的新作用，企业—教育的关系由来已久，而且这种相互影响也是积极的。曼恩分析了学校与企业的合作伙伴关系，他得出的结论是：“企业与学校之间的合作关系对公立学校做出了积极的贡献……在许多方面为学校提供了很实在的帮助。”（Mann，1987：228）这些贡献包括为政治和经济联盟所提供的资金、服务、支持和帮助。曼恩也提到了校企联盟中出现的一些问题，但他引用了许多例子来说明企业在改进当地学校服务方面对学校的帮助特别多。校企合作的方式多种多样，最有效的合作方式要求相互尊重和参与，且合作双方都对结果满意（Hann，2008；Daniels Fund，2008）。

教育与美国不断变化的就业特点

美国社会就业特点的显著变化对学校有着重大影响。在以往，就业是从农业转向制造业；现在则是从制造业转向服务业和信息业。在过去短短的50年里，农民和农场工人的比例从占劳动力的约20%降到了3%；制造业岗位从占总就业岗位的约32%降到了27%，而服务业岗位的比重从大约53%上升到了69%。服务部门的发展主要集中在社会服务业和生产者服务业（例如，健康与医疗技术），而不是集中在个人服务业（例如，美发或家政）或配送服务业（例如，销售与配送）。最显著的变化是工作类型的变化。白领工作岗位占劳动力市场的比重在1940年约为

45％，20 世纪 80 年代中期超过了 70％，到 2000 年达到了约 80％。在同一时期，蓝领工作岗位的比重从大约 42％降到了 20％（U. S. Census Bureau 2000，2007）。

用教育术语来说，这意味着学生需要接受更多更好的学校教育。许多农业工作需要的不再是纯体力，而是技术，而且是对学术能力要求很高的技术。白领工作通常要求雇员提升学历水平，而证明学历影响收入的数据也是令人信服的。教育影响人们从事的工作类型和收入水平，而且多年以来一直如此。

早些时候，基本的读写能力可能就因为其价值而受到“推崇”，与相关工作要求并无任何特殊联系。在大多数公民过着农耕田园生活时，会读会写会算是件好事，但不一定就是为了找份工作保住饭碗。不过即使在那个年代，教育与工作之间也有明显的联系。比如说，1867 年在宾夕法尼亚州所做的一项研究表明，收入与文化水平有着直接的联系：不识字的人每月平均挣 36 美元，那些识字但受教育程度低的人每月平均挣 52 美元，那些受过良好教育的人每月平均挣 90 美元（Soltow and Stevens，1981）。但是从事商业活动应具备的文化水平并不意味着只需要读写能力达到熟练即可。正如索尔托和史蒂文斯在分析美国的扫盲历史时所说：“我们看到，成为有文化的人，并不仅仅意味着要有较高的阅读水平；成为有文化的人也意味着，要有自己的价值观，而且是与成为训练有素的劳动力不相矛盾的价值观，这对雇主而言可能更为重要。”（Soltow and Stevens，1981：127－128）

教育与收入、教育与民族发展以及教育与“美好的生活”都是相互关联的。在美国，大学毕业生的年收入是高中辍学者的两倍，有大学学位的人一生平均能挣 250 万美元，只有高中毕业文凭的人一生平均只能挣 140 万美元（见表 8－1）。教育水平最高的国家财富最多，创新最多，成就也最大（Isaak，2005）。

社会阶层和职业经历也对职业地位有影响，但教育的影响最大。美国人口普查局发布的 2000 年人口普查报告显示：没有完成高中学业的人所挣薪水还不到大学毕业生平均收入的一半，完成高中学业的人所挣薪水约为有大学本科学位的人所挣薪水的 62％（U. S. Census Bureau，2003）。表 8－1 显示的是教育的价值，学历越高，收入越高。

表 8－1 **教育与薪资水平**

受教育程度	年均收入/美元	预期终身收入/美元	失业率/％
低于高中	20 000	1 000 000	6.8
高中毕业	30 600	1 200 000	4.3
职业学校毕业	35 600	1 500 000	3.9
大专学位	37 900	1 600 000	3.0
学士学位	53 500	2 100 000	2.3
硕士学位	67 350	2 500 000	1.7

注：年均收入数据基于美国人口普查局发布的 2004 年收入数据（数据取整数），终身收入以此推断而出。

资料来源：U. S. Census Bureau.（2005）. *Current Population Survey*，*2005 Annual Social and Economic Supplement*. June 24，Business Roundtable，2008.

消费者与学校

发展经济、投资人力资本和培养优秀雇员是企业对教育感兴趣的原因，除此之外，企业显然还对学校是消费者集中地这一事实感兴趣。消费者当然是经济的驱动力之一，我们的经济离不开消费群体。只需看看电视或报纸上的股市报告，就可了解我们的市场在多大程度上取决于消费者行为。不仅零售店的收益会随着消费者的选择而起起落落，电子产品、服装、家用电器和交通工具制造商及其原材料供应商也都是受消费者选择之影响的产业。银行和其他金融机构、天然气和石油公司、住宅建设和维修机构、食品生产商和供应商、娱乐产业以及无数其他消费群体驱动型公司的存在和变化都受民众购买需求的影响。

消费者信心是经济活动的主要指标之一，为华尔街各公司和全世界的市场观察家们所密切关注。消费者情绪指数（www. sca. isr. umich. edu）是密歇根大学调查研究中心进行的月度全国性调查，它至今仍是预测美国经济未来发展方向时最广为采用、最准确的指数之一。它跟踪调查消费者对个人购买力以及对整个经济长短期前景的看法。另外一个例子是经济咨商会发布的消费者信心指数（www. conference-board. org）。经济咨商会成立于 1916 年，是一个由企业领袖组成的独立的国际性组织。密歇根大学调查研究中心和美国经济咨商会定期发布的报告对股票市场、生产商和零售商以及其他经济新闻都有影响。

我们生活在一个消费社会。自由市场竞争使我们在产品的质量、价格和种类等方面有了选择的余地。让消费者了解新产品、新服务或改良性产品优化服务，了解商品购买地、商标名称以及获得优惠价格或机会的渠道是消费社会经济体系运转过程中的重要组成部分。这个社会是通过公司公告、新闻发布、打广告以及利用其他媒体来传递信息的社会。尽管我们有时抱怨一些广告活动，但我们也认识到广告里包含的许多信息是有价值的。通过广告我们可以了解使我们生活变得更容易或更幸福的新事物、改良性产品和各种机会，我们可以发现更合理的价格、质量更好的产品以及我们所需要的各种服务。广告给我们提供了一些重要理念和信息，这对作为消费者的我们是必不可少的。市场根据消费者的决定而做出相应调整，广告也会根据市场以及消费者对广告的反应而做出相应调整。

我们的消费生活并不会止步于学校大门。毕竟学生也是消费者，他们影响家庭消费者的决定，因此他们也应该了解市场上有哪些产品和服务。学校是部分市场信息的恰当汇聚地。学校聘请教师和行政管理人员进行课程开发和课堂教法研究，其目的都是帮助学生充分理解生活。当然，学生的校外生活也会涉及广告和商业，学校应该提供反映社会现实状况的教育服务。而社会依赖于商业，商家知道儿童和青少年是消费者群体中非常重要的组成部分，在许多零售领域有着举足轻重的地位。在这一背景下，企业以赞助的形式为学校提供资料，一方面使学生了解信息，另一方面也算是给学校资金支持。学生可从这些材料中学到知识，学校也免去了为此付钱的额外负担。

借鉴企业模式经营学校

借鉴企业模式经营管理学校也会让学校受益。学校的效率往往不高，而且学校经营管理模式在 20 世纪变化不大，在 21 世纪初期也几乎没有什么改变，而企业在更高效、更富有成效方面取得了显著进步。如果美国工业像学校一样止步不前，那么它早就衰退了。实际上，那些没有更新、没有提高效率和生产力的企业已经倒闭了，私营企业不可能在原地踏步的情况下还能存活。然而，我们却一直保护学校免于参与这类必不可少的竞争。NCLB法案提供了改进学校的动力和问责学校的标准。

在大多数社区，学校预算是最大的开支之一。技术和生产力的提高能够大大提高学校的效率。比如说，如果新技术发挥效能，教师可以用更少的时间向更多的学生展示更有趣的教学材料，学生可以在教师或教师助理的指导下借助计算机进行更广泛的学习，学校生活和学校课程可以更加多样化，家长可以得到有关孩子学业进展的最新信息，早期警告系统可以对不合格学生人数起到限制作用，教师可以找到他们自己及其学生的峰值绩效数据。管理学校的方式将大不相同，但那是我们所需要的。因为竞争的需要，企业必须不断改革以提高生产力。学校也同样如此。

另外一种使学校大大受益的企业管理方法就是采取绩效激励措施。目前，学校给教师支付工资仍然是基于19世纪的观点：所有教师都一样，随着资历增长，工资也随之上升。这使得许多教师和学校的绩效降低至最平庸的水平。没有任何激励措施促使教师提高教学绩效，那就不利于最优秀的教师及其学生充分发挥自己的水平。随着绩效工资的实行，优秀教师得到的工资更多，其他教师完全有理由要迎头赶上。那将使得优秀教师的工资待遇相比其他岗位的工资待遇仍有竞争力，从而把更多优秀的大学毕业生吸引到教师这个行业里来。

另外一个适合采取绩效激励措施的地方是学校行政部门。学校现在可能多少也实行了一些绩效奖励，因为教师经常发现他们必须进入行政部门才能得到更高的工资待遇，但通常行政管理人员的工资也受制于工作职务，只有换工作才能得到绩效优良的奖励。有一个办法就是让行政管理人员的工资与问责标准挂钩，就像NCLB法案中所规定的那样。当行政管理人员带领学校不断进步，使得学生学业成绩不断提高，达到了NCLB法案所规定的标准，他们就可通过奖金或其他奖励而增加收入。

企业思维模式在其他方面也有助于教育。学校建筑通常面积大，利用率低，修建和维护所需资金大。在学生入学率降低的学区，造价不菲的学校建筑被卖掉、被毁坏或是翻修，造成了大量公共资金的流失。一些学校建筑在一年之中使用的时间不足半年，而且一天只有1/3的时间在使用，而发行债券的做法已经把修建这些大楼的债务转给了下一代人。如果我们把企业的经营理念运用于教育，那么许多拥有独立教学大楼和教职员工的小型学校可以重新组建成费用支出更小的学区。各个学区花费多达数百万美元的资金重复地高价购买教材、设备和教学材料，而协调一下就可以大大削减这些开支。

企业已经证明，利用录像和计算机系统、讲座、程序化学习资料、自学以及其他方式就可以对大量员工进行培训，而且不会像学校那样耗费高层次的宝贵人力资源。此外，这种培训使用的是全年皆可利用的设备。

学校绝不能再继续走老路——是变革学校的时候了，企业管理上被证明行之有效的方法可以用于变革学校。基于竞争性市场的企业结构经受了战争、经济萧条和混乱等最严酷的考验。我们有必要把当代企业管理模式——关注提高效率和生产力的管理模式——引入教育行业。

为了使学生在学业技能和积极正确的职场价值观方面打下牢固基础而重新建构我们的学校，既是社会需要也是教育需要。改革学校经营模式，使之更接近优秀企业的做法也是经济上的需要。总的来说，企业可以给予学校许多帮助，远不止仅仅为学校项目进行金钱资助（Feulner，1991；Mandel et al.，1995；Oravitz，1999；Aaron et al.，2003）。仅靠金钱资助是不可能应对教育危机的。发展基本技能和高级技能，改变工作态度和职场价值观，提高美国企业的生产力，增强我们在国际市场上的竞争优势以及使学校运作更加高效是企业和学校的共同目标。为了年青一代和我们民族的未来，我们要鼓励学校与企业形成强大的联盟，以期实现这些共同目标。

观点 2：企业是学校商业化的幕后推手

广告、课程和项目赞助、消费品推销、以营利为目的的私营化运作和资金募集等都是与商业实体绑在一起的，这背后的商业利益继续影响着公立教育，学校已经变成了各类企业营销计划中不可或缺的一部分。

——Molnar，2004：1

在过去 20 年里，企业那无形之手一直试图掌控那些对文化、群体意识和个人自由起决定作用的社会公共机构。其中就包括司法系统、教育系统和影响社区发展方向的公共空间。直到 20 世纪 80 年代，这些领域都完全属于个人以及个人行为所决定的公民文化范畴。通常不需要个人放弃自己的合法权利作为交流的条件，这一点正是当今签署具有法律约束力的仲裁协议所要求的。企业并不是把商业广告直接“插播”到公立学校的课堂……

——Court，2003：89

孩子成为商品，学校成为代理商

教育商业化是现代社会最不幸的产物之一。学校和企业也许有一些共同的社会利益，但它们的目标却不一致。企业的主要目的是为股东和高管们赚钱；企业是不会关注社会福祉的，除非这种关注碰巧与他们追逐利润的目的相吻合。然而，学校教育的主要目的却是指向社会福祉；学校是旨在传播知识、拓展知识和培养学生批判性思维的社会机构。企业对于追求真理、正义或民主不感兴趣——当然它们也不会对开发民众的批判性思维感兴趣。它们通常更喜欢驯服听话、容易操纵的消费者和员工。对发掘生意机会的企业而言，学校是一块诱人的“肥肉”：学校有可能培养训练有素的员工，学校有可能成为倾销企业产品的市场。学校商业化的另一诱因是：学校需要不断追加资金投入，而企业拥有实现企业目的所需的资金。

针对学校的企业战略是：把学生视作商品，把学校视作广告代理商。这种合作模式是：企业提供种种优厚条件，以吸引学校在打上了直接或隐性企业印记的活动中成为企业的合作伙伴。这些活动往往并不像带有企业标志的教学材料和学校电视节目或是以企业赞助商命名的学校体育场那样明显（Lewin，2006；Weissman，2007）。有些赞助性资源涉及“自由企业”教育节目以及宣讲环境或政府政策的企业演讲者。还有一些赞助性资源涉及提高学生（亦即未来雇工）的基本技能和职业道德的各种活动。不带任何附加条件或是只要求学校激发学生创造性思维和批判性思维的企业赞助几乎不存在。

企业必然对自我保护和扩大市场占有率感兴趣。那种视角必然会影响企业对待教育的方式；企业对学校的“热心”反映了它们对从事商业活动的兴趣（Apple，2004；Boninger and Molnar，2007）。但是学校教育太重要了，不能交由企业控制。

然而，遗憾的是，正如戴维·科滕所说：

> 在现代社会，电视行业可能已经成了我们最重要的文化再生产“机构”，而我们的学校可能仅居其次。企业利益集团已经完全打入了电视行业，它们现在又提出了占领学校的要求。其目的不仅仅是推销产品和打造消费文化，而且也是为了创建一种政治文化，以便使企业利益等同于公众心目中的人类利益……企业现在正竭力打入文化再生产的第二大机构——学校。（Korten，2001：151，157）

学校商业化的大量证据

从许多方面都可明显看出学校的商业化。“商业化警戒”是一个关注商业文化对社会大众之影响的非营利组织，它发起了一场阻止企业利用“成为受制观众的在校学生谋取商业利益”的运动（Commercial Alert，2008）。作为监督团体，该组织指出了企业对在校学生施加影响的多种途径。

- 第一频道（Channel One）、巴士广播（Bus Radio）、美国有线电视新闻网学生新闻（CNN Student News）；
- 学校建筑物和设备的冠名权；
- 提供自动售货机、软饮料和快餐的独家合同；
- 实地考察资助；
- “免费”教学材料；
- 校车、学校设备以及教学材料上植入的广告；
- 跟踪在校学生网站访问量、为营销人员服务的计算机程序；
- 体育赞助和学校活动赞助；
- 教师研讨会、教师午餐沙龙以及其他教师活动；
- 企业演讲人、企业聘请的临时教师、课程设计；
- 竞赛和激励方案。（www.commercialfreechildhood.org；Commercialism in Education Research Unit，www.epicpolicy.org；Deardorff，2007；www.commercialalert.org）

第一频道是商业频道，专门用于在学校插播广告。第一频道与学校签订的合同通常规定，学校每年要面向 90%的学生播放该频道节目，而且播放时间要占 90%的学期工作日，教师不得干涉。该频道每天播放约 10 分钟的“新闻”和 2 分钟的广告。同时，第一频道给那些学校提供“免费”的电视设备作为回报。诸如拉尔夫·纳德（Ralph Nader）和菲莉丝·施拉夫利（Phyllis Schlafly）等立场迥然不同的进步派和保守派领袖都认为，学校与第一频道的合作是走错了路。纳德说：“第一频道破坏了公立学校的完整性，降低了学校和教师的道德权威性。”（Nader，1999）右翼“雄鹰论坛”主席施拉夫利表示：“第一频道每天 12 分钟的电视节目是一种电视营销手段，青少年观众别无选择，只好观看。”（Schlafly，1999）

美国政府问责办公室发布的报告还显示，大约 200 所学校与苏打瓶装水公司签订了独家合同，合同规定，学校在校园内只卖某家公司的苏打水，而公司为学校提供资金援助作为回报（Hays，2000）。在佐治亚州的一所学校，一名学生因为在学校庆祝“可口可乐日”那天穿了一件印有百事可乐公司标志的T恤衫而被学校勒令停学（Hertz，2001）。企业“入侵”学校的另一方面体现在：学校在资金紧张时出售学校和学校设施的冠名权。费城西区的一所高中有校名待售，标价500万美元，每间教室的冠名权“售价”为2.5万美元（Synder，2004）。学校设施的“冠名”和公司“购买”事件现在不仅仅是学校楼房，在校车和学校外部屋顶上打的是广告，在高中毕业舞会上有赞助商的广告，在校长办公室、科学实验室、图书馆、自助餐厅以及运动场等场所都看得到企业的标志和名称（Lewin，2006）。

学校被视为代理商也体现在企业赞助的教学材料上。石油公司提供的一些教学材料一味暗示石油开采是环境友好的，完全无视石化燃料对全球变暖的影响，对其他有效的车用替代燃料也避而不谈，同时又间接指出政府的环境政策必须认识到企业必须赚取利润（Korten，2001）。诺琳娜·赫兹评论说：“现在走进任何一个教室，公司‘捐赠’产品的数量之多都会吓你一跳。”（Hertz，2001：173）生产赞助性材料或给学校提供其他援助的公司众多，麦当劳、保洁、丰田、李维斯（Levi Strauss）、毕马威、本田和英国石油公司等都在她所列举的公司之列。学校得到的也不是免费的午餐，这些赞助商的出发点都是谋取商业利益。正如赫兹所说：“金钱可以买到行动和影响力。它们期望用它们眼里那一笔微不足道的小钱换来丰厚的回报。”（Hertz，2001：94）

企业赞助意味着给学生提供的材料不仅是为了推销某种产品，也是为了支持企业对环境行为、社会行为、经济行为以及政府行为的看法。即使这些材料并未公开要求消费者购买什么东西，但是学生还是能读懂材料中蕴含的企业信息与消费导向。企业并不信奉利他主义。希拉·哈蒂所做的研究表明，企业生产的教学材料中有一些信息是暗示性的，很微妙，有一些则毫不掩饰（Harty，1980）。她根据最新资料对企业通过生产和分发教学材料使学校商业化的企图进行了分析（Harty，1989），结果发现这种由来已久的做法仍在继续。

这些教学材料把学生视为：

1. 需要“购买”产品、服务或观点的消费者；

2. 守时、有着良好“工作习惯”、尊重资方以及没有批判性思维的潜在劳动力；

3. 具有“亲企业”观点，未来投票时具有“亲企业”倾向的公民。

当代有重要证据显示，企业提供仅供课堂使用的教学材料的行为，正如哈蒂所研究的那样，已把商业化的触角延伸到校园生活的方方面面（Hertz，2001；Hartman，2002；Korten，2001；Court，2003；Fege，2008；Commercial Alert，2008）。教学材料、体育运动、学校建筑和设施以及媒体等的商业化已经成为学校里的标准特色。

实地考察活动就是这种渐进式商业化的一个例子。学校的实地考察再也不是到博物馆、美术馆、植物园和消防站对学生进行文化教育和公民教育。现在要求学生考察的地方是“运动权威”专卖店（the Sports Authority）、Petco宠物用品专卖店、大西洋和太平洋食品超市（A & P）或艾伯森超市（Albertsons supermarket）、土星汽车公司（Saturn）等——这些考察活动都是出于商业目的。比如说，圣迭戈的学校计划一学年进行 75 次以上这样的实地考察活动（Parmet，2005）。芝加哥市一家名为“实地考察工厂”（Field Trip Factory）的公司安排师生在全国各州（有三个州除外）进行实地考察，主要是把为企业组织的这种商业服务提供给学校（Cullen，2004）。用邮政区号在网上注册登记即可获得这种“免费实地考察”，它们为学生提供“考察准许单”，还声称可以帮助学生“达到国家学习标准”（www.fieldtripfactory.com）。

甚至成绩报告单也染上了商业气息。一个学区发给学生的成绩报告单是装在麦当劳公司印制的信封里的，信封上写着：奖励好成绩，就吃“欢乐套餐”（Deardorff，2007）。韦斯曼说：“营销商似乎绝不会错过学校提供的绝佳营销机会。”（Weissman，2007：1）

在各地的学校里都能找到教育商业化的证据。去看看课堂和图书馆的教学材料就可以了解到哪些材料属于商业赞助性质。分析那些“赞助材料”以及商业标志和商业标语口号中隐含的偏见性和导向性话语。调查一下有关电视、计算机、包书膜以及其他含有商业广告的媒体或材料在课堂上的使用情况。调查一下学校活动、出版物以及课外活动的商业赞助情况。分析一下为师生服务的学校公告栏以及其他比较显眼的校园广告位。打听一下实地考察活动、体育赛事、学术项目或奖项中涉及的商业玄机。打听一下商业赞助性的教师专题研讨会，看看有多少教师和行政人员参加了带着商业赞助色彩的在职培训活动。

企业语言与人力资本

隐性商业课程是非常成功的，甚至连商业语言也充斥着整个社会和学校。不过我们更关心的是效率而不是有效性，是资本而不是心智，是投资而不是进步，是问责性而不是思维能力，是经营手腕而不是创造力。人力资本的概念就是由商业导向拓展到教育和社会的一个好例子。从人力资本角度看待世界，会把人等同于可被用来谋取商业好处或利润的资产。教育中采取这种商业化手段的结果将是让个人开始从“预期效用最大化”的角度来思考问题（Shiller，2005）。这必然导致十足的自私自利，每个人都算计着如何让一切对自己最有利，从而不顾及他人的利益。企业首席执行官享受的“不道德的”、不应得到的工资待遇就是这样的一个例子。企业游说国会以得到保护免于被起诉，为得到政府提供的紧急财政援助以应对糟糕的企业管理或是支付养老救济金而游说国会等都是很好的例证。

这种人力资本导向还可能导致公民参与社会、关心社会的积极性降低。科特说：“个体与企业的商业关系日益增强，个体与公民共同体以及其他个体的社会联系日益减少，这一增一减是同步进行的。”（Court，2003：113）罗伯特·帕特南在 20 世纪末的 25 年间对所谓的“社会资本”进行了研究，他发现我们参与社会活动的次数大大减少了（Putnam，2000）：

举行家宴减少 33％；
参加俱乐部会议减少 58％；
请朋友到家中聚会减少 45％。

帕特南认为，当社会资本减少时，学校和地区并未获得发展，而且社会资本的减少对我们的民主、我们的经济和我们的健康幸福都形成了威胁。

人力资本观的另一影响是把资方与劳方截然区分开来，资方知道自己需要拥有何种技能和观点的员工，给员工提供的是他们所需要的技能和他们所认可的观点。而教育因此更像是培训。学生被视为商品，学校被视为加工厂。学校应该招收新生，并用原先“核准”的思想观点来教导他们，培养他们听话守纪、通过考试，为他们颁发有利于企业的文凭。在那一过程中，凡是不“适应”、制造麻烦、挑战权威、做出批判性评价以及对商业不感兴趣的学生将被学校淘汰。亨伍德发现：“雇主民意调查显示，企业老板对雇员的‘品德’比对其能力更看重——他们说的品德是指雇员的自律能力、工作热情和工作责任心。老板们需要的是坚定、可靠、始终如一、守时、言行得体以及认同自己工作的下属……”（Henwood，2003：76）。那些被视为“有创造力”或“有独立性”的雇员得到的评价则要低一些（Henwood，2003）。

学校改革和商业利益

美国的教育改革运动总是欺骗下层社会的民众，找的借口是使他们能“胜任工作，履行公民义务”。学校要求学生听话、守时、节俭、爱整洁、尊敬他人、热爱祖国并且安于命运。从清教徒观点演变而来的职业道德标准对于那些需要工人们任劳任怨、勤勤恳恳的工厂主来说是很有价值的。这种道德标准在许多地方已然成为学校道德标准。就业指导也成为一门学校课程，这样就能源源不断地为企业输送能接受企业价值观的劳动力。与之相对的观点是把人权、尊严和民主公民权利看得比利润更重要的社会责任观。但是，民主公民权利的诱惑是虚幻的，因为生活中的实情是精英掌权，其他人干活。追求正义与平等的民主参与式教育仍然是校园文学中的虚华描摹，并未在所有学校得以真正实施——因为那会对企业不利。在有利于企业和有利于社会之间可能存在歧义。

我们培养学生是以员工身份还是以平等公民身份参与争取社会正义的活动？在许多改革文献中，各学校在这种培养目标上的不一致都被忽略了。正如历史学家芭芭拉·芬克尔斯坦所说：

> 19世纪的改革家指望公立学校对日渐增多的大量移民和美国本土儿童进行条条框框的灌输教育，同时又要培养他们学会如何在一个逐渐走向工业化的社会中学习和工作……他们看不到把学校作为经济型分选机（economic sorting machines）和赋权型政治机构（enabling political institutions）在工作上有任何冲突。……一直以来，公立教育被视为促进政治民主和社会流动的工具以及社区生活重建的中心，当代改革号召体现了对公立教育这种历史性看法的转向……当代改革家的教育眼光让人想起了公立学校的历史阴霾：公立学校就像是一个大熔炉，打造出的都是整齐划一的美国人和遵守纪律的产业工人。（Finkelstein，1984：276-277）

芬克尔斯坦还论述了企业领袖是如何通过扩大对公立教育的影响以确保未来的劳动大军既称职又听话的。她以亚特兰大市卡佛中学的企业教育联盟为例说明了这一点。在这所中学里，企业操纵着学校的日常活动，主要表现形式为：提供地方企业半技术工作岗位为学生创造半工半读的机会，发表道德声明以促进学生遵守企业的规章制度，创设“自由企业日”和“就业机会通行证”等公共仪式。这种操纵以及其他“入侵”学校的商业行为必然导致“教育政策的控制权从公立学校当局有效地转移到产业委员会……唯物主义意识似乎‘压倒’了所有其他问题，这在学校改革历史上还是第一次”（Finkelstein，1984：280）。

现阶段的情况证明芬克尔斯坦是很有远见的（McNeal，1992；Molnar，1996，2004；Boutwell，1997；Court，2003；Berger，2004；Saltman，2004；Commercial Alert，2008）。我们很擅长于教学生变得贪婪、自私和精于暗算他人。学习型学生特别渴望取得好成绩以进入理想的大学，得到高薪工作。他们似乎对智能开发不感兴趣，除非是有利于就业和加薪。他们似乎不仅对美国以外的其他国家不关心，而且对身边那些无家可归、挨饿受冻以及其他生活条件差的人也麻木不仁。他们相互之间竞争激烈，不断要求自己保持竞争优势超越他人。至于道德因素，包括对正义的追求，似乎对他们的个人努力都不构成任何妨碍。舞弊、购买论文、不当利用父母的影响力、吸毒以刺激成绩提高、花钱请人替自己参加大学入学考试以及篡改简历等，都是谋取个人成功过程的一部分。

企业是学校效仿的好榜样吗?

想一想允许企业来“催化”教育改革的不足之处。这种观念的前提是企业知道学校改革应着眼于哪些方面，也知道该如何着手进行改革。企业领袖对学校的大多负面评价都是针对学校缺乏对学生的基本技能和工人阶级价值观的培养。学生当然需要掌握基本技能，但应该由谁来决定到底哪些是有待学习的基本技能呢？非得是与职业有关的技能吗？教育学生形成工人阶级价值观的观念意味着把一个动机不纯且不恰当的重担强加给学校。公民价值观和合乎道德的行为才是正确的教育目标，但是雇主价值观往往与公民价值观和道德价值观相悖。学校不是坚持推行“工人阶级”价值观的地方。

企业高管们提倡把考试成绩作为雇用工人的主要标准。这不过是以一种过分简单化、锱铢必较的方式迫使学校进行考试、汇报考试成绩，从而贬低了那些更能体现人类知识复杂性、更为重要的评估方法。那些生活取决于“最终盈亏”的企业管理人员抓住一次考试成绩就当成判断工人天资和能力实质的依据，但考试成绩可能变得更加不公正，会掩盖学生和雇员在性格上有趣的多面性。企业也可能坚持对考试结构本身施加影响。正如卡耐基和其他著名的实业家向我们证明的那样，凡是控制一个行业所有生产要素的人也控制着价格和利润。由企业控制的学校教育也一样，控制考试设计和考试用途的人就能够操纵就业人数、工资、奖金、劳动合同和利润，他们也会逐渐通过考试来控制学校课程。

设想一下，如果允许美国企业为21世纪的学校设计新模式，那么学校将是什么样子呢？它们会宣扬什么样的价值观？我们不要指望在课程中会发现人道主义价值观、保护环境、乐于助人、相互支持、怀疑性消费主义、健康与安全以及工会的正面形象等内容。受企业控制的学校必然使师生自由受到严重限制，学校原本研究与之相对立的社会观、环境观、科学观、经济学观、政治学观和历史观可能令企业机构感到忐忑不安。难道你期望看到敛财大亨（robber baron)、安然公司和世界通信公司的财务欺诈，工业污染造成的环境和个人健康代价，公司高管们不合理的高薪待遇，公司丑闻以及有关企业运营的相关负面新闻的全面分析成为受企业操纵的学校课程的一部分吗？“夺回民主”这一非营利性组织建议：“让企业回归其原本

（有用的）角色：经商。企业本就不该染指教育、政治或公民社会等其他领域。”（Reclaim Democracy，2006）

大企业与现任和前任政府官员谈判签署的秘密劳资协定（sweetheart contracts）致使企业利润大幅增长，同时也极大地增加了纳税人成本。哈里伯顿公司签署的不经过投标的伊拉克重建合同协议就是一个很好的例子。美国国防部昂贵的军用设备合同也是很明显的例子，但是其他许多联邦政府、州政府和地方政府合同也同样签得很“贵”，但对所需工作量和费用又估计不足。广为人知的政府和企业腐败丑闻，以及为“特权”企业提供不经过投标的合同并不是大型企业与政府之间建立可疑联盟的唯一案例（Court，2003；Huffington，2003；Palast，2002；Korten，2001；Drutman and Cray，2004；Center for Corporate Policy，2006）。现在在很大程度上受企业控制的大众媒体报道了其中一些影响最恶劣的事件，但这些曝光的事件显然还不是全部。

支持职业体育运动的大企业显然是在忽视、纵容或支持运动员使用提高成绩的药物。欺诈、歪曲、欺骗、利用或散播不当信息、篡改或隐瞒记录以及出于商业目的滥用药物对许多商业界人士而言似乎都是可接受的道德标准。而许多学生对这一不道德的课程正趋之若鹜。

这种贪婪的信仰模式是从大企业借鉴而来的。华尔街各公司参与了证券欺诈、内线交易丑闻以及各种诈财骗局。从进步监督团体“企业政策中心”（www. corporatepolicy. org）和“企业监督”（www. corpwatch. org. ）等网络资源上可以了解企业贪婪和欺诈的最新案例。企业不道德的经营行为有多种表现形式，我们对那些不道德行为听得够多了，这足以证明企业不是寻找教育道德观的地方。调研员格雷格·帕拉斯特在《金钱可以买到的最好民主》（*The Best Democracy money can buy*）一书中指出，许多公司都出现过带有欺骗性、有害社会的行为，这些行为破坏了美国的民主（Palast，2002）。法学教授劳伦斯·米歇尔以《企业的失职》（*Corporate Irres-ponsibility*）作为书名，阐述了企业如何为“伺机捞一把”的贪婪态度和“压制任何关心他人福祉的冲动”推波助澜。

即使我们承认企业的不道德行为不是常态只是例外，但从企业的角度来看待社会正义和责任仍是一个很严重的问题。工业废物污染土地、水源和空气，但是工厂并不承担清除污染的责任。企业界的巨大政治影响力在减少甚至阻止对工人健康安全保障、消费者权益保护和公共设施及服务改善等进行公共规制方面仍然是“有成效的”。

企业对文明众所周知的贡献

正如上文所指出的那样，美国企业在自身领域的所作所为都难称典范。尽管有许多既优秀又讲人道的商人，但是也有许多商人，他们的利益与社会进步是相冲突的。美国企业有着赤裸裸的黑暗一面——我们的历史不乏这样的证据。血汗工厂（工资低、工时长、工作环境恶劣），童工，对流动工人实质上的奴役，既不健康又不安全的工作场所，污染，与腐败官员的勾结，哄抬价格、串通涨价的秘密联盟，反消费者策略，欺骗性广告，允许高管保留主要资产而让中产阶层的股东失去终身积蓄的破产法，掩饰企业管理不当的纳税人补助金以及免除公司不道德行为责任的企业律师和企业法等还只是我们罗列出的部分证据。赫芬顿写道：“美国企业界的过火行为已经不仅仅是一种社会罪恶，它们对我们的社会福祉构成了直接威胁。”（Huffington，2003：14）难道这些思想和价值观就是我们想在学校教育中所宣扬的吗？

遗憾的是，上当受骗的不仅是美国学校的学生，美国社会在过去的一个世纪里都受着强加给学校关于企业观点的欺骗（Apple，1984，2004；Callahan，1962；Finkelstein，1984；Court，2003；Landau，2004；Molnar，2004）。普通公众应该培养成符合企业利益的人，精英阶层应该得到更多的特权——这本身就是骗人的。这是新一轮改革运动中最阴险的教育骗局。数百万学生被迫贬低到只能进行那些不动脑筋、乏味的学习以便为今后卑微的工作做准备，学校还要想方设法使他们认为自己很幸福而且受到了良好的教育。

历史学家克里斯托弗·拉希说，劳工招聘制度主要针对学校。根据最初在产业中得以完善的科学管理原则改制而来的现代公立教育制度，取代了学徒制成为培训就业人才的主要手段。这种培训自然免不了技能传授。学校使学生习惯于唯命是从，习惯于团体生活的种种要求，通过标准化考试评定学业成绩，划分学生类别，挑选其中一些学生从事专业技术工作和管理工作，让其余的人从事体力劳动。愿意与当局合作的就是“适应社会”的最佳证据，也最有希望获得个人的成功；不愿意合作则表示存在“情感问题”，需要得到更多持续的、治疗性的关注（Lasch，1984：48-49）。

自从20世纪初以来，美国的学校一直受到商业和企业价值观的支配，学校已经失去了它的基本目标：启迪智慧以促进社会正义。现在学校已经变成了灌输知识和思想的机构，而不是解放人的机构。它们培养的是企业可赖以赚取利润的、顺从听话、努力工作的雇员。而且，这些未来雇员在学校教导下形成的思想观念，不仅会使他们在支持企业举措时不考虑道德因素，还会使他们习惯于接受管理精英们的绝对权威性。

企业接管对教育和社会的影响

企业对学校教育的接管影响到每一个人，但是那些已经处于优越地位且又十分贪婪的人很有可能受益最多。那些上不了大学的人以及那些不太可能分享美国企业成功之梦的人，将在学校和职业生涯中遭受二等公民的待遇。实训课程旨在培养他们的技能，而不是思维能力，旨在使他们成为盲信者，而不是善于思考者。实业教育拉大了这些群体之间的差距，其目的是培养出甘愿受操纵的工人。

企业领袖之所以指责学校，是因为新雇用的员工既缺乏基本能力，也没有一个正确的工作态度。企业需要的基本能力并不包括批判性思维或能言善辩的能力——虽然这些能力在重振奄奄一息的工会运动或是挑战管理规定等方面很管用。企业希望学生具备的能力是基本的阅读能力和计算能力，因为这些能力使他们今后可以更高效地执行资方政策。一个能读懂激进的左翼文学，能提出工人安全问题和环境隐患问题，能对雇主和高管享受过高工资待遇和“另类”补助金表示质疑的求职者是不太可能被聘用的，一个能计算出工人的付出与所得工资间的价值差，能算出劳资双方在医疗与休闲服务方面所享受待遇间的价值差的求职者也是不太可能被聘用的。对企业而言，最重要的是道德课程而不是学术课程。管理者需要的工人是那些相信凡是有利于企业必然有利于国家的工人，是那些相信资方明白怎么做有利于企业的工人。

现在有几个州要求高中开设“自由企业”课，而不是经济学基础课。显然，自由企业课的立场不是中立的，它是具有鼓吹性质的课程，旨在向年轻人灌输自由企业制度下的企业行为对国家有利的思想。在英语课上，学生填写求职申请表，应答招聘广告。数学教会学生如何找零钱以便能在商店工作。历史课的内容包括讲述美国企业领袖优秀品质的故事、企业的正当权力以及政府干预企业的危害等。长期以来，企业一直是影响教育的主要因素，然而它仍然对学校培养的“产品”、对企业伦理操纵下的学校课程不满意。雷蒙德·卡拉汉对20世纪初处于形成期的当代公立教育进行了历史性研究，目的是揭示对这一时期公立教育发展影响最大的因素。

> 在20世纪初，美国完全有理由为它在教育上取得的进步而感到自豪。教育机会平等的梦想已经实现了一部分……创立了实现高尚教育理念的基本制度框架……在下一个25年，美国教育的故事——一个机会丧失的故事，一个教育管理人员接受不合时宜的哲学的故事——一定会被我们看到。最强大的力量是工业主义……企业意识形态不断渗入美国生活的主流……因此，美国人在考虑变革学校的时候自然会用企业方法来达到他们的目的。(Callahan，1962：1，5)

卡拉汉认为这种企业的影响对于教育和社会而言都是可悲的，因为它用高效率替代了有效性：我们实现了成本控制，但却是以牺牲所有人的高质量学校教育为代价换取的。企业优势仍在起作用，在21世纪的头十年，学校仍然受企业价值体系的操纵。这可以解释学校的工厂心态，也能解释为什么教师工资低、待遇差——因为他们也被视为工人。这也可以解释为什么学生会被视为生产过程中的产品、学校生产线上的产品。这也可以解释一致性与标准化、过于频繁的考试以及学校的管理方式和资金来源。这还可以解释为什么学生不关心社会正义和社会道德准则，学校曾在这些问题上取得的进步一直到企业占了上风才戛然而止。

厄普顿·辛克莱（Upton Sinclair）在纪实小说《屠场》（*The Jungle*，1906，1938）中对无视公众健康和工人安全的肉食加工厂进行了猛烈深刻的抨击和揭发，由此激发联邦政府立法创建食品药物管理局（FDA）对食品安全进行监督。辛克莱还出版了两本有关学校教育的书，主要是揭露企业对教育的不良影响。辛克莱在《正步走》（*The Goose Step*，1922）一书中详细阐述了大企业家如何影响教育政策，如何操纵美国重点大学教授职位的任命和提升。大企业领袖在大多数高校董事会中最具影响力——这是索尔斯坦·维布伦早就论述过的观点。维布伦发现企业式做法和价值观贬低了学术机构的基本目标：解放学生（Veblen，1918）。辛克莱也花费了两年时间研究公立学校，他发现，企业领袖在美国严格控制着学校的政策和制度。在《幼鹅》（*The Goslings*，1924）一书中，他说：“本书的目的是让你们看看控制美国的大企业——这一‘隐形政府’是如何接替照顾你们子女的职责的。”（Sinclair，1924：ix）

有大量证据表明，自从辛克莱关于学校与企业的书出版后的70多年里，学校的状况变得更糟糕了。企业希望学校教什么，学校通常也就教什么，但是学校应该教给学生的是社会和正义要求它们教给学生的东西。我们有必要回复到教化人、熏陶人、塑造人的学校教育目标——捍卫正义和道德体系——使学校摆脱那些人的控制，因为他们只是把学校视作支持大企业利益的又一机构。哈特曼指出，社会日益受企业支配致使人权被削弱（Hartman，2002）。这可被视为一个宽泛的社会问题而不仅仅是教育政策的问题。学校的存在就是为了反映社会、体现社会和挑战社会以捍卫社会理想，改善社会状况。学校不应该成为控制世界的企业象棋游戏中的一颗卒子。学校应该是批判性审视而不是强制推行商业化和企业化的地方。企业在学校和社会中的作用，无论是积极的还是消极的，都值得研究和批判。

学校在不受商业化的诱惑和危害，努力教育好年轻一代方面还有许多工作要做。学生不是商品，学校也不应该成为代理商。社会应该对任由企业领袖影响教育方法是否明智表示强烈怀疑。企业支持为所有孩子打造好学校的利他主义豪言壮语被其追求利润的利己主义给“玷污”了。企业想要纳税大众为它们希望雇员接受的那种教育买单，无论企业自身有什么样的缺陷，它们都希望学校传达对企业的积极看法。如果企业能够获得对学校的控制权，它们将为自己的利益服务。但是学校的存在是为了社会的利益，让企业利益主导学校有碍于服务社会（Marina，1994；Buchen，1999；Korten，2001）。企业谋求的是利润，不是启迪心智。

企业团体应该首先管好自己的事情。如果企业能够证明自己的确有着确保产品质量、遵守职业道德操守、履行社会责任和高效运作的传统，那么它们才有资格声称学校应该以它们为榜样。学校存在许多问题，但是不加思考地采纳企业做法或者是盲目仿效企业界的规则不可能解决学校的问题。

企业有着贪婪攫取的发家史，而教育则为教化人、熏陶人、塑造人的目的服务。使学生能够通过促进正义和拓展社会道德体系（把利他精神纳入道德规范）来改良社会是学校最明确的目的之一。这就确保了美国民主的未来，也对学校继续为社会进步而奋斗提出了重要挑战。那需要知识、批判性思维、合作努力以及基于正义的价值观。

就社会正义和人类道德体系而言，对企业价值观和企业行为进行批判性分析是很有意义的。我们必须扭转当前的局面，把企业控制学校扭转成教育影响企业价值观和企业行为，鼓励企业承担责任，鼓励开启心智。只有这样才会让教育发挥其应有的作用，亦即通过对包括企业在内的各种社会机构进行分析来关注社会的发展情况。这当然会促进教育，还可能促进企业的发展。

讨论

1. 比尔·盖茨在全美高中教育峰会上发表了主题演讲。该峰会是由达成公司（Achieve Inc.）赞助承办的，达成公司是由各州州长和企业领袖共同创建的一个组织，其目的是提高教育标准和学业成绩，以便毕业生为“大学学习、职业生涯和公民义务”做好充分准备（www. achieve. org）。盖茨认为，美国公立学校已经过时了，美国在培养知识型工人方面已经落伍了。

菲利普·科瓦奇（Phillip Kovacs）在共同梦想（www. commondreams. org）网站上发表的文章中说，盖茨提出观点的根本原因是企业化。他评论说，“提高标准”是与企业利益绑在一起的，因为企业需要驯服听话的工人；而且无论美国学校的教育质量如何，IT 产业都会外包给更为廉价的劳动力；同时，"积极公民资格"（active citizenship）可能和企业利益相冲突，因为公民也许会质疑为什么企业对学校的影响力如此之大。

a. 选择其中一个论点，或就这个话题提出另一不同论点，并用论据证明。用学校例子来证明你所选择的论点。在班上讨论结果。

b. 你如何界定"知识型工人"？教师属于这类工人吗？图书馆专业管理人员呢？汽车修理人员呢？外科整形医生呢？什么标准在进行这种界定时是有用的呢？这就是学校的企业化吗？

2. 你还能回忆起你所就读过学校的商业化例子吗？它们通常对学校的使命有着积极还是消极的影响呢？是有利于还是妨碍学校使命的完成呢？

在考虑企业赞助、企业与学校的合作关系以及企业在学校的其他活动时，你建议采取什么学校政策呢？

3. 你会对 K-12 课程做哪些改动以使学校培养的毕业生可以：

a. 成为更令雇主满意的美国企业员工？

b. 成为更令人满意的产品消费者、服务消费者和广告消费者？

c. 成为更令人满意的社会成员？

4. 本章表 8－1 显示的是受教育程度、年均收入、预期终身收入以及失业率之间的关系。

a. 除了教育之外，还有其他哪些因素可以解释收入的提高和失业率的上升？

b. 这些数据如何解释有些相对而言的低收入职业通常也要求雇员具有学士学位或硕士学位的现象——例如，图书管理员、教师和社会工作者？

c. 那些数据对企业参与学校教育引发的辩论有何影响？

参考文献

AARON, H., ET AL., eds. (2003). *Agenda for the Nation.* Washington, DC: Brookings Institution Press.

America 2000. (1991). Washington, DC: U.S. Department of Education.

APPLE, M. (1984). *Education and Power.* New York: Routledge and Kegan Paul.

———. (2004). *Ideology and Curriculum.* 3rd Ed. New York: Routledge.

BATES, S. (1998). "Building Better Workers." *Nation's Business* 86:49.

BAUMOL, W., ET AL. (1970). *A New Rational for Corporate Social Policy.* New York: CED.

BECKER, G. S. (1992). "The Economic Way of Looking at Life." Nobel Lecture. In *Nobel Lectures, Economics 1991–95.* (1997). Singapore: World Scientific Publishers.

———. (1993). *Human Capital.* Chicago: University of Chicago Press.

———. (2005). "Human Capital." *The Concise Encyclopedia of Economics.* Library of Economics and Liberty. www.econlib.org.

BERGER, A. A. (2004). *Ads, Fads, and Consumer Culture.* 2nd Ed. Lanham, MD: Rowman and Littlefield.

BONINGER, F. AND MOLNAR, A. (2007). *Adrift.* 10th Annual Report on Schoolhouse Commercialism Trends. www.epicpolicy.org

BOUTWELL, C. E. (1997). *Shell Game: Corporate America's Agenda for Schools.* Bloomington, IN: Phi Delta Kappa.

BUCHEN, I. (1999). "Business Sees Profit in Education." *The Futurist* 33(5):38–44.

BUSINESS ROUNDTABLE. (1997). "A Common Agenda for Improving American Education." Washington, DC. July 2.

BUSINESS ROUNDTABLE. (2005). "K–12 Education Reform, Education and the Workforce

Task Force." April 11. www.businessroundtable.org.
———. (2008). Prospering Together. www.businessroundtable.org Feb.
CALLAHAN, R. (1962). *Education and the Cult of Efficiency*. Chicago: University of Chicago Press.
CENTER FOR CORPORATE POLICY. (2006). "Cracking Down on Corporate Crime." April. www.citizenworks.org.
CHASE, R. (1998). "Changing the Way the Schools Do Business." *Vital Speeches of the Day* 64:444–446.
COMMERCIAL ALERT, (2008). Homepage. www.commercialalert.org
COMMITTEE FOR ECONOMIC DEVELOPMENT (1985). *Investing in Our Children*. New York: CED.
COURT, J. (2003). *Corporateering*. New York: Putnam.
CULLEN, L. T. (2004). "Brand Name Field Trips." *Time*. June 28.
DANIELS FUND, (2008). ***School Business Partnerships.*** www.danielsfund.org
DAWKINS, J. (2003). "The State of Partnerships Between Schools and Businesses." Paper presented at Partners in Citizenship conference, February.
DEARDORFF, J. (2007). "Fast Food Gets Its Greasy Hands on Report Cards." *Chicago Tribune*. Dec 16.
DELONG, J. B., ET AL. (2003). "Sustaining U.S. Economic Growth," in *Agenda for the Nation*, ed. Aaron, H., et al. Washington, DC: Brookings Institution.
DRUTMAN, L., AND CRAY, C. (2004). *The People's Business: Controlling Corporations and Restoring Democracy*. Williston, VT: Berrett-Hoehler.
Education Week. (2004). "American Corporations Invest About $3 Billion Annually to Upgrade Writing Skills of Employees." 24(5):11.
FEGE, A. (2008). "Commercialization of Schools." www.commercialfreechildhood.org June.
FEULNER, E. J. (1991). "What Business Leaders Can Teach the Educators." *Chief Executive*, September: 16–17,
FINKELSTEIN, B. (1984). "Education and the Retreat from Democracy in the United States, 1979–1980." *Teachers College Record* 86:276–282.
FITZ-ENZ. J. (2000). *The ROI of Human Capital*. New York: American Management Association.
FLOWERS, L. F. (2008). "Naming Rights May Provide Districts with Funding," *Morning News*, Northwest AR. Jan 26.
HANN, L. W. (2008). "Profit and Loss in School Business Partnerships." ***District Administration***. www.districtadministration.com April.
HARTMAN, T. (2002). *Unequal Protection: The Rise of Corporate Dominance and the Theft of Human Rights*. New York: Rodale Press.
HARTY, S. (1980). *Hucksters in the Classroom*. Washington, DC: Center for Responsive Legislation.
———. (1989). "U.S. Corporations: Still Pitching After All These Years." *Educational Leadership* 47:77–79.
HAYS, C., "Commercialism in U.S. Schools Is Examined in New Report," *New York Times*, Sept 14, 2000.
HENWOOD, D. (2003). *After the New Economy*. New York: New Press.
HERTZ, N. (2001). *The Silent Takeover: Global Capitalism and the Death of Democracy*. New York: Free Press.
HUFFINGTON, A. (2003). *Pigs at the Trough*. New York: Crown.
ISAAK, R. (2005). *The Globalization Gap*. New York: Prentice-Hall.
KEELEY, B. (2007). *Human Capital*. Paris: OECD Publications.
KORTEN, D. C. (2001). *When Corporations Rule the World*. San Francisco: Berrett-Koehler Publishers.
KOVACS, P. (2005). "Bill Gates and the Corporatization of American 'Public' Schools," Common Dreams. www.commondreams.org.
LANDAU, S. (2004). *The Business of America*. New York: Routledge.

LASCH, C. (1984). *The Minimal Self*. New York: Norton.
LEWIN, T., "In Public Schools, the Name Game as a Donor Lure," *New York Times*, January 26, 2006.
MANDEL, M., ET AL. (1995). "Will Schools Ever Get Better?" *Business Week*, Apr. 17:64–68.
MANN, D. (1987). "Business Involvement and Public School Improvement, Part 2." *Kappan* 69:228–232.
MARINA, A. (1994). "Can the Private Sector Save Public Schools?" *NEA Today* 12:10–12.
MCNEAL, R. U. (1992). *Kids as Customers*. New York: Lexington Books.
MINCER, J. (1974). *Schooling, Experience, and Earnings*. New York: Columbia University Press.
MITCHELL, L. E. (2001). *Corporate Irresponsibility*. New Haven, CT: Yale University Press.
MOLNAR, A. (1996). *Giving Kids the Business*. New York: Harper/Collins.
———. (2004). "Virtually Everywhere: Marketing to Children in America's Schools. Seventh Annual Report on Schoolhouse Commercializing Trends, 2003." Arizona State University Commercialism in Education Research Unit. www.asu.edu/educ/eps/ceru/htm.
NADER, R. (1999). Testimony, U.S. Senate Committee on Health, Education, Labor, and Pensions Hearing. May 20.
NATIONAL COUNCIL ON ECONOMIC EDUCATION. (2005). "What American Teens and Adults Know About Economics." NCEE-Harris Poll. April 26. www.ncee.cet.
———. (2008). "Voluntary National Content Standards in Economics." www.ncee. org.
ORAVITZ, J. V. (1999). "Why Can't Schools Be Operated the Way Businesses Are?" *Education Digest* 64(6):15–17.
PALAST, G. (2002). *The Best Democracy Money Can Buy*. London: Pluto Press.
PARMET, S., "Reading, Writing and Retail Tours," *San Diego Union-Tribune*, May 2, 2005.
PUTNAM, R. D. (2000). *Bowling Alone*. New York: Simon and Schuster.
RAMSEY, N. (1993). "What Companies Are Doing." *Fortune* 128:142–150.
RECLAIM DEMOCRACY. (2006). Mission Statement. April. www.reclaimdemocracy.org.
SALTMAN, K. J. (2004). "Coca-Cola's Global Lesson." *Teacher Education Quarterly* 31(1): 155–172.
SCHLAFLY, P. (1999). Testimony, U.S. Senate Committee on Health, Education, Labor and Pensions Hearing. May 20.
SCHULTZ, T. W. (1971). *Investment in Human Capital: The Role of Education and of Research*. New York: Free Press.
SHILLER, R. J., "How Wall Street Learns to Look the Other Way," *New York Times*, February 8, 2005. www.nytimes.com.
SINCLAIR, U. (1906, 1938). *The Jungle*. London: Cobham House.
———. (1922). *The Goose Step*. Pasadena, CA: Sinclair.
———. (1924). *The Goslings*. Pasadena, CA: Sinclair.
SNYDER, S., "West Philadelphia High School's Name Is Up for Sale," *Philadelphia Inquirer*, Nov. 11, 2004.
SOLTOW, L., AND STEVENS, E. (1981). *The Rise of Literacy and the Common School in the United States: A Socioeconomic Analysis to 1870*. Chicago: University of Chicago Press.
U.S. CENSUS BUREAU. (2000, 2007). "Employment, Work Experience, and Earnings by Age and Education." Table 1. Washington, DC: Government Printing Office.
———. (2005). *Current Population Survey, 2005 Annual Social and Economic Supplement*. June 24.
VEBLEN, T. (1918). *The Higher Learning in America*. New York: Heubsch.
WEISSMAN, R. (2007). "Revisiting the Commercialization of Public Schools." *Counter Punch*. www.counterpunch.org. June.
THE WORLD BANK GROUP. (2006). "Education for All: Fast Track Initiative." February. www.worldbank.org.

第9章

新移民与学校：不公平负担还是惯常职责？

学校应该为所有新移民子女提供免费教育机会吗？

观点1：学校理应为所有新移民子女提供教育机会

> 北美殖民地早期移民中有许多人都曾在欧洲接受过良好的教育，多亏了他们的智慧和科学的管理，才有了我们今天的繁荣……当今这一代人大多并不具备同样的能力，因为尽管美洲青年并不缺乏能力，但是最好的能力仍需要培养，就如土质最优良的土地，除非精心耕耘，播以良种，否则也只会长出杂草。
>
> ——Franklin，1749

在一本未具名的小册子里，本杰明·富兰克林指出了宾夕法尼亚州在青年教育方面存在的不足，并提出了拯救其学业“不幸”的办法。他建议既要开展实习、见习这类实践教育，也要开展阅读、写作以及辩论这类抽象教育。对于那些希望在社会政治领域获得成功的青年，富兰克林则主张培养他们熟练的英语语言运用能力。在当时的北美殖民地，英语并不是人们所使用的唯一语言。据富兰克林估计，有1/3的宾夕法尼亚人的故乡可追溯到德意志邦国，而且德语也是他们的第一语言。对于殖民地没有共同语的未来，富兰克林深感担心，因此，他提出把英语作为唯一的教学语言。他还建议学校所聘请的教师或是校长，“不仅要有良好的判断力和道德感，而且要既细心又耐心，同时还得精通多门语言和学科，并且能够正确地使用英语进行口头和笔头交流”（Franklin，1749）。尽管宾夕法尼亚大学并没有完全采纳富兰克林提出的教学和课程建议，但它最终还是践行了其教育计划（Spring，2001：25）。

在富兰克林时代，语言多样性在各州的情况各不相同。1790年，也就是富兰克林去世的那一年，美国进行了第一次人口普查，这次人口普查提供了一幅原国籍呈多样化的有趣画面。当时美国大约有一半人是英格兰人后裔，另外有15%讲英语的移民来自苏格兰和爱尔兰。尼德兰人、法国人和西班牙人的后裔约占总人口的14%，还有19%是非洲人后裔（Wiley，2007）。许多人，包括第一次人口普查中未加统计、沦为奴隶的非洲人和印第安人在内，都不是把英语用作自己的第一语言。到 1890 年，移民人口占美国总人口的 14.8%，而且那时新移民中来自英语国家的非常少。

移民迁入率预计将在 2050 年创历史新高，到那时美国每五个人中可能就有一个是在外国出生的（Passel and Cohn，2008）。在 19 世纪末和 20 世纪初，移民往往是在城市扎根，但 21 世纪的移民却是在城市、城郊以及小城镇均有定居。各地的学校都会直接受到移民的影响，学生的第一语言不是英语将变得十分普遍（见图 9－1）。

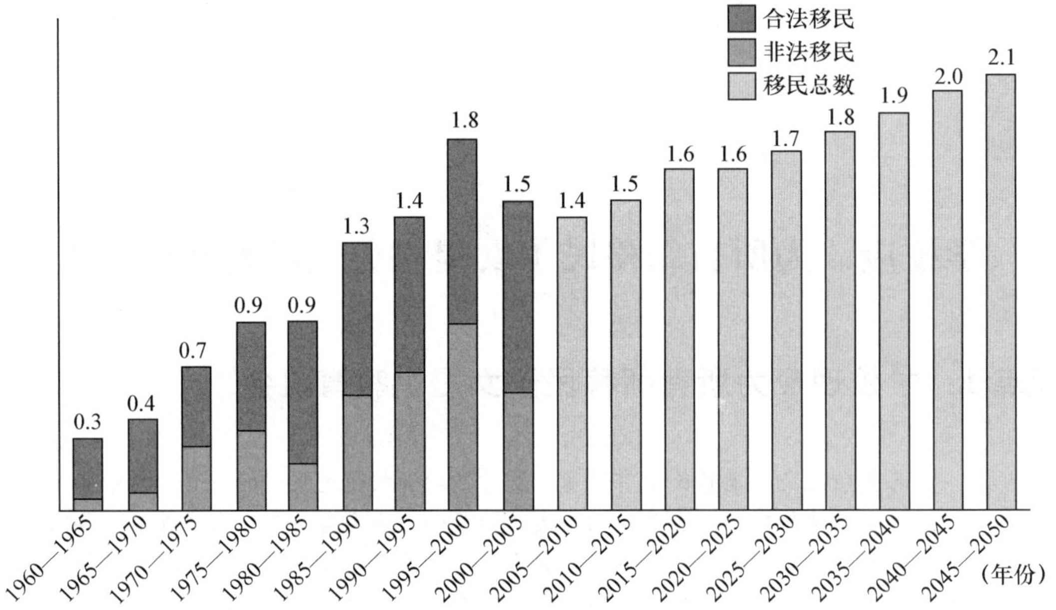

图 9－1　美国移民（1960—2050 年）/百万人

资料来源：Passel and Cohn，2008：4.

移民子女[1]正在改变着美国的学校，他们的数量之多、差异之大都是史无前例的。新移民子女中有 40%来自最大的美国移民输出国——墨西哥，其余的 60%来自世界各地，其中来自加勒比海地区、东亚、欧洲、加拿大和澳大利亚的移民最多（各占 10%～11%），还有许多移民来自中美洲、南美洲、柬埔寨、老挝、泰国和越南（各占 5%～7%）（Hernandez et al.，2007：2）。移民多元化不仅体现在数量和原国籍上，而且也体现在新移民在原籍国所获学历和社会经验上。正如一组研究人员所说：“在光谱的这一端，我们发现来自城市中产阶级家庭的孩子从幼儿时期就开始为迎战高风险、竞争性考试做准备……与此形成鲜明对照的是，那些来自内乱不断的国家的孩子几乎没有或是根本没有接受过正规的学校教育。”（Suarez-Orozco and Suarez-Orozco，2001：128）

语言权利

哥伦比亚大学的阿道夫·科恩教授在谈到公立学校的法语教学和德语教学时说，许多人对这个问题的态度可以用他在电车上无意听到的一句话来解释。当时两个年长的爱尔兰妇女正谈论自己的孩子。

其中一人说：“我不会让老师教我的孩子学法语。”

“为什么不呢？”另外一人问道。

“当然啦，”第一个人回答说，“如果圣保罗都用英语写《圣经》，那对我来说，懂英语也就足够了。”（“Man in the Street”，1995）

美国的免费公立教育是在1830年至1850年间发展起来的，这一时期也被称为“公立学校时代”。人们认为公立教育能带来诸多好处，可以让学术价值观、社会价值观和政治价值观指导并影响人们的日常生活。面对来自爱尔兰和德意志的大量新移民，公立学校的倡导者们呼吁政府提供免费公立教育，以使新移民能够传承移民先辈们的语言、习惯和价值观（Kaestle，1983）。学校被视为打造共同文化的最佳机构，正如乔尔·斯普林在倡导兴办公立学校时所说：

可以说，如果宗教信仰、社会阶层以及民族背景各不相同的儿童接受共同教育，那么社会群体之间的敌意和摩擦就会减少。另外，如果让接受共同教育的儿童了解共同的社会意识形态和政治意识形态，那么冲突和社会问题就会减少。（Spring，2001：104）

对于19世纪的学校而言，鼓励德意志移民子女学英语以及信奉天主教的爱尔兰移民子女接受新教徒的价值观无疑是具有挑战性的，但是，如今美国学校要应对的是来自世界各地、有着各种宗教信仰的学生。即使我们希望学生形成共同的社会意识形态和政治意识形态，想要真正做到这一点是不可能的。仅以语言为例。据估计，在未来两年之内，公立学校将有超过30%的学生来自英语能力有限或英语非第一语言的家庭。在今天，纽约市人口使用的语言达100多种，明尼苏达州罗彻斯特市的人口约有86 000人，但人们使用的语言多达60种（Bank Street，2008）。尽管在学校有82%的英语语言学习者（ELLs）来自说西班牙语的家庭，但是有调查表明，他们的第一语言多达350种（NCTE，2006：1）。

为移民子女提供其所需的教育历来就是公立学校的职责，这一责任是当今的学校不能逃避的，即使想推卸也不行。美国法院裁定，无论是否具有合法身份，移民的子女都有权享受免费的公立教育。以普莱勒诉多伊（Plyler v. Doe，1982）一案为例，正是在这一诉讼案中，联邦最高法院对得克萨斯州教育法中“允许当地学区对非法移民子女征收学费”这一规定做出了违宪的裁定。案件的经过是这样的：得州泰勒市的孩子们因无法证明自己或家人是合法入境的，所以必须自费上公立学校，有人质疑得州这一规定的合宪性，于是代表这些孩子向法院提起了集体诉讼。联邦地区法院裁定，得州的这项法律违背了《宪法第十四修正案》的“平等保护条款”：“……若不经过正当法律程序，任何州都不得剥夺任何人的生命、自由和财产；也不得拒绝给予其管辖范围内的任何公民以平等的法律保护。”后来得州又将此判决上诉到美国联邦最高法院。

大法官威廉·布伦南（William Brennan）在最高法院多数意见书中写道：“根据《宪法第五修正案》和《第十四修正案》，外国人，甚至是以非法身份居住在美国的外国人，也历来被视为受正当法律程序保护的人……美国人民总是把教育以及知识获取视为极其重要之事……教育提供基本的谋生工具，个人借此可能过上经济富足的生活，而这对我们所有人都是有益的。总之，教育起着维护社会结构的基本作用……拒绝给予一些受孤立儿童群体接受教育的权利就是公然违背设立平等保护条款的初衷，如果政府进行干涉，对于以个人美德为基础的发展构成了不合理障碍，那就应该加以废除……得州的这项规定会使那些无法对其不合法身份承担责任的无辜儿童承受一生的艰难困苦。”（Plyler v. Doe，1982）

尽管各州以及国会试图消除其影响，但普莱勒诉多伊一案的判决仍然是国家的法律规定。尽管最高法院的判词既高尚又合理，但没有合法身份的学生由于校外地位岌岌可危且在课堂上英语不过关，所以在学校里仍然是弱势一族（Rabin，Combs，and Gonzalez，2008）[2]。

语言问题

英语学习者越来越多，学校在学生语言学习中发挥的作用也越来越大，并且得到了美国国会的积极支持。1967 年，得克萨斯州参议员拉尔夫·亚伯勒（Ralph Yarborough）提议立法帮助学区为那些英语非第一语言的学生制订学习方案。参议员亚伯勒提出的议案主要是针对讲西班牙语的学生，议案的目的是把英语作为第二语言来教，同时加强对学生继承语（heritage language）语言能力的培养以及对本族文化变迁的了解。学校将帮助学生了解英语的发展历史以及英语在保障他们的经济安全、促进社会融合方面所起的重要作用，同时还要帮助学生认识到这种新知识不会以失去他们的本族文化史和原初语言为代价。这一议案与另外 30 多项议案合在一起被称为《中小学教育法第七条》或《双语教育法》（1968）。尽管议案并未明确要求学校实行双语制教学或是用学生的继承语进行教学，但它支持具有创新性质的多元文化课程和多语教学（Stewner-Manzanares，1988）。

对于许多移民子女而言，适应美国的学校教育并非一件容易的事情。影响新移民子女学业成功的社会因素有很多，其中包括移民生活的压力，与旧文化传统的剥离，许多移民所遭遇的贫困、种族歧视及社会隔离之间极为复杂的相互作用以及与新文化规则下的身份转型（Suarez-Orozco and Todorova，2003）。英语学习者的教育一直是人们热议的话题，而人们对英语学习的一些方案会产生诸多误解也不足为奇。你们也许听说过以下这些有关双语教学的评论：

- 学习两种语言，尤其是在儿童早期，会搅乱孩子的思维，延误英语的习得。
- 全浸式英语学习是英语学习者掌握英语的最有效方法。
- 以英语为母语的学习者参加双语课程的学习会影响其学业成绩。
- 说西班牙语的拉丁裔儿童早在幼儿园时期就显示出在社会能力和学习能力上的滞后（Espinosa，2008）。

这些都是一些普遍流行的错误看法，它们都经不起学术上的审查。正如克劳福德所说：“整整一代人的研究和实践表明，提高学生对本族语言文化的认识，培养学生运用继承语的能力对学生的英语习得有促进作用。”（Crawford，2007：146）实际上，在一个文化多元的社会里，双语制有益于所有孩子，埃斯皮诺萨及其他人所做的研究纵览表明，小孩子能够同时学会两种语言（Espinosa，2008；NCTE，2007）。研究人员还发现，同时使用英语和继承语进行学科教学既能有效地让新移民子女了解主流文化的成功模式，又不至于贬低或是破坏他们的本土文化，而失去家庭语言反而会对学生的学习产生消极影响（Adams and Kirova，2007；Crawford，2007；Faltis and Coulter，2008）。

尽管有这些研究结果，但旨在推行问责制、促进公平和学校改革的 NCLB 法案却既不禁止也不鼓励培养学生的本族语言能力和双语能力，双语制和双语读写能力也不在其目标之列（NABE，2007）。

英语语言学习者与NCLB法案

"怎么称呼会讲两种语言的人呢？"
"双语者。"
"那又如何称呼只会一门语言的人呢？"
"美国人。"

2002年通过的NCLB法案主要是为了使所有学生都能达到高学业标准，确保特殊的学生群体不被忽视，或者说不容许特殊学生群体在公立教育中不受重视。NCLB法案关注的是各种类型的学生，其中包括历来不受重视的语言弱势的学生（language-minority learners）。这自然是有利于学生的，因为如果要求学校为所有学生的学业成就成长量（achievement gains）负责，那么受益的通常是学生。几乎没有人会质疑NCLB法案的基本精神，但这一法案问题颇多，尤其是在以何种方式评价英语学习者方面还存在很多争议（Kieffer et al.，2008；NABE，2007；Solorzano，2008）。

2007年，美国对外英语教学教师协会（TESOL）首席执行官给众议院教育和劳工委员会的主席及首席委员写了一封信，他在信中表达了协会对NCLB法案要求的标准化考试之效度和信度的担心。他说，尽管NCLB法案允许英语语言能力有限的学生在参加评估性测试时可以使用自己的母语，但"为了使测评具有有效性和可信度，测评语言必须与教学语言一致，这一点很重要。因此，虽然用母语测评在许多情况下都是有益的，但对于大多数接受用英语教学的英语学习者而言，它也许并不是最有效的测评……为了达到问责目的而进行单一测评不是衡量学业进步的有效、可靠、公平的方法，对英语学习者而言尤其如此"（Amorosino，2007：1-2）。

TESOL针对NCLB法案过分依赖单一高风险考试所提出的反对意见与其他反对考试的教育者所持观点是一致的（参见第5章"标准本位改革：真正变革还是政治烟幕？"），但是NCLB法案善意的目标可能会对英语语言学习者造成特别消极的影响。如上所述，如果考试的语言与他们了解学科知识时所接触的语言（亦即教学语言）不一样，那么英语语言学习者也不太可能在学科内容测试中取得好成绩。更为糟糕的是，（如果说不是完全不可能但也）很难确定学生学业成绩不良到底是因为学生没掌握学科内容还是不懂考试语言。从某种意义上来说，每一次学科内容的测试也是对学生语言能力的检验（Kieffer et al.，2008）。

英语学习者，类似于NCLB法案所罗列的其他少数群体，到2014年必须在州级水平测试中达到熟练水平，否则他们所就读的学校就将面临联邦政府的处罚。全美双语教育协会（NABE）认为NCLB法案最终不利于学校和英语学习者计划（ELL Programs），"几乎所有拥有大量英语学习者的学校不久就将沦为不合格学校。我们难以看出那种不加区分的问责制……与提高学校质量有何关系"（NABE，2007）。NCLB法案对英语语言学习者所就读的学校构成了威胁。被一些研究人员称为"多样性惩罚"的NCLB法案"要求教学成绩低劣的学校取得最大进步，尽管这些学校的服务对象是贫困学生，而且相比那些服务于富裕学生的学校，它们的资源也更少"（Darling-Hammond，2008：164）。

全美双语教育协会与其他30多个教育和民权组织联合呼吁对NCLB法案进行

彻底修订。除了其他提议之外，该协会还建议 NCLB 法案应该促使各州和各学区（NABE，2007）：

- 既用英语也用学生本族语来研制其他评估方案，以便更为准确地测评学生对学科内容知识的掌握情况；
- 提升学生本族语的运用能力；
- 确保所有英语学习者，无论他们的英语能力如何，都能享受学校的各类服务、参与各类教育计划。

文化挑战：不仅仅是传授语言技能

> 我们所取得的伟大成就是移民劳动的产物，没有他们的贡献，我们的国家也不可能是现在这个样子，但他们却为此付出了沉重的代价，这不仅体现在他们跨洋越海来到这个国家重新定居的痛苦历程中，也体现在背井离乡的绵延阵痛之中……这种痛苦的过程还在继续，而移民与其子女之间的鸿沟也在日益扩大。（Handlin，1966：xiii，xiv）

对于新移民家庭而言，移居他国总是让他们倍感艰辛而又压力重重。移民们不得不抛下朋友和熟悉的生活方式，而且年长的家庭成员常常得放弃受人尊重的社会角色，接受在美国社会地位更低以及从事的工作不那么受重视的现实。移民子女则要全力对付新家的不同文化和陌生语言，所以他们在学校也得努力拼搏（Gaytan et al.，2007）。美国人喜欢传颂发生在这个移民国度落地生根取得成功的故事。今天也和以往一样，许多移民在学校和生活中都表现得很优秀，但更多的移民则面临着失败的风险。正如苏亚雷兹-欧罗科和加德纳所说："我们的研究表明，尽管有些人（有些移民子女）最终会成为新土地上新生活的受益者，但是太多其他人将无法应对这种全盘错位的局面。正如我们所说，摆在他们面前的生活选择就是不进耶鲁就进监狱，不进普林斯顿就进牢房。"（Suarez-Orozco and Gardner，2003：3）

学校可以帮助他们拓展成功选择之范围。学校教育至关重要，通过接受学校教育，移民子女将学会如何在新的国度谋生存、求发展，将学会如何创造更美好的新生活（Suarez-Orozco，Suarez-Orozco，and Todorova，2008）。在学校，移民子女掌握了取得学业成功所必备的技能。新移民也感受到学校就是文化胜地，是学校让他们了解了美国的社会"规则"，而且他们在学校接触的教师通常都是主流文化的一员，这些教师帮助他们了解这个新的国度，帮助他们在这个新的国度里找到发展的道路。因为他们接受过正规的学校教育，而且在通常情况下，他们的语言能力也更强，所以移民子女经常为父母和家人扮演"文化掮客"的角色。这些脚踩两个世界的年轻人在试图尊重两种文化的同时，还要调解主位文化与客位文化之间相冲突的期待和体验（Adams and Kirova，2007）。对移民问题敏感而且知识丰富的教师就可以帮助学生在两个世界间畅游。

对于新移民子女而言，在学校的成功历来都很重要，但是在今天，取得学业上的成功也许比历史上的任何时候都更为重要。鉴于美国经济的特点，学业上的成功对于获取经济上的生存优势和社会融合都至关重要。在早些时候的移民高峰时期，学校教育对个人成功无疑有着重要影响，但是在今天，当美国经济决定了那些没有完成高中学业的人几乎找不到任何有意义的工作时，学业成功也比以往显得更为关键（Suarez-Orozco，Suarez-Orozco，and Todorova，2008）。移民子女就是美国的未来，今天的新移民将承继未来的政治经济制度，美国的民主及其经济福祉就掌握在他们的手中。学校可以帮助移民子女取得学业上的成功，同时又不至于让他们脱离其家庭传统；学校和教师可以帮助新移民子女保留他们的继承语和本族文化，维护他们的历史身份，同时又能帮助他们掌握英语，掌握能促进美国经济发展、社会进步的价值观和技能（Adams and Kirova，2007；Suarez-Orozco and Qin-Hilliard，2004；Suarez-Orozco，Suarez-Orozco，and Todorova，2008）。学校尤其能帮助移民子女及其家庭成功地适应美国的生活。美国的学校既然曾经能帮助前几代移民，那么它们就能为新移民服务，而且帮助所有移民子女是美国所有学校的惯常职责，是学校在以往已成功履行的义务，也是学校在今天义不容辞的责任。

观点 2：拙劣的政策使学校不堪重负

普通移民来到这个国家的时候比美国人要贫穷得多，受教育水平也低得多，而且人均消耗的公共服务资源也要多得多。从经济上来说，移民已经成了国家的净负担……如果对外来移民不加控制的话，我们将永远无法摆脱这一沉重的负担。

——Buchanan，2006：43，46

这一关乎美国未来的文化斗争——以及对“美国”这一称谓的界定——是引发移民大战的根本原因。左派精英与其他美国人之间的鸿沟最大。

——Gingrich，2008：129

合法及非法移民引起的教育问题

新移民与学校之间的关系很复杂。历史、政治、法律以及文化等问题都是围绕着外来移民对教育有何影响这一主题展开的。当前在合法移民和非法移民中出现的巨大问题表明，我们的国家不仅缺乏充足资金来满足移民所需要的额外社会服务，而且对移民也缺乏明智的控制、鉴别以及执法力度，而学校在很大程度上首当其冲。我们应该将软弱无效的移民政策所导致的教育问题置于更大的语境中加以审视（Brimelow，2008）。

美国的移民政策和移民制度仍然是有分歧、有争议的社会问题。美国在移民资格评估、移民入境控制、移民平衡调节以及移民执法上有着方法不当的历史，而学校则要分担不当的移民政策所造成的后果。早在我们这个国家成立之前，我们就开始为移民问题以及教育与移民的关系问题而争论不休。本杰明·富兰克林在 1753 年曾指出，拙劣的移民政策可能导致“大混乱”，他还断言，如果让新来的德意志移民平均分布到各地，与英国人混居在一起，同时在移民区建立英语学校，那倒是可能有一些好处（Abbott，1969，cited in Borjas，1999）。

政策缺乏一致性，制度迥然不同，这不仅给接收移民子女的学校造成了特殊问题，也增加了它们的教育费用。现在美国的合法移民已达到了历史新高，非法移民的大量涌入使得大量人口无法统计。根据美国人口普查局的统计，2000—2007 年间的净移民人口大约为 800 万，而且还不包括非法移民。据官方统计，2007 年获得合法永久居住权（绿卡）的移民超过了 100 万。移民政策研究所估计，合法移民的实际数量每年都不止 180 万（Migration Policy Institute，2006）。显然，确定非法移民数量要难得多。根据美国人口普查局提供的数据，估计非法移民的总数已经超过了 2 100 万（www. immigrationcounters. com，2008）。还有一些其他机构估计非法移民的数量为 1 200 万～1 400 万。若不加控制，在 2005—2050 年间，未来移民将占美国预计人口增长的 82%，美国总人口将从 3 亿升至 4. 38 亿（Pew Research Center，2008）。

大规模的合法以及非法移民给社会和学校带来了许多严峻的问题。针对数量众多的移民，必要的审查和记录，满足其不同需求且代价不菲的特殊规定以及保持美国特色、维护治安的社会福利等要求都把成本强加在社会服务机构上。布坎南估计，在学校教育、健康保健、社会福利、社会治安以及监狱设施等方面所耗费的社会成本加起来约为每年 4 000 亿美元，远远高于移民缴纳的税款，而且还不包括移民给“土地资源、水资源和动力资源造成的额外压力”所需付出的代价（Buchanan，2006：35）。

非法移民为学校以及其他社会服务机构带来的净成本比合法移民更高。非法移民中有 2/3 的人连高中都未曾毕业，因此他们的收入更低，缴税更少，但从美国公立教育和社会服务性机构中索取的反而更多。这些研究结果与美国国家研究委员会的一项研究结果是相吻合的（Smith and Edmonston，1997），后者的研究表明，移民的学历水平是影响“个人收入的主要决定因素”（Center for Immigration Studies，2008：1）。

许多问题与美国移民教育政策有关。美国目前的移民政策是有利于学校还是妨碍学校发展？所有合法及非法移民的教育都应该由学校负责并因此问责学校吗？这一切费用都应该由纳税人来承担吗？其中也包括纳税人资助的高等教育吗？在国家考试成绩标准和毕业率方面，移民学生所占比例应该作为差别定级的理由吗？我们应该鼓励那些受过专门教育且为美国所需要的人移居美国，还是应该对那些希望移居美国的人不设置任何教育门槛呢？我们应该关心的是不同移民群体之间的受教育程度差距，还是移民群体与普通美国公民之间的受教育程度差距呢？我们应该在移民获得永久居住权之前就要求他们证明自己英语娴熟、了解美国历史和体制并且愿意效忠美国吗？要回答这些问题并不容易，因为这都是一些政治上有争议的问题。

学校职责、移民需求以及买单人

在 1982 年的普莱勒一案中，最高法院以 5∶4 的有限多数做出如下裁定：宪法平等保护条款要求公立学校接纳非法移民的子女（Plyler v. Doe，1982）。由于导致这一裁定的具体条件可能发生变化，法院又规定了接纳非法移民的前提条件：不得损害美国公民子女的教育机会，并且没有确凿证据证明美国确实有驱逐非法移民家长的意图。如果那些条件改变了，或者美国国会立法驱逐这些非法移民学生，那么结果可能也就不一样（FAIR，“Immigration and School Overcrowding”，2002）。现在，这一判例就是法律。

学校不仅要为移民子女提供基本的知识、技能以及矫正性教育援助，还要帮助他们学会美国化的生活方式，融入美国社会，同时学校还要为移民学生家长以及其他成人移民提供提升自我、成为美国公民的渠道。来自世界各地的移民在文化程度、技能、对待美国传统和价值观的态度、英语熟练程度以及对公共援助的需求方面差异很大。

美国本土学生与移民学生在学业成绩上的差距不断拉大。经济合作与发展组织（OECD）发布的数据显示，美国的外来移民致使美国的高中毕业率从世界第一下降到低于其他 16 个国家（Federation for American Immigration Reform，2002）。对于学区来说，满足移民学生的不同教育需求引发了多重问题，而且必然增加额外的教育成本。比如，纽约市各学校查明，全市学生使用的语言大约有 175 种，为了找到并留住训练有素的教职员工来为这些千差万别的学生提供恰当的教育服务和其他服务，所需付出的额外成本以及所遇到的困难都将是巨大的。表 9－1 显示的是 2006 年一些州的移民特点。

表 9－1　　一些州的移民特点（2006 年）

	人口/%	来源	%	英语能力有限者/%	未获高中文凭者/%
加利福尼亚州	27	拉丁美洲	53	59	37
纽约州	21	拉丁美洲	53	46	26
得克萨斯州	16	拉丁美洲	74	62	47
佛罗里达州	19	拉丁美洲	73	49	25
伊利诺伊州	14	拉丁美洲	48	56	31
新泽西州	20	拉丁美洲	46	46	22
华盛顿州	12	亚洲	31	49	28
全国平均值	**21**			**52**	**32**

资料来源：Migration Policy Institute（2008）．“2006 American Community Survey and Census Data on the Foreign Born by State，”“States with the Largest and Fastest Growing Foreign Born Populations.” http：//www.migrationinformation.org.

对于大多数州来说，当今大多数移民都来自拉丁美洲。属于“有限英语能力”的移民在这些州所占比例非常高，而全美英语能力有限人口平均值为 52%，在 2000—2006 年间，这一比例增加了 25%。未完成高中学业的移民所占比例也同样很高，并且在这些州还有不断攀升的趋势。全美没有获得高中学历的人口平均值为 32%，最近 10 年增长了 50%。在非法移民中，没有高中文凭以及英语能力相当有限的人在数量上要多得多，相关教育成本也高得多。

美国移民改革联合会（FAIR）的报告显示，全美纳税人每年为非法移民学生支付的额外教育成本已经超过了 74 亿美元（Collins，2008；FAIR Report，2008）。用于非法移民的花费通常是没有教育成本补偿的。前加州州长皮特·威尔逊（Pete Wilson）曾试图争取联邦资助，但未成功。各州情况并不一样，其中加利福尼亚州每年支出的额外教育费用大约为 22 亿美元，而得克萨斯州、佛罗里达州、佐治亚州以及伊利诺伊州每年多支出的教育经费大约分别为 10 亿、3.08 亿、2.31 亿以及 4.84 亿美元（Collins，2008；FAIR Report，2008）。

不仅仅是直接成本

就学校而言，对外来移民控制不严带来的麻烦也不仅仅是资金的问题。来自不同文化、不同部落、不同宗教以及不同经济背景的移民一旦融入学校，也就为产生重大分歧以及潜在暴力气氛创造了条件。他们之间的矛盾将使得拉帮结派、恃强凌弱、民族诋毁、敲诈勒索、暴力和恐吓等扰乱学校秩序的行为变得更加严重。同时，小团体盛行以及实行治安官协助治校、限制严苛的校规也将使得学生隔离的现象更加严重。而这些与学校是获取知识、形成积极人生态度的可靠之地的理念是相违背的。

由于移民大量涌入而在教学、课程以及师资等方面造成的特殊需求将使得学校背离服务于本土公民的初衷，因为这些特殊需求分散了学校的精力。移民有可能更需要学校护士和社会工作者等提供其他社会服务，而这也要消耗常规学校活动的资金。

合法移民和非法移民给学校带来了诸多问题，但我们又是如何走到这一地步的呢？

移民政策：动荡中的博弈

美国历来就有接收外来移民的传统，移民是美国的骄傲，但同时也是美国的一大隐忧。美国就是依靠外来移民建立起来的，而且我们仍然因为移民们对美国的文化、产业、技术以及生活所做出的贡献而感到骄傲。移民就是我们，或者更确切地说，移民就是美国。我们吃意大利菜、泰国菜或是墨西哥菜，我们使用爱尔兰裔和日裔美国人发明并改进的电脑，我们购买法裔和瑞典裔美国人设计的家具服装，我们使用因为许多其他语言的输入而日益丰富的英语，这一切都是这一特殊传统得到尊重的具体体现。

移民有助于美国的发展，但前提是移民必须得到合理管控，必须保持移民人口地域分布均衡，移民政策必须严格执行。不过，尽管移民问题不时引起公众的忧虑，我们却没能控制好移民。从敞开国门到对国籍和个人履历的限制，从允许越来越多的人进入美国到赦免一些非法移民，我们的移民政策在不断变化。我们可能制定了限制性法律法规但却没有认真执行，或者说实际上并未收到控制移民的效果。

当代大规模移民潮是历史上第四次移民大潮（Leonhardt，2008）。19 世纪 50 年代、19 世纪 80 年代以及 20 世纪初出现的每一次移民潮都引发了强烈的政治反应，随后政府就出台了限制性移民政策。每当移民潮对美国原有公民构成威胁时就会涌现反移民运动。通过法律限制移民能收到一些效果，但这仅对于促使移民程序更加规范化有用。表 9－2 显示的是 19 世纪 20 年代初以来出现的移民大潮（每 10 年间每 1 000 名美国公民中的移民人数）。

表 9－2　　每 1 000 个公民中的年平均移民人数

1.3	12.1	10.5	11.0	4.0	0.6	4.8	5.1
1820—1830	1850—1860	1880—1890	1900—1910	1920—1930	1940—1950	1980—1990	2000—2010

资料来源：Pew Research Center，*New York Times*，March 2，2008.

美国在 18 世纪 90 年代还担心允许来自敌对国家的移民加入美国国籍会有潜在的危险，但直到 19 世纪 70 年代我们一直都在鼓励移民，认为这有利于我们的社会建设。然后，在 1875 年，我们禁止囚犯和妓女移居美国，禁止贫民和心智不健全者移居美国则是 1882 年移民禁令上的规定，在 1882 年之后长达 10 年的时间里我们也一直禁止华工入境，并将禁令维持到 1943 年才取消。国会曾通过了要求对移民的文化水平进行测试的法律，但是这些法律都被伍德罗·威尔逊（Woodrow Wilson）总统之前的三任总统否决了，威尔逊总统的第二次否决在1917年被推翻，结果就是所有成人移民必须具备用某种语言进行阅读的能力。20世纪20年代的移民法规定每年迁入的移民人数不得超过15万，这包括每个家庭的直系亲属在内，同时实施有利于北欧和西欧移民的限额制。

限额制在1965年被取消，后来的移民法修订案又增加了每年对移民总人数的限制。1986年的移民改革法案试图通过惩罚雇主以及赦免一些非法移民来达到限制非法移民的目的。移民法的执行时紧时松，有时甚至是根本不予执行，我们估计目前非法移民的人口已经增加至1 200万～2 100万，但确切数目尚无法确定。20世纪90年代出台的移民法将每年合法移民人口从27万增加到67.5万，同时，给以投资和入境工作为目的的移民颁发的签证数量增加了1倍，达到了14万（Cornelius，2004；Meilander，2001；Morris，2007；Leonhardt，2008），现在我们的移民人数已创历史最高纪录。

美国面临的大危险

美国面临的危险并不是源于接纳移民这一理念。我们有着悠久的移民传统，但是传统意义上的移民跨越时间长而且规模也要小一些。对美国构成危险的只不过是移民群体的相对规模。布坎南指出，美国现在约有3 600万外来移民，比所谓“1910年移民潮”时期移居美国的人数多两倍，而且“联邦边境巡逻队每月抓获的非法移民与20世纪20年代来到美国的非法移民总数相当”（Buchanan，2006：10）。如此众多的移民造成了社会的混乱、人与人之间的猜疑、经济的不稳定以及本土公民的恐慌感。移民群体的规模之大不仅使移民同化更为困难，而且加重了社会福利负担，同时也破坏了地方的就业计划和社会环境。

那些未经当局批准擅自入境或是签证过期仍滞留美国的人员所带来的妨碍治安行为、破坏性行为以及具有潜在危险性的非法行为也不容小觑。不加控制的移民所带来的危险是显而易见的，主要包括以下几个方面：导致犯罪率增高，带来疾病，危害国家安全，与美国工人抢饭碗，导致低收入社区的混乱以及给健康和教育类的社会服务机构带来过重负担。在洛杉矶，每年享受医保的患者中就有1/3是非法移民（FAIR，2008）。

在2000—2005年间，约有450万非法移民在试图偷渡入境时被抓获，其中有30多万非法移民有犯罪记录（Buchanan，2006）。也就是说，每12个移民中就有1名罪犯，而这还只是针对被抓获的非法移民而言。当今的移民问题与过去的移民问题大不相同，因为现在有大量移民不是非法偷渡而来就是因签证过期滞留不走而变成了非法移民。我们在充分识别这些非法移民方面做得还不够，或者说对这些违法移民的执法力度还很不够。凡是未经官方许可偷渡越境或是签证过期滞留不归就属于犯罪行为，而那些故意这样做的人就是罪犯。毋庸争论，这些行为就是违法的。敞开公立学校的大门不是为了回报非法行为。

不加控制的移民给美国带来的另一危险则显得更加隐秘，但危害更大，那就是对美国价值观、民族团结、社会关系以及美国特有的精神共性所带来的挑战。找到并逐步建立起维系社会生活的共同信念是一个漫长且艰辛的过程，但却很可能因为遭遇来自移民群体相冲突的意识形态而被毁掉。

我们的国家安全、国家廉政以及经济发展都取决于对边境的控制，取决于明确合理的限制移民政策。美国欢迎遵纪守法的移民。我们移民先辈中的大多数人长途跋涉，历尽艰辛来到美国，他们也要通过申请得到入境许可，而他们中那些希望得到美国公民权的人也要达到各项要求才行，其中包括身体健康、有着遵纪守法的良好记录、懂英语、了解美国历史和政体并通过相关考试等。他们能够理解要确保国家安全和边境完整性就要制定移民法律和法规，他们也渴望拥有美国公民身份带给他们的机会和权利，但他们用自己的时间、精力、智慧和奉献精神来赢得这一切，他们也常常会选择离开那些不提供以上机会和权利的地方。

有些合法移民确实也有犯罪前科、严重的健康问题或是对美国理念很反感，但是这些人通常在申请办理绿卡的过程中都会被淘汰，而这也是有记录可查的。我们的规章制度在这些情况下起到了保护美国的作用。有序移民以及合法的学历要求有利于那些通过正当渠道进入美国的人。

移民政策的基本原则：符合国家利益

首先，美国必须建立先进的边境保护系统。在这个恐怖主义肆虐、交通便捷以及人口大规模迁移的时代，制定一套完备的移民政策必须从全面控制我们的边境着手（Auster，2003）。这可能意味着在边境上设卡、实行电子监控、进行常规性陆空巡逻、使用夜视成像系统、照明系统以及其他类似的检测设备等，这些措施都是有效的（Von Drehle，2008）。这也可能意味着必须对入境人员进行个人身份查验，必须建立国际联合查证及跟踪系统，必须实施快速驱逐出境。

我们还需要加强对游客、劳工和学者等合法入境人员的管控，要求这些人提供完整、可核实的申请材料，并且这些材料中含有所有入境人员的旅游地和联络地址等全部信息，这样就便于我们在其获准逗留期限届满时找到他们。我们必须严格执行签证限制政策，对于未经批准逾期逗留的人员给予严厉惩罚。

我们需要简单明了的联邦程序来控制移民以及非法入境者。雇主和赞助人在雇用员工之前应该对雇员身份之合法性进行核实，查验他们是否持有政府部门颁发的资格证书，如若不履行这一职责，就应当追究他们的法律责任。我们应该加强取缔非法移民劳工，对一再雇用非法移民的雇主要加大惩罚力度，同时我们还要严格地执行涉及移民就业、移民身份鉴定以及移民监理等方面的现行法律。欧盟最近通过了更为严厉的打击非法移民法案，对非法移民的拘留时间更长，将之驱逐出境也更容易（Brothers，2008）。

我们的移民制度应该加以调整以达到促进国家发展的首要目的，把人道主义以及其他目的放在其次。为了满足国家对一些特殊领域优秀人才的需要，我们有必要制定更明智、更严苛的移民政策；为了确保美国价值观和传统能得到发扬光大，我们必须裁减移民数额；我们还必须鼓励那些最优秀、最聪明的人以及那些身怀美国所需技能的人来美国发展——起码我们也应该要求所有成人移民至少具有高中文凭。

我们必须把具有熟练的英语水平作为移民获得永久居住权或公民权的基本条件，除了招揽游客之外，我们所提供的政府信息也应该只用英语表述。凡是申请加入美国籍的人都应该了解美国的历史、政体和经济制度，应该认同美国的价值观。学校有责任肩负起这样的教育，而且只要制定几条针对移民的最低教育要求就能减少成本和问题。

总结

有些移民对美国的教育和文化做出了重大贡献，许多移民把我们开放的教育制度当成谋求更好生活的跳板。逃离压迫、寻得自由是有教育意义的，争取在经济上过得更好一些也同样是有教育意义的。但这些也许都不是仅仅限制合法移民数量的国家政策所能找到的充足理由，也不是允许 1 200 万～2 100 万非法移民滞留美国的软弱移民政策所能找到的最好理由。

只有通过明智的移民改革和统一的执法，我们才有希望处理好当前的移民现状所造成的教育问题。

移民与教育不可分。对移民缺乏监控和协调给学校和社会带来了麻烦，大规模移民对美国的基本结构构成了威胁，同时也使得学校不堪重负。非法移民的急剧增加和藏匿是美国的一大隐患。移民改革不仅仅对于保障国家安全和维护国家利益而言是势在必行，而且也有助于学校重新重视其对美国公民应该履行的基本职责。

讨论

1. 根据皮尤研究中心发布的一项研究报告（Passel and Cohn，2008），预计到 2050 年美国人口将出现以下一些主要特点：

- 2050 年移民将占美国总人口的 20%；
- 老年人口将增加 1 倍多，劳动年龄人口比例将下降；
- 目前最大的少数族裔群体，即拉丁裔美国人到 2050 年将增长 3 倍，约占总人口的 29%。

如果是这种情况，

a. 你认为最积极和最消极的影响是什么？

b. 到 2050 年，上述各点对学校教育可能产生什么影响？

c. 你会提出什么建议来帮助学校应对那些潜在的影响？

d. 你认为这种变化会造成怎样的社会、文化和经济影响？

如果你认为这一预测会对美国产生消极影响，

a. 你会提出什么建议来改变移民政策呢？

b. 你的建议对学校有何影响？

c. 你的建议对美国以及全球的社会、经济状况有何影响？

2. 德拉克曼和朗格伦说："语言之所以成为美国最重要最有争议的问题之一，主要是因为语言与其他一些极富争议的问题有千丝万缕的联系，如政治问题、移民问题、民权问题、公民权问题、教育机会平等问题以及美国文化和民族身份问题等等。……公立学校历来就扮演着同化移民学生的角色，而传授英语则是学校采取的主要手段。"（Drachman and Langran，2008：65）

a. 可以找到哪些证据来证明或是反驳他们所说的语言在美国备受争议这一观点？

b. 找出能够证明语言与以上引文中提到的一些因素（例如，政治、移民和民权）有关或无关的例子，并做出评论。特别注意与移民问题有关的例子。

c. 如果作者的观点（语言是当今最有争议的问题之一）是正确的，那么这种观点对于公立学校在同化移民学生的过程中所发挥作用的有效性又有何佐证作用呢？

d. 讨论学校在移民同化过程中是如何发挥其作用的，讨论英语教学与学校扮演的同化移民学生的角色有何关系。

e. 以新移民学生为重点，就学校如何才能更好地解决语言问题拟定一份建议书。

3. 每年大约有超过55万名外国学生来美国高校学习，但是只有一小部分学生（2009年是6.5万名学生）能够得到H-1B签证（特殊专业工作签证）而留在美国工作，这些“供不应求”的签证每年都是以抽签的形式颁发的。而英国的移民政策却是一律欢迎那些极有可能为英国做出贡献的人，不需要通过抽签决定。

a. 支持和反对英美移民政策的主要论据是什么？

b. 不同的政策之下又是为谁的利益服务呢？

c. 你认为两国的移民政策会产生什么样的远期影响？

d. 如果把其中一种政策作为正题，另一种政策作为反题，那么恰当的合题是什么？

注释

[1]“移民子女”是指在美国及外国出生且正在或将在美国受教育的移民子女，其中包括出生于外国的“第一代”移民、出生于美国的“第二代”移民（Suarez-Orozco and Suarez-Orozco，2001：1）和所谓的“第一点五代”移民——年幼时移居美国且尚未到入学年龄的孩子（Suarez-Orozco，Suarez-Orozco，and Todorova，2008：6）。

[2] 美国联邦法院非常支持不以英语为第一语言的学生的语言权利。比如说，1974年，当旧金山学区因为未能给华裔子女提供适宜的双语教育而被告上法庭时，最高法院依据1964年《民权法案》中的“禁止基于种族、肤色或原国籍进行歧视”这一条款做出了有利于双语教育的最终裁决（Lau v. Nichols，1974）。1981年，联邦地区法院以劳诉尼科尔斯一案中做出的裁决为依据，对卡斯塔涅达诉皮卡德一案做出如下判决：学校必须按照“科学的教育理论”和优质教学的原则来制订培养方案，并依照培养方案为英语学习者提供服务（Castaneda v. Pickard，1981）。

参考文献

ADAMS, L. D. AND KIROVA, A. eds. (2007). *Global Migration and Education*. Mahwah, NJ: Lawrence Erlbaum.

AMOROSINO, C. S. (2007). Letter to The Honorable George Miller and The Honorable Howard P. McKeon, U.S. House of Representatives. September 5. http://www.tesol.org

AUSTER, L. (2003). "Erasing America: Politics of the Borderless Nation." Monterey, VA American Immigration Control Foundation. www.aicfoundation.org

BANK STREET. (2008). *Literacy Guide.* http://bnkst.edu/literacyguide

BRIMELOW, P. (2008) "Mass Immigration and Education." www.commonsenseonmassimmigration.us?articles/art-brimelow

BORJAS, G. J. (1999). *Heaven's Door: Immigration Policy and the American Economy.*

Princeton, NJ: Princeton University Press.

BROTHERS, C. (2008). "EU Passes Tough Migrant Measures." *New York Times*, June 19. www.nytimes.com

BUCHANAN, P. J. (2006), *State of Emergency*. New York: St. Martin's Press.

Castaneda v. Picard 448 F.2d 989; 1981 U.S. APP Lexis 12063, June 23, 1981 http://stanford.edu/~kenro/LAU/IAPolicy/IA1bCastaneda

CENTER FOR IMMIGRATION STUDIES. (2008). "The High Cost of Cheap Labor." April 15. www.cis.org

COLLINS, D. (2008). "Failing to Reform Immigration Threatens Education." *Pittsburgh Tribune-Review*. Sept. 8. p. 1.

CORNELIUS, W. A., et al., eds. (2004) *Controlling Immigration*. Stanford: Stanford University Press.

CRAWFORD, J. (2007). "Hard Sell: Why Is Bilingual Education So Unpopular with the American Public?" in *Bilingual Education*, ed. O.Garcia and C. Baker. Clevedon, England: Multilingual Matters.

DARLING-HAMMOND, L. (2008). "Improving High Schools and the Role of NCLB," in *Holding NCLB Accountable; Achieving Accountability, Equity and School Reform*, ed. G.L. Sunderman. Thousand Oaks, CA: Corwin.

ESPINOSA, L. M. (2008). *Challenging Common Myth About English Language Learners.* NY: Foundation for Child Development. http://www.fcd-us.org/resources.

FALTIS, C. J. AND COULTER, C. A. (2008). *Teaching English Learners and Immigrant Students in Secondary Schools.* Boston, MA: Allyn and Bacon.

FEDERATION FOR AMERICAN IMMIGRATION REFORM (FAIR). (2002) "Immigration and School Overcrowding." www.fairus.org

_______. (2005). "What's Wrong With Illegal Immigration." March. www.fairus.org

FRANKLIN, B. (1749). *Proposals Relating to the Education of Youth In Pennsylvania, 1749.* http://www.archives.upenn.edu/primdocs/1749proposals.

GAYTAN, F. X. et al. (2007). "Understanding and Responding to the Needs of Newcomer Immigrant Youth and Families." *The Prevention Researcher* 14: 10, 11–13.

GINGRICH, N. (2008). *Real Change*. Washington, DC: Regnery.

HANDLIN, O. ed. (1966). *Children of the Uprooted*. New York: George Braziller.

HERNANDEZ, D. J., DENTON, N. A., AND MACARTNEY, S. E. (2007). "Children in Immigrant Families — The U.S. and 50 States: National Origins, Language, and Early Education." Albany, NY: Child Trends and the Center for Social and Demographic Analysis, University at Albany, SUNY: 2007 Research Brief Series, 2007-11, April. www.childtrends.org.

IMMIGRATION COUNTERS. (2008). "Real Time Data." April. www.immigrationcounters.com

KAESTLE, C. (1983). *Pillars of the Republic: Common Schools and American Society, 1780–1860.* NY: Hill and Wang.

Lau v. Nichols, 414 U.S. 563 (1974). http://supreme.justia.com/us/414/563/case.

LEONHARDT, D. (2008). "The Border and the Ballot box." Mar 2, pp 1–3 *New York Times.* www.nytimes.com

"Man in the Street." (1905). *New York Times*, January 15. http://www.nytimes.com/archive

MEILANDER, P. C. (2001*). Toward a Theory of Immigration*. New York: Palgrave.

MIGRATION POLICY INSTITUTE. (2006). "Annual Immigration to the United States: The Real Numbers." www.migrationinformation.org

———. (2008). "2006 American Community Survey and Census Data on the Foreign Born by State." www.migrationinformation.org

MORRIS, D. AND MCGANN, E. (2007) *Outrage*. New York: Harper Collins.

National Association for Bilingual Education (NABE). (2007). *NABE Principles on the Reauthorization of NCLB.* Washington, DC: NABE http://www.nabe.org/advocacy/nclb

NCTE ELL TASK FORCE. (2006). *NCTE Position Paper on the Role of English Teachers in Educating English Language Learners (ELLs).* National Council of Teachers of English. http://www.ncte.org

PASSEL, J. S. AND COHN, D. (2008). *U.S. Population Projections 2005–2050*, Washington, DC: Pew Research Center http//pewhispanic.org/files.reports/85.

Pew Research Center. (2008). U.S. Population Projections: 2005–2050. Feb 11. (Passel, J.S. and Cohn, D.) http://pewsocialstrends.org

Plyler v. Doe, 457 U.S. 202 (1982) http://supreme.justia.com/us/457/202/case.

PORTES, A. AND RUMBAUT, R. G. (2006). *Immigrant America, A Portrait*. Berkeley, CA: University of California.

RABIN, N., COMBS, C., AND GONZALEZ, N. (2008). "Understanding Plyler's Legacy: Voices from Border Schools." *Journal of Law and Education* 37:15–82.

ROBERTS, S. (2004). *Who We Are Now*. New York: Henry Holt.

SMITH, J. P. AND EDMONSTON, B. eds. (1997). The New Americans: Economic, Demographic, and Fiscal Effects of Immigration. Washington, DC: National Academy Press.

SOLORZANO, R. W. (2008). "High Stakes Testing: Issues, Implications, and Remedies for English Language Learners." *Review of Educational Research* 78:260–329.

SPRING, J. (2001). *The American School: 1642–2000, 5th ed.* NY: McGraw-Hill.

STEWNER-MANZANARES, G. (1988). *The Bilingual Education Act: Twenty Years Later.* Washington, DC: National Clearinghouse for Bilingual Education. http://www.nclea .gwu/pubs/classics

SUAREZ-OROZCO, C., SUAREZ-OROZCO, M., AND TODOROVA, I. (2008). *Learning a New Land; Immigrant Students in American Society*. Cambridge, MA: The Belknap Press.

SUAREZ-OROZCO, M. AND GARDNER, H. (2003). "Educating Billy Wang for the World of Tomorrow." *Education Week* 8:43, 34. October 22.

SUAREZ-OROZCO, M. AND QIN-HILLIARD, D. B. (2004). *Globalization: Culture and Education in the New Millennium.* Berkeley, CA: University of California Press.

SUAREZ-OROZCO, M. AND SUAREZ-OROZCO, C. (2001). *Children of Immigration*. Cambridge, MA: Harvard University Press.

VON DREHLE, R. O. (2008). "A New Line in the Sand." *Time*17:28–35.

WILEY, T. G. (2007). "Accessing Language Rights in Education: A Brief History of the U.S. Context," in *Bilingual Education*, ed. O.Garcia and C. Baker. Clevedon, England: Multilingual Matters.

第二部分　学校应该教什么？

——知识与素养

第二部分简介：学校课程论战是不同社会群体相互较量的外在表现，而课程控制权则是权力和政治的较量结果。关于应该教什么的决策是政治决策，它涉及关于“知识、智力、素养和学习”的界定问题。这些术语属于互补性概念，但人们对这些概念的界定和诠释往往又不尽相同（Coiro，2008）。学校必然卷入对这些术语的界定，关于这些术语的界定之争也必然影响到学校。第二部分论及的话题包括学业成绩的差距、价值观和品德教育、多元文化教育、技术与学习以及标准化考试，每个话题都涉及理论问题和实际问题：了解某事某物意味着什么？学校应该如何进行相关的认知活动？

有关知识的概念以及从知识这一概念所推导出来的结论，学校课程决策的政治语境和哲学语境，课程控制权的意识形态语境和实际语境等都在本部分进行了分析阐述。学校课程是个颇有争议的话题。拉斯金指出：

> 整个20世纪关于教育内容的激烈论战一直没有停止过，也就是说，教育者对应讲授、应分析、应探究的内容的界定所引发的论战一直没有停止过。这些论战背后折射的是阶级问题、文化同质化问题、宣传与知识的问题、抽象与具体的问题以及种族、性别和有闲阶层的问题。（Raskin，2004：103）

引言

从NCLB法案所规定的选择性知识测试到校董会关于到底把进化论还是智创论作为科学课学习内容之辩，林林总总，课程问题引发了颇多争论。哪些历史内容属于学习和考试的范围？哪些文学作品属于必修内容，哪些文学作品应该从教材中删除？艺术与人文学科、体育、家政学、商科和数学有多重要？所有学生都应该学习同样的课程吗？

教学当然不仅仅意味着给学生讲授或对学生进行测试，学习也不仅仅是听教师宣讲和对知识的记忆。真正优质的教育要求教师不仅要对应该教什么以及为什么要教那些内容进行反思，还要对学生学什么以及如何学进行反思。我们也许都认为自己是受过良好教育的人，因此，我们很可能就认为：原先教师教给我们的知识就是我们现在应该教的知识——我们所学过的知识也就是学生现在应该学的知识。那种自我调整式回答（self-regulatory response）确实解答了关于学校核心目标的问题——应该教什么——但算不上是令人满意地回答了该问题（Ippolito et al.，2008）。

如果最好的教育就等于我们所学过的知识，那么教学可能也就仅仅是讲授我们认为自己已经掌握的知识，并据此对学生进行测评。若此，学校改革、课程改革或教学改革将变得毫无意义，教育也将停滞不前。若此，探讨教育问题的书籍也就没有存在的理由——因为根本就没有任何问题。但实际情况是，重大教育问题很多，应该教什么只是最重大的教育问题之一。我们所接受的教育或是我们的祖辈父辈所接受的教育，体现的只是他们那个时代所认为的最重要的知识。但是知识在变化——我们对智力、素养和学习的理解也在变化。诺布尔说道："尽管谴责美国学校教育的可悲状况，讽刺学生在地图册上找不着某个国家是很时髦，但是与100年前甚至50年前相比，大多数美国公民可能还是更有知识，因为那时大多数人只读到高中或是没有读到高中，然后正规学校教育就戛然而止了，而且那时候的课程目标只是教育工人农民的子女听话守纪，服从命令。"（Noble，2004：157）

从托儿所到研究生院，学校的存在就是为了界定知识、分析知识、传播知识、探究知识和修正知识。围绕应该教什么提出一系列问题实质上都是源于这种责任感。传播知识是学校的核心目标，这一点大多数人都认同。至于知识传播中如何互动交流则取决于我们对知识的界定（Coiro，2008）。

我们在如何界定知识，哪些人的知识理念应在学校起主导作用，如何呈现那些知识以及如何组织知识传播等方面产生的巨大分歧使得知识变成了争论的对象（Rosenberg，2002；Rose，2008）。除了对知识的本质、知识的价值和知识的表达有争论之外，我们在如何界定和衡量人的智力和素养，如何确定以及如何引导学生找到最佳学习方法等问题上也没有达成共识。关于这些问题的争论总是处于学校论战的核心，因为控制知识就是控制社会。

- 我们应该教什么知识，按照什么顺序教，由谁决定？
- 哪些知识应该是必修的，哪些知识应该是选修的，哪些知识应该删除？
- 哪些人应该了解哪类知识？
- 我们怎么知道是否应该学习以及何时学习某类知识呢？

这些问题不仅是与学校课程决策直接相关的理论问题，也是关乎教与学、成功与失败的实际问题。

学校教给学生的应该是最有价值的知识，但那就令人不禁要问：究竟由谁来决定哪些知识值得学？又是基于什么理由呢？控制公认有价值的知识之争必然是一场权力之争（Cherryholmes，1978；Popkewitz，1987；Sizer，2004；Moran，2005），控制人的思想就等于控制他们的期望、行为和效忠精神。决定哪些学生了解哪些知识对于社会政策和政治有着巨大的影响，且可能导致截然相反的结果：促进社会平等主义或是推进精英主义，加剧社会阶层的疏离或是促进社会融合（Rose，2008）。那些决定能促使个人取得成就也能限制个人成就，能促进民主也能破坏民主。

学校应该力争广泛培养有知识的人、各学科领域的专家、社会批评家、有书本知识的人、产业工人、研究学者、运动健将、消费者、爱国者还是别的哪类人才呢？

校外知识与无意之中的校内学习

当然，学校也并非获得知识、开发智力、培养素养以及进行有成学习的唯一处所。格琳达·霍尔和凯瑟琳·舒尔茨对有关校内校外学习的大量研究进行了总结，他们评论说：

> 在过去20年，来自各学科领域的研究人员提供的证据表明，儿童、青少年以及成年人在非学校环境中取得了巨大的才智成就，那些成就往往与他们在学校的不佳表现形成鲜明对照。这说明我们应该从另一个视角来欣赏他们作为能干的学习者和实干家的潜能……学校已逐渐成为一个有自己知识特色的专业机构……（Hull and Schultz，2002：575，577）

我们都有过在非学校环境中获得重要知识的体验；家庭、朋友、同龄伙伴、学习小组以及媒体只是其中几个例子。从摇篮到坟墓，我们一生都离不开学习，对大多数人来说，正规学校教育时间还不到终身学习时间的10%。

有些知识，是我们在学校获得的，但并不是学校想要我们学的——这就是学校课程中的隐性课程。一些学生在学校里学会了撒谎和欺骗，但那种结果并不是学校所希望的。

在非学校环境中的学习和通过学校隐性课程的学习挑战着我们对学校的认知——学校就是传播知识、开发智力、培养素养和开展学习的主要场所。学校教育只是增知识、长智力、提高素养和促进学习这些过程中的一个层面，但学校是有组织的机构，它有责任对社会所认定的重要知识进行界定、传播和更新。在本部分，我们重点关注“学校应该教什么”所引发的争论，但是我们一定不能把学校所教误认为是知识或智力的全部。

当然，知识取决于智力，因为只有通过智力我们才能获取知识、诠释知识和运用知识。然而，关于智力的争论和关于知识的争论同样多。正如肯·理查森所说：

> 自从人类开始把自己与其他动物相比较以及相互比较以来，也许就有了一个关于智力的概念，就有了这样一个术语。至少从思想家开始从理论上解释思

维的本质以来，我们就知道了智力的存在……对于试图回答“什么是智力?”这个问题的人而言，已知领域都无法为他提供可靠的事实依据。事实上，这是一个颇为复杂的困惑。(Richardson，2000：1，20)

心理学家霍华德·加德纳认为，我们实际上拥有多重智力，而不是只有一种智力。智力实际上是想办法解决问题或创造事物的潜力；它们不是已完成的事件，也不是明显可察或可检验，它们彼此是相对独立的。有些智力（如逻辑—数学智力和语言智力）在达到学校学业要求方面特别有用，其他一些智力（比如人际关系智力、内省智力、音乐智力和肢体动觉智力）则在学校以及校外的其他情况下更有用(Gardner，1993，1999，2000，2003)。这种复杂性使得“智力”测试以及教育标准化、教育评价等活动更加难以进行。正如加德纳所说：“智力太重要了，不能交给智力测试者来评估。”(Gardner，1999：3)

同样，我们有着多重素养和多重学习过程（Hull and Schultz，2002；Coiro，2008)。素养可以从许多方面来界定：基本阅读/写作能力、计算机操作能力、经济生存能力、文化能力、历史认知、艺术素养以及批判素养等都可视作素养（Gee，1996，2000)。批判素养给我们提供了运用基本学校知识来认识、消除富人与穷人间权利差距的一种途径（Freire，1970；Freire and Macedo，1987；Comber and Simpson，2001)。

凡是观察过小孩儿如何学会走路、学会说话、学会阅读以及如何形成创造能力和诠释能力的人都会发现，每个人的学习过程都不一样，即学习过程具有多重性。多重智力、多重素养和多重学习过程这些复杂的概念不仅使我们在知识、智力、素养和学习的界定方面困难重重，而且也使得我们必须重新审视学校课程、联邦和州标准化考试以及教学等重要问题。

学校课程：知识与政治

每个社会的学校课程反映的都是那个时代、那个社会关于知识和素养的广为接受的界定——它们也是政治决策的反映。但这些界定通常是矛盾的——艺术与科学、实践与理论以及社会化与个体独立性之间的矛盾。在巫术盛行的时代，一个有文化有智慧的人就是懂巫术语言、信奉巫术的人。在技术时代，又可以把一个有文化有智慧的人界定为懂技术知识语言、信奉技术知识价值观的人。因此，“有文化”(literate) 这个术语可以被视为一个语言标志，专指有知识且拥有的知识具有社会价值的那些人。学校提供文凭、学位和各种专业证书作为文化水平证明书。当社会信奉魔术和巫术时，巫师享有很大的权力和很高的地位（Moran，2004)。他们的意见经常就变成了法律和政策。只有少数几个人有机会学习他们的神秘仪式。当巫术被视为邪恶时，巫师又会被活活烧死。在重视科学知识的现代社会，“巫师”被视为有趣的怪人。为了满足 21 世纪对教育的需求，后现代社会提出了全新的定义和全新的学校课程（Stanley，1992；Greene，1994；Ippolito et al.，2008)。

在通常情况下，除非出现新话题或新观点挑战传统学科的地位，否则，它们在学校里总有一席之地。在 17 世纪的中学，学校授课用拉丁语，希腊语和道德哲学也是必修课。在 20 世纪的最后几十年，当考试成绩显示学生的阅读能力、写作能力和算术能力较差时，大多数小学削减了花在科学课、社会学课和艺术课上的时间，同时将省出的这些时间加强到阅读课和算术课。当计算机具有更大的社会价值时，学校又把信息技术课塞进了拥挤的学校课程。还有其他新增课程，诸如驾驶培训课、体育课、吸毒预防教育课、品德教育课等，说明课程变革是以对知识和学校政治职能的重新界定为基础的。开设的课程和课程重点取决于对“美好”事物和“美好”社会的普遍看法是什么。在每个时代，对于哪种事物和哪种社会最值得向往，人们的看法迥然不同。一些人希望个体是自由独立且有判断力的；另外一些人呼吁行为约束以控制离经叛道的行为，确保社会从众性。一些人要求明确规定道德价值观和信仰；另外一些人要求从道德主义和权威训令中摆脱出来。一些人希望尊重权威；另外一些人则更爱挑战权威。

实用教育、理论教育和道德教育

我们的文献资料里充满了关于学校应该如何培养好公民和构建好社会的争论。亚里士多德把国家视为至高无上、外延广泛的社会团体，把教育视为国家职能，旨在维护社会团结。他说：“因此，教育是使它［社会］成为共同体、保障社会团结的一种手段。”（Aristotle，1962：51）在《政治学》一书中，亚里士多德对于学校是否应该重视实用性知识、道德品质以及深奥思想的教育等引起的分歧进行了论述。当今课程论战的焦点仍然是学校应该给予实用教育、理论教育和道德教育分别以多大的重视度。

当今的综合性公立学校推出了一系列实用教育课，如阅读、音乐、木工、家政学、计算机操作、体育和职业培训等。它们还开设英语、数学、社会学、艺术和科学等方面的理论课。学校对学生进行各种形式的道德教育；学生学习的材料里宣传的是好公民、好社会的思想，他们从校规和教师那里懂得了要尊重他人、热爱祖国、保持忠诚和诚实守信。随着各种改革的盛行和地方社区变革活动的展开，这些教育形式相结合的方式也随之变化。

许多人认为1980—2010年间的课程改革基本上是机械的、“自上而下”的改革，总统、州长、议员和国家教育委员规定学校教什么、怎样教以消除教育中存在的种种弊端。他们的规定——提高课程要求、延长学校上课日、延长学年、布置更多家庭作业、增加考试次数以及给在工厂般学校里学习的学生强行灌输知识——并没有收到预期效果。

大多数学校开设常规课程。各州有规定某些课必须开，如英语课、美国历史课、毒品预防教育课等，评审机构定期检查学校，看它们是否按规定开设了相应课程。瞄准全国市场的出版商发行符合国家课程标准的教学材料，学区课程协调员和部门领导参加的全国性会议和阅读的报刊都强调课程结构规范化。这样，就有一个基于共同标准的全国课程总纲要，尽管每个州开设的具体课程并不完全相同。

在21世纪初，外界因素仍然在很大程度上决定着美国学校开设哪些正规课程。我们现在有国家标准和州标准，这些都增强了对学生学习情况的外部问责，而且我们对符合社会预期的素养水平也有着更为复杂的看法。殖民时代以来，从传授宗教思想到传播与社会生活各个层面几乎都相关的知识、技能和价值观，课程本身经历了从狭隘到多重但又常相矛盾的视角演变。在美国的学校里，传统的“七艺”——修辞学、文法学、逻辑学、算术、天文学、几何学和音乐——已经被多得列举不清的一系列课程所取代。当然，正规课程并不是学生在学校里学习的全部内容。

隐性课程

隐性课程是指学校课程计划中未明确规定，通常也是未经审查的思想、价值观和行为方式，是学生（和教师）在学校生活环境中无意习得的很微妙的东西。

我们通过几个简要的例子就可以说明什么是隐性课程。教师告诉学生要独立，要敢于表达自己的观点，但那些表现出独立精神和自己的观点得不到教师欣赏的学生又经常受批评受惩罚。在历史课上，学生听教师说捍卫正义与平等是美国人的基本权利，然而他们看到的却是唯唯诺诺、衣着入时的学生得到教师的优待。在学校，教师告诉学生剽窃是学术犯罪，然后又有新闻报道说一些著名的、获过奖的历史学家（可能还是在高中历史课本上被引用过的学者）剽窃他人研究成果。教师要求学生不抽烟，但自己又抽烟不止。隐性课程是一个相对较新的大领域，对学生学习和知识的影响往往比正规课程更大。

从更深层次来看，学校说一套做一套可能引出一个更重要的问题：彼此冲突的观念形态。隐性课程与显性课程所确定的目标是相矛盾的。显性课程可能重视多元性，但隐性课程强调的是一致性；显性课程提倡批判性思维，但隐性课程支持听话顺从；显性课程强调机会平等，但隐性课程按照阶层背景、性别、种族或其他因素将学生隔离开来。

一些重要文献对隐性课程及其意识形态基础进行了分析（Young，1970；Cherryholmes，1978，1988；Anyon，1979，1980；Giroux and Purpel，1983；Popkewitz，1987；Giroux，1988；Apple，2000；Aronowitz，2008；Stanley，1992，2004）。从批判性视角来看，媒体和主流教育文献中频频出现的关于学校教育的“大辩论”实际上是自由派和保守派之间的意见分歧。这些公开辩论实质上并未涉及关于知识控制权及其社会影响的意识形态问题，它们只是谈到了显性课程，但对影响力不可小觑的隐性课程未加探讨。学校改革流于形式，不可能真正改变学校教育，而且主流自由派和保守派都不是真心希望进行大变革。

从表面上看，凡是进行学校改革大辩论，就是讨论学校是否应该在计算机、数学以及英语课上投入更多时间，在艺术课和社会学课上投入更少时间，其实相对而言这是无关紧要的问题，这种辩论掩盖了为谁的利益服务以及损害了谁的利益这些更为根本的分歧。关于学校究竟应该重视基础课程、开设职业培训课程、开设选修课还是强调美国价值观等肤浅的争论，应该转向深刻、批判性地分析谁控制学校课程以及那种控制带来何种影响。在主流话语里，那些基本问题都是隐形的。

传统知识到底是提供永恒的智慧还是推进社会压迫？这是知识控制权之争的核心问题。传统意义上的识读素养被视为统治阶级用以分隔、控制人民大众的工具，但保罗·弗莱雷认为识读素养是获得解放的工具，这也是他的革命观（Freire and Berthoff，1987）。出生于巴西最贫穷地区的弗莱雷认识到了穷人的悲惨命运。他发誓要把自己的一生献给反抗苦难和贫穷的斗争，他提出“沉默文化”这一概念就是基于他在弱势群体中所看到的文化沉默现象。

弗莱雷认识到知识就是力量，而统治阶级就是利用教育来维护在穷人和文盲这些受害者中鼓励形成沉默文化。他提出的教成人读书识字的计划就是为了将他们从被迫性沉默中解放出来。作为巴西的教育学教授，他决心消除文盲，他的教育思想被广泛运用于巴西扫盲运动的实践。巴西政府认为弗莱雷对政府构成了威胁，1964年巴西爆发军事政变，弗莱雷被捕入狱。被迫离开自己的祖国之后，他来到智利，参与联合国教科文组织的工作，后应哈佛大学之邀来到美国，后来又到日内瓦，担任世界基督教会联合会教育事务委员会的主任。弗莱雷的计划包括培养人的批判意识，通过交流揭露压迫。教师和学生“共同关注”现实，平等参与关于社会现实的对话，形成批判性理解力，借此将他们从沉默文化中解放出来。

亨利·吉鲁——引用弗莱雷的话——论证说我们需要对识读素养进行重新界定，重点应该放在其批判性层面。通过电视以及其他电子媒介传播的大众文化受占主导地位的经济利益集团的支配，而且只能提供即时影像和未经深思的信息。这就造成了对“技术主义”的盲从，对自我认知、批判性思维和民主构成了威胁。吉鲁说：

> 从技巧的掌握方面来阐述识读素养是不妥的，我们必须把素养的含义拓展到涵盖批判性阅读能力——凭借归纳总结能力对自身经验范围之内/之外的信息进行批判性阅读的能力。这意味着识读素养将使人们能够批判性地解读个人世界和社会世界，从而增强他们挑战谎言和信仰的能力——对影响其观点、经历的谎言和信仰提出质疑的能力。(Giroux，1988：84)

课程控制权

知识控制权以及学校课程都是主导性社会目标和主导性社会结构的产物。在美利坚民族的形成时期，宗教教育是基础教育。尽管各州的教育情况并不一样，但大多数人都希望所有儿童都在家、在家庭小学（dame school）或在读写学校里接受宗教教育，目的是挫败“老骗子撒旦”企图阻止人类了解《圣经》知识的阴谋。但是，大多数女孩学会了读书写字之后，就不能继续接受教育。她们得回家学习持家之道，而来自富裕家庭的男孩则继续在拉丁文法学校接受教育。非裔美国人和美国原住民几乎全被排斥在学校大门之外。

知识控制权之争历来与社会阶层差异相关（Anyon，1980；Spring，1998）。工人阶级需要实用性知识，特权阶级需要更高层次的知识；他们都需要道德知识，但在需要何种道德知识方面存在很大差异。以当技工学徒为目标，掌握实用性知识适合于普通大众；而接受正规学校教育以学会批判性思考，学习哲学、科学和艺术适合于贵族阶级。就道德教育而言，普通大众要养成服从命令、尊重权威、勤俭节约、任劳任怨的道德品质；而特权阶级则应该养成善于明断、公正裁决以及低调为官的道德品质。

培养未来的社会领袖是学校教育的核心目标之一。当权势阶层控制教育，决定学校该教什么时，最基本的课程问题是：统治阶级成员应该掌握哪些知识？在实行大众化教育且更为民主的社会里，课程问题转而变成所有社会成员必须掌握哪些知识才能充分、积极地参与社会。

但是，即使在民主社会里，有可能成为未来领袖的那些人的课程需要也会得到特别关注，从许多现代化高中按能力分班和优等班课程计划中就可以看出这一点。社会期望、社会阶级结构以及学校所授课程之间的相互联系值得我们不断地分析。

理查德·亨利·托尼曾批判英国富家子弟就读私立精英学校的传统，倡导改进适合工人阶级子女的免费教育体制。他认为精英教育制度在本质上就是隐性课程的一部分，教富家子弟“用的不是语言也不是刻意而教，而是用其所处环境、用事实本身来证明他们……是特权阶级成员，其职能将是指引方向、发号施令，领导力、影响力和其他生活的馈赠理所当然地属于他们”（Tawney，1964：83）。

社会阶层不是影响课程决策的唯一因素。种族、性别、原国籍和宗教等其他一些因素对社会上哪些人接受哪种知识的决策也有影响。特权的概念，以及与特权相伴而生的教育，与美国的种族歧视和性别歧视以及其他民族历史有关。对少数种族、女性、犹太人、天主教徒、原住民、爱斯基摩人及其他一些人的教育歧视是民主社会的可悲传统。

大约半个世纪之前，心理学家肯尼思·克拉克在儿童人格发展方面的隔离效应研究是最高法院在布朗诉教育委员会案件中裁决隔离学校违宪的一个重要影响因素。他指出：

> 美国城市贫民区的公立学校现状也折射出种族排斥带来的严重伤害……隔离与劣等教育“相辅相成”……教育者用来掩饰教育上势利之举的各种委婉语并未愚弄到孩子们。从甫一上学被定为不合格学生，孩子们心里就明白这一切……“课堂上的文化冲突”本质上就是一场阶级斗争：是在我们的学校战场上发动的一场社会经济斗争和种族斗争，中层阶级和渴望成为中层阶级的教师以半真半假的陈词、偏见和合理化解释为有力武器，联合起来对抗被彻底击败的工人阶级子女。（Clark，1965：111，117）

对基于宗教信仰、民族和性别的教育歧视的类似谴责在批判性文献中很普遍（Hofstadter，1944；Clark，1965；Katz，1971；Feldman，1974；Spring，1976，1998；Apple，1979，1990；Sadker and Sadker，1982；Walker and Barton，1983；Grimshaw，1986；Giroux，1991；Lather，1991；Weiler，1991）。正如罗斯玛丽·迪姆所说：“女性必须努力反抗男性主导的权力关系，因为它企图把女性禁闭在家庭私人空间，使她们远离生产和政治权力等公共领域。”（Deem，1983：107）韦勒基本上同意思想界对西方知识系统的批判，他认为，女性主义教育学植根于对社会变革的批判态度、反对态度和激进主义态度（Weiler，1991）。为有不同种族、性别、阶级、宗教信仰或民族背景的学生提供各类知识和技能的学校教育同样对长期待遇不平等和模式化偏见起到了推波助澜的作用。

社会期望

学校究竟应该重视其价值得到社会认可且有历史意义的学科知识，还是应重视能激发批判性思维和学生兴趣的学习内容？如果我们认为个体学生有必要形成独立的、批判性的判断力以便能积极参与民主社会的改进，那么我们就应该期望学校教育指向这一目标，同时也就能指望受过教育的学生对社会产生影响。如果社会看重的只是少数几个人拥有权力，而大多数人要听话顺从，遵守社会规范，我们也应该期望学校教育指向这一目标，并接受由此创造出来的社会。

这两种假设似乎表明做选择很简单，但实际上并非如此。我们希望培养的个体类型、我们希望构建的社会和我们提供的学校教育之间的关系是复杂而又不断变化的。这些关系常对学校发出相互矛盾的信号，这些矛盾又载入了学校课程。社会希望学生成为自立的个体——但又不希望他们过于自立、过早自立，因此，上大学之前，学生在决定学什么的问题上几乎没有多少选择的自由。我们向往的是既民主又能激发人自愿效忠祖国的社会，但是我们又不相信公开探究，因此我们要求学校的课程内容必须强调爱国主义情怀。

美国独立战争之前，宗教作为社会黏合剂的作用已在减弱，因为此时出现了国家政治利益。独立战争之后，一直到19世纪，民族主义取代宗教成为影响教育的力量。识读素养之所以很重要并不是因为宗教救赎，而是因为爱国主义、维护自由和参与民主的需要。带有政治色彩的民族主义传统在美国学校的影响力依然很大，每当社会价值观似乎岌岌可危的时候，教育界就会号召大家重新重视民族主义（Westheimer，2007）。反恐战争就是当代社会的一个例子——要求学生宣誓效忠、开展爱国活动以及了解美国历史的力度加大了。

还有许多从政治上利用学校的例子。在美国公然实行种族歧视的时期，同时也是作为对废奴运动的回应，一些选区利用识读能力测试来限制民众的投票权。因为一些州的法律禁止奴隶接受教育，这些测试的目的就是不让原先的奴隶和穷人投票。识读能力测试的支持者也同样利用这种测试来限制移民参与投票。戴维·泰亚克引用一个三K党御用巫师的话说：“不吉祥的统计数字表明，寄生虫似的民众在我们的领地上不断壮大……我们擅自请进来的是装满了无知、文盲和妒忌的特洛伊木马。”（Tyack，1967：233）

“红色恐怖”的20世纪20年代、麦卡锡主义的50年代以及反共政治言辞的80年代也是人们觉察到存在社会威胁的时期；其结果是在历史、政治学、文学和经济学课程中强化民族主义者的观点。在科技贸易上的国际竞争对今天的美国人同样构成了威胁，这种危机感又转化成对数学、科学、计算机之类技术课和外语等课程的越发重视。

正规课程是学校课程中最显而易见的一部分，从中可看出学校对各类知识的重视程度以及对智力和素养的界定。知识和素养的真正内涵比学校所认可和传授的多得多，但是学校能证明自己所选择传授的知识之合法性，能给那些学业成功的学生颁发证书。

一些人喜欢数学，但对另外一些人而言，读历史或文学作品是很大的享受。一些人喜欢在生物课上解剖白鼠，喜欢在商店看木工产品或是在健身房锻炼，另外一些人则被教科书和教师弄得困惑不已。正如他们所说：萝卜白菜，各有所爱。但是，不管喜欢与否，难道就没有大家都应该了解的东西吗？有没有所有人都应该掌握的技能呢？我们应该要求每一个高中毕业生都成为有文化的人吗？谁来决定素养的标准？在21世纪的头十年，受过教育的人应该具备什么样的素质？

第二部分各章对作为教育改革运动一部分的课程论战进行了分析。这些论战旨在证明哪些知识最有价值，而这个问题又与我们对好公民、好社会之构成因素的不同看法有关。

参考文献

ANYON, J. (1979). "Ideology and U.S. History Textbooks." *Harvard Educational Review* 7:49–60.

———. (1980). "Social Class and the Hidden Curriculum of Work." *Journal of Education* 162:67–92.

———. (2005). *Radical Possibilities.* New York: Routledge.

APPLE, M. (1979, 2004). Ideology and Curriculum. 3rd Ed. New York: Routledge.

———. (2000). *Official Knowledge.* London: Routledge.

ARISTOTLE. (1962). *The Politics of Aristotle,* translated by E. Barker, Oxford: Oxford University Press.

ARONOWITZ, S. (2008). *Against Schooling: Toward an Education that Matters.* Boulder: Paradigm Publishing.

BERNSTEIN, B. (1977). *Class, Codes, and Control,* Vol. 3. London: Routledge and Kegan Paul.

BOURDIEU, P., AND PASSERON, J. (1977). *Reproduction in Education, Society, and Culture.* London: Sage.

BOWLES, S., AND GINTIS, H. (1976). *Schooling in Capitalist America.* New York: Basic Books.

BOYER, E. L. (1983). *High School.* New York: Harper and Row.

BRAUNGER, J., AND LEWIS, J. P. (1997). *Building a Knowledge Base in Reading.* Newark, DE: International Reading Association.

BROADFOOT, P., ED. (1984). *Selection, Certification and Control: Social Issues in Educational Assessment.* London: Falmer Press.

Brown v. Board of Education of Topeka, Shawnee County, Kansas, et al. (1954). 74 Sup. Ct. 686.

BUTTS, R. F. (1955). *A Cultural History of Western Education.* New York: McGraw-Hill.

CARNOY, M. (1975). *Schooling in a Corporate Society: The Political Economy of Education in the Democratic State.* 2nd Ed. New York: McKay.

CARNOY, M., AND LEVIN, H. (1985). *Schooling and Work in America.* Stanford, CA: Stanford University Press.

CHENG, L. (1998). "Beyond Multiculturalism," chapter in Pang, V., Cheng, L., *Struggling to Be Heard.* Albany, NY: State University of New York Press.

CHERRYHOLMES, C. (1978). "Curriculum Design as a Political Act." *Curriculum Inquiry* 10:115–141.

———. (1988). *Power and Criticism: Post-structural Investigations in Education.* New York: Teachers College Press.

CLARK, K. (1965). *Dark Ghetto.* New York: Harper and Row.

COIRO, J., et al., (2008). *The Handbook of Research in New Literacies.* Mahwah, NJ: Erlbaum.

COMBER, B., AND SIMPSON A. (2001). *Negotiating Critical Literacies in Classrooms.* Mahwah NJ: Erlbaum.

CROUSE, J., AND TRUSHEIM, D. (1998). *The Case Against the SAT.* Chicago: University of Chicago Press.

DEEM, R. (1983). "Gender, Patriarchy and Class in the Popular Education of Women," *Gender, Class and Education,* ed. S. Walker and L. Barton. London: Falmer Press.

EDELSKY, C., ALTWERGER, B., AND FLORES, B. (1991). *Whole Language, What's the Difference?* Portsmouth, NH: Heinemann.

EGGLESTON, J. (1984). "School Examinations—Some Sociological Issues," in *Selection, Certification and Control,* ed. P. Broadfoot. London: Falmer Press.

FELDMAN, S. (1974). *The Rights of Women.* Rochelle Park, NJ: Hayden.

FISKE, E. B. (1991). *Smart School, Smart Kids.* New York: Simon and Schuster.

FORD, P. C., ED. (1962). *The New-England Primer: A History of Its Origin and Development.* New York: Teachers College Press.

FREIRE, P. (1970). *Pedagogy of the Oppressed,* translated by M. B. Ramos. New York: Herder and Herder.

FREIRE, P., AND BERTHOFF, D. (1987). *Literacy: Reading and the World.* South Hadley, MA: Bergin and Garvey.

FREIRE, P., AND MACEDO, D. (1987). *Literacy.*

South Hadley, MA: Bergin and Garvey.
GARDNER, H. (1983, 1993). *Frames of Mind.* New York: Basic Books.
———. (1999). *Intelligence Reframed: Multiple Intelligences for the 21st Century.* New York: Basic Books.
———. (2000). *The Disciplined Mind.* New York: Penguin.
———. (2003). "Multiple Intelligences After Twenty Years." Presentation at American Educational Research Association meeting, April 23.
GEE, J. P. (1996). *Social Linguistics and Literacies.* 2nd Ed. London: Falmer Press.
———. (2000). "The New Literacy Studies," in *Situated Literacies*, ed. D. Barton et al. London: Routledge.
GIROUX, H. (1981). *Ideology, Culture, and the Process of Schooling.* Philadelphia, PA: Temple University Press.
———. (1988). *The Teacher as Intellectual.* South Hadley, MA: Bergin and Garvey.
———, ed. (1991). *Postmodernism, Feminism and Cultural Politics.* Albany, NY: SUNY Press.
GIROUX, H., AND PURPEL, D. (1983). *The Hidden Curriculum and Moral Education.* Berkeley, CA: McCutchan.
GOODLAD, J. (1999). "Flow, Eros, and Ethos in Educational Renewal." *Kappan* 80(8): 571–578.
GREENE, M. (1994). "Postmodernism and the Crisis of Representation." *English Education* 26:206–219.
GRIMSHAW, J. (1986). *Philosophy and Feminist Thinking.* Minneapolis: University of Minnesota Press.
HANSON, F. A. (1993). *Testing, Testing: Social Consequences of the Examined Life.* Berkeley: University of California Press.
HOFSTADTER, R. (1944). *Social Darwinism in American Thought.* Philadelphia: University of Pennsylvania Press.
HULL, G., AND SCHULTZ, K. (2002). *School's Out: Bridging Out-of-School Literacies with Classroom Practice.* New York: Teachers College Press.
IPPOLITO, J., STEELE, J., and SAMSON, J. (2008). "Introduction: Why Adolescent Literacy Matters Now." *Harvard Education Review.* 68(1), 1–5, Spring.
KATZ, M. B. (1971). *Class, Bureaucracy, and Schools.* New York: Praeger.
KINCHELOE, J. L. (2005). *Critical Constructivist Primer.* New York: Peter Lang.
LANGER, J., ed. (1987). *Language, Literacy and Culture: Issues of Society and Schooling.* Norwood, NJ: Ablex.
LATHER, P. (1991). *Getting Smart: Feminist Research and Pedagogy Within the Postmodern.* New York: Routledge.
LEMANN, N. (1997). "The Reading Wars." *The Atlantic Monthly,* November: 128–134.
MEHRENS, W. A., AND LEHMANN, I. J. (1987). *Using Standardized Tests in Education.* 4th Ed. New York: Longman.
MORAN, B. T. (2005). *Distilling Knowledge.* Cambridge, MA: Harvard University Press.
NATIONAL COMMISSION ON EXCELLENCE IN EDUCATION. (1983). *A Nation at Risk.* Washington, DC: U.S. Department of Education.
NELSON, J., CARLSON, K., AND LINTON, T. (1972). *Radical Ideas and the Schools.* New York: Holt, Rinehart and Winston.
NOBLE, C. (2004). *The Collapse of Liberalism.* Lanham, MD: Rowman and Littlefield.
OAKES, J. (1985). *Keeping Track: How the Schools Structure Inequality.* New Haven, CT: Yale University Press.
OWEN, D. (1985). *None of the Above.* Boston: Houghton Mifflin.
POPKEWITZ, T. (1977). "The Latent Values of the Discipline-Centered Curriculum." *Theory and Research in Social Education* 13:189–206.
———. (1987). *The Formation of School Subjects.* New York: Falmer Press.
PRITCHARD, R. (2005). *Epistemic Luck.* New York: Oxford University Press.
RASKIN, M. (2004). *Liberalism: The Genius of American Ideals.* Lanham, MD: Rowman and Littlefield.
REICH, R. B. (2004). *Reason: Liberals Will Win the Battle for America.* New York: Alfred Knopf.
RICHARDSON, K. (2000). *The Making of Intelligence.* New York: Columbia University Press.
ROCKMORE, T. (2005). *On Constructivist Epistemology.* Lanham, MD: Rowman and Littlefield.
ROSE, M. (2008). "Intelligence, Knowledge, and the Hand/Brain Divide." *Kappan.* 89(9), 632–639. May.
ROSENBERG, J. F. (2002). *Thinking About Knowing.* Oxford, United Kingdom:

Clarendon Press.

SADKER, P., AND SADKER, D. M. (1982). *Sex Equity Handbook for Schools.* New York: Longman.

SHANNON, P. (1989). *Broken Promises: Reading Instruction in Twentieth-Century America.* Granby, MA: Bergin and Garvey.

SIZER, T. (2004). *The Red Pencil.* New Haven, CT: Yale University Press.

SPRING, J. (1976). *The Sorting Machine.* New York: McKay.

———. (1998). *American Education.* 8th Ed. New York: McGraw-Hill.

STANLEY, W. (1992). *Education for Utopia: Social Reconstructionism and Critical Pedagogy in the Postmodern Era.* Albany, NY: SUNY Press.

TALLIS, R. (2005). *The Knowing Animal.* Edinburgh: Edinburgh University Press.

TAWNEY, R. H. (1964). *The Radical Tradition.* London: Allen and Unwin.

TEN ELSHOF, G. (2005). *Introspection Vindicated.* Burlington, VT: Ashgate.

TRAVERS, R. M. W. (1983). *How Research Has Changed America.* Kalamazoo, MI: Mythos.

TYACK, D. (1967). *Turning Points in American Educational History.* Waltham, MA: Blaisdell.

WALKER, S., AND BARTON, L. (1983). *Gender, Class and Education.* London: Falmer Press.

WEILER, K. (1991). "Freire and a Feminist Pedagogy of Difference." *Harvard Educational Review* 61:449–474.

WERKMEISTER, W. H. (1968). *The Basis and Structure of Knowledge.* New York: Greenwood Press.

WESTHEIMER, J., ED., (2007). *Pledging Allegiance.* New York: Teachers College Press.

YOUNG, M. F. D., ed. (1970). *Knowledge and Control.* London: Collier-Macmillan.

第10章

缩小学业成绩差距：采用老办法还是新办法？

现行政策和制度就能缩小学业成绩差距还是需要新措施？

观点 1：支持继续执行现行计划

> 通过这一法案，我们为 500 多万“教育上贫乏的儿童”（educationally deprived children）弥合了绝望与希望之间的鸿沟。我们把 3 000 多万册新书交到了孩子手中，放到了许多学校新建的图书馆里；我们压缩了把新式教学方法引入课堂的时间延滞；我们加强了承担着提供更优质教育之重担和挑战的州及地方机构；我们重新点燃了革命的火焰——反抗“无知的暴政”的精神革命之火已重新燃起。
>
> ——Johnson，1996

学业成绩差距

如果你是生活在 20 世纪 60 年代初的非裔或拉丁裔美国青少年，你可能仍会被那些取消了隔离的中学拒之门外（Weinberg，1977）。你所在州的法律可能就明确规定对黑人学生和白人学生实行分校教育。在其他一些地方，学区严格执行禁止学生在其居住区之外的学校报名注册的规定——那些居住区也是按种族划分的。你从高中毕业的可能性只有 50%，而你完成大学学业的可能性只有 4%（Orfield and Eaton，1996）。

旨在衡量学业水平的考试成绩也证明了有色人种学生与白人学生之间确实存在差距。国家教育进步评估（NAEP）测试计划是在 1969 年制订的，目的是“监督 9 岁、13 岁和 17 岁在校生学业成绩进展情况”（Jencks and Phillips，1998：152）。NAEP 每年都对 7 万～10 万名学生进行阅读、数学、科学和写作方面的成绩测评。其影响力之大、可信度之高真是无愧于它“国家成绩报告单”之称谓。在 20 世纪 70 年代初期，NAEP 所提供的学生学业成绩信息显示，白人学生和有色人种学生之间存在显著差距。各年级白人学生在各门学科上的成绩都比非裔和拉丁裔学生高出 12%～20%（Campell，Hombo，and Mazzeo，2000）。

20世纪上半叶，有种普遍看法认为，一些学生根本无法掌握标准课程的内容。如果说这里的“一些”主要是有色人种学生，那是可能的，因为他们在遗传或文化方面本身就低劣一些——南方人就是据此为隔离学校辩护的（Tyack，1974）。在北方，学区制订了职业教育计划和产业技术教育计划，许多有色人种学生自然就被分流到了那类学校——而不是被分流到开设有大学预备课程的学校去读书（Tyack，1974；Angus and Mirel，1999）。教育折射的事实就是，美国是一个种族隔离的社会。在住房、就业和社会关系上，有色人种和白人过的是隔离且绝不平等的生活。在很大程度上，那些按种族隔离学生的安置方式在公立学校并未受到质疑（Tyack，1974；Anyon，1997；Taylor，1998；Angus and Mirel，1999）。但是，预示着将在美国社会生活中爆发一场革命的雷声还是可隐约听见的（Tushnet，1987）。

在第二次世界大战之后，美国人对种族的态度终于发生了变化。非裔和拉丁裔美国士兵在战争中为了美国甘愿冒生命危险，因此在战后他们不愿再继续接受自己作为二等公民的地位。全美有色人种进步协会（NAACP）和拉丁裔美国公民联合同盟（LULAC）等民权组织开始在法庭上质疑种族隔离和种族不平等。因此，此时社会的注意力不可避免地转向了学校（Kluger，1975；Tushnet，1987；Taylor，1998；Wilson，2003）。这些团体的成员“拒不接受早先那些对差生的问题诊断，尤其是那些把问题归咎于个人的诊断（或者说他们品德有问题，或者就是先天遗传有缺陷）”（Deschenes，Cuban，and Tyack，2001：533）。他们认为真正的问题在于种族歧视使得有色人种学生无法得到白人学生所接受的教育和享受的资源。他们决心改变这一状况。

多亏了来自这些边缘化团体成员及其白人同盟军的压力，变化开始发生，而且堪称是革命性的变化。在过去的35年，我们制定了旨在把人人享有平等教育机会变成现实的法律和计划。法院宣布，规定学校实行种族隔离的法律是违宪的。国会以法律的形式确立了先行教育计划 和 Title I 财政资助计划，调拨专项资金扶持差生高度集中的学校。行政当局制订了肯定性行动计划以消除对有色人种的歧视。这些计划曾遭到了强烈抵制，最终通过反复的法律斗争、政治斗争和社会斗争才落实到位。这些斗争是值得的，这些政策和计划叠加在一起所产生的影响是革命性的。

尽管数据存在差异，但最近的研究显示，大约有74%的非裔和拉丁裔青少年获得了“正规”高中毕业文凭，另外有10%～12% 辍学的有色人种学生获得了高中同等学历证书（GED）（Roy and Mishel，2008）。参加SAT考试的非裔和拉丁裔学生人数大约分别是1996年的4倍和5倍（College Entrance Examination Board，1996；2008）。在过去的30年里，上大学的非裔学生人数翻了1倍；在同一时期，上大学的拉丁裔学生人数翻了4倍。NAEP的报告显示，白人和非裔学生在阅读和数学上的成绩差距分别缩小了近50%和45%，白人和拉丁裔学生在阅读和数学上的成绩差距分别缩小了38%和40%（Kewal Ramani，Gilbertson，Fox，and Provasnik，2007），参见图10－1和图10－2。

在消除某些最严重的种族歧视和民族歧视方面所取得的社会进步，使得上过大学的非裔和拉丁裔美国人更有可能提高经济收入。平均算起来，现在有色人种男性的收入约为白人男性的80%，有色人种女性的收入与白人女性的差不多（Kewal Ramani，Gilbertson，Fox，and Provasnik，2007）。但是，有1/4到1/3的有色人种儿童仍然生活在贫困之中；而生活在贫困中的白人儿童仅占总人口的10%。

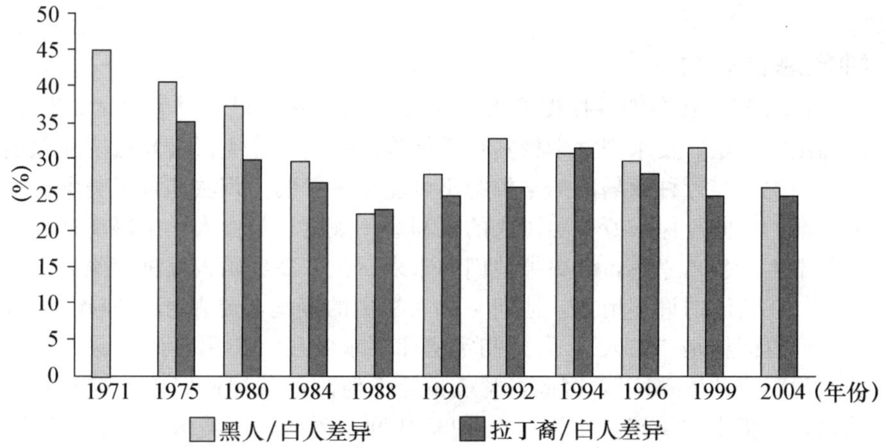

图 10－1　NAEP 关于阅读的长期趋势评估。白人、黑人和拉丁裔学生的平均成绩之差距（学生年龄：17 岁、13 岁、9 岁）

资料来源：U. S. Department of Education，National Center for Educational Statistics，National Assessment of Educational Progress.（2004）. Long-Term Trend Assessment Data.

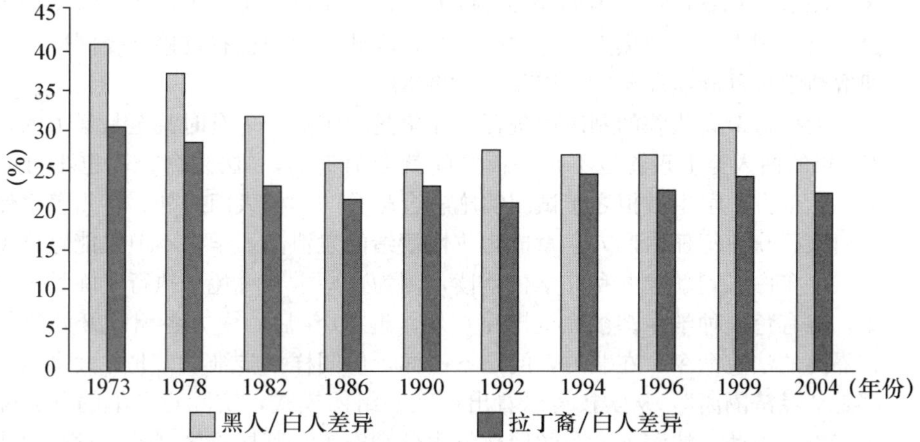

图 10－2　NAEP 关于数学的长期趋势评估。白人、黑人和拉丁裔学生的平均成绩之差距（学生年龄：17 岁、13 岁和 9 岁）

资料来源：U. S. Department of Education，National Center for Educational Statistics，National Assessment of Educational Progress.（2004）. Long-Term Trend Assessment Data.

低收入家庭的孩子甫一入学，在学习、社交和体质方面已经落后于来自更富裕家庭的孩子。学校应该消除那些差距——如果各级政府提供资源和援助，学校就能够消除那些差距。

要想消除贫困和美国社会的“下层阶级”，我们就必须确保每个儿童享有平等教育的机会。学业成绩差距是新世纪最为重要的民权问题。融合教育计划、肯定性行动计划、Title I 资助计划和先行教育计划是那些知道学业成绩对于创造一个更加正义的社会至关重要的有识之士留给我们的遗产。维护、推进甚至扩大这些计划和政策是消除差距，使有色人种在美国得到他们应有的社会回报的最好办法。

种族融合教育

1954年，在布朗诉托皮卡教育委员会这一具有里程碑意义的诉讼案中，美国最高法院裁定，要求公立学校实行种族隔离的州法违宪。最高法院在以全票通过的判决中说：实行种族隔离的学校绝不可能是平等的。州法违背了美国《宪法第十四修正案》中同等保护所有美国人的权利这一规定。与白人学生隔离开来会导致有色人种学生产生自卑感，会毁掉他们的未来。拉丁裔美国人反种族隔离的斗争则有所不同。在美国的许多地方，他们与白人学生的隔离不是基于“种族”，因为法院宣布他们也同样是“白人”。各州制定法律要求学校一律用英语授课。拉丁裔学生被认定为英语“不熟练”，因此，学校不经任何测评就把他们单独编班或集中安置在英语差生集中的学校。1925年至1985年间，墨西哥裔美国人提起的诉讼案件共有28起。其中门德斯诉威斯敏斯特学区（Mendez v. Westminster，1946）一案为后来反对学校种族隔离的“布朗案”判决提供了有益的借鉴（Wilson，2003）。墨西哥裔律师看到，他们可以从“布朗案”中汲取力量来支持自己的斗争。在西斯内罗斯诉科珀斯-克里斯蒂独立学区（Cisneros v. Corpus Christi ISD）和凯斯诉丹佛第一学区（Keyes v. School District Number One，Denver）这两桩诉讼案中，法院裁定，拉丁裔美国人可能像黑人一样遭受歧视，因此，他们也有资格享受同样的“待遇”，即取消学校种族隔离制度（Wilson，2003）。

为执行最高法院的判决而进行的斗争是艰难的——有时甚至是暴力的。奉行了200年的白人至上理念也不是一夜之间就会消失的，“法院命令”也不可能让它消失。在南方，学生被拒之于试图实施融合教育的学校大门之外。各州警察保护愤怒的白人群众，却任由黑人学童成为仇恨情绪的发泄品。学区不但没能融合反而倒闭了。许多白人到新建的私立学校就读，因为这些学校可免于执行废除种族隔离的命令，但有色人种学生却被完全排斥在外。近20年后，南方各州才开始执行废除种族隔离的法院命令。在北方，问题不一样，但同样举步维艰。北方大多数大都会区都是“经济隔离”，从学校可以看出社区的组团模式，实际意义上的种族隔离越来越严重。因此，法院就命令学区把学生分别安置在其居住区之外的学校以废除学校的种族隔离，同时还命令学区用校车接送学生到他们的新学校。许多城市白人居民已经觉得自己在迁住郊区的运动中“落后”了，因为早在20世纪三四十年代那些更富裕的邻居就开始行动了。“夺走”按居住区域划片的学校令他们再也无法忍受。在20世纪70年代，“校车接送”问题又趋于白热化，有时在南方以外的大城市也出现了暴力抗议。但是，联邦法院在废除种族隔离初期所表现出来的强硬态度意味着“开弓没有回头箭”。全美所有学区都必须服从废除种族隔离的命令，结果就是为所有学生创造机会，其中包括创立没有学区和入学条件限制的磁石学校，这类学校制订了一些创新性计划以吸引白人学生到兼收黑人与白人的学校就读（Lewis，1965；Sarratt，1966；Cecelski，1994；Taylor，1998；Orfield，2001）。

尽管这是一场艰巨的斗争，但为废除种族隔离所做的种种努力还是值得的。在消除学业成绩差距方面，种族融合时代堪称发生巨变的时期。在实施种族融合计划的那些年，有色人种学生和白人学生在标准化考试成绩上的差距明显缩小了（National Center for Education Statistics，2005）。在已经取消了种族隔离的学校就读的有色人种学生，尤其是从低年级开始就在这种学校读书的有色人种学生，其最终学历水平比他们一直在种族隔离学校读书的同胞所能达到的学历水平要高一个层次（Mahard and Crain，1984）。在取消了种族隔离的学校就读的非裔和拉丁裔学生成为未成年父母或青少年犯的可能性降低了。他们顺利从高中毕业升入大学并且成功完成大学学业的可能性也更大（Liebman，1990；Orfield and Eaton，1996；Orfield，2001）。“种族融合的学校能把学生培养成多元化社会的合格公民，能加强社会凝聚力，能宣扬民主价值观。它们还能促进跨种族的相互理解，能减少偏见，能提高批判性思维能力和学业成绩，能为各种族学生带来更好的人生机遇。当学校按照最有利于种族团体相互接触的方式来组织学校的时候，这些好处可以最大化。更适应经济全球化要求的劳动力、居住隔离的弱化以及家长更积极参与学校事务也让社区受益——因为所有这一切都有利于社区的稳定。”（Orfield，Frankenburg，and Garces，2008）

尽管取得了成功，但继续维持种族融合教育却变得日益艰难。仅仅靠法院有限的力量来维持这种政策带来了极坏的影响。最高法院对司法部在创设非种族隔离学校方面应履行的职责进行了严格界定。地区法院只能干涉由于政府原先的政策所导致的种族隔离。比如说，如果学区在种族隔离的居住区创设学校，那么它就要对随后产生的种族隔离负责。在那种情况下，地区法院可以命令学校取消种族隔离，实行种族融合教育（Keys v. School District No. 1，Denver，Colorado，1973）。但是，如果种族隔离是个人选择的结果——比如说不选择在城区，而是选择在费用更高的郊区居住——就不能强迫学区改变随之产生的种族隔离（Milliken v. Bradley，1974）。除了对法院在何种情况下可以命令学校实行种族融合教育的这些解读之外，城区公立学校的白人学生越来越少也是各州在消除种族隔离方面减少努力的原因。一旦一个学区证明自己已尽最大努力来消除学校的种族隔离，就可以宣布它是“符合联邦政府规定的”学区，从而免于执行废除种族隔离的命令。这样的学区随后就可以重新实施按居住区就近入学的学校政策，即使结果是重新实行种族隔离教育也无人能干涉。最高法院甚至规定，各自治市不能通过维持种族平衡的学生安置政策来保护取消种族隔离后所取得的成果——即使投票人及其选出的官员认为，要为其学区的每个孩子提供平等机会就必须实施这类政策也不行。（Parents Involved in Community Schools Inc. v. Seattle School District，2007；Meredith v. Jefferson County（Ky.）Board of Education，2007）。

法院判决、学区决定以及白人逃离城区并不意味着努力促进美国学校种族融合的行动宣告失败，它只是说明我们需要重新致力于在各地创建涵纳各类学生群体的学校。各州可以给自治市提供额外资金以打造统一的大都会学区。这种制度可能催生各种族学生都向往的特殊磁石学校。只要社区再次坚信为所有孩子打造种族融合学校的价值所在，就可以迫使议会认可并资助种族融合学校，就可以通过政治程序，创造合宪性政策和制度来支持种族融合教育。

先行教育计划

1965 年，国会拨款资助一项针对学龄前儿童的创新计划，该计划是基于这种观点推出的：出生于贫困家庭的孩子所面临的不利因素可能造成入学后学习上的困难。先行教育计划远远超越了传统的学前教育计划，它试图解决影响贫困儿童及其家庭的各种问题，其核心是一系列旨在为 3～4 岁的孩子提供“为上学做好准备”

的机会（U. S. Department of Health and Human Services，2008）。批准这一计划的法案中有这样的陈述："以家庭需求评估为基础对贫困儿童及其家庭提供健康服务、教育服务、营养补给服务、社会服务以及其他服务以促进贫困儿童社会认知能力的发展，从而促进贫困儿童学前准备工作正是这一计划的目的。"（Head Start Act，2007）

先行教育计划是一个相当有效的计划。它很可能是史上被研究得最多的社会服务计划，而且研究结果是鼓舞人心的。评估显示，接受过先行教育启蒙的儿童在上学时学习准备更充分，他们热爱学校，希望尽自己最大的努力来学习，而且与教师和同龄人相处得很好（U. S. Department of Health and Human Services，2002）。与其他贫困儿童不一样的是，先行教育启蒙班毕业的儿童上幼儿园时，在早期阅读和写作方面已经达到国家标准，在数学和词汇方面则接近国家标准。总的来说，他们更健康，请病假的次数更少，甚至他们的兄弟姐妹，虽没有接受过先行教育，但似乎也跟着一起受益（Garces，Thomas，and Currie，2002）。

40 多年以来，先行教育计划获得了民主党和共和党的一致支持，因此，相对而言，这也是一项没有争议的计划。尽管如此，它还是缺乏资金支持；仅有一半符合条件的孩子及其家庭能参与这一计划。由于符合该计划资格的家庭贫困标准比包括妇孺福利（WIC）、学校免费午餐在内的其他任何联邦资助计划都低，所以先行教育计划并未惠及全国 100 万名最为贫困的儿童。但是，在 2003 年，当国会准备重新授权先行教育计划时，布什政府和国会共和党成员表示强烈反对，反对者罗列了许多新要求，而这些根本无法实现。这样的政治斗争持续了 4 年，其政治议程显然关乎意识形态。教育券制和磁石学校等私有化计划的倡导者支持有利于学龄前儿童的类似计划，他们提议针对 2 岁、3 岁和 4 岁的孩子也进行测试，就像 NCLB 法案影响之下侧重考试的 K-12 教育一样（Klein，2007）。由于争议不断，先行教育计划专项资金被冻结了 6 年，实施该计划的时间、交通服务以及为计划服务的工作人员也都减少了。到了 2008 年，仅有 40%符合条件的儿童参与了该计划。重新授权该计划的法案最终在 2007 年底通过了——尽管对家庭贫困标准做了调整，使得更多儿童获得了参与资格，但资助该计划的资金被砍掉了 1 000 万美元，并且没有追加资金（Jacobson，2008；National Head Start Association，2008）。我们真心希望缩小学业成绩差距的政客们一定不要再欺骗自己和美国人民了，他们必须为这一计划调拨充足资金，以使所有符合条件的儿童都能参与。除此之外，其他一切都是政治障眼法，都不是好的公共政策。

Title I 资助计划

1965 年，也就是《民权法案》通过后的第二年，国会通过了《中小学教育法》（Elementary and Secondary Education Act）。该法案的立法依据是：贫困生和富家子以及有色人种学生和白人学生间的学业成绩差距是由教育机会不平等所导致的。该法案出台之后，联邦政府开始为有着大量低收入家庭的学区提供财政资助。另外，它还为图书馆改造、教学材料、教育创新和研究提供专项经费。从那以后，国会每隔五年就要对《中小学教育法》进行修订和重新授权。这么多年来，其资助范围逐步扩大到包括双语教育、毒品预防教育、学校免费午餐和早餐等计划。也正是由于该法案的出台，联邦政府增加了对印第安人教育的投入（Sadker and Sadker，

2002)。该法案中与在校贫困生直接相关的第一款通常被称为“Title I”。

在 Title I 配套经费充足的 20 世纪 80 年代，学校完全能满足学生的需求。Title I 配套经费的追加与有色人种学生平均考试成绩的提高是同步的。白人学生与非裔和拉丁裔学生间的成绩差距逐渐缩小，这种状况一直延续到 1988 年（Campbell，Hombo，and Mazzeo，2000)。在 20 世纪 70 年代和 80 年代，Title I 是缩小学生学业成绩差距的重要因素（Center on Educational Policy，2005)。

20 世纪 90 年代初，在缩小学生学业成绩差距方面所取得的进展陷入停滞状态，研究者对何种计划实质上最有利于学生的认识也日益深刻，国会正是在这种背景下开始了对 Title I 的修订工作。比如说，逐步取消把处境不利学生抽离课堂给予他们额外辅导的“抽离计划”（“pull-out” programs)，转而对学校全方位改革计划给予额外援助。研究表明，学生接受的“补救教学”（remedial instruction）还不足以缩小高贫困学校和低贫困学校（贫困生比例小）就读学生之间的学业成绩差距。研究还表明，高贫困学校对学生的期望值总的来说要低一些，而且无论学生的家庭收入水平如何，在高贫困学校读书的学生所取得的学业成就都要低于在低贫困学校读书的学生（Chait et al.，2001)。现在，受 Title I 资助的项目都是研究如何为贫困学校的所有学生制定高标准，以及如何改进教学以使他们达到那些目标。

Title I 在改革高贫困学校以及提高其学生的学业方面起着至关重要的作用。但是，NCLB 法案为学生和学区设定的标准更高，Title I 的专项资金跟不上这些新标准。2004 年，美国国会研究处发布的报告称，相对于符合 NCLB 法案资助条件的儿童所需经费而言，Title I 的专项资金仅仅提供了其所需经费的一半（Center on Education Policy，2005)。约有 2/3 的州报告说，它们从联邦政府得到的资助金不足以开展 NCLB 法案所规定的服务（Center on Education Policy，2007)。联邦地区法院规定，不得要求各州和地方法院动用税款来执行联邦的法律。然而，最近的教育拨款法案却未能提供必要的资金。NCLB 法案的资金短缺已达 7 000 万美元——这些资金缺口都是联邦政府和地方政府必须得想方设法补上的（National Education Association，2008)。学区不得不通过提高学生的学业成绩来“赢得”联邦资助，而促使学生成绩提高的补救计划所需经费又靠不住。Title I 是有成效的——即使在 NCLB 法案打造的高度政治化语境下也仍然是有成效的。但是，如果其所宣称的目标是缩小学生学业成绩差距，那么，授权州政府和地方政府采取实际行动而又不提供财政援助则注定要失败。

肯定性行动

缩小学生学业成绩差距还要求我们承诺通过肯定性行动（affirmative action）计划来消除以往的歧视性制度。民权时代所有政治遗产中最有争议的就是肯定性行动计划——也许是因为它们曾有效地击碎了种族特权的固有结构吧！肯定性行动计划并非总能得到充分实施，当然也还未能消除偏见和歧视。

40 余年以来，美国人一直试图消除歧视的不良影响——近两个世纪以来，有色人种因为种族歧视而得不到充分的就业机会和教育机会，白人男性则享受优厚待遇。比如说，实施肯定性行动计划之前，有色人种得到的工资比白人低，尽管他们干的活儿都一样；在招聘广告上，他们被区分开来，而且这些做法曾经都是合法的。雇主能够以肤色或一个人及其父母的出生地为由拒不雇用他们，甚至私立中小学和私立高校也能够以种族或种族渊源为由拒不招收有色人种学生。学校可以设定录取“指标”，以此限制非白人学生的数量。各高校坚决要求学生遵守种族隔离居住政策，要不就会以种族或种族渊源为由“转走”某一室友。对此，美国白人也不是某天早晨醒来就突然认定那些制度不公平，必须加以废除。有色人种及其同盟军要求每个人都应该得到《宪法第十四修正案》所规定的平等保护经历了一个漫长的过程（Tierney，2007）。

即使继续实行这些歧视性制度是违法的，但它们的影响却难以消除，并对有色人种造成了不利影响。“除非采取补救行动，否则对有色人种的不利因素和对白种人的有利因素将代代相传。”（Kivel，1996：2）祖辈们遭受过的歧视继续影响着下一代。因为一个家庭若不受歧视，那么，通过与朋友保持联系，这家人也许本可以得到薪水更高的工作，并在有好学校的地段买房安家，了解社区文化活动和风俗习惯，升入大学。受歧视的家庭则几乎得不到那些优势条件，因为他们的朋友可能和他们一样不了解工作、文化以及教育等方面的信息。这种“恶性循环”可能持续好多年。

宣布在雇佣和录取政策上歧视有色人种（同时偏向白种人）的做法为非法行为，积极呼吁平等机会——肯定性行动的目的就是要打破恶性循环的怪圈。如果一个非白种人符合担当某项工作或进入某一学校的条件，雇主和录取官员均不得以其种族或种族渊源为由拒绝接收他们。如果两个同样具备资格的人都想得到同样的利益，肯定性行动计划要求该份工作或大学录取机会应该优先给予非白种人。如果非白种人的资历条件与白种人的资历条件大概差不多但并不完全一样，法律也允许雇主或学校选择非白种人。通过给原先受歧视团体的成员提供这样的机会，我们希望能结束先前所描述的恶性循环。现在非白种人有机会得到工作或接受教育后，可以开始积累传给下一代的物质和文化“财富”，有机会体验美国的“水涨船高”。

显然，肯定性行动计划有助于缩小学业成绩差距。因为歧视性录用政策是非法的，所以合格的非裔和拉丁裔学生现在可以争取到任何一所大学读书，而且他们完全有理由对成功满怀期望。无奈就读于较差公立学校但又有奉献精神和学术潜力的年轻人，即使考试成绩不如白人学生，同样会被许多学校录取。

肯定性行动的反对者抗议说这不公平。问题是，到底对谁不公平呢？如果有人抱怨同样“不公平”的高等教育政策，那也只是少数人。高校针对退伍军人、校友的子女、运动员以及家境富裕能够自付学费（而不需要学校资助）的学生都制定了优先录取政策。这类人不一定非得和其他申请者的考试成绩一样才能被大学录取。这些政策代表了高校的真诚尝试：打造成功团队、平衡预算、回报学校忠诚和爱国主义。但也有许多人认为，这些目标在道义上难以接受，而且也不是为消除、弥补种族歧视和民族偏见所带来的制度上的影响而做出的真正努力（American Association for Affirmative Action，2008）。

有令人信服的证据表明，教育语境中的肯定性行动不仅对有色人种学生有利，而且对所有学生都有好处。越来越多的证据表明，在生源庞杂的高等院校接受教育的学生实际上都取得了学业进步。他们学会了用多向思维的方法来思考问题。大学校园多元化增加了通常彼此隔绝的各种族团体成员间的交流次数，这些交流使得有着不同背景的学生增进了对彼此的了解（Pike，Kuh，and Gonyea，2007）。一项对密歇根大学 1994 届大学毕业生进行的民意调查显示，在毕业 10 多年之后，他们仍然认为，成为多元大学生群体的一员无论是对其职业发展还是个人发展都有利。研究人员发现，这些校友归纳的好处包括能够与病人、客户以及学生等各种不同群体的人建立关系，而这得益于他们曾是“异质”学生群体的一部分（Pluviose，2008）。最高法院承认，美利坚民族需要的是那些受自身教育经历的影响而愿意理解与自己背景迥然不同的那些人的思想文化的领袖。这种需要是严肃的，足以解释为什么可把种族作为高等院校录取抉择中要考虑的因素之一，只要这些院校摒弃限额制度，不把申请者的种族或种族渊源作为录取他们的决定性因素纳入考虑（*Grutter v. Bollinger*）。

那些攻击肯定性行动计划的人在使用“逆向歧视”（reverse discrimination）等口号之前有必要认真反思一下，他们通常所说的不是歧视而是特权的丧失。一方面说自己支持人人享有平等的机会，但另一方面又反对社会为保证机会平等所做的种种努力无异于虚伪。“当社会再也没有任何种族歧视之痕迹时，无肤色歧视政策将公正地对待每一个人。只要种族因素对全体公民充分参与公共领域的能力仍有重大影响，那么肤色歧视政策就必定保持不变。”（Tierney，2007）

我们必须继续努力，设法消除中小学歧视的残余影响，这样，种族因素就不再是年轻人接受高等教育时的“机会”障碍了。但是，在我们为了更美好的未来而进行长期斗争的时候，我们一定要坚信现在，继续通过肯定性行动计划提供短期补救。

社会变革需要一步一步地实现，缩小有色人种学生和白人学生之间的学业成绩差距是美国社会的一次重大变革。一些倡导变革的人认为，相比本章所阐述的那些计划，使学校教育中的政府作用最小化将产生更好的效果。但是，他们的实验结果并没有说服力。有色人种学生在学校被孤立，而且在他们所就读学校里，教师最缺乏经验也最不合格，学生成绩也最差。特许学校在管控学生方面很成功，但在提高学生学业成绩方面并无起色。废除肯定性行动计划使得上大学的有色人种学生数量减少，贯彻实施那些计划时的犹豫不决也导致非裔和拉丁裔教学人员减少。使 Title I 的配套资金与高风险考试挂钩已经导致大量公立学校沦为不合格学校——即使相关工作所需资金未落实到位也同样要对学校进行问责。先行教育计划的重新授权演变成一场意识形态斗争造成了师资流失，限制了可服务学生的数量。当计划资金短缺、被媒体歪曲以及受到右翼激进派联邦地区法院和最高法院的法官所做的裁定被限制的时候，仍然谴责计划没有成效就是不顾事实乱发议论，也剥夺了数百万美国儿童取得学业成就的平等机会。不管是有意还是无意，这些政策削弱了先行教育计划、种族融合计划、Title I 资助计划以及肯定性行动计划，是为已经享受优厚待遇的白人学生继续谋取利益，同时又限制有色人种学生的发展前途。放弃过去的补救努力，影响的是我们大家。如果知道成功的可能性极其有限，那么年轻人会对教育失去信心。那种绝望是社会疏离感的滋生地。如果觉得自己与社会没什么利害关系，人们也就没有理由去遵守社会法纪法规或是支持社会与敌人斗争。国家的安全要求我们履行责任，想方设法通过实施各种计划来促进教育平等。为先行教育计划、Title I 资助计划、取消隔离计划以及肯定性行动计划提供充足资金并大力支持是履行这一责任的最佳办法。

观点 2：支持创新性解决方案

在教育上，我们必须相信，只要给予学习机会，学生就一定能够学好，我们必须让家长有权要求我们的学校考出好成绩。在联邦的各个地区，有着无数怀揣梦想的男女学生，对他们而言，优质教育就是实现那些梦想的唯一希望。6 年前，我们通过了 NCLB 法案，今天，它所取得的成效有目共睹。去年，4 年级和 8 年级学生的数学统考成绩达到了有史以来的最高分，阅读成绩也一直处于上升状态。非裔和拉丁裔学生的考试成绩创下了历史新高。现在，我们必须同心协力，加大问责力度，给予各州和各学区更多的灵活性，减少高中辍学学生的数量，并为薄弱学校提供额外援助。

——Bush，2008

重新反思学业成绩差距

持续长达 10 年的白人学生与非裔和拉丁裔学生间的学业成绩差距一直在提醒我们庞大而官僚的政府计划实际上是多么的无效。NAEP 报告，亦即“国家成绩报告单”所公布的数据显示，在 20 世纪 70 年代和 80 年代，有色人种学生在缩小与白人学生的学业成绩差距方面取得了显著进步。但在随后近 10 年的时间里，这种进步陷入停滞。在各个年龄段以及各门学科上，这种差距在 2000 年比在 1988 年的时候还要大——在某些情况下，这种差距甚至达到了 50%（Campbell，Hombo，and Mazzeo，2000）。非裔学生的 SAT 平均成绩比白人学生低 195 分；而拉丁裔学生与白人学生的 SAT 平均成绩之差为 100 分。尽管差距有所缩小，但非裔和拉丁裔学生在大学录取率、大学学业完成率以及大学成绩等方面仍然低于白人学生（Steele，1992；Campbell，Hombo，and Mazzeo，2000；Haycock，2001）。

这些统计数据不容乐观。通过旧策略取得的一些进步，已经全盘丧失；另外一些微不足道的进步，又没多大意义。20 世纪 70 年代和 80 年代所采取的补救措施对应于我们当时对造成成绩差距的原因的认识，但是，我们的民族文化和政治气候已经发生了变化。人们对政府解决问题的能力感到很悲观，对政府干涉个人自由的方式更是感到气愤。这些态度显然不同于人们在 20 世纪 60 年代和 70 年代所持态度，当时自由乐观主义情绪弥漫着整个国家，民众相信只要调控得当，税款充足，美国出现的任何问题都可以“搞定”。

谴责受害者

为什么非裔和拉丁裔学生的标准化考试成绩比白人学生更低？为什么他们在学业上通常也没有白人学生成功？要回答这些问题显然并不容易。造成这些问题的原因是复杂的也是多变的，可能还会以我们尚不了解的方式相互影响。但是，我们可以把这些原因分成两大类来审视：社会文化原因和学校原因。

最近 30 年来，我们很多时候强调的都是社会文化原因，认为种族隔离、种族歧视以及贫困在很大程度上是造成有色人种学业成绩偏低的主要原因。我们对这些原因的反思导致了民族反省以及法律法规的修正——比如说，废除种族隔离且不平等的学校。

对于我们希望服务的孩子及其家庭，我们还关注自认为他们“缺乏的东西”。我们认为家长的文化程度低、财力不足以及育儿习惯全都是造成子女学业成绩偏低的原因。我们相信，通过先行教育、食品券（Food Stamps）、工作培训（Job Training）和医疗补助（Medicaid）等反贫困计划，通过找到把贫困群体与这些计划联系起来的恰当方式，我们就能增大孩子们在学校取得成功的可能性。

我们认为，在某种程度上，有色人种学生自身也是造成其教育困难的原因。他们与学校共同体之间的语言差异造成了学习上的困难，但是这些学生又不愿意放弃自己独特的说话方式。他们吸毒，自己才十几岁就为人父母，而且他们似乎更喜欢街头文化而不是融入主流美国社会。因此，我们把毒品预防教育和性教育引入了学校课程，启动了双语教育，并教育学生要培养锲而不舍的奋斗精神。

但是我们根据自己的看法所设想出的这些解决方案只是部分有效，在有些情况下，甚至反而使意在纠正的问题变得更加严重。比如说，30 年前，我们认为学业成绩差距是由种族隔离和歧视制度造成的。种族隔离使得有色人种学生陷于孤立，使得他们深信自己不如白人（Brown v. Board of Education，1954）。如果我们能够让他们进入种族融合学校，那么他们的成功率就会直线上升，因此，政府规定在全国范围内实施废除种族隔离的政策。这些政策多半都涉及用校车接送学生，这就增加了他们的离家时间而减少了学习时间，同时还意味着要抽离城区学生，使得他们不能就近入学。在很多情况下，那样的政策毁掉了城市居民几代人的成果，他们煞费苦心才建立起来的学校与社区之间的联系就这样被斩断了（Cecelski，1994；Taylor，1998）。家长参与变得更加艰难，因为他们得经过“长途跋涉”才能抵达位于城市另一端的陌生学校。最终，那些有能力的人，应该说是那些有能力的白人只好以“逃离”城市和“种族融合的”公立学校来表明他们的不赞同态度。结果在大多数城市市区，有色人种成了绝对的人口主力军。城郊同样被隔离了，只不过那里的主力军是白种人。

因此，学校的种族隔离问题变得越发严重（Orfield，Frankenburg，and Graces，2008）。导致学校人口出现这些变化的原因有很多。一些原因相对而言无所谓好坏，比如人们为了寻求城郊更轻松的生活方式，还有一些原因则很令人担心：强制性种族融合教育并未改变人心；种族歧视依然存在，一些白人通过搬离人口混杂的居住区来表达自己的偏好。根据法院指令废除种族隔离学校的举措并不能阻止白人与有色人种继续保持居住隔离的局面。

结束根据法院指令实施的种族融合实际上也许是一件好事。硬是要让有色人种学生到所谓的“好”学校就读，其本身就暗含着一种种族优越感——因为“好”学校也就是学校学生历来均为白人的学校（Parents Involved in Community Schools Inc. v. Seattle School District，2007）。同样的白人优越感也体现在对非裔和拉丁裔学生家长的态度上；欧裔中产阶级的育儿风格被视为规范，育儿风格间的文化差异被视为必须加以纠正的“差距”（Gosa and Alexander，2007；Guilamo-Ramos et al.，2007；Mandara，2006）。同样，肯定性行动计划也含有认定一些群体能力低下的隐性观点：他们就是能力差一些，如果没有特殊待遇，他们就无法与那些能力更强的人竞争（Townes，2008）。甚至有色人种学生的着装和言谈方式、他们喜欢的音乐、他们吃的食物以及他们热爱的娱乐活动都被视为“不正常”，都被视为未来成功的障碍。不断有身边的人提醒他们：为了取得成功就必须“效仿白人”，就必须在其身份认同和学业成功之间进行选择，而他们也通常选择成为自己所属社区的成员，而不是选择被教师所接纳（Ford，Grantham，and Whiting，2008；Freyer and Torelli，2005）。

在考察有色人种和白人学生间学业成绩差距的时候，只关注群体间文化差异但忽略群体间社会经济差异的分析是片面的。生活在赤贫之中的560万美国儿童中，有200万是黑人儿童；160万是拉丁裔儿童。在21世纪的头十年，当生活在贫困中的儿童数量猛增之时，政府减少了住房、健康和营养补助项目上的资金投入（Children's Defense Fund，2008）。这些社会文化、政府政策和学校因素之间的相互作用最能解释学业成绩差距，这里所说的学校因素包括教师的质量和教学经验、教学和问责的标准以及家庭、社区和教职员工之间的关系（Orfield and Lee，2005；Rothstein，Jacobsen，and Wilder，2008）。把学业成绩差距扩大简单归咎于歧视性政策和制度是错误的。

造成学业成绩差距的学校原因

过去10年，研究人员指出了一些造成学业成绩差距的学校原因。在许多公立学校，有色人种学生的任课教师对他们期望值不高，后者常常戴着有色眼镜来审视他们。教师也不会积极探究教学方法来帮助那些学习上有困难的非裔和拉丁裔学生，因为他们早已断定那些孩子能力有限。反过来，有色人种学生也把教师的这些低期望值加以内化，也认为自己不可能取得学业上的成功（Diamond，Randolph，and Spillane，2004）。相比白人学生，有色人种学生占主体的学校，拥有经验丰富的优良师资的可能性不大，拥有所学专业与所教学科不对应的师资的可能性倒是更大，配备的教师没有州教师资格证的可能性是白人学生占主体的学校里的两倍（Clotfelter，Ladd，Vigdor，and Wheeler，2007；Peske and Haycock，2006）。所有这些因素都会对学生学业产生消极影响。

在为这些学生服务的学校里，政策和制度往往“容忍”学业成绩差距，政策和制度往往也是造成学业成绩差距的原因之一。相比白人学生，有色人种学生就读的学校更有可能培养他们从事那些已被淘汰的工种（Haycock，2003）。相比白人学生，有色人种学生就读的学校不太可能开设进阶数学课程和进阶科学课程，即便有机会学习这些课程，学生也不愿意好好把握机会。他们通常被编入“普通课”或“基础课”学习班，在这种普通班，学生学的是简化课程，教师上课讲解的内容更少，给学生布置的家庭作业更少，并且用高分来“回报”低学业水平的学生。未能学习高水平课程导致学生的标准化考试成绩偏低，导致学生升入大学的可能性也更低——因此，也是造成学业成绩差距的主要原因（Tyson，Lee，Borman，and Hanson，2007）。选择不参与或被迫不参与最具挑战性课程实际上也就等于限制了有色人种学生的前途。

教师和行政管理人员抱怨说，非裔和拉丁裔学生家长参与学校教育的积极性不高。但是，大多数研究表明，非裔和拉丁裔学生家长希望参与学校教育，只是受政策和制度的限制经常又无法参与。学校员工甚至没有采取最基本的措施来促进家长的参与。比如说，当拉丁裔学生家长来学校了解情况时，他们碰到的经常是只会讲英语的教师，而口译员又太少（Wong and Hughes，2006）。

为有色人种服务的学区有着很高的学生流动率。在一学年之内，学生经常从学区内的一所学校转到另一所学校就读。然而，学区却几乎没有采取任何措施来应对这一情况。它们没有使课程、教材或教学标准化。转校就读的学生发现自己要么是在重复学习已经学过的内容，要么就得做没有学过的功课。他们常常因此而丧失信心，不再努力（Smith，Fien，and Paine，2008）。

忽视或轻视学生文化生活的政策和制度也是造成学生学业成绩低下的原因之一。认为教师不重视他们所在社区或文化背景的学生会对学校产生疏离感。他们发现自己难以尊重那些成年人的要求或建议——即便那些要求或建议是出于好意，而且如果被采纳，也许会改变学生的人生际遇。学生对学业和学校的抵触情绪和叛逆心理严重，经常受惩罚被停学。他们在高风险考试上的表现不佳，造成了更大的学业成绩差距（Fenning and Rose，2007）。

缩小学业成绩差距：新办法

研究并逐渐了解了造成学业成绩差距的社会经济原因和学校原因以及它们之间的相互作用之后，我们找到了缩小差距的新办法，虽说是新办法，但它已经被证明是行之有效的办法。

2002 年，国会通过 NCLB 法案，重新授权联邦政府资助各中小学，该法案的前身是反贫困斗争如火如荼的 1965 年所通过的《中小学教育法》。NCLB 法案在缩小学业成绩差距方面提出了截然不同的办法。确实，一些教师和行政管理人员利用《中小学教育法》划拨的资金做了很多事，反复操练补救法确实提高了许多有色人种学生的基本技能。学生的考试成绩在 20 世纪 70 年代和 80 年代有了显著提高，但随后就停滞不前了，因为 20 世纪 60 年代采取的解决方案不足以帮助学生掌握更高层次的技能，如对所阅读的材料进行分析而不仅仅是解码的技能，解决复杂的数学问题所需要的批判性思维技能等。NCLB 法案旨在利用联邦政府的影响力来帮助所有学生达到新世纪更具挑战性的标准。

NCLB 法案中涉及缩小学业成绩差距的一个最重要层面就是强调州和地方为全体学生的进步负责。每个州对学生学什么、何时学以及如何测评所学知识都必须做出明确的规定。教师、行政管理人员和学区对学生的学业进步负责，以问责为目的并通过各州自主研发的全面、恰当和连续性的评估体系对 3～8 年级学生进行测评。另外，各州 4～8 年级的学生必须参加年度 NAEP。在汇报州统考成绩和国家教育进步评估结果的时候，各州必须分类统计，也就是说，汇报成绩时必须按照学生的种族、民族和贫困状况进行分类分析。如果学校未能取得“充足年度进步”，到 2014 年时仍未实现让 100％的学生在读写能力和数学方面达到州标准的目标，那么学校就要承担很严重的后果：学校必须允许学生立马转学到同一学区另一所已经取得进步的学校就读；如果 3 年后还没有显著进步，学区必须为所有学生制订学习辅导计划；如果 5 年后还未能实现目标，学校就得关闭、重组，在新管理人员和新教师组成的新阵容下重新“开张”（U. S. Department of Education，2002）。

与 NCLB 法案的问责条款相伴而生的是更大的创新自由。该法案鼓励学校创设这样的教育环境：学生能得到达到高标准所需要的教育、关注和支持，能在标准化考试中考出好成绩，并能从培养他们升入大学的高中顺利毕业。这些教育环境也包括“小型学校”和“特许学校”。这两种学校为 400 名左右的学生服务，并创设个人化环境：充当顾问和知己的数名成年人了解每一个学生。家庭被视为学校共同体的成员——教师、管理人员和家庭成员齐心协力确保学生取得学业成功。同时，虽然他们仍然是学区的一部分，但他们相对自主；学校共同体能够决策学校的发展方向。他们有校本课程，采取多种形式的评估方法（Center for Education Reform，2008；Small Schools Project，2008）。

NCLB法案还要求每个年级每个班每个学生都有一名“非常合格”的教师：有学士学位、州教师资格证以及所授学科专业知识。在城区和郊区聘请并留住这样的教师历来都不容易。现在，为了达到NCLB法案的要求，各州被迫采取各种有效策略来吸引优秀教师。教师教育计划得到了加强也更加高效，为教师资格认证开辟了新途径，其中最受人关注的就是在过去长期缺乏优质师资的大城市所实行的“教学研究员”计划（Chicago Teaching Fellows，2008；D. C. Teaching Fellows，2008；New York Teaching Fellows，2008；Philadelphia Teaching Fellows，2008）。这些计划旨在招募那些在经商、研究、管理以及其他行业经验丰富的人才成为教师。另外，“为美国而教”（TFA）等私助计划也已吸引了许多名牌大学毕业生为部分师资紧缺的学校服务。参与“为美国而教”以及“教学研究员”计划的成员需接受七周的暑期培训才能成为一线教师。通常，他们会承诺服务两年，在这两年里，他们的工资待遇和学区其他新教师一样，同时，他们只要缴纳很少的费用就可修完硕士学位课程。尽管参与“为美国而教”的大多数成员通常在两年之后都会离开教学岗位，但有些成员会继续通过其他方式提供优质教育服务。留在学区的“教学研究员”（teaching fellows）则要多一些。

加强家庭与学校之间的联系是应对学业成绩差距的另一新举措。NCLB法案允许各州将联邦教育经费用于以下几个方面：促进与学生家长的有效交流，在学校开展活动时提供儿童看护服务，为学生家长提供识读教育服务。NCLB法案尊重家长的权利：家长可以根据自己的家庭价值观和文化传统，把补助金用于宗教组织以及其他社会组织所提供的学业辅导服务。适用于缩小学业成绩差距的新型补救措施不是把家长视为提高学生学业成绩的障碍，而是改革活动的全职合作伙伴（Small School Project，2008；Center for Education Reform，2008）。

在缩小学业成绩差距方面采取的这些新举措取得了可喜的成果。在低贫困区，更多学生有了非常合格的教师（U. S. Department of Education，2008b）。即使是在过去问题泛滥的城区，家长对子女所接受的教育的满意度也有所提高（New York City Department of Education，2008）。毕业率也同样提高了（U. S. Department of Education，2008a）。

正如NAEP长期趋势评估所显示的那样，学业成绩差距正在缩小。“9岁的非裔和拉丁裔学生的阅读和数学平均成绩在2004年高于其他评估年。对于13岁的非裔学生来说，2004年的阅读和数学成绩要高于20世纪70年代初期，而且2004年的数学成绩要高于先前的任何评估年。相对全国总体成绩而言，17岁的非裔和拉丁裔学生在2004年的平均成绩要高于20世纪70年代初期。17岁非裔学生的阅读成绩在1971—2004年间提高了25个百分点，他们的数学成绩在1973—2004年间提高了15个百分点。17岁拉丁裔学生的阅读成绩在1975—2004年间提高了12个百分点（1975年是对拉丁裔学生阅读成绩进行评估的第一年），他们的数学成绩在1973—2004年间提高了12个百分点。”（U. S. Department of Education，2008a，Indicators 16 and 17)

我们已经进入了美国公立教育的新时代，以往的补救措施再也不适用了。虽然政府计划和在社会工程方面的尝试有一些成效，但它们的“有效期”已经结束。空头承诺而不加验证是再也不可能的了。解决学业成绩差距的新举措之所以更加有效，是因为它们以数据为依据，依靠市场力量，且让教师、学生和家长都有选择的余地。这些新举措关注所应关注的学校以及课堂上发生的一切。继续采纳以往不成熟的观点无异于浪费时间和生命。耗费大量资金而又不针对结果问责任何人，强迫家长把孩子送到非自己所选的学校就读，或是不公正地把以往的歧视考虑在内等都不可能捍卫创造平等机会的事业 。我们必须继续尝试各种解决方案——保留有效的，抛弃无效的，不断尝试直到我们实现新的正义——为所有孩子提供优质教育，无论他们有何种族或民族背景。

基于这一视角，研究人员已经开始证明，仅仅进行学校变革是不够的。白人学生与有色人种学生之间的“公平鸿沟”不仅包括考试成绩上的差距，也包括“基本的学术能力、批判性思维和解决问题的能力、社会能力和工作价值观、为履行公民义务和社会责任所做的准备、为终身健康打下的基础、文学艺术鉴赏力以及对不能上大学的那些年轻人所从事的技能型工作进行的培训”等方面的差异（Rothstein，Jacobson，and Wilder，2008：12）。至于这些方面的评定结果，白人学生的平均评分比非裔学生几乎要高20%。为了实现教育平等，我们必须利用其他资源对“系统性标准本位改革”（SSBR）加以补充。“实现教育平等的目标可能需要采取干预性策略——承认并正视对学生绩效有重大影响的校外因素。与学校挂钩的服务机构以及提供更宽泛的全方位服务的社区学校、地方组织建立合作伙伴关系，为学生及其家人提供系列服务，从而减轻影响贫困少数群体提高成绩的众多反常状态。那些服务，包括家长教育、校外辅导计划、健康服务、心智健康服务、幼儿园以及社会福利部门提供的现场援助等，都需要从各种儿童和家庭计划中重新调配资金资源才能获得。我们认为，有充足资金支撑的‘系统性标准本位改革’和与学校挂钩的服务机构/社区学校相结合就能提高学生绩效，就能比单独采用其中任何一项策略更能缩小学生学业成绩差距。”（Kirst and Rhodes，2007）

讨论

1. 我们可能认为拉丁裔学生面临着许多学业上的挑战，因为他们的英语水平有限。但是，他们与白人学生在考试成绩上的差距通常小于非裔学生与白人学生间的差距（见图10-1和图10-2）。你如何解释这些研究结果？有哪些因素可以解释这些差异？

2. 2002年的NCLB法案要求各州汇报学生的标准化考试成绩，并按照“种族、性别和其他标准对所采集的成绩数据进行分类分析，以说明学生总体成绩如何，以及在缩小贫困学生和其他学生群体间的学业成绩差距上取得了哪些进步”（U.S. Department of Education，2002）。提供这类数据的要求会迫使学区提高针对有色人种学生的教学质量吗？讨论一下这种要求之有效或无效的原因。

3. 与你所在院校的录取咨询员讨论一下肯定性行动与学校的录取政策。从其在缩小学业成绩差距方面是否有效的角度对学校政策进行评论。

4. 利用NAEP数据库（http://nces.ed.gov/nationsreportcard/naepdata/search.

asp)，研究一下你所在州的学业成绩差距情况。考虑一下可能是哪些因素造成了这种学业成绩差距。利用数据库和其他信息资源，对你们州为缩小差距所做出的努力进行研究和评价。

参考文献

American Association for Affirmative Action. (2008). "Statement of the American Association for Affirmative Action on the American Civil Rights Institute's Anti-Affirmative Action Campaign." www.affirmativeaction.org/news.html.

Angus, D., and Mirel, J. (1999). *The Failed Promise of the American High School 1890–1995.* New York: Teachers College Press.

Anyon, J. (1997). *Ghetto Schooling.* New York: Teachers College Press.

Brown v. Board of Education of Topeka, Kansas. (1954). 347 U.S. 483.

Bush, G. (2008). "State of the Union Address." www.whitehouse.gov/news/releases/2008/01/20080128-13.html.

Campbell, J, Hombo, C., and Mazzeo, J. (2000). NAEP 1999 Trends in Academic Progress: Three Decades of Student Performance. National Assessment of Educational Progress. http://nces.ed.gov/nationsreportcard/pubs/main1999/2000469.asp.

Cecelski, D. (1994). *Along Freedom Road.* Chapel Hill: University of North Carolina Press.

Center for Education Reform. (2008). "Charter School Laws." www.edreform.com/index.cfm?fuseAction=document&documentID=60.

Center on Educational Policy (2005). "Title I Funds: Who's Gaining, Who's Losing and Why?" Washington, DC. www.cep-dc.org/index.cfm?fuseaction=document.showDocumentByID&DocumentID=84&varuniqueuserid=00302986781.

———. (2007). *Reauthorizing the Elementary and Secondary Education Act of 1965: Recommendations from the Center on Education Policy.* Washington, DC: author.

Chait, R., et al. (2001). "High Standards for All Students: A Report from the National Assessment of Title I on Progress and Challenges Since the 1964 Reauthorization." Washington, DC: U.S. Department of Education. ERIC Document, ED 457280.

Chicago Teaching Fellows. (2008). "Chicago Teaching Fellows." www.chicagoteachingfellows.org.

Children's Defense Fund. (2008). "Trends in Child Poverty and Extreme Child Poverty." www.childrensdefense.org/site/PageServer?pagename=research_family_income_2006childpovertytrends.

College Entrance Examination Board. (1996). "1996 Profile of College-Bound Seniors." http://professionals.collegeboard.com/data-reports-research/sat/archived/1996

———. (2008). "2007 Profile of College-Bound Seniors." www.collegeboard.com/prod_downloads/about/news_info/cbsenior/yr2007/nationalreport.pdf.

D.C. Teaching Fellows. (2008). "D.C. Teaching Fellows." http://www.dcteachingfellows.org.

Deschenes, S., Cuban, L., and Tyack, D. (2001). "Mismatch: Historical Perspectives on Schools and Students Who Don't Fit Them." *Teachers College Record* 103(4), 525–547.

Diamond, J., Randolph, A., and Spillane, J. (2004) "Teachers' Expectations and Sense of Responsibility for Student Learning: The Implications of School Race, Class, and Organizational Habitus." *Anthropology and Education Quarterly,* 35(1): 75–98.

Fenning, P. and Rose, J. (2007). "Overrepresentation of African American Students in Exclusionary Discipline The Role of School Policy." *Urban Education* 42(6): 536–559.

Ford, D., Grantham, T. and Whiting, G. (2008). "Another Look at the Achievement Gap." *Urban Education* 43(2): 216–239.

Fryer, R. and Torelli, P. (2005). "An Empirical Analysis of 'Acting White,'" National Bureau of Economic Research Working Paper 11334. http://post.economics.harvard.edu/faculty/fryer/papers/fryer_torelli.pdf.

Garces, E., Thomas, D., and Currie, J. (2002). "Longer Term Effects of Head Start." *American Economic Review* 92 (4), 999.

GOSA, T. AND ALEXANDER, K. (2007). "Family (Dis)Advantage and the Educational Prospects of Better Off African American Youth: How Race Still Matters." *Teachers College Record* 109 (2): 285–321.

GUILAMO-RAMOS, V. et al. (2007). "Parenting Practices among Dominican and Puerto Rican Mothers." *Social Work* 52(1): 17–30.

HAYCOCK, K. (2001). "Closing the Achievement Gap." *Education Leadership*, 58(60). www.ascd.org/readingroom/edlead/0103/haycock.html.

———. (2003). "A New Core Curriculum For All: Aiming High For Other People's Children." *Thinking K-16* 7(1): 1–2.

Head Start Act. (2007). Sec. 636. [42 U.S.C. 9801]. http://eclkc.ohs.acf.hhs.gov/hslc/Program%20Design%20and%20Management/Head%20Start%20Requirements/Head%20Start%20Act/HS_Act_2007.pdf.

JENCKS, C., AND PHILLIPS, M., eds. (1998). *The Black-White Test Score Gap*. Washington, DC: Brookings Institution.

JOHNSON, L. B. (1996). *Public Papers on the Presidents of the United States: Lyndon B. Johnson, 1965*. Vol. I. Washington, DC: U.S. Government Printing Office. Entry 181, pp. 412–414.

KEWAL RAMANI, A., GILBERTSON, L., FOX, M., and PROVASNIK, S. (2007). *Status and Trends in the Education of Racial and Ethnic Minorities* (NCES 2007-039). National Center for Education Statistics, Institute of Education Sciences, U.S. Department of Education. Washington, DC.

Keyes v. School District No. 1, Denver, Colorado. (1973). 413 U.S. 189.

KIRST, M. AND RHODES, L. (2007). "Two Alternative Yet Complementary Conceptual Frameworks For Financing American Education." Seattle: Center on Reinventing Public Education, Working Paper No. 22. www.crpe.org/cs/crpe/view/csr_pubs/182.

KLEIN, A. (2007). "Head Start Measure Expected to Launch New Era for Program," *Education Week*, November 28.

KLUGER, R. (1975). *Simple Justice: This History of Brown v. Board of Education and Black America's Struggle for Equality*. New York: Knopf.

LEWIS, A. (1965). *Portrait of a Decade*. New York: Bantam Books.

LIEBMAN, J. (1990). "Desegregating Politics: All-Out School Desegregation Explained." *Columbia Law Review* 90, Column L, Rev. 1463.

MANDARA, J. (2006). "The Impact of Family Functioning on African American Males' Academic Achievement: A Review and Clarification of the Empirical Literature." *Teachers College Record* 108(2): 206–223.

MAHARD, R., and CRAIN, R. (1984). "Research on Minority Achievement in Desegregated Schools." In C. Rossell, and W. Hawley, eds., *The Consequences of School Desegregation*, Philadelphia: Temple University Press.

Mendez v. Westminister School District of Orange County. 64 F. Supp. 544 (D.C.CAL. 1946).

Meredith v. Jefferson County (Ky.) Board of Education (2007). 127 US 575.

Milliken v. Bradley. (1974). 419 U.S. 815.

National Education Association. (2008). "Stand Up For Children: *Pontiac v. Spellings*." www.nea.org/lawsuit/index.html.

National Head Start Association. (2008). "Head Start Leaders Have High Hopes for New President and Congress." www.nhsa.org/press/News_Archived/index_news_061908.htm.

New York City Department of Education. (2008). "Learning Environment Survey 2007–2008." http://schools.nyc.gov/NR/rdonlyres/F3D9A118-C51E-4E23-841C-3DB5B24C87DC/40757/les2008citywide.pdf.

New York City Teaching Fellows. (2008). "New York City Teaching Fellows." www.nycteachingfellows.org.

ORFIELD, G. (2001). "Schools More Separate: Consequences of a Decade of Resegregation." The Civil Rights Project University of California at Los Angeles. www.civilrightsproject.ucla.edu/research/deseg/separate_schools01.php

ORFIELD, G., AND EATON, S. (1996). *Dismantling Desegregation*. New York: New Press.

ORFIELD, G. AND LEE, C. (2005). *Why Segregation Matters: Poverty and Educational Inequality.* Cambridge: Civil Rights Project.

ORFIELD, G., FRANKENBURG, E. AND GARCES, L. (2008). "Statement of American Social Scientists of Research on School Desegregation to the U.S. Supreme Court in Parents v. Seattle School District and Meredith v. Jefferson County." *Urban Review* 40:96–136.

Parents Involved in Community Schools Inc. v. Seattle School District. (2007). 127 US 2738.

PESKE, H. AND HAYCOCK, K. (2006). "Teaching Inequality." Washington, DC: Education Trust. www2.edtrust.org/NR/rdonlyres/010DBD9F-CED8-4D2B-9E0D-91B446746ED3/0/TQReportJune2006.pdf.

PIKE, G., KUH, G. AND GONYEA, R. (2007). "Evaluating the Rationale for Affirmative Action in College Admissions: Direct and Indirect Relationships between Campus Diversity and Gains in Understanding Diverse Groups." *Journal of College Student Development* 48 (2): 166–182.

PLUVIOSE, D. (2008). "American Association for Affirmation Action Conference Highlights Policy Action Themes." *Diverse: Issues in Higher Education* 22:28.

ROTHSTEIN, R., JACOBSEN, R., and WILDER, T. (2008). *A Report Card on Comprehensive Equity: Racial Gaps in the Nation's Youth Outcomes.* Washington, DC: Economic Policy Institute.

ROY, J. AND MISHEL, L. (2008). "Using Administrative Data to Estimate Graduation Rates: Challenges, Proposed Solutions and their Pitfalls." *Education Policy Analysis Archives* 16(11):1–34. www.epaa.info/ojs/index.php/epaa/article/view/EPAA_v16n11/13.

SADKER, M., and SADKER, D. (2002). *Teachers, Schools and Society.* New York: McGraw-Hill.

SARRATT, R. (1966). *The Ordeal of Desegregation.* New York: Harper and Row.

SMALL SCHOOLS PROJECT. (2008). "What are Small Schools?" www.smallschoolsproject.org/index.asp?siteloc=whysmall&section=whatss.

SMITH, J., FIEN, H., AND PAINE, S. (2008). "When *Mobility* Disrupts Learning." *Educational Leadership* 65(7): 59–63.

TIERNEY, W. (2007). "Merit and Affirmative Action in Education: Promulgating a Democratic Public Culture." *Urban Education* 42(5):385–402.

TAYLOR, S. (1998). *Desegregation in Boston and Buffalo.* Albany: SUNY Press.

TOWNES, G., (2008). "Affirmative Action A Hot Issue In 2008 Election," *The Amsterdam News,* April 17.

TUSHNET, M. (1987). *Segregated Education, 1925–1950.* Chapel Hill: University of North Carolina Press.

TYACK, D. (1974). *The One Best System: A History of American Urban Education.* Cambridge: Harvard University Press.

TYSON, W., LEE, R, BORMAN, K., AND HANSON, M. (2007). "Science, Technology, Engineering, and Mathematics (STEM) Pathways: High School Science and Math Coursework and Postsecondary Degree Attainment." *Journal Of Education For Students Placed At Risk,* 12(3), 243–270.

U.S. Department of Education. (2002). "No Child Left Behind Act." http://www.ed.gov/policy/elsec/leg/esea02/index.html.

———. (2008a). *The Conditions of Education, 2008.* Washington DC: National Center for Education Statistics. http://nces.ed.gov/pubsearch/pubsinfo.asp?pubid=2008031.

———. (2008b). "Mapping Educational Progress, 2008." www.ed.gov/nclb/accountability/results/progress/index.html

U.S. Department of Health and Human Services.(2005). "Head Start Impact Study: First Year Findings." Washington, DC: author. www.acf.hhs.gov/programs/opre/hs/impact_study/reports/first_yr_execsum/first_yr_execsum.pdf.

———. (2008). "About Head Start." http://eclkc.ohs.acf.hhs.gov/hslc/About%20Head%20Start.

第11章

价值观与品德教育：传统还是开放？

公立学校应该传授哪些以及哪些人的价值观？为什么？

观点1：传授传统价值观

> 在孩子们的生活中，没有什么比美国大众文化的杀伤力更大的了。它宣扬的是最糟糕的价值观，并把所有的价值观都说成是娱乐……另外，大众文化渗透一切，几乎主宰了我们生活的方方面面。
>
> ——Taylor，2005：4

> 无论是在历史上，还是在世界各国文化中，人们都认为教育有两大目标：帮助学生变聪明，帮助学生变好。
>
> ——Character Education Partnership，2008：8

就像美国大众文化中存在道德缺陷一样，美国的公立学校通常也缺乏道德指南针的指引。学校应该旗帜鲜明地对学生进行道德规范教育，以帮助年轻人分辨、分析和评价大众文化所推崇的价值观和行为。这就是品德教育，其目的是将美德逐步灌输给学生，并激发学生树立起良好品德——合乎道德的行为和观点。

遗憾的是，学校难免要受到相对主义的影响。相对主义的观点包括：（1）所有价值观都是相对的，没有哪一种价值观更具有优越性；（2）没有永恒的道德标准；（3）个人品德主要取决于个人选择和特定情况。它包括情境伦理学（situation ethics）和自我本位合理化，并以此来解释一切价值观或行为。相对主义使得学校及其学生在个人和社会的重重诱惑中茫然无措。

萨默斯总结出这样一个观点："20世纪的最后几十年见证了知识逐渐贬值和道德相对主义越演越烈。"（Sommers，1998：33）她对诸多其他学校问题与约翰尼不会读书、写字或数数这一事实之间的联系进行了论证，并且说："约翰尼难以分辨是非也是事实……除了不会读书写字和计算以外，我们还在得在教育问题一览表上加上深深的道德困惑这一项。"（Sommers，1998：31）道德困惑是一个很严重的问题，如果解决不好的话，将继续困扰美国社会。正如汉森所说："研究表明，教学本身就是一种道德行为。”（Hansen，2001：826）即便声称学校不属于道德的管辖范围也逃避不了道德责任。

我们并非天生就有一套个人价值观。价值观，无论好坏，都是后天习得的。尽管我们可以从许多地方通过许多媒介或个人来了解价值观，但学校是在传播价值观方面特别重要的组织。西蒙·布莱克本指出，亚里士多德“强调过，要成为高尚的人需要教育和实践”（Blackburn，2001：113）。前教育部长威廉·贝内特强调说，公立学校的传统是共同价值观的基础，公学运动的领袖们认为：“学校是个人道德标准的维护者，是公民道德和个人道德的‘孵化器’；公立学校的创建者相信，公立教育能按照美国人的共同价值观培养学生形成良好的道德品质和公民品质。”（Bennett，1992：58）

然而，正如贝内特所说，在当今价值中立、价值相对，价值观教育随便怎样都行的混乱局面之中，学校已经丢掉了这一核心目标。学校原先的立场是成为美好价值观和美好品德的忠实传播者，而学校的教师和行政管理人员就是学生的道德表率。但那种立场已被一种新态度取而代之：制度上，对价值观视而不见；教育工作者对用更高的道德伦理标准来要求自己和学生不感兴趣甚至抱有恐惧心理。太多公立学校缺乏由基本道德规范构成的核心价值体系，也没有帮助学生打下任何指引人生的道德基础。相反，对教育的世俗化控制错误地避开了宗教价值观，而自我成为学生关注的焦点。社会衰退，暴力增多，家庭破裂，礼貌消失，这难道还有什么奇怪的吗？

强调自私自利、个人自由和放纵的教育是社会价值观和家庭价值观大大衰落的一个主要因素（Sowell，1992；Shapiro，2005）。宣扬自我放纵的学校教育自然会导致犯罪和虐待事件的增多。如果学校采取相对主义立场，认为他人、他人财产和社会传统都不重要，我们还能够在哪里对他人、他人财产以及社会传统表示真诚的尊重呢？

自由主义和道德沦丧

自由主义教育观认为，传统价值观并不重要，学生自己就能确立价值取向而不需要教育工作者、宗教领袖或是家长的引导，这种观点对美国社会的基石产生了破坏性影响。自由主义本身就是问题的根源，在教育中，它极大地破坏了美国社会的道德体系（Falwell，1980；Bennett，1993；Bork，1996；Himmelfarb，1999；Charen，2004；Coulter，2004，2007；Sowell，2007；Hannity，2004；Frank，2005；Savage，2005）。并不是只有火箭科学家才能认识到，增进文明礼仪意识和一度主导美国的共同价值观已经让位于贪婪、破坏、消费以及不信任权威等放纵自我的价值观。自从进步主义教育理念从20世纪30年代笼罩学校以来，这种破坏性影响一直与学校采取的纵容态度结伴而行。

面对着基于个人主义和放荡不羁生活方式的教育哲学，家庭价值观已经衰落（Rafferty，1968；Anderson，1994；Roberts，1994；Gallagher，2005；Shapiro，2005）。有关道德灾难的证据唾手可得：异常高的离婚率，儿童虐待和家庭暴力，企业和政府部门的道德缺失，吸毒酗酒，失控的青少年怀孕率，过于依赖儿童托管机构，对电视上和艺术作品中不道德行为的认可，舞弊丑闻以及校园暴力行为的剧增（Colson，1994；Bouza，1996；Jacobs，2004）。

学校失去了自己的道德宗旨，因此也就失去了在意义最为重大的道德领域教育好年青一代的能力。没有道德宗旨，学生的其他学识也会显得浅薄。

克里斯滕森提出了教师擅自替代家长给孩子灌输道德价值观等重要问题。此外，他还引用保罗·维兹（Paul Vitz）和迈克尔·莱文（Michael Levin）的研究成果，这两位学者证明学校教材和教导中有明显的女权主义倾向——与美国传统家庭价值观相对立的倾向。传统的家长身份和家庭生活几乎从学校教学材料中完全退出了，当前所使用的教学材料体现的都是些具有冒险精神的单身女性的浪漫形象。同样，克里斯滕森说，传统型家长完全有理由担忧，抨击宗教、支持婚外情或其他反家庭价值观的文学、音乐和艺术会向自己的孩子传播一些不分是非的思想（Christensen，1991）。

激进女权主义并不是导致学校道德观缺失的唯一原因，它只是当今诸多不辨是非的态度之一。对美国家庭价值观的类似抨击都打着“多元化”“多元文化”“性取向”的幌子，这些幌子折射的都是道德相对主义思想——从安乐死或堕胎权到支持同性恋，所有观点在课堂上都可得到同等的认可。正如它摧毁了传统价值观一样，道德相对主义取代不辨是非或不道德成了生活的指南。甚至在这一点上，许多自由派人士在鼓吹价值中立时也显然有逻辑上的矛盾。尽管声称没有任何价值观可凌驾于其他价值观之上，但自由主义的倡导者还是提出，在课堂上和教材中，少数族裔、女性、残疾人士和同性恋者的特殊利益应该得到特殊对待（Charen，2004；Gallagher，2005；Savage，2005）。这种特殊对待实质就是他们觉得更有价值的一套价值观。而且，他们接受安乐死、堕胎和同性恋，认为这些是完全可以接受的研究话题和行为，但在学校进行宗教祷告则不可接受。这就是虚伪。

著名的道德教育学者汤姆·利科纳概述了一些能证明青年人价值观淡薄的问题，其中包括暴力、恣意破坏公共财物、粗言秽语、性行为放纵、对同伴刻薄、偷盗和欺骗（Lickona，1991，1993，2004，2005）。他认为价值观淡薄与一系列因素有关，其中包括：

- 进化论以及源于进化论的相对主义观点；
- 伪科学的逻辑实证主义哲学，割裂“事实”与“价值观”；
- 个人主义，强调个人权利凌驾于社会责任和道德权威之上；
- 多元主义，提出多重价值观，提出我们应该传授哪种价值观的问题；
- 世俗主义，错误地强调政教分离，不给予任何宗教上的指引。

恢复学校的传统价值观教育

在以共同价值观为基础的社会里，好家庭与好学校之间有着密切的联系。让学校和社会重回道德正轨的努力取得了积极效果（Institute of Education Sciences，2007）。尽管我们不难区分价值观、伦理观、道德和品格等定义，但贴上了诸如“价值观教育”“伦理观教育”“道德教育”“品格教育”等标签的学校计划，在原则、目标和总的做法上通常都一样。如果这些术语不是被用来掩饰“价值无涉”或“价值中立”的计划，我们完全可以把它们视为可互换的术语。好计划的核心让传统价值观重回校园，这些好计划是有效的。“尊重与责任研究中心”针对 4～5 年级学生的研究表明，使“好”品德回到其原有的历史地位，成为学校教育的核心也是大有希望的。勒明和席尔瓦报告说，他们对 5 年级学生开设的哈特伍德基金会伦理道德课程进行了长达5年的研究，研究结果是令人鼓舞的；这一课程计划催生了更多关爱他人、尊重他人的行为，因纪律问题转学的情况更少了，教师对学生进行伦理道德教育的方式发生了积极变化（Leming and Silva，2001）。

其他成功指标包括教师和家长可得到的教育材料的种类越来越多，质量也越来越高。教学材料旨在给学生灌输普世价值观：有正义感、诚实正直、善良慷慨、乐于助人、勇敢坚定、尊重他人、崇尚公平、自由和平等（Character Education Institute，1998）。

还有一些网站也提供援助（参见 www.goodcharacter.com；www.aimcenter.org；www.aimcenter.com；www.ethicusa.com）。在“品德教育伙伴组织”创建并维护的数据库中（www.character.org）有可用以评估品德教育的各种工具，并附有相关描述和分析。

在家庭价值观教育运动的议程中，就有让宗教和爱国主义教育回归美国校园这一提议（参见 www.freedomalliance.com）。

许多州的品德教育示范中心和专项计划都在酝酿之中，北卡罗来纳州、加利福尼亚州、艾奥瓦州、新墨西哥州、犹他州、康涅狄格州、马里兰州、华盛顿州、密苏里州、肯塔基州、新泽西州和南卡罗来纳州均在其列。该中心赞助的活动包括：创建安全有序的校园环境、鼓励学生对自己的行为也对他人负责、预防暴力以及加大力度控制校园吸毒和携带武器的行为。品德教育正迅速发展成学校里最重要的新型工程之一（Thorkildsen and Wallberg，2004；Nucci and Narvaez，2008）。

应该教什么：以传统价值观为重点

显然，学校需要重新挖掘自己在一个讲道德的社会里所应该承担的角色和职能。美国是一个以犹太教和基督教共有思想立国的移民国家，这些思想是美国正义观和民主观的基础。创建学校的目的就是要向年轻人传递那些价值观，以此维护我们的价值观和社会。支持传统价值观使得建国之初的美国学校有了明确的目的和坚定的方向。在道德和行为标准上，孩子们不会接触到鱼龙混杂的观点，也不会产生这样的印象：他们凭着心血来潮就可以编造、改变自己的价值观。

恢复品德教育应该以传统价值观为重点。在小学，阅读材料应该重在熏陶学生的思想情操（Anderson，1994；O'Sullivan，2002；Bennett，2008）。讲述伟大英雄人物和体现刚正不阿、不屈不挠、忠心耿耿以及个人能力的故事应该占主导地位。重点应放在美国历史和文学的积极层面上，主要是表现团结起来朝着恰当目标共同奋斗的人民大众是如何取得成功的。教师应反复强调并要求学生自觉遵守行为规范，自觉尊重关爱他人（Lickona，1991，2004）。学生应该了解各种宗教，目的是理解不同宗教所共有的价值观以及那些价值观又是如何在生活中践行的。在学校里给学生留出时间反思个人宗教信仰是恰当的。

学校里的符号和象征应该突显美国价值观。道德规范宣传画、宣传标语和宣讲会使学生有机会了解那些价值观对社会和学校有多重要。邀请演讲者到班级演讲、放电影以及带学生参观反映美国价值观的著名纪念场馆等都是行之有效的教育方法。教师还可以通过宣讲道德戒律以及奖励具有良好公民品德的学生来强调好的价值观。

在中学，应该继续通过更复杂的材料和概念来加强对学生传统价值观的教育。

如果家庭价值观已涵盖在其他课程之中且家长已经在家里对学生进行家庭价值观教育，就没有必要再专门开设性教育方面的课程。杰出校友事迹荣誉榜可以像运动员奖杯一样占据最显眼的位置，而图书馆则是展示我们所倡导的思想行为的书籍的好地方。

文学课应该讲授美国文学和外国文学中描述道德行为之回报和不道德行为之消极影响的那些内容。美国历史课应该讲述我们所捍卫的理想和所取得的伟大历史成就。科学课不仅应该突出介绍基本价值观和宗教观是如何指引许多科学家进行研究的故事，还要介绍做出科学发现所需要的锲而不舍的精神。

艺术课可以从多方面展示价值观，通过研究绘画、音乐作品、雕塑和其他艺术形式就可以了解永恒理念关照下的人类生活的积极面。宗教音乐和宗教艺术可以成为课程的一部分，正如把“己所不欲，勿施于人”和个人美德等价值观理想化的非宗教艺术可以成为课程的一部分一样。职业培训课程从多方面展示如何以良好的心态来对待工作、家庭、责任、忠诚、宽容和尊重。在体育运动中，同样可以宣扬这些价值观，无数职业球队和大学球队在赛前一起祈祷，许多运动员已成为确立高层次道德行为标准的领军人物。

我们需要的是信奉传统价值观并在行为、生活中践行传统价值观的教师。显然，要想了解一名教师的道德信仰光靠分析他/她的大学成绩报告单是不行的，因为一个人所学科目与其道德行为没有多大关系。

各州有权要求那些获得了州教师资格证、可以在公立学校执教的教师具备高层次的道德标准。师范院校应该考察可能被录用学生的在校记录，拒不招收那些有犯罪或不道德行为前科的学生（比如说，曾经有过舞弊行为、不诚实行为或性行为不端等记录的学生）。申请教师资格证的人必须提交可以证明其道德品质的推荐信。既然我们要求参加律师资格考试的律师们都需具备良好的道德品质，我们又为什么不要求步入教师行业的人同样具备良好的道德品质呢？学校应该要求教职申请人以论文的形式来阐述他们的价值观。显然，我们应该利用教学实习和最初几年全职教学工作的机会，对年轻教师进行筛选，以确保他们能维持道德标准。如果这些标准得以明确阐述并公之于众，那么就能起到公平告诫的作用。不能维护这些道德标准的教师应该从事其他职业，我们也不应该让这类教师继续留在教学岗位上，因为他们对年青一代的思想会造成很大影响。

学校是如何破坏价值观的：价值观辨析和道德困惑

在许多学校，孩子们接受着这样的教导：他们在家里或教堂了解的价值观不过是一种选择而已。价值观辨析使得孩子们相信，是非对错完全取决于个人看法。行为或思想没有道德准则可循。在进行价值观辨析时，教师可能要学生公开指出自己父母在哪些情况下做得不对，并就父母本应该怎么做发表自己的看法。教师会问及孩子们的家庭生活和内心想法等个人问题。孩子们在判断是非对错时无标准可依，老师鼓励孩子们确立自己的一套价值观。贝内特这样描述价值观辨析：

> 学校的任务原本是传播正确的道德价值观，但学校却未能完成这一历史使命；相反，学校让孩子“阐明”自己的价值观（成年人，包括家长都无权批评孩子的价值观）。“价值观辨析”运动阐明的不是价值观，而是需求和欲望。实

际上，这种道德相对主义就认为，任何价值观都无所谓对与错。（Bennett，1992：56）

在关于价值观的课堂讨论中，那些信心满怀提出个人意见的孩子们可能影响其他孩子，而教师不得充当仲裁员的角色，以免妨碍了他们的价值观“辨析”。全班学生可能会一致认为，给小猫尾巴上系金属罐、给年老或多病的人施以安乐死或者坐着向国旗敬礼都是可以接受的行为。孩子们也学着打父母的小报告，学会嘲讽那些在自行决定权和隐私权等方面支持传统价值观的人。显然，如果没有一个明确的一致标准来界定哪些是可接受的行为和信仰，我们的社会就注定要走向道德毁灭。我们能够严肃论证不诚信和欺骗人的生活在道德上等同于诚实和正直的生活吗？在价值观和品德教育上学校怎么能采取中立的立场呢？然而，价值观辨析以及价值观教育中采取的其他相对主义方法所折射出来的正是那种荒谬的观点。

现行课程中令人困惑的价值观

学校课程和教材呈现的各种相对主义价值观只会使学生感到困惑。世俗人文主义、相对主义和自由主义并未确定为学校教学科目，学校也没有开设以那些术语命名的课程，但这些隐形思想却几乎渗透了所有课程，并且往往无人察觉，甚至连教师也没有意识到。因为没有任何具体课程关注传统的道德观和价值观，所以各种不同观点很容易从教师言论及其所授课程中流露出来，从而使得学生也认为，没有永恒价值观或普世价值观，只有个人价值观是真实的存在。如果共同的核心道德观从课程和教师言行中都得不到验证，那么学生就会失去道德上的方向感。从最乐观的一面看，这也会引起学生的困惑或自我放纵；从最糟糕的一面看，这会使得学生藐视道德。

学生从教学材料中学到的东西通常要么枯燥乏味、与道德观点和道德行为没有任何关系，要么就是令人困惑，因为教学材料呈现的是所谓同等重要的多重价值观。学校教材中通用的阅读材料里掺杂了许多把学生注意力引向社会败类价值观的糟粕作品以及远远超出孩子道德发展水平的成人故事。在公民学和历史课程中，重点讲授的是政治权利而不是美德，如何操纵他人以及利益团体如何为所欲为就是学生学到的东西。历史教材在基本价值观方面立场含糊，并且蔑视宗教。性教育方面，现行课程倾向于认同乱交和性自由，不强调禁欲和责任（Shapiro，2005）。科学课无视宗教观点，代之以“价值中立”（value-free），而且声称任何科学实验都是道德正确的。学校非但不保护单纯，提倡单纯，反而对它进行抨击和贬低。

这种纵容、自私教育的后果是显而易见的。在当今生活中我们遭遇的虐待越来越多。儿童虐待事件多得惊人，以至于我们现在开通了24小时儿童虐待举报热线；家庭暴力方面的新闻几乎每天都占据着报刊重要位置；动物虐待现象如此普遍，以至于不再是新闻；性虐待和吸毒也很流行。

其他问题数不胜数。我们失去了理想、尊重、英雄、民族荣誉感和宗教信仰的基础。政治和企业领袖滥用公众信任，进行欺骗、贪污腐败；年轻人再也无法理解我们为什么要为捍卫自由而战；孩子们拒绝背诵“效忠誓言”，拒唱美国国歌；我们民族纪念碑和英雄雕像上涂满了乱七八糟的图画和文字；孩子们不再尊重自己的父母或长辈。

学校植根于道德价值观

创办学校就是为了给社会提供道德基础，历史证明美国的学校在这方面是卓有成效的。早在殖民地时期，美国的学校就把宣扬道德伦理规范和传统价值观作为核心目标。马萨诸塞州在 1642 年和 1647 年就先后颁布过两个最早的学校教育法案，要求社区为年轻人提供教育机会，要求社区学校维护宗教价值观和社会价值观。《新英格兰初级读本》是殖民地时期教孩子读书识字的入门教材，在这本教材中，美德教育与基本技能教育是融为一体的。在此之后的所有教科书都遵循这种模式，时间长达数代人。建国初期的美国人清楚地认识到，好社会与宗教价值观、家庭价值观和学校价值观之间有着必然的联系。宗教信仰仍然是传统价值观教育的可靠基础，因此也不应该将其拒之于公立学校的课堂之外。

从《新英格兰初级读本》到《麦古菲读本》，学校所学内容与美国传统价值观是一致的。从这些古老的教材中所讲述的道德故事，我们可以学到很多东西。孩子们学到的是在家里、社区以及学校捣乱都是不对的。从冒犯共同道德的人所遭遇下场的故事中，他们了解到对共同道德的冒犯将给他们带来什么样的后果。这让他们学会尊重家庭、教会、社会和学校的权威人士。我们必须抵制当今学校盛行的纵容教育和价值中立教育，重回重视道德戒律和合乎体统行为的轨道。教育危机与社会危机有着同样的渊源：基本价值观的衰退。纠正学校的错误做法是改良社会的主要途径。

宗教信仰给年轻人提供了良好的道德基础，但它并不是传统价值观的唯一来源。合乎伦理的个人行为也源于根深蒂固的家庭价值观和社会价值观。好社会取决于关爱他人、具有个人责任意识以及养成了节制习惯的公民。埃齐奥尼认为，价值观教育在美国民众中得到了广泛支持，他提议："我们只讲授大多数美国人一致认同的价值观。"（Etzioni，1998：448）萨默斯清楚阐明了对学生进行传统道德教育的理由，"毫无争议的伦理问题的核心早就确定了……我们得让伟大的书籍和伟大的思想重回校园"（Sommers，1998：33-34）。

导致年轻人价值观明显衰退的因素有很多。其中最重要的因素就是学校抛弃了塑造共同价值观的职责，并且以破坏父母和宗教权威的极端相对主义观点取而代之。一切价值观都是平等的，这就是孩子们在学校里所学到的，因此无论他们看重什么都是可以的。我们不可能让孩子们为拒绝接受"共同道德"而承担任何责任，因为他们的天性就是自私的。家长必须教导孩子接受、尊重传统的社会价值观。自古以来，我们都依靠学校来强化和拓展家庭、教会以及其他宗教组织所倡导的基本道德规范。在家长没有能力或拒绝教孩子分辨是非对错的情况下，通常这一重要职责就由学校代为家长肩负。现在管理学校的那些人已经忘记了历史，而忘记历史的人必将重复过去的错误。

目前美国社会离婚率居高不下，家长对子女的道德发展缺乏关注，因此，学校应该在传播美国价值观方面发挥更重要的作用。在家庭和社会压力一直存在的情况下，学校应该更充分地发挥自己的影响力以确保我们的传统能够发扬光大。许多年轻的父母成长于 20 世纪六七十年代，当时参与宗教活动的人数急剧下降，不道德行为显著增多。没有强大的宗教和民族传统所提供的价值观基础，美国将会陷入麻烦之中。学校必须承担起对学生进行传统价值观教育的责任。当前在品德教育方面已经有一些积极的、有希望的新发展，我们应对此大力支持。

我们必须让美国的基本价值观重回校园，使其重新成为我们年青一代所信奉的价值观，这也是可能的。但是光有这种潜在的机遇还不够。关键是我们必须赶快行动，让我们的学校领导重拾这样做的决心。我们正面临着社会价值观危机，这一危机也反映在我们的学校里。我们的社会特别脆弱，学校必须重新承担起进行道德教育的责任。

观点 2：通过主动的价值探索获得自由

绝大多数品德教育计划主要由劝诫和有指导的背诵构成……大多数品德教育计划也是以在学校张贴海报、悬挂横幅和壁画等形式进行道德说教……孩子们成了有待灌输的被动接收器——与其说是被吸引的学习者，还不如说是被操纵的对象。

——Kohn，1997：158

……“品德”是一个过时的、准形而上的术语，与星象的联系比任何科学概念还要多。它是一个没有统一定义的术语，是一个即使在品德教育倡导者中也难以达成共识的术语……品德教育是把保守主义意识形态植入学生心灵的议程之一部分。

——Cornwall，2005：1

教育不是价值中立的活动，提供教育和参与教育的决定都是以价值观为基础的。学校所做的一切以及决定不做的一切都体现了学校的价值观。我们教育他人以及接受教育本身都是为了实现我们心目中的美好目标（Purpel，2003；Spring，2008）。我们所教授的即为我们认定的那套有价值的思想。除此之外，我们还能怎样诠释教育呢？如果我们的学校没有教育目标，教学没有目的，课程没有目标，那会是很荒谬的。

因此，学校与一系列基于价值的决定有很大的关系。无论是否是深思熟虑后的刻意而为，总之，学校通过各种形式对学生进行价值观教育和品德教育。慎重实施价值观方面的教育要体现基本社会理念，要由学生以理性和尊重的态度对这些基本社会理念进行阐述和分析，需要教师支持体现教育道德维度的、理性的批判性分析（Giroux，2004；Kohn，2008）。它不仅尊重分歧，也尊重学生的知识和心理成熟度。它不是一味灌输道德和美德，而是希望学生对核心文明价值观以及与之相关的道德行为都能够进行理性的评价。

学生来到学校时已经有了自己的价值观和是非观——从家庭、电视、朋友以及其他体验中获得的（Aronowitz，2008）。学生来到学校时已经不是等着灌输高尚价值观的空空道德容器。甚至小学生也有很明确的是非观，实际上，他们很清楚何为公平、何为不公平以及谁应该因为违反了什么样的规则而得到何种惩罚。对他们来说，介乎对错之间的“灰色区域”几乎没有。试着和小孩子玩玩游戏，看看他们是如何诠释规则的。随着长大成熟，他们逐渐形成了更为复杂的正义感、道德感、伦理感和价值感——在很大程度上是受家庭、朋友、媒体以及正规的宗教和学校等组织的影响而逐渐形成的。

优秀的品德是不断升华的，道德观、价值观和伦理观受到考验之时，好品德就体现在行为之中。价值观教育应该批判性地审视传统道德观和当代道德观，应该检验并完善道德行为方面的个人信仰。试图通过喊口号、说教以及教条的宗教信仰进行道德灌输不符合高标准的价值观教育，而且还可能导致学生不加思考、机械地表达自己对价值观的看法。过去 10 年间，有关神职人员和企业高管不道德行为的案例表明，每个人都可以声称自己在道德上是正直的，但道德行为需要一个人具有很强的原则性和坚韧不拔的精神。虽说不可能绝对保证通过价值探索就一定比通过说教和道德专制等计划取得的教育效果更好，但这种可能性是存在的。社会学家维克托指出："为我们的孩子提供一条可遵循的路径比告诉他们一系列抽象的价值观更有用……与其告诉他们一套要遵循的原则，倒不如教会他们一种思维方式。"（Victor，2002：31）

自由＝教育

教育的基本目的是实现自由。从无知中解放出来是免受奴役、专政和压制的基础。充分参与民主社会、享受和扩展正义与平等、过健康如意的生活以及为其他人提供同样的机会等都要以了解的自由为基础。这些都是学生可以分析并与自己生活相联系的实实在在的价值观。但是这种价值观探索离不开自由。思考的自由和行动的自由以了解的自由为基础。任何要获得自由和民主的社会必须承认这一基本等式：自由＝教育。束缚并且扭曲年轻人思想的学校反对以上原则，于是民主文明成了牺牲品。既然学生通过观察周遭世界价值观的影响，对价值观有了很多了解，所以毫无道理可言的专制学校不仅不尊重学生智能，而且还在宣扬许多与基本道德原则不一致的反民主价值观（Kessler，2000；Kincheloe，2004）。

显然，这种尝试并不是支持抛弃人类社会所尊崇的教化，并不是支持放弃对宽容他人、尊重他人、有责任感、有勇气和宽宏大量等教化内容的倡导。实际上，正好相反——支持价值观探索的目的是使学生能够促进文明，而且不带任何伪善的色彩。我们不能一方面把传统价值观强加在孩子们身上，同时又要求他们对那些价值观不加批判一律接受。在传统的价值观灌输教育中，学生学会的是服从权威，而不是独立思考。与贴标语、喊口号和学生一味顺从相比，对基本文明价值观的价值探究将使学生产生更坚定、更现实的信念。由于学生经常处于被动和服从的地位，所以，诸如社会不公和不平等的道德问题往往被忽略了。我们非但没有要求学生质疑社会或采取行动来改良社会，而是要求学生因循守旧、安分守己。哲学家马克辛·格林认为，道德选择和伦理行为应该是慎重的、批判性思考的产物。只有当社会为师生提供进行这种思考的自由和鼓励时，才会产生这种结果（Greene，1990）。

限制和条件

正如一切自由都有条件限制一样，这一自由概念当然也是有其合理的条件和限制的。年幼的孩子需要大人的引导方能养成良好的基本习惯。有少数人的身心发展停止在婴幼儿水平，这些人在生活上可能就需要一些出于关爱的控制才能确保他们自身的安全和健康。但是，我们应该相信绝大多数孩子和在校学生在智力和价值观方面会不断成熟，应该相信他们能够超越顽固的旧习不断进步，能够理性地理解并独立判断何为正确的价值观和道德行为。

这种成熟需要培养，需要学生在认真考虑是与非的前提下，有质疑、挑战和批判性分析道德宣言的机会。这是否就意味着我们支持学校在价值观教育上采取任何价值观都一样的态度吗？当然不是。这意味着学生要充分理解社会道德观和价值观，要认识到自己的行为后果是什么，并敢于为此承担责任。这也意味着他们在理解分析问题时，必须以贯穿于伦理行为和价值观的道德准则为基础。

诸如讲人性、讲人权、讲正义、讲平等、讲自由和讲文明的原则可以用作特定情况下的道德行为和价值观的评判标准，具体如何运用这些标准值得我们进行大量理性的思考。面临着理性思考与情感爆发这两种选择时，思考型学生几乎不会选择让感情战胜理智。即使感情因素在他们的决定中有一定作用，他们还是希望诉诸理性。如果让他们在自由和奴役之间选择，大多数人会选择自由——而且理由充足。对基本道德原则的独立思考，在社会和日常生活的激烈价值冲突中检验那些原则，提供理性批判的机会以及形成一套更一致的价值观和更具操作性的伦理观等都是价值探讨所涉及的内容（Singer，2002）。这既不是随心所欲的自由，也显然不是对权威的盲目服从。

正如社会科学家艾伦·沃尔夫在美国访谈时所发现的一样，道德自由的理念正在演变发展。道德自由汲取的思想类似于那些从建立这个社会的革命理想中所衍生出来的政治、经济和宗教自由的思想——对自由与民主是不可分割的共生体的一种认识。沃尔夫指出，以往认为品德塑造需要权威主义，需要机械服从权威，其思想基础在于认定个体从根本上说是邪恶的，需要接受“改造”：

> ……品德塑造就像是炼金术士的工作，从邪恶的东西（人性）中炼造出好东西（美德）……品德塑造的过程，以人性弱点为前提，在一个自由民主的社会里总是显得不太合适……高度结构化的道德权威体系要求我们为了权威而压抑我们的直觉和需求。但是如果我们相信自己本质上是好人——或者至少是既不好也不坏的人——为什么我们不能更信任自己，并且学着少相信那些只会滥用职权的机构呢？（Wolfe，2001：179，180）

过去几十年里滥用职权的专制机构，我们见的并不少。从教会到政府到企业，滥用职权的例子数不胜数。我们发现一些鼓吹道德、伦理和责任的人恰恰就是缺乏道德感、伦理感和责任感的人。但是这种摆脱了权威主义的新道德自由不一定必然导致没有核心价值观的个人道德混乱或是不负责任。许多主要的传统道德戒律仍会得到维护，但是，正如沃尔夫向那些接受采访的人所指出的一样：“在道德自由的时代，道德权威必须对自己的特殊见解做出解释。”（Wolfe，2001：226）合法性和可信性是道德权威所必须具备的条件。沃尔夫发现，接受采访的人都表示强烈支持诸如忠诚、自律、诚实以及宽容之类的传统价值观。他们在形成这些价值观之前会咨询权威人士，但不仅仅是盲从他们的建议。对于如何在不同情况下把这些价值观运用于日常生活，他们也要进行思想上的斗争，但同时也觉得有进行思想斗争和质疑这些价值观的自由。这就是价值探究的形式，它以自由这一理念为基础，与科尔斯（Coles，1997）和皮亚杰（Piaget，1997）所做的关于道德推理是如何形成的研究是一致的。正如艾斯格鲁伯所评论的一样：

> 人们必须对他们行使的权力做出合理的解释是自由民主的定义性特征之一；如果仅仅依靠个人地位或权力而行事，那么他们的行为就是不民主的……在一个自由民主的国家，通过示范而不是说教来教导他人是最有效的方法。（Eisgruber，2002：72，83）

无论是基本知识技能的学习，还是在价值观、道德行为、道德规范和品德发展等方面，自由和教育的原则都在起作用。尽管在专制教条的学校里，掌握一些基本技能和死知识也是可能的，但这些学校却否定了民主社会所必不可少的独立思考这一理念。因此，在那种环境中进行学科教学是不民主的。同样，给学生灌输价值观和道德标准也是可能的，但这种方法与民主和独立思考是相矛盾的。除了不民主之外，在不容挑战的专制背景下进行价值观和伦理观教育也是没有任何成效的。价值观教育的目的是让学生理解、分析、提炼并且慎重接受一套正面的、可转化成道德行为的价值观。权威主义与这一目的背道而驰，因为它只需要顺从，而且是盲目顺从。

有关价值观教育的学校决定

对学生进行价值观教育是学校的天职，所以问题不在于学校是否应该对学生进行价值观教育，而在于学校应该以哪种价值观为侧重点以及如何进行价值观教育才能让学生收获最大。总的来说，教师、教材和学校都会教给年轻人一套价值观。经营管理学校的方式决定了我们既可以培养循规蹈矩、服从外界权威以及被动温顺的学生，也可以培养富有思想的社会问题批判家，即愿意挑战社会规范，把人类的持续发展推向未来的学生（Kidder，1994；Haydon，1995；Kohn，1997，2008；Purpel，2003；Anyon，2008）。关于学校的这些目标还有多种说法：学校应该教育学生遵循社会价值观以适应社会，或者解放学生，让他们参与社会改良。

遗憾的是，对于认为学校应发挥更重要社会作用的人而言，当今学校的许多活动都是为了培养听话、被动的学生，这样的学生即使面对不合理的专制主义也不太可能进行质疑或是提出问题。目前学校进行价值观教育和品德教育所使用的材料往往也是旨在维持现状，使学生成为循规蹈矩的人以及宣扬不带批判色彩的宗教观。比如说，科恩提供了丰富的证据来证明“传统的品德教育依赖于行为主义、保守主义和宗教教义”（Kohn，1998：455）。对学生和社会而言，更为遗憾的是，学校通常能成功地达到这一目的。校园生活太注重一致性了，要求所有学生思考问题、行为举止和看待生活的方式都保持一致给他们带来了巨大压力。这不仅是虚伪，因为许多成年人和教育工作者都不会遵循这些道德主义的标准，而且还会毁掉年轻人的创造力和活力。它还会导致公民生活的消极性——民主社会的一个严重痼疾。

约翰·斯图尔特·密尔这样界定他那个时代常见的墨守成规的教育：

> 一般的国家教育仅仅是个圈套，其目的就是将人们塑造得彼此一模一样；由于用来塑造人的模子是为了迎合政权中的主导力量——无论是君主、神职人员、贵族还是当今这一代的大多数人——所以，越是能建立起对思想的专制统治，越是能由此实现对身体的专制统治，它也就越有效、越成功。（Mill，1859/1956：129）

密尔的评论在今天看来仍然是恰当的。可悲的是，许多学校的目标都是培养听话的公民以确保社会控制，而不是培养具有批判性思维的学生来改良社会。

在传统的学校里，学生被强行灌输的道德教条和价值理念与他们在社会上的所见所闻不一致。薪水不高的教师宣扬诚信，而那些富裕的金融家、银行家和政治家却在洗劫民众。那些从事所谓白领犯罪的有钱人或人脉广的人很少受到惩罚，尽管少数几个人可能被送到豪华的拘留所待几天。但是，来自社会底层的人们即使是从事非暴力犯罪活动也经常要在正规监狱里长期服刑，而他们在监狱里学会的犯罪行为则更多。甚至曾卷入丑闻、道德品质备受质疑的美国总统也仍有可信度，仿佛其行为是可以接受的一样。我们的正义观及其他价值观与现实明显不一致，学生心里是很清楚的。平等、正义、诚信和公民职责等理念与现实不一致的类似例子在我们的生活中比比皆是。学生完全能意识到这些不平等。在学校喊道德口号或是必修教材中的阅读材料无法掩盖这一缺陷。

自由教育和批判教育学：价值观探索

“自由教育”（liberation education）提供了分析社会问题和彼此相冲突价值观的机会，它与批判教育学的思想有着密切联系——帮助教师让学生参与这种分析的一项计划（Shor，1987；Burbules and Berk，1999；Kincheloe，2004，2008；参见 www. perfectfit. org；www. csd. uma. org）。自由教育不是一套教学技巧，也不是一份具体的教案或是学校采用的系列教材。凡是机械的或“防范教师”（teacher-proof）的方法都不会带来自由。批判教育学绝不是机械的，也不是防范教师的，而是动态的，以教师为导向的。自由是把师生从阶级主导的无知、顺从和思想控制的狭隘盲区中解放出来（Shor，1987；Clark，1990；Ahlquist，1991）。其动态特点决定了它把教师和学生视为反抗压迫和促进民主的主动参与者（Giroux，1991，2004，2008）。运用于价值观教学的时候，它建议学生探究基本道德理念，将之运用于分析社会价值观的差异，分析其他观点，并找到一套合理可用的道德指导方针。它基于理性，基于经过仔细审视的理念。哈佛大学开设的一门深受大家欢迎的伦理学课程就包括有关自由教育的研究（www. ethics. harvard. edu）。

自由教育很复杂，因为它所应对的社会力量很复杂。其核心目标是解放个人与社会，广泛传播自由的力量（Freire，1970；Glass，2001）。它需要一套包括正义与平等在内的价值观作为理想以反抗压迫和专制主义，它需要批判性理解当今社会里许多矛盾的文化观点和以掩盖意识形态为目的的操纵机制。自由教育和批判教育学揭示了主导文化里显而易见的谎言和不公，它们还包含对无权者能够通过教育壮大自身力量的一种期望。这就需要我们认识到知识的类型和学校教育不是中立的，而是主流文化用以谋取权力的手段。

学校必须成为我们更深入分析人类矛盾以理解社会得以运作的意识形态和文化基础的地方。这一目的不只是认识到这些矛盾或意识形态，而是参与遏制压迫、扩大个人权力的行动。这一深刻的革命性教育理念直指教育的实质。学校自身需要经历这种解放，我们应该采取行动使学校真正变得更民主。其他一些社会机构也值得分析，也值得我们采取行动。显然，自由教育——一个多余的术语——在当代社会中是有争议的。自由的人们对学校现在宣扬的传统的顺从和被动构成了威胁。

应该教什么

进行价值观探索的自由教育要求我们把课程内容和批判教育学结合起来。我们不能把学生学什么和怎么学割裂开来。这种学校教育方法的基础是促使学生对社会和社会制度进行批判性研究，它有双重目的：把自己从复制旧价值观，从揭露贪婪、腐败和不人道等道德阴暗面的狭隘道德教育中解放出来；把社会从对人的压迫性操纵中（政府、企业和机构的各种宣传就是对人的操纵）解放出来（Yu，2004；Baker and Heyning，2004；Blau，2005）。

批判性研究既涵盖研究方法，也包括研究内容。它认为有必要对各种不同理念进行公开研究和评论，同时也认为人类状况是有问题的。那就应把所有人类活动都置于潜在课程内容的范围之内，同时也使得所有活动都要接受以动态辩证推理的形式进行的批判性审查。

显然，学生不可能在任何时候对任何事物都进行研究。研究主题的选择取决于以下几个因素：学生曾经研究过什么以及那些调查研究的深度，当代有哪些重大社会问题，学生的兴趣和成熟度，教师的知识。并非所有精心编排的系列知识是所有学生都必须体验而后就忘掉的，知识本身的性质应该让学生自己去分析。那就必然导致自由。一旦获得自由，就会促进学生人性与品格的发展。

意识形态是早期的研究主题之一，意识形态研究也从未间断过。学生要学会如何剥去宣传和合理化的外衣来分析其根本。从字面意义来看，意识形态就是对思想的研究。表述那些思想的语言不是起着使思想显得神秘化的作用，就是为了说服民众。在美国，种族歧视和性别歧视不被视为可接受的大众观点，然而却又隐藏在那些动听的公告和政策之中。考试中存在文化偏见，但这类考试的结果，按照中立论调的非种族主义者和非性别歧视主义者的说法，又得到了合理化解释，变成隔离学生、保证学生得到特殊待遇的依据，其实根本原因和结果仍然是种族歧视或性别歧视。帝国主义在当代国际关系中被视为不正当，但是强大的民族确实又试图通过物质或政治经济手段控制其他民族，而同时又把自己的行为说成是防御性行为或者甚至说成是“为自由而战”。意识形态研究可以帮助学生把各种事件与历史、经济和政治背景联系起来，从而透过表面现象做出更深刻、更丰富的解释。

主流神秘化

自由、反对压迫力量和促进民主的理念在大众教育文献中被提及的时候少之又少。大多数主流教育论著并未提出任何关于学校所处背景的问题，而作者们似乎也接受了保守的学校目标，只是敦促我们“微微调整”一下这些目标即可。标准的教育类论著在研究我们的学校教育体制时，并未深入考察它的实质、意识形态以及复杂性。相反，教师和接受培训的准教师所阅读的都是关于如何运用教学技巧以及如何在课程上进行小幅度调整的文章。这些文章没有关注任何重大问题，也没有将个人心灵从狭隘文化的束缚中解放出来。这些文章主要关心的问题是如何使学校变得更有效、更机械、更像工厂以及更墨守成规。

主流教育文献以美国社会的主流思想为依据。这种思想受标准的保守派和自由派思想之间的“窄带”（narrow band）所束缚。超越这一“窄带”的人被称为激进派或“非美国人”，会遭遇怀疑的眼光。“外围”的思想和批评没有公众可信度。保守派和自由派都不乐意看到学校对美国的民主进行批判性审视。

保守派和自由派似乎确实认为美国学校应该支持民主。学校就是为民主社会培养合格公民，或者说学校就是一个微型民主社会，这类陈词滥调充斥着主流文献。这种文献可被归入欺骗性一类，因为它用动听的言辞掩盖它维护现状和主导阶级权力的意识形态。这种文献所颂扬的不是有着自由价值观的“主动的民主”，它的真正目的是让民众满足于成为没有批判性思维的劳动者，尽管他们认为自己是自由身，但实质上却备受束缚、没有权力。换句话说，主流论著的作用就是在维护有权阶层统治的同时，用标榜自由的花言巧语来蒙蔽读者。

当今流行的诸如“卓越、标准、人本主义和进步”的教育术语充斥着主流报刊。尽管这些术语在讨论教育时是有用的，但它们往往起着掩饰的作用。保守派用“卓越”和“标准”这类术语来掩盖统治阶级的利益，为统治阶级占据的优势辩护，为打造有技术但又听话的劳动者以维护企业利益辩护。自由派用“人本主义”和“进步”这类术语来掩盖忽视社会基本问题和矛盾的柔性个人主义（Giroux，2008）。这些术语既体现了主导学校和社会的企业意识形态，也体现了致使劳动者群体无法识别那种意识形态之缺陷的自恋心态。那就是神秘化（mystification）——为蒙蔽大众，掩盖真正的学校议程所做出的努力。

上述议程就是维护乔尔·斯普林所说的“分类机器”——把不同的社会阶级归入各种不同的公民类（Spring，1976）。雷蒙德·卡拉汉把这一议程描述成学校的企业导向，目的是培养能有效工作的民众和擅长管理的精英（Callahan，1962）。安扬揭露了教育下层阶级学会顺从听话的课程（Anyon，1980）。亨利·吉鲁阐述了把主导阶级的价值观、看法和规范强加给所有学生的隐性课程（Giroux，1991）。阿罗诺维茨和吉鲁发现，有必要开展强大的批判意识教育，以支持学生反对社会强加给他们的传统价值观（Aronowitz and Giroux，1991）。

大众媒体夸大了保守派和自由派关于学校教育的争论，实际上，没有什么可以将二者割裂开来。通过每隔几年进行些微调整，学校能够也确实做到了在短时期内兼顾各方要求。调整的幅度就像钟摆的摆程一样并不大，学校也还是老样子，只有一些摆摆样子的变革。保守派当权时，人们对竞争、学生成绩、通过考试以及获取一些具体信息更关心；自由派则试图让学生感到幸福，容许课程设置有更大的自由并且提供的学生活动也更丰富。

至于民主和学校教育，保守派与自由派的观点分歧在于：民主的界定有多严格？学生在多大年龄时即可开始践行民主？保守派要求对民主进行更严格的界定，要求从小就教育学生形成良好的习惯和价值观；自由派要求对民主进行更宽泛的界定，要求把学校作为学生尝试着践行某种形式民主的地方。

保守派和自由派的主流观点都未提出有关民主的基本本质或是我们用以实现民主的手段等问题。这两派的观点都不是批判主流阶级对知识和学校的控制，也都不认为民主有任何问题，它们更不认为应该继续进行批判性分析以促进民主的发展。这两派的观点都认为对于何谓民主已达成了基本共识。因此，保守派和自由派对于民主社会学校教育的看法是没有多大差别的。双方在学校应该重视什么课程以及学生应该得到多少自由等问题方面有些微分歧。那些分歧可能听上去好像差异很大，但是争论阅卷评分应该有多严格或是学生是否需要额外时间进行阅读训练等争执并不能揭示民主生活中出现的严肃重大的问题。就意识形态而言，保守派和自由派有着共同的基本信念。他们的价值观教育就是为了维持现状，避免面对不公平、不平等这些更严肃的社会问题。

反动的灌输与文化再生产

右翼分子是灌输教育和审查制度的公开倡导者。如果你知道真理是什么，为什么还要提出其他观点呢？对不同观点应该进行压制，因为它会把各种年龄段的孩子都搞糊涂，而且任何偏离都是不可容忍的。这种观点对任何民主国家及其学校都有潜在的灾难性影响（Yu，2004；Noddings，2003）。

有趣的是，保守派和自由派都赞成灌输式教育，但又不愿意告诉任何人，因为这听上去不民主。但因为他们控制着学校和社会，所以他们可以通过更微妙的方式把自己的主要观点强加于人。通过各州法律，保守派和自由派联合起来对学校课程、教材选择、学校运营以及教师资格认证进行控制。一些州级机构对学校进行监督和限制。同样受主流保守派和自由派势力控制的新闻媒体努力让公众相信美国仍然是实行民主制度相当成功的国家。由于正宗保守派和自由派在观点上并没有真正的分歧，所以也谈不上在社会价值观上存在基本的意识形态分歧（Chambers and Kymlicka，2002；Giroux，2008）。

因此，学校要对学生进行融入主流文化的灌输式教育，而主流群体有权要求学生与主流文化保持一致。“文化再生产”意味着强加在人们身上的主导文化意识形态的代代传承。在美国，这种文化再生产有两种形式：（1）积极的信念：美国是上帝选中、受上帝祝福、体现上帝荣耀的国家，它为所有人争取正义和平等，它有最完善的经济体制；（2）消极的信念：任何质疑美国价值观且具有煽动性质的观点一律都是反美国的。由这两个部分构成的文化再生产确保教师和学生不会进行认真严肃的批判性思考，但会完全接受主流意识形态。因此，民主制度的本质以及完善民主制度的方法被视为自然的存在，不属于学校探究的范围。

在学校里，学生读的是主流文学作品，从老师和同伴那里听到的是主流观点，看的是主流电影，听的是主流演讲，参与的是主流课外活动。学校图书馆只收藏主流期刊和书籍。对分歧巨大的观点进行分析的文章几乎不可能找到。学生不在学校的时候，他们读主流报章杂志，看主流电视，生活在同样接受主流教育的家庭。教师在大学里就做好了准备，他们在大学里学的是相关学科和教师职业的主流观点。难怪学校会成为文化再生产的主要场所，因为学校里没有其他思想来源。在学校里广为宣传主流思想当然是可以的，但压制对那些思想的分析，使学生局限于如此狭隘的思想范围，就称不上自由。

如果学生无意中发现某些激进的杂志或书籍对资本主义和美国政策及其对公平正义的影响提出了合乎逻辑的质疑，他们也往往会感到惊讶不已。那些学生完全有理由担心，他们所接受的教育实际上是不允许他们考虑与主流相对立的价值观和意识形态的。遗憾的是，绝大多数学生从未发现过有着激进观点的杂志，要不就是对任何有分歧的观点不假思索地一概拒绝接受，因为学校有效地“封锁”了他们的脑子——异质观点对学生的品格塑造几乎没有任何影响。

主流知识控制

学校不仅把学生分类，给他们贴上不同的“标签”，限制可分析的观点的范围，它们还为不同群体的学生提供带有阶级偏见的知识。英国社会学家迈克尔·扬认为：“那些当权派试图对知识是什么以及如何让不同群体获取不同知识进行界定……”（Young，1971）

从本质上来说，学校里的当权派捍卫所谓的“高位知识”（high-status knowledge），利用这些知识维持权力，同时也使自己有别于一般民众。比如说，尽管有些汽车修理工必须运用一些复杂的知识和技能，但这些不被视为高位知识。但同样要利用一些复杂知识和技能的法律和医学就被视为高位知识。正如迈克尔·阿普尔所说，经济结构和高位知识之间有一定关系（Apple，1990）。资本主义工业化科技社会重视最有利于社会持续发展的知识。数学、自然科学和计算机研究比艺术和人文学科得到的财政资助显然要多得多。商务管理硕士学位，尤其是“素有声名”的机构所颁发的这种学位，比人文学科类硕士学位更有价值。数学和自然科学类技术性科目更有可能被划分成互不关联的信息块儿，也比艺术和人文学科更有可能加以检测。这就容易导致学生阶层化，通常按照社会阶层分界线来划分。所谓的学业成就就是在最容易衡量差别的“硬性”技术学科上比出好成绩。但是上层阶级的学生不在竞争之列，因为他们受到保护，一般也不到公立学校就读。中上层阶级可以让其子女继承各种优势，而工人阶级的子女则在努力克服各种不利因素。

以学科为中心的课程模式对科目的划分有利于“硬性学科”（hard subjects）高地位的合法化，有利于大学预备教育的合法化。几乎无人对知识结构进行批判性分析，也很少有人发现知识结构是以阶级为基础的或是有问题的。学校传授支离破碎的知识，考查学生对细节知识的掌握情况，按照学生理解学校所教定义的好坏程度来给学生评定成绩等级。我们声称，知识是中立的，无数的课程分类和课程名称只是一些有助于理解的合乎逻辑的体系而已。这就把学校知识与社会问题分割开来，强化了权威对重点学习内容的控制，并且把学生也视为没有独立性和批判性思维的思考者。

动态的辩证式探寻

自由教育要求师生进行动态的辩证推理，以揭示那些重要价值观的意识形态根源。动态的辩证式探寻把各种话题纳入考察的范围。它不是把一套绝对真理强加于人，而更像是螺旋一样，深挖真理下隐藏着的基本原则。它不是像学科中心课程那样“切分式”地传授知识，而是把每一个话题置于整个社会背景中去审视。它需要自由的眼光，因为这种眼光将使学生能够挖掘出隐藏在主题表层意思下的深意，揭示它与社会结构和主导利益团体的基本关系。它的目的是鼓励学生超越其传统的被动、缺乏个性的角色，接受自己是知识渊博的文明促进者这一主动角色。就理论而言，辩证式探寻是永无止境的，因为文明需要不断提高。事实上在学校里，辩证式探寻会受时间、精力、兴趣和所研究主题的限制。

我们必须把这些有巨大分歧的思想置于一定的语境中加以审视，在这样的语境中这些思想可得到充分研究，也会被视为合乎逻辑的而不是稀奇古怪的思想。我们必须保证时间和资源充足，还必须将审查制度和权威主义拒之门外。

为了确保一个真正获得自由的社会，我们对学校的期望和对自由教育的期望必须同样高。批判教育学为我们朝着这一方向努力提供了大好机会。学校里的“自由气候”会使得师生获得新生，从而促使他们更充分地发挥自己的才智和创造力。这些都是恰当的学校目标，但在目前有限的主流教育形式下是不可能实现的。这就是为了获得自由而进行的价值观探索。

讨论

1. 价值观教育和品德教育是教育中两个极为重要的层面。如果一方认为应该以灌输的形式来传授价值观——正题，相对开放式探究是另一方观点——反题，那么学校可能采用哪些方法来得出合题？你如何解释自己的建议？

2. 要你向地区的“价值观和品德教育”顾问委员会推荐十名成员。这个委员会的任务是弄清楚学校应该如何开展价值观教育和品德教育。

a. 你通过什么程序来找到最佳人选？

b. 你会挑选哪种类型的人？每种类型的人选几个？为什么？

c. 你会要求这些人具有什么样的教育背景呢？

d. 应该有哪些职业的代表？各占多少比例？

e. 应该有哪些团体或机构的代表？各占多少比例？

f. 应该有哪些年龄层、性别或民族的代表？各占多少比例？

g. 你还会寻找其他哪些特征？

h. 你不想推荐哪种类型的人？为什么？

3. 自由教育的主要倡导者保罗·弗雷勒声称，传统教学基本上是“讲述”，这让主题内容显得“既不生动又可怕”。他在书中写道：

> 教师谈论的现实好像是静止不动、相互割裂而又可预言的一样。要不他阐述的就是与学生的经历毫不相干的主题。他的任务是把他讲述的内容——而且是与现实脱节的内容——“灌输给”学生……把容器灌得越满，就越是好教师。这些容器越是乖乖地允许自己被灌注，就越是好学生。（Freire，1970：57，58）

以上叙述与你在学校的经历相符吗？你能提供什么证据？关于弗雷勒对这种“囤积式教育”（banking education）的批判，他恰当地描述了学校发生的一切吗？应该发生这一切吗？转向自由教育的社会代价是什么？不转向自由教育的代价又是什么？与弗雷勒立场相对立的例子是什么？

4. 许多人承认，我们应该在学校里进行价值观教育，但是在宣扬哪些价值观以及由谁来决定传授哪些价值观上又存在分歧。一些人提议永恒的普世价值观；一些人提议功利性短期价值观；一些人提议普遍的、界定模糊的社会价值观；还有一些人提议基于个人或实时情况的价值观。通过哪些合理的办法才能确定我们应该在美国学校进行哪种价值观教育呢？你认为不同形式的价值观教育可能带来哪些社会影响？传授哪些价值观应该由谁来决定呢？

参考文献

AHLQUIST, R. (1991). “Critical Pedagogy for Social Studies Teachers.” *Social Studies Review* 29:53–57.

ANDERSON, B. C. (2005). *South Park Conservatives*. Washington, DC: Regnery.

ANDERSON, D. (1994). “The Great Tradition.” *National Review* 46:56–58.

ANYON, J. (1980). “Social Class and the Hidden Curriculum of Work.” *Journal of Education* 162:67–92.

———. WITH DUMAS, M. et al. (2008). *Theory and Educational Research: Toward Critical Social Explanation.* New York: Routledge.

APPIAH, A. (2005). *The Ethics of Identity*. Princeton, NJ: Princeton University Press.

APPLE, M. (1990). *Ideology and Curriculum.* 2nd Ed. London: Routledge and Kegan Paul.

ARONOWITZ, S. (2008 *Against Schooling*). Boulder, CO: Paradigm Publishers.

ARONOWITZ, S., AND GIROUX, H. A. (1991). *Postmodern Education: Culture, Politics, and*

Social Criticism. Minneapolis: University of Minnesota Press.

BAKER, B. M., AND HEYNING, K. E. (2004). *Dangerous Coagulations?: The Uses of Foucault in the Study of Education.* New York: Peter Lang.

BENNETT, W. J. (1992). *The De-Valuing of America.* New York: Summit Books.

———. (1993). *The Book of Virtues.* New York: Simon and Schuster.

———. (1994). "America at Risk." *USA Today* 123:14–16.

———. (2008). *Book of Virtues for Boys and Girls.* New York: Aladdin Paperbacks.

BLACKBURN, S. (2001). *Being Good.* Oxford: Oxford University Press.

BLAU, J. R. (2005). *Human Rights: Beyond the Liberal Vision.* Lanham, MD: Rowman and Littlefield.

BORK, R. (1996). *Slouching Toward Gomorrah: Modern Liberalism and American Decline.* New York: Regan Books.

BOUZA, A. V. (1996). *The Decline and Fall of the American Empire.* New York: Plenum Press.

BURBULES, N., AND BERK, R. (1999). "Critical Thinking and Critical Pedagogy," in *Critical Theories in Education,* ed. T. Popkewitz and L. Fendler. New York: Routledge.

CALLAHAN, R. (1962). *Education and the Cult of Efficiency.* Chicago: University of Chicago Press.

CHAMBERS, S., AND KYMLICKA, W., eds. (2002). *Alternative Conceptions of Civil Society.* Princeton, NJ: Princeton University Press.

CHARACTER EDUCATION INSTITUTE. (1998). www.charactereducation.com.

CHARACTER EDUCATION PARTNERSHIP. (2008) Performance Values. Position Paper, www.character.org April.

CHAREN, M. (2004). *Do-Gooders: How Liberals Hurt Those They Claim to Help.* New York: Sentinel.

CHRISTENSEN, B. (1991). "Pro: The Schools Should Presume That Parents Have the Primary Authority to Determine the Cultural Traditions to Be Transmitted to Pupils." Debates in Education. *Curriculum Review* 31:6–10.

CLARK, M. A. (1990). "Some Cautionary Observations on Liberation Education." *Language Arts* 67:388–398.

COLES, R. (1997). *The Moral Intelligence of Children.* New York: Random House.

COLSON, C. (1994). "Begging for Tyranny." *Christianity Today* 38:80–81.

CORNWALL, W. (2005). "The Problem with Character Education." *Patriotism for All.* www .members.cox.net/patriotismforall/ April.

COULTER, A. (2004). *How to Talk to a Liberal (if you must).* New York: Crown Forum.

———. (2007). *Godless: the Church of Liberalism.* New York: Three Rivers Press.

DALAI LAMA. (1999). *Ethics for the New Millenium.* New York: Riverhead Books/Penguin Putnam.

DIAMOND, S. (1999). *Not by Politics Alone: The Enduring Influence of the Christian Right.* New York: Guilford Press.

EISGRUBER, C. L. (2002). "How Do Liberal Democracies Teach Values?" in *Moral and Political Education,* ed. S. Macedos and Y. Tamir. New York: New York University Press.

ETZIONI, A. (1998). "How Not to Discuss Character Education." *Kappan* 79:446–448.

FALWELL, J. (1980). *Listen, America!* Garden City, NJ: Doubleday.

FRANK. J. (2005). *Left Out!: How Liberals Helped Reelect George W. Bush.* Monroe, ME: Common Courage Books.

FREIRE, P. (1970). *Pedagogy of the Oppressed.* New York: Herder and Herder.

GALLAGHER, M. (2005). *Surrounded By Idiots: Fighting Liberal Lunacy in America.* New York: William Morrow.

GIROUX, H. (1988). *Teachers as Intellectuals.* Granby, MA: Bergin and Garvey.

———. (1990). "Curriculum Theory, Textual Authority, and the Role of Teachers as Public Intellectuals." *Journal of Curriculum and Supervision* 4:361–383.

———. (1991). "Curriculum Planning, Public Schooling, and Democratic Struggle." *NASSP Bulletin* 75:12–25.

———. (2004). "Critical Pedagogy and the Postmodern/Modern Divide." *Teacher Education Quarterly* 31(1):31–47.

———. (2008). Against the Terror of Neoliberalism. Boulder, CO: Paradigm Publishers.

GLASS, R. D. (2001). "On Paulo Freire's Philosophy of Praxis and the Foundations of Liberation Education." *Harvard Education Review* 20(2):15–25.

GOLDBERG, B. (2005). *100 People Who Are Screwing up America*. New York: Harper Collins.

GREENE, M. (1990). "The Passion of the Possible." *Journal of Moral Education* 19:67–76.

———. (1991). "Con: The Schools Should Presume that Parents Have the Primary Authority to Determine the Cultural Traditions to Be Transmitted to Pupils." Debates in Education. *Curriculum Review* 31:6–10.

HANNITY, S. (2004). *Deliver Us From Evil: Defeating Terrorism, Despotism, and Liberalism.* New York: Regan Books.

HANSEN, D. T. (2001) "Teaching as a Moral Activity," in *Handbook of Research on Teaching,* ed. V. Richardson. 4th Ed. Washington, DC: American Educational Research Association.

HAYDON, G. (1995). "Thick or Thin: The Cognitive Content of Moral Education." *Journal of Moral Education* 24:53–64.

HETHERINGTON, M. J. (2005). *Why Trust Matters*. Princeton, NJ: Princeton University Press.

HIMMELFARB, G. (1999). *One Nation, Two Cultures.* New York: Knopf.

HOFSTEDE, G. H. (2001). *Culture's Consequences: Comparing Values, Behaviors, Institutions, and Organizations Across Nations.* Thousand Oaks, CA: Sage Publishers.

HUNTER, J. D. (2000). *The Death of Character: Moral Educaiton in an Age Without Good or Evil*. New York: Basic Books.

INSTITUTE OF EDUCATION SCIENCES, (2007). "What Works: Character Education." Washington, DC: U.S. Department of Education. June 4

JACOBS, J. (2004). *Dark Age Ahead*. New York: Random House.

KESSLER, R. (2000). *The Soul of Education*. Alexandria, VA: ASCD.

KIDDER, R. (1994). "Universal Human Values." *The Futurist* 28:8–14.

KINCHELOE, J. (2004, 2008). *Critical Pedagogy Primer*. New York: Peter Lang.

KOHN, A. (1997). "The Trouble with Character Education," chapter in *The Construction of Children's Character,* ed. A. Molnar. Chicago: National Society for the Study of Education.

———. (1998). "Adventures in Ethics Behavioral Control." *Kappan* 79:455–460.

———. (2008). "Progressive Education: Why It's Hard to Beat, but Also Hard to Find," *Independent School.* Spring.

LATHER, P. (1991). *Getting Smart: Feminist Research and Pedagogy Within the Postmodern.* New York: Routledge.

LATHROP, A. (2000). *Student Cheating and Plagiarism in the Internet Era*. Englewood, CO: Libraries Unlimited.

LEMING, J. (2002). Assessment Database. Character Education Partnership. www .character.org.

LEMING, J., AND SILVA, D. (2001). "A Five Year Follow-up Evaluation of the Effects of the Heartwood Ethics Curriculum on the Development of Children's Character." Character Education Partnership. www.character.org.

LICKONA, T. (1991). *Educating for Character.* New York: Bantam.

———. (1993). "The Return of Character Education." *Educational Leadership* 51(3):6–11.

———. (2004). *Character Matters*. New York: Simon and Schuster.

MILL, J. S. (1859/1956). *On Liberty,* ed. C. V. Shields. Indianapolis: Bobbs-Merrill.

MURCHISON, W. (1994). *Reclaiming Morality in America.* Nashville: Thomas Nelson.

NODDINGS, Nel. (2003). *Happiness and Education.* Cambridge: Cambridge University Press.

NUCCI, L. AND NARVAEZ, D. (2008). *Handbook of Moral and Character Education.* Mahwah, NJ: Lawrence Erlbaum.

O'SULLIVAN, S. (2002). *Character Education Through Children's Literature*. Bloomington, IN: Phi Delta Kappa Foundation.

PAIGE, R. (2002). "An Overview of America's Education Agenda." *Kappan* 83(9):711–714.
PIAGET, J. (1997). *The Moral Judgment of the Child.* New York: Free Press Paperbacks.
PURPEL, D. (2003). "The Decontextualization of Moral Education." *American Journal of Education* 110(1):89–95.
RABKIN, J. (1995). "Let Us Pray." *The American Spectator* 28:46–47.
RAFFERTY, M. (1968). *Max Rafferty on Education.* New York: Devon-Adair.
READ, L. (1968). *Accent on the Right.* Irvington-on-Hudson, NY: Foundation for Economic Education.
ROBERTS, S. V. (1994). "America's New Crusade." *U.S. News and World Report* 117:26–29.
SAVAGE, M. (2005). *Liberalism is a Mental Disorder*. Nashville, TN: Nelson Current.
SHAPIRO, B. (2005). *Porn Generation: How Social Liberalism is Corrupting our Future*. Washington, DC: Regnery.
SHOR, I. (1987). *Pedagogy for Liberation.* South Hadley, MA: Bergin and Garvey.
SINGER, M. G. (2002). *The Ideal of a Rational Morality.* Oxford: Oxford University Press.
SINGER, P. (2000). *Writings on an Ethical Life.* New York: Ecco Press/HarperCollins.
———. (1989). "Developing Student Autonomy in the Classroom." *Equity and Excellence* 24:35–37.
SOMMERS, C. H. (1998). "Are We Living in a Moral Stone Age?" *Current* 403:31–34.
SOWELL, T. (1992). "A Dirty War." *Forbes* 150:63.
———. (2007). *Conflict of Visions*. New York: Basic Books
SPRING, J. (1976). *The Sorting Machine: National Educational Policy Since 1945.* New York: McKay.
SPRING, JOEL. (2008). *American Education. 13th ed.*, Boston: McGraw-Hill.
TAYLOR, J. (2005). *Your Children Are Under Attack*. Napeville, IL: Sourcebooks.
THAYER, V. T. (1947/1998). "The School as a Character-Building Agency." *The Humanist* 58:42–43.
THORKILDSEN, T. A., AND WALLBERG, H., eds. (2004). *Nurturing Morality*. New York: Kluwer Academic Press.
THURMOND, S. (1968). *The Faith We Have Not Kept.* San Diego, CA: Viewpoint Books.
TOWNS, E. T. (1974). *Have the Public Schools "Had It"?* New York: Nelson.
TYACK, D., AND HANSOT, E. (1982). *Managers of Virtue: Public School Leadership in America, 1820–1980.* New York: Basic Books.
VICTOR, J. S. (2002). "Teaching Our Children About Evil." *The Humanist* 62(4):30–32.
WEILER, K. (1991). "Freire and a Feminist Pedagogy of Difference." *Harvard Educational Review* 61:449–474.
WOLFE, A. (2001). *Moral Freedom: The Search for Virtue in a World of Choice.* New York: W. W. Norton.
YOUNG, M. F. D. (1971). *Knowledge and Control.* London: Collier-Macmillan.
YU, T. (2004). *In the Name of Morality: Character Education and Political Control*. New York: P. Lang.

第12章

多元文化教育：促进民主还是导致分裂？

学校应该强调美国文化的多元性还是共同性？

观点1：多元文化主义：民主教育的核心

“什么知识最有价值?”这是教育领域的内导向性问题之一，也是一个看似简单其实并不简单的问题。在最近40年，对这一问题的一再重申已经成了一种既定程序。不过经过重新表述，这个问题已经变成了：“谁的知识最有价值?”

—Michael W. Apple's introduction in Buras，2008：ix

美国人口总量可望从2005年的2.96亿上升到2050年的4.38亿，在这些新增人口中，大部分都是新移民及其后裔。皮尤研究中心提供的数据显示，到2050年，几乎每5个美国人中就有1个人是移民；拉丁裔人口将增长2倍；亚裔人口将持续增长；非拉丁裔白种人口增长的速度比其他群体更慢，在2050年将成为少数群体(Passel and Cohn，2008)。来自欧洲的“老一代移民”浪潮被来自亚洲、索马里和中美洲的“新一代移民”浪潮所取代。

看看图12-1。持美国国籍且在国外出生的人口每年都在猛增，美国也日益成为一个种族和民族多元的国家。通过美国人口普查局提供的数据，我们看到的是一幅多元文化之邦的生动画卷。

今后美国人不仅会更多，他们之间的差异也将比以往历史上的任何时候都大。美国已经是一个多元文化国家，而且美国文化的多元性特征将更加突出。现在的问题已不是我们是否要选择多元文化教育，而是我们将采取什么样的形式来实施多元文化教育。

多元文化教育的形式很多。比如说，教育界的一些学者认为，多元文化教育应该重点关注文化的概念以及文化冲突导致的各种问题。他们认为，学生除了要研究家庭要求与学校文化之间的冲突外，还要研究强势文化与弱势文化之间的冲突，以及某些群体由于种族、性别和性取向等原因而受到的不公平待遇（Spring，2000）。对于其他一些学者而言，多元文化主义与其说是文化研究路径，倒不如说是变革的手段。它是批判社会、变革社会的一种方法，包括从政治和道德上采取矫治措施以帮助劳工阶级出身的学生和非白人学生在社会和经济上得到发展（Sleeter，1996；Giroux，1997；Willett，1998；Steinberg and Kincheloe，2001；McLaren，2006）。

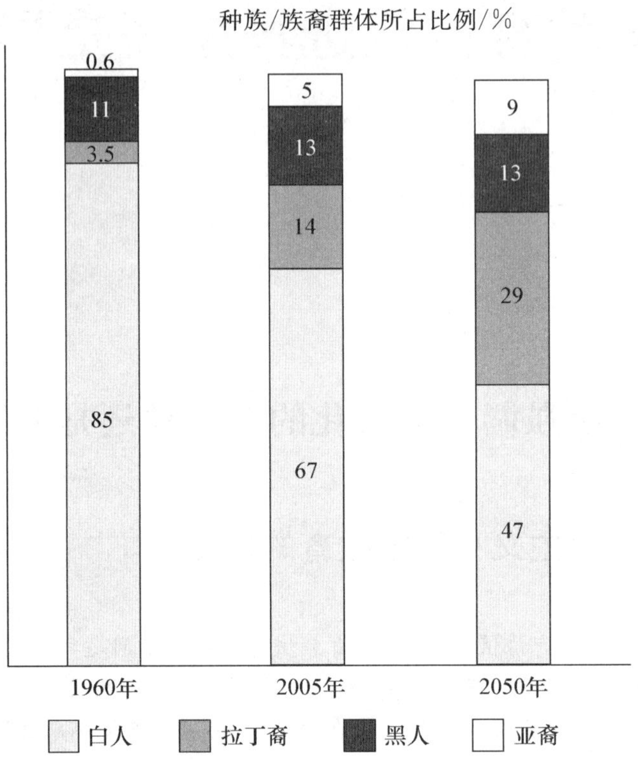

图 12－1　美国人口，1960—2050 年

资料来源：Passel and Cohn，2008：1.

一些批判性多元文化主义者把他们的研究方法视为挑战“欧洲中心主义”思维模式的一种手段，视为对“精英教育、客观性、知识建构和个人主义”等想当然的预设进行质疑的一种手段（Sleeter and Delgado-Bernal，2004：246）。还有一些批判性多元文化主义者把多元文化主义视为消除“全球资本主义”弊端和“国家压制”的良方（McLaren and Farahmandpur，2005：117）。全美多元文化教育学会（NAME）把多元文化教育界定为：“多元文化教育是一个过程，它渗透学校制度、政策和组织等的方方面面……它帮助学生掌握实现不同群体间的权力和收入再分配所需的知识、技能和处世能力，促使所有学生为了消除结构性不平等而努力奋斗。因此，学校设置的课程必须直接面对种族歧视、阶级歧视、语言歧视、残疾歧视、年龄歧视、同性恋歧视、宗教不宽容以及恐外症等问题。”（www. name. org）尼尔图和博德把多元文化主义视为直面教育不平等、促进社会正义的一种策略。他们认为，多元文化主义试图帮助学生学会与他人融洽相处，试图促使学生变得对自己更有信心，对彼此的需求更加敏感，但做到这些还不够。“如果多元文化教育不能应对更为棘手的社会分层和不公等问题……那么，这些目标可能变成肤浅的策略，只能对教育失败进行肤浅的探讨。”（Nieto and Bode，2008：10）

格莱泽对多元文化主义的看法似乎有些保守，他认为：“我们都是多元文化主义者。”（Glazer，1997）因为无论你赞成与否，多元文化主义就在这里，不容否定，也无法逃避。所有群体——无论是按照民族、种族还是宗教信仰来划分——都属于美国文化的研究范畴，因为它们都有各自独特的贡献和思考方法。格莱泽认为一些群体没有得到恰当认可。他在书中写道：“美国虽然接受了那么多少数族裔群体，但却没有能力或者是不愿意以同样的方式和同样的容忍度将非裔美国人纳入这个社会，多元文化主义正是美国为此而付出的代价。”（Glazer，1997：147）多元文化主义是一个复杂的领域，定义繁多，其不同的定义也体现在教学方法的不同上。正如一个教育家所说，甚至“绘儿乐蜡笔提供的也是所谓的‘多元文化’的蜡笔，据称蜡笔的色彩代表不同的肤色”（Ladson-Billings，2004：52）。

尽管有关学校多元文化教育的定义很多，但本章采用的是詹姆斯·班克斯教授的定义，他在书中这样写道：

> 多元文化主义是一场改革运动，其目的是改变整个教育环境，以便来自不同种族、不同民族的学生，不同男女学生群体，资优学生和身智障碍学生以及来自各社会阶层的学生都能在中小学和大学享受平等的教育机会。（Banks and Banks，2007：474）

班克斯教授认为，要想有效实施多元文化课程，学校就要认识到多元文化教育的多重维度（见表 12－1）。学校不应该认为实施多元文化教育只是社会学和语言艺术教师的责任。对多元文化主义的界定必须更加宽泛，这样，各个学科的教师才能适当采纳多元文化主义。

表 12－1　　多元文化教育的维度

内容整合：
教师在教学中从多种文化和多种群体中选用事例。
平等教学：
教师围绕有利于促进不同种族、不同文化以及不同社会阶层的学生取得学业成功的目标来组织教学。
知识建构过程：
教师帮助学生理解知识是如何作为文化过程的一部分而得以建构的。
减少偏见：
教师利用各种材料和方法来改变学生对种族的态度。
增能的学校文化和社会结构：
对学校文化进行考察和分析，以便为来自不同种族、不同民族以及不同文化群体的学生增能。

资料来源：Banks，2007：20-22.

所想所知的最好？

多元文化主义者认为人们建构知识的角度都有所不同。每个人对事物的看法都是基于个人的学习体验，都是基于其他用以解读世界的诠释性视角。比如说，女性、少数群体和新一代移民与男性、多数群体以及“历史悠久”的美国家庭看待世界的视角就不一样。每个人都按照各自不同的标准和视角来诠释我们的社会生活和政治世界。没有哪种参照标准比其他参照标准更“正确”，所有参照标准都值得我们去倾听去理解。在决定以何种方式进行有意义的学校教育活动时，我们要争取从更广阔的多维视角去考虑，多元文化主义就是这种努力的一部分（Takaki，1993；Gordon，1995）。正如班克斯所说："只是从自己的文化视角和民族视角来认知世界的个体失去了人类体验中的那些重要部分，在文化和民族上都走入了一个狭小天地。"（Banks，2002：1）

有些群体因为性别、阶级、种族或者是性取向而被边缘化或遭排斥，多元文化教育要构建的一项重要内容就是将体现这些非主流群体的课程内容恰当地补充到原有的课程体系之中。在公立学校里，学生应该能听到许多不同群体的故事。学校课程里不仅应该有男性的观点，也应该有女性的观点，不仅应该有富人的观点，也应该有穷人的观点，不仅要歌颂凯旋将军的英雄品质，而且也要歌颂在日常生活的斗争中取得胜利的普通人所表现出来的英雄品质。在多元文化背景下得以重构的课程里，所有美国人表达的意见都有其合理性，都会得到尊重（Spring，2000；Banks and Banks，2007）。多元文化主义不是要让不同群体相互较量，一争高下，也不是声称哪一种观点更有理或更有价值。多元文化教育涉及公平与正义。在过去，学校之所以对学生造成了伤害，就是因为坚持一种真理观，而忽视了学生需要通过对多种真理、多种观点的思考来形成自己对世界的认知。一个多元文化社会中会有彼此冲突的真理观和多种知识来源，这是不可避免的。

不同的意见

如果你相信多元文化主义的评论家，那么你可能会断定多元文化主义者一心想要破坏的不仅是学校而且是整个西方文明。塞缪尔·亨廷顿批评多元文化主义是对美国文化自我感的直接、危险的挑战。"多元文化主义者，"他在书中说，"否认了美国共同文化的存在，促进了种族、族群以及其他一些次民族的身份认同和分类。"（Huntington，1996：305）

持有这种观点的不只是亨廷顿一个人。其他一些传统主义者认为，多元文化主义对国家认同（national identity）构成了威胁，而且这种威胁将撕裂整个国家。比如说，埃里克·唐纳德·赫希试图使他的读者相信，如果学校不要求所有学生学习共同课程，那么国家将会四分五裂（Hirsch，1987/1996）。艾伦·布鲁姆警告说，多元文化主义带来了文化相对主义的威胁，而相对主义本身就有问题，因为它把所有价值观视为同样合理，这有可能造成西方的衰落（Bloom，1987）。另外一位多元文化主义的批评家黛安娜·拉维奇认为，多元文化主义将把教育推向死亡，将导致美国社会的分崩离析。拉维奇教授说，在20世纪头十年，孩子们接受的是共同文化的熏陶，社会对孩子们的期望值也很高，那是一个更美好的时代，所以她盛赞那时开设的小学课程：

> 大多数孩子阅读（或者听过）希腊罗马神话故事和东方国家的民间传说。……费城公立学校3年级的学生学习"传奇和历史中的英雄人物"，其中包括"约瑟夫、摩西、大卫、尤利西斯、亚历山大大帝、英雄罗兰、阿尔弗雷德大帝、狮心王理查德、罗伯特·布鲁斯、威廉·泰尔、圣女贞德、彼得大帝和弗洛伦斯·南丁格尔"等。（Ravitch，1987：8）

这些当然是内容丰富、意蕴深刻的文学作品，但是，就像亨廷顿、赫希和布鲁姆所支持的经典作品一样，也具有白人导向、西方导向和男性导向。在"美好的往日”，阅读课上没有任何其他种族的代表人物，女性若想在课程中占有一席之地，要么就得被烧死在火刑柱上，要么就得是医护事业的创始人！多元文化主义者在所谓学校教育的“美好的往日”几乎找不到真正的美好。几乎没有学生体验过有着高标准、好教师的学校是什么样子。“美好的往日”只属于有特权的少数人，那就是既讲英语且家庭富裕的那些学业成就高的孩子。对于其他大多数人而言，那只是一个疏离的时代，因为那个时代否定了他们的民族遗产。小亨利·路易斯·盖茨说，对美好往日的怀旧式颂扬其实就是南北战争之前的审美立场，“那时公民就是男性，男性是白人……那时女性和有色人种是没有发言权、没有独立人格的仆人和劳动者，只能在老男孩俱乐部的会议室里为客人倒茶斟酒”（Gates，1992：17）。

多元文化的观点

多元文化主义者到底想要什么？他们对学校和一个国家的社会凝聚力构成了威胁吗？他们试图把“政治正确”（political correctness）强加给所有的美国人吗？看一看多元文化主义者提出的支持学校课程改革的论点，然后自己判断这些论点是否合理。

正如前面所指出的那样，多元文化主义者是一个“多元化”群体，包括女权主义者、非洲中心主义者、社会批评家以及藐视各种称谓但又只想把美国文化更忠实地传递给自己子女的那些人。谴责多元文化主义者想把西方文化从学校课程中抹掉的说法是完全站不住脚的。多元文化主义，这里是作为一个术语来用，并不要求学校把白人男性的故事从课程中删除，也不要求用女性、同性恋、非裔美国人以及其他受剥削的弱势群体的经历写就作品取而代之（Sobol，1993）。多元文化主义也不是抨击白人男性或反西方运动的一个委婉语。多元文化主义者只是要求得到一份公平的课程关注，只是要求客观描写权势阶级和穷人阶级以及理性对待多数群体和少数群体的文化观点。无论目前关于课程文化内容之争的结果如何，美国学生所了解的世界已经是一个多元文化的世界了（Gates，1992：xvi）。课程改革势在必行，课程内容必须反映社会现实，否则就与学生的生活毫不相干了。

你可能把多元文化主义者对传统课程的反对看作“受害者的革命”，是对采取自上而下的方法来对待文学、艺术、音乐和历史的一种否定。那些对传统教育方法表示怀疑或是“深受其害”的人才要求对课程进行改革。多元文化主义者要求学校讲述文化故事，讲故事的方式就是把下层社会和边缘化群体的经历织入描述美国崛起的多彩画面之中。多元文化主义要求的是公平，要求的是更好地再现所有美国人作出的贡献。多元文化主义者并不是贬低学校在形成有凝聚力的国家认同中所起的作用，但同时他们也认识到学校必须确保所有学生保持各自的族群认同、文化认同和经济认同（Banks，2004；Nieto，2004；Pang，Kiang，and Pak，2004）。

学校有责任教育学生从多重视角来看待问题，因为这才能体现教育的公平性和历史的准确性。对任何重大事件的看法，都不能只局限于一个角度，从不同的甚至是相冲突的视角来看待任何事件都将更充分、更完整地再现真理。例如，学校教材通常强调19世纪白人废奴主义者的作用，经常讨论白人如何为实现20世纪的种族融合而斗争的历程。这当然是恰当的，因为许多白人在争取社会正义的过程中都扮演过而且还将继续扮演至关重要的角色。但同样是这些教科书，不仅常常贬低非裔美国人为实现种族融合和平等所做的努力，而且还对他们反抗奴隶制的故事轻描淡写（Asante，1991）。这些“忽略”使年轻的非裔美国学生产生疏离感，而且把一幅不真实的历史画面呈现在他们的白人同伴面前。我们必须从各个方面来讲述奴隶制故事，包括从非裔美国人充当自身解放历史进程中原动力的视角来讲述，而不仅仅是从非裔美国人被殖民化、被奴役、被拯救的角度来讲述（Asante，1995）。接受多元文化教育的人不仅能从受奴役者的角度，而且能从白人贩奴者的角度来看待奴隶贸易的问题。问题不在于非要用一个群体的故事来取代另一群体的故事，而是要更全面地讲述整个故事。把女性、穷人和少数族群都囊括进来仅仅是一种手段，其目的是使历史显得更加丰富、更加完整。对有权阶层和无权阶层都进行描述，将使得学生能够考察种族、阶级、性别和政治权力之间的历史关系（Sleeter and Delgado-Bernal，2004）。

多元文化教育是基本的教育

> 多元文化教育的批评家……把主导群体的利益界定为“公共”利益，把非裔和拉丁裔等其他人种的利益界定为危及政体的“特殊”利益。（Banks，2008：132）

课程改革可以自上而下，也可以自下而上，但进行课改从来都不是一件容易的事情。多元文化主义者的目标是围绕着学生的生活来改变教育，以便所有学生都真正有机会取得学业上的成功。当今的多元文化主义深受早期族群研究和黑人研究运动的影响（Banks，2007），开展这些改革的理由仍然具有说服力。任何了解学校的人都知道最有效的教学方法就是使课程内容与学生挂钩。当学生发现在书中读到的人物仿佛就是自己的时候，课程内容对他们而言就更有意义；当主题内容讲的就是他们自己亲身经历的事情时，教师的教学也更能吸引学生。在文学课上排斥某一群体的学生，对他们的历史只字不提，会使这些学生产生疏离感，使他们的学习成绩下降。孩子们若发现自己以及自己的文化在学校课程中没有地位，那他们就会产生失落感和仇视情绪（Asante，1991；Au，2006）。

所有人都将受益于多元文化教育。来自北欧和西欧的移民子女有必要听到与他们经历相似、能引起他们共鸣的故事，他们也有必要了解与自己不一样的孩子和家庭所讲述的经历以及他们所秉持的文化视角（Phillion，He，and Connelly，2005；Banks and Banks，2007）。来自亚洲和拉丁美洲的新移民子女有必要了解他们离开的那片土地、他们的新家和别样的邻居，他们也必须通过审视自己的文化史和文化观才能更好地理解他们自己及其家庭是如何融入美国这个新社会的。学校里要讲要读的故事必须在主题内容上更加丰富、更加广阔，不仅要反映欧洲人的传统，也要反映非裔美国人和印第安人的传统。多元文化教育反映的是在校学生有着多元文化的现实。多元文化教育是全面的、基本的教育，正如阅读、数学、写作和计算机素养等是基础教育中不可或缺的课程一样（Nieto and Bode，2008）。除非学生们能够更宽泛地考虑到各种事件所包含的丰富内容和多重解释，否则，他们也不可能被视为受过良好的教育。

对学生负责的多元文化课程

多元文化教育改革已经推广到了许多州（Banks and McGee-Banks，1995）和许多国家（Cornwell and Stoddard，2001）。纽约州的经验很有意思，因为纽约州人口的族群构成很复杂，而且它考察的学区既包括城区学区也包括城郊学区和农村学区。在 20 世纪 80 年代末，纽约州的教育厅长邀请学者和课程编制者组成一个特别工作组对纽约州的 K-12 社会学课程的适当性进行评测，并提出改进意见[1]。

根据 1989 年的《融入式课程》（*A Curriculum of Inclusion*，1989）报告，纽约州的课程对少数群体的描写不公平。尽管纽约州已经向千百万的新移民敞开了大门，但是他们的生活方式、饮食习惯、宗教信仰和历史在社会学课程内容中根本找不到，这些新移民接受的教育是如何按照“英美模式”来适应社会（New York State Social Studies Syllabus Review and Development Committee，1991）。纽约州要求新移民放弃他们的家庭习惯和礼仪，接受具有同质性和纯一性的美国文化。课程中未挑明的意思就是要求新移民抛弃他们先辈的文化，学会珍视美国建国元勋们留下来的文学、历史、传统和节日。

这就是我们熟悉的文化同化模式。19 世纪倡导各州投资办学的那些人鼓励学校对移民进行社会行为规范和爱国礼仪教育，其目的就是促使移民“美国化”。那种同化教育对于 19 世纪已来到这个国家的欧洲白人还算有效，但对其他移民就没有效果了。现在，面对新的移民浪潮，这一做法似乎已经成了难以捍卫的理想。在人口结构上，今天的移民与过去的移民有显著的不同。在 19 世纪，美国自发性移民中的大多数都来自欧洲，要求他们适应的英美行为模式与他们的历史传统并未严重脱节，而现在的大多数移民来自亚洲和南美洲。与来自爱尔兰、德国和意大利的移民相比，从韩国和哥伦比亚到来的移民在英美文化中发现的共鸣之处可能要少得多。

20 多年来，纽约州的课程研制者和教师一直在辩论多元文化课程的设置和多元文化教学的实施问题。新课程虽然承认，在人口构成日益多元化的背景下，社会化和国家民族建构很重要，但是它也倡导尊重文化多元性。纽约州的课程编制者认识到，以恰当的方式讲述美国历史意味着得从多种角度进行。课堂上必须聚焦构成这个国家的各种群体以及他们的文化和观点。某一分析“多元文化主义和多元文化视角”的网站建议：

> K-12 社会学课程不应该只是罗列一长串的族群、英雄人物以及他们的种种贡献，还应该汇聚各种不同的观点、参照标准以及不同群体的文化内容……有效的多元文化教育应该超越族群特殊主义，从普遍的人性特点来考察我们的差异，关注多种观点，关注同一民族之内以及跨越民族边界的各群体之间的相互影响。（New York State Education Department，2008：5）

多元文化主义者并不认为欧洲中心主义的观点不对或是邪恶，也不认为亚裔或非裔子女就不应该了解欧洲文化遗产。多元文化主义要求学校赞成的只是一个简单的教育真理：没有尊重也就不可能容忍，不了解他人以及他们的观点，也就不可能尊重他人（Gates，1992：xv）。多元文化主义从一开始就承认美国文化的多元性，并且要求学校课程探索这种多元性。从多元文化意义上来看，受到良好教育意味着了解各族人民的历史、文学和贡献，因为美国生活丰富多彩的画面中也有他们的影子。所有学生都应该从所有文化、所有思想中广泛地吸取营养，因为所有这些文化思想都充实了美国这个国家。

观点 2：多元文化主义的破坏性和分裂性

“核心知识”运动是一场教育改革运动，其思想基础是：共同知识对于确保全面的、公平的初级教育是必不可少的。这场运动是由《文化素养和我们所需要的学校》（*Cultural Literacy and the Schools We Need*）一书的作者赫希教授所发起的，对世界上最公平、最有效学校体制的认真研究以及认知心理学的大量研究是这场运动的基础。赫希教授认为，为了实现教育的卓越性，体现更大的公平性以及让学生具有更高的素养，学校初级教育应该提供具体的共同课程，以帮助孩子们打下坚实的知识基础。

——Core Knowledge，2008

学校和文化遗产

在过去的150年里，公立学校一直没有改变它的三大宏观目标：培养公民的民主参与意识；鼓励学生参与学业竞争，取得个人成就；倡导、发扬并传播美国文化遗产中的价值观和传统。来到这片土地的每一个种族/族裔群体都丰富了美国社会的文化多元性，反过来说，这些外来移民在美国和美国的学校也一直受到善待。公立学校固然也曾对移民进行过诋毁和攻击，但是多元文化主义者对学校课程的攻击似乎存在误导。任何公正的评价都不会否认，学校在把美国共同文化传递给新一代美国人（包括移民以及本土美国人）这方面所取得的成功是无可挑剔的。这可不是微不足道的成就，因为要进行文化遗产传播，就得对美国的历史、文学以及政治传统的方方面面有一个全面的了解（Ravitch，1990；Schlesinger，1992；Ravitch and Viteritti，2001）。毕竟，美国文化具有杂合性——其中既有欧洲文化也有亚洲文化和非洲文化——尽管美国文化很复杂，但学校的任务就是忠实地传播这种文化遗产。一个多世纪以来，学校在文化传播中扮演的角色一直是非常成功的。

早在19世纪，公立教育的倡导者就认识到，美国是一个充满活力的国家，一代又一代的移民浪潮，在不断改变着美国文化的同时，也为美国文化注入了活力。新移民来自世界各地，随之带来的活力、智慧和文化差异也汇聚在一个国家，这是以往任何时候都从未有过的事情。他们来到美国的时候，讲着不同的语言，归属于不同的种族，信仰不同的宗教。他们的共同之处就是渴望在经济和政治上取得成功，渴望学习如何成为真正的“美国人”，渴望进入这样一个独特的、前所未有的文化熔炉。

在19世纪，公立学校受西方理性主义和人文主义思想的影响，对人类进步和民主潜力持乐观态度。大众化公立教育的倡导者把学校视为社会进步的工具，他们对教育有一个共同的信念，那就是：“教育既不是少数有钱人的专利，也不是扔给地位低下的穷人的面包屑，而是这片土地上每一个孩子应该得到的权利。”（Meyer，1957：143）公立学校的成功出人意料。不仅有钱人的孩子而且穷人家的孩子都能接受公立教育；移民子女读的课文、学的知识和本土美国人的孩子一样。现在来到美国的各类移民比公立学校的创建者们所能想象的要富裕得多，差别也要大得多。没有任何时候比现在更需要学校来传播共同文化，也没有任何时候比现在更难以保持我们的民主传统。

对于寻求政治自由和政治表达的人而言，美国一直是个好去处。在19世纪，千百万移民来到这个国度，在很大程度上也就是为了融入一个民主的社会，既享受融入它所带来的果实，也接受融入它所要承担的责任。现在也仍然是这样，但与原先的移民不同的是，今天的新一代移民通常没有或几乎没有民主传统的直接体验。比如说，在19世纪40年代，法兰克福议会（Frankfurt diet）被解散之后，德意志移民涌到美国寻求在自己的祖国无法得到的民主政治表达。今天的移民可能也想要民主，但当他们从亚洲和南美洲的独裁专制国家来到美国的时候，他们并不了解民主生活的种种责任。与老一代移民前辈相比，他们对自己在一个民主社会扮演的角色更是缺乏心理准备。显然，学校有责任让新一代移民子女了解一个民主社会的各种复杂情况。

尽管学校应该让孩子们学习共同文化，但是也不必声称文化同质或是否定学生的族群经历。学校有责任再现各种文化声音——不仅有男性也有女性发出的声音，不仅有非裔美国人、亚裔美国人也有欧裔美国人发出的声音——但是所有这些声音必须调和成协奏曲的一部分而不是独奏表演。学校必须鼓励学生认同一种主要的文化传统，不然，就像阿富汗、东欧以及非洲一些国家因为民族冲突而破坏了国家主权一样，美国也可能同样沦为民族冲突的牺牲品。信奉民主、资本主义和独一真神上帝是西方共有的思想，学生应该了解这些西方共有的思想，因为它们塑造了美国，也让我们凝聚在一起形成了一个国家。

特殊主义

> 当民族起源不同、语言不同、宗教信仰不同的人们居住在同一地区，生活在同样的主权国家的时候，会发生什么情况呢？除非有一个共同目标将他们团结在一起，否则，部落战争将使得他们四分五裂。现在，民族和种族冲突将取代意识形态冲突成为我们时代的爆炸性问题，这一点似乎是显而易见的。（Schlesinger，1992：10）

就像过去一样，无论是在经济、政治还是社会方面，美国定然会受益于新一代移民所带来的人才输入。被同化的新移民对美国的发展或是民族性并未构成任何威胁。相反，美国倒是面临着来自另外一些人的威胁，因为那些人拒不接受学校应该传授的美国共同传统，甚至拒不承认共同文化的存在！黛安娜·拉维奇把这些人称为特殊论者，他们认为只传授共同文化会对少数种族/族裔群体造成伤害。拉维奇认为："特殊主义是一个糟糕的概念，特殊主义时代已经来临。"（Ravitch，1990：346）

特殊论者要求公立学校放弃文化遗产的共性，并按照某一学校或社区的学生群体构成情况来选择课程内容。白人学生占主体的学校与非裔美国学生占主体的学校在课程重点上各不相同，以此类推。特殊论者坚持课程的"巴尔干化"，我们根本不清楚他们在什么地方才会停下来。亚裔学生为主的学校应该学习以亚洲文化为重点的课程，还是按照韩国文化、中国文化、越南文化、菲律宾文化和柬埔寨文化进一步细分成各种不同的课程呢？（Fox-Genovese，1991）

特殊论者提出的一些偏激观点并不符合公立学校创建者的初衷——促进统一和民主。比如说，阿桑特鼓吹的非洲中心主义课程就是以牺牲西方文化传统为代价，只让非裔美国孩子了解非洲文化的起源。凡是喜欢巴赫、贝多芬胜过艾灵顿、科尔特兰的非裔美国人都要受到他的谴责。他认为非裔美国人应该以自己的文化体验为中心，有任何其他偏好都是不正常的。阿桑特认为，不仅少数族裔学生，而且多数族裔学生都会因为“文化单一的、病态的课程”而处于不利地位。他说，不管是哪种肤色的美国人几乎“都没有听说过谢赫·安塔·迪奥普、安娜·茱莉亚·库珀、C. L. R. 詹姆斯、或 J. A. 罗杰斯的名字”，但他们却都是为人们了解非洲世界做出了贡献的历史学家（Asante，1991：175）。他或许是对的，但是不管怎样，即便是像斯彭格勒、吉朋、麦考利、卡莱尔以及特福莱恩这样久享盛誉的主流白人历史学家，得到更大认可的可能性也不大。

课程的文化重点是一件需严肃对待的事情，尽管各方还有一些微不足道的、不理性的争论，但真正的问题是学校在传播共同文化遗产的过程中必须扮演什么样的角色。学校必须这样教育孩子：无论你是什么种族、什么性别或是什么民族，都能取得伟大的成就。这是过去记载的事实，也是对未来许下的诺言。公立学校的课程应该让所有孩子都相信，他们是社会的一员，这个社会欢迎他们参与，鼓励他们取得成就。正如拉维奇所说：“公立学校一定不能歧视或偏袒任何种族/族裔群体，这种观点应该体现在学校的课程内容、教师聘用政策和基本宗旨上……也不应该要求公立学校教导孩子从拒不接受或忽视共同文化的种族中心主义视角来看待这个世界。”（Ravitch，1990：352）

如果学校迎合特殊论者的要求，兼顾每一个少数群体的观点，就不可能完成传播共同文化的这一使命。拉维奇认为，过去一代又一代的少数族裔，包括犹太人、天主教徒、希腊人、波兰人和日本人，一直在放学后或是周末利用私人课程给他们的孩子灌输民族骄傲和民族延续的观点。这些也许是有价值的目标，但却不属于也不应该属于公立学校的职责范围。公立学校必须弘扬共同文化，“它对公民身份和文化的界定宽泛、全面”，它讲的是我们的共性而不是我们的差异（Ravitch，1990：352）。公立学校的课程一定不能屈从于特殊论者只强调差异而不颂扬共同之善的要求。

反经典论者的攻击

> 当多元文化主义最早作为一种教育哲学加以推广的时候，它强调的似乎是美国少数群体所做出的积极贡献以及不带任何偏见地描述世界上的各种文化。但是这些年以来，多元文化主义增加了另外一层意思。现在，多元文化主义这个词，不是强调美国的少数群体以及来自世界各地的不同社会群体所做出的积极贡献……而是带有一种仇视西方价值观的含义，尤其是对重视知识的获取、重视分析性思维能力的培养以及重视学业成绩等价值观充满敌意。（Stotsky，1990：xi）

特殊论者所做的最荒谬的事情就是对西方经典作品的攻击，他们抨击西方经典作品是种族歧视、性别歧视、欧洲中心主义、逻各斯中心主义以及政治不正确。在纠正这些歪曲的观点之前，我们得先说说经典作品这个词的本质含义：“Canon”一词（源于希腊文“Kanon”，意思是“量杆”），原来是指“正典”，即得到教会官方认可的具有绝对权威的《圣经》卷册。今天，这个词带有世俗和政治含义。首先，“Canon”代表的是西方文明中的不朽作品，这些作品中蕴含的伟大思想是我们民主传统的基础。无论我们是来自欧洲、非洲还是亚洲，我们都得承认西方传统的“伟大书籍”（比如说，柏拉图、亚里士多德、马基雅维利和马克思的著作，这里只举几个例子）影响了我们的政治思维；无论我们是男性还是女性，我们都得承认荷马、索福克勒斯、乔治·艾略特和弗吉尼亚·伍尔芙这些诗人和作家影响了我们的文学意识。每一所有声望的大学都开设西方经典作品赏析课，正如艾伦·布鲁姆所说，一代又一代的学生都喜欢这些书籍。他在书中这样写道：“只要课程核心部分由这些伟大书籍构成，学生就会感到兴奋和满意，感到自己要学习的都是些既有独到见解又使人有成就感的东西，感到自己从大学里学到的知识是在任何其他地方都学不到的……了解了阿喀琉斯或者是直言命令（康德的伦理学用语）之后，他们的感激之情简直是无穷无尽。”（Bloom，1987：344）

特殊论者对经典作品的攻击既新奇又令人有点惊讶。经典作品作为素质教育的基础，其价值早已得到大家的公认。正如哲学家约翰·瑟尔所说，哲学上从苏格拉底到维特根斯坦，文学上从荷马到詹姆斯·乔伊斯，这是知识界认可的西方学术传统；美国的年轻人至少要了解这一学术传统中的一些伟大作品，这对于美国年青一代的博雅教育是极其重要的。用马修·阿诺德的话来说就是，他们应该了解世界上公认最优秀的作品（Searle，1990：34）。

过去，支持经典作品只是一个信念，没有反复强调，也没有详尽研究。人们认为这些作品及其蕴含的思想有永恒的价值，正如塞缪尔·约翰逊所说的那样，经典作品是文学批评中经久不衰的一部分，而且远离了政治的喧嚣。经典作家曾被公认为是促进人类发展的代表人物，因为他们的思想塑造了西方文明。但如今不再是这样了——特殊论者和多元文化主义者随时随地都在攻击那些经典作品。瑟尔说，反经典论者的伪善言辞是这样的：

> 西方文明在很大程度上是一部压迫史。西方文明对内压迫女性、奴隶和农奴以及少数族裔和文化弱势群体。在外交事务上，西方的文明史就是帝国主义和殖民主义的历史。压迫制度下的官方出版物构成了所谓的西方文明之经典，“经典”作家几乎无一例外都是西方的白人男性，这一点也绝对不是什么巧合……应该废除［经典］，支持“多元文化”和“不分层次等级”的作品。（Searle，1990：35）

特殊论者和多元文化主义者试图在公立学校实施他们在大学未能完成的课程改革：使课程政治化和偏见化。之前他们借公平正义之名，鼓动大学拓展课程内容，把西方作家和非西方作家的作品笼统编排进去。如果学校能够做到什么都教，倒也不那么伤人，但是课程实际上是“零和博弈”，也就是说，如果学校增加某些内容，则必须删减掉一些其他的内容。

斯坦福大学的个案就很有启发意义。在 20 世纪 80 年代末，斯坦福大学提出把发展中国家的作家作品以及女性和少数族裔的观点都添加到西方文化课的课程之中。这些改革付出的代价不菲。取代柏拉图的《理想国》和马基雅维利的《君主论》的作品是《我：瑞戈伯特·曼楚》和弗朗兹·法农的《地球上的不幸者》，前者讲述的是危地马拉的农妇在政治上走向成熟的故事，后者鼓励第三世界国家的人民进行暴力革命（D'Souza，1991）。尽管学校激进分子举行游行，喊着口号：“嘿，嘿，西方文化必须走开!”以此表示对这一提议的支持，但是成功属于更冷静的人。最终，西方文化必修课中保留了原先的必读书目，同时增添了一些非西方文学作品的选读书目。

斯坦福大学的课改方法低估了西方文学的价值，低估了伟大著作激发多数族裔学生和少数族裔学生想象力的作用，低估了少数族裔学生欣赏西方经典作品的能力。“课程大战”期间正就读于斯坦福大学的学生萨克斯和蒂尔认为，斯坦福大学的多元文化主义者拒绝承认西方文化的普适性和思想的力量。他们说：

> 有些真理超越了出身的偶然性，而且这些客观真理从理论上来讲是人人都可获得的——无论你是年轻人还是老年人，富人还是穷人，女性还是男性，黑人还是白人；每个人（以及整个人类）都不是被困在一个封闭的文化空间之内的，因为只有封闭的文化空间才能预先决定他们所能了解的一切。（Sachs and Thiel，1995：3）

借多元文化改革之名的误导性课程改革

就像大多数大学一样，斯坦福大学成功地抵制了多元文化主义者的社会工程，但公立学校就没那么幸运了。在彻底变革学校的企图面前，纽约州仅仅是“幸免于难”。课程改革正坚定地朝着多元文化的方向前进时，理性占了上风，激进主义者败下阵来。就因为一份批评州社会学课程的报告，纽约州的官员一头扎进了多元文化主义的旋涡。课改专家提出的问题不少。我们看看下面几个问题：这份报告的指导原则之一是：“学科内容应被视为社会建构的，因此也是不确定的——就像所有的知识一样。”这份报告还声称：“知识是特定时代、特定地方的人类活动的产物，因此，必须把许多学科知识理解为不确定的知识。”（New York State Social Studies Syllabus Review and Development Committee，1991：29）这一观点的支持者认为，我们应该使学生认识到所有知识都是社会建构的，或者说是社会编造杜撰的，没有支配一切、一致认可的真理，也无所谓绝对正确、合乎道德的行为。

这真是令人感到痛苦。如果不把我们文化中的真理果实传递给下一代，那又能传递什么呢？按照社会建构论者的说法，所有关于“真与假”“对与错”“好与坏”的概念都是人类心智的产物，就像人的体验一样千差万别，且同样合理。正如格莱泽所说：“由于绝对真理和绝对道德的基础发生动摇，你会发现学生（以及老师）也变了：他们原先对那些令人发指的习俗（比如说，阿兹特克的活人献祭）会不假思索地表示不赞成；而现在他们竟然会怀疑自己这种不赞成的态度到底是否正确，因为他们接受的教育是，每一种文化都有其自身的标准，也不存在绝对的评判标准。”（Glazer，2001：174）纽约州的课改提案“一个国家，众多民族：文化独立宣言”（New York State Social Studies Syllabus Review and Development Committee，1991）本来会对课改产生不当导向，幸运的是其最极端的立场被批评家们“击败”了，现行课程（2008）所包含的煽动性语言和推论语言都要少一些。许多教育工作者联合起来谴责早先的计划缺乏学术诚实性并有可能造成民族分裂，而且他们的联合行动也达到了预期目的。

已故的美国教师联合会主席艾伯特·尚克认为，“多元文化主义”只是一个诱人的理念，但应用于课堂时，有可能演变成少数族裔观点的“偏见化”：

> 对于一个跟小学生讲述历史事件的教师而言，从多重视角来讲课可能意味着教师会就某一历史事件询问每一个孩子的看法。对非裔美国儿童，就等于在问他："非裔美国人怎么看？"对犹太儿童，就等于是："犹太人怎么看？"对来自爱尔兰的孩子，就等于在问他："爱尔兰人怎么看？"（Shanker，1991：E7）

尚克指出，多元文化主义实际上就是一种种族主义的态度：它假定每一个非裔美国儿童都有同样的观点，就像宗教群体和/或族裔群体的所有成员都有着相同观点一样。文化相关性以及聚焦孩子社会文化体验的课程等冠冕堂皇的言论，从表面上看是诱人的。不过那些言论的背后是承认文化的自然遗传特性或生物特性，等于擅自把个体不恰当地绑架在一起。正如韦尔什所嘲讽的："美国人现在总是说什么'非裔社区''亚裔社区''拉丁裔社区''印第安人社区'，好像这些社区构成了完全融合、完全同质的整体，而且彼此之间也完全不一样。"（Welsh，2008：2）

＊＊＊

多元文化教育所发挥的作用是破坏学校为形成单一国家认同而奋斗的目标。刚进入美国公立学校读书的墨西哥裔儿童现在经常发现自己处于这样的课堂环境：半天时间听老师用西班牙语讲课；对玛雅人和阿兹特克人成就的了解比对清教徒的了解更多；老师教导他们，应该像崇拜乔治·华盛顿或是托马斯·杰弗逊一样来崇拜米格尔·伊达尔哥和艾米里亚诺·萨帕塔，应该大张旗鼓地庆祝墨西哥的"光辉五月五"（Cinco de Mayo），其隆重程度甚至要超过七月四日的独立纪念日（Chavez，2002：387）。历史学家小阿瑟·施莱辛格认为，改变美国人命运的事件并不是种族性或是对旧文化的顶礼膜拜，"而是新的民族文化和新的国家认同的形成"。他说，一味向后看，空洞地颂扬我们过去如何是愚蠢的。学校必须向前看，把千差万别的移民的经历融进美国文化（New York State Social Studies Syllabus Review and Development Committee，1991：89）。美国之所以有别于其他国家，美国人民之所以能够团结在一起，就是因为有共同的文化，把共同文化的核心要素传递给孩子们，正是学校继续服务于国家所必须做的事情。这并不是说应该要学校把文化描述成一成不变的东西，也不是说要学校强迫学生不加质疑地接受美国的共同文化。一个国家的文化也会随着公民的变化而变化，美国的文化也将继续发生变化。学校课程必然要拓展，必然要从塑造我们文化的各种因素中进行更为广泛的取样。但是，西方信奉民主、正义、自由、平等和机会均等，要学校背离这些理想就等于宣布放弃代代相传的最伟大的遗产。无论是谁坐在美国的教室里——无论他是非裔美国人、亚裔美国人、拉丁裔美国人还是欧裔美国人——也无论他们的宗教信仰是什么，教室里的那些学生以及他们所在的国家都深受西方世界的民主传统和学术传统所影响，他们最好是学习那些传统，否则就可能失去它们。

讨论

1. 按照约翰·瑟尔（Searle，1990）的说法，一个受过良好教育的人应具备以下特点：

a. 了解本民族的文化传统，知道这些文化传统的演变过程；

b. 了解自然科学，明白他/她不是那个世界的陌生人；

c. 了解社会运作方式，了解政治经济世界的商业周期、利率情况、失业状况和其他要素；

d. 至少会一门外语，并能阅读外国文学名著；

e. 了解哲学，能用逻辑分析工具；

f. 讲话清楚，写作有条理，而且不带偏见，非常严谨。

对于瑟尔所界定的受过良好教育的人所应具备的特点，你是赞成还是反对呢？你是喜欢瑟尔对受过良好教育的人的界定，还是更喜欢诸如《文化素养：每一个美国人都必须了解的东西》（Hirsh，1987）和《批判性素养：有文化的美国人所应该了解的东西》（Provenzo，2005）等丛书的作者们在书中罗列一长串的重要日期、姓名和事件来对受过良好教育的人进行界定呢？还有其他方法可用来界定受过良好教育的人吗？

2. 关于多元文化教育的公共话语，斯坦伯格和金奇洛归纳了五种观点（Steinberg and Kincheloe，2001：3-5）。看看以下这些摘录，你认为自己更认同哪一点或哪几点呢？你的教师教育计划更支持其中的哪一点或哪几点呢？

a. 保守的多元文化主义或单一文化主义：

● 相信西方父权制文化的优越性；

● 推广西方经典，发挥其教化作用；

● 认为多元文化主义是阻碍西方社会进步的敌人。

b. 自由的多元文化主义：

● 强调不同种族、不同阶级以及不同性别的人生而平等，且有着共同的人性特点；

● 认为缺少机会是不平等的根源；

● 认为有着不同背景的人所面临的问题是个人的困难，不是社会结构多样化造成的。

c. 复合论多元文化主义：

● 强调差异，把了解异质族群阶层的知识定位成参与全球经济竞争的人所必须了解的知识；

● 主张课程内容应该囊括对各种不同群体的研究内容；

● 不使用“压迫”（oppression）这一概念。

d. 左派本质论多元文化主义：

● 认为种族、阶级和性别类型都是由一系列不变的本质特点构成；

● 认为只有真正受压迫的人对某一群体的特殊问题才有发言权。

e. 批判性多元文化主义：

● 其基础是批判教育学，即通过揭示学生分类的过程以及权力与课程的关系来了解学校/教育是如何运作的；

● 不标榜中立，崇尚平均主义和消除人类苦难的思想；

● 分析权力决定意识的方式。

3. 黛安娜·拉维奇认为，左派和右派的压力集团说服教材出版商对孩子们可能了解的词汇和观点进行删改。拉维奇编辑了“禁用词汇、用法、模式化概念和话题一览表”，以此说明“大型教育资料出版商和各州官方机构所禁止使用的一些词汇、用法、模式化概念和话题”（Ravitch，2003：171-202）。

考虑一下拉维奇所罗列的一些禁用词语。有意识地把这些词语从课本上删除是合理还是不合理的思想审查呢？这些词语真的犯忌以至于应该保护学生不接触这类词语吗？还是如拉维奇所说，这是一种审查，无异于确保“政治正确”呢？

体格健全人士（able-bodies）：冒犯人的禁用词语，用“非残疾人士”（a person who is nondisabled）取而代之。

黑人（black）：因其形容词还有“邪恶”之意而禁用。

牛仔男（cowboy）/牛仔女（cowgirl）：有性别歧视色彩的禁用词语，用“牛仔”（cowhand）取而代之。

侏儒（dwarf）：冒犯人的禁用词语，用“身材矮小之人”（person with short stature）取而代之。

爱斯基摩人（Eskimo）：不可靠的禁用词语，用“因努皮雅特人、因努伊特人、尤皮克人、尤伊特人或者本土北极人或因纽特人”（Inupiat，Inuit，Yupik，Yuit，or Native Arctic peoples or Innuvialuit）取而代之。注意：尤皮克人（Yupik）和尤伊特人（Yuit）这两个词是“不可互换”的。

肥胖（fat）：禁用词语，用“超重的、臃肿的”（heavy，obese）取而代之。

印第安送礼者（Indian giver）：指送礼后又讨回或希望别人还礼的人，也属于冒犯人的禁用词语。

奴隶（slave）：凡有可能，就用“受奴役的人、受奴役的工人或受奴役的劳动者”（enslaved person，worker or laborer）取而代之。

西方/西方的（west，western）：讨论世界地理时带有欧洲中心主义色彩的禁用词语，用具体的地区名称取而代之。

白人（white）：因其形容词还有“纯洁”之意而禁用。

注释

[1] 教育厅要求特别工作组的专家学者们对社会学课程进行考察并解决该课程的公平性和平衡性问题。研究该课程是否做到了既考虑男生需求也考虑女生需求，既考虑欧裔学生的需求也考虑非裔和亚裔学生的需求，以及既考虑强势群体的需求也考虑弱势群体的需求。根据这些专家学者的建议，纽约州研制了新课程，这预示着政府开始重视全州所有学生的待遇问题。请参考《内布拉斯加州多元文化教育法案》，对纽约州所采取的方法与某个农业州所采取的方法进行比较（Banks，2002：128-130）。

参考文献

ASANTE, M. K. (1987). *The Afrocentric Idea.* Philadelphia: Temple University Press.

______. (1991). "The Afrocentric Idea in Education." *Journal of Negro Education* 60:170–180.

______. (1995). *African American History: A Journey of Liberation.* Maywood, NJ: The Peoples Publishing Group.

AU, K. (2006). *Multicultural Issues and Literacy Attainment.* Mahwah, NJ: Erlbaum.

BANKS, J. A. (1994). "Transforming the Mainstream Curriculum." *Educational Leadership* 51:4–8.

______. (2002). *An Introduction to Multicultural Education.* 3rd Ed. Boston: Allyn and Bacon.

______. (2004). "Multicultural Education: Historical Development, Dimensions, and Practice," in *Handbook of Research on Multicultural Education*, 2nd Ed., ed. J.A. Banks and C.A. McGee-Banks. San Francisco: John Wiley and Sons.

______. (2008). "Diversity, Group Identity, and Citizenship Education in a Global Age." *Educational Researcher* 37:129–139.

BANKS, J. A., AND MCGEE-BANKS, C. A., eds. (2004). *Handbook of Research on Multicultural Education,* 2nd Ed. San Francisco: John Wiley and Sons.

______. (2007). *Multicultural Education, Issues and Perspectives,* 6th ed. NewYork: John Wiley and Sons.

BLOOM, A. (1987). *The Closing of the American Mind.* New York: Simon and Schuster.

BURAS, K. L. (2008). *Rightist Multiculturalism; Core Lessons on Neoconservative School Reform.* New York: Routledge.

CHAVEZ, L. (2002). "The New Politics of Hispanic Assimilation," in *Beyond the Color Line: New Perspectives on Race and Ethnicity in America,* ed. A. Thernstrom and S. Thernstrom. Stanford, CA: Hoover Institution.

CORE KNOWLEDGE. (2008). (http://coreknowledg.org/CK/about?FAQ)

CORNWELL, G. H., AND STODDARD, E. W., eds. (2001). *Global Multiculturalism: Comparative Perspectives on Ethnicity, Race, and Nation.* Lanham, MD: Rowan and Littlefield.

CROW, T. (2008). "The Necessity of Diversity." *Journal of Staff Development* 29:54–58

D'SOUZA, D. (1991). "Illiberal Education." *The Atlantic Monthly.* March, 51–79.

FOX-GENOVESE, E. (1991). "The Self-Interest of Multiculturalism." *Tikkun* 6(4), 47–49.

GATES, H. L., JR. (1992). *Loose Canons: Notes on the Cultural Wars.* New York: Oxford University Press.

GIROUX, H. A. (1997). "Rewriting the Discourse of Racial Identity: Towards a Pedagogy and Politics of Whiteness." *Harvard Educational Review* 67:169–187.

GLAZER, N. (1997). *We Are All Multiculturalists Now.* Cambridge: Harvard University Press.

______. (2001). "Problems in Acknowledging Diversity." In D. Ravitch and J. P. Viteritti, eds., *Making Good Citizens: Education and Civil Society.* New Haven: Yale University Press.

GORDON, B. M. (1995). "Knowledge Construction, Competing Critical Theories, and Education." In J. A. Banks and C. A. McGee-Banks, eds., *Handbook of Research on Multicultural Education.* New York: Macmillan.

GRANT, C.A., AND SLEETER, C.E. (2007). *Doing Multicultural Education for Achievement and Equity.* New York: Routledge.

HIRSCH, E. D., JR. (1987). *Cultural Literacy: What Every American Needs to Know.* Boston: Houghton Mifflin.

______. (1996). *The Schools We Need, and Why We Don't Have Them.* New York: Doubleday.

HUNTINGTON, S. P. (1996). *The Clash of Civilizations: Remaking of the World Order.* New York: Touchstone.

JAFFE, J. (1994). "Flunking Bigotry." *The Newark Star Ledger.* June 22, p. 14.

LADSON-BILLINGS, G. (2004). "New Directions in Multicultural Education: Complexities, Boundaries and Critical Race Theory," in *Handbook of Research on Multicultural Education,* 2nd Ed., ed. J. A. Banks and C. A. McGee-Banks. San Francisoco: John Wiley and Sons.

MAYES, C., CUTRI, R., ROGERS, P. C., AND MONTERO, F. (2007). *Understanding the Whole Student.* Lanham, MD: Rowan and Littlefield.

MCLAREN, P. ed. (2006). *Rage and Hope.* New York: Peter Lang.

MEYER, A. E. (1957). *An Educational History of the American People.* New York: McGraw-Hill.

NATIONAL ASSOCIATION FOR MULTICULTURAL EDUCATION (2008/2003). Resolutions and Position Papers. (www.nameorg.org)

NEW YORK STATE EDUCATION DEPARTMENT. (2008). *Social Studies: Resource Guide with Core Curriculum.* Albany: The State Education Department. (www.emsc.nysed/gov/ciai/socst/pub)

NEW YORK STATE SOCIAL STUDIES SYLLABUS REVIEW AND DEVELOPMENT COMMITTEE. (1991). *One Nation, Many Peoples: A Declaration of Cultural Independence.* Albany: The State

Education Department, State University of New York.

NIETO, S. (2004). "Puerto Rican Students in US Schools: A Troubled Past and the Search for a Hopeful Future," in *Handbook of Research on Multicultural Education*, 2nd Ed., ed. J. A. Banks and C. A. McGee-Banks. San Francisoco: John Wiley and Sons.

NIETO, S., AND BODE, P. (2008). *Affirming Diversity; The Sociopolitical Context of Multicultural Education, 5th* edition. Boston: Pearson.

PANG, V. O., AND CHENG, L. L. (1998). *Struggling to be Heard: The Unmet Needs of Asian Pacific American Children*. Albany: State University of New York.

PANG, V. O., KIANG, P. N., AND PAK, Y. K. (2004). "Asian Pacific American Students: Challenging a Biased Educational System," in *Handbook of Research on Multicultural Education*, 2nd Ed., ed. J.A. Banks and C.A. McGee-Banks. San Francisoco: John Wiley and Sons.

PASSEL, J. AND COHN, D. (2008). "Immigration to Play Lead Role in Future U.S. Growth." Washington, DC: Pew Research Center. (http//pewresearch.org/pubs/729/ united- states-population-projections)

PHILLION, J., HE, M. F., AND CONNELLY, F. M., eds. (2005). *Narrative and Experience in Multicultural Education*. Thousand Oaks, CA: Sage.

PROVENZO, E. F. (2005). *Critical Literacy; What Every American Ought to Know*. Boulder, CO: Paradigm

RAVITCH, D. (1987). "Tot Sociology, Grade School History." *Current* (Dec.), 4–10.

______. (1990). "Multiculturalism, E Pluribus Plures." *American Scholar* (Summer), 337–354.

_______.(2003). *The Language Police: How Pressure Groups Restrict What Students Learn*. New York: Alfred A. Knopf.

RAVITCH, D., AND VITERITTI, J. P. (2001). *Making Good Citizens: Education and Civil Society*. New Haven, CT: Yale University Press.

SACHS, D. O., AND THIEL, P. A. (1995). *The Diversity Myth, "Multiculturalism" and the Politics of Intolerance at Stanford*. Oakland, CA: The Independent Institute.

SCHLESINGER, A. M. (1992/1998). *The Disuniting of America*. New York: W. W. Norton.

Searle, J. (1990). "The Storm Over the University." *The New York Review of Books*. Dec. 6, pp. 34–41.

SHANKER, A. (1991). "Multiple Perspectives." *The New York Times*. Oct. 27, p. E7.

SLEETER, C. E. (1996). *Multicultural Education as Social Activism*. Albany: State University of New York Press.

SLEETER, C. E., AND DELGADO-BERNAL, D. (2004). "Critical Pedagogy, Critical Race Theory, and Antiracist Education: Implications for Multicultural Education," in *Handbook of Research on Multicultural Education*, 2nd Ed., ed. J. A. Banks and C. A. McGee-Banks. San Francisoco: John Wiley and Sons.

SOBOL, T. (1993). "Revising the New York State Social Studies Curriculum." *Teachers College Record* (Winter), pp. 258–272.

SPRING, J. (2000); *The Intersection of Cultures: Multicultural Education in the United States and the Global Economy*. 2nd. Ed. New York: McGraw-Hill.

STEINBERG, S. R., AND KINCHELOE, J. L. (2001). "Setting the Context for Critical Multi/ Interculturalism: The Power Blocs of Class Elitism, White Supremacy, and Patriarchy." In S. R. Steinberg, ed., *Multi/Intercultural Conversations*. New York: Peter Lang.

STOTSKY, S. (1999). *Losing Our Language: How Multicultural Classroom Instruction is Undermining Our Children's Ability to Read, Write, and Reason*. New York: Free Press.

TAKAKI, R. (1993). *A Different Mirror: A History of Multicultural America*. Boston: Little, Brown.

THERNSTROM, A., AND THERNSTROM, S. eds. (2002). *Beyond the Color Line: New Perspectives on Race and Ethnicity in America*. Stanford, CA: Hoover Institution.

WELSH, J.F. (2008). *After Multiculturalism: The Politics of Race and the Dialectics of Liberty*. Lanham, MD: Rowen and Littlefield.

WILLETT, C., ed. (1998). *Theorizing Multiculturalism, A Guide to the Current Debate*. Malden, MA: Blackwell.

第13章

技术与学习：助力还是颠覆？

哪些技术应该得到学校的特别重视，谁来决定呢？

观点 1：技术助力学习

技术使得学校外面的世界发生了巨大的改变，而在当下，技术也正改变着学校里教和学的环境。竞争日益激烈的全球经济以及“生于网络时代，畅游网络时代”的学生们都是这一巨变的驱动力。

——U. S. Department of Education，2005

……当我们把计算机的作用与课堂行动研究相结合的时候，教师的教学方式和学生的学习方式就会发生质的转变。

——Angeli，2008

技术本身具有双重改造作用。技术在运用的过程中改变了自身，同时也改变着使用技术的人们。改进技术的想法来自技术的运用——而随着新兴技术发展速度的不断加快以及技术复杂度的日益提高，它也将走得更远。激光手术、卫星通信等新技术的运用改变了我们对技术和环境的认识——实际上是我们被改变了。太阳能、广播、电视、微波、医学成像、卫星电信以及其他现代化设施等方面的发展也改变着我们的生活。罗曼说：“在 21 世纪之初，我们的生活、工作和娱乐方式都接受着技术的‘洗礼’，它力量强大，无所不在，渗透全球。”（Roman，2003：2）

由于技术的发展，教和学也在悄然变化。斯皮罗认为，学校正在进行着一场革命，但是革命的步伐太慢了，那些渐进式提高的思想应该由“有原则的跳跃”取而代之（Spiro，2006：4）。他总结出以下几个新兴主题：

- 增加认知理解的复杂度；
- 加快获取经验的速度；
- 摒弃传统的教学方法，探求理解知识结构的新方法；
- 改变人们的思维方式，促使他们独立思考。

从相对简单的设备到更加复杂、先进的教学环境，运用于学校的技术在不断变化。技术已经从一块黑板、一本教材发展到了拥有复杂的互动媒体、完整的远程学习系统、网络化学习以及为学生量身定做“产品”的虚拟学校的阶段（Rotherham，2006；Livingston，2008）。在促进课堂教学、促进师生研究、完善学校规划和运作机制、提高学生兴趣、拓宽教师视野以及把学校和全球连接起来等诸多方面，技术每天都在展现着它的实用价值。而这些例证彰显的正是技术对教育、对社会显而易见的重要性。在教育中，技术有可能完全重构我们对学校教育、学习以及教学的常规认识。

莱尼对皮尤研究中心发布的有关青少年与技术的关系的数据进行了解读。他说，当今的青少年，也就是跨世纪的一代，与技术有着特殊的关系，他们沉迷于媒体世界，很容易适应移动技术，他们已经成了“多工一族”（multitaskers），他们运用技术录制、更改或是分享音乐、录像以及各种不同形式的娱乐活动，却不知道或是漠不关心这种技术运用的后果。皮尤提供的数据表明，99%的青少年家里都有电视，98%的青少年有 CD 机或者录音机，86%的青少年有计算机，82%的青少年能在家里上网。莱尼论证了这样一个观点：与上一代相比，青少年是“数码移民土地上的数码人”（Rainie，2006：3）。

皮尤提供的下列数据说明网络在青少年生活中发挥着特殊的作用：

- 89%的青少年使用电子邮箱；
- 84%的青少年上网了解电影、电视节目的信息；
- 81%的青少年上网玩游戏；
- 76%的青少年上网浏览新闻；
- 57%的青少年上网找学校；
- 51%的青少年上网下载音乐；
- 43%的青少年上网购物；
- 31%的青少年上网下载视频。

莱尼评论说，尽管技术世界已经在发生重大变化，但“在未来 10 年将发生根本性的变化”（Rainie，2006：14）。这种变化对学校产生的潜在影响是巨大的，因为“新的技术世界将引导学习和研究工作的发展方向”（Rainie，2006：15）。

不仅仅是教学道具

我们再也不能把学校的技术视为教师偶尔用来辅助讲课的一堆设备。与学生为了在社会上生存、发展而必须掌握的基础知识相比，教育技术和技术教育再也不是无关紧要的了。技术知识本身是极其重要的，应该纳入学校的主要学习课程（Edutopia，2008；Smith and Throne，2008）。正如写作对个人、对社会如此重要，所以不只是英语课要学，而是在各门学科的学习中都重视培养学生的写作能力；同样，技术如此重要，以至于我们必须彻底将它整合进学校教育的核心目标。学生们也认为技术知识和技术运用是学习中不可或缺的东西（Oblinger and Oblinger，2005）。

技术就是知识，但同时它也是学习、拓展必备知识的一种重要手段。技术是人类心智的知识产物之一，同时它又能有效地传播知识，还可用于开展研究活动以提高认识。技术不仅为教学而且也为学习创造了条件（Bransford，Brown，and Cocking，2000）。

由一些大型企业、200 多所大学、博物馆及其他组织组成的美国新媒体联盟，宣称其使命就是“改变人们教、学以及创造的方式”（http://nmc.org）。新媒体联盟擘画的“地平线计划”（Horizon Project）是推广新兴技术应用的核心专案，这些专案尝试勾勒出对教学、学习和创造性探究有重大影响的新兴技术应用蓝图。尽管该计划是针对高等教育，但在K-12教育中同样可以考虑如何利用技术。新媒体联盟支持以下六项新兴技术的开发：

- 用户创建内容
- 社交网络
- 移动电话
- 虚拟世界
- 在线学术专著数据库
- 多人教育游戏

许多中小学也开展了利用技术改变教和学等前瞻性活动，比如建立虚拟学习资源中心等（McKenzie，2000，2001；McCain，2000；Kirsner，2002；O'Neil and Perez，2003；www.Virtuallrc.com；Borja，2005；Armstrong，2007；Livingston，2008）。

从技术中学习以及用技术来支持学习有益于学习的证据

里夫斯说：“50年的教育研究表明，我们把技术有效地运用于学校，既可以从技术中学习，又可以用技术来支持学习。”（Reeves，1998：1）其他一些研究也证明技术对学校、对那些“从技术中学习”“用技术来支持学习”的学生都有教育价值（Prensky，2006）。约翰逊和巴克考察了约100项政府资助的教育技术项目，他们发现这些研究结果都表明运用技术有积极的作用，包括学生在认知知识和信息存取方面都有显著的进步，同时教学效果也得到了提高（Johnson and Barker，2002）。林斯塔夫和凯利分析了许多关于技术用于教和学的研究结果，发现大多数学科的教和学都得到了显著的提高（Ringstaff and Kelly，2002）。

“明日苹果教室”是一项时间跨度最大的教育研究项目，该研究得出的结论是：“把技术引入课堂可以大大提高学生学习的潜力，尤其是在合作、信息存取以及学生思想观点的表达和再现方面。”（Apple Classrooms of Tomorrow Study，2000；Sandholtz，Ringstaff，and Dwyer，1997）技术有利于教师将课堂组织得更好，有利于教师提高运用技术的水平，对教师个人的教学理念产生积极的影响——对教学更感兴趣、更有胜任感和成就感。学生学业成绩的提高、教学水平的提高以及更有效地利用学校都是将技术融入学校的结果。

技术在学校的重要性

技术与学习之间的关系并非不为决策者所了解。莱姆基在书中写道：

> 当今的教育决策者是透过NCLB法案的镜头来审视技术的，他们希望所有技术投资都会有“学习回报”。（Lemke，2005：1）

联邦政府、州政府和各级地方政府花费数亿美元为学校安装新技术设备，再加上私人捐款，投资数额可谓不小。其结果也是明显的：1994年约35%的公立学校接入了网络；到2005年接入网络的公立学校至少已达99%。学生人数与计算机数量的比例也降低了，从1998年的12∶1降到了2004年的5∶1（U.S. Department of Education，National Educational Technology Plan，2004，2005）。

盖洛普民意调查机构为国际技术教育协会（ITEA）所做的一项调查显示，98％的调查对象认为，技术应该纳入学校的课程体系，他们认为课程中应该包括的话题如表 13－1 所示。

表 13－1　　盖洛普调查：学校应关注的一些重要的技术话题

话题	不重要	重要	非常重要
数学、科学与技术的关系	2％	19％	79％
运用技术的能力	1％	22％	76％
技术对社会的影响	2％	27％	71％
技术与环境	2％	29％	68％
每一种技术的利与弊	2％	29％	58％
如何设计技术产品	12％	45％	41％

资料来源：Rose，L.，Gallup，A. M.，et al.（2004）. A Report on the Second Survey Conducted by the Gallup Organization for the International Technology Education Association. www.iteaconnect.org.

“从技术中学习以及用技术来支持学习”不仅有利于学生、教师和学校课程，而且也有利于社会。要赢得国际竞争，美国就必须保持其技术创新和发展的前沿地位。通过技术革新，我们可以让所有的孩子——不管是农村的还是城市的孩子——都享有最优质的教育。孩子们有机会接触到优秀的教师、优秀的文化和重要的知识，有机会进行有趣的学习（*Toward a New Golden Age in American Education*，2005；Salpeter，2008）。

技术知识、技术技能和技术态度

技术知识包括能基本理解技术语言和操作语言，了解普通技术设备和相关软件，懂得技术赖以形成的基本数理原则，了解技术史及其对社会的影响。技术知识还包括利用技术进行学习：发现、分析、检测和理解各种思想观点。

技术技能包括在各种技术设备的高效操作中都能发挥作用的技能，从计算机、远程通信设备到图像复制、机器人技术等都属于该范畴。技术技能还包括在处理技术操作的结果中很有效的技能，用于学习、评价、汇报、纠正或修复技术材料、学习材料和创造性材料所需要的技能都属于该范畴。

技术态度包括对思想和知识的好奇心，对不断进行技术创新的一种意识，对变革不存先入之见，对改进技术的渴望以及承认技术改变社会和个人生活的一种乐观感。技术知识、技术技能以及技术态度应该成为基础教育的一部分。

美国要求民众对新技术及其用途和社会价值有充分了解（Braun，2007）。技术素养是起点，而学校显然就是技术素养的孕育之地（Salpeter，2008）。社会上没有任何其他机构像学校这样为培养年青一代的各种素养承担着如此多的责任——培养学生的阅读能力、写作能力、语言能力、理解能力以及应用信息的能力等都是学校的职责。学校悠久且引以为豪的传统就是为帮助学生掌握必备的知识而开设共同课程：语言运用课、公民责任课、计算机技能课、科学和经济学导论课以及艺术欣赏课等。每一门课程都涉及对某种素养的培养。因为技术对人类生活和社会福祉的影响越来越大，所以学校也必须确保用技术来支持基础教育（Edutopia，2008；Prensky，2008）。

除了接入网络之外，学校还必须拥有最先进的设备和教学材料、恰当的技术课程以及充分了解各种技术的用途和价值的教师。学校在技术学习的诊断、指导以及发展方面扮演着特别重要的角色。合格的教师可以参照国家标准对学生的技术知识和技能进行诊断，通过恰当的学习活动促进学生的技术知识和技能的掌握，采用新颖有趣的教学材料和教学手段促进学生技术知识和技能的不断发展。此外，学校必须创造一个具有支持性、可持续性的技术环境，以帮助教职员工掌握各种技能。

佩珀特认为，技术能够：

1. 改变整个学校教育体系，提高教和学的质量（例如：知识是跨学科的，没有必要将知识割裂成各个不同学科；学习过程具有不依年龄划分的连续性）。

2. “构建具有说服力的观点”（例如：用虚拟现实进行测试，利用多种渠道提供及时的信息反馈）。

3. 鼓励“孩子成为教育变革的驱动力，而不是被动的接受者”（例如：学生和教师一起讲课，孩子们的好奇心会激发他们对技术进行创新性使用）。

技术知识远不止是基本操作和信息拓展，它让师生对学校教育和学习本质有了新认识。技术知识已彻底改变了学校教育和学习。

设立技术学习标准

国家教育标准对学校影响很大，因为它规定了课程重点和教学重点，提供了问责机制以确保学校对社会负责。没有列入经核准的国家标准之内的学科注定在学校里被边缘化。NCLB 法案要求学校达到列入清单的各类标准。

技术教育国际协会（ISTE）为学校制定了国家教育技术标准（NETS），现在，这些标准是各州制定州教育标准的基础（www.cnets.iste.org）。制定技术教育总标准的目的是使学生成为技术使用能手、信息搜索行家、问题解决专家、交际能手、分析家、评价者和决策者，从而成为有见识、有责任感、有生产力的公民（National Educational Technology Standards，2002，2008）。

不过还是有一些问题。对许多学校和教师而言，“在代价不菲的反复试验法进行了 50 年之后，技术仍不是与课堂教学不可分离的常规部分……对于如何把技术运用于课堂仍没达成一致观点，有的只是一些不切实际的期望”（Romano，2003：2，23）。

根据 NCLB 法案，美国教育部于 2004 年出台了《国家教育技术规划》（NETP），该规划指出：“10 多年以来，99%的学校已经接入了因特网，生机比达到了 5∶1。然而，我们还是没有认识到技术在学校的远大前景。”（*Toward a New Golden Age in American Education*，2005：5）教育部提出的行动步骤是：

1. 加强对学校技术整合方面的指导。
2. 进行创新式学校财政预算，确保用于技术上的资金比例。
3. 促进教师教育。
4. 支持网络化学习（在线学习和利用多媒体进行学习），支持虚拟学校教育。
5. 支持学校建立宽带网络。
6. 逐步过渡到数字化学习——远离不便携带的教科书。

7. 整合数据系统。

技术教育的障碍

开展技术教育的一些障碍是显而易见的，资金不足、合格师资缺乏、技术恐惧和教育变革速度缓慢等都是技术教育的障碍。资金是个大问题，但我们必须好好衡量资金投入与不花钱培养适应 21 世纪技术生活的学生之间的利弊关系，这二者到底孰轻孰重。如果不投入资金，就会加大贫富之间的数码鸿沟。国家为学校连接因特网进行 10 年的投资就有利于缩小这种数码鸿沟（Edutopia，2002），而且接入因特网的学校逐年增多，20 世纪 90 年代中期，美国不到 1/3 的学校能上网，而现在几乎所有的学校都能上网。社区技术中心普及涵盖 600 多家附属机构、4 000 多个地点的国家网络系统。国家城市联盟、男女生俱乐部、基督教青年会和基督教女青年会以及其他组织，在比尔及梅琳达·盖茨基金会（BMGF）的帮助下，将与 7 000 多家图书馆建立技术上的连接（Edutopia，2002）。

全球只有加拿大、芬兰、斯洛文尼亚等少数几个国家计划让所有学校都接入因特网（Pelgrum，2001）。学校开展技术教育的最大障碍就是资金（约占 70%），还有就是教师缺乏相关的计算机知识或技能（约占 66%）。表 13-2 显示的是接受调查的 24 个国家的学校校长和学校技术专家所认定的最大障碍。

表 13-2　　利用信息通信技术的障碍

类型	障碍
1	计算机数量不够
2	教师缺乏知识或技能
3	与课程相结合的问题
4	把计算机学习时间纳入课程计划的问题
5	设备或软件不行
6	教师时间不够
7	缺乏管理人员和技术帮助
8	网络过时
9	培训机会不够
10	学校空间不够

资料来源：Pelgrum，W. J.（2001）.“Obstacles to the Integration of ICT in Education.” *Computers and Educations*，37（2）：173.

有些教师担心或是不愿让技术走进学校，因为他们还没有准备好利用技术来教育学生。这种顾虑使得他们不愿探索技术作为教学工具的用途和益处（Wise，2005）。有些教师把新型计算机或通信设备的用途贬低到仅供“娱乐”或“自我放纵”。而相当多的教师把笔记本电脑仅仅视为是“呈现上课内容”的工具，在课堂上把“笔记本电脑的各种用途边缘化了”（Windschitl and Sahl，2002：197）。教师规定的课堂纪律往往禁止学生携带任何技术设备，学校纪律可能也规定不准在教学楼里使用这些东西。麦肯齐指出：“只有少数几个大胆的前卫人士展示了技术给课堂带来的魅力，我们的大多数教师缺乏支持，缺乏资源，缺乏让这些‘侵犯者’（新技术）走进课堂的动力”（McKenzie，1999：1）。麦肯齐在其著作中提出了许多实用的建议，目的就是帮助学校和老师排除这一障碍（McKenzie，1999，2000，

2001）。

有些学校让学生难以接触到各种设备，而且也不准学生做实验。学校计算机房通常与课堂作业区是分隔开的，仅限于少数优秀生或限定某些时间段内使用，而且学校机房管得很严，就那么几台老式的、程序过时的电脑还常常维护不当。只有一些学生能得到计算机技术培训的机会。教师和管理人员常常认为技术设备是昂贵之物，与标准的学校工作毫不相干。他们不信任学生，甚至待在技术设备旁都觉得不自在。有时他们怀疑学生不当地使用计算机和其他设备，网上冲浪以及搜索自己感兴趣的东西等都被视为不正当。他们认为这种“不当使用”与正在进行的课堂教育活动几乎没有任何关系。这种环境不利于学生从技术中学习，不利于利用技术来支持学习。

教育上的问题

我们需要不断改进数学、科学及技术教育。当然这不仅仅是针对那些希望从事与数学、科学和技术相关的职业的学生，因为当今所有职业几乎都需要技术知识。长途卡车司机、建筑承包商、销售员、政府公务员、律师、医生、旅行代理人和农场经营者都要使用技术设备，而且他们在工作中也离不开技术设备。私房屋主、出租人、纳税人、家长以及投票者也都需要技术知识。

技术更新的速度越来越快，但学校变革的步伐却不是越来越快（Prensky，2008）。科学发现与技术运用之间的时间间隔越来越短。把18世纪关于光学的研究成果转化为摄影技术花了100多年的时间，而从发现电动机工作原理到拥有生产电动机的技术只用了65年。无线电的发现与无线电通信技术之间的时间间隔大约是35年。从原子论的发现到拥有核武器生产技术只用了6年时间，从晶体管的理论到拥有晶体管生产技术仅用了短短的3年时间（Gleick，1999）。

但是，美国在科学和技术教育上一直略显不足。数学和科学成绩的对比结果表明，美国学生的成绩远远落后于欧洲和日本的学生。数学、科学和技术都是非常重要的学科，美国不应在这些学科领域落后于其他国家。《纽约时报》的专栏作家弗里德曼特别提到美国的一所高校，说它在一次国际大学生程序设计竞赛中只得了并列17名，是该竞赛举办29年以来排名最低的一次，而自从1997年以来，美国的学校在这样的竞赛中无一获奖（Friedman，2005）。多年前美国高校一直在这种竞赛中遥遥领先，但现在却落后了。他把这归因于中小学在数学和科学教育上的严重不足。

提高技术水平

在不同的环境和地方，教育通过无数个人爱好展现魅力。技术不仅是必修学科，它也有利于21世纪的学校改进学习方式、拓展学习渠道。网络、卫星通信、激光及其他资源的利用极大地提高了学生的研究水平。虚拟情景和模拟实验接近真实的生活，给予学生意想不到的学习体验，而这些体验是不可能从书本和教师那儿得到的。无论是坐在家里、躺在沙滩上，还是排队等候、喝着牛奶吃着饼干的时候，远程教育都能让学生与学习“保持联系”。计算机程序能涵盖所有话题：英语文学和英语语法、各类历史、神奇的数学、哲学、科学的融合、任何一门艺术、外国语言和文化、持家建房以及任何其他大家认为重要或有趣的话题。技术的运用激发人们欣赏、参与创造性艺术。懂技术的教师可以更好地设计合乎个体需要的健康教育计划，还可以更有效地对学生进行监督。

可供选择的教育技术不仅更有趣、涉及面更广，而且相比许多等效的教育活动，它们的成本和时间消耗更少。用计算机模拟去意大利旅游看艺术展览的情景显然比坐飞机请导游更实惠，用计算机可以更有效地设计建筑物或城市，通过计算机重构历史事件、在教育上娱乐一下也是可以的。显然，技术不可能完全取代真实的体验，但标准的学校教育就是脱离实际，相比而言，这比脱离现实的学校教育要好多了，而且比真实体验更安全，还可以进行多种尝试、反复修改。它通过设计“如果……怎么办呢”这样的问题促使学生快速思考，以此拓展学生的思维和创造力。

学校里可利用的技术能够激发智慧，它互动性强、视觉震撼、声音优美而且吸引心智。它能按照个体学生的兴趣爱好与知识水平做出相应的调整——它是可重新组织以适应个人兴趣或理解水平的变化的、量身定做的教育。不管是在图书馆、在活动中心、在家里，不管是利用笔记本电脑、其他便携式设备还是采取其他多种方式，总之，这种教育随时随地都能进行（O'Neil and Perez，2003）。另外，有证据表明，让技术走进课堂还有许多其他益处，其中就包括使学生学习潜力得到大大提升（Apple Classrooms of Tomorrow Study，2000；Armstrong，2008）。

一些进步学校试图为 4～7 年级的每一名学生配备一台笔记本电脑，这一举措将大大改变课堂的运作方式，当然前提条件是我们能找到有能力的教师（Windschitl and Sahl，2002）。学生通过技术可以理解理论性最强、实用性最强的知识。只要学生愿意，他们可以随时重新播放这些知识直到真正掌握或是温习熟练为止。

旨在提高技术知识和技术技能且与学校有关的示范性计划包括 FIRST（For Inspiration and Recognition of Science and Technology，崇尚弘扬科学技术）机器人竞赛。来自北美、南美及欧洲的近 3 万名学生组成的 1 130 支参赛队伍参加了比赛。学生们设计、建造并操控各种类型的机器人（FIRST，2006）。虚拟学校教育是真实的选择，现在美国已有 22 个州建立了虚拟学校，更多的虚拟学校也即将建成。千万学生都接受着虚拟教育，而且既取得了好成绩又降低了学习费用。佛罗里达州的虚拟学校已超过了 22 000 所（Winograd，2002；Borja，2005；Rotherham，2006；U. S. Department of Education，2007）。

技术进步需要受过系统化教育的人才，需要充实的资金、齐全的设备和充分的鼓励。学校教育是不断取得科学成就的关键。在 20 世纪，公立教育的扩张、科学技术的转向、工人和管理阶层对技术的全新态度、政府对研究与发展的鼓励、专利制度的完善以及创新激励措施的出台使得美国变得强大。布罗姆利指出，第二次世界大战后，美国通过有效利用技术，在科技创新方面超过了欧洲国家，推动了正在兴起的全球化经济（Bromley，2002）。

通过考察我们的教育体系来评价美国科技发展的未来是最恰当不过的方法了。美国未来的精英就在学校。我们可以对目前的技术进行小修小补以得到短期的改进，但长久的发展还是得靠新一代的科学家、发明家、企业领袖、技术工人和懂行的消费者。如果学校衰败，我们的社会将不断衰退，而我们也将无法保住引领世界的地位。

观点 2：技术颠覆学习

……如果不以更为广阔的视野来看待学校在一个民主社会里所扮演的社会角色和公民角色，那么目前过于重视学校里的技术应用就可能使我们民族的核心理念无法彰显其应有的价值。

——Cuban，2001：197

在某一时刻，每一个人——无论是教师、纳税人，还是家长、决策者——都有权引用那句著名的广告语——“牛肉在哪里?”如果计算机无所不能，为什么到现在为止我们还是看不到学校取得的实质性成就呢?

——Oppenheimer，2003：346

技术就是应用科学知识来达到某种实际目的。但是，我们必须对应用科学知识的决定以及实际目的的评价进行认真审查。有些技术似乎就是为了解决实际问题，焊接护目眼镜、血液安全检测设备、订书机以及背胶邮票就是很好的例子。但是有些技术会引发严重的问题，速食可卡因、拷问刑具、限制公民自由的监控系统、空气污染和水污染等也都是技术“惹的祸”。我们既可以利用武器保护自己，维护和平，也可以利用技术在寻衅滋事中威胁对方。激光既可拯救生命也可夺走生命。

利用技术的个人经历也可能“惹起事端”。福克斯说：

> 有 1/3 的计算机使用者承认自己砸过计算机，超过 70%的计算机使用者承认自己诅咒过计算机，67%的计算机使用者虽然没有诅咒和砸计算机的行为，但他们也会因为计算机而产生困惑、生气和恼怒的情绪。（Fox，2004：ix）

福克斯指出，这种行为被称为“科技产品怒”“网怒”“计算机狂躁症”，要解决这类问题，“也就是说，人们必须适应机器”（Fox，2004：x）。但这不是解决问题的唯一办法，甚至也不是最好的办法。对一切新技术采取逃避的态度，或是像勒德主义者（Luddite）一样对一切新技术都采取怀疑的态度也不是办法。技术并非就自然或必然地有助于学习，在有些情况下，技术可能成为妨碍学习的不利因素。

我们需要理性的标准、可靠的证据以及批判性怀疑主义才能对技术的相对价值做出恰当判断。支持或反对某种技术应用的压力通常来自商业主义、政治主张和意识形态——这些力量并不总是与我们所需要的理性判断相一致。你不一定非得是一个本能的技术拥护者才能证明你很现代，你也不必极端守旧、反对技术并以此证明你坚决“不为技术所动”。以充分的证据、逻辑推理和健康的怀疑主义为基础做出合理的批判性判断才是恰当的。但那种批判性判断往往就是讨论教育技术时所缺乏的东西。

学校里的一些技术倡导者希望把学生培训成新技术设备的使用者和热爱者，而每当学生或老师用批判性判断来质疑其价值或用途时，他们就会表示出不快之意。布罗姆利和阿普尔指出，这一领域的大多数文章都“含蓄地表示技术是有用的，只要不时地稍稍调整一下，就一定会带给我们更美好的明天”（Bromley and Apple，1998：3）。技术，主要是以计算机为代表的技术，将不可避免地“占据”学校，这种宿命论让我们感到要阻止或改变技术的扩张是那么无奈。

教育技术网络杂志《从现在起》（*From Now on*）的编辑杰米·麦肯齐指出：

> 技术贩子和技术啦啦队队长会让你相信这是一个数码时代，但是……我们是应该穿越一片虚拟的热带雨林还是真实的热带雨林呢？除非是坐在地铁上戴着耳机，否则，你几乎无法做出选择……不加批判地接受数码标签是对应该引起异议和担心的文化潮流的一种屈服。（McKenzie，2008：1）

新旧技术：教师发现好技术

教师对技术的利用长达几个世纪，学校也通常是发明、开发新技术的主要场所。小学教师最善于发现有创意的方法来改进课堂和教学，而技术往往是教学得以改进的重要因素。大学有研究中心，有致力于技术创新的研究人员。因此，学校与能够改进学校教育的技术是非常匹配的，学校也是提出问题、挑战技术用途和价值的最适宜之地。

教师群体在利用技术方面有悠久历史，但他们只利用对工作有利的技术，对那些他们认为无用的技术则不加理睬。正如泰亚克和库班所说：

> 许多美国人喜欢用技术来解决学习问题。一直以来就是如此……教育电台、教育电影、教育电视以及程序化学习的鼓吹者们预言网络教育将取代传统教育，但这些“教育梦想”却从来都没实现过。教育改革者之所以求助于机器，是因为他们担心教师的能力不够，担心学校教育的投入过高，担心某种外部力量的存在威胁着美国的安全或繁荣昌盛从而使教育显得特别紧迫……教师常常利用技术来改进常规教学，但不会利用技术来彻底变革教学模式。（Tyack and Cuban，2000：247，248）

教师应用、改造的是那些有助于学习的技术，但是要取代实实在在的教学实践而“彻底改变”教学或是对教学“进行一场革命”则显得理由并不充分。优秀的教师——而不是机器或设备——才是优质教育的关键。学生也能认识到减轻教师负担的技术是有价值的，“教师是学习过程中不可缺少的因素。技术的确很好，但还不足以成为取代老师的完美替代品”（Oblinger and Oblinger，2005）。

教师早就在帮助学生学习弄明白如何使用书写工具和印刷材料，如何制图，如何使用美术材料、手工材料和体育器材，而且也早就在帮助学生学习如何通过其他技术手段来辅助学习。在学校大力推广技术的呼吁大都与计算机有关——使用计算机可以提高学习质量、减少投资、提高教学质量——因此，我们应该好好分析一下那些观点。

质疑：使用计算机能促进学习吗？

就学习而言，几乎还没有使用计算机就能提高学习质量的证据。位于加利福尼亚州北部的硅谷走在教育技术的最前沿，库班对硅谷在课堂上使用计算机的情况进行了研究，他发现，找不到任何前后一致的有力证据能证明学生利用信息技术就能提高学业成绩（Cuban，2001）。计算机并没有成为课堂学习的主要特色。

美国儿童联盟组织认为：“对于政府和企业大力倡导的高科技生活方式和高科技教育所能带来的长远好处，我们还缺乏充分的证据；相反，有迹象表明它们带来的害处倒是越来越多。”（Alliance for Childhood，2004：4）

慕尼黑大学曾进行过一项庞大的研究计划，研究者针对来自31个国家、年龄为15岁的17.5万名学生的计算机使用情况进行抽样调查。研究结果显示：学生在数学和阅读方面的成绩受影响最大，计算机使用时间有限的学生或许还能从中受益，而那些平均一周多次使用计算机的学生的学业成绩则出现了大幅度下降（MacDonald，2004）。一位研究人员认为，如果过多使用计算机，并且用计算机取代其他形式的教学，实际上是“害了学生”。

正如朱莉·兰德里所说：“然而，在进行数百项详尽的研究之后，还是没有确凿无疑的证据可以证明，让技术走进课堂就一定有助于教学。事实上，在有些情况下它反而妨碍了学生的学习。”（Landry，2002：37－38）当学生因为某些机器或程序分散了注意力而无法专心学习时，最终影响的就是他们的学业成绩。相比机械的知识呈现，优质教育的内涵要丰富得多，即使利用各种能吸引耳目的东西来辅助知识的呈现也体现不了优质教育自身的丰富内涵。

经济学家安格里斯特和拉维对以色列各学校的计算机使用情况进行了研究：“但是没有任何证据证明，在教育上多用计算机就能提高小学生的考试成绩。”（Angrist and Lavy，2002：3）实际上，有惊人的证据表明，计算机的使用对4年级和8年级学生的数学成绩有负面影响，更令人惊讶的是，据说计算机对教学方法影响最大的年级恰好也是4年级。他们给出的解释是，计算机辅助教学“也许浪费了学校资源或是取代了教育活动，如果不浪费这些学校资源而教育活动也不被顶替的话，学生的学业成绩本来是不会下滑的”（Angrist and Lavy，2002：23）。相比之下，研究者指出，缩小班级规模以及加强师资培训倒确实有利于提高学生的学习成绩。

希利对计算机与学习之关系的众多研究进行了总结，在其总结性著作中，他说：

> 本书所引用的研究都证明，对年幼的孩子而言，通过计算机“学习”来健脑的效果甚至远远赶不上自发性游戏或与成人或大一点的孩子一起玩桌面游戏之类的简单活动，认识到这一点就不那么好笑了。仅仅让孩子“连上计算机”并不足以证明计算机就能对孩子的学习产生积极影响，一些最流行的“教育”软件甚至可能损害孩子的创造力、注意力和学习动机……即使对大一些的孩子和青少年而言，我们的研究也并未证实学校或家庭使用的大多数计算机产品会对他们有任何实质性好处。（Healy，1998：20，21）

那些似乎可以证明使用计算机就能提高改进教育的研究报告还有待认真分析（McKenzie，2007）。大多数研究是短期“速成式”研究，它们过于依赖于考试成绩，而那些考试成绩无法体现学生的综合知识水平；还有许多研究是由一些公司赞助的，涉及计算机销售的商业利益；还有一些研究则是由早先致力于推广计算机的政府机构赞助的。我们应该对所有这些研究进行分析，以便弄清它们是否为了证明使用计算机的好处而受到控制，是否对不用计算机的同等环境没有进行充分研究（Wenlinsky，1998；Cordes and Miller，2000；Oppenheimer，2003；Alliance for Childhood，2004；McKenzie，2007）。

质疑：使用计算机能提高学习质量吗？

广泛的综合性学习不仅仅是为了掌握零碎的知识，而通过计算机来进行综合性学习可能令人更不满意。解答那些毫不费力搬上习题集的测试题目远远不是学习的全部内涵，但是，用于教育的计算机程序往往仿照习题集的格式，只需学生用程序里设置好的符号给出问题的答案即可。图像、故事和数据可能很吸引人，但大多数学生都知道，所有的材料都是编在程序中的，他们也不必跳出程序设计的思维框框。利用计算机编程的课程最终会让学生在批判性思维、人文学科、艺术、健康和体育运动等方面退步。

计算机技术的特点是：迅速把信息传递给学生，增强学生的计算机和程序运用技能，而且有着卓越的视听效果。但是它不能激发学生提出问题或是进行批判性分析，当然更不能激发学生对技术本身进行分析。数学家西摩尔·佩珀特对那些一味接受不加批判的忠实信徒仍持保留态度："全世界的孩子对计算机的热爱进入了狂热、持久的阶段……在许多情况下，他们热情的力度之大足以让关心他们的父母想起'上瘾'这个词。"（Papert，1993：ix）

在学校大力普及计算机往往也带来了对技术盲目、错误的信任以及对学校学术工作支持度的下降。斯托尔认为计算机甚至根本就不属于学校，其原因包括：

- 计算机改变了重视思维能力培养这一更为重要的教育目标；
- 计算机在学习上的用途有限，在简单娱乐上却有无穷的用途；
- 操作计算机只需要一些没多大价值的低级技能（Stoll，1999）。

学生形成了以最快速度找到藏在程序中的最有效的正确答案的习惯。速度，而不是思考，成了最为重要的东西。这种习惯可能变成对智力劳动的厌恶，因为脑力劳动需要付出努力和时间，需要利用课堂外的各种资源，而且还不一定有正确答案。他们失去的是数学上无法计算出来的、更为丰富的人类问题的语境。受机器控制使人的思考变得很容易，因为机器能让你立刻得到满足而又几乎不需要做出任何回应。

学校计算机的使用通常都是个人行为，缺乏社会参与或道德上的考虑（Healy，1998；Alliance for Childhood，2004）。所谓的互动性教育程序实际上就是高度程序化，提供一套可用键盘或鼠标输入的选项答案，给人的印象就是既不真实又肤浅。想象一下，只用计算机来学习打网球，而不到室外去挥舞球拍会是个什么样子！可能也好玩，但那不是网球运动。同样，只通过计算机来学习化学、生物、物理以及其他许多课程，而不到实验室、不到户外去真实体验一下，也不是真正意义上的学习。在回答各种问题、进行思想交流和实验方面，有着鲜活学生的课堂或实验室所创造的那种教育体验是通过机器学习无法获得的。

反复识记以及过分简单化而往往又没有任何价值的信息累积就是反智主义，是用技术和企业语言伪装而成的反智主义（Siegel，2008）。过于依赖技术的学校课程不太可能给人以质疑或批判性评价的机会。让每个学生长时间用计算机进行课程学习或网上冲浪并不是改进教育质量的秘诀，在那样的环境中也无法满足学生和社会的教育需求。让学校采纳高度依赖技术、非批判性的教学程序中所体现的浓厚商业兴趣，从企业对学校推广信息技术的卖力支持中就可以明显看出来（Giroux，2001；Bromley and Apple，1998；Oppenheimer，2003）。

质疑：使用计算机能削减成本吗？

远程学习是那些声称技术降低教育成本的人通常喜欢列举的一个例子。但问题是你愿意在今后的数年里都以那种方式接受教育吗？

在学生居住地离学校太远的地方，比如像澳大利亚的内陆地区或是美国人口稀少的地方，尽可能为学生提供最优质的网络课程是完全有道理的。同样，网络教育适合专业人士进行继续教育，适合那些只是想试听一下看看自己对某门学科有无兴趣的学生进行入门学习。对于大众化公立教育来说，它又常被吹嘘成既省钱又可进行标准化教育的捷径，但这两种说法都不足以成为让学生受制于大规模远程学习的理由。听一套录音讲座，操作键盘或鼠标，做一些“互动性”的家庭作业以及在键盘上回答问题等当然不是学校的全部内涵，而且这样进行利弊权衡也是没有任何意义的。

从长远来看，远程学习以及其他一些替代学校的技术，既不省时省力省钱也没有成效。“圣殿大学”建立了一所虚拟大学，但在确定无法赢利之后就关闭了（Ohman，2002）。在大中专院校，运行良好的远程教育所花费的资源和资金不是更少而是更多。大量更为廉价的远程学习之出现可能也意味着，只有有钱人才上得起真正的学校，才能接触到真正的教师，而那些没钱的人只能使用终端机。

在对以色列各学校计算机利用情况的经济研究中，安格里斯特和拉维发现，每所学校在计算机上花费的资金约为 12 万美元，相当于 4 位教师的工资。据估算，计算机和软件的年均折旧率为 25%。这样，安格里斯特和拉维就得出，这些计算机的流动费用约为一位教师一年的薪水。他们总结说：“……未来的影响尚不能下定论，但是迄今为止，学生成绩似乎并不能解释对教育技术大幅度持续性投资的合理性。”（Angrist and Lavy，2002：27）

学校教育企业化还会出现更多问题，技术使得企业对教育的影响更大，因为它们控制机器、软件、员工以及知识产权（Giroux，2001；Werry，2002）。企业控制的结果就是不太可能实施批判性教育。到底是谁受益呢？当权的人获益更多，而其他人则失去更多。每年在用于课堂计算机技术上所花费的资金达 50 多亿美元，那些科技公司获益最多（Landry，2002）。昂贵的设备、程序和维修费占用了其他教育活动所需要的资源。企业对教育的侵入太厉害了，但是很少有企业行为能够像在所有学校普及计算机这样得到政府和学校官员如此大方、如此成功的支持（Leistnya，2008）。索菲娅说：“计算机是一种教育技术，它不是诞生于课堂，而是在军工大楼里研发出来的，它被输入课堂是由于企业、政府大力推广后使它变成了一种商业化、最终被引进的工具。”（Sofia，2002：29）

目前得到企业和政府的支持、提供大量计算机让所有学校接入网络的昂贵举措，将在维修、更新、配套设施、软件、新设备、耗费时间以及相关花费上比大多数学校和纳税人所意识到的要多得多。为所有学校接入网络要花费数十亿美元，而学区要承担维修和改进设备的费用。西北教育技术联盟提醒说，所有接入网络的学校中仅有 6%的学校对教职员工进行过安装课程资料的培训（“Equity Gap in Technology Access”，2002）。

质疑：使用计算机能促进教学吗？

过于吹嘘技术在学校的作用导致的一个大问题就是教师的“去专业化”，使教师受尊重的程度、教学能力以及学术/专业判断的价值下降。由于企业压力以及机构对网上教育资源和测试的控制，如今想操纵学生、教师和课程变得极为容易，这也使得教师“去专业化”这一问题更加恶化。如果操控机器就是优质教育的全部内涵，那教师又能有什么地位呢？学术知识、教学经验、教学理论和实践都将变得没多大意义，其结果就是社会不需要持有教师资格证书的教师，对教师行业不尊重，没有保护学术自由的大学终身职位，教师本人也没有安全感（Bromley and Apple，1998；Oppenheimer，2003）。

对师生知识自由的侵害是一个非常严重的问题，它否认开放的知识追求，因为经过“消毒”后设定好的材料易于控制，也易于通过审查。另一个相关的问题就是知识产权的问题：对于那些为技术生产的材料，谁有经济权和编辑权呢？谁能变更这些材料？随着对学校越来越多的技术入侵，学校管理人员更有可能变得像是企业推销员，而教师就更不可能在课程或是学生该学什么上有任何决定权。教师将失去教育本身所需要的教学自由和教学责任，但有可能仍要对考试结果和学校的失败负责。

教师是问题所在吗？技术倡导者早些时候提议对课堂实行“彻底革命”，通过使用那些新技术将教师“扫地出门”，他们说的新技术包括：(1) 纸质教材；(2) 教育影片和幻灯片；(3) 学校电台；(4) 教室电视；(5) 编程学习；(6) 计算机和在线学习（Tyack and Cuban，2000；Oppenheimer，2003）。托马斯·爱迪生早在1922年就曾预言，“电影注定要使我们的教育体系发生根本变化，过不了几年，即使不是完全取代也将在很大程度上取代教材的使用。”（Lee，2000：48）电影改变了美国人生活的许多方面，也影响了教学，但它们还是没有取代书本、图书馆或是民众的阅读习惯。另外一些“预言家”预言收音机、留声机、录音带、电视、视频课程、编成程序的教材、教学机，以及/或者计算机总会在某个时候取代教师和课堂（Cuban，1986；Light，2001，Oppenheimer，2003）。

这些玩意儿当然有助于学校和老师的工作，但还不可能完全取而代之。有人认为，技术设备能实现多样化的教育，且质量恒定，更高效、更便宜、可控制，总的说来比教师要好。但如果这些特点真能在使用中体现出来，那可能好久之前都和电影、收音机或是电视一道把教师的位置给顶替了。这些创新玩意儿中的大多数都演变成了供人娱乐的东西，对教育有用但对教育不是最重要的。这些曾经神奇的设备现在待在学校的储存柜里，无人使用，要不就是已被扔进了垃圾堆。

奥本海默总结说：

> 这意思很清楚。教育的机会主要在教师的手中，不是技术控制的……这真是一个致命的组合，技术与教育之间的这种联盟，因为它连接的是两个人们特别容易上当受骗的领域……美国人尤其易受理想主义言论的影响。（Oppenheimer，2003：399，402）

当公众认为对技术比对学习更看重的学校就是好学校时，就可能对教育行业和教育政策造成另一种损害，其危害性可能更大。甚至一些教育技术的拥护者也认为，重点不应放在技术上，正如麦肯齐所说：“……使技术、网络和网络接入成为终极目标是错误的，也是缺乏远见的。”（McKenzie，2001：i）这个问题已经得到了证实，因为目前盛行把更多计算机弄进学校，而又没有师资保证、有效的教育计划以及麦肯齐及其他人所提倡的批判性素养（Leistnya，2008）。

技术与学校：数码鸿沟

不加批判地在学校推广计算机技术会引发社会和个人问题。更多的计算机意味着更民主化的技术发展——不少人都怀有这样的臆想。然而数码鸿沟并没有缩小。高收入和低收入人群、城市人和农村人、年轻人和老年人以及有特权和无特权的那些人都被数码鸿沟分隔开来。有时它隐身于企业广告的虚伪言辞之后，这些广告的意思无非声称数码产品是打造优质生活的人人必备品。比尔·盖茨早在1995年就预言，因特网将帮助农村人口留在小型社区中，因为他们在接入网络方面和城里人有着同样的优势，而且盖茨基金会也大力支持小城镇图书馆的计算机配备及接入网络工作。但是最新证据表明，新计算机帮助的是让大批人从农村涌出来，因为人们上网找异地的工作变得更容易（Egan，2002）。

有钱的学校可以添设更多的技术设备和其他一些相关配置，那些购置不起技术设备的学校则进一步被隔离。技术性劳动力之间产生另一鸿沟也有教育的因素。大多由技术创造的就业机会实际上都将是售后维修之类的收入低且乏味的工作，收入高的高科技行业职位将更少，而这些职位将需要受过更高阶教育的人才。难道学校应该负责为那些收入低且乏味的企业工作培训工人？难道学校不应该让所有学生掌握批判性思维技能以挑战此种制度？教育应该通过促进机会平等来设法保证公平性，但数码鸿沟似乎把学校推向了相反的另一边，它使得种族和阶级的差距越来越大——催生了新的贫困阶级和技术文盲，使劳资双方不平等的情况更为加剧。

过分依赖技术的个人代价和社会代价

学校是社会机构，学校不可能无视技术对个人和社会的影响。依赖技术埋下了自恋的种子，其结果是个人与他人的政治、经济、社会乃至个人问题变得毫不相干，而忙于追求自我满足时连社会责任都抛在了脑后。技术将人与人分隔开来，淡化了现实中的人类苦难。

技术威胁着社会和人类尊严，威胁着个人的自由和隐私。秘密监视以及暗中记录个人信息、购物习惯、兴趣爱好、与他人的接触情况，这一切现在都可能实现。技术的力量不仅仅是令人烦恼，它还剥夺了隐私权、非法搜查权等个人基本权利，而且还不必要地提醒你要行使言论自由权和集会结社权。技术可用来盗窃你的个人身份，篡改你的记录，破坏你的信誉，给你带来无穷无尽的痛苦和麻烦。而且，对材料进行屏蔽的审查制度也限制你接触各种思想。无论是商业行为、犯罪行为还是政府行为，技术干涉对个人生活有多重影响，因此对校园生活也产生了多重影响。

技术使个人失去独立性、独创力和智力激发力，除此之外，技术还让社会付出种种代价。当个人主义战胜社会责任感时，我们失去了许多人原本为改良社会而做出的贡献。许多新技术把人们的生活搞得支离破碎，增强了人的孤立感和疏离感。当我们希望加快日常生活节奏时，我们已失去了进行深刻反思或是社会交流所需要的耐心和注意力，我们已经看到家庭解体只为维护社会价值观和态度。社会关系恶化，暴力犯罪、高科技犯罪、技术催生的吸毒以及对社区事务漠不关心等现象日益严重。技术破坏了文化核心，相对技术带来的有限好处，其造成的损失实在是太大了（Postman，1992）。

技术可用来检测环境，帮助清洁环境，但同时也对环境和生态系统造成了严重威胁，包括臭氧耗损、各种污染以及健康危害等。其他一些威胁包括：存在不当克隆的可能性，技术性医学研究的道德约束不够；基因研究管控不严；网上出现的种族主义、性别歧视以及其他一些使人性堕落的内容；激光武器、核武器以及生物武器的发展使得大规模杀伤力变得既简单又可远程进行（Talbott，2008）。其他一些为技术付出的社会代价包括与技术有关的各种健康问题以及在生活质量、时间、精力和金钱上付出的相关代价。对于计算机和其他技术设备的使用者而言，我们现在有肌肉痛和眼疲劳的问题，还有头痛、疲倦、严重的手痛、手臂痛以及显示屏辐射可能引起的其他一些长期性问题。手机引起的一些新的健康问题也正在研究之中。高科技生产部门的工人因为长期接触化学物质和放射性物质而遭遇安全问题，并染上了许多与工作有关的职业病。在许多产业，工人必须穿保护性服装——但是我们不知道那种保护的远期效果。格莱克指出："现代社会带来的一些疾病可被视为技术病：辐射毒害（居里夫人最真实的遗产）、腕管综合征（书写痉挛的'后裔'）……"（Gleick，1999：102）除了上述这些例子之外，还有许多其他为技术付出的个人代价和社会代价；学校提供了思考这些代价的机会，以及对社会技术进行批判性审视的机会。

批判性技术教育的必要性

我们需要批判性技术教育，因为只有在批判性技术教育中，才会对技术以及技术对个人、社会和学校的多重影响提出质疑。在技术教育这一概念的前面加上"批判性"这个词从基本层面改变了这一概念的内涵。批判性技术教育隐含着对技术进行分析的意思，既不掩盖也不忽视技术带来的消极影响。对于过分要求技术改进的那些主张，对于那些认为技术好像只会给我们带来好处而无须耗费任何社会、人力和教育成本的看法，它压根儿都不接受。批判性教育技术就是对学校里的技术运用和价值之类的问题进行全面分析，就是对把技术置于更大的社会语境中进行考量时发现的诸多问题进行全面分析。批判性技术教育希望学生充分考察技术倡导者和反对者提出的主张和证据，并以建立在个人和社会价值观基础之上的标准作为衡量的依据（Leistnya，2008）。

美好的生活远不止是能够读懂操作指南和操控新设备，技术教育也不仅仅是进行使用机器的娱乐或业务培训。教育的内涵是丰富的，而且有智力上的回报，它需要提出问题、分析问题和搜集证据（Dewey，1933）。这些都是在研究用于社会和学校的技术时所需要的批判性思维要素。技术问题，包括社会技术问题和教育技术问题，都适合于在课堂上讨论分析，因为学校的存在就是为了帮助学生理解、应对其所处环境的方方面面，而技术当然已经成了我们生活环境中的一个主要构成要素。

这种立场并非反对所有技术，只是反对不经过批判性分析而过分吹嘘技术。它也反对学校在课程研发和学校政策的制定上让技术取代教师成为主角。过去几十年学校不经思索、一头扎进网络技术的结果令人喜忧参半。教师的去专业化和失控的计算机预算费用是发生在学校里的一些现实案例（Bromley and Apple，1998；McKenzie，2005）。我们对技术着迷，是因为它的神奇，还是受绝妙营销术的影响呢？

学校应该是学生评价这种问题的最佳场所，因为在学校里可以不受企业或意识形态的干预或影响。大众媒体、企业以及那些与技术发展联系密切的人不可能从正反两方面来公平评价这种问题；与市场和意识形态有关的力量限制了媒体和企业宣传对技术的负面看法，因为它们欣赏技术或是在技术上投入了大量资金。技术的社会影响，不管是现在还是将来，都与技术教育中的教导和质疑有关。

优秀教育工作者希望学校拥有能对重要理念进行评判的学生。那样的教师也希望学生通过学习利用并不断提高批判性思维能力。无论是和学生共同研究技术还是利用技术来探索另一话题，负责任的教师早已认识到对重要理念和问题进行批判性思考的重要性。只要技术创新有利于实现这些目的，教师就会乐此不疲地追求技术创新。但是教育工作者也认识到，教育技术也不是万能药，也不是存在于社会的真空之中。除了机器的课堂用途外，还有许多其他问题，这些问题涉及技术在社会上的用途、价值和影响。对教育工作者而言，批判性分析技术革新的社会语境以及技术的教学用途都是重要的话题。

就教育和社会而言，我们应该对技术进行批判性分析。最根本的问题是：对大多数人而言，新技术是提高还是降低了生活质量呢？如果答案是前者，那么我们就有必要问一问是否值得为技术付出那么高的代价。回答这些问题涉及许多与技术、历史、社会价值观以及决策等有关的问题。如果教师自己都还没有对技术的作用和影响等问题进行批判性思考的话，那我们也不能要求学生利用、提高他们的批判性思维能力。

学校里普及计算机技术时的过多承诺以及低成就是个大问题，这个问题超越了资金问题的范围。技术普及后的学习本质和学习质量的问题，教师去专业化和限制知识自由后学校文化的不幸改变，学校企业化以及不断扩大的数码鸿沟等都是这一教育问题的表现。批判性技术教育还要求对技术造成的诸多个人代价和社会代价进行全面研究。

讨论

1. 替换以下这段话中画线部分的词语，然后按照讨论要点进行讨论。比如说，你可以用“无线电”或“缩微胶卷”替换画线词语“黑板”，然后看看替换词语之后，这段话的意思有何变化。

> 利用黑板方面的现有新技术将彻底改变教育。它将替代教师并使学校变得更加高效。有了这一新事物，学生只需从黑板上阅读材料即可成为有学识的人。（Millard P. Smedley，1831）

讨论你所发现的新技术对教育的影响。由于有了这种技术：

a. 学校发生了根本性变化吗？

b. 学校发生了永久性变化吗？

c. 学校发生了重大变化吗？

d. 学校的变化只是昙花一现吗？

e. 学校根本没有发生任何变化？

通过引证教育史、在学校的个人体验，或是书籍、期刊以及网上的最新评论来证明你的观点是有道理的。

2. 思想对话：本章中的争论对过于重视技术的学校课程可能产生的社会影响和教育影响做出了截然不同的预测。从本章或是自己的经历中挑选一些学校利用技术的例子，阐述你对这些预测的看法。这些预测变成现实的可能性有多大？潜在的后果多半是积极的还是消极的呢？你认为将产生积极影响或是消极影响的理由是什么？对于促进积极影响和减少消极影响，你有何建议呢？

3. 有些人认为，技术是中立的——只是一种存在。真正的问题是如何利用技术。从这一观点出发，对如何处理以下问题进行简要说明：

a. 学校应该如何管理技术的应用？

b. 评判技术最大的教育用途的标准是什么？

c. 技术革新者应该有研发技术的自主权吗？

d. 应该对技术广告加以控制以禁止广告中出现误导性或不完整的信息吗？

e. 应该变革有关技术的教育吗？如何做呢？

现在，以技术不是中立的这一观点为基础，对对立观点进行简要说明。秉持“技术不是中立的”这一观点的人认为，每一种技术都有各自的价值取向，从土豆削皮器到氢弹无一例外。比如说，氢弹的发明有着政治目的，新型土豆削皮器涉及对市场、使用者以及如何利用时间等的价值假设。对比上述两种说法，看看你能否推导出一个具有可行性的合题。

4. 你觉得存在数码鸿沟吗？你能找到什么证据来证明你的论点？你对数码鸿沟如何界定呢？

如果你发现数码鸿沟确实存在：

a. 它有什么特点——诸如社会阶层、种族、性别、年龄鉴别性要素？

b. 你建议采取什么措施来填补数码鸿沟呢？

如果你没有发现数码鸿沟：

c. 你采取什么标准、利用什么资源来搜集证据呢？

d. 你建议采取什么措施来防止数码鸿沟的产生呢？

5. 如果地方一所学校提出下列计划，你会怎么看待呢？

a. 利用网络教育技术，让学生全年不用到学校来，也不用上任何课；

b. 提供能把即时信息植入大脑的“植入片”；

c. 网络游戏分数可“兑换”成学分；

d. 学生必须有一项重大技术创新才能毕业。

根据你对未来 30～50 年技术教育发展情况的看法，提出你对未来学校的设想，包括学校的具体特色和课程设置。

6. 你如何界定技术素养？采访几个朋友，看看他们是如何界定技术素养的。根据下列标准来比较你们的定义：

a. 被采访者的年龄和性别；

b. 被采访者技术技能的相对熟练度；

c. 被采访者其他的显著差异。

根据对观点的比较，对于学校应该采用哪种定义作为培养学生技术素养的标准，你会得出什么样的假设性结论？

参考文献

ALLIANCE FOR CHILDHOOD. (2004). *Tech Tonic: Toward a New Literacy of Technology*. College Park, MD: Author. www.allianceforchildhood.org.

ANGELI, C. (2008). "Distributed Cognition," *Journal of Research on Technology in Education*. 40(3), 271–297 Spring.

ANGRIST, J., AND LAVY, V. (2002). "New Evidence on Classroom Computers and Pupil Learning." *The Economic Journal* 112:1–31.

APPLE, M. (1991). "The New Technology." *Computers in the Schools* 8:59–79.

APPLE CLASSROOMS OF TOMORROW STUDY. (2000). www.apple.com/education/k-12Leadership/ACOT.html2000.

ARMSTRONG, S. (2008). "Virtual Learning 2.0." *Technology and Learning*. www.techlearning.com Nov.

BORJA, R.R. (2005). "Cyber Schools' Status," *EdWeek*. May 5. www.edweek.org.

BRANSFORD, J. D., BROWN, A. L., AND COCKLING, R. R. (2000). *How People Learn*. Washington, DC: National Academy Press.

BRAUN, L. W. (2007) *Teens, Technology, and Literacy*. Westport, CT: Libraries Unlimited.

BROMLEY, H. (2002). "Science, Technology, and Politics". *Technology in Society* 24(1–2):9–26.

BROMLEY, H., AND APPLE, M., eds. (1998). *Education/Technology/Power: Computing as a Social Practice*. Albany, NY: SUNY Press.

BROWN, J. S. AND ADLER, R. D. (2008). "Minds on Fire," *Educause*. 43(1): 16–32.

BUCK, J. A., ET AL. (2000). "Communicating Science." *Science Communications* 22(1):73–87.

CALLAHAN, R. (1962). *Education and the Cult of Efficiency*. Chicago: University of Chicago Press.

CEO FORUM ON EDUCATION AND TECHNOLOGY. (2002). Five Year Project. www.ceoforum.org.

CEO FORUM POLICY PAPER. (2001). "Education Technology Must Be Included in Comprehensive Education Legislation." March. www.ceoforum.org.

CHAIKA, G. (1999). "Technology in the School: It *Does* Make a Difference." *Education World*. www.education-world.com.

CORDES, C., AND MILLER, E. (2000). *Fool's Gold: A Critical Look at Computers in Childhood*. College Park, MD: Alliance for Childhood.

CUBAN, L. (1986). *Teachers and Machines*. New York: Teachers College Press.

———. (2001). *Oversold and Underused: Computers in the Classroom*. Cambridge, MA: Harvard University Press.

DEWEY, J. (1933). *How We Think*. Lexington, MA: D.C. Heath.

EGAN, T., "Bill Gates Views What He's Sown in Libraries," *New York Times*, Nov. 6, 2002. www.nytimes.com.

"EQUITY GAP IN TECHNOLOGY ACCESS." (2002). April. Northwest Educational Technology Consortium website: www.netc.org.

EDUTOPIA. (2008). "Why Integrate Technology into the Curriculum?" www.edutopia.org. March 16.

"50 TRENDS SHAPING THE WORLD." (1991). *The Futurist* 25(1):13–18.

FIRST. (2006). "9,600 Students Converge on Georgia Dome." Press Release. April 5. www.usfirst.org.

FOX, N. (2004). *Against the Machine*. Washington, DC: Island Press.

FRIEDMAN, T., "Americans Are Falling Further Behind," *New York Times*, May 13, 2005.

GIROUX, H. A. (2001). *Stealing Innocence: Corporate Culture's War on Children*. New York: St. Martin's Press.

GLEICK, J. (1999). *Faster: The Acceleration of Just About Everything*. New York: Pantheon.

HEALY, J. M. (1998). *Failure to Connect: How Computers Affect Our Children's Minds—For Better and Worse*. New York: Simon and Schuster.

HUNTER, J. O. (1992). "Technological Literacy." *Educational Technology* 32:26–29.

INTERNATIONAL SOCIETY FOR TECHNOLGY IN EDUCATION. (2008a). *National Educational Technology Standards for Teachers.* 2d ed., www.iste.org.

______. (2008b). *Transforming Classroom Practice.* www.iste.org.

JACOBY, S. (2008). "The Dumbing of America." *Washington Post.* Feb 17, p. B01.

JOHNSON, J., AND BARKER, L. T. (2002). *Assessing the Impact of Technology in Teaching and Learning.* Ann Arbor: Institute for Social Research, University of Michigan. www.dlrn.org/star/sourcebook.html.

JOHNSON, M. AND LIBER, O. (2008). "The Personal Learning Environment and the Human Condition." *Interactive Learning Environments.* 16(1) 3–15. April.

KIRSNER, S., "High Schools Vie to Build a Robotic Champ." *New York Times,* April 18, 2002.

LANDRY, J. (2002). "Is Our Children Learning?" *Red Herring* 116:37–41.

LEE, L. (2000). *Bad Predictions.* Rochester, MI: Elsewhere Press.

LEISTNYA. P. (2008). Introduction: Teaching About and With Alternative Media. *Radical Teacher.* #81. www.radicalteacher.org.

LEMKE, C. (2005). "Measuring Progress with Technology in Schools." Special Report. T.H.E. Journal. April. www.thejournal.com.

LIGHT, J. (2001). "Rethinking the Digital Divide." *Harvard Educational Review* 71(4):709–733.

LIVINGSTON, P. (2008). "E-Learning Gets Real." *Technology Learning.* www.techlearning.com. May 22.

MACDONALD, G. J. (2004). "Contrarian Finding: Computers Are a Drag on Learning," *Christian Science Monitor.* Dec 6.

MCCAIN, T. (2000). *Windows on the Future: Education in the Age of Technology.* New York: Corwin Press.

MCKENZIE, J. (1999). *How Teachers Learn Technology Best.* Bellingham, WA: FNO Press.

———. (2000). *Beyond Technology.* Bellingham, WA: FNO Press.

———. (2001). *Planning Good Change with Technology and Literacy.* Bellingham, WA: FNO Press.

———. (2005). "Singular Displeasure: Technology, Literacy, and Semantic Power Plays." *From Now On.* 14(3): www.fno.org.

———. (2007). "Digital Nativism, Digital Delusions and Digital Depravation." *From Now On.* 17 (2). Nov www.fno.com.

________. (2008). "What Digital Age?" *From Now On.* 17 (5). May. www.fno.com

MEADE, S. D., AND DUGGER, W. E. (2004). "Reporting on the Status of Technology Education in the U.S." *The Technology Teacher.* October.

MONKE, L. (2001). *Breaking Down Digital Walls: Learning to Teach in a Post-Modern World.* Albany: SUNY Press.

NATIONAL EDUCATIONAL TECHNOLOGY STANDARDS. (2002). www.cnets.iste.org. October/December.

NEW MEDIA CONSORTIUM. (2005). The 2005 Horizon Report. http://nmc.org.

NEW MEDIA CONSORTIUM (2008). *The Horizon Project:* Call to Scholarship. www.nmc.org.

OBLINGER, D. G., AND OBLINGER, J. L. (2005). *Educating the Net Generation.* Educause e-book. www.educause.edu.

OHMAN, R. (2002). "Computers and Technology." *Radical Teacher* 63:206.

O'NEIL, H., AND PEREZ, R., eds. (2003). *Technology Applications in Education.* Mahwah, NJ: Lawrence Erlbaum.

OPPENHEIMER, T. (2003). *The Flickering Mind: The False Promise of Technology in the Classroom and How Learning Can Be Saved.* New York: Random House.

PEARSON, G., AND YOUNG, A. (2002). *Technically Speaking: Why All Americans Need to Know More About Technology.* National Academy of Engineering. Washington, DC: National Academy Press.

PAPERT, S. (1993). *The Children's Machine: Rethinking School in the Age of the Computer.* New York: Basic Books.

———. (2002). "Technology in Schools: To Support the System or Render it Obsolete." Milken Exchange. Milken Family Foundation. www.mff.org/edtech.

PELGRUM, W. J. (2001). "Obstacles to the Integration of ICT in Education." *Computers in Education* 37(2):163–178.

PEW RESEARCH CENTER. (2002). Study of Student Use of Internet. www.pewinternet.org.

PFLAUM, W. D. (2004). *The Technology Fix.* Washington, DC: ASCD.

POSTMAN, N. (1992). *Technopoly: The Surrender of Culture to Technology.* New York: Knopf.

PRENSKY, M. (2006). *Don't Bother Me Mom—I'm Learning.* St. Paul, MN: Paragon

———. (2008). "The True Twenty-first Century Literacy is Programming." *Edutopia.* Feb.

PRENSKY, M. (2008). "Young Minds, Fast Times." *Edutopia Magazine.* www.edutopia.org June.

RAINIE, L. (2006). Life Online. Unpublished paper, presented to the Public Libraries Association. Boston. March 23.

REEVES, T. C. (1998). *The Impact of Media and Technology in Schools.* A Research Report for the Bertelsmann Foundation. Feb. 12. www.athenscademy.org.

RINGSTAFF, C., AND KELLY, L. (2002). "The Learning Return on Our Educational Technology Investment: A Review of Findings from Research." #IR021079. www.ERICIT.org.

RINGSTAFF, C., AND YOCAM, K. (1996). "Integrating Technology into Classroom Instruction." ACOT Report #22. www.apple.com/education/html.

ROMANO, M. T. (2003). *Empowering Teachers with Technology.* Lanham, MD: Scarecrow Press.

ROSE, L., GALLUP, A. M., ET AL. (2004). A Report on the Second Survey Conducted by the Gallup Organization for the International Technological Education Association. www.itea.org.

ROSENBLOOM, S. (2008). "Sorry Boys, This is our Domain." New York Times online. www.nytimes.com. February 21.

ROTHERHAM, A. J., (2006). "Virtual Schools, Real Innovation," *New York Times,* April 7, www.nytimes.com.

———. (2008). "Virtual Schools, Real Innovation," *New York Times* online. www.nytimes.com April 7.

SALPETER, J. (2008). "Make Students Info Literate." *Technology and Learning.* www.techlearning.com. May 22.

SANDHOLTZ, J. H., RINGSTAFF, C., AND DWYER, D. (1997). *Teaching with Technology.* New York: Teachers College Press.

SIEGEL, L. (2008). *Against the Machine: Being Human in the Age of the Electronic Mob.* New York: Spiegel and Grau.

SMITH, G. AND THRONE, S. (2007). *Differentiating Instruction With Technology in* K–12 *Classrooms.* www.iste.org.

SOFIA, Z. (2002). "The Mythic Machine," in *Education/Technology/Power,* ed. Bromley and Apple. Albany: SUNY Press.

SPIRO, R. J. (2006). "The New Gutenberg Revolution." *Educational Technology.* Jan./Feb.: 3–5.

STOLL, C. (1999). *High Tech Heretic: Why Computers Don't Belong in the Classroom.* New York: Doubleday.

TALBOTT, S. (2008). *Beyond Biotechnology: The Barren Promise of Genetic Engineering.* Lexington, KY: University of Kentucky Press.

TENNER, E. (1997). *Why Things Bite Back: Technology and the Revenge of Unintended Consequences.* New York: Vintage.

_______. (2003). *Our Own Devices* New York: Knopf.

Toward a New Golden Age in American Education. (2005). National Education Technology Plan. Washington, DC: U.S. Department of Education.

TUTTY, J. I. AND KLEIN, J. D. (2008). "Computer-Mediated Instruction." *Educational Technology Research and Development.* 56(2) 101–24. April.

TYACK, D., AND CUBAN, L. (2000). "Teaching by Machine," in *Jossey-Bass Reader on Technology and Learning.* San Francisco, CA: Jossey-Bass.

U.S. DEPARTMENT OF EDUCATION. (2004). National Education Technology Plan. Washing-

ton, DC. January 7. www.ed.gov.
U.S. DEPARTMENT OF EDUCATION. (2005). National Education Technology Plan. Washington, DC. www.ed.gov.
U.S. DEPARTMENT OF EDUCATION. (2007). *Connecting Students to Advanced Courses Online.* Washington, DC. www.ed.gov. Dec.
WARLICK, D. (2002). "New Century Schoolhouse." www.landmark-project.com.
WENGLINSKY, H. (1998). *Does It Compute?* Princeton, NJ: Educational Testing Service.
WERRY, C. (2002). "The Rhetoric of Commercial Online Education." *Radical Teacher* 63. Spring.
WILLIAMS, T. I. (1982). *A Short History of Twentieth-Century Technology.* Oxford: Oxford University Press.
WINDSCHITL, M., AND SAHL, K. (2002). "Tracing Teachers' Use of Technology in a Laptop Computer School." *American Educational Research Journal* 39(1):165–205.
WINOGRAD, K. (2002). "ABCs of the Virtual High School." The Technology Source. http://ts.mivu.org.
WISE, T. (2005). Personal Correspondence. June 13.

第14章

标准化考试：限制还是推广？

应该增加还是减少学校标准化考试？

观点 1：支持限制标准化考试

美国公立学校的标准化考试每年多达上亿次，其中包括智商测试、成绩测试、筛查测试和入学准备测试。用在考试上的时间和金钱大都是白白浪费，因为多项选择题无法衡量学生的思维能力、创造能力和解决实际问题的能力，也无法衡量我们希望自己孩子能拥有的社交能力。而且，许多考试在种族、文化、语言、阶级和性别上都有倾向性。

——FairTest，2007a

恼人的考试

在一次对标准化考试诙谐幽默的攻击中，班纳什·霍夫曼讲述了《伦敦时报》上登载的一次辩论。在一封读者来信中，一位读者从他儿子参加的一系列考试中选取了一道多项选择题请编辑帮忙解答。乍一看，这个问题似乎很容易，对参加过考试的人来说没什么奇怪的。这道题目是："在板球、足球、台球和曲棍球运动中，哪一项属于另类?"（Hoffmann，1962）。

写信人认为答案一定是台球，因为这四项运动中只有台球是室内运动。他承认对自己的答案不太有把握，还说他的朋友们对这道题的答案也没有统一意见。他的邻居认为，正确答案应该是板球，因为其他三项运动都是要把球打入网内。这位写信人的儿子选的答案是曲棍球，因为在美国只有它才是"女子运动"。写信人请《伦敦时报》的读者们帮忙。随后的信件和争论只是成功地搅浑了水，因为支持某选项的逻辑推理与支持另一选项的逻辑推理同样不能令人信服。比如说，可以把台球视为另类，因为这四项运动中只有台球通常不是团体运动，也只有在台球运动中，球的颜色很重要，它是唯一一项不止玩一个球的球类运动，它是唯一一项不在草地上而是在绿色台球布上进行的运动。遗憾的是，同样令人信服的辩词也可以说来支持其他选项。

霍夫曼对这道题目的内在倾向性大为不满。他认为这种考试考的是推理能力，而非运动知识，但他又认为考生可能因为不懂体育而处于不利地位，比如说，并非所有擅长推理的学生都知道怎么打板球。而懂体育的考生也可能处于不利地位，他们可能选择曲棍球作为另类，因为它是名字相同的两种不同运动——在英格兰和其他一些国家，曲棍球比赛通常是在草地上进行，球员们也不拿薪酬；而在其他地方，曲棍球比赛是在冰上进行，且球员通常都是职业运动员。

这道测试题中的术语也可能使学生出错，从而无法测量学生的推理能力，比如说，许多来自工人阶级家庭的学生可能对板球或台球都不熟悉。这种试题偏向于中产阶级和中上层阶级的语言和文化，所以，分数高低反映的只是社会地位的不同，却无法衡量学生的成绩或能力（Neil and Medina，1989）。题目问参加测试的人“哪一项属于另类”，这样的措辞也可能对美国人不利——在美国，类似的题目会写成：“以下哪项不属于同一类呢？”

这种问题很愚蠢。没有一眼就可分辨出的“正确”答案，而且考生做题的思维过程也没有机会展现。正如霍夫曼所说：“若只让考生选出答案，不让他们给出选择的理由，这样的考试又有何意义呢？”（Hoffmann，1962：20）多项选择题是一种非正常的解决问题的方式，与解决实际问题的方式不一致。生活中进退两难的困境不是用四个选项（其中一个必定正确）就可以描述清楚的。现实世界中善于解决问题的人不是被关在房子里，不能看书、看计算机，也不能与他人接触的那些人；也不会有人要求那些善于解决问题的人去回答那些有时间限制但又没有任何实际意义的多项选择题。

如果多项选择题就像那道让《伦敦时报》的读者们感到恼火的选择题一样，只不过是一项纯属娱乐性质的猜谜游戏或是“打破砂锅问到底的游戏”，那么也没有人会反对。然而，标准化考试有重大的影响，对于公立学校的学生而言，在标准化考试上下的赌注尤其高。阅读小组的编排方式，能否参与公立中学的“大学通道项目”（college-track programs），能否进入竞争激烈的名牌大学，能否获得奖学金，能否进入医学院和法学院以及能否获得许可从事某一职业或行业等，都是由标准化考试成绩决定的。

如果考试就是回答问题，那么问题是什么呢？

在 20 世纪初，对“天赋”的界定以及试图通过标准化考试对“天赋”进行“科学的”测量，引发了智力测试运动史上最有争议的问题之一（Gould，1981）。英国的弗朗西斯·高尔顿爵士（Sir Francis Galton）和法国的阿尔弗雷德·比奈（Alfred Binet）试图通过标准化考试来测试智力（Cremin，1961）。比奈按照法国政府的要求设计出了智力测试题，以便对那些“智力低下”、无法在常规课堂上正常学习的儿童进行鉴定。路易斯·特曼（Louis Terman）把比奈的智力测试题翻译成英语，以方便对美国学生进行智力测量，并且他和他的同事还对这些智力测试题进行了调整，使之与他们对智力分布的判断保持一致。例如，特曼认为男人比女人更聪明，乡下人没有城里人聪明。因此，当女孩得分比男孩高时，特曼就会把女孩得分特别高的那些测试项淘汰掉，而对城市孩子得分高于农村孩子的那些测试项，则不做任何改动（Garcia and Pearson，1994）。特曼认为智力测试使学校运作更加高效。他声称，智力测试可用来对孩子进行分类，让他们学习不同的课程，以便为命中注定的生活做好准备：

> 初步调查表明，智商低于 70 的人只能成为不熟练工人，智商在 70～80 的人特别适合成为半熟练工人，而智商在 80～100 的人能够成为熟练工人或是普通职员，智商在 100～110/115 的人可以从事半专业性工作，那些智商更高的人才有资格从事专业性工作或进入大型商业领域。（Terman，1922，in Wolf et al.，1991）

第一次世界大战期间效力于美国政府的心理学家提议在征兵时进行首次大规模标准化智力测试。军队感兴趣的是对所有新兵进行甄别与分类，重点关注两类人：具有特殊能力的人和不适合服兵役的人。比奈和特曼使用的个体智商测试量表并不太适合于大规模测试，于是在美国心理学家的指导下，军队编制出了世界上第一套团体测试方案（Gumbert and Spring，1974：87－112）。军队测试有两种：陆军甲种测验是书面的客观测试，陆军乙种测验是图片测试，主要适用于文盲新兵和母语为非英语的士兵。

军队利用测试结果来应对关于士兵的安置问题：谁最适合安置于什么地方？哪些人应该因为智力低下而勒令退役？军队如何才能让新兵的不同天赋和才能得到充分发挥？测试成绩对于确定哪些人应该当步兵以及哪些人应该去部队语言学校都有一定的帮助。

> 我们不清楚军队在何种程度上会依照这种测试结果而行事，但从军队测验结果得出的一些结论却令人不安。美国白人士兵的人均智力年龄为 13（仅仅高于弱智者）。测试结果表明，美国移民甚至更弱智（俄罗斯人的人均智力年龄为 11.34，意大利人的人均智力年龄为 11.01，波兰人的人均智力年龄为 10.74），黑人的人均智力年龄最低，只有 10.41。这些测试结果引发了未来数年对移民入境限额、种族隔离、优生学以及种族通婚等问题的争论。（Hanson，1993：212）

战后，高等院校发现，对军队团体测验的措辞稍加修改即能在学校使用。原先对士兵的指令是：

> 注意！本次考试的目的是检测你的记忆力、思维力以及在部队执行命令的能力……在部队上，军人就得服从命令听从指挥。现在看你们能否圆满执行这些命令……

在学校，这些指令改成了：

> 要做一个好学生，其中一点就是要具备听从指挥的能力……当我说“注意”的时候，你们必须马上停下手头正在做的事情，把铅笔举起来。我说“放下”，你们才能把铅笔放在纸上。……仔细听我所说的话，要你做什么你就做什么。一做完，就把铅笔举起来。记住，等“放下”的指令发出，才能放下铅笔。（Gumbert and Spring，1974：94）

多年以来，学校就是根据智商测试成绩对学生实行分班教育。学校把智商视为接受学校教育所必备的“原材料”，智商测试成绩不高的学生接受的教育也要少一些。依靠智商测试来实施教育就是为了使教育更客观、更有效，但由此产生的非预期结果则限制了学生的教育机会（Darling-Hammond，1994）。如果学生在智商测试上属于最低一级，那么他们接受的就是旨在把他们培养成顺从听话的非熟练工人的教育。只有智商最高的学生才有机会学习最复杂的技能。智力被视为生物学特征，就像身高或眼睛颜色一样，智力是与生俱来、可以测量且不易改变的东西。智商测试使学校能够因材施教：不同天赋的学生学习不同的课程，便于今后能找到适合自己的社会位置（Callahan，1962；Wolf et al.，1991）。大多数学生都因为这些测试而被挡在了接受最好教育的大门之外。而最好的教育和最灿烂的前途多半都留给了那些在高风险的标准化考试中脱颖而出的学生——标准化考试又总是不利于大多数少数族裔学生。

在美国，非裔美国人在大多数标准化考试、智商测试以及类似的成绩测试中都比欧裔美国人的成绩要低 75%（Jencks and Phillips，1998：1）。欧裔、墨西哥裔和印第安人在标准化考试成绩上也存在明显差距。一些研究者声称试题本身是有倾向性的，他们认为：“考试反映的是中高层白人阶级的语言、文化或学习风格。因此，这些考试的分数既可以衡量成绩、能力或技能，也可以衡量种族或族群以及收入。”（Neill and Medina，1989：691）而且，对于我们所说的“智力”，心理学家在看法上并不一致——智力是固定不变还是可以改变，是可测量还是仅仅可描述，是单一智力还是多重智力呢？比如说，加德纳认为，儿童有多重智力，但学校往往只关注其中的两种智力，忽略了孩子表现在其他方面的智力（Gardner，1983，1999）。到目前为之，没有任何一种解释可以完全讲清楚为什么白人和黑人学生在标准化考试成绩上存在那么大的差距，至少研究者的学科方向有多少，就能给出多少种解释（Lee，2002）。教育工作者只知道有一点是确凿无疑的：如果学生的标准化考试成绩不理想的话，那么无论他们的学业表现有多优秀，也会处于不利地位。标准化考试的利害关系越大对学生越不利。考试的负面影响可能对经济弱势群体的打击最大。考试成绩不理想的后遗症是耻辱的痛苦回忆和对学习的不胜任感，它的影响也不是一朝一夕能消除的（Hanson，1993）。

贫困生和少数族裔学生的教师们报告说，相比教育那些来自中高层收入家庭学生的教师而言，他们花在应试教育上的时间更多，教学上也更依赖于标准化考试的各种资料（Garcia and Pearson，1994）。贫困生和少数族裔学生得花更多的时间做练习册上的练习和教师布置的额外作业，来自中产阶级家庭的学生在上课时可以讨论课外了解的东西、阅读书籍、写作文或是解答数学、科学以及其他学科的问题，而前者则不太可能有这些机会（Darling-Hammond，1994）。来自贫困家庭的学生和少数族裔学生因为标准化考试成绩差，所以接受的就是实质内容更少的教育。正如马道斯所说：“显然，广泛推行政策性智商测试所带来的非预期负面影响特别不利于少数群体。尽管比奈的初衷是确认哪些孩子需要得到教育帮助，但美国的智商测试却使得非裔和拉丁裔被扫入了专为‘尚可教育的弱智儿’设置而且没多大出路的班级。”（Madaus，1994：86）

误导性考试成绩

即便到了最近几年，尽管对标准化考试试题的效度提出了质疑（Crouse and Trusheim，1988；Hoffmann，1962；Nairn and Associates，1980；Owen，1985），但考生在考完试后，还是看不到所谓的“正确”答案。新泽西州普林斯顿教育考试服务中心（ETS）[1]和其他一些研制考试的机构仅公布了几道样题，声称全部“泄题”会使考试受到损害，而且还声称此举是为了确保考试的信度[2]，许多试题必须年年重复，因此，答案也就不能交由公众审查。教育考试服务中心承认，每年研制等效的新试题也不是不可能，但那将是个“昂贵的”研制过程，最终“买单”的还是考生。

正是因为认识到了标准化考试“主宰”每个考生的个人生活，而考生又无法接受教育考试服务中心给出的种种解释，所以，纽约州和加利福尼亚州通过了允许考生考后看答案的法律。这些“考试真实性保障法”（truth-in-testing laws）其实也就揭示了试题本身的模糊性——在某些情况下，不止一个正确答案。教育考试服务中心和其他一些考试机构把这个问题提交法庭处理，1990年，纽约联邦区法院的法官宣布有关“泄题法”的规定无效，理由是它违背了版权法。“考试真实性保障法”不仅使人们对考试能否测试其自称可测试的内容产生了怀疑，而且还把考试效度[3]的问题交由公众审查。

公众的怀疑是完全有道理的。有些人故意用标准化考试成绩来误导公众。就拿西弗吉尼亚州一名内科医生所发现的“神奇均分”来说，当地报纸报道，西弗吉尼亚州的学生在标准化考试中取得的成绩高于全国平均水平。这则消息让他颇感兴趣，因为西弗吉尼亚州是美国文盲率最高的州之一。通过进一步调查，他发现，参加标准化考试的州之中没有任何一个州的考试均分低于全国平均分，原因是这些考试只把学生的成绩与那些过时的、要求极低的国家标准相对比。因此，即使是最差的考生，其考试成绩也会高于平均分数，而且，这样的考试成绩使得购买使用这些试题的学校自然也显得超出了全国平均水平。正如一个考试评论家所说：“标准化、国家级学业成绩测试呈现给孩子、家长、学校系统、立法机关和新闻机构的都是些言过其实、有误导性质的学业水平报告单。”（Cannell，1987：3）

实际上，到20世纪90年代末，再也难以找到比国家级标准化考试全国平均分还低的学区或州。这些数据也反映了所谓的“乌比冈湖效应”（Lake Wobegon Effect），这一说法源自美国电视节目主持人兼作家加里森·基勒（Garrison Keillor）所虚构的一个草原小镇“乌比冈湖”，主持人每周在其主持的广播小说节目中都要报道他的家乡“乌比冈湖”一周以来又发生了哪些趣事。乌比冈湖位于明尼苏达州，镇上的“女人都很强，男人都很帅，所有小孩的智力都在平均水平之上”（Fiske，1988；Mehrens and Kaminski，1989；Phillips，1990）。这种考试设计方式很普遍，所以教育工作者们在根据标准化考试数据推断教育质量时要谨慎（Linn，1993；Judson，1996）。在最近50年，一些心理测量师和公司声称，市场测试的结果能让公众确信只需简短回答的考试是客观、科学的测试手段，值得公众的信任，但实际上这些考试意义含糊不清、模棱两可、不准确且很片面。事实上，考试试题既不科学也不客观，每一道试题从编制、测评、编辑到诠释权都掌握在那些极其主观的人的手中（Owen，1985）。

偏见与不相关性

标准化考试一直是大学录取流程中的一部分。能否进入名牌大学取决于考生的成绩和品德而不是财富或其他因素，这一录取承诺现在受到了广泛攻击。大家现在熟悉的 SAT 考试始于 20 世纪 40 年代末，SAT 起初的意思是“学术能力倾向测试”（aptitude test），它实际上是一种智力测试，其目的是依据学生的天资把他们编入不同学校，后来，它又改成了“学术能力评估测试”（assessment test）。现在的 SAT 不再被视为首字母缩拼词，而是考试本身的名称，可不要弄错了，原先的 SAT 是由美国教育考试服务中心设计的，是纯粹的智力测试，现在的 SAT 考试也仍然由教育考试服务中心负责（Lemann，2004）。

标准化考试计划本身就体现了对女性、少数群体、贫困者以及英语语言学习者的歧视，同时又无法兑现其科学测量、科学预测的诺言。尽管从学生的班级排名和高中成绩就可更好地预测他进入大学后的成绩如何，但考试的鼓吹者认为，一次考试的分数就可以非常有效地预测 1 年级大学生的成绩水平。因此，SAT 成绩和 ACT 成绩常常是考生能否被大学录取、能否获得奖学金的重要参考指标。据考试服务公司声称，标准化成绩越高的学生在大学第一学年的学分也会更高。实际上，SAT 和 ACT 成绩也只能估量一个学生在大学 1 年级可能取得多好的成绩，而且这种预测的准确率只有 50%（Chenoweth，1997；FairTest，2007b）。

对于女生来说，根据 SAT 成绩来预测其大学 1 年级的学业成绩是不准确的，她们的实际成绩要高于预期。在一项研究中，男女生考试均分之间的差距是 61 分。女生在数学这一部分的考试中比男生低 50 分，在语言部分的考试中低 11 分。如果通过 SAT 成绩就能准确预言平均绩点的话，那么，男生的平均绩点在大一也应该高于女生。但实际情况并非如此。尽管女生的 SAT 成绩低于男生，但她们上大学后的平均绩点却高于男生（Rosser，1987；Perez，2004）。SAT 成绩并未预测到它本应预测到的情况：大学里的成功。学生的 SAT 成绩也并不像教育考试服务中心所说的那样有意义。罗瑟认为，因为 SAT 考试中的性别偏见，所以，女性在得到经济资助、升入大学、受邀参加为天赋学生专设的项目等方面的机会也要少一些。就因为本身“站不住脚”的考试，女生毕业工作后的薪水也要少一些，而且可能也得不到任职领导岗位的机会。1989 年，联邦区法庭裁定，纽约州依据 SAT 成绩来决定是否给学生提供奖学金是歧视女性的表现。在此之前，女生仅仅获得 43%的奖学金；在此之后，女生获得奖学金的比例提升到 51%，其原因就是这一裁定要求纽约州在为学生提供奖学金时，不仅要参考学生的标准化考试成绩，也要参考其高中成绩（Arenson，1996）。

歧视问题因为五花八门的考试辅导而显得更加严重，而且其中一些考前培训班收费高达上千美元。遗憾的是，大学录取工作人员根本就无法区分考生是否参加过考前辅导班，他们无从得知考生的考试成绩是自己努力的结果还是一家或多家专业辅导机构的功劳。专业辅导可能使一名学生的 SAT 成绩提高 150 点甚至更多（Fair-Test，2007a），对于那些有钱上辅导班的学生，这显然是个优势，但获得这种优势对他人而言显然也是不公平的。

考试、课程和学习

尽管还存在各种问题，但标准化考试对学校的影响从未减弱过。每一名教师都知道考试是课程的驱动力——考什么就教什么。没有哪名教师希望自己的学生在标准化考试中取得不理想的成绩，也没有任何学校官员希望自己的学校在州或学区的排名中垫底。教育行业的每一个人都知道，报纸上报导全州考试成绩的方式如同报导篮球比赛排名一样。“我们是第一名”或是“乡村学校在全州排名最低”之类的新闻占据地方性报纸的头版头条并不是什么稀奇事。为了摆脱这样令人反感的比较，学校当然也就围绕着考试这根指挥棒来转了。渐渐地，不考试的内容也就不在课堂上教了。如果只考数学和语言艺术，那么学校就可能不再重视或者取消其他课程，如美术、音乐、科学和社会学等。学校教师和管理者不仅成了考试机构所做承诺的牺牲品，也成了公众对考试形成错位信任的牺牲品。实际上，找不出什么令人信服的理由能让学生参加大规模的多项选择题考试。

全国性考试已造成了全国性困扰。在20世纪90年代，乔治·布什总统就鼓励教育共同体研制五大核心课程领域的“新世界标准”。克林顿总统在1997年的国情咨文演说中，督促各州采纳更高的标准，实施考试计划以保证达到各项标准。乔治·沃克·布什总统任职期间的NCLB法案，要求每个州在数学和语言艺术这两门学科上为所有学生制定达标标准。为了测评学生在何种程度上取得了达标所需的“充足年度进步”，各州均需对学生进行学业水平评估，对象是3～8年级的学生和高中生。这一法规的颁布，让考试策划者也得到了可乘之机，他们急不可耐、不顾一切、匆匆忙忙地将标准化考试方案推向市场。许多人认为，除了考试方之外几乎没有人从中受益。国家公平公开考试中心认为，实施法定的标准化考试会毁了地方课程和那些有个人特色的教学，其结果不是帮助所有学生得到优质教育，而是将学生简单划分为成功者和失败者（FairTest，2008a）。最近的盖洛普民意调查显示，公众对美国日益依赖标准化考试感到很失望，当被问及应试教育的价值时，79%的人说应试教育糟透了（Rose and Gallup，2007：37）。

要想克服标准化考试的不足而又保留问责制，倒有一个有效的办法。在每个社区，教师、家长和管理人员应该根据学生的兴趣、体验、目标和需求来选择恰当的教学内容。教师应该根据自己熟悉的教学技巧来讲解那些内容，用各种测评工具对学生的学业水平进行评估，同时还应该鼓励学生通过书面练习、口头表达和撰写小论文的方式来展示自己的思维能力，还要给予学生充分陈述理由的机会。对学生学业水平的评估需要教育工作者研发出更宽泛、更丰富的评量标准（Ardovino，Hollingsworth，and Ybarra，2000；Janesick，2001；FairTest，2008b）。联邦法律与州法律不应试图把学生的学业成绩简化成仅用数字表示的考试分数。多项选择题考试证明不了一个学生学业成功的历程。许多学生仅仅是考得不好而已，我们应该让所有学生都能通过多种方式来证明自己所学到的知识和技能。评估计划的目的应该是促进学生的学习，而不是把一个学生和另一个学生相比照，更不是按照一些武断的标准来评价一个学生的学业进步情况。

评估计划应该以个体学生为重，以学生所展现出来的实际学习水平为重。一个学生的学业成绩记录不应该仅仅是一系列的分数，而应该是一个内容丰富的成长记录袋，记录袋里应该有学生的试卷、论文、录像资料、诗作、照片、绘画作品以及回答问题的录音等。当家长想了解自己的孩子在学校表现如何的时候，他们应该和教师一起来看看孩子的成长记录袋，或是至少能够得到教师给孩子写的书面评语。良好的评估需要学校利用多种形式的证据，证据既要有质也要有量，也就是说，既要有数字化的证据，也要有个人的评价。任何重要的教育决策都不应该以标准化考试成绩之类的片面信息为基础，而且，多次标准化考试的成绩也不等同于多种形式的证据（FairTest，2008b）。对于那些把常模参照性考试的成绩与孩子在课堂上的进步混为一谈的做法，家长应该持怀疑态度。家长倒不必担心那些对标准化考试不存依赖心理的教师，他们更应该担心的是那些相信标准化考试能衡量孩子大脑运作方式的教师（Kohn，2000）。考试成绩绝不是做出教育决策的唯一依据。仅仅考试也不可能让学生、家长、大学录取工作人员或是任何其他人充分了解个人的成绩和能力。标准化考试威胁着教育的发展，所以应该对标准化考试的用途加以限制。

观点 2：支持推广标准化考试

> 中小学教育改革在公众心目中仍然占据着重要地位……大多数基础教育改革都依赖于考试——通过考试来证明学校课程难度的不断增加，通过考试来决定学生能否升级、毕业，通过考试来判断学校和教师的工作是否有效，通过考试对各学区、各州以及各民族进行比较。
>
> ——P. E. Barton，quoted in Benett，1998/2008：iii

美国人对公立教育本身是支持的，但对于当前学校教育质量又不满意。只有11%的美国人认为他们的学校很好，绝大多数人支持教育改革，支持为学生制定更高的学业标准，支持通过定期的客观评估促使学生对自己的学习负责（Hart and Winston，2005）。也许不是每个人都欢迎标准化考试，但数十年的民意调查表明，公众对于标准化考试为提升教育质量所做的贡献还是相当认可的。正如一位测评专家所说："美国民众一贯主张推广标准化考试，最好是那些要承担失败后果的（高风险的）标准化考试，而且赞成的人还不少……考试受到了包括家长、学生、管理者和教师在内的大多数相关利益群体的热烈欢迎。"（Phelps，2003：15；2005）

前几代教育改革家关心的是让各阶级、各种族的孩子都能接受教育，他们在很大程度上也是成功的。到 20 世纪 90 年代，完成高中学业的学生比例比以往任何时候都要高。现在的问题不再是人人是否都享有受教育的机会，学校教育质量才是当代教育改革家们着重关心的问题。正如莫蒂默·阿德勒所说，如果仅仅保证所有孩子都有受教育的机会，我们是不可能达到法定教育目标的（Adler，1982）。为了担负起一个民主社会的教育责任，公立教育必须证明每一个学生获取的都是其必备的知识和技能。学校必须保证它们提供的教育对于学生的阅读能力、写作能力和数学能力有明显的积极影响。此外，学生升级与否要看学业成绩，而不是不管成绩好坏让学生一律自然升级。教育质量问题引出了与绩效和责任有关的一系列问题。

回答这些问题必须依据可信度高的硬数据（hard data）。学校如果希望得到公众的不断支持，就需要对学生学习绩效进行量化评估，对教师效能进行评鉴。政策制定者必须要了解客观信息才能做出明智的决定。尽管任何数据采集的方法都有不足之处，但从精心设计的标准化考试中收集的数据对于了解教育成效仍是至关重要的。高质量的考试方案使学校得以采集与课程和学生有关的信息，而这些信息是通过其他渠道无法收集到的。没有这些数据，学校就无法对课程质量或是促进学习的那些计划的效果得出正确的判断。

标准化考试是验证教学艺术的科学依据之一。科学测试可度量教师的教学艺术，是对课堂教学实践的评估和补充。标准化考试有时带有负面含义，标准化考试有倾向性、不公平、很糟糕，这些说法你们无疑都听说过，但标准化考试的目的实际上是促进公平，保证人人机会均等。标准化是指考试内容和考试条件对各地考生在任何时候都是一样的。比如说，学生参加 ACT 考试或 SAT 考试的时候，他们都是在同样的考试条件下参加同样的考试，并与相似年龄段和受教育年限也相当的学生相比照（Sireci，2005）。正式的考试计划是在 19 世纪引入学校的，是针对考官测评时带有个人偏见和主观性的指控而设计的应对措施[4]。现在，标准化考试计划也提供了一个衡量标准，社会可以用标准化考试来了解教育的进步和不足，学校可以用标准化考试成绩向官方和家长汇报学生的教育情况。考试评估专家常常与其他人在教育问题上意见相左，而且经常受到那些怀疑考试作用、担心考试机构影响公共政策的批评家的指责。这样说的目的并不是为了反驳那些批评家，也不是为教育考试服务中心或国家教育进展评估辩护，而是我们有理由认为：（1）标准化考试是一个必不可少的工具，它可以用来考察教育可衡量的方方面面；（2）教育已进入了问责时代，学校官员必须向纳税人证明，他们在教育上的投资所得到的红利回报就是质量。

考试有利于学校和学生

标准化考试是理性课程建设的一个重要因素。通过考试方案得出的数据有助于课程规划者判断所测量到的教学输入结果是否与预期目标相吻合，换句话说，考试能帮助教育工作者弄清楚某一具体教学计划是否奏效。当要求纳税人为中学的新科学计划或小学的新数学计划买单时，也应该把这些计划的预期效果以及如何测评这些效果的方案都告知他们。公众有理由要求问责，没有问责教师和管理者机制的教育改革提案在公众的眼里是不完善的（Hart and Winston，2005）。这其实就是成本会计与财政责任的问题。

有效的改革不是偶然的。学生应该取得哪些进步，实现最切近目标的概率以及实现下一目标的相冲突路径中何为最佳选择等，都是教育决策中不可回避的问题。教育规划者必须选择恰当的标准来评价学生的学业成绩。印象式的数据说明不了什么问题，传闻般的证据不科学。一个方案“似乎可行”或者说教师“声称喜欢”这种方法也是不够的。有关课程和学生学习方面的问题都需要学校做出更好的回答。学生达到了什么样的阅读水平？就学生在学习能力方面的表现而言，诊断性考试和达标性考试能告诉我们什么信息？学生对必修课程到底掌握了多少？

标准化考试不应该仅被视为一张成绩报告单，它应该是评估体系的一部分，因为评估体系是学校进行课程决策和教学决策的基础。标准化考试能客观考核学生的学习绩效，其目的是测评全国已经达到了何种程度的预设目标，又在何种程度上已经履行了保障所有孩子教育质量的职责。

责备报信者

NAEP是美国国会于1969年批准成立的一个全国性的教育进展评价项目，主要是靠联邦政府的财政拨款来维持运行。自从1983年以来，新泽西州普林斯顿教育考试服务中心一直在使用这套评估体系，NAEP网站宣称："NAEP是唯一全国性的、持续性的学生学业测评体系，对美国学生必须了解的知识以及在各学科领域能够做些什么进行测评——数学、阅读、科学、写作、艺术、公民学、经济学、地理以及美国历史都属于测评范围。"（www.nces.ed.gov/nationsreportcard）NAEP对全美公立学校和私立学校的4年级、8年级和12年级的学生进行成绩测评并统计考试成绩。该项目不仅公布各州成绩，而且也公布全国平均成绩和特殊群体学生的成绩，比如说，按照种族、民族和性别分别公布成绩。

来看一下表14-1所示的2007年NAEP数学评估样题。

表14-1　　2007年数学评估样题（8年级）

1. 哈德先生买了一块长方形地毯，其周长为38码，这块地毯的宽和长分别为：
A. 4码和5码
B. 5码和6码
C. 6码和7码
D. 7码和8码
E. 9码和10码
考查内容：测量（低难度题）
全国统计结果：答对率为49%

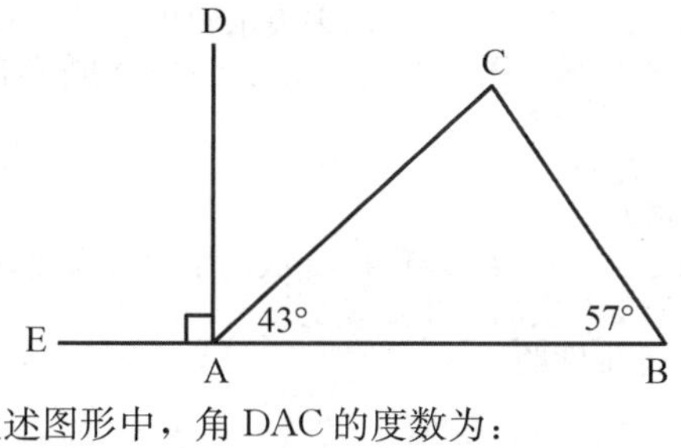

2. 在上述图形中，角DAC的度数为：
A. 47°
B. 57°
C. 80°
D. 90°
E. 137°
考查内容：几何（低难度题）
全国统计结果：答对率为54%

3. 从一个盛有2升果汁的容器中可以倒出多少份200毫升的果汁？
A. 20
B. 15
C. 10
D. 5
E. 1
考查内容：数字的特性和运算（中难度题）
全国统计结果：答对率为37%

	周一	周二	周三	周四	周五	周六
卖出总量（n）：	4	0	5	2	3	6
所得利润（p）：	\$2.00	\$0.00	\$2.50	\$1.00	\$1.50	\$3.00

4. 安杰拉制作并销售节日贺卡，上表显示的是所售贺卡与所得利润间的关系。根据表中数据，以下哪些方程式表示所售贺卡数量与所得利润之间的关系？

A. $p=2n$

B. $p=0.5n$

C. $p=n-2$

D. $p=6-n$

E. $p=n+1$

考查内容：代数（中难度题）

全国统计结果：答对率为 54%

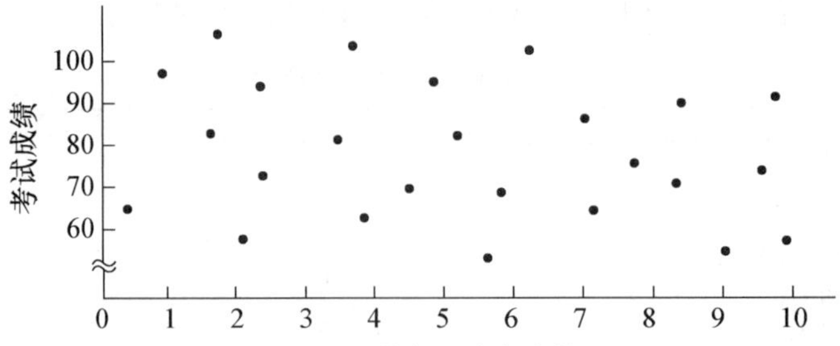

考试成绩与吃鱼次数

5. 玛莎为一项科学实验计划绘制了以上散点图，用来表示她班上学生的数学成绩以及与之相对应的平均每月吃鱼次数。根据散点图，考试成绩与每月平均吃鱼次数有何关系？

A. 似乎没什么关系

B. 吃鱼越多的学生往往成绩也更好

C. 吃鱼越多的学生往往成绩也越差

D. 每月平均吃鱼 4～6 次的学生比吃鱼次数少于 4～6 次的学生成绩更好

E. 平均每月吃鱼 7 次的学生比少于 7 次的学生成绩更差

考查内容：数据分析和可能性（低难度题）

全国统计结果：答对率为 62%

资料来源：http://nces.ed.gov/nationsreportcard/itmrls/itemdisplay.

2007 年 NAEP 的成绩报告中指出了许多值得肯定的方面。例如：

- 2007 年，8 年级学生的数学平均成绩高于以往任何评估年。
- 2007 年，白人、黑人以及拉丁裔学生的数学成绩均高于 2005 年。
- 8 年级白人学生和黑人学生之间的成绩差距在 2005—2007 年间缩小了。

从 2007 年数学成绩中采集的有些数据也令人不乐观。例如：

- 2007 年，所有 8 年级学生中有 30%未达到“基本”水平，39%的学生达到基本水平，只有 31%的学生达到了“熟练”及以上水平。
- 8 年级黑人学生的平均成绩落后于同年级白人和拉丁裔学生的平均成绩。
- 在公立学校 8 年级学生中，有资格享受免费或特价午餐的学生的平均成绩落后于其他学生（Lee，Griggs，and Dion，2007）。

无论成绩好坏，均如实报道，因此，NAEP 为公众提供的核心课程领域的学业成绩测评结果是公平的、准确的。NAEP 堪称美国最可靠的全国性学业成绩测量体系（Haladyna，2002：101）。NAEP 还从考生中采集一些重要的人口数据——如考生的种族、性别及其父母的受教育程度等——这些数据使得评估者在考查学生成绩时可以把学生学习环境和家庭环境等因素的影响也考虑进去。例如，长期趋势评估会问及学生在家庭作业上所花时间以及计算机使用情况，统计结果是："在 13 岁的学生中，在家庭作业上花费时间不足 1 小时的学生从 1984 年的 36％上升到了 2004 年的 40％"，而"在 13 岁的学生中，能在学校使用计算机的学生从 1978 年的 12％上升到了 2004 年的 57％"（Perie and Moran，2005：1－5）。

这样说的目的不是为 NAEP 唱赞歌，而是为了展示标准化考试计划对我们理解教育结果所做的贡献，没有从标准化考试中采集到的高质量数据，我们既无法评价也无从了解学生的学科知识水平。还可以采用什么其他方法呢？例如，对学生不同时期的学业等级进行比较就能让我们真正了解学生的学业成绩吗？当然不能。研究表明，分数膨胀的趋势一直存在，这让人简直无法理解现在的等级"A"和 20 年前的等级"A"，其含金量完全不一样（Woodruff and Ziomek，2004a）。研究也证明了另一常识性概念：用等级来评判学生学业成绩是不可靠的。众所周知，学生的学业等级反映的不仅仅是学生的学习成绩，同时也体现了学生所在学校的评分态度，也反映了评分老师是"严"还是"松"（Woodruff and Ziomek，2004b）。与这种情况正好相反的是，标准化考试成绩在所有学校都有相同的意义。对学生绩效进行评估而言，在采集有效、可靠、经济的数据方面，任何其他评估形式都无法与标准化考试相比。

测评工具的局限性

对于间接测评所掌握的知识技能，我们中的大多数人并不陌生。例如，测试者若想评判学生做木工活儿的能力，就可以设计一套多项选择题，问学生制作一个木碗需要使用以下哪一种工具：（1）一个圆头锤，（2）一个凿子，（3）一个螺丝刀，（4）一个扳手。通过设计其他问题还可以了解学生是否能辨别各种木材，是否了解正确使用电动工具的程序，是否了解涂层原料和安全操作规程。这些题目合在一起就可以了解学生所掌握的木碗制作方面的知识，但是从学生的考试成绩中，测试者却无法了解学生制作木碗的实际操作能力。若要更直接测量学生的动手能力，就得把学生带到一个设备齐全的木工房，观察学生如何把一块木头变成一个木碗。这种真实的行为测试使考生能够展示自己在真实情境中的实际能力，也让测试者能够考查学生为什么要遵循某些程序或是为什么要省略另外一些程序（Cizek，1991）。

但是，真实性评价花费大、耗时而且不可能大规模实施（Phelps，2003）。作为一种不可替代的测评工具，标准化考试所提供的客观数据让考生能够了解自己与他人的差距，让决策者能判断教育变革进展情况。正如教育考试服务中心总裁所说："说及提升标准、问责效能和学生成绩，那些设计完好、以研究为基础的测评工具是最重要的。无论是在课程学习结束之后或是在课堂上测量学生的知识掌握情况……测评工具评估有助于我们发现学校教学的优缺点，找到改进的方法，同时还能确保设立更高标准是有意义的。"（Landgraff，2007）

对学生已掌握的知识进行测评难免有许多问题。今天决策者更喜欢简单、准确又实惠的测评体系，但这些测评工具的设计必须足够复杂才足以解释学生、教师和课程之间的差异（Linn，1993；Koretz et al.，1994）。至于结构合理的标准化考试导致种族偏见和性别偏见的批评，通过研究文献中获取的证据是无法证实这种批评的客观性的（Reynolds，Livingston，and Wilson，2006）。设计心理测试的专家们仍在编制更好、更可靠的测评工具。对改进学校感兴趣的每一个人都会受益于标准化考试的推广，对学校和学生而言，标准化考试都是必不可少而且也是有益的。

讨论

1. 大家都认为，好教师对于促进学生学习有重要作用，但识别是否是好教师并不容易。2008 年，纽约市公立学校对是否可以通过学生的标准化考试成绩来识别好教师进行了研究。评判教师的两项指标是：学生在一学年取得了多大进步；相比其他教师所教的类似学生群体，学生取得了多大的进步。

应该根据学生的标准化考试成绩来评价教师吗？有没有其他更好的评价方法？如果一名教师所教的学生在标准化考试中的成绩最好，那这位教师所得工资就应该比其他教师更高吗？

2. 一些研究表明，家长希望考试提供的信息能让他们了解孩子在学校的表现有多好、解决问题的能力有多强以及在哪些方面还需要额外的帮助。有这样一个例子，学校要求家长比较标准化考试中的两道样题：

a. 你有 6.55 元，花了 4.32 元，还剩多少钱？

（1）2.23 元（2）2.43 元（3）3.23 元（4）10.87 元

b. 假设你忘了 8×7 等于多少，你怎么才能想出答案呢？

家长更欣赏第二个问题，他们认为这个问题更有挑战性，而且可能会让教师更好地了解孩子对数学的理解（Kohn，2000：45）。

作为一名学生，你喜欢样题 a 还是样题 b？哪一个样题更普通？这两种题型都必要吗？

3. 美国企业研究所的查尔斯·默里认为："对于大多数想上名牌大学的高中生来说，SAT 不仅仅是考试，也是人生的里程碑之一。"（Murray，2007：1）虽然默里曾经是考试的拥护者，但他现在认为应该废除考试。通过援引研究证据，他指出，SAT 和高中学业成绩都不能预测大学成绩，SAT 是美国人生活中的一股消极力量。2008 年，国家公平公开考试中心提供的数据显示，755 所四年制大学都没有使用 SAT-1 或 ACT 考试成绩作为录取大量本科生的依据（www.fairtest.org）。

如果由你来设计大学入学流程，你会采用什么样的标准化考试？不采用标准化考试或是除了标准化考试之外，你会如何决定哪些学生应该得到在你们学校上学的机会？你会把考生的班级级别、高中成绩、访谈记录、课外活动记录或者学生就读学校的严谨学风作为参考吗？申请人从事社会服务或是体育运动的经历、申请人直系亲属是否为你们学校的校友或是申请人家庭的社会经济地位在你的参考范围之列吗？

注释

［1］新泽西州普林斯顿教育考试服务中心（ETS）是世界上规模最大的考试服务公司。它成立于 1947 年，是为第二次世界大战后回国的退伍军人设计并组织大学入学考试。现在，这家公司为 180 多个国家服务，每年有 5 000 多万人参加 ETS

举办的各类考试。ETS 在网上公布的数据显示，公司 2006 年的收入是 8.36 亿美元（www.ets.org）。如果想批判性地审视标准化考试，可登录国家公平公开考试中心的网站——www.fairtest.org。国家公平公开考试中心的目标是："对学生、教师和学校进行公平、有效和有利于教育的评估，以推进优质教育，促进机会平等。同时，还要致力于消除有关考试制度的滥用现象，消除考试制度的缺陷，为实现目标扫清障碍。"

［2］考试的信度是指测量结果的一致性、稳定性和可靠性。克林格的比喻也许有助于我们理解这个概念，他说："考试就像是一把有目的性的手枪。当我们测量人的态度、能力和成绩时，我们希望对个体所具有的'真实的'特质进行准确测量，就像是用手枪击中目标一样，我们希望利用考试来找准特质。如果一把手枪总是能击中目标——子弹打在靶心或接近靶心……我们就说这是可靠的。这在心理测量和社会测量上也一样。如果能击中目标，就是有信度。"（Kerlinger，1979：133）

［3］考试的效度是指测量到的结果反映所想要考察内容的程度。克林格举例说："假如一批社会学教师编制了一套试题来测量学生对一些社会概念的理解，比如说正义、平等和合作等概念。教师们想了解学生是否理解并能运用这些概念，但他们编制的试题又是一些与当代制度有关的事实信息题时，那么这种考试就达不到他们原先设想的目的。"（Kerlinger，1979：138）

［4］19 世纪的英国正处于经济扩张和崛起为"日不落帝国"的时期，传统的文官任命制已无法满足社会对大量中产阶级管理者的需求。根本就没有足够多有特权的男性——文官的儿子、议会的议员或是其他有钱有势的人——去填补世界各地的空缺职位。面向广大男性应试者、通过择优录用考试选拔文官的制度就是在这种背景下产生的。

美国也是采取考试的办法使文官选拔更加民主化。通过任命权提拔文官的政治权力滥用在 19 世纪非常猖獗。文官改革始于 1883 年的《彭德尔顿法》（the Pendleton Act），这一法案确立了通过公开考试择优录用文官的制度。

参考文献

ADLER, M. J. (1982). *The Paideia Proposal: An Educational Manifesto*. New York: Macmillan.

ARDOVINO, J. HOLLINGSWORTH, J. AND YBARRA, S. (2000). *Multiple Measures: Accurate Ways to Assess Student Achievement.* Thousand Oaks, CA: Corwin.

ARENSON, K. W. (1996) "College Board Revises Test to Improve Chances for Girls." *New York Times*, Oct. 2, www.nytimes.com.

BENNETT, R. E. (1998/2008). "Reinventing Assessment, Speculations on the Future of Large-Scale Educational Testing." www.ets.org/media/research.

CALLAHAN, E. (1962). *Education and the Cult of Efficiency*. Chicago: University of Chicago Press.

CANNELL, J. J. (1987). *Nationally Normed Elementary Achievement Testing In America's Public Schools: How All 50 States Are Above the National Average.* 2nd Ed. Daniels, WV: Friends for Education.

CHENOWETH, K. (1997). "A Measurement of What?" *Black Issues in Higher Education*. 14: 18–22, 25.

CIZEK, G. J. (1991). "Innovation or Enervation? Performance Assessment in Perspective."*Kappan* 72: 695–699.

CREMIN, L. (1961). *The Transformation and the School: Progressivism in American Education, 1876–1957*. New York: Knopf.

CROUSE, J. AND TRUSHEIM, D. (1988). *The Case Against the SAT*. Chicago: University of

Chicago Press.
DARLING-HAMMOND, L. (1994). "Performance-Based Assessment and Educational Equity." *Harvard Educational Review* 64:5–30.
FairTest. (2007a)."The Testing Explosion." (www.fairtest.org/testing-explosion)
_______. (2007b). "The New SAT: A Better Test or Just a Better Marketing Ploy?" www.fairtest.org/new-sat-better-test?
_______. (2007c). SAT I: A Faulty Instrument for Predicting College Success." www.fairtest.org/facts/satvalidity.
_______ . (2008a). "No Child Left Behind After Six Years: An Escalating Track Record of Failure." www.fairtest.org/nclb-after-six-years.
_______. (2008b). ("Joint Statement On No Child Left Behind (NCLB) Act.") www.fairtest.org/node/30.
FISKE, E. B. (1988). "America's Test Mania," *New York Times*, Education Life, April 10.
GARCIA, G. E., AND PEARSON, P. D. (1994). "Assessment and Diversity," in *Review of Research in Education,* ED. L. Darling-Hammond. Washington, DC: American Educational Research Association.
GARDNER, H. (1983). *Frames of Mind: The Theory of Multiple Intelligences*. New York: Basic Books.
_______. (1999). *Intelligence Reframed: Multiple Intelligence for the 21st Century*. New York: Basic Books.
GOULD, S. J. (1981). *The Mismeasure of Man*. New York: W.W. Norton.
HALADYNA, T. M. (2002). *Essentials of Standardized Achievement Testing; Validity and Accountability.* Boston: Allyn and Bacon.
HANSON, F. A. (1993). *Testing Testing: Social Consequences of the Examined Life.* Berkeley: University of California.
HART, P. D., AND WINSTON, D. (2005). *"Ready for the Real World? Americans Speak on High School Reform."* Princeton, NJ: Educational Testing Service. www.ets.org
JANESICK, V. J. (2001). *The Assessment Debate: A Reference Handbook*. Santa Barbara, CA. ABC-CLIO.
JENCKS, C., AND PHILLIPS, M., EDS. (1998). *The Black-White Test Score Gap*. Washington, DC: Brookings Institution.
JUDSON, G. (1996). "What Makes the School Shine? Test Tampering, Officials Say," *New York Times,* May 1. www.nytimes.com.
KERLINGER, F. N. (1979). *Behavioral Research*. New York: Holt, Rinehart, and Winston.
KOHN, A. (2000). *The Case Against Standardized Testing: Raising the Scores, Ruining the Schools*. Portsmouth, NH: Heinemann.
KORETZ. D. ET AL. (1994). "The Vermont Portfolio Assessment: Findings and Implications." *Educational Measurement: Issues and Practice* 13:5–16.
LANDGRAFF, K. M. (2007). "Making Higher Standards Mean Something." http:www.ets.org/assessments.
LEE, J. (2002). "Racial and Ethnic Achievement Gap Trends: Reversing the Progress Toward Equity?" *Education Researcher* 31: 3–12.
LEE, J., Griggs, W. and Dion, G. (2007). *The Nation's Report Card: Mathematics* 2007 (NCES-2007-494). National Center for Education Statistics, Institute of Education Science, U.S. Department of Education, Washington, DC.
LEMANN, N. (2004). "A History of Admissions Testing," in *Rethinking the SAT: The Future of Standardized Testing In University Admissions*, ed. R. Zwick. New York: Routledge Falmer.
LINN, R. L. (1993). Educational Assessment: Expanded Expectation and Challenges." *Educational Evaluation and Policy Analysis* 15:1–16.
MADDAUS, G. F. (1994). "A Technological and Historical Consideration of Equity Issues Associated with Proposals to Change the Nation's Testing Policy." *Harvard Educational Review* 64:76–95.
MURRAY, C. (2007). "Abolish the SAT." *The American.* www.american.com/archive/2007/july-august.
MEHRENS, W. A., AND KAMINSKI, J. (1989). "Methods for Improving Standardized Test Scores:

Fruitful, Fruitless, or Fraudulent?" *Educational Measurement: Issues and Practice* 8:14–22.
NAIRN, A. AND ASSOCIATES. (1980). *The Reign of ETS: The Corporation That Makes Up Minds.* Washington, DC: Nairn and Associates.
NEIL, D. M., AND MEDINA, N.J. (1989). "Standardized Testing: Harmful to Educational Health." *Kappan* 70: 688–697.
OWEN, D. (1987). *None of the Above*. Boston: Houghton Mifflin.
PEREZ, C. (2004). "Reassessing College Admissions: Examining Tests and Admitting Alternatives," in *Rethinking the SAT*, ed. R. Zwick, New York: Routledge Falmer.
PERIE, M., MORAN, R. (2005). "NAEP 2004 Trends in Academic Progress: Three Decades of Student Performance in Reading and Mathematics." www.nces.ed.gov/nationsreportcard/pubs/2005.
PHELPS, R. P. (2003). *Kill the Messenger: The War on Standardized Testing*. New Brunswick, NJ: Transaction.
_______. (2005). *Defending Standardized Testing*: Mahwah, NJ: Lawrence Erlbaum.
PHILLIPS, G.W. (1990). "The Lake Wobegone Effect." *Educational Measurement: Issues and Practice* 9:3,14.
REYNOLDS, C. R., LIVINGSTON, R.B. AND WILSON, V. (2006). *Measurement and Assessment in Education.* Boston: Pearson.
ROSE, L. C. AND GALLUP, A. M. (2007). "The 39th Annual Phi Delta Kappa/Gallup Poll of the Public's Attitude Toward the Public Schools." *Kappan* 89:33–45.
ROSSER, P. (1987). *Sex Bias in College Admissions Testing: Why Women Lose Out,* 2nd Ed. Cambridge, MA: FairTest.
SIRECI, S. G. (2005). "The Most Frequently *Unasked* Questions About Testing," in *Defending Standardized Testing,* ed. R.P. Phelps. Mahwah, NJ : Lawrence Erlbaum.
TERMAN, L. M. (1922). *Intelligence Testing and School Reorganization*. Yonkers-on-Hudson, NY: World Book.
WOLF, J. B. ET AL. (1991), "To Use Their Minds Well: Investigating New Forms of Student Assessment," in *Review of Research in Education,* ed. G. Grant. Washington, DC: American Educational Research Association.
WOODRUFF, D. J., AND ZIOMEK, R.L., (2004a). "High School Grade Inflation from 1991 to 2003." Iowa City, IA: ACT Research Report Series. www.act.org/research/reports/pdf/act_rr2004-4.pdf.
_______. (2004b). "Differential Grading Standards Among High Schools, 1998–2002." Iowa City, IA: ACT Research Report Series. www.act.org/research/reports/pdf/act_rr2004-2.pdf.

第三部分　应该如何组织经营学校？
——学校环境

第三部分简介：我们在第 1 章中讨论的是，只有在一个更大的社会背景下来研究教育问题，才能对其有一个全面的认识。学校教育和学校政策是社会政治、经济语境中的一部分。虽然乍一看教育问题似乎只与教学、学习和评估等问题有关，但我们认为，学校所在社区的社会价值观和维系社区的政治制度也影响着学校。学校与社会不可分，而且二者之间的影响是双向流动的。学校教育年青一代的方式以及传递给下一代的价值观和知识内容都影响着我们的社会，学校与社会共同建构的这个环境既相辅相成又矛盾冲突。

纪律与正义、工会与学校领导力、学术自由、全纳教育与回归主流以及校园暴力等都是与学校环境有关的问题，也是需要思考的问题。本部分五个章节重点讨论学校的经营管理方式以及它们与正义的社会之间的关系。

公共教育与公共目标

柏拉图（公元前427—前347）曾阐述过社会与支持社会的学校之间的关系。尽管柏拉图常被称为西方教育史上“第一位教育哲学家”，但他对学校在支持城邦中所起作用的兴趣远远超过了他对学校本身的兴趣。柏拉图的教育观源自他关于正义和正义社会的思想。对于柏拉图而言，正义如此美好，它值得我们不惜一切代价去追求，甚至以牺牲个人自由为代价换取正义也是值得的。柏拉图认为，民主制是危险的，也是没有必要的，而且超出了大多数公民的理解能力。他认为，大多数人都无法超越肉体的享乐而享受荣誉带来的快乐，崇尚荣誉所带来快乐的人当中只有少数几个人能够享受最真实的快乐，亦即理性的灵魂带来的快乐（Curren，2000：51）。对柏拉图而言，人人都各守本分、各司其职，就会达到一种合乎正义的和谐——农民种地，工匠造房，哲学家治理城邦。按照柏拉图的理解，民主制是危险的，给没有良好推理能力的人以选择领袖和生活方向的自由可能导致不公和混乱。

当今大多数有关正义的定义都与公平、民主制度下个体受到的平等待遇以及个体之间的关系有关。也就是说，正义与每个人得其所得的原则有关系——得其所得就是既不多也不少——且无论好坏。大多数现代作家试图将正义置于个体的背景之中加以考量。他们问道，国家应该做些什么（或不要做什么）才能确定谁应该享受好处并承担社会重任？（Rawls，1971；Nozick，1974）在美国，我们往往把正义既视为公民的权利，又视为国家的责任。正义需要国家采取行动以确保公平。根据法律，美国公民应该受到平等对待。他们的行为，无论对错，在裁定时都应该不受其性别、种族或社会阶级的影响。正义的社会公平地对待每一个人。当然，我们也都想得出违背正义原则的一些例外情况。我们可以打一个只赢不输的赌：死囚区的乞丐总是比百万富翁多。我们都罗列得出那些有轻微违法行为但却因为个人身份或人际关系而逃脱法律制裁的人。但是，我们当代的正义观植根于国家公平对待所有公民的基本原则，我们所受的教育要求我们完全接受这些思想。

在第一部分，我们认为，学校既是公共争论之源，又是争议解决之地。我们鼓励你们对其中八个具体问题所体现出来的相冲突观点的逻辑性和证据进行思考。我们的核心问题是：根据公平正义的原则，学校应该为谁的利益服务。在第二部分，我们要你们思考什么知识最有价值以及教师应该教什么。本书的组织结构反映了我们的观点：学校是社会机构，任何对学校教育的看法都源于社会对学生的学业成绩、行为以及社会正义的期望值等问题。柏拉图对学校的看法同样与社会目的有关，但是因为我们可能不认同他的正义观，所以我们可能也不会认同他对理想学校的看法[1]。第三部分特别关注的是教师工作。第15～19章的一系列问题要求你们思考教师应该在学校扮演什么角色。学校纪律是如何与正义的理念相联系又是如何受其影响的？教师工作的本质应该是什么？教师应该拥有多大的决策权？如何组织、管理教师工作才能最大限度地促进学生学习？教师在选择教学内容和教学方法时应该有多大的自主权？

思考一下柏拉图对教授学科内容知识的建议。在《理想国》第二卷中，柏拉图说：“我们必须建立对故事的编者进行审查的制度，接受他们编得好的故事，而拒绝那些编得坏的故事。对于审查合格的故事，我们要说服母亲和保姆讲给孩子们听，用寓言故事铸造他们的心灵，比用手去塑造他们的身体还要慎重。她们现在讲的大多数故事必须抛弃。”（Plato，1984：174）柏拉图认识到，故事对儿童行为有巨大的影响，许多童年时期的行为会一直伴随孩子们的成长期。柏拉图提倡对所有或真或假的故事进行审查，如果故事的真实性与城邦的需要不一致的话。柏拉图认为诗人和其他故事作者是危险分子，因为他们的作品如此漂亮又引人入胜。当他们编的故事失真的时候，他们语言的魅力可能使孩子形成错误的看法，即便有时他们讲真话，仍可能将孩子引入歧途（Copleston，1993）。

柏拉图认为，公共教育“对于一个正义之邦必不可少，因为良好的秩序、统一的规则、人类的美德以及幸福和理性都离不开公共教育”（Curren，2000：53）。对于柏拉图而言，对所传授的内容进行审查有利于创造一个积极向上的教育环境。审查制度保护易受诱惑的年轻公民阶层免受不良文学作品（毒害个人、损害国家的故事）的有害影响。有些故事中，神灵被描述成变化多端、反复无常的骗子或伪君子，我们不能让孩子读到这样的故事。在学校，神灵总是被描绘成永恒真理的化身。从不利角度描述神灵的形象伤害了孩子，最终会损害国家。学校的职责就是防止学生受到不良影响，只要对其采取的预防措施和对邪恶的防范一样不会对孩子造成伤害就行（Copleston，1993）。柏拉图式教育旨在塑造品德，形成与个人和城邦倡导的美德和谐一致的善恶判断力。在柏拉图看来，教育的目的就是：“使受教育者钦佩值得钦佩的行为，憎恨一切可耻的行为，如此与理性保持和谐一致。这种对理性的接受会演变成一种能力，对为什么一些事情值得我们佩服而另外一些应该遭到谴责的理解能力。”（Curren，2000：52）

柏拉图描绘了专制的学校传统：（1）社会有义务让学校避免接触一切损害社会利益的东西；（2）教师本身并没有教的权利，他们是为城邦服务的顺从仆人。柏拉图珍视传统，提议对新思想进行审查：“当诗人说人们最喜欢‘挂在歌唱家唇边的最新小曲’时，人们担心他的意思不仅仅是指新曲子，而是在称赞一种新型的音乐。那种新观念不应该受到赞扬，也不应该这样来理解诗人。我们要警惕在音乐里引入新范式，因为此举可能危及整个社会结构。”（Cornford，1968：115）

与柏拉图不一样，现在大多数人相信进步的可能和变革的益处。几乎无人会否认教师有权选择恰当的教学方法，也有权对课堂教学进行创新。但是，许多人认为，对课程主题内容的控制理应属于州或社区而不是教师。赋予教师课程控制权就意味着剥夺了纳税人、民选社区代表（教育委员会）以及学校行政管理者的权力。站在有孩子在公立学校读书的纳税人的角度，而不是站在教师或未来教师的角度来考虑一下这个问题：如果缴纳教育税但在子女的教育问题上没有或几乎没有发言权，你会感到舒服吗？你愿意把课程、教材、教学方法以及评估等方面的决定权交给不直接对你负责的教师吗？或是更宁愿把这些政策问题交给对你（作为公民和社区居民的你）负责的学校管理者和选举产生的校董事会呢？显然，我们有充分理由来支持社区对学校的控制权。

另外一些人会同样令人信服地论证，学校改革在过去的失败很大程度上是因为变革者忽略了教师扮演的角色。今天的学校要变得更令学生满意、更能激发学生思考，它们首先得成为教师眼中更美好的地方。必须让教师能够“得其位，有其权”，让教师能以专业人员的身份在学校里享有真正的权力，让教师在课程、教学和政策方面都有决策参与权，让教师承担起制定学校教育目标的责任（Aronowitz and Giroux，1985）。如果学区拒绝倾听他们对课程和教学问题的意见，那么有思想、有创造力的人还愿意在这样的学区教书吗？

关于学校的组织与管理的争论属于政治思想的争论。左派或自由派支持工人权利，支持为教师赋权增能，支持工会参与学校政策制定，支持教师学术自由。左派对那些集中影响少数族裔和贫穷学生的惩戒政策持批判态度。他们认为，学校应该设法减少造成学校混乱的诱因，而不是制定越来越严厉的惩罚措施。右派或保守派主张在学校行使传统权力，他们反对任何削弱社区对学校控制权的企图，比如说给予教师更大的权力。右派不太支持工会，他们总是认为工会保护不合格教师，不明智地干预地方学校的管理。保守派通常不能容忍公立学校教师也拥有学术自由，他们认为，学术自由只不过是某些教师在课堂散布无根无据甚至危险的思想观点的挡箭牌。保守派支持通过严厉的学校惩戒措施来维护有序的学习环境，支持通过零容忍政策来惩罚那些越界犯规的学生，在他们眼里，从不遵守课堂纪律到违抗命令和其他一些危险行为都属于越界行为。当然，我们要小心谨慎，不要动辄就认定学生违纪该受惩罚。我们的目的不是要给学校批评家贴标签，而是希望你们能意识到各种相冲突的教育观点。当你思考教学问题应该如何应对的时候，可以把左派和右派的观点都参考一下。你认为自己对以上问题的看法属于哪一派呢？你认为哪些证据最有说服力？这些问题之间或所有这些问题之间有一个中间立场吗？

教学领导力和学术自由的问题

公众对教师的看法是积极肯定的。卡潘/盖洛普教育民意调查曾问过家长是否希望子女选择教师作为自己的职业，62%的家长回答“是”。其实这一问题前后被调查过9次，62%的比例在这9次调查中仅排在第四位（Rose and Gallup，2005：19）。这并不是说教师职业就“高枕无忧”了。教书仍被视为“没有成就感的职业”，一份不错的低级别工作，晋升的机会有限，权利和薪水增长也有限（Etzioni，1969；Lortie，1975）。从大学毕业之后，大多数人都会有各种工作经验以及与工作有关的职业变动，当然随之而来的额外责任和更高报酬也是少不了的。少数几名教师——主要是那些转行搞行政管理工作的在职教师——走的也是类似的攀升路径。但是，大多数教师通常走不上升迁之路，也得不到随之而来的一系列更优的职位。

自从20世纪80年代以来，研究人员揭示了一系列与公立教育有关的问题。教育经费创了历史新高，但标准化考试成绩却创了历史新低。对学校不满意的教师要求提高工资待遇，大众媒体“乐此不疲”地报道校园暴力事件、犯罪案件以及未受到良好教育学生的数量又增加了多少等。从学生学习到教师培养，研究人员对有关教育的一切都进行了批判（Boyer，1983；National Commission on Excellence in Education，1983；Goodlad，1984；Sizer，1984；Goodlad，1990；Archibold，1998；Levine，2006）。因为教和学的质量太差，所以据说学校处于危险之中，连带国家也处于危险之中。教师被当成公众审查的对象，教师工作得接受专家的评估。无论在什么地方，研究人员都可以发现枯燥乏味没有生机的教学、缺乏学习重点、未受挑战感觉无聊的学生以及陷入日常文书工作的教师。这些研究的必然结论是：教师没有完成或是没有能力完成应尽的职责。一些变革倡导者关注标准本位改革，支持NCLB法案，另外一些变革倡导者则关注教师和教学。教学条件作为政策改革的目标重被提出来讨论，从而开启了新一轮教师工作大辩论（Tye and O'Brien，2002；Ingersoll，2003；Smylie and Miretzky，2004）。通过重构教师工作会促进学生学习吗？把教学和学校管理分开的学校模式有问题吗？如果教师在学校管理和学校改革方面有更大的决策权，学校是不是就更适合孩子们呢？如果允许教师在学校管理和学校改革中发挥更大的作用，教书是不是会成为一个更有吸引力的职业选择呢？简言之，应该让一线教师作为学校领导和管理者参与学校事务更好，还是不让教师参与学校管理对学校和学生更有利呢？保守派援引的研究证据是：教师领导力和学生成绩好坏几乎没有或根本没有任何关系。另一方面，自由派则认为，工会对教育有着积极的影响，集体谈判和工会影响力不应该局限于教师的工资和工时，还应涉及学校政策和学校改革等问题。对于左派而言，学校改革的成功与否与教师有着直接关系，他们认为保证教师正式参与学校管理就是让教师参与学校改革的最佳办法。

柏拉图阐述过教育中的审查制度这一话题。当代民主社会不太关注学校审查制度，而对这个问题的另一方面——学校的自由探究权则更为重视。学术自由在界定教师职责方面应该占有多重要的位置？如果你把教师视为引领教育的人，那么你可能认为他们有“教的权利”，有根据自己的专业知识和技能来教导学生的权利，而且这种权利应该得到支持和保护。反过来，如果你把教师视为工匠或从事某种手艺的人，认为他们不应该对课程有任何发言权，那么你就可能不太愿意让他们得到同样的自由，就像大学教师享有的学术自由一样。通常适用于高等教育的“学术自由”是一个现代术语，它体现了教和学的权利这一传统理想（Hofstadter and Metzger，1955）。苏格拉底——柏拉图的老师——受不敬神灵和毒害雅典青年之指控，在为自己辩护时说，一切邪恶都是因为无知，他和他的学生有追求真理的自由。苏格拉底认为，教的自由和学的自由对于发现知识和改良社会至关重要。他的同胞没有被他说服，仍然判处苏格拉底死刑。不过，学术自由的情况好多了，虽然屡遭攻击，但它一直存在。今天美国高等教育中的学术自由通常包括以下几种与学术相关的自由：（1）教授著书立说、进行科研以及在自己精通领域组织教学的自由；（2）大学制定政策和措施时不受政治约束或其他外界压力干涉的自由；（3）学生学的自由。

倡导者说，学术自由确保学生和学者的心灵自由，因此对追求真理——高等教育的主要使命——至关重要（Kirk，1955；MacIver，1955）。美国公民自由联盟（ACLU）反对把学术自由局限于大学。ACLU声称，学术自由应该延伸到公立学校，因为公立学校是属于年轻人的“真正学术共同体”。ACLU认为：“如果每一代新人要理解公民自由，那只有生活在原则一再得以兑现的社会里，他们才可能真正理解。”（ACLU，1968：4）学术自由的问题引出了一系列有关学校环境管理的难题：学术自由是什么？它应该保护谁？它是各级教师都应该享有的权利吗？学术自由与社区决定教给孩子们什么知识的权利相互冲突吗？学术自由仍仅限于是从事高等教育的专家学者们的特权吗？（Hook，1953）抑或是所有学习者的基本权利？

为“难教育”和难管理的学生营造学校环境

在有关学校教育的大辩论中，一个有争议的问题是学校应该如何对待难教育的学生。辩论的一方认为，学校的目的是传授学科知识，所以可以清除或赶走那些不守纪律或缺乏学习能力的学生。另一方则反驳说，学校是以学生为中心的机构，因此它必须针对所有学生来调整课程内容和教学计划。这种争论已经延续了100多年，它在整个20世纪有关学校的讨论中占据着重要位置，在21世纪初我们也仍未解决这个问题。1902年，约翰·杜威把这一争论描述成两“派”之争。学科知识派希望按照学术话题来组织教学，亦即依照不同主题将课程内容细分成不同的教学单元，而且每一单元都有学生需要掌握的一组知识点。学生从掌握各个知识点开始，循序渐进地学习直到学完所规定的学业领域内的所有知识。另外一派则是关注学生个体，教育的出发点、过程和目标都围绕个体学生展开。相比个体学习者的需求和兴趣，学术领域无关紧要（Loveless，2001：1）。

此外，请你们思考一下，学校应该如何为有“特殊需求”的学生提供最恰当的教育。有智力或身体残疾的儿童、有情感障碍的儿童或是有其他特殊需求的儿童都属于这一类学生。有时在教育文献里，“异常儿童”这个术语也被用来指代有“特殊需求”的儿童，不过“异常儿童”通常也包括天才儿童。对有特殊或异常需求的儿童进行甄别、测评的主要目的是给他们提供恰当的教育援助。对于身体有残疾的儿童提供特殊设备，比如为视力较差的儿童提供阅读放大器。对于有学习障碍的儿童专门准备教学材料。对于天才儿童，那可能意味着要对他们进行特殊艺术辅导或是给他们布置难度更大的学习任务。这里的根本问题是“度”的问题：应该在多大程度上改变学校环境以满足学习者的需求？当学校试图满足所有学生的需求时，是不是也有不能合理服务所有学生的风险？

在21世纪，公立学校要应对的学生群体比以往任何时候都更为复杂。在柏拉图设想的理想国里，公民接受与其社会阶层和智能水平相当的教育。在理想国里，当每个公民以及每一阶层的公民都接受适合自己的教育并为城邦利益而各尽其能、各司其职时，就实现了正义。正如柏拉图所说，雅典教育不是培养“一意孤行”的公民。美国社会及其学校以及其他西方国家及其学校，对正义以及个人与国家的关系有不同的理解。受柏拉图之后的一些哲学家（尤其是其学生亚里士多德以及后来的康德）的影响，对正义的界定更多倾向于个人正义而不是国家正义。民主国家的教育要求个人自行决定从事什么样的职业、接受什么样的培训和学校教育。个人兴趣被视为最重要的，只有当大多数公民的需求都得到满足时，国家才是正义之国。公立学校的目标是服务所有学生，显然，问题也就出在这里。学校应该如何对待那些有特殊需求的学生、对学校特别不满意的学生以及那些特别难教乃至特别有天赋的学生呢？我们知道，如果不能顺利从中学毕业，学生进入社会后就会处于特别不利的地位，但对于那些只要出现在学校就会妨碍他人学习的学生，学校又应该如何处理呢？第19章请你们思考的就是校园暴力问题。

正如你肯定能意识到的一样，暴力成了美国教育工作者不得不面对的最棘手的问题之一。曾经远离外界喧嚣、安全有保障的学校，现在却不得不应对恃强凌弱和暴力问题。由于校园暴力事件不断增多，专家们对导致暴力行为的原因以及学校应该如何处理有暴力倾向的学生也在不断进行探讨。许多教师和犯罪学家认为，当下是对暴力惯犯实施严厉打击，并将其驱逐出学校的时候了。他们说，学校的工作是把学科知识传授给那些有合作意愿的人。其他一些人则认为，无论学生有什么问题，教育工作者都有责任帮助他们，即使这意味着把学校的职责拓展到非学术领域。

尽管本书被分成了三个部分，但我们认为这三个部分是有机相连的，我们也相信，通过思考这些问题之间的相互关系，你们能更好地理解学校以及有关教育的问题。第一部分重点讨论学校应该为谁的利益服务，该部分的各个章节要你们思考的问题是：正义和公平的本质是什么？对于对公立教育感兴趣的人而言，正义和公平又意味着什么？对于正义是最古老的社会美德之一，如果正义关乎社会公平，如果正义意味着每个人得到他或她应该得到的，那么这又与教育的实际问题有什么联系呢？第一部分各章要求你们对学校应该为谁的利益服务这一问题所形成的各种相冲突观点进行分析，要求你们来决定谁的立场更能体现公平和正义。

第二部分讨论的是学校应该传授什么知识。辩论的一方认为，知识是中性的，21世纪初的美国社会有国民一致认可的知识体系，这些知识对所有公民都重要，所有学校都应该传授这些知识。但并非每个人都认为有或是应该有统一的知识体系。辩论的另一方声称，一切真理都取决于你的视角，他们引用的这句哲学名言与前苏格拉底哲学家赫拉克利特一样古老，而且尼采和众多当代哲学家对其进行了补充论证。对他们而言，不存在唯一或绝对真理，所谓的知识不过是不同群体、不同阶层的人所持有的观点或对事物做出的解释。没有唯一真理，许多真理都是以年龄、种族、民族、宗教和性别等个人因素为基础的。男性和女性对世界的看法不一样，年轻人和老年人很少会达成统一意见。没有任何一种观点比其他观点更具真理性，所有人都有发表自己观点的权利。对于赞成这一观点的人来说，学校就不应该声称其教给学生的知识好像就是社会一致认可的、客观的以及无倾向性、体现事实的知识。现实生活中有许多相互矛盾的事实，学校必须告诉学生多种具有真实性的观点。乔尔·斯普林认为，各种相冲突的正义观、平等观以及源于不同视角的各种知识都有各自的支持者，而学校总是这些矛盾观点的汇聚地（Spring，2002a，2002b）。

第三部分要求你们思考学校的人文环境问题，尤其是教师的权利和职责以及我们能否教好公立学校中所有学生等问题。这些问题可能与你对知识本质的认识、你认为学校应该传授何种知识以及你对公平、正义的看法有关。我们希望你们能发现双方的论据都同样令人信服而且有趣，并能激起你们的深思和争论。我们的目的是对一些重要问题提出相冲突的观点供你们思考。我们欢迎你们提出自己的看法，我们提倡理性对话。正如在第1章所说的那样，如果你喜欢辩论，你就会喜欢教育研究。

注释

［1］已故的英国哲学家卡尔·波普尔（1902—1994）认为，柏拉图的正义观不是基于给予个人公平，也不是基于国家为保护个人而采取的正当行为，而是建立在为国家和贵族统治阶级的利益进行辩护的基础之上。在波普尔看来，柏拉图的正

义旨在保护国家免遭任何变革的冲击，维护由工匠、卫士和统治者所构成的僵化阶层结构。一个国家要想维持有序运转并最终存活下来就离不开柏拉图所说的正义。柏拉图理想国中的公民因其各自不同的天赋和能力分属于不同的社会阶层，并以不同、固定不变、先定的方式服务于国家。一些人天生就是织布工，一些人天生就是卫士，还有少数几个人将被选拔出来做统治者。工匠永远也成不了卫士，统治者的位置归统治者。正义就是个人为支持国家所表现出来的和谐和无私的奉献（Popper，1966）。

参考文献

AMERICAN CIVIL LIBERTIES UNION (ACLU). (1968). *Academic Freedom in the Secondary Schools.* New York: Author.

ARCHIBOLD, R. C., "Getting Tough on Teachers," *New York Times,* Nov. 1, 1998.

ARONOWITZ, S., AND GIROUX, H. A. (1985). *Education Under Siege: The Conservative, Liberal, and Radical Debate Over Schooling.* South Hadley, MA: Bergin and Garvey.

BOYER, E. L. (1983). *High School: A Report on Secondary Education in America.* New York: Harper and Row.

COPLESTON, F. (1993). *A History of Philosophy, Vol. I: Greece and Rome.* New York: Doubleday.

CORNFORD, F. M., ed. and translator. (1968). *The Republic of Plato.* New York: Oxford University Press.

CURREN, R. R. (2000). *Aristotle on the Necessity of Public Education.* Lanham, MD: Rowan and Littlefield.

ETZIONI, A., ed. (1969). *The Semi-Professions and Their Organization: Teachers, Nurses, Social Workers.* New York: Free Press

GOODLAD, J. I. (1984). *A Place Called School: Prospects for the Future.* New York: McGraw-Hill.

———. (1990). *Teachers for Our Nation's Schools.* San Francisco: Jossey-Bass.

HOFSTADTER, R., AND METZGER, W. P. (1955). *The Development of Academic Freedom in the United States.* New York: Columbia University Press.

HOOK, S. (1953). *Heresy, Yes—Conspiracy, No.* New York: John Day.

INGERSOLL, R. M. (2003). *Who Controls Teachers' Work? Power and Accountability in America's Schools.* Cambridge, MA: Harvard University Press.

KIRK, R. (1955). *Academic Freedom: An Essay in Definition.* Chicago: Henry Regnery.

LEVINE, A. (2006). Educating School Teachers. www.edschools.org/pdf/Educating_Teachers_Report

LORTIE, D. (1975). *Schoolteacher.* Chicago: University of Chicago Press.

LOVELESS, T., ed. (2001). *The Great Curriculum Debate: How Should We Teach Reading and Math?* Washington, DC: Brooking Institution.

MACIVER, R. M. (1955). *Academic Freedom in Our Time.* New York: Columbia University Press.

NATIONAL COMMISSION ON EXCELLENCE IN EDUCATION. (1983). *A Nation at Risk: The Imperative for Educational Reform.* National Education Association. Washington, DC: U.S. Government Printing Office.

NOZICK, R. (1974). *Anarchy, State, State and Utopia.* New York: Basic Books.

PLATO. (1984). *Great Dialogues of Plato.* W. H. D. Rouse, translator. E. H. Warmington and P. G. Rouse, eds. New York: Mentor.

POPPER, K. (1966). *The Open Society and Its Enemies.* Princeton, NJ: Princeton University Press.

RAWLS, J. (1971). *A Theory of Justice.* Cambridge, MA: Harvard University Press.

ROSE, L. C., AND GALLUP, A. M. (2005). "The 37th Annual Phi Delta Kappa/Gallup Poll of the Public's Attitudes Toward the Public Schools." www.pdkintl.org/kappan/k0509pol.htm.

SIZER, T. R. (1984). *Horace's Compromise: The Dilemma of the American High School.* Boston: Houghton Mifflin.

SMYLIE, M.A., AND MIRETZKY, D., eds. (2004). *Developing the Teacher Workforce.* 103rd Yearbook of the National Society for the Study of Education, Part I. Chicago: University of Chicago Press.

SPRING, J. (2002a). *Political Agenda for Educa-*

tion: From the Religious Right to the Green Party. 2nd Ed. Mahwah, NJ: Lawrence Erlbaum.

———. (2002b). *Conflict of Interests, The Politics of American Education.* Boston: McGraw-Hill.

TYE, B. B., AND O'BRIEN, L. (2002). "Why Are Experienced Teachers Leaving the Profession?" *Kappan,* 84:24–32.

第15章

纪律与正义：零容忍还是酌情处理？

学校纪律和课堂纪律应受何种正义观支配？

观点1：零容忍惩罚政策维护公立学校的正义

> 最终，那些逃脱了更严厉、更公平惩罚的孩子所受到的教育就是：他们不用为自己的不当行为甚至是非法行为承担任何后果，只要那些行为发生在学校里，因为那些学校的管理者为了自己的职位升迁，往往更关心压制有关违纪处分和犯罪案件的报道。
>
> ——National School Safety and Security Services，2008

我们为何需要零容忍政策

在美国的公立学校，师生们每天都得面对无礼和混乱的情况。本可用于教和学的大量课堂时间都被浪费掉了，因为教师得花时间来管理那些难以管教的学生。零容忍政策确保那类学生能够且一定会被赶出学校，零容忍政策保护大多数学生的受教育权利免遭不守纪律之人的侵犯。尽管这些政策起初似乎过于严厉，但实际上，它们也只是手段而已，学校管理者若想完成为有责任感的美国公民培养好下一代的任务，则非借助这一重要手段不可。

当校园里发生了罕见的、危害性又极大的暴力行为之后，公立学校的纪律问题才受到了广泛关注。但是，一旦媒体的聚光灯慢慢暗淡下来，成千上万所学校的师生所面临的巨大麻烦仍然挥之不去。政府发布的最新学校安全问题报告显示，有28% 的学生在学校遭受欺凌（U. S. Department of Education，2007，Figure 11. 3），有37% 的学生在学校看到过泄愤式涂鸦（U. S. Department of Education，2007，Figure10. 1）；有11% 的学生成为泄愤式评论的攻击目标（U. S. Department of Education，2007，Figure 10. 1）；24% 的学生说学校里存在帮派（U. S. Department of Education，2007，Figure 8. 1）；有25%的学生说在学校可接触到毒品（U. S. Department of Education，2007，Figure 9. 1）；有近14%的学生参与过打架斗殴（U. S. Department of Education，2007，Figure 13.1）；有7%的学生报告说曾持枪入校（U.S. Department of Education，2007，Figure 14.1）。

对教师而言，也同样存在学校安全问题。有25万名教师在过去12个月中受到过学生的人身安全威胁（U.S. Department of Education，2007，Figure 5.1）。有些学生兑现了他们的“威胁承诺”——12.75万名教师遭受过身体上的伤害（U.S. Department of Education，2007，Figure 5.2）。总计发生150万起暴力案件——美国校园里的强奸、性骚扰、身体攻击和抢劫案件（U.S. Department of Education，2007，Figure 6.2）。最近的一项研究表明，几乎有一半离开教师行业的人认为，学生纪律问题是导致他们辞职的原因之一（Mississippi Youth Justice Project，2008）。

在某些学区，把捣乱的学生从班上赶走已经成了一项无比艰巨的任务。比如说，纽约市的校规长达27页，其内容包括“一系列可选惩戒方案”，这让学生，(在很大程度上）也让教师和管理者感到困惑：当一名儿童或青少年违反了校规中的某一条时，到底该怎么处置呢？违规共分五级，每一级都有要承担的相应后果（见表15-1）。

表15-1　　违规级别及后果——纽约市学校

级别	违规行为	实例	行为后果
1	抗令行为	不穿校服 上学迟到 带手机到学校 过分吵闹 着装分散他人学习注意力	口头警告、被逐出课堂或被校长勒令停学
2	违纪捣乱行为	抽烟赌博 语言亵渎神灵或下流淫秽 对教师撒谎 擅自离开校园 扰乱校车秩序 舞弊抄袭 反复出现1级违规行为	口头警告、被逐出课堂或被校长勒令停学
3	严重捣乱行为或危险行为	违抗命令或不听话 发表仇恨性言论 打架 偷盗 篡改学校成绩 肆意破坏公物 谎报火警或炸弹威胁 反复出现2级违规行为	口头警告、被逐出课堂、学区总监下达为期30天的勒令停学处分
4	危险行为或暴力行为	进行恐吓、威胁和敲诈勒索 存在危险、恐吓、欺凌、敲诈、拉帮结派或性骚扰行为 携带非法药物或酒类 参与团伙犯罪 故意纵火 反复出现3级违规行为	请家长、学区总监下达为期1年的勒令停学处分

5	非常危险的行为或暴力行为	使用武力对抗教师或学生 贩卖毒品 携带或使用武器	学区总监下达停学或开除的处分

资料来源：NYC Department of Education.（2008）.“Citywide Standards of Discipline and Intervention Measures.”

从口头警告到开除处分，一共有 13 种违规处罚措施，由拥有相应处罚权的人员决定处罚结果。随着学生违规程度的升级，有权按校规来处理违规事件的人员与学生违规行为及其对学习环境的影响的“关系”也越来越远。比如说，教师可以因为学生扰乱课堂纪律而将他逐出课堂，但是只有学区总监才有权勒令学生停学 5 天以上。校长若想勒令一个扰乱纪律的学生停学，每次都得遵循下列程序（Common Good，2008）：

● 证实原先将学生逐出课堂的教师遵循了相关规章制度。

● 确定学生的行为严重扰乱了课堂纪律，以至于妨碍了学校的正常工作或是对学生本人、其他学生或学校员工造成了“明显而即刻的危险”。

● 告知学生对他/她的指控及控告证据，倾听学生本人的意见。

● 告知学生他/她将受到勒令停学的惩罚，停学多久也要一并告知。

● 通知家长或监护人来学校领走学生。

● 在 24 小时之内与家长联系，以书面通知的形式告知家长整个事件的过程以及举行单独谈话会议的时间和地点（这种会议必须在家长得到书面通知后 5 天之内举行）。

● 再给学生家长写一封信解释情况：学生本人要参加单独谈话会议，告知家长另一种教学安排和听证程序，通知英语不熟练的家长可以带一名翻译，告知听证会上家长和学生质疑证人的一些权利，告知家长还可以带顾问（包括律师），让他们知道停学期结束后可以将孩子送回学校上课，告诉家长若是不服处理决定可以上诉。

● 在家长方便的时候举行单独谈话会议。

● 如果家长取消会议，重新安排会议时间。

● 准备并保留会议记录。

● 10 天之内通知家长停学处理是否合理。

● 若有其他处理决定，10 天之内通知家长。

● 如果学生对停学处理不服要提出上诉，可在 5 天之内书面告知学区总监。

● 如果学生要向教育总监（负责监管学区总监的人）上诉，也要书面告知。

开除残疾学生更加复杂也更加耗时。要开除这类学生，首先得举行听证会来核实学生的行为是否“表明学生有残疾”，以及学校是否因为某种原因未能提供“恰当的”（通常也是非常昂贵的）服务来帮助学生。如果要先搞清楚这些情况，那么拥有处罚权的管理者在选择余地上就更加有限。

在美国的各个学区，诸如此类的规章制度限制了管理者工作的有效性。鉴于这些烦琐的程序，许多校长简直没有时间做出勒令违纪学生停学的处分决定。于是，这些学生又被送回教室，继续新一轮的无礼和捣乱行为。零容忍政策明确规定了不当行为的必然后果，并给予学校管理者即时实施处罚的自主权，没有零容忍政策，希望学的学生和希望教的老师就变成了实际受惩罚的人。

零容忍政策的出现

“自从20世纪80年代联邦毒品政策里出现零容忍政策以来，零容忍主要是用来传达这样的信息：一些行为不会被容忍，无论情节轻重，一切违法行为都将受到严惩。”（Skiba，2000：2）在20世纪80年代末期，全国各个学区都制定了处罚政策，承诺对在学校携带武器的行为实行“零容忍”。受这一理念的影响，美国国会在1994年通过了《校园禁枪法》（公法103-227），规定把枪支（以及后来所禁止的其他武器）带进校园的学生至少面临停学1年的惩罚。《中小学教育法修正案》规定，学区或州须制定与法律一致的惩罚政策，否则就会失去联邦财政资助。随着时间推移，这一术语的内涵也逐渐扩大，“零容忍通常被界定为学区政策，它针对具体违规行为规定先定的惩罚后果，而且不考虑当事人所处的环境、违规历史或年龄”（Stader，2004：62）。

各州利用这一机会制定了明确的行为规范，允许将持有、贩卖或使用毒品/酒类、打架斗殴以及威胁学生或教职员工的学生开除（Skiba，2000；Casella，2003）。而且，它们对那些看似危害性不大但造成了不利于学习氛围的行为也一律实行零容忍政策，这些行为包括公然违抗权威、违纪捣乱、故意抗命、性骚扰、偷盗、恐吓他人、敲诈勒索、加入犯罪团伙、使用淫秽下流语言以及损坏学校公物等（Brady，Balman，and Phenix，2007）。

美国学校里有一个明显且即刻的危险。孩子们生活在一个充斥着各种“英雄”的社会之中，只不过媒体塑造的这些所谓的“英雄”都藐视合法权威，并且以牺牲他人的安全为代价来谋求自己的利益。对于那些人来说，为真实或想象中的所受伤害进行报复是合情合理的。当年轻人接受了这种“楷模”的价值观时，便会导致几种后果：在最坏的情况下，他们会危及他人的生命安全；在不那么坏的情况下，他们会扰乱他人的学习进程。既然教育是为了促使个体学生取得成功，是为社会培养合格的公民和领袖，那么任何扰乱学校教育秩序的行为就会危及我们每一个人。零容忍政策是对这种危机做出的有效回应，从理论上说也是公平的，因为对每个学生都一视同仁。从另一方面来说，视情况而定的惩罚政策很有可能使学生受到的处罚有失公允（Brown，2007）。

零容忍与理性抉择

零容忍政策确实使学校能够将那些危及他人安全和福祉的学生逐出校门，但更重要的是它们可以起到威慑作用，其目的是告诫年轻人不要实施危险行为、捣乱行为或者是放肆无礼的行为。就像其他预防犯罪的政策一样，零容忍政策也是为了“防患于未然”（Casella，2003：875）。零容忍政策的基础是杰里米·边沁（Jeremy Bentham）等古典经济学家基于对人类行为的考量而提出的“理性抉择”理论。这些理论家认为，人类是在计量某一特定选择内在成本和收益的基础上，按照最符合自己利益的方式而行事。人们总是选择他们认为能使自己快乐最大化、痛苦最小化的行为。既然惩罚会导致痛苦增加，那么即时、严厉的惩罚将不可避免的恐惧会使得个体不敢选择破坏共同善的行为方式。如果人们不害怕自己的行为被发现或是不害怕因为自己的行为而受惩罚，那么凡是能增加其快乐值的事情，他们就会肆无忌惮地去做。

零容忍政策提供的正是这种起威慑作用的惩罚。年轻人鲁莽冲动，对自己的行为可能给自身或他人造成的严重伤害往往缺乏判断力。事实上，如果知道伤害他人会妨碍追求自己的快乐，他们可能连做这些事情的念头都不会有。他们需要即时、严厉、确定无疑的惩罚作为外部平衡力来帮助他们克制自己的一时冲动，而零容忍政策提供的正是那种平衡力。它们“强调犯罪的后果和罪刑均衡，试图使那些易于冲动的人相信，为代价不菲的行为后果而冒险是不值得的”（Casella，2003：877）。当始终如一地贯彻执行零容忍政策时，学生会以另一种方式来估量自己的选择。当他们发现学校权威严肃对待纪律问题时——当他们明白所有人都要为自己的行为负责、无一能逃时——他们所做的抉择将更有利于维护学校秩序，最终也将更有利于他们自己的教育。

零容忍政策的关键要素就是在实施过程中保证政策的一致性。年轻人同样承认，真正有意义的规定是同样适用于每一个人的规定。许多学生在校外经常有这种纪律体验。比如说，少年棒球联盟的队员都知道，击球员挥棒三次没击中球就得“出局”——无论他是最棒还是最差的球员。这种“惩罚”是即时的，对比赛结果有着重大影响，而且没有任何商量的余地。因此，队员们就会花费大量时间来练习击球，也因此学会了如何正确判断何时该挥棒何时不该挥棒。尽管家长和教练反对三振出局的判决，但是他们也从未请律师介入这一争论，也很少会为此长时间耽误比赛。规矩就是规矩，裁判员就是比赛规则的诠释者，如果你想打棒球，你就得遵守比赛规则。

在学校里类似的讲原则也给了学生一颗“定心丸”：对不当行为，他们不可能逃脱惩罚。给予管理者或校董会实施惩罚的自行决定权削弱了零容忍政策的效力。“许多教育工作者总是退一步，给学生改过的机会，但他们若是在社会上或工作场合中，是不可能得到那么多改过机会而不受惩罚的，这样做与我们培养学生适应社会和工作岗位的目标也是背道而驰的。”（National School Safety and Security Services，2008）惩罚若是不再“即时、严厉和确定无疑”，也就失去了左右学生抉择的效力。这种校园氛围不会促使年轻人把自己的利益放在一边，而要求年轻人对妨害他人安全和自由的行为承担后果倒确实会促使他们放弃自己的利益。

零容忍政策的益处

学校实施零容忍惩罚政策对学生、教师、家长、管理者以及纳税人都有利。零容忍政策是公平的，使公立学校与私立学校能够进行有效竞争，把法律的实施工作交给专业人员，最大限度地减少了处理纪律问题的时间。最重要的是，它们有利于创造、维护有序的学习环境。

学校纪律是否严明对家长是否选择让子女在该校就读有很大影响。过去，家长认为他们面临着两种选择：要么选择容忍捣乱或不礼貌行为的公立学校，要么选择将影响他人学习的学生逐出课堂的私立学校。私立学校管理者驱逐捣乱学生的能力一直被视为其主要的优点之一（Casella，2003a）。零容忍政策为公立学校的管理者提供了同样的自主权，也让纳税人放心：他们的钱花得很值。特许学校的处罚政策更像私立学校的处罚政策，这也是家长愿意选择特许学校并对特许学校很满意的原因之一（Lips，2008）。

规定具体惩罚措施的纪律政策还能维持公立学校学生构成的多样化。正如早先提到的那样，家长不愿意把孩子放在他们认为不安全的环境里。当他们“害怕”公立学校的时候，中产阶级的家长就会通过搬离城区、迁到市郊的学区来追求“安全保障”。不过，市郊只能提供“隔离式安全——更宽敞的房子、篱笆、草坪和泾渭分明的物业界限”（Casella，2003a：132）。市郊的创建——以及随之创立的学区——导致了城市的再造（Anyon，1997）。曾经在美国人心中充满生命力和希望的城市中心地带只剩下破败的房屋和破碎的梦，更加贫穷、更加无望的人们占据了城市，城市里的贩毒和暴力现象越来越多。“郊区化所带来的一切以一种间接的方式进一步佐证了中产阶级有必要为了安全而离开城市。”（Casella，2003a：142）由于白人逃离城区，美国的教育由于种族、民族和阶级隔阂而变得日益单一。学生去上学也是只和跟自己看上去相似的人待在一起，学生家庭的经济背景也大致相同（Orfield and Lee，2007）。如果说对学校的信任能够振兴城区是显得过于乐观了，那么认为对学校的信任有利于振兴城区还是能说得过去的。

在大多数州，由于零容忍政策的出台，执法官员在学校露面的次数也越来越多。“学校警察计划”大约已拨款 7.48 亿美元作为 6 500 名学校资源官（SROs）的经费，学校资源官是指接受过专门培训、宣誓就任的执法官员（U. S. Department of Justice，2004）。通常来说，当一名学生的违规行为严重到需要被拘捕时，现场的学校资源官就可以马上行动。因为学生都认识他们，他们以拘捕人员的身份出现在现场可以把拘捕过程中出现的危险或破坏性减少到最低程度。学校资源官的存在对不当或危险的学生行为也具有很强的威慑力。他们至少有一半时间要花费在预防性职责上，例如，为学生提供一对一的咨询服务以及协调课外活动等。他们讲授犯罪预防课，帮助学生应对学校和社区里惹是生非的团伙，帮助管理者研发提高学校安全度的政策和程序。另外，许多学校资源官在处理欺凌事件以及网络犯罪和骚扰方面表现得相当专业（U. S. Department of Justice，2008；National Association of School Resource Officers，2005）。

零容忍政策是有效的——它们驱逐了捣乱分子，使鲁莽冲动的学生不敢惹麻烦。受欺凌、参与打架斗殴和有恐惧心理的学生比例以及受到威胁的教师人数等许多秩序指标显示，最近 10 年学校治安好多了（U. S. Department of Education，2004，Figure 3.1，Table 5.1，Figure 6.1，Table 9.1，Table 11.1，Table 12.1）。零容忍政策在实现基本目标方面也是有效的——校园枪械的数量减少了近一半（U. S. Department of Education，2007，Table 14.1）。

零容忍政策下的民权保护

零容忍政策的批评家可以马上指出一些他们认为实施这种政策不公平的地方。他们认为，与《校园禁枪法》和 NCLB 法案保持一致的惩罚措施，致使那些只犯一次“错误”的“好”孩子也要受到惩罚。他们还认为，残疾学生失去了一些受《残疾人教育法案》所保护的权利。但是，这些说法忽略了法律语言的内涵：“对本法案各条款的诠释应该与《残疾人教育法案》保持一致。”而且“州法律应该允许地方教育机构的首席行政官在具体问题具体分析的基础上，对开除学生的要求进行书面修订”（U. S. Department of Education，2001，Sec. 441 b，c）。教育部报告说，自从 1997—1998 学年以来，平均有 35%的开除学生判例利用了这种修改权，残疾学生在这些修改判例中占近 30%。在那些为数很少的真正审判不公的判例中，学生上诉并获得了胜诉（Seal v. Morgan，2000；Butler v. Rio Rancho Public School Board，2002）。批评家们还认为，由于实施零容忍政策，大量有色人种学生被勒令停学或被学校开除。但是，既然这些政策旨在不带偏见地、平等地对待所有违规学生，那么，排他性惩戒率与学校共同体中种族或民族代表之间的差异就不能归咎于零容忍。实际上，正是因为政策执行者的偏见导致了对政策的曲解以及对处罚政策的酌情应用，而零容忍政策的出台就是要纠正这种现象（Billitteri，2008）。人们担心种族或阶级偏见会影响惩罚行动，消除这些疑虑就需要详细界定违规行为，精心制定一套适用于每一名学生的行为后果方案，无论学生属于哪一族群，也无论其社会经济地位如何，均照章惩戒。

在动用最严厉的惩罚措施时，提供那样的保护是很有意义的。对一些情节不严重的违规行为，也坚持要采用复杂耗时的程序以假装保护学生走“正当程序”的权利则没有任何意义。当只为那些没有履行其职责的社会成员伸张正义，而大多数学生在安全有序的学校学习的权利已被侵犯时，那就真的有问题了。当“例外”处理变成了纪律政策时，规定对学生而言就毫无意义了。如此，学生也不可能好好学习，纳税人辛苦挣来的钱就浪费了。对所有人都公平意味着我们需要零容忍政策这一更好的解决办法。

观点 2：零容忍惩罚政策根本不公平

对有色人种学生影响最大的“零容忍狂热”是普遍存在的、动辄惩罚的思想观念的一部分，是包括把未成年人当作成年人、威慑理论以及强制性判刑标准在内的社会政策的一部分。

——Stein，2007：31

零容忍政策的社会语境

恐惧与爱对人们有着奇怪的影响。当 20 世纪 80 年代末发生的毒品暴力犯罪吓到美国人的时候，对非法行为实行没有商量余地的严厉惩罚似乎是很明智的。1994 年通过的《暴力犯罪控制和执法法案》就是对这些社会问题感到担忧的证据。根据这一法案，对大规模毒品走私涉案人员可以动用死刑，对暴力或毒品犯罪团伙将进行更严厉的新式惩罚，对那些三次犯重罪的累犯将判处无期徒刑，而且不得假释。由于约 6%的罪犯要为美国 70%～80%的非法活动负责，所以该条款的目的是：“为社会抓捕这一群频频犯事的、危险的职业罪犯提供一种可行方案，从而大大减少犯罪量。”（Jones，Connelly，and Wagner，2001：1）自从 1993 年以来，有 37 个州采纳了类似法律。至于这些法律的有效性，研究结果是令人颇感意外的。早期研究表明，这些法律几乎没有多少威慑效果（Turner，2000），最近的研究表明，法律对一些罪犯有威慑作用，但意想不到的是，暴力犯罪的严重程度却也加大了——尤其是那些“二进宫”的罪犯（Shepherd，2001；Iyengar，2008）。三振出局法也加剧了司法系统的种族歧视。非裔美国人因毒品犯罪而被监禁的可能性比白人要高 13 倍，被判处终身监禁的可能性几乎是白人的两倍（Beatty，Petteruti，and Ziedenberg，2007）。这些法律也抬高了监禁费用，妨碍了法庭工作，使得监狱人满为患。它们夺走了法官的酌情处理权——毕竟，法官的职责就是要根据案件具体情况，根据被告的年龄、智商和情商进行斟酌考虑，在裁定被告有罪并进行量刑时，还要估量其不法行为对受害人和社会的影响（Jones，Connelly，and Wagner，2001）。

尽管有证据表明，强制性判刑政策对犯罪活动的威慑力不大、存在种族歧视、限制了知情人的决策权，但美国几乎所有学区都采纳这些政策作为处罚办法。它们之所以能进入美国学校，好像有貌似合理的理由。尽管校园持枪行凶暴力事件的数量相对不多，但这些事件引发了保护年轻人的强烈愿望。原先的“零容忍”政策，也即《校园禁枪法》的界定是十分明确的——只要你把枪支带到学校，就会被开除。但是，久而久之，这个概念越来越多地被用在越来越轻微的违规行为上。严苛的处罚制度无疑束缚了那些有爱心的学校专业人士的手脚，就像强制性判刑法限制了法官的选择余地一样，对那些无意伤害他人的学生造成了严重的影响。它们对有色人种和残疾学生的影响特别大，而且既耗时又耗钱，夺走了解决更迫在眉睫的教育问题所需要的时间和资金，但对防止学校里无礼、抗命和捣乱行为又几乎毫无作用。而且，它们也违背了罚当其罪的基本民主原则。

担忧变疯狂

“虽然零容忍曾经只针对将学生开除出学校或勒令停学的严重违规行为，但现在对纪律问题却一律采取零容忍的态度。”（The Advancement Project and The Civil Rights Project，2005：15）学生因携带潜在的、已发现的或想象中的武器以及打架斗殴行为而被勒令停学，但他们也因为“主观认定的‘无礼’‘抗命’‘捣乱’行为而被逐出学校”（The Advancement Project and The Civil Rights Project，2005：15）。

学校的零容忍政策导致不公平的——有时甚至是奇怪的——处罚结果，这样的案例报告不计其数。

- 亚利桑那州一名 13 岁的男孩因为在纸上画了一支枪而受到停学 3～5 天的惩罚（KOLD News，2007）。
- 得克萨斯州一名 6 年级学生因为在存储柜上写了“我爱亚历克斯”这句话而被停学 4 个月（Eriksen，2007）。
- 明尼苏达州的两个孩子因为在学校组织的英国旅游中购买了仿真剑作为纪念品而受到开除出学校的处分。他们并没有拿剑威胁任何人，但旅游团的负责人发现了那些正要寄回美国的、包装完好的仿真剑（Lemagie，2008）。
- 2007 年，在马里兰州因为性骚扰而被停学的 166 名小学生中，有 3 名学前班的学生、16 名幼儿园的孩子和 22 名 1 年级的学生（Schulte，2008）。

发生这样的情况就是年轻人被“妖魔化”的结果（Giroux，2003：554）。儿童和青少年被视为危险分子，需要受到不断监视。一些学生若想参加课外活动，就得接受毒品测试，另外一些学生每天都得忍受学校里金属探测器的搜身、武装警卫的巡视以及监视器的监控。假借保护之名，年轻人被不公平地拎出来接受社会制裁。“甚至没有任何伤害性的行为现在也要受到罚款或拘捕，并被转交给青少年法庭或刑事法庭。实际上，在很多情况下，那些指控的罪名（例如，扮演警察与抢劫犯就是‘恐怖威胁’，扔雪球就是侵犯人身安全）根本就不成立，如果被告是成年人的话。”（The Advancement Project and The Civil Rights Project，2005：15）纽约皇后街区一个 5 岁大的男孩因为在校长办公室发了一阵脾气而被铐上手铐送到精神病房（Sullivan，2008）。学校的警察数量大幅度增加。在纽约市，有 4 600 名校园保安人员和 200 名武装警察，他们是美国的第十大“警力”，比华盛顿特区、底特律或波士顿的警力还多（New York Civil Liberties Union，2007）。

而且，在反应过激、极其不民主的零容忍政策下，学生被学校开除是常事。在匹兹堡，一名 14 岁的男生因为写歌词而被学校开除，因为他写的说唱歌曲与暴力行为有关，尽管他的歌是在家里写的，没带到学校，但也逃不脱被逐出校门的命运。加利福尼亚州的学生因在学校组织反战集会而被停学，因为当时军队的征兵人员正在学校里通过公共广播系统发布通知。全美国的年轻人都曾因为穿的 T 恤衫上写有被学校官员认为“危险”或是反美的口号而遭遇过类似惩罚（American Civil Liberties Union，2005）。

对有色人种学生的巨大影响

零容忍支持者认为，零容忍政策体现了公平正义。但是，就像强制性判刑政策一样，它们体现的根本不是公平，而是种族歧视。零容忍政策对有色人种学生的影响完全不同于对白人学生的影响。

最近 30 年以来，研究一致证明，有色人种学生的停学率是其他学生的 2～3 倍。在南卡罗来纳州，被停学的非裔学生是白人学生的 5 倍。在明尼苏达州，停学比例是 6∶1，在新泽西州，非裔学生的停学率是白人学生的 60 倍（Billeteri，2008）。男生被学校开除的风险尤其大——通常是女孩的两倍。在转交校长处理和交由教师训斥等较轻的学校惩戒案例中，有色人种学生所占比例同样过高。如果这种差距可以解释成因为来自少数群体的学生实际上更暴力或是不规矩行为所占比例更高，那么，零容忍政策本身倒也无可指摘。然而事实并非如此，有色人种学生比白人学生受到的惩罚更严厉，即使他们犯的是同样的错误（Fenning and Rose，2007）。在许多学校，非裔和拉丁裔学生常常因为“不礼貌”“挑衅”“吵闹”而被停学（Walsh，2008）。这些谴责词显然都是很主观的，而且也存在文化针对性。教师和行政管理人员就像其他人一样也容易受到对有色人种模式化印象的影响。这些模式化印象可能影响教育者对学生的看法，致使他们认为有色人种学生比白人学生更恐怖或是更危险。比如说，当课堂上发生突发事件时，教师担心自己不能掌控，当这种恐惧心理与种族偏见交织在一起的时候，那种担心的结果往往就是有色人种学生被指认成“祸首”而被赶出课堂、被停学。研究表明，“那些被挑出来的学生可能就是班级的‘代言人’，这些互动交流是在老师看到课堂失控的时候发生的，实际上并不是什么暴力犯罪”（Fenning and Rose，2007）。有色人种学生说，他们觉得好像有人希望他们变坏一样（New York Civil Liberties Union，2007）。因此，一些学生就故意以一种不恰当的方式来“迎合”这种心理，而教师和管理者又不反思自己的态度对学生行为的影响，且零容忍政策也不要求这样的反省。实际上，在公正的幌子下掩盖的是偏见，它对挥之不去的偏见起了推波助澜的作用（Brady，Balmer，and Phenix，2007；Fenning and Rose，2007）。

纪律与残疾学生

大多数学生来上学的时候就能够理解何为规矩以及如何守规矩，但是，对于残疾学生，尤其是对有行为障碍的学生来说，要理解并不辜负教师的期望是一项难度大得多的任务。因此，残疾学生被学校开除的可能性也更大。每年大约有 20%的残疾学生被勒令停学或被学校开除，而正常学生每年只有 10%受到类似处分。对于有特殊类型残疾的学生来说，这一比例还要高一些。每年有 44%的情感和行为障碍学生以及 21%的其他健康障碍学生（通常是有注意力缺失障碍的学生）被停学（Achilles，McLaughlin，and Croninger，2007）。有品行障碍的学生“……带着自己的观点和信仰来上课……这使得他们不太适应学校的社会课程”（Skiba and Peterson，2003：3）。也许他们生长的环境告诉他们，若要不被别人伤害，最有效的办法就是让自己变得富于攻击性。其他一些学生，因为父母对他们的期望缺乏一致性，所以就学会了故意表现不好以试探在学校里不可为的界线到底在哪里。一些学生因为残疾而特别难以完成学校布置的学业任务，因此也会为了逃避太难的功课而故意捣乱。相对他们所“了解”和感知的世界以及自己在这个世界的地位而言，所有这些行为对学生而言都是有意义的。由于教师和学校管理者看待世界的方式和他们不一样，所以这些学生就被视为不懂礼貌、不守纪律、不听话、叛逆以及爱捣乱的“坏蛋”。他们的行为在身心正常也没有类似体验的成年人看来，是不可理喻的。

残疾学生也常常不懂人际关系，与同学交往很困难。一旦他们没有或无法领悟别人的语言和非语言暗示而产生误解，就会爆发争吵。当其他同学想说点什么的时候，他们还在讲话。他们未经他人准许擅自拿走他人的玩具、学习用品和学习材料，又拒不与人分享，别人生气时他们还感到惊讶。他们不懂得尊重个人空间，故意靠近或用身体挤撞那些反感他人入侵自己空间的人。因此，他们更经常卷入与其他学生的语言冲突和肢体冲突。

实际上，1997 年的《残疾人教育法案》在学校纪律方面为残疾学生提供程序性保护。比如说，如果发现学生行为是受残疾的影响，他们就会比非残疾学生接受的惩罚更轻。但是，这些保护措施遭到了强烈反对，因此，2004 年国会对这一法案进行修正时，就限制了法官可酌情处理的情况，尤其是针对非残疾学生的零容忍类行为。在修正案里，残疾学生不仅会因为与武器或毒品有关的犯罪行为获罪，而且也会因为在学校或学校聚会上对他人造成了严重身体伤害而被强行送到另一过渡性的教育环境里待上 45 天（IDEA，2004）。修正案还规定，如果残疾学生因为违反校规而被停学超过 10 天，在他们对处罚裁定提起上诉期间，他们将无权继续在之前的教育环境里学习（IDEA，2004）。这些法律条款的问题是，它们把数十年来为残疾学生免遭学校开除而做出的种种努力都毁掉了。这些政策使学校管理者有权将因残疾而出现违规行为的学生逐出课堂，甚至是逐出学校——也就是说，学生之所以被驱逐就是因为他们的身体原因。最近的一项研究表明，尽管学校管理者声称他们意识到自己有责任保护残疾学生的权利，但大多数管理者更可能优先考虑学校共同体的安全。他们认为，他们的首要职责是为了整个学校的利益而维持好学校的秩序，“大多数但并非所有管理者认为，他们有义务遵守《残疾人教育法案》的纪律处分条例，但那会妨碍他们实现维持学校秩序的目标”（McCarthy and Soodak，

2007：463）。不是给残疾学生提供必要的支持来帮助他们在受最少限制的环境中学会表现良好，而是顽固迷信牺牲那些学生的个人权利就可以维护某些学校的“整体安全”，这种想法是不对的。

零容忍政策的影响

尽管零容忍政策得到了广为宣传的支持，但几乎没有证据表明零容忍政策确实使学校变得更加安全了，有些证据倒是表明，实施零容忍政策的学校纪律问题反而更多，学校氛围更消极，学生成绩也降低了（Billeteri，2008；Brady，Balmer，and Phenix，2007）。而且，还有大量证据表明，零容忍对年轻人的消极影响特别大。

我们一直研究推行零容忍政策对学生的影响。尽管有观点认为，采用一刀切的惩罚措施是公平的，但显然这种政策并非对所有学生的影响都一样。“……对有些学生而言，零容忍政策让‘危险因素’四伏、本已不堪重负的生活又添新伤。尽管有些学生在被学校开除或被停学之后，还能得到帮助并设法重回成功的轨道，但另外一些学生却不可能做到这一点。始终如一地执行零容忍政策并不意味着所有学生都受到了同样的惩罚。比如说，一个学生被学校开除之后，可能聘请家庭教师，而另外一个学生被开除之后可能就请不起家庭教师，所以被学校开除的后果其实大不相同。”（Casella，2003b：881）

研究证明，校外停学——这一最常用的零容忍惩罚措施——与学业上的屡屡失败、留级、消极的学习态度、课外活动参与少、特殊教育计划中更高安置率、成绩差、出勤率差以及反复出现的纪律问题有关（Nichols，2004）。最为严重的是，触犯学校纪律成了辍学的一大征兆。

这些后果也并不令人惊讶。当学生被停学之后，显然也就失去了课堂学习时间。他们通常是在家自学，其中大多数也接触不到教师，也不了解自己的同学在做些什么功课。公助补习学校很少，而且也只对残疾学生开放。即使学生已经“服满”停学期或是又被证明“无罪”，但重返校园的时间一再拖延的现象仍很普遍，而且，他们还常常觉得他们曾求助过的那些成年人对他们排斥，很不友善。他们总是认为自己被挑出来受惩罚是不公平的，也不再相信教师和学校管理者是正直的人，有时他们的这些看法也并没错。受排斥的学生往往成了“过客”，进出各种教育环境，从来没有过安逸感，也一直无法与其他学生建立起有助于学业成功的良好关系（Brown，2007）。

实际上，因勒令停学和开除而产生的辍学者不断增多根本就不是偶然的。行为不当的学生通常是那些在学习任务中挣扎着的年轻人。学校没有能力满足他们的需求，他们就通过捣乱来发泄对学校的不满。在高风险考试时代，较差的标准化考试成绩对学校的成绩报告单有负面影响，因此，学校管理者利用零容忍政策“撵走”成绩差的学生来提高考试成绩的做法似乎是无可厚非的。当然，相较于为学生提供小班教学、学习辅导以及课后补习计划来真正帮助他们提高学业成绩，那种办法“更实惠”。

除了辍学学生数量的上升——或者更准确地说，因为这样做增加了辍学学生的数量——零容忍还促成了“从学校到监狱的通道”。许多学校加强了警力部署。在纽约市，这些校园保安人员经常越过暴力防范的职责范围。“与着装打扮有关的其他学校规定，他们也要插手。他们在饮食或其他与校园安全毫不相干的事情上制定他们自己的规则。有时，他们还对那些质疑纽约市警察局对学生处理态度的教育者进行报复性拘禁。”（New York Civil Liberties Union，2007：4）每年在学校抓捕学生的案件多达40万起，其中大多数是非暴力犯罪案件。过去交由学校管理者处理的不当行为现在却被判定为违法。学校的警力干预太多扰乱了教学时间，使学生受到带有性骚扰意味的人身搜查，更让他们坚定社会忽视他们个人权利的错误观念。学校成了“辍学”工厂，最终能升入高中的9年级学生不足最初入学的30%（New York Civil Liberties Union，2007）。

少年司法制度改革也是同时进行的。“自从1992年以来，有45个州通过了可以把青少年视为成年人来审判的法律，有31个州加强了对青少年犯法行为的制裁，有47个州放宽了对青少年的保密规定。尽管在20世纪90年代后半期，青少年犯罪案件急剧减少，但涉及青少年的正式审理案件——大多数是非暴力案件——却增加了，因非暴力犯罪而被关入监禁机构的年轻人的数量也增加了。”（Wald and Losen，2004：3）

统计数字也可使我们了解到学业失败和监禁之间的关系——“辍学者进监狱的可能性是高中毕业生的8倍”（Bridgeland，DiIulio，and Morrison，2006）。“1997年，各州关押的囚犯中约68%的人没有完成高中学业。被判关入成人监狱的年轻人中，有75%未满18岁，且没有念完10年级。估计70%的少年罪犯有学习障碍，33%的少年罪犯的阅读能力低于4年级水平。青少年女生中在成年后可能进监狱的‘最有效预测指标’就是她们在中学被停学、被开除、被留级的经历。”（Wald and Losen，2004：4）

从学校到监狱的通道是永远存在的。零容忍政策对成年人和年轻人之间的关系造成了一种寒蝉效应（chilling affect）。那些最需要帮助的人（包括智障学生）因为这类政策而不敢寻求帮助，因为他们生怕自己的问题被曲解或被误解而受到学校的惩罚或被关入监狱（Skiba et al.，2006）。他们也因此得不到任何帮助来改变或应对造成其违规行为的潜在因素。于是，学生继续违规，继续发泄，学校继续对之进行严厉惩罚，勒令停学致使学生被送交刑事司法系统处理，致使学生因为无人管束的“自由”行为而被拘捕，不得不在监狱度日。一名学者表示，这种“有机联系”是“美国如何毁掉年轻人”的典型例子（Ladson-Billings，2001：84）。

民主的纪律政策

诚然，制定能体现美国人理想（亦即既保护个人权利也保护共同善）的纪律政策很有挑战性，但也是必要的，如果要年轻人相信公平、正义之类的民主价值观不仅仅是喊口号的话。

制定学校处罚政策时，可以参考美国司法制度的一些特点。比如无罪推理，学校可以先假定学生是无辜的，直到该生被证明有罪后再决定惩罚措施。学校管理者在做出处罚决定之前有权过问每一案件的细节情况，包括学生的意图和事件发生的背景等。学区制定的纪律政策要清楚解释正当的法律程序。

而且，对学校纪律政策的违反可被视为“可教育阶段”。民主的处罚政策不是一味对学生进行没多大作用的惩罚，而是在可接受行为或解决问题方面对学生进行教育（Skiba and Peterson，2003）。龙尼·卡塞拉认为，采取另一种像“恢复性司法”（restorative justice）那样的处理犯罪问题的方式——用社区服务取代勒令停学——就能起到这样的作用。违规学生可以为更小的孩子辅导功课，可以在社区机构干活儿，甚至可以参加体力劳动改善学校大楼或校园的环境，而不是坐在家里看电视或是在校内停课室里做着毫无意义的额外作业。学校可以成立旨在解决学生间冲突以及建议如何处理不当行为的同侪调解小组，在决定如何进行恰当补偿时，这种小组还要征求被害人的意见。以何种方式恢复秩序以及以何种方式赔偿因其行为造成的损失也是施暴者要承担的责任（Skiba et al.，2006）。

民主的纪律政策之另一重要层面是让成年人参与学生违规处理。先让学校官员和家长见面，共同拟定可接受的处理方案，这意味着学生面对的是以学生和社区最佳利益为出发点而形成了统一战线的成年人。在这种情况下，学校和家长双方达成协议，对各方应该担负的责任解释清楚，以避免今后再出问题。学生自己制定解决问题的方案，方案里要讲清楚需要得到什么帮助才能改变自己的行为；同时为他们配备辅导教师——年龄稍长的学生或成年人——二者每周一起汇报所取得的进步或是征求第三方意见（Casella，2003b）。

这些模式不仅能够解决已经发生的问题，而且有利于预防今后可能发生的问题。它们也给学生传递出这样的信息：美国的公共机构是公正的，是为所有公民利益服务的机构。在打造、维护此种信念的基础上，让管理者拥有做出处罚决定的自主权，让学生、家庭和社区共同参与处罚的实施，这样的惩戒措施比一刀切的政策更能解决问题。

越来越多的证据表明，零容忍政策的好处简直微不足道，但我们为什么却没有要求废除它们的政治意愿呢？也许是因为这类法律的真正目的并不是为了帮助年轻人改变其行为，而是让成年人放心他们还能“管住”这些年轻人。事实证明，零容忍政策的好处是虚幻的，只不过是有效的公关活动而已。

社会可以为年轻人做得更好。创设满足学生真正需求的学校可以更有效地传达零容忍政策的本意——关心年轻人的福祉。这样做的模式已经存在。把学生的喧哗无礼和恶意捣乱行为减少到最低限度的学校都是一些规模很小的学校，它们可以减少学生的无名感、疏离感和孤立感，可以迅速处理小型违规行为，并借此机会教育学生如何更有效地控制自己的行为（Bridgeland，DiIulio，and Morrison，2006）。但是，即使在最理想的学校，我们也必须承认，有必要让一些学生离开或者将其逐出属于他们的教育环境，因为这些教育环境无法满足他们的需要，也无法让他们约束自己的行为。不过，这应该是我们最后的选择，是包括家长、管理者、教师、心理学家，甚至警察以及法官在内的所有有爱心的成年人的共同决定。“越来越多的证据表明，在如何实施零容忍政策上显然需要进行改革，需要采取另一套不同的做法。这些做法依赖于更灵活、更明智地运用学校纪律，依赖于长达 10 年的校园暴力研究中被证明行之有效的预防措施。是时候在政策、做法和研究上进行转向了，这样我们实施的政策才能让学校成为安全的学校，才能使所有学生的学习机会得到保障。”（Skiba et al.，2006）

讨论

1. 零容忍政策的反对者认为，零容忍政策对有色人种学生特别不利，而赋予管理者更多的自行决定权来处理纪律问题，可以减少种族偏见的影响。但是，就像教师一样，管理者还是有偏见。学区的纪律政策如何才能保护有色人种的学生免遭种族歧视呢？

2. 零容忍政策是正确或唯一选择的情况到底有没有呢？讨论一下可能在哪些情况下采取零容忍政策是正确或唯一的选择，以及为什么在那些情况下进行权宜处置是不妥当的。

3. 法院在实施强制性终身监禁之前，对重罪犯采取“三振出局”的制裁。学校在勒令学生停学或开除学生之前，采取类似“三振出局”的政策恰当吗？

4. 就处罚残疾学生的经历采访有关学校管理者。问问他/她最难以处理的情况是什么，问问他/她是否认为应该考虑残疾学生的实际情况。在课上讨论你的调查结果。利用课堂讨论和采访，写一篇论文，阐述你为什么支持或反对《残疾人教育法案》在纪律方面的有关规定。

参考文献

ACHILLES, G., MCLAUGHLIN, M. and CRONINGER, R. (2007). “Sociocultural Correlates of Disciplinary Exclusion Among Students With Emotional, Behavioral, and Learning Disabilities in the SEELS National Dataset.” *Journal of Emotional and Behavioral Disorders* 15(1): 33–45.

THE ADVANCEMENT PROJECT AND THE CIVIL RIGHTS PROJECT, HARVARD UNIVERSITY. (2005). “Education on Lockdown.” www.advancementproject.org/reports/FINALEOLrep.pdf.

AMERICAN CIVIL LIBERTIES UNION. (2005). “Students’ Rights.” www.aclu.org/StudentsRights/.

ANYON, J. (1997). *Ghetto Schooling.* New York: Teachers College Press.

AYERS, W., DOHRN, B. AND AYERS, R. (2001). *Zero Tolerance.* New York: The New Press.

BEATTY, P., PETTERUTI, A., AND ZIEDENBERG, J. (2007). “The Vortex: The Concentrated Racial Impact of Drug Imprisonment and the Characteristics of Punitive Counties.” Washington, DC: The Justice Policy Institute. www.justicepolicy.org/images/upload/07-12_REP_Vortex_AC-DP.pdf.

BILLETERI, T. (2008). “Discipline in Schools.” *Congressional Quarterly Researcher* 18(7):145–168.

BRADY, K., BALMER, S. AND PHENIX, D. (2007). “School-Police Partnerships Effectiveness in Urban Schools.” *Education and Urban Society* 39(4):455–478.

BRIDGELAND, J., DIIULIO, J., AND MORISON, K. (2006). “The Silent Epidemic: Perspectives of High School Dropouts.” Report prepared for the Bill and Melinda Gates Foundation. Washington, DC: Civic Enterprises.

BROWN, T. (2007). “Lost and Turned Out: Academic, Social, and Emotional Experiences of Students Excluded from Schools.” *Urban Education* 42(5): 432–455.

Butler v Rio Rancho Public School Board. 2002. 245 F. Supp. 2d 1188 (2002 U.S. Dis. LEXIS 26238).

CASELLA, R. (2003a). “Zero Tolerance Policy in Schools: Rationale, Consequences, and Alternatives.” *Teachers College Record* 105(5): 872–892.

———. (2003b). “Security, Schooling, and the Consumer’s Choice to Segregate.” *The Urban Review* 35(2): 129–148.

COMMON GOOD (2008) “Overruled.” http://commongood.org/burdenquestion-2.html.

FENNING, P. AND ROSE, J. (2007). “Overrepresentation of African American Students in Exclusionary Discipline The Role of School Policy.” *Urban Education* 42(6): 536–559.

GIROUX, H. (2003). “Racial Injustice And Disposable Youth In The Age Of Zero Tolerance.” *Qualitative Studies in Education* 16(4): 553–565.

IYENGAR, R. (2008). “I’d Rather Be Hanged For A Sheep Than A Lamb: The Unintended Consequences Of ‘Three-Strikes’ Laws.” *NBER Working Papers Series, Working Paper 13784.* Cambridge, MA: National Bureau of Economic Research.

JONES, G., CONNELLY, M. AND WAGNER, K. (2001) “Three Strikes Law: Does It Really Work?”

Maryland: State Commission on Criminal Sentencing Policy. www.msccp.org/publication/strikes.html.

KOLD News. (2007). "Suspended for Doodling." www.kold.com/Global/story.asp?S=6971974&nav=14RT.

LADSON-BILLINGS, G. (2001). "America Still Eats Her Young" in *Zero Tolerance*, ed. W. Ayers, B. Dohrn and R. Ayers. New York: The New Press.

LEMAGIE, S. (2008). "Students Expelled For Replica Swords," *Minneapolis Star Tribune*, April 25.

LIPS, D. (2008). "School Choice: Policy Developments and National Participation Estimates in 2007–2008." *Backgrounder*. Washington, DC: Heritage Foundation. www.heritage.org/Research/Education/bg2102.cfm.

MCCARTHY, M. and SOODAK, L. (2007). "The Politics of Discipline: Balancing School Safety and Rights of Students With Disabilities." *Exceptional Children* 73(4): 456–474.

Mississippi Youth Justice Project. (2008). *Effective Discipline for Student Success*. Montgomery, Alabama: Southern Poverty Law Center.

National School Safety and Security Services. (2008). "Zero Tolerance: School Safety and Discipline Policies." www.schoolsecurity.org/trends/zero_tolerance.html.

New York Civil Liberties Union (2007). *Criminalizing the Classroom*. New York: author. www.nyclu.org/policinginschools.

New York City Department of Education (2008). "Citywide Standards of Discipline and Intervention Measures." www.nycenet.edu/parents/PDFs/DisciplineCode.pdf.

NICHOLS, J. (2004) "An Exploration of Discipline and Suspension Data." *The Journal of Negro Education* 73(4): 408–424.

ORFIELD, G. and LEE, C. (2007). "Historic Reversals, Accelerating Resegregation, and the Need for New Integration Strategies."Los Angeles: The Civil Rights Project. www.civilrightsproject.ucla.edu/research/deseg/reversals_reseg_need.pdf.

SCHULTE, B., (2008). "For Little Children, Grown-Up Labels As Sexual Harassers," *Washington Post*, April 3, 2008.

Seal v Morgan. 2000. 229 F. 3rdd 567 (6th Cir.).

SHEPHERD, JOANNA M. (2002). "Fear of the First Strike: The Full Deterrent Effect of California's Two-and Three-Strikes Legislation." *Journal of Legal Studies* 31: 159–201.

SKIBA, R. (2000) "Zero Tolerance, Zero Evidence: An analysis of School Disciplinary Practice." Bloomington, IN: Indiana Education Policy Center. Policy Research Report #SRS2. www.indiana.edu/~safeschl/ztze.pdf.

SKIBA, R. AND PETERSON, R. (2003) "Teaching the Social Curriculum: School Discipline as Instruction." *Preventing School Failure* 47(2): 66–74.

SKIBA, R., et al. (2006). "Are Zero Tolerance Policies Effective in the Schools? An Evidentiary Review and Recommendations." A Report by the American Psychological Association Zero Tolerance Task Force. Washington, DC: American Psychological Association.

STADER, D. (2004). "Zero Tolerance as Public Policy: The Good, the Bad, and the Ugly." *The Clearing House* 78(2): 62–66.

STEIN, N. (2007). "Bullying, Harassment and Violence Among Students." *Radical Teacher* 80: 30–35.

SULLIVAN, L., (2008). "The Crackdown on New York City Students," *Gotham Gazette*, February 11.

TURNER, S. (2000). RAND Corporation Criminal Justice Program, Justice Research and Statistics Association. "Impact of Truth-in-Sentencing and Three Strikes Legislation on Crime," *Crime and Justice Atlas 2000*. Washington, DC: U.S. Department of Justice.

U.S. DEPARTMENT OF EDUCATION. (2001). No Child Left Behind Act. www.ed.gov/policy/elsec/leg/esea02/index.html

———. (2007). "Indicators of School Crime and Safety, 2007." National Center for Educational Statistics. http://nces.ed.gov/pubsearch/pubsinfo.asp?pubid=2008021.

U.S. Department of Justice (2008). COPS in Schools. www.cops.usdoj.gov.

WALD, J. AND LOSEN, D. (2004). "Defining and Redirecting A School to Prison Pipeline."

Paper presented at the 2004 Midwest Conference on the Dropout Crisis: "Assessing the Problem and Confronting the Challenge." http://www.woodsfund.org/community/Folder_1036081004377.

WALSH, J., (2008). "Sent Home: The Suspension Gap." *Minneapolis Star Tribune,* May 18.

第16章

教师工会与学校管理：有害还是有利？

应该让教师和教师工会在公立学校管理中发挥更大作用吗？

观点1：教师和教师工会应该在学校管理中发挥重要作用

通过集体谈判缔结一份完善协议是工会的职责，捍卫公立教育也是工会的职责。

——Shanker，AFT，2008

迫使教师组建工会

在20世纪初，教师接受的教育使他们认定自己职业的基本特点就是奉献。教师工作时间长，授课班级的学生经常多达50人甚至更多，工资待遇低，学校有时供暖不足、通风不良而且也不卫生，女教师不得单独外出（除了去教堂做礼拜之外），不得时常出入酒吧；在许多社区，女教师一旦结婚，就得被迫辞去教职。除了与社会生活脱节之外，教师能否长期供职于学校全由校董会随心所欲地决定，而且大部分教师根本得不到终身教职、健康保障或退休保障。学校认为教师没有参与挑选教材的资格，也不让他们参与更实质性的课程审议。随着学校系统演变成庞大的官僚组织，教师无权的现实也逐渐制度化。学校校长属于管理层，而非教师。曾被称为“首席教师”的学校校长不再授课，成了不了解教师问题及其观点的管理者。

大多数新任校长都是男性，而大多数一线教师都是女性。在整个公立教育的历史上，大多数教师是女性——尤其是在中小学低年级——校长和学区总监则基本都是男性。正如一位历史学家所说，在19世纪50年代，准许女性从事的职业局限于教学、版画制作和女服制作（Kessler-Harris，2007）。教育历来被视为“适合女性的工作”。人们认为女性更善于培养孩子，更适合做孩子的道德引路人。在公立学校创办初期，因为几乎得不到其他工作机会，女性成了现成的师资来源。因为她们所受的教育仅仅只是比自己要教的学生稍稍好一点，所以女性被聘为教师后的薪酬很低，在学校供职却得不到终身教职，也不可能担任领导职务。

在19世纪，人们认为教育者不会一直坚持这份工作。在学校教了几年书之后，女性通常会选择婚姻和操持家务。有抱负的男性则会离开教学岗位，转行从事地位更高、薪水也更高的职业。那些能力更强的人很少选择教书作为终身职业。教书被视为一份临时性工作，是那些怀揣更远大目标的人在奋斗过程中途经的一个“驿站”（Holmes Group，1986）。教书充其量也只会被视为一份不错的短期工作，而作为一种职业选择，大多数人又看不起这份工作，那些选择在学校里多待几年的人经常会受到社会的奚落。1932年，社会学家威拉德·沃勒发现，社会对待教师的态度不像对待其他工人那样，当然更不会像对待其他专业人员的态度那样来对待教师。他说，在小镇上，未婚教师要住在“教员之家”——教师住宅兼校舍——与其他从事非教学工作的单身成年人不住一起。沃勒还提到了经济上更富有、受教育程度更高的社会阶层对教师的普遍歧视，他在书中写道：“学校常被视为失败者的汇聚地……是为嫁不出去的女人和推销不出去的男人而设立的收容所。”（Waller，1932：61）

行政管理人员把教师当成需要人指挥的低技能临时工。管理学校的权力都交给了行政部门的那些人，教师不得挑战其权威。随着时间的流逝，教师逐渐认识到，以专业化的名义要求他们放弃的一切不利于自己也不利于学生，通过有组织的集体行动，他们完全可以为了大家的利益而改进学校。

教师团结在一起的历史已经有100多年，但是最早的教师组织并不是真正意义上的工会。比如说，成立于1857年的全美教育协会（NEA）代表的就是一线教师和行政管理者的立场。NEA年会不是工会会议而是交流教学思想的学术会议。协会会员一般都避免讨论劳工问题，也不会讨论教师如何才能对关系到自身利益的工作或工资决议施加影响。NEA更关注的是如何促进教育事业的发展，而不是如何提高教师的个人福利。在成立之初，NEA是在学区总监、教育学教授和学校校长领导下，以男性为主导的教师组织（Wesley，1957）。正如对旧NEA持批评态度的人所说，一线教师的作用，尤其是女教师的作用，“仅限于倾听”（Eaton，1975：10）。

教师工联主义思潮可以追溯到20世纪初，当时芝加哥的教师组织起来为改善工作环境而奋斗。1916年，美国教师联合会（AFT）成立，该组织隶属于美国劳工联合会。起初，历史悠久一些的NEA与新贵AFT相互协作。NEA的工作重点放在教学的专业化和实际教学这两个层面，AFT则致力于改善教师的经济状况（Engel，1976）。多年以来，在争当教师谈判代理人的过程中，NEA和AFT的地方附属机构变成了竞争对手。美国超过80%的教师要么是NEA会员，要么是AFT会员，超过60%的教师根据正式的集体谈判协议为学校工作。

教师从不主动加入工会，他们是被迫加入工会，因为行政管理者的观点与一线教师的观点相冲突（Jessup，1978；Urban，1982；Murphy，1990）。教师们极力主张他们的同行通过工会和集体协商来改善工作环境，获得改进教育的发言权。今天，教师组织往往不像是劳工组织（如国际女装工人联合会或全美汽车工人联合会），它们更像是专业协会（如美国律师协会或美国医学协会）。但是，以往的AFT领导者支持其他行业的入会工人。他们认为，所有工人的共同问题都可以通过合作和集体行动得到解决。他们希望教师组织为其成员提供经济上的好处，他们认为教师工会也可以通过改进工人阶级子女的教育来帮助劳工。尽管 AFT 尽无数努力来组织教师、重振教育，包括成立工人大学和为工人子弟设立专门的公立学校等，但是，AFT 的会员人数在 20 世纪 20 年代仍然不断减少，20 世纪 30 年代的大部分时间，会员人数也一直没有增加。教师不愿加入工会，大多数学校管理人员也丝毫不掩饰对工会的敌视态度。在 20 世纪 20 年代，因为害怕工人的激进主义和工会运动，许多学区总监把要求教师签署“黄狗合同”（“yellow dog contracts”，即不加入工会的协议）作为聘用条件之一。

1935 年的《国家劳工关系法》（NLRA）改变了工会的地位，法律承认私企工人有集体谈判权。在此以前，单枪匹马地与雇主谈判对雇员不利，因为他们只能单独对抗掌握在资方手中的权力和资源。根据集体谈判协议，雇员可以作为一个团体与雇主就工资待遇和雇佣条件进行协商。集体谈判法承认工人有权联合起来，选举一个谈判代理人（工会）代表他们与资方谈判。《国家劳工关系法》要求雇主和工会“在适当的时候见面，就工资待遇、劳动时长以及其他雇佣条款和条件真诚地交换意见”。

《国家劳工关系法》颁布之初，其合宪性问题就一直是讨论的焦点。在 1937 年的全美劳资关系委员会诉琼斯—劳林钢铁公司一案中（NLRB v. Jones and Laughlin Steel Company，1937），美国最高法院最终裁定该法案合宪。这对有组织的劳工来说是个巨大的胜利，同时也体现了法院对工会看法的巨大变化。在更早些时候的案件中，法院裁定工会为非法组织，判处加入工会的工人犯有参与非法“密谋”提高薪酬之罪。到 19 世纪中期，法院不再认为倡导集体谈判的那些人与犯罪性质的密谋有关（Commonwealth v. Hunt，1842），但是直到 1937 年最高法院做出裁定之后，工会和集体谈判才得到了法律上的完全认可。

《国家劳工关系法》只涉及私营企业的工人，不包括联邦政府、州政府和地方政府的雇员，因此这一法案并不保证公立学校教师拥有集体谈判权。教师仍然可能因为加入工会而被校董会解雇（Kahlenberg，2007：41）。公立学校属于联邦各州的管辖范围，校董会在某种意义上就是州雇主，因此也就不属于联邦劳动法的调整范围。调整公立教育中的劳资关系由各州负责。各州纷纷仿效国会的做法，大多数州议会采取了行动，承认工人有权自行组织起来与雇主谈判。

1960 年纽约市教师组织的成立被视为公立学校工会的分水岭（Lieberman and Moscow，1966：35）。教师联合工会（United Federation of Teachers，UFT）——隶属 AFT 的地方分会——由纽约市的几个教师组织构成。教师联合工会要求教育董事会承认教师的集体谈判权，并通过选举来决定哪一个组织代表他们谈判。教育董事会拿不准如何实施集体谈判，也没有马上答复。于是工会指控教育董事会故意拖延，在 1960 年 11 月 7 日，UFT 宣布举行纽约市教育史上的第一次罢工。

这是一次短暂但有效的教职工抗议行动。教师翌日即回到了课堂，教育董事会同意进行选举，而且不报复参与罢工的教师。工会估计约有 7 500 名教师参与了罢工，另外还有 15 000 名教师据说待在家里（Eaton，1975：165）。这次罢工让全美意识到工会的力量，教师不仅开始认识到罢工的潜在影响，也认识到了集体谈判的好处。集体谈判改变了一线教师和管理者之间的关系。它使教师得到了更多的薪水、更好的工作保障和教育中的有效发言权。正如一位研究劳工运动的历史学家所说：“集体谈判从本质上完善、扩大了专业化的概念，因为它确保教师得到的是更

大自主权和更少的监督控制。”（Murphy，1990：209）

纽约市教师大罢工在全美产生了广泛的影响。罢工取得的胜利使教师们深受鼓舞，NEA和AFT这两个最大的教师工会组织因此四处征募会员。NEA代表的是约320万教师的利益，其会员人数是AFT的两倍。这些组织在具体问题上观点有所不同。（你可以通过www.aft.org和www.nea.org.这两个网址对AFT和NEA的观点分别进行考察。）

对许多教师而言，参加劳工运动无疑是一个并不轻松的决定。教师往往在政治上倾向于保守，第一代大学毕业生对资方的支持比对劳工的支持更多（Rosenthal，1969；Aronowitz，1973）。他们属于（而且仍然属于）所谓“知识工人”的特殊白领阶层。他们所拥有的知识以及他们如何利用自己的知识来创造价值是他们挣得薪水的资本，这些工人作为一个群体非常独特，将他们组织起来成立工会进行统一的集体行动并不容易（Kerchner，Koppich，and Weeres，1997：34）。教师工会的大多数会员对罢工很反感（Rauth，1990）。借助工会运动吸纳教师入会这一事实使我们共同目睹了工会的作用，而教师认为工会有必要存在，对教师有好处。尽管其他领域工会会员的数量在减少，中产阶级对工会的反感也一直都存在，但大多数教师现在都成为工会会员。当今的民意调查发现，教师支持工会，教师把工会视为专业组织，在漠视他们的工作单位里，工会成了他们不可或缺的保护伞（Galley，2003）。

保护教师权益

工会的存在对一线教师有好处。研究文献表明，工会对改善教师工作环境和待遇有着积极的影响。由于集体谈判，教师的工资增加了[1]，教师受到保护免遭不合理对待。与没有工会的时代不同的是，教师再也不可能仅仅因为酗酒、婚姻遭变或是发表不受欢迎的政治观点就遭解雇。AFT的创始人、哲学家约翰·杜威认为，工会在保护教师的学术自由方面能发挥重要作用（Kahlenberg，2007：35）。工会的存在对学生也有好处。它们直接把教师推到了为了学生而改进学校、改进教育的战斗前沿，它们让教师在课程问题和学校改进方面有了集体发言权。

教师工会一直受新闻界责难。其中一些是传统的反劳工言辞，还有一些仅仅是误导性言论。毫无疑问，你也听说过工会要为学生成绩下降负责，以及工会保护本该被解聘的不合格教师对教育产生了不良影响这类言辞。但实际情况并非如此。实际上，谴责工会保护不合格教师简直是不可理喻。在教师获得终身教职之前，他们必须参加州认可的教师教育培训并获得相关证书，必须说服行政管理人员聘用他们，还要接受3～5年的试用期考验。目前，工会在这些程序中几乎起不到任何作用。不合格教师也许可以成功通过这一切考验，但这并不意味着他们就得到了工会的任何帮助，他们靠的还是自己。不合格教师令教师工会感到尴尬，就像美国律师协会和美国医学协会也会因为有不称职、腐败或是懒散的会员而感到难堪一样。没有任何负责任的工会会去试图保护不称职的会员。

工会在教育改革中的重要作用

到20世纪90年代末，越来越多的教育理论家和研究者认识到，利用一线教师对教学的理性看法和创造力必将提高教育质量（Barth，1990；Schlechty，1990；

Smylie，1994）。公立学校传统的自上而下、男性主导的管理模式已经不适用了。学校面临的令人头痛的问题比以往任何时候都要多。教育问题太复杂了，一两个“领导”简直应对不了。无论他们有多强的能力，也不可能应对那么多的教育问题。另外，大多数教师认识到教师本身也发生了改变：他们不仅把教书当成了职业，而且他们受到过良好的教育，拥有关于学校改进所必不可少的专业知识和课堂教学经验。学校管理者也许曾经是优秀的教师，但是又已经脱离了日常教学生活，与教师所知道的相比，他们对教学活动中什么奏效、什么还有待改进的了解可以说是相形见绌。最为重要的是，有经验表明，改革要成功，改革议程就一定要得到学校教职员工的广泛认同。最好的改革理念和最有价值的改革提议，如果被视为“校长的方案”而不是由大家共同构想出来的、得到大家认同的方案，那么它们也注定要失败。无论一个人的思维有多缜密，创造力有多强，他的个人看法都比不上教师对如何帮助学生学习所形成的集体看法。引领学校实现教育改革目标是学校里每个人的职责（Lambert，2002；Spillane，2006；Gaffney，2007）。

现在，大多数校董会都认为，教师有权在工作环境和待遇上与校方讨价还价，但是也有许多校董会对劳工在政策问题和学校管理问题上拥有发言权是否合理仍然表示怀疑。工会认识到自己在学校改革中的作用，仍然坚定地认为教师在促进学校教育方面有集体发言权。教师知道改进学校需要做些什么（Rauth，1990；Watts and McClure，1990；Kerchner and Koppich，1993）。当今的工会认识到“教师领导”对促进学生学习至关重要[2]。如果了解一下学校制度建设卓有成效的国家，你就会发现，在那些地区，新入职教师不仅有着扎实的学术背景、熟悉课程内容知识和教学方法，而且也通过了由实习教师组织和管理的客观真实的培训，对作为职业的教育有了一定的了解（AFT，2003）。

当今的教师工会就像致力于服务教师一样致力于学校改进工作。实际上，它们还认识到为教师服务的最好方式就是改进学校。学校与工会会员之间的关系就像全美汽车工人联合会（UAW）与美国通用汽车公司土星分部的关系一样[3]。通用汽车公司和UAW都认识到，要想在竞争激烈的市场上与国内外汽车制造商抗衡，双方就需要形成一种新型的劳资关系（Kerchner，Koppich，and Weeres，1997：113）。原来那种“我们对他们”的对抗性关系已经被新型的战略性合作伙伴关系所取代。生产更好的产品就是双方的共同目标。对于教师工会而言，和校方共同的目标就是通过培养优质的师资力量来打造更美好的学校。正如AFT所指出的那样，为了培养好教师，维护好教师，“工会必须在实施优质职前教师教育，制定有效招聘方案，确立有效的新教师入职辅导计划，实行高质量的专业化发展，进行有意义的评估以及在必要时拟定公平、及时的干预和解聘程序等方面发挥其作用”（AFT，2003：5）。

教师工会真正需要什么？

家长、立法者和教师工会一致认为：学校的终极目标是帮助每一个学生获得成功。工会希望利用其集体力量、通过切实可行的政策和制度来改进学校。加入工会的教师希望在问责制和学校评估方案、教师教育及发展、学校管理以及NCLB法案、教育券制、绩效工资、教师待遇和工作环境等政策问题的讨论上拥有集体发言权。

支持教师就是要让工会获得发言权。一线教师需要什么？工会又如何帮助他们？尽管对教师而言，工资待遇一直是个主要问题，但“缺乏支持”仍是他们的话语中经常流露出的意思（NEA，2005）。新教师需要得到那些掌握了实际教学技能、有能力帮助学生学习的资深教师的帮助。教师工会希望在招募和维护高质量师资方面有发言权。从参与职前教师教育到研制新教师入职培训计划和有效的教师评价方案，工会希望在与教学有关的一切问题上发挥重要作用。工会知道，要改进学校，就必须对与好教师的培养、招募及其工作有关的一切给予大力支持。

大家都支持好学校。但是太多的学校日渐衰退，大多数学校做得不够好。工会支持许多学校改革方案，也对一些学校的改革方案表示怀疑（参见 NEA 和 AFT 网站，了解他们对考试、学校纪律、具体学科领域的教学和 NCLB 法案等具体政策问题的看法）。工会对于没有征求教师意见就强加给学校的政策和措施，以及对拒绝教师参与决策过程的政策和措施特别关注。由于学校的成功在很大程度上取决于教师，所以工会认为，在学校的所有决策中教师都应该拥有相当的发言权。正如 AFT 所说，保证教师在引领学校发展中发挥正式作用，不仅会使学校受益于其专业知识，而且也让教师觉得计划奏效与否与他们更加息息相关（AFT，2006）。

观点 2：教师和教师工会不应该参与学校管理

NEA 以及其他不友善的教师工会是学校改革的最大障碍，这就是事实。当 NEA 执意反对改革时，学校改革计划几乎总是注定要失败，而他们通常也正是这样做的。

——Rod Paige，2006：191

谋私利且未经证实的工会说法

教师工会的官员们说，当公共资金用于改善教师工作环境时，学生是最终的受益者。他们的理由肯定也是大家所熟悉的：公立学校的学生之所以“遭罪”，就是因为教师报酬过低。工作努力、爱岗敬业的教师理应得到更多的补偿。除非教师得到更高的薪酬，否则不仅现在的这一批教师会灰心丧气，而且大多数有能力的大学毕业生也不愿考虑从事教育行业。工会领导更是呼吁，教师在学校事务中要有更大的发言权。他们声称，如果允许教师在学校改进和管理以及教学评估等各个方面与行政管理人员共同商议决定，教师将发挥更大的作用。

他们所列举的这些例子，逻辑很简单：对教师有利的必对学生有利。如果公众希望自己的孩子得到更好的教育，那就应该支持工会通过为教师争取更多薪酬和更大权力来改进教育的种种努力。集体谈判法、罢工纠察线、停工（罢工）以及加大工会对学校的控制权等全都应该被视为对社区、家长和学生有好处。这些理由令人信服吗？不一定。让学校在教师眼中变得更好不一定符合公众的利益。毕竟公众的利益不是根据教师工作满意度来衡量的，而是根据为学生提供的教育服务质量来衡量的。尽管工会说得那么好，但教师工会对学生学业成绩并未能产生积极的影响。研究人员发现，公立学校有无工会对学生成绩的影响不大，有工会和没有工会的学校在学生成绩上的差距微不足道。尽管有研究表明，集体谈判改善了教师的工资待遇、福利待遇和工作环境，但却难以发现工会对学生学习有着一贯积极的影响（Goldhaber，2006；Stone，2000）。工会不可能在这重要的一点上，亦即学生的学业成绩上声称自己起到了积极的促进作用。此外，即便工会在提高学生成绩方面不能证明自己的价值，但它的积极工资效应——亦即提高教师工资待遇的能力——显然会确保工会一直活跃在教育领域。至于工会的存在是否有利于学校，是否妨碍学校改革或是对学校改革无关紧要，我们目前还不太清楚（Finn，1985）。回顾过去的研究，我们发现：

> 关于教师领导力对学生学习的影响，有许多理由充分的断言，甚至还有一些基于数据的推论，但几乎没有任何证据可以证实这些说法的可靠性……我们对教师领导力有多少了解呢？……文献资料中的论证和理由比证明教师领导力作用机制的证据要多得多。（York-Barr and Duke，2004：285，287）

尽管美国所有劳工中只有 15%的人是工会成员，但美国学校里的大多数教师都加入了工会。超过 80%的教师属于 NEA 或 AFT 分会的会员，因为有数百万缴纳会费的会员，所以工会有很强的财力，也有很大的权力。教师工会不仅能影响学校的日常运作，而且其政治活动使得它们对地方、州和联邦政府制定的教育政策有着无比大的影响。正如特里・莫所说："工会在美国教育中之所以有着如此显赫的地位，关键在于它们能够把集体谈判和政治主张整合为一体化策略来推进工会目标。"（Moe，2001：166）莫还说："在教育问题上，教师工会就像是议会一样具有无比威力，尤其是受民主党支配的议会，它们比任何其他利益团体更容易从政府那里得到其所需要的东西。"（Moe，2001：175）

教师工会为教师的利益而奋斗。当工会要求对教师进行更严格的培训或制定更严格的资格认证标准时，请不要被误导。尽管几乎找不到证据来证明这种变革会使得教育质量更好或是学生成绩更优，但有大量证据表明，这些政策会为教师带来很多经济上的好处。在教师需求量日益增加的时候，更严格的教师资格认证标准，不管是学历上要求的标准（要求所有教师都有硕士学位）还是随意制定的其他标准（要求所有教师身高超过 167 厘米），都必然导致教师供给量的减少。显然，工会是希望通过市场力量来推动教师工资增长。对于公众来说，要信任工会是很难的。谁又能断定工会提倡小班教学是想帮助学生还是仅仅为了使教师上课更轻松，同时也增加教师的需求量呢？考虑一下工会的另一建议：资深教师帮助刚入职的新教师尽快适应教学、掌握教学方法的辅导计划。当资深教师充当其他教师的辅导教师时，是对学生有利还是通过提供闲职——增添多余的人手——来增加教育成本呢？（Ballou and Podgursky，2000）

从生计问题到政策问题

> 有证据表明，领导的作用对各类学校学生学习的影响虽小却意义重大，现行研究也表明，在运营更为艰难的学校，成功的领导者所发挥的作用要大得多。实际上，不需要一个强有力的领导干预学校管理就能扭转学校的混乱局面，这样的案例记载几乎找不到。（Leithwood et al.，2004：3）

因为深受有能力提高教师薪酬之鼓舞——工会工资效应在为 5%～10%——工会将其影响力拓展到了教师生计之外的其他问题上。以往工会的努力通常局限于一些传统的劳工问题：工资、工时、工作环境、附加福利、申诉程序、组织权以及多劳多得（例如，培训运动员或导演校园剧）等与工作有关的具体问题。随着时间的推移，教师工会开始要求在课程改革、班级人数、惩戒措施、教材选择、在职培训、教师选调以及人事问题（包括教师聘用和给予教师终身教职等）等政策问题上拥有发言权（Kerchner，1986；Kerchner and Koppich，1993）。现在，NEA 和 AFT 各分会希望教师扩大其活动范围，参与学校改进、员工发展和学生评价等问题的讨论。这些要求早就越出了工资和工作环境等传统协商问题的范围。一些工会合同使得教师有权决定学校经费如何开支、教师如何教以及学生如何学。在工会势力强大的城区，工会合同可能长达数百页（Moe，2001）。集体谈判可为学生创造更好的教育条件是人所共知的论点，现在，工会领导据此声称，教师更多地参与教育决策和教育管理也将有利于改进学校。公众对工会提出的这些新论点持建设性怀疑态度。教师工会是按照产业工会原则逐渐发展起来的，它们借用采矿业和制造业等产业工会使用的组织和谈判技巧——集体谈判和罢工威胁——来改善其会员的工作环境。对于教师工会利用同样的策略来提高学生学习质量的做法，我们完全有理由表示怀疑。

把学校交由工会管理将扭曲公立教育的权力结构。无论它如何包装，屈从于教师赋权增能的要求将破坏社区对教育的控制权。工会不是由社区雇用的，它们也不能代表最优秀的一线教师。多年以来，教师工会日益壮大，教师的政治权力不断增加。尽管教师是赢家，但家长和社区却是输家（Friedman and Friedman，1979；Moe，2006；Moo，1999）。如果允许工会在学校政策和课程问题上进行集体谈判，那么学校就不可能积极地回应社区要求，就会成为工会的代理机构。管理学校的责任应该只托付给那些经过投票选举出来的人，我们不应该允许集体谈判破坏社区对孩子们教育的控制权。

为不称职教师道歉

工会已经成了劣质教学的道歉代言人和学校变革的绊脚石。一方面，工会大肆宣扬好教师对学生生活的神奇影响；另一方面，又拒不承认不称职教师可能是许多教育问题的渊薮。每个了解公立学校的人都知道课堂教学质量参差不齐。混迹于卓越教师、优秀教师和勉强合格教师之中的是那些无法向学生传达对知识的热爱的那些人，而且遗憾的是，为数不少的教师既缺乏良好的个人素质，也不具备教育学生所必备的知识技能。好教师使学生更渴望提高自己的学业成绩，而差教师只能抹杀学生的兴趣。

工会老是谈论如何提高教师的士气和自尊心，但他们又总是反对给好教师发放绩效工资。一些学区提出了绩效工资方案——对那些特别优秀的教师，亦即使学生学习成绩进步高于平均水平的教师给予更高加薪的奖励，而那些不太成功的教师所得到的加薪将低于正常水平。通常，教师工会不同意这些计划，声称这些计划“可能会受管理者偏心的影响”（Lieberman，1997；Harshbarger，2000），声称“高度称职的教师”这一概念带有主观性、“行不通”或是对某些教师“不公平”，因为有些教师除了不能让学生通过所教学科的考试之外，其他方面都是合格的（American Federation of Teachers，2004）。无法奖励好教师比无法清除学校不称职教师更令公众失望（Brimelow，2003：184）。公众认为，学校就是要对学生因材施教，就是要对奖励哪些学生、惩罚哪些学生做出公正评判，如果教师也受类似评判的约束，学校反而会受益。好教师就应该收获个人天赋带来的“果实”，差教师就应该被解聘。正如一位绩效工资的支持者所说：

> 人们感到奇怪，为什么公立教育的质量下滑如此之快……工会领导和那些对领导者亦步亦趋的傻瓜似乎认定教师是世界上唯一一个不应受绩效工资制或目标导向奖金制影响的职业。我们有的教师只是为了工资而教书，且无论这个教师教得有多好或是有多差，他/她和周围其他每个人的薪水都一样。难怪在过去长达 100 年的时间里，都没有出现过真正的教育革新，因为缺乏激励教育革新的机制。当工资高低只看从业年限时，教师们也就没有理由要好好地做这份工作了。（Dwyer，2001）

公众普遍支持教师，但并不支持教师工会，个中原因也不难理解。太多的学校里有无法胜任教学工作的教师，这一可悲的状况至今仍未改变。遗憾的是，因为工会的努力和教职终身制的实施，甚至最不称职的教师也许都会待在教学岗位上直到退休。工会对选择性淘汰无效教师的否决，迫使学区要决定到底是把钱用在新教材、新计划上还是用在打官司上。在许多州，工会规章制度使得一些对无效教师的行政裁定不得不被取消[4]（VanSciver，1990）。工会号召教师更多地参与管理学校，但是他们对绩效工资制的反对以及拒不同意解聘不称职教师的态度使得人们对工会在学校改进方面的潜在贡献产生了怀疑。如果工会对教学质量的关心能与在保护个别教师时表现出的关心一样，公众可能将更加支持工会。

学校必须由行政管理者而不是工会来领导

> 教育领导者被称为“桥梁”，而且是以一种无可替代的方式连接许多不同改革活动的“桥梁”。教师工作在教学第一线，但是负责全校工作的校长和负责学区工作的学监能够营造高期望的氛围，对何为更好的教和学看得更清楚，对采取何种手段为学校系统的每一个人——成年人和孩子——实现更好的教和学看得更清楚。（Wallace Foundation，2007：2）

公立学校本来就是分等级的机构。学校不应该实行“车间民主”，其职责也不是服务于教师及其工会代表。制定政策或管理学校不属于教师的职责范围，教师无权对学校在管理流程、课程问题或假期安排等方面的决定进行投票表决（Owens，2001）。任何理性的学校管理者都不会忽略教师的作用，也不会拒绝给予他们在学校事务中的发言权，但是把学校领导权交给教师就是曲解了学校职权和建立学校的目的。

学校“职权”是指依法行使有关教育职责。在公立教育中，各州给予学校管理者管理学校、提供法定义务教育之职权。有效的管理原则要求，在大型组织机构中，可以由一个人或几个人全权管理并承担责任。主持学校工作是令人望而却步的全职工作。相关的报告尽管对学校管理者负责的教育工作提出了强烈批评，但同时也承认学区总监和其他学校管理者所承担任务的复杂性。哥伦比亚大学师范学院院长阿瑟·莱文在书中写道：

> [学校管理者] 不再是监督者。他们要在学校及其制度的重新设计中起领

导作用。在一个成效为本、责任驱动的时代，管理者必须领导他们的学校重新思考教育目标、工作重点、财政问题、人员配备、课程、教学方法、学习资源、评价方法、技术以及时空利用等问题。他们必须招聘到一流的教师并留住这些人才，必须让新老教师理解并适应处于大变革时代的教育体制。（Levine，2005：13）

莱文呼吁在培养学校领导方面进行广泛改革，但是他并不认为教师的职能应该拓展到负责学校运营。负责学校运营的必须是管理者。管理层对一个组织的成败负责的观念是美国文化的一部分。家长知道这是政府和企业的模式，他们希望把同样的规则运用于教育。在学校，权力和责任都属于管理层。当家长对学校政策或课程问题有疑问时，他们也是打电话咨询学校的管理人员。家长希望学校管理者把教师管好，并以孩子的利益为出发点对教育过程进行调控。

改变教师、激励教师是管理者的主要职能之一（Hoy and Hoy，2006）。没有好教师就没有好学校，但是只有优秀教师也不足以保证优质的教育。好教师对学生课堂学习的影响是很明显的，但是从学校层面上来说，管理者对学生学习的巨大影响也有令人信服的证据。正如研究人员所说："学区和学校领导者在大多数教育变革计划与让变革真正改变所有学生之间起着至关重要的桥梁作用，这似乎是毫无疑问的。这些领导者的角色各不一样……但是学校系统中真正处于决策层的那些人可能仍然是最有影响力的。"（Leithwood et al.，2004：12）

学校有问题不是因为校长负责管理学校。如果把管理权转交给教师或工会，学校就会变好吗？这也是不太可能的。说到底还是行政管理者对学校负责，他们必须发挥领导力，为教育成效负责。学校需要能激励学生学习、提倡优质教学、奖励优质教学以及确保学校为社区服务的有效领导者（Smylie and Hart，1999；Blase and Blase，2001；Fullan，2001；Creighton，2005）。州、社区、教师和学生对学校寄予的期望相互矛盾，这就需要有一群受过专业训练的管理者来负责学校的工作。没有教育管理者的明智领导，学校就不可能实现其教育目标和社会目标。没有慎重遴选出来的、有能力的管理者来引领教育改革，学校实行积极变革的可能性就更小。学校改进是一个很复杂的过程，它在很大程度上取决于校长是否有能力创造并有效利用学校持续发展所必备的各种条件（Fullan，2002）。教师也许可以决定教育变革的成败或是学校政策的变化，但是引领学校发展的重担主要还是由学校管理者来承担。"最重要的是，校长必须明确地传达出这样的思想：卓越教学和持续的专业化发展与教与学的改进目标是一致的。"（Hoy and Hoy，2006：2-3）学校管理者在教与学中扮演的角色很复杂，要求也很高，扮演这种角色需要特别的能力和天赋。

实际上，管理学校的必须是行政管理者而非教师。正如一位行政管理者所说："民主决策行不通！我不可能每次需要做决定时，就召开会议要大家投票表决，况且［老师们］也没有时间。"（Owens，2001：287）这一点大多数教师也同意。他们既不想也没有时间参与学校管理工作的方方面面。大多数教师不愿意参与与自己无关的一些决策，比如说，与课堂教学或教师福利关系不大的细节问题等（Drake and Roe，1999：122-123）。即使有些学校尽量为教师赋权增能，尽量在决策时征求教师意见，但大多数新构想还是来源于学校管理者。研究表明，共同决策并未提高教师士气，也并不一定就能促使学校变革或促进学习（Weiss，1993；Smylie，

1994)。引领学校和学校发展还得依靠学校管理者，而一线教师也乐意支持肩负教学领导职责的管理者（Fullan，2001)。教师希望有人咨询他们的意见，但他们并不想放弃教学工作转而管理学校。

呼吁增强教师领导力并不是什么新鲜事。数十年以来，学校一直在尝试赋予教师更大的领导权，但结果是却总是令人失望。首先，研究表明，当今的学校管理体制——由完全合格的学区总监和学校校长来管理学校的体制——没必要改变。学校目前运行的领导体制对各级各类学校学生的学习都有显著的积极影响（Leithwood et al.，2004)。而且，教师领导力在提高全校所有学生学业成绩上的优势也并未得到证实（York-Barr and Duke，2004)。言辞比现实更绚丽，增强教师领导力听上去好像是一个不错的建议，但我们几乎找不到证实其价值的证据。而且，奇怪的是，尽管工会一再声称要变革学校、促进学习，但研究人员发现，大多数工会官员却把大多数时间浪费在“处理工会的一些基本职责上，在申诉过程中充当教师的代言人、缔结契约、培养教师担任工会领导职务以及处理工会内部事务等”（Kerchner and Koppich，2007：354)。工会领导力促进学生学习的证据在哪里呢？工会声称要为学生学业成绩负责又体现在哪里呢？正如一位学者所说，所谓的工会变革不过是“一厢情愿的活动罢了”（Moe，2006：252)。除非工会的行为与工会的承诺保持一致，否则，支持工会提出的增强公立学校教师领导力的要求是没有道理的，也称不上最符合学生的利益。

讨论

1. 美国14个州（阿肯色州、加利福尼亚州、康涅狄格州、印第安纳州、肯塔基州、缅因州、马里兰州、密西西比州、密苏里州、北卡罗来纳州、宾夕法尼亚州、南卡罗来纳州、田纳西州和弗吉尼亚州）和哥伦比亚特区要求参加竞聘学校校长和学区总监的候选人必须通过标准化考试，并将其确定为资格认证程序的一部分。学校领导者核照评量，“由25个问答题构成，分成两大类：只需简短作答的论述题和答题篇幅更长的案例分析”（Educational Testing Service，2008)。考虑以下抽样试题以及评分细则：

阅读下列短文并简明扼要地回答后面的问题：

十二月初，一所小学的学生们正在进行一年一度的音乐会排练。一位家长给学校打电话，坚持说学校不应该要求她的孩子唱圣诞歌曲。于是，校长同意这个孩子不再参加排练。

你认同校长的做法吗？说说你的理由，列举在那种情况下影响校长决定的相关因素。

评分标准：

2分： 在回答中具体引用家长/学生的民权和/或宗教权，并且至少包括以下任何一项：

- 与学生及其家长见面，讨论反对的理由；
- 建议学生参加其他活动；
- 分析音乐会内容，看它是否适合所有学生。

1分： 在回答中具体引用以下任何一项：

- 家长/学生的民权和/或宗教权；
- 与学生及其家长见面，讨论反对的理由；
- 建议学生参加其他活动；
- 分析音乐会的内容，看它是否适合所有学生。

0 分： 答案含混不清或是没有提及上述任何一个基本要素。

你认为校长应该了解什么？应该怎么做？做一名优秀的管理者所必备的知识和能力能够用标准化考试来衡量吗？这道样题能够检测你认为一个学校领导者应具备的能力吗？如果教师本人希望参与学校管理，应该要求他们也像校长和其他管理者一样通过领导资格认证考试吗？

2. 新一代教师与他们将取而代之的教师前辈们对工作的看法可能不一样。苏珊·摩尔·约翰逊认为，新一代教师“不会像他们的前辈们那样，对自上而下的等级结构和固定不变的交流方式一味接受，不会像他们的前辈们那样尊重常规组织，而且通常会比他们的前辈们更具企业家精神”（Johnson，2004）。约翰逊还说，无论是刚开始其职业生涯的新教师还是在职业生涯中期转行的新教师，他们在待遇上都不会追求整齐划一，也不希望单枪匹马地干，更不想在课堂上陷入孤立得不到任何关于工作表现的反馈。他们还希望把薪酬作为衡量教师成功与否的标准。

新一代教师的这些价值观与你的价值观一样吗？你喜欢团队合作更胜于一个教师在课堂上拥有的自主权吗？你喜欢那些可能影响你薪酬且有风险的创业机会吗？

另外一名研究员认为，相比新教师的价值观，前几代教师的价值观——工作安稳有保障，以及教师各负其责，同行间几乎没有竞争——更有利于集体谈判和教师工会（Koppich，2005：108）。你赞成这种观点吗？教师工会对新一代教师有吸引力吗？

3. 工会通常支持统一的工资结构，即以工作年限和学士后继续教育的额外加薪为基础来确定员工的工资等级。自从 19 世纪中叶以来，学校官员提出了各种按成果付酬的计划，教师薪酬高低取决于学生的学业成绩。现今按绩效付酬制以及类似的绩效工资制通常都是与学生标准化考试成绩好坏挂钩的。反对这些计划的阿尔法·科恩说：“绩效工资的前提，实际上，所有奖励的前提都是，人们可能把一份工作做得更出色，但是出于某种原因；他们决定等到有人给他们‘贿赂’后再做。这既不对也侮辱人。”（Kohn，2003：1）你认同科恩的观点吗？你是更赞成基于资历和学历的统一工资制还是更赞成以学生成绩为基础、标准不断更新的绩效工资制呢？

注释

[1] 在 2004—2005 学年，教师的平均年收入是 47 602 美元，比上一学年增加了 2.2%，平均起薪为 31 753 美元。各州最新薪资一览表参见 AFT 发布的“薪资调查”（Salary Survey），网址是 www.aft.org。

[2] 教师领导力（teacher leadership）是指利用教师专长来组织、促进，教师领导力的发挥范围并不局限于课堂，也包括整个学校，主要是通过参与课程决策、人事安排和资源分配来实现的（York-Barr and Duke，2004：261）。

[3] AFT 通过设立土星汽车公司—全美汽车工人联合会合作伙伴奖（Saturn-UAW Partnership Award）表示对工会与资方合作的认可。设立这一奖项是为了颂

扬“这种示范性的工会与资方合作模式，因为彼此信任、团队精神、共同决策、培训责任制、对质量的重视以及克服困难、锐意革新的能力在这种合作中体现得淋漓尽致”。更多信息参见 www. saturnuaw. com。

［4］在纽约，学校需要 1 年多的时间，花费近 19.5 万美元来起诉一个被控失职的教师。难怪纽约市教育委员会聘用的教师虽然超过了 17.2 万名，但在最近两年时间里却只试图解聘其中的 3 名教师（Brimelow，2003：41）。

参考文献

AMERICAN FEDERATION OF TEACHERS. (2003). The Union Role in Assuring Teacher Quality. www.aft.org/teacher-quality.

———. (2004). NCLB: "Its Problems and Promise." AFT Teachers Policy Brief Number 18/July 2004. www.aft.org/policybrief/18.

———. (2006). Redesigning Schools to Raise Achievement: Key Components. www.aft.org/topics/school-improvement/components.

———. (2008). Albert Shanker quoted. www.aft.org.

BALLOU D., AND PODGURSKY, M. (2000). "Gaining Control of Professional Licensing and Advancement." In T. Loveless, ed., *Conflicting Missions?* Washington, DC: Brookings Institution.

BARTH, R. (1990). *Improving Schools from Within: Teachers, Parents, and Principals Can Make the Difference.* San Francisco: Jossey-Bass.

BLASE, J. AND BLASE, J. (2001). *Empowering Teachers.* 2nd Ed. Thousand Oaks, CA: Corwin.

BRIMELOW, P. (2003). *The Worm in the Apple: How the Teacher Unions are Destroying American Education.* New York: HarperCollins.

Commonwealth v. Hunt. (1842). 445 Mass (4 met.) 111, 38 Am. Dec 346.

CREIGHTON, T. (2005). *Leading Below the Suface; A Non-Traditional Approach to School Leadership.* Thousand Oaks: Corwin.

DRAKE, T.L. AND ROE, W. H. (1999). *The Principalship.* 5th Ed. Upper Saddle River, NJ: Prenctice Hall.

DWYER, G. (2001). NEA Today Debate Question. http://nea.org/neatoday. Oct. 15.

EATON, W. E. (1975). *The American Federation of Teachers, 1916–1961: A History of the Movement.* Carbondale: Southern Illinois University Press.

EDUCATIONAL TESTING SERVICE. (2008). *School Leadership Series: School Licensure Assessment* [and] *School Superintendent Assessment.* Princeton: Author.

ENGEL, R. A. (1976). "Teacher Negotiation: History and Comment." In E. M. Cresswell and M. J. Murphy, eds., *Education and Collective Bargaining.* Berkeley, CA: McCutchan.

FINN, C. E. (1985). "Teacher Unions and School Quality: Potential Allies or Inevitable Foes?" *Phi Delta Kappan* 66, 331–338.

FRIEDMAN, M., AND FRIEDMAN, R. (1979). *Free to Choose.* New York: Harcourt Brace Jovanovich.

FULLAN, M. (2001). *Leading in a Culture of Change.* San Francisco: Jossey-Bass.

———. (2002). "The Change Leader." *Educational Leadership 59*, 16–20.

GAFFNEY, D. (2007). *Teachers United; The Rise of the New York State United Teachers.* Albany, NY: SUNY Press.

GALLEY, M. (2003). "Survey Finds Teachers Supportive of Unions." *Education Week.* June 4, pp. 1–3. www.edweek.org/ew/articles/2003/06/04.

GOLDHABER, D. (2006). "Are Teachers Unions Good for Students?" in *Collective Bargaining in Education*, ed. J. Hannaway and A. J. Rotherman. Cambridge, MA: Harvard University Press.

HANNAWAY, J. AND ROTHERMAN, A. J. eds., (2006). *Collective Bargaining* In *Education: Negotiating Change in Today's Schools.* Cambridge, MA: Harvard.

HARSHBARGER, B. (2000). "NEA Today Debate Question." Feb. 23. www.nea.org/neatoday.

———. (2001). "NEA Today Debate Question," Sept. 30. www.nea.org/neatoday.

HOLMES GROUP. (1986). "Tomorrow's Teachers: A Report on the Holmes Group." East Lansing, MI: Author.

HOY, A. W. AND HOY, W. K. (2006). *Instructional Leadership: A Research-Based Guide to Learning in School.* 2nd Ed. Boston: Allyn and Bacon.

JESSUP, D. K. (1978). "Teacher Unionization: A Reassessment of Rank and File Education." *Sociology of Education* 51, 44–55.

JOHNSON, S. M. et al. (2004). *Finders and Keepers; Helping New Teachers Survive and Thrive in Our Schools.* San Francisco: Jossey-Bass.

KAHLENBERG, R. (2007). *Tough Liberal; Albert Shanker and the Battles Over Schools, Unions, Race, and Democracy.* NY: Columbia University.

KERCHNER, C. T. (1986). "Union-Made Teaching: Effects of Labor Relations." In E. Z. Rothkopf, ed., *Review of Research in Education,* Vol. 13. Washington, DC: American Educational Research Association.

KERCHNER, C. T., AND KOPPICH, J. E. (1993). *A Union of Professionals: Labor Relations and Educational Reform.* New York: Teachers College Press.

———. (2000). "Organizing around Quality: The Frontiers of Teacher Unionism." In T. Loveless, ed., *Conflicting Missions?* Washington, DC: Brookings Institution.

———. 2007. "Negotiating What Matters: Collective Bargaining and Student Achievement." *American Journal of Education* 113: 349–365.

KERCHNER, C. T., KOPPICH, J. E., AND WEERES, J. G. (1997). *United Mind Workers: Unions and Teaching in the Knowledge Society.* San Francisco: Jossey-Bass.

KESSLER-HARRIS, A. (2007). *Gendering Labor History.* Urbana and Chicago: University of Illinois Press.

KOHN. A. (2003). "The Folly of Merit Pay. How Should We Reward Teachers? We Shouldn't." September 17. www.edweek.org/ew/articles/2003/09/17/03.

KOPPICH, J. (2005). Addressing Teacher Quality Through Induction, Professional Compensation and Evaluation: The Effects of Labor Management Relations." *Educational Policy* 19: 90–111.

LARUE, A. H. (1996). "The Changing Face of Tenure." www.aft.org/research/reports/tenure/laruep.htm.

LEITHWOOD, K. et al. (2004). *How Leadership Influences Student Learning.* www.wallacefoundation.org.

LEVINE, A. (2005). Educating School Leaders. www.edschools.org.

LIEBERMAN, M. (1997). *The Teachers Unions: How the NEA and the AFT Sabotage Reform and Hold Students, Parents, Teachers, and Taxpayers Hostage to Bureaucracy.* New York: Free Press.

LIEBERMAN, M., AND MOSCOW, M. H. (1966). *Collective Negotiations for Teachers: An Approach to School Administration.* Chicago: Rand McNally.

LOVELESS, T. ed. (2004). *Conflicting Missions? Teachers Unions and Educational Reform.* Washington, DC: Brookings Institution.

MOE, T. M. (2001). "Teachers Unions." In T. M. Moe, ed., *A Primer on America's Schools.* Stanford: Hoover Institution.

———. (2006). "Union Power and the Education of Children." in *Collective Bargaining in Education,* ed. J. Hannaway and A. J. Rotherman. Cambridge, MA: Harvard Press.

MOO, G. G. (1999). *Power Grab: How the National Education Association is Betraying Our Children.* Washington, DC: Regnery.

MURPHY, M. (1990). *Blackboard Unions: the AFT and the NEA, 1900–1980.* Ithaca, NY: Cornell University Press.

NEA. (2005). "NEA Committed to Improving Teacher Quality." www.nea-org/teacher-quality.

NLRB v. *Jones and Laughlin Steel Company.* (1937). 301 U.S. 1, 57 S.Ct.615.

OWENS, R. G. (2001), *Organizational Behavior in Education: Instructional Leadership and School Reform.* 7th Ed. Boston: Allyn and Bacon.

PAIGE, R. (2006). *The War Against Hope; How Teacher Unions Hurt Children, Hinder Teachers and Endanger Public Education,* Nashville, TN: Thomas Nelson.

RAUTH, M. (1990). "Exploring Heresy in Collective Bargaining and School Restructuring." *Phi Delta Kappan* 71, 781–784.

ROSENTHAL, A. (1969). *Pedagogues and Power: Teacher Groups in School Politics.* Syracuse, NY: Syracuse University Press.

SCHLECHTY, P. S. (1990). *Schools for the 21st Century: Leadership Imperatives for Educational Reform.* San Francisco: Jossey-Bass.

SMYLIE, M. A. (1994). "Redesigning Teachers' Work: Connections to the Classroom." In L. Darling-Hammond, ed., *Review of Research in Education.* Washington, DC: American Educational Research Association.

———. and HART, A. W. (1999). "Redesigning Teachers' Work: Connections to the Classroom." In L. Darling Hammond, ed., *Review of Research in Education.* Washington, DC: American Educational Research Association.

SPILLANE, J. (2006). *Distributed Leadership.* San Francisco: Jossey-Bass.

STONE, J. A. (2000). "Collective Bargaining and Public Schools." In T. Loveless, ed., *Conflicting Missions?* Washington, DC: Brookings Institution.

URBAN, W. J. (1982). *Why Teachers Organized.* Detroit: Wayne State University Press.

VANSCIVER, J. H. (1990). "Teacher Dismissals." *Phi Delta Kappan* 72, 318–319.

WALLACE FOUNDATION. (2007). "Education Leadership, A Bridge to School Reform." www.wallacefoundation.org.

WALLER, W. (1932). *The Sociology of Teaching.* New York: John Wiley & Sons.

WATTS, G. D., AND MCCLURE, R. (1990). "Expanding the Contract to Revolutionize School Reform." *Phi Delta Kappan* 71, 765–774.

WEISS, C. H. (1993), "Shared Decisions About What? A Comparison of Schools With and Without Teacher Participation." *Teachers College Record* 95, 69–92.

WESLEY, E. B. (1957). *NEA: The First Hundred Years.* New York: Harper and Brothers.

YORK-BARR, J. AND DUKE, K. (2004). "What Do We Know About Teacher Leadership? Findings From Two Decades of Scholarship." *Review of Educational Research* 74, 255–316.

第17章

学术自由：教师权利还是教师责任？

应该如何维持教师自由与教师责任之间的平衡？

观点1：增加学术自由的空间

简言之，在一个民主国家，在课堂上讨论有争议的话题是不可避免的。

——Misco and Patterson，2007

知性自由是指笃信个人追求知识的基本尊严以及追求知识的权利。

——LaRue，2007

性、政治和宗教：几个案例

堪萨斯州奥拉西市的一名学生家长强烈要求学校把约翰·斯坦贝克的《鼠与人》（*of Mice and Men*）列为禁书，因为该书“毫无价值”且“充满了不敬神灵的语言”。校董会的两名成员竟然投票支持把这样的经典之作列为禁书，但大多数校董会成员还是拒绝投出赞成票。

在加利福尼亚州奥克利市，一些家长希望约翰·斯坦贝克的小说《鼠与人》从学校图书馆下架，因为书中有种族歧视语言。

在肯塔基州的温彻斯特市，一些家长和基督教领袖反对学校使用菲利普·普尔曼的畅销书《金色指南针》（*The Golden Compass*），因为他们认为普尔曼是“无神论者”，认为该书“反基督教”。

科罗拉多州一位享有终身教职的教师为了在课堂上讨论法西斯主义而给学生播放《1900》这部电影，结果他遭学校解聘。该教师不服提起申诉，教师协会找了1名律师出席听证会，才让该教师重返工作岗位。

几年前，丹佛公立学校一位德高望重的高中历史教师惨遭学校解聘，因为该市的报刊上登载了该教师以及其他候选人在竞选议会议员时的一些观点，学区认为他的观点争议性太大。他提起申诉，赢回了职位，但学区限令他只教基础英语，禁止他再教历史。

加利福尼亚州贝克菲尔德市的一家中学生报纸被禁止刊登性别认同方面的访谈故事，但是法官又裁定，学生有权行使言论自由权和新闻自由权。

在新泽西州的米塔辰县，中学校长威胁取缔一份由学生出资、学生编辑的报纸，因为该报从国家新闻杂志（例如《时代》或《新闻周刊》）上摘录了一些资料，而校长认为那些资料争议性太大。校董会拒绝支持校长。

有关青春期与同性恋的台词在最后一刻被学校行政管理者从纽约中学音乐剧《歌舞线上》给删除了，结果一名学生只好用无声的舞蹈把这一段表演出来。

由于当地居民的投诉，宾夕法尼亚州一所中学组织学生观看电影《麦克白》和《辛德勒名单》的活动被取消了。

数代人以来，对书籍、音像制品、演讲者、研究的主题、杂志、演说、新闻、服装、艺术、戏剧、实地考察以及其他师生活动的限制或禁止渗透着校园生活也破坏着校园生活。这些活动大多数与性、政治或宗教等有争议的问题相关，尽管有时也会与其他问题有关，如种族问题和经济问题等。

在过去的 20 年里，经常遭禁的书籍包括《哈利·波特》《安妮日记》《第二十二条军规》《永别了，武器》《拯救》《了不起的盖茨比》《哈克贝利·费恩历险记》《杀死一只知更鸟》《巧克力战争》《第五号屠宰场》。

经常遭审查的作家包括朱迪·布鲁姆、马克·吐温、玛雅·安格鲁、约翰·斯坦贝克、J. D. 塞林格、托尼·莫里森、R. L. 斯泰恩、莫里斯·森达克、威廉·戈尔丁和罗伯特·科米尔。

（资料来源：*Newsletter on Intellectual Freedom*，1996—2009；Sherrow，1996；author；Foerstel，2002）

恐慌的气氛

以上只是审查制度下的一些例子，反映了政治本位对学校里思想的限制。美国每年有记录可查的类似事件很多，还有更多这样的事件没有任何记录。对于探究、知识和教育的限制很普遍。这些限制造成了学校里的恐慌气氛，那些小心谨慎的教师为了避免类似的“遭遇”，不得不进行自我审查或是严格限制探讨有争议的话题。学校行政管理者往往害怕家长或居民的投诉，于是先发制人，利用烦琐的（有时甚至是非法的）学校政策和制度践踏师生的权利。

教师也许认为他们享有学术自由，但他们有时也进行自我审查以避免受到威胁或遭遇令人不快的局面。行政管理者也许强加可能违法的限制条件，但那些害怕麻烦的教师也不会公开表示反对。家长也许威胁教师，迫使他们限制探究活动。但在开明的学区，有关学术自由的政策和制度不仅保护家长和公众质疑教师教什么、如何教的权利，而且也保护师生的合法权益。

尽管一些审查制度和政治限制有积极的影响，促使师生的学术自由得到保护，但许多事件的结局并不是那么好。教师丢掉饭碗，学生被勒令停学，师生不敢正视有争议的问题，教育受影响。而且，对师生的管制、审查以及限制的努力从未停止过，这表明学术自由的思想在社会上并没有深入人心，学术自由也仍成问题。我们有必要时刻保持警惕才能捍卫一个民主国家的教育所需要的知识自由。追求那种无论是学术上还是知识上的自由，是教育的核心目标。

学术自由必不可少，不能装样子

学校不自由则社会不自由。对于支持自由社会的人而言，大力支持师生学术自由的必要性是显而易见的。思想是民主和教育的基本要素，思想领域受学术自由的保护。可惜，这一简单明确的概念却没有得到部分民众的充分理解，甚至有些教师也不懂其真意。我们有必要在学校大力推行学术自由，行使学术自由权并拓展学术自由的范围。当前的学术自由经常受到威胁（American Association of University Professors，1986；American Library Association，1996；*Newsletter on Intellectual Freedom*，1986-current；Nelson，1990，2003；McNeil，2002；Stone，2004；Lindorff，2005；LaRue，2007；Wilson，2008）。

美国民主的不断发展需要我们为师生进一步拓展学术自由的范围。诺丁斯指出，民主教育需要辩论，需要讨论——只有教师获得了自由，这一切才有可能变成现实（Noddings，1999）。基本原则很清楚——开明自治是民主的基础，学术自由是开明自治的基础。教和学的自由是优质教育的基础。

反对教师学术自由的历史之争主要基于一些传统思想，如教师不是“学者”，他们的听众没有选择余地非听不可，他们可能支配学生易受影响的心灵，他们是公共雇员，应服从校董会和学校行政管理者的命令。但这些理由都无法驳斥在民主社会里更有必要赋予教师教育自由权这一论点。教师现在要具备学者品质；学生要学会探究，学会质疑，而不是变成被动受制的接受者；教师的职业道德不支持他们对学生洗脑；为了履行教育的职业职责和合同责任，教师必须拥有分析、解释话题的自由。

我们早已跨越了禁止教师结婚、跳舞或参与政治的时代。在当今的学校里，教师要做的也不仅仅是把死记硬背的知识强行灌输给学生。我们开始对教育有了新期望，我们希望教师培养学生的批判性思维能力。然而，审查、约束教育工作者从事职业活动的压力仍未减弱。

帕特·斯凯尔斯是学校图书管理员，曾获得美国图书馆协会的知识自由奖，他在书中这样写道：

> 问题显而易见：审查官希望操控年轻人的思想。他们对教育制度心存疑虑，因为会读书的学生学会了思考。……作为教育工作者，我们不能为了学生的利益，就容许自己屈服于压力而把课程内容稀释成肤浅的事实。我们必须讨论知识自由的原则。我们必须要求学生好好想一想先辈们写下《权利法案》时的意旨。（Scales，2001：2）

遗憾的是，有些人和组织希望推行传统道德观念或是其他思想狭隘的计划，于是就为了加大对学校的限制、加大对师生审查的力度而更加努力地奔走呼吁（*Newsletter on Intellectual Freedom*；Nakaya，2005；Seesholtz，2005）。他们一心只想推行自己的政治、宗教或经济主张，对他人的观点则一概否定。他们把教育视作一种手段，其目的是教导年轻人成为盲信者或是教导学生统一思想，免受有争议思想的影响。在任何与他们自己信仰相左的思想里，他们看到的只有邪恶或分歧。

支持不同的政治、经济和宗教阵营的狂热分子试图把学校当成给年轻人灌输他们自己观点和价值观的理想之地。他们不希望学校提出相反的观点或是相冲突的证据，他们反对真正意义上的批判性思维。对于那些认识到好教育需要应对有争议问题的教师而言，那种狂热只能增加他们的无奈感和无助感（Thelin，1997；Pipkin and Lent，2002）。

现在我们看到有些人试图变换一个角度对教师自由进行攻击——改变学术自由的定义并使之合乎政治议程。《学术权利法案》（Academic Bill of Right）被吹嘘为对学术自由的保护，它要求机构保持中立，要求"各类不同"教员走政治路线（Students for Academic Freedom，2003；Dogan，2006）。虽然这一法案只是针对高等院校的，但对非高等院校显然也有影响。它声称支持学术自由，但一些人认为它只不过是为聘用更保守的教员做掩护，只不过是为了使中小学及大学教师受到新的束缚做掩护（American Association of University Professors，2003；Wilson，2006）。尽管学校中立和教师的公正是很好的教育理念，但《学术权利法案》变成了检验教师的政治试金石，为限制教师谈及有争议问题而进行审查和自律埋下了伏笔。

好教师愿意探讨有争议的问题，他们为此担当的风险远远超过了那些胆小、听话和主动自查的教师。那些履行捍卫知识自由这一基本教育职责的教师可能受到威胁、排斥或是嘲讽。恶意的公开威胁以及来自行政管理者、校董会、家长、特殊利益团体，甚至教师同人的微妙压力都能冷却一个教师对思想自由的热爱之情。教师自查——胆小怕遭批评的教师对需在课堂讲授的观点进行"筛查"以避免引起争议——对学术自由构成的威胁很普遍但也不易察觉。教师听说过有同人被解聘或挨警告的事情，所以凡是可能对他们造成类似负面影响的话题，他们也总是尽量避免谈及。少数几名教师因为做了社会期望所有好教师都去做的事情而遭解聘，这是事实。当教师得到公正评价，真相公之于众时，这些解聘决定就会被撤销，发生这种情况也不止一次，这也是事实。尽管如此，那类事件对其他教师产生的寒蝉效应还是限制了教师及其学生的学术自由。在对教育事业的追求中保持专业化是需要勇气的，但也是必要的。审查官获胜，则教育和民主受损（McNeil，2002；Stone，2004；Fuentes，2005）。

学术自由与民主的基本关系

民众能够驾驭自己是一个民主国家的必然前提。这个前提认为，民众能做出有见识的决定，能从众多可行性建议中做出明智的选择。教育和思想的自由交流是这一前提的基础，否则就等于贬损民主的基本条件。

学术自由是教师教的自由，是学校制定教育政策时不受政治制约或审查制度约束的自由，是学生了解各种思想的自由。它对民主至关重要。一个信奉自由的社会应该为其学校争取同样的自由（Rorty，1994；Wilson，2008）。

在 1967 年的凯伊西安诉纽约州立大学董事会一案中，美国最高法院证明了法律对保障学术自由的承诺，因为它宣布纽约州要求教师进行效忠宣誓的法规违宪。最高法院指出，学术自由具有"不可估量的价值"：

> 我们的国家郑重承诺要捍卫学术自由，这不仅对教师而且对我们所有人都有着不可估量的价值。那种自由受《宪法第一修正案》的保护，它不容许任何试图让课堂笼罩在某种正统思想阴影之下的法律……课堂尤其是"思想市场"。(Keyishian v. Board of Regents，1967)

每个国家都存在宣传作假和欺骗公众的现象，民主国家也不例外，但是一个民主国家的公民有权、有能力对各类宣传进行质疑和分析，揭露其欺骗的本质。独裁政权既不需要也不希望民众接受的教育足以使他们质疑政府提供的信息。极权主义国家使用暴力和威胁，利用审查制度和限制性法规以及愚民政策等手段来维持政体的稳定。民主国家的政府可以尝试使用同样的手段，但却存在被揭露、被取代的风险。政府越是独裁，就越会在教育中使用威胁、审查以及否认自由等手段。社会越是民主，对教育的威胁、审查和限制就越少。民主国家的这一试金石也是衡量学术自由程度的一个重要标准。

学术自由的演变及扩大

学术自由是从早期的美国教育发展演变而来的，当时的定义很狭隘，只局限于大学里为数不多的几个学者，但即便在大学也未能真正践行学术自由。不过，从那时起，学术自由就成了一个涉及学校教育总体框架和各级教师工作的基本教育理念。我们现在更接近德国的双重学术自由——不受机构限制的教师教的自由和学生学的自由（Hofstadter and Metzger，1968）。美国学术自由的概念就是从这一意义双重、相互支撑的师生自由演变而来的（Daly，Schall，and Skeele，2001）。虽然它的发展仍不够充分，还不足以令教育工作者和民众相信学校是实施真正批判性教育的地方，但它显然比以往更深地嵌入了校园文化和有教养的社会。

被指控犯有腐蚀青年和不敬神灵之罪的苏格拉底，为自己辩护说他和他的学生有追求真理的自由。他说，一切邪恶都是因为无知；教和学的自由将引导我们发现知识、消除愚昧、改良社会。但是陪审团最后还是通过投票判处了他死刑。随着时间的推移，学术自由也在不断发展。虽然屡遭打击，但它一直存在，而且它的涵盖范围也不断扩大。

遗憾的是，由于各州法律上的差异以及令人困惑的法院意见，对哪些学术活动符合美国学术自由的思想应受法律保护一直没有达成共识（O'Neil，1981；*Newsletter on Intellectual Freedom*，2000－2009）。广义的学术自由的概念通常不难理解，但这种自由在学校和课堂上的实际运用却又经常遭到质疑，而且地方法院和州法院的裁定经常含混不清。一些法院支持校董会在课程和学生报刊等问题上拥有酌情处理权，总的来说，法院日益意识到有必要赋予学校学术自由的权利，并且也为教师提供保护。如果这种好趋势保持下去，教育工作者保持警惕，那就预示着这一理念将扩大到涵盖整个国家所有称职教师的工作。

法院一直高度支持公立学校教师的学术自由。法官法兰克福特和道格拉斯认为，从小学到大学的所有教师在培养好公民方面都起着特殊的作用，所有教师都应该享有学术自由以成为思想开阔和自由探究的典范（Wieman v. Updegraff，1952）。在加里诉教育委员会一案中，法院的裁定是：

> 把参与公开论坛自由交流思想的机会局限于高等教育不仅助长了不受欢迎的精英主义，而且不能促进不上大学的那些人的发展，也违背了宪法保障的机会平等原则。在一个人人皆可参与的民主社会里，能否获得有效的公民资格决不能取决于一个人是否有大学文凭。因此，断定只有大学需要学术自由是不恰当的。（quoted in Rubin and Greenhouse，1983：116）

从全球来看，图书馆协会与机构国际联合会声明："人类拥有表达知识、了解新思想、进行智力活动以及公开表达观点的基本权利。"(IFLAI Statement，1999)保证所有教师享有学术自由与这一口号是一致的。为了支持全球民主化，我们要呵护学术自由的环境，扩大学术自由的范围并且对破坏学术自由的举动保持高度警惕。

学术自由的教育依据

如果不在学校，新一代将在哪儿才能探讨和检验对不同观点、新概念以及政府宣传的质疑呢？学生应能在自由、博学的教师的引导下继续探讨各种有趣的可能性(First Amendment Schools，2008)。学生可以在学校检验各种观点而不至于招致社会的谴责或排斥。在重视和培养批判性思维的环境中，学生和教师都能更充分地参与智力开发的活动。这对社会最有利是基于以下两个基本原因：(1) 新一代的新思想是社会进步的基础；(2) 如果不容许学生在学校探究各种不同的思想，那么他们可能看不到社会的缺陷和缺点，也没有能力以公民身份参与改进民主制度 (Puddington et al.，2008)。

尽管进行简单的灌输式教学并不难——教师呈现教学内容—学生不用思考或不加批判地死记知识内容——但那必然导致教育的不完整和不完善。教学也可能变得混乱无序、没有条理感或目标感——这也是不完整、不完善的教育。这两种教学法指导下的教育都算不上真正的教育。教育是由思想和质疑构成的，而且这些思想和质疑会变得越来越复杂。灌输式教学妨碍了教育过程，使得知识缩水，也限制了批判性思维。杂乱无序的学校扰乱教育过程，把重要和不重要的思想混为一谈，而且分不清批判性思维。完善的教育帮助学生打下牢固的知识基础，把教导学生质疑各种观点当成批判性思维训练过程的一部分。

学术自由的典型特点是追求知识的自由。这一自由涉及所有追求知识的学生和教师。追求知识不是专家的特权，而是教育的基本目的。当人们对照着自己的体验和知识来检验新思想的时候，他们也会学得最好——这种检验需要学术自由。这种积极主动的学习不仅有助于学生消除困惑，也体现了主动地获取知识和拥有知识。而且，通常都是学生认识到现存知识的不足或是发现新的理解途径。当只有专家控制知识或是当审查官限制思想的时候，我们就可能一味照搬知识，不会质疑或没有相冲突的看法。我们也许不喜欢别人质疑我们自己认可的思想，但正是这些质疑推动了进步。只允许一小部分有名望的专家追求知识不利于学生学习，不利于人类进步，不利于社会发展。

大多数年轻人在与朋友交谈时或是在电影、电视及其他媒体中都会遭遇激进的思想。在教育环境中，学生可以更充分地思考有争议的观点，而且他们还有机会对每一种观点提出批评。对社会的真正威胁是学生不在学校探究有争议的内容，是学生不再相信教育机构和社会是自由交流思想的地方 (Evans，2007)。戴利和罗奇呼吁重建学术自由以实现这些社会目标和教育目标 (Daly and Roach，1990)。

职业核心

学术自由是职业教育的核心所在 (Nelson，1990，2003)。职业身份是由工作的复杂性和目的性、岗位资历要求以及作者共有的道德观和价值观所决定的。比如说，医务人员保护民众健康，改进健康防治的质量，接受过专门医学教育，恪守对生命的承诺；律师在法律领域工作，接受过从事律师工作的专门训练，致力于用法律捍卫正义；教师教育学生，拥有学科知识，接受过教学实践方面的专门教育，致力于启迪下一代的心灵和智慧。

教师的工作性质及其启迪学生心智的使命需要他们享有追求知识、探究新思想的特殊自由。除了所有公民都享有的受宪法保护的言论自由之外，这种职业自由也应得到保护。与其他公民不同的是，教师肩负着追求真理和帮助学生追求真理的职业责任（Zirkel，1993；Nelson，2003）。国家自然科学教师协会（NSTA）宣称："作为专业人员，教师必须自由地在课堂上公开分析有争议的问题。"（www. nsta. org）国家社会研究委员会在政策上支持教师教的自由和学生学的自由（National Council for Social Studies，2007）。各国教师协会的主要文件上都有倡导一线教师学术自由的类似宣言。教育界个人权利基金会设立了一个保存世界各国学术自由宣言的网站（www. thefire. org）。教师不能因为探究有争议的内容或思考非主流思想而有丢掉饭碗的危险。

对学校在自由社会所起核心作用的普遍误解使得美国的师生生活在边缘地带。教学被视为不够专业化；教师常被视为低级雇员，管理者要他们做什么，他们就得做什么。过多的限制强加在教师所教内容和所采取的教学方法上。校董会和行政管理者试图对教师和教学材料进行审查，对学生则几乎是视而不见，把学生当成没有任何地位的人来对待，或是要求学生盲目服从。把教师仅仅视作普通工作人员也许是有历史原因的，一些教师曾经是契约仆役，还有些教师本身没有合格的学历文凭。但在今天，每个州都要求教师有本科文凭，许多教师还有研究生文凭。日益严格的教师资历规定和不断完善的专业化研究和实践让我们没有理由贬损对教师工作的限制。学术自由是职业教育的要素，但它还没有成为我们社会和师资教育的必备理念。双重教育努力会增强社会对学术自由之必要性的认识，影响并激励从事教育事业的人们。

学术自由和教师胜任力：任职过程

但是，教师学术自由的规定不是无限制或无条件的。并非所有有教师资格的人也并非他们的任何行动都应该得到学术自由的保护。学术自由的基本条件是教师胜任力。不胜任的教师不值得也不应该得到额外的保护。如果经过公平、证据确凿的评估发现他们不合格，学校就应该解聘他们。许可一个人教书不等于许可他在不胜任的情况下继续教书（Bernard，2008）。

教师胜任力是知识、技能和判断力的结合体。它包括对课堂教学材料和学生的了解、教学专业技能以及专业判断力。胜任力不仅取决于大学学分的积累，它还包括教师能用知识、技能和判断力进行教学的实际展示。正如在其他行业一样，胜任力是由同行和视导员来评价的，随着教师经验的增长，其胜任力也不断提高。在教学上，新教师完成教师执照计划后，可望获得初始胜任力。这一长达四年或四年以上的计划包括学科领域的专业学习以及有指导的教学实习。然后，根据各州法律，教师在学校督导下从事为期七年的全职教学工作，如果七年试用期合格，他们将获得终身教职。这种实际教学的长期考验应该足以确定一个教师是否胜任。不胜任的教师也不会得到终身教职。

学校学术自由的合法保护依据主要是各州的终身教职法。终身教职法规定，不经过正当法律程序、没有正当理由不得随意解聘教师。遭到解聘威胁的终身教职教师有权了解具体的指控内容，有权要求举行公平的听证会，有权要求判决有据可依。这些规定可保护终身教职教师不会因个性冲突或地方政治主张而遭到不当解聘。各州法律认可的解聘理由通常包括道德败坏、渎职和不胜任工作。指控必须解释清楚、记载清楚以便维持解聘的决定。成为教师、获得终身职位的标准应该定得很高，解聘教师的标准也同样应该定得很高。教师不应因为与行政管理人员或其他人有个人分歧或政治分歧而遭解聘。

非终身教职的见习教师也应该得到学术自由的保护，因为他们也要从事启迪心智的教育。但是，他们没有终身教职教师那样的合法权利（Standler，2000）。终身教职教师根据“无限期”合同服务于学校，这些合同长期有效，无须学校每年续聘。学校与见习教师签订为期一年的合同，在学期末可以解除合同或不再续聘他们，而且通常也不具体解释解聘原因。但是，学校政策应该载明，不得因以恰当的方式讨论有争议话题而解聘教师，而且这项政策应该对各种类型的教师都一样。许多优秀的学区都尊重这一理念。受到保护免遭不当干预的终身教职教师要确保非终身教职教师不因为履行恰当的教学职能而遭到解聘，这是职业责任。

学术自由的障碍

尽管支持学术自由的理由是令人信服的，但还是有巨大的历史、政治和经济压力（Wilson，2008）。可悲的是，审查制度、政治约束、反智主义以及对师生学术自由的非法限制在美国有着悠久、卑鄙的历史。在宗教团体的控制下，早期的学校把因循守旧的道德观念强加给老师，不虔诚、不参加宗教礼仪活动，或是没有表现出足够的宗教热忱都是解聘教师的理由。在 19 世纪，许多聘用合同对教师提出了诸多要求：要保持单身，不得酗酒抽烟，星期天要去教堂做礼拜，偶尔还要代替牧师工作，不得与“坏分子”交往，避免争论。社区要求教师严格遵守社会规范，教师可能因约会、去台球厅或是仅仅因为与当地官员意见不合而被解聘。与社区当权阶层的政治观点不同也会立即被解聘。教师本人没有任何办法来阻止时刻保持警惕的校董会或行政人员做出以上决定。

20 世纪上半叶，政治限制和审查制度取代了宗教道德形成对教师新的束缚（Pierce，1933；Beale，1936；Gellerman，1938）。高校教师的境况也很糟糕，高校官员使许多教师蒙受侮辱（Veblen，1918/1957；Sinclair，1922；Hofstadter and Metzger，1955）。学术自由只是理想，并未普遍推行。约翰·杜威和其他一些知名学者在 1915 年建立了美国大学教授协会（American Association of University Professors，AAUP），其主要目的就是要联合起来捍卫大学教师的学术自由。杜威甚至在那时就认识到，不仅高校教师，所有教师都需要学术自由。

随着 21 世纪的到来，教师的专业素养和职业境界有了明显提高，但他们还是不自由。对学术自由的重大威胁仍旧限制着教育，学生就像是被蒙着眼罩的马。几乎每个州都试图实行审查制度，一些州每年都进行无数次审查，成千上万的师生受到警戒会、校董会和学校行政管理者的各种限制。

图 17-1 的数据显示 1990—2000 年间受到社会投诉和质疑最多的机构，其中学校是审查的主要对象。

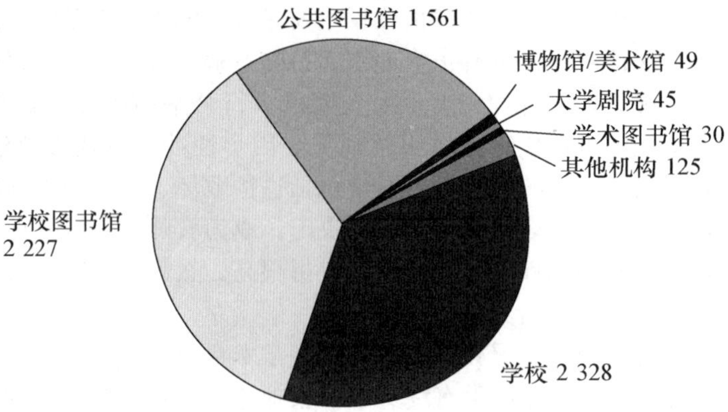

图 17-1　哪些机构是审查对象？（1990—2000 年）

资料来源：Office of Intellectual Freedom, American Library Association. In Foerstel, H. N. (2002). *Banned in the USA*. *Westport*, CT: Greenwood Press. Data from 1990—2000.

教材出版机构“退避三舍”，剔除有争议的内容，以免招惹审查官。得克萨斯州的审查官禁止该州中学使用一本由德高望重的史学家们编写的美国历史教科书，因为其中有两段话（1 000 页的教材中有两段话）暗指西方国家在 19 世纪的卖淫活动泛滥（Stille，2002）。

网络是审查官新近的关注目标，他们用以阻止学生接触许多合法网站的策略令人心寒（O'Neil，2008）。“审查软件计划”提供的 1999 年度报告显示，犹他州禁止所有公立学校和一些图书馆接触的内容包括《独立宣言》、《美国宪法》、《圣经》、《古兰经》、所有莎士比亚剧作以及神探夏洛克·福尔摩斯的故事（“Censored Internet Access in Utah Schools and Libraries”，1999）。抗议审查官侵扰图书馆的网站包括电子前沿基金会（www. eff. org）、个人教育权力基金会（www. thefire. org）以及“和平之火”（www. peacefire. org）等组织。

引起审查官兴趣的话题随着时间、地点的变换而不同，横跨政治光谱的两端。社会主义和共产主义显然是 20 世纪 20 年代和 60 年代的审查目标，在里根政府时期又重新成为审查官们的关注目标。性方面的话题和亵渎神灵的语言是学校审查官亘古不变的目标。最近出现的一个新热点是对学校讲授世俗人文主义的指控——教师和教学内容都是反上帝、不道德、反家庭以及反美国的。那些希望扼杀学术自由的审查官感兴趣的当代话题还包括毒品、进化论、价值观辨析、经济学、环境问题、社会行动主义以及非裔美国文学、女性主义文学或其他少数民族文学的作用等（Jenkinson，1990；Waldron，1993；Japenga，1994；Sipe，1999；Horowitz，2005；Seesholtz，2005；Lindorff，2005）。

广泛宣传的审查制度和管制活动令校董会和行政管理者甚至许多教师都出现了寒蝉效应（Whitson，1993；Ross，2004）。对有争议问题可能引发的指控让人感到害怕。戴利发现，几乎没有学区制定保护师生学术自由权的政策（Daly，1991）。因此，教师主动自查的举动使得学生和社会失去了充分探究思想的机会。许多教师避免谈及重要话题，或是对这些话题内容进行中立化、“消毒”处理以至于令学生感到乏味。表 17-1 显示，家长最有可能提出对学校和图书馆资料进行审查的诉求。

表 17-1　对学校和图书馆资料的质疑是由哪些人提出的？（1990—2000 年）

排名	提出者	10 年间的质疑数量
1	家长	3 891
2	赞助人	936
3	行政管理人员	596
4	校董会成员	232
5	教师	176
6	压力团体	175
7	其他团体	162
8	宗教组织	108
9	神职人员	92
10	政府	53

资料来源：Office of Intellectual Freedom，American Library Association. In Foerstel，H. N.（2002）. *Banned in the USA. Westport*，CT：Greenwood Press. Data from 1990—2000.

美国大学教授协会发表声明支持非高校教师的学术自由，这份声明中指出了强加给那些教师的许多政治约束（AAUP，1986）。美国公民自由联盟（www. aclu. org）有着支持师生学术自由的悠久传统，而且参与了争取取消审查制度和政治约束的诉讼。自 1970 年以来，公开媒体所报道的审查事件发生频率增加了 3 倍。而且，估计相对每一正式报告的审查事件而言，约有 50 种其他审查活动并未报告（Jenkinson，1985）。与数十个专业协会和学者联盟有密切联系的全美反对言论审查联盟（www. ncac. org）之所以创立，就是因为审查制度变得越来越严苛。

自由社会需要学术自由

尽管对学术自由的保护还很薄弱，尽管政府和其他团体还常常施加强大的政治压力来压制学术自由，但是为师生争取学术自由就要付出艰辛的努力，这是值得的。无论是从民主、教育还是职业的角度，我们都能为加大对胜任教师以及所有学生学术自由的保护找到令人信服的理由。公众之所以应该支持公立教育的学术自由，其实有着重要的社会原因。学术自由不仅仅是一套陈词滥调、州规章制度和法院的判决。在一个自由的社会里，它应该成为学校的一种基本诉求。学术自由是职业教育的核心真理。

观点 2：支持履行教师责任

言论自由并不包括听众的权利……遗憾的是，那些把“言论自由”“学术自由”喊得最响亮最久的人，实际上是为对中小学和大学受制听众进行思想灌输进行辩护。

——Sowell，2005：1

进行基础教育的公立学校采取的是准官方式教育：鼓励一线教师在种族、性别、性取向以及美国外交政策等当代问题上对学生的看法施加影响。

——Stern，2006

教育不是灌输

学术自由不是不受约束地向他人灌输某一观点。然而，一些大学教授和 K-12 教师工会却坚称教师拥有那种学术自由的权利。斯特恩指出："K-12 教育中，在课堂上对学生灌输左派政治观点造成的有害影响甚至比在大学校园里造成的有害影响更大。"（Stern，2006a：1）克兰的调查报告显示，约有 40%的美国人认为，教授经常把课堂当作政治讲坛（Kline，2008）。这不是学术自由，利用课堂宣扬政治主张的教师也不应该受到保护。

学术自由是指不偏不倚地呈现观点，教师充当中立者以确保公平。如果学校继续聘用那些认为灌输偏见是教师权利的人，如果教师教育计划继续强调"为社会正义而教"或进步主义之类的政治目标，那就不可能存在学术自由。我们需要的是重视培养学生基本技能的教师职业道德规范，而不是将他们变成激进主义分子的教师职业道德规范。"如果教育工作者不愿自发这样做，那么就让立法者替他们这样做。"（Stern，2006a：1）教师的自由与职责直接相关，这在道德规范上解释得很清楚。

教育的权力与责任

一切权利和自由都与责任有关。教师的自由必须与其教师的责任挂钩，他们要承担那些责任才能享有权利和自由。教师对家长、社会、孩子和教书这个职业的责任既是对其自由的支撑，也是对其自由的限制。

社会赋予教师的权力是培养孩子掌握完备的知识、形成良好的价值观，要实现这一目标，学校必不可少。孩子逐渐摆脱了父母的影响，转而依靠教师的引导。这是一个特别重要的责任。教师对家长、社会和孩子承担的责任是提供因材施教的教育，他们还要承担教书职业的道德责任，这些多重责任需要教师和学校共同承担。

教书是社会上最有影响力的职业之一。在将价值观和思想观点代代相传方面，教师对学生的影响仅次于家长。在某些方面，教师对孩子的观点及其价值观的影响比家长更大。小时候，家长对孩子的所见所闻所为还有很大的控制力，但在孩子上学之后，家长就将管教孩子的重任交给了教师。那应该是件好事，因为孩子们在教师尽心尽责的教育下变得更加成熟、更加独立了。即使从学校毕业很久，家长对子女的所见所闻所为依然有浓厚的兴趣，好学校和好教师让家长们放心。教师的影响力不仅体现在课堂和学校，它的有效期也不仅限于学生在校学习期间，教师对学生的影响可以持续好多年，甚至一生。这种影响年青一代的能力也附带着重大的责任。

父母的权利

父母有保护教育未成年子女的法定权利和义务，学校不得破坏这些权利和义务。父母要保护未成年子女的安全和健康，包括身体健康、情感健康、精神健康和道德健康。为未成年子女提供衣食住行的保障是父母的义务，父母不得擅自放弃，除非他们无力提供这些基本生活保障。监管教育未成年子女既是父母应尽的道德义务也是父母的权利，包括教育子女明辨是非、分清好坏等。父母通过教给未成年子女一套社会认可的行为方式（包括正直、诚实、谦逊和尊重他人等）来培养孩子的道德行为。法律规定，父母若对子女疏于照顾将依法承担责任，父母甚至会为未成年子女的违法行为而承担法律责任。

因为法律相信父母总是替孩子着想，所以他们在照顾、培养子女方面有很大的自由。根据父母享有广泛的义务和权利这一法律精神，父母甚至有权对孩子进行适当体罚，但任何其他人都无权体罚孩子。关于父母在法律上的权利和义务源于父母要为未成年子女的养育、德行和行为承担责任的传统。只有在一定情况和特定限制条件下，教师才能充当代理家长，而且还不能违背良好社会里一个合格家长应该遵守的规范。

家长把孩子交给学校不是为了惩罚孩子，也不是为了弥补家庭的不负责任。因此，学校必须通过反复给孩子灌输积极向上的社会价值观和家庭价值观来继续传播文化遗产 。

学生的相对年轻、教师的影响以及教育的权威性等因素使得学校和教师在维护社会、家长的价值观和利益方面承担的责任更大。尤其是在实施义务教育的公立学校，学校和教师需要更好地去理解代理监护人的角色。因此，就教什么和怎么教而言，公立学校的教师比私立学校的教师对社区、对家长所担负的责任更大。

教师对家长的责任

学校有一个特殊职责：学校要为家长服务，凡是家长担心子女出现的问题，学校要积极应对。之所以这样说，主要基于教师是作为代理父母或者说是替家长来教育孩子这一理念。这一理念有深厚的社会和法律基础，它起着保护教师的作用，因为教师在教育、评价学生时行使的是“家长”的权利。同时，它也要求教师体谅家长的利益诉求。

教师，站在代理父母的立场，承担着培养孩子、保护孩子的类似责任。教师有责任为学生提供一个安全健康的课堂环境，而且保护学生也是他们的道德责任和法律责任。另外，他们还肩负教育责任——他们必须向学生传授必备的知识和技能。履行这些职责还需要教师对家长提出的学校该传播什么样的知识和价值观等问题做出积极回应。

无论是肉体上还是精神上，教师不可能有随便教训学生的自由。今天，没有任何一个人会说，应该允许教师体罚学生。教师可以要求学生认真听讲、遵守纪律、讲礼貌，但是他们不得有任何虐待行为，如动手打学生等。充满恶意的教师行为不符合职业行为规范。

对学生的精神虐待同样令人憎恶，但这更不容易觉察。但是，精神虐待对学生、家长或社会也同样有害。用恶毒的言语进行人身攻击、灌输反社会的价值观或行为观，或是操纵孩子思想使之对抗父母或不遵守道德规范等，都属于精神虐待（Sowell，2005；Stern，2006b）。家长有权坚决要求教师不让他们的孩子受这些阴谋的支配，但家长往往又是在孩子已经受到伤害之后才能意识到这一点。

家长有权监督学校给孩子教了些什么，有权问责学校，有权要求学校采取力所能及的措施不让孩子受到任何伤害。除了对教师进行必要的限制之外，学校还必须顺应社会传统习惯的种种限制。比如说，应该坚持对学校图书馆采购的书籍、影像资料等进行仔细检查，确保学生接触到的都是有益于他们身心健康的资料。通过可信赖的家长审查委员会来判定哪些书籍适合学生，而且任何家长都有权投诉图书馆，有权要求学校按照他们的投诉意见进行图书馆藏书建设。

我们不仅有必要担心课堂上使用什么教学材料，而且也必须警惕未成年学生在学校可接触到的其他东西。在学校多媒体中心，学生上网引发的问题越来越多。对学生而言，网络是一个宝贵的资源，许多具有教育特色的优秀网站可以丰富学生对科学、历史、艺术、文学、数学以及其他学科的理解。通过网络就可以了解地理位置、古老的艺术文化、时事新闻以及科学实验和科学成就或是参与互动学习，这种网络体验十分独特，也是通过其他任何渠道都不可能得到的体验。但是，网络使用中也存在一个很麻烦的问题，那就是如何应对含有叛国、反权威、反宗教、种族主义、不人道以及色情或其他不当内容的网站。在家里，父母还可以对孩子使用计算机的情况加以控制，屏蔽不适合孩子浏览的网站；学校更有责任屏蔽这类网站，因为学校服务的是各个阶层的广大学生。

教师对学生的责任

教师最重要的责任就是对学生的责任。因为学生还尚未成熟，尚未定型，教师必须慎重运用自己的影响力，用责任感来约束自己的自由。教师对学生的生活有着巨大的潜在影响，在决定教什么、怎么教的决策中，还需慎重考虑教师的权威性。教师因成熟、有身体优势且处于为人师的位置而强大有力，学生则显得很弱小。

学生在形成自己的思想观点和行为模式并希望检验它们是否正确时，总是希望得到教师的指导。学生天生好奇心强而且积极乐观，但还不能分清好与坏以及恰当与不恰当。因此，教师仍有责任继续对他们进行品德教育。

教师对社会的责任

除了父母，社会对孩子的教育也很感兴趣。建立学校的目的是传播文化遗产，提供培养合格公民所必备的知识技能，以及教育孩子要履行自己在家庭、工作和社会中职责。学校是得到政府支持、受政府控制以实现社会目标的社会机构。社会有自身的价值观、行为标准和观点，需要学校将它们传递给学生。这些标准是在时间的沉淀和考验中逐步形成的，体现了我们的共同文化。社会赋予学校和教师的责任就是确保让社会标准以及这些标准所代表的理念通过教师的言传身教传递给学生。

学校不是作为与社会分离的实体而存在的，学校也不能在制定行动方针时把社会责任排除在外。学校的目的不是教学生反社会、叛国，也不是把不道德的思想或行为教给学生，社会也不会容许它们这样做。社会托付给学校的重任是把年青一代培养成积极向上、有生产力的公民。极少数教师利用自己的职务之便，试图破坏社会价值观或制造社会不和，其实是辜负了社会的信任。那些散播怀疑主义、虚无主义或愤世嫉俗的种子的教师也是辜负了社会的信任，社会有权限制、谴责那些损害社会利益的不合格教师或将他们从教学岗位上驱逐。

教师的职业责任

以服务孩子和社会为宗旨的教师行业有着悠久而辉煌的历史。从教师道德规范可以看出教师责任之重大，教师应怀揣强烈的社会责任感，把文化遗产传递给学生，教师对自己的要求也应该很严格。

教师的基本职业责任是培养年青一代为社会生活做好准备，包括教给学生社会价值观和知识，而老师的个人行为也应该体现社会的标准。教师这一行业既认可孩子的需求也认可社会的需求。教师有责任不超越职业界限，有责任不做有损职业荣誉的事情。

教师是优质教育的关键，也是劣质教育的“罪魁祸首”。教师优秀则学校优秀，反之亦然。正如广为人知的那样，许多学校并不优秀，许多教师能力差、不称职。实际上，美国教育中存在的问题在很大程度上要归咎于那些本不应该出现在课堂上的教师。这些教师应该被淘汰，但是终身教职法和教师工会保护能力差的教师，“确保”许多孩子被迫接受劣质教育。这些保护措施不仅令学生、家长和公民感到烦扰，也对正义、爱国主义和社会价值观构成了更为严重的威胁（Limbaugh，2005；Sowell，2005）。

狂热行为与教师不尽责

有着“花衣魔笛手”（pied piper）一般魅力的教师在其信仰和推销技巧上并不“弱”，但在学术能力和接受基本的社会责任和社会价值观方面显得很“弱”。这些教师认识不到为人师表的职责。教师终身聘用制不仅掩盖了劣质的教学，而且也保护了有社会危害性的教师。他们要求学术自由，利用这一空洞的说法来掩盖其扭曲年轻人心灵的企图。这些“弱”教师实际上认为他们在课堂上有为所欲为的特殊自由，他们对我们的文化是个大威胁。

如果教师着迷于激进的思想，思想不成熟的学生可能就成了没有选择权的受制听众。学术能力差的教师经常误读无政府主义、无神论、撒旦主义，以及其他一些极端观点的威胁性。他们往往持有一种过于简单化的乌托邦观点，而且希望自己的学生也接受同样的观点，于是，他们就把自己的激进观点强加给那些易受影响的年轻人。他们可能在政治、经济、宗教、家庭关系、吸毒、性取向以及其他一些有争议的话题上鼓吹一些激进的观点。而学生得承认教师的权威性，不能质疑他们的观点。这否定了教育本身的概念，同时也危害社会。然而，无论他们的观念多么激进，对社会造成了多大的危害，各州法律和工会却一味袒护教师。这种袒护，有终身教职法“助其一臂之力”，打着虚假的学术自由的幌子，是对学校错误教育的认可。终身教职法使得学校无法驱逐那些劣质老师或狂热分子。

学术自由赋予老师喜欢怎么教就怎么教的权利的说法是错误的，因为这种说法没有考虑学术自由的真正历史。学术自由的理念本是为了保护科学家和大学学者从事研究和发布研究成果的自由。甚至在这种适用范围有限的背景下，对研究人员还有一些限制条件，他们也不是想研究什么就研究什么，当然更不能进行故意害人的研究。学术自由的初衷与中小学教师及其工作几乎毫无关系。学术自由的历史意义反映的也不是公立中小学教学工作中的社会责任。因为年幼、易受影响的孩子们必须依法接受义务教育，所以，相比大学教师，我们要求公立学校的教师承担更大的责任，因为大学生对洗脑已有了足够的抵抗力。中小学生则是受教师影响的被动受众，而且相当单纯，他们才是需要保护的人。学术自由的历史界定只适用于保护大学学者进行自己的专业研究，这种自由并不适合于中小学教师及其学生。

目前所谓的学术自由之所以与中小学教师及其学生有关，只是为了保证教育灌输或教育政治化不会出现在我们学校的课堂上（Stern，2006a，2006b）。国家学术自由联合会（NAFC）提供的重要证据表明，当教师试图强推自己的观点而无人质疑时会引发各种问题（Dogan，2006）。听教师咆哮着反对总统或是支持他国政府和不同意识形态的学生，都是一些报告中所说的牺牲品。

放纵的学术自由

获得教书的许可并不意味着可以恣意把自己的观点强加给他人。腐蚀年轻人的思想至少是道德犯罪，理应受到道德谴责。大多数教师都接受这个观点，而且也做到了恪尽职守，不辱使命。对于他们而言，教师是给年青一代传授社会知识和价值观的职业，这是这一职业的精华所在，它有利于维护社会和国家的福祉。遗憾的是，一些教师并不认同这种职业价值观。

有的教师在警方的毒品搜查中被抓捕，有的教师在收入所得税上作弊，有的教师甚至行劫——但这些只是极少数（O'Connor，2005）。大多数教师当然不是罪犯。当教师确实有犯罪行为时，他们要接受刑罚处置，并可能因此失业，在违法行为方面他们得不到特殊待遇。但是，还有一种犯罪是智力犯罪，是教师打着学术自由的幌子从事犯罪活动。

智力犯罪包括讥讽学生或家庭价值观，鼓吹反社会的观点，向学生灌输世俗人文主义以及左右学生思想行为，使之与家长要求和社会规范背道而驰等。这些犯罪行为比违法行为对学生和社会的影响更大，破坏力也更大，因为整个民族的道德品质可能因此而失去统一性。作恶者不应受到特殊保护。混淆学生视听，使他们对家庭和社会感到困惑不已的行为根本不是什么学术，进行这种犯罪的教师不值得我们从学术自由的角度来维护。扭曲年轻人的心灵就是误人子弟，就应该受到惩罚。

当教师对争取同性恋权利、支持堕胎权和反美主义、参与民权运动或利用儿童等活动表示赞许时，那些从小就被教导要尊重家人、信奉传统婚姻、支持美国和尊重权威的孩子会感到极其痛苦。以这种方式伤害孩子不是老师应有的权利。借学术自由之名保护这种教师是侮辱学术自由的真正内涵。

一些中小学教师和教师工会想借着学术自由这把大型保护伞来庇护教师的所作所为。他们要求得到保护的说法虽站不住脚，但又会使学校行政管理人员变得束手束脚。行政管理人员并不希望美国公民自由联盟或其他地方民权团体来干涉学校事务。因此，激进的教师往往“布道”多年，“蛊惑”学生多年却仍能不受惩罚，因为学校领导不敢训斥他们。问题就这样被掩盖了。提出抗议的家长得到校方允许，可以将其子女转到其他班级，但对于那些毫无戒备之心的家长而言，其子女就成了这些违反职业道德的课堂教唆犯“费金”的牺牲品（费金是狄更斯小说《雾都孤儿》中的反社会、毒害儿童的教唆犯）。只有勇气十足、坚持不让步的家长才能挫败这样的教师。通常，对这类教师行为的公开揭露会唤醒社会，迫使教育管理官员采取行动。

激进派教师也滥用州终身教职法，这对解聘失职教师的努力造成了很大障碍。结果，甚至是解聘最不称职的教师，也只有极少数学区愿意坚持。激进派教师也揣摩透了学区的这一心理。终身教师遭解聘的事件非常罕见，因此激进派教师只需静心等候一直到取得终身职位，然后一切都万事大吉了。终身教职法里的一些烦琐规定可让教师一直保住职位，即使当这些教师表现出不尊重家长、学生和社会价值观的行为时也同样不会被解聘。我们必须使解聘不负责任的教师变得更具操作性。

教师的观点可能与社会规范不一致，但课堂不是表达这些意见的地方。在学校宣讲激进思想的自由也不应该属于教师。对于那些观点与社会完全相左的教师，学校不是他们的论坛。相反，学校的目标是传达和肯定社会价值观。可塑性很强的学生是被动的受众，教师无权把相反的观点强加给学生（Sowell，2005）。

学术自由与教师自由

在讨论学校的学术自由和教师自由时，我们应该把这重要的两点牢记于心。首先，学术自由是给予大学学者的有限保护，他们是自己所属专业领域的专家；当这个概念不是用于大学教师时，它的内涵便十分狭窄。其次，非高校教师拥有的其他自由也不是不受限制的，而且必然与传统的教师职责有关。

毫无疑问，只要是在其职责范围之内，教师就应该受到尊重，也应该享有决定怎么教学生的一些自由。也就是说，教师自由是可以与学术自由分开的，因为学术自由旨在保护专家发布其研究成果的权利。这种区分并不是贬低教师，就像职业区别不会贬低律师、医生和部长们一样，他们都是受人尊敬的人，他们也不要求在自己的工作中得到特殊的自由。他们受社会传统保护和言论自由的宪法保护，并不需要得到额外的保护。

美国宪法保护所有公民的言论自由，这对教师而言简直是绰绰有余了。根据美国宪法，我们中的任何人都可以自由表达我们对政府、雇主或世界形势的看法，只要这些言论不属散播流言、不造成即刻危险或不下流即可。显然，我们若是诽谤他人，则有被控诽谤罪的危险；我们若是在观众满堂的剧院乱喊“失火了”或是在机场乱喊“小心炸弹”，则难免不被拘捕。虽然我们有说的自由，但我们也必须承受自己言论不当的后果（Standler，2000）。

公开表达有争议的观点，比如说在给报社编辑的信函中阐述自己的观点，是美国所有人都拥有的权利。教师当然也有同样的权利，但那并不意味着教师与其他公民有任何不同，或者说那也并不意味着教师就更应该得到工作保障，无论他们的公开言论多么无聊、多么叛国。教师的工作也不应是铁饭碗的，就像受雇于私有企业的员工的工作一样，如果他们胆敢公开发表煽动性的言论，同样会被老板解雇。任何希望公开发表言论的人都必须意识到其中的危险性。教师比大多数公民更应清楚意识到公共话语的“连带责任”。教师的煽动性评论可能引起公愤。对公立学校的教师而言，公众就是老板。

当教师发表有损学校、社区或国家的言论时，当他们通过宣传或使用不正确/煽动性的材料来教育学生时，他们就不应再指望得到工作保障了。教师的课堂言论实际上就是公开言论，就如同写给编辑的信函或发表公共演讲一样也要受一些条件的限制。教师也不应该因为是关起门来讲而得到任何特权。

私立学校可以指望靠教师来维护学校和家长的价值观，因为私立学校的行政管理者和校董会有更大的自由，可以随时解聘他们认为不称职或不分是非的教师。州终身教职法并不适用于这些学校。而公立学校的校董会和行政人员是受限制的，因为终身教职法和“强势”教师工会的存在束缚了他们的手脚，在将不合格教师和从事煽动性活动的教师驱逐出校等方面，他们应该更积极一些。为学生提供知识、技能、社会价值观以及一套加强社会凝聚力的道德观是每一个教育董事会的职责，教师不能免于这一职责。

随学术地位而变化的学术自由

学术自由保护的是那些承认学术自由与学术责任不可分的学者。掌握了某一学科领域专业知识的学者可以进行挑战公认观点的研究——我们的知识就是这样不断得到完善的。学术自由使得那些学者能够发表或是呈现自己的研究成果，而无须担心失去职位，但即使那些学者也只是在其专业知识范围内才享有学术自由。在其专业知识之外，他们也不会比任何其他公民享有更大的自由。美国宪法保护每个公民的言论自由权，但是不保护也不应该保护教师职务终身制。学术自由与学术放纵是有区别的，没有任何学术自由是给予那些强行给别人灌输思想的人。柯克、胡克和巴克利从哲学角度阐述了为什么教师自由仅限于需要发表研究成果的那些专家学者（Kirk，1955；Hook，1953；Buckley，1951）。他们认为，即使在学术自由的特殊保护之下，学者或任何其他教育工作者都无权迫使学生改变宗教或政治信仰，也无权向学生灌输宗教或政治信仰（Limbaugh，2005）。

遗憾的是，对教师和学者而言，当今滥用学术自由这一概念已是不争的事实。教师工会和律师试图为不称职或支持反社会宣传的那些教师保住职务，他们这样做不是尊重学术自由。学术自由不应成为不称职、反社会或叛国教学的挡箭牌，学术自由应该为那些追求真理的专家学者提供保护，为在基础教育课堂上不偏不倚宣扬道德规范、呈现各种观点的教师提供一个理直气壮的依据。把教师职责和问责与教师自由联系起来才是保护教师和社会正义的好办法。

法学教授斯蒂芬·戈尔茨坦认为，学术自由不适合中小学，因为中小学的学生年龄小、不成熟，教师处于绝对权威的位置，高度结构化课程以及学校在传播社会价值观中起主导作用（Goldstein，1976），对这些因素不可不考虑。中小学教师与大学学者的不同之处体现在各自所接受的培训、职能、雇佣地位以及职责等方面。中小学教师对家长、社区和州负责，这不容许我们给予教师“为所欲为”的自由。学校和教师必须支持、提倡社会价值观和家庭价值观，这也是由学校和教师所处的特殊地位所决定的。关于学术自由的提法并未减轻这一重大责任。

教师理应受到尊重和欣赏，因为他们为社会做出了贡献，因为他们有着体面的薪酬和舒适的工作环境。他们也应该得到《民权法案》给予所有美国公民的保护：言论自由、结社自由和集会自由。对于我们所有人而言，包括教师在内，这些自由也包含了责任。教师对学生、家长、学校官员、教书行业以及社会所承担的责任使得一线教师成了我们最宝贵的资源之一。但是，教师在个人自由方面不应得到特殊待遇。教师终身聘任制也不应该保护他们免遭失业之苦，当教师出现煽动学生、鼓吹激进思想、违抗命令或劝诱改宗等行为时，就应该解聘他们。

讨论

1. 辩证推理练习：把“只有高校研究人员在各自的研究领域内才能拥有学术自由”作为一个正题，则它的反题是什么？有哪些证据可以证明正题和反题？各有什么哲学理由和逻辑理由？可以得出什么样的合题？在践行学术自由方面，你的合题对从事基础教育的教师的现状有何影响？

2. 如果地方校董会要你列席委员会讨论在学校政策上如何对待教师自由、学生自由、有争议的话题，以及家长或公民对教学材料、教学方法或学校课程提出的投诉，你会建议学校采取什么政策？针对学区应该如何应对以上问题，草拟一套政策。

3. 对话思想：应该对教师在课堂上可以讨论的内容加以限制吗？确立那些限制条件应该遵循什么原则？学生应该拥有同样的自由、受到同样的限制吗？学生年龄或教师经验是影响决定的重要因素吗？关于教师如何应对有争议的问题，学校应该如何对待？

4. 如果有的话，下列哪些话题不应该出现在教科书或课堂讨论中？

- 露骨的色情内容
- 暴力
- 性别歧视
- 反美言论
- 种族歧视
- 反宗教思想
- 法西斯主义
- 社会主义
- 对人的残忍行为
- 动物虐待、儿童虐待和配偶虐待

查禁上述内容的理由是什么？由谁来决定？能够论证审查制度方面的正题和反题的好例子有哪些？你会如何构建一个关于这个话题的框架？

5. 教师在了解、回应审查制度的创设中应该起什么作用？审查员应该接受审查吗？教师应做何准备来应对审查官和政治约束？

参考文献

American Association of University Professors (AAUP). (1986). *Liberty and Learning in the Schools.* Washington, DC: Author.

———. (2003). "Academic Bill of Rights." Statement from Committee A. December. www.aaup.org.

American Library Association. (1996). *Intellectual Freedom Manual.* 5th Ed. Chicago: ALA.

Attacks on the Freedom to Learn. (1985–1994). Washington, DC: People for the American Way.

Beale, H. (1936). *Are American Teachers Free?* New York: Scribner's.

Bernard, S. (2008). "Should There Be Limits on Teachers' Freedom of Speech?" *Edutopia.* www.edutopia.org. March.

Buckley, W. F. (1951). *God and Man at Yale.* Chicago: Regnery.

"Censored Internet Access in Utah Schools and Libraries." (1999). Report, Censorware Project. March 23. www.censorware.org.

Cohen-Almagor, R. (2008). "Hate in the Classroom." *American Journal of Education* 114(2), 215–241. Feb.

Dahl, T. (2008). "Surveys in American's Classrooms: How Much do Parents Really Know?" *Journal of Law and Education.* 37(2), 143–192. April.

Daly, J. K. (1991). "The Influence of Administrators on the Teaching of Social Studies." *Theory and Research in Social Education* 19:267–283.

Daly, J. K., and Roach, P. B. (1990). "Reaffirming a Commitment to Academic Freedom." *Social Education* 54:342–345.

Daly, J. K., Schall, P., and Skeele, R. (2001). *Protecting the Right to Teach and Learn.* New York: Teachers College Press.

Dewey, J. (1936). "The Social Significance of Academic Freedom." *The Social Frontier* 2:136.

Dogan, S. (2006). "A Rousing Success." Report on the First National Academic Freedom Conference. April 11. www.frontpagemag.com.

EVANS, R. W. (2007). *This Happened in America: Harold Rugg and the Censure of Social Studies.* Charlotte, NC: Information Age Publishing.

FIRST AMENDMENT SCHOOLS. (2008). First Amendment Center News. www @firstamendmentschools.org.

FOERSTEL, H. N. (1994). *Banned in the USA.* Westport, CT: Greenwood Press.

———. (2002). *Banned in the USA.* Westport, CT: Greenwood Press.

FOUNDATION FOR INDIVIDUAL RIGHTS IN EDUCATION. (2005). www.thefire.org.

FUENTES, C. (2005). *This I Believe.* New York: Random House.

GELLERMAN, W. (1938). *The American Legion as Educator.* New York: Teachers College Press.

GOLDSTEIN, S. (1976). "The Asserted Right of Teachers to Determine What They Teach." *University of Pennsylvania Law Review* 124:1, 293.

HENTOFF, N. (1991). "Saving Kids from Satan's Books." *The Progressive* 55:14–16.

HOFSTADTER, R., AND METZGER, W. (1955, 1968). *The Development of Academic Freedom in the United States.* New York: Columbia University Press.

HOOK, S. (1953). *Heresy, Yes—Conspiracy, No.* New York: J. Day Co.

HOROWITZ, D. (2005). "Academic Freedom: David Horowitz vs. Russell Jacoby. *Front Page.* July 29. www.frontpagemag.com.

IFLAI STATEMENT. (1999). "Libraries and Intellectual Freedom." International Federation of Library Associations and Institutions, The Hague, Netherlands. March 25.

JAPENGA, A. (1994). "A Teacher at War." *Mother Jones* 19:17.

JENKINSON, E. B. (1985). "Protecting Holden Caulfield and His Friends from the Censors." *English Journal* 74:26–33.

———. (1990). "Child Abuse in the Hate Factory," in *Academic Freedom to Teach and to Learn,* ed. A. Ochoa. Washington, DC: National Education Association.

JONES, B. M. (1999). *Libraries, Access, and Intellectual Freedom.* Chicago: American Library Association.

Keyishian v. Board of Regents. (1967). 385 U.S. 589.

KIRK, R. (1955). *Academic Freedom.* Chicago: Regnery.

KLINE, M. A. (2008). "Cold War on Campus." Campus Report 23(4), 1,5. www.academic .org. Accuracy in Academia.

LA RUE, J. (2007). *The New Inquisition.* Westport CT: Libraries Unlimited.

LIMBAUGH, D. (2005). "False Promises of Academic Freedom." Town Hall. www.townhall .com/columnists.

LINDORFF, D. (2005). "Academic Freedom? What Academic Freedom?" *Common Dreams.* February 10. www.commondreams.org.

MAWDSLEY, R. D., AND MAWDSLEY, A. L. (1988). *Free Expression and Censorship: Public Policy and the Law.* Topeka, KS: National Organization on Legal Problems of Education.

MCNEIL K. (2002). "The War on Academic Freedom." *The Nation.* November 25. www. thenation.com.

MELNICK, N., AND LILLARD, S. D. (1989). "Academic Freedom: A Delicate Balance." *Clearing House* 62:275–277.

MENAND, L., ed. (1996). *The Future of Academic Freedom.* Chicago: University of Chicago Press.

MISCO T. AND PATTERSON, N. C. (2007). "A Study of Pre-Service Teachers' Conceptualizations of Academic Freedom and Controversial Issues," *Theory and Research in Social Education.* 35(4), 520–550.

NATIONAL COUNCIL FOR THE SOCIAL STUDIES (NCSS). (1974). "The Freedom to Teach and the Freedom to Learn." Washington, DC: Author.

NATIONAL COUNCIL FOR THE SOCIAL STUDIES. (2007). *Academic Freedom and the Social Studies Teacher.* www.ncss.org.

NAYAKA, A. C., ed. (2005). Censorship: Opposing Viewpoints. New York: Thomson Gale.

NELSON, J. (1990). "The Significance of and Rationale for Academic Freedom," in *Academic Freedom to Teach and to Learn,* ed. A. Ochoa. Washington, DC: National Education Association.

————. (2003). "Academic Freedom, Academic Integrity, and Teacher Education." *Teacher Education Quarterly* 30(1):65–72.
NEWSLETTER ON INTELLECTUAL FREEDOM. (Bimonthly). Chicago: American Library Association.
NOBLE, W. (1990). *Bookbanning in America.* Middlebury, VT: Paul Ericksson.
NODDINGS, N. (1999). "Renewing Democracy in Schools." *Kappan* 80(8):579–583.
O'CONNOR, E. (2005). "Academic Freedom Does Time." *Critical Mass.* www.ericoconnor.org.
O'NEIL, R. M. (1981). *Classrooms in the Crossfire.* Bloomington: Indiana University Press.
O'NEIL, R. M. (2008). *Academic Freedom in the Wired World.* Cambridge MA: Harvard University Press.
PICO, S. (1990). "An Introduction to Censorship." *School Media Quarterly* 18:84–87.
PIERCE, B. (1933). *Citizens' Organizations and the Civic Training of Youth.* New York: Scribner's.
PIPKIN, G. AND LENT, R. C. (2002). *The Schoolhouse Gate:Lessons in Intellectual Freedom.* Portsmouth, NH: Heinemann.
PUDDINGTON, A. MELIA, R. O. AND KELLY, J. (2008). *Today's Americans: How Free?* Lanham MD: Roman and Littlefield.
REICHMAN, H. (1993). *Censorship and Selection: Issues and Answers for Schools.* Chicago: American Library Association and American Association of School Administrators.
The Rights of Students. 3rd Ed. (1988). Washington, DC: American Civil Liberties Union.
RORTY, R. (1994). "Does Academic Freedom Have Philosophical Presuppositions?" *Academe* 80:52–63.
ROSS, S. J., "21st Century Book-Burning," *Los Angeles Times,* October. 14, 2004. www.commondreams.org.
RUBIN, D., AND GREENHOUSE, S. (1983). *The Rights of Teachers: The Basic ACLU Guide to a Teacher's Constitutional Rights.* Rev. Ed. New York: Bantam.
SACKEN, D. M. (1989). "Rethinking Academic Freedom in the Public Schools." *Teachers College Record* 91:235–255.
SCALES, P. (2001). *Teaching Banned Books.* Chicago: American Library Association.
SEESHOLTZ, M. (2005). "Diversity, Academic Freedom and Conservative T-Shirts." *Counterbias.* July 11. www.counterbias.org.
SHERROW, V. (1996). *Censorship in Schools.* Springfield, NJ: Enslow Publishers.
SIMMONS, J. (1991). "Censorship in the Schools: No End in Sight." *ALAN Review* 18:6–8.
————, ed. (1994). *Censorship: A Threat to Reading, Learning, Thinking.* Newark, DE: International Reading Association.
SINCLAIR, U. (1922). *The Goose-Step.* Pasadena, CA: Sinclair.
————. (1923). *The Goslings.* Pasadena, CA: Sinclair.
SIPE, R. B. (1999). "Don't Confront Censors, Prepare for Them." *Education Digest* 64(6):42–46.
SOWELL, T. (2005). "Academic Freedom?" Feb. 15. www.townhall.com/columnists.
STANDLER, R. B. (2000). "Academic Freedom in the USA." www.rbs2.com/academicfreedom.
STERN, S. (2006a). "Social Justice and other High School Indoctrinations." April 13. www.frontpagemag.com.
————. (2006b). "Pinko Teachers, Inc." *New York Post.* March 12. www.nypost.com.
————. (2006c). "High School Indoctrination." www.frontpagemagazine.com Mar. 8.
STILLE, A., "Textbook Publishers Learn to Avoid Messing with Texas," *New York Times,* June 29, 2002. www.nytimes.com.
STONE, G. R. (2004). *Perilous Times: Free Speech in Wartime.* New York: W.W. Norton.
STUDENTS FOR ACADEMIC FREEDOM. (2003). *Academic Bill of Rights.* www.studentsforacademicfreedom.org.
THELIN, J. (1997). "Zealotry and Academic Freedom." *History of Education Quarterly* 37(3):338–420.
THOMAS, C. (1983). *Book Burning.* Manchester, IL: Crossway Books.

TURNER-EGNER, J. (1989). "Teachers' Discretion in Selecting Instructional Materials and Methods." *West's Education Law Reporter* 53:365–379.

VEBLEN, T. (1918/1957). *The Higher Learning in America: Memorandum on the Conduct of Universities by Businessmen.* New York: Sagamore.

WEINER, I., ed. (1973). *Dictionary of the History of Ideas.* New York: Scribner's.

WHITSON, J. A. (1993). "After Hazelwood: The Role of School Officials in Conflicts over the Curriculum." *ALAN Review* 20:2–6.

Wieman v. Updegraff. (1952). 244 U.S. 183.

WILSON, J. K. (2006). "Interview with David Horowitz." March. www.collegefreedom.org.

WILSON, J. K. (2008). *Patriotic Correctness: Academic Freedom and its Enemies.* Boulder, CO: Paradigm Press.

ZIRKEL, P. (1993). "Academic Freedom: Professional or Legal Right?" *Educational Leadership* 50:42–43.

第18章

全纳教育与回归主流：普通教育还是特殊教育？

何时及为何要为特殊需求儿童提供融合教育或者特殊待遇？

观点1：支持全纳教育

> 有效地实施全纳教育需要学校做些调整，以便能充分容纳残疾学生。遗憾的是，许多学校并未进行这些变革。
>
> ——Ferri and Connor，2005：467
>
> ……具有讽刺意味但又令人感到遗憾的是，我们认为需要依照特殊计划为少数群体服务，但那些特殊计划又加剧了他们与教育主流的疏离，限制了他们接受主流所认可的那种教育。
>
> ——Harry et al.，2008

让所有孩子都融入学校生活是自由民主社会的基本要求。全纳教育（full inclusion）意味着那些因为身体或智力特征被划入“特殊”或“异常”一类的学生不会被送进隔离学校、隔离班级或抽离式课堂。他们将成为享有全部权利的公民和学校共同体的一员，不仅能在常规课堂学习，而且也是学校各种活动的合法参与者。全纳教育与我们社会的基本原则是一致的，与法律要求也是一致的（Vargas，1999；Kluth et al.，2002；Ferri and Connor，2005；Oakes，2005）。美国应该实施全纳教育（Crossman，1998；Koenig and Bachman，2004；Wolbrecht and Hero，2005；Cameron，2008）。

就是出于人与人之间的关心和公平，我们也不应该把那些“与众不同”的人从群体中隔离出来。全纳学校承认人的多样性和丰富性。库什纳、麦克莱兰和萨福德从哲学和历史的角度阐述了对异常儿童和正常儿童进行融合教育的理由：

> 从一开始，美国学校教育的一个基本特点就是其有目的的包容性，它跨越了社会界限，把不同性别、不同阶层以及不同种族的人融合在一起。今天，全纳教育这个术语是指在常规课堂上融入另外一类学生，融入那些有健康/身体问题、发育问题以及情感问题的学生——就像社会融合一样，全纳教育意味着

不同个体共同参与、共同体验是教育中不可或缺的一部分。（Cushner，McClelland and Safford，2000：161，163）

全纳教育不仅是基本原则问题和法律问题，从教育上讲，这样做对师生都更有利。

排斥与隔离：种族歧视和残疾歧视

把一些特殊需求的学生排斥在常规课堂和常规活动范围之外的长期压力与过去的种族隔离运动有着惊人的相似之处，正如费里和康纳所说：

> 正如废除学校种族隔离一样，从对残疾学生实施的隔离式安置到更具全纳性的安置，这场斗争漫长而艰难……然而，即使由于法律要求，学校制度已经变得更具全纳性，但其结果往往被说成是表面的或肤浅的……（Ferri and Connor，2005）

我们的社会对待少数族裔儿童的方式与其对待学校残疾儿童有着许多相似之处。少数族裔儿童的待遇随着种族歧视形式的变化而变化，残疾儿童的待遇随着残疾歧视形式的变化而变化。这种相似对我们的民主和社会价值观有着潜在的危害。把儿童分别划入特殊教育班级、特殊教育计划或特殊教育学校的分类方法有一个显著特点：被归入特殊类的学生来自少数族裔和少数阶层的人特别多（Educational Testing Service，1980；Heller，Holtzman，and Messick，1982；Anderson and Anderson，1983；Brantlinger and Guskin，1987；Ferri and Connor，2005；Artiles and Bal，2008）。显然，阶级、种族和残疾分类这三者结合起来已构成了歧视的“秘诀”。这种类似的歧视，原则上是一个民权问题，但实际上应该作为一个政治问题来处理。阶级和族性在政治上被用来限制无钱无权一族的充分参与。限制入学机会、限制教育机会、限制民主理想实现的类似政治议程也对特殊需求儿童特别不利（Barton，1988；Harry et al.，2008）。

研究校董会决定和教育政治学的迈耶认为：

> 这［学生分类］包括把学生分别划入各种特殊教育类别或各种优等生课程、大学预备课程班……研究结果是一致的：被安排进入特殊教育班、低能班以及就业班的少数族裔学生特别多，而同时这些学生进入快班、大学预修课程班（AP）、天才班和大学预备课程班的可能性就更小。（Meier，2005：239）

奥克斯对学校里的不平等现象进行了研究，她指出：“因此，通过能力编班制，学校继续沿着种族和社会阶层的路线复制着现在的不平等，促成了社会经济不平等的世代相传。”（Oakes，2005：xi）

个体的特殊性是人类历史上永恒的存在。从杀婴行为到收容遣送，以往当权者采取破坏性行动时就是以发现这种“异常”状况为由。文策尔编制特殊教育通史也是基于一个相关原则：“依赖性弱势群体所享受的社会待遇是衡量社会进步的重要指标。在对特殊个体的教育和关怀方面所表现出来的社会态度反映了社会对公民应尽义务的总体文化态度。”（Winzer，1993：3）这在美国和文明世界里是一个民权问题，是一个基于最基本道德原则的民权问题。

全纳教育不仅仅是增加学生

全纳教育更期望学校实施优质教育，而不仅仅是把归入另类的学生编入普通班级或是规定所有学生以同一种模式和速度奔跑、攀爬、读书、写字、画画或是计算。全纳教育认为学校能提供高质量、个别化教育，认为学校里训练有素的教师、丰富恰当的教学材料以及恰当的工作安排可以支撑所有学生都能获得成功的理念。全纳教育原则仅仅是把为所有儿童提供优质教育这一民主原则拓展到把特殊需求儿童也涵盖在内（Skiba et al.，2008）。

克拉思及其同事指出，1994 年美国教育部制定的政策指导方针就规定，学校不得以缺乏资源或员工为由拒绝为残疾学生提供免费且适性的教育——而且要在“最少受限制环境”中为他们提供免费且适性的教育（Kluth et al.，2001：24）。但是对于这些法规和政策，学区迟迟不予执行。1977—1990 年间，从隔离性课堂转到普通课堂的残疾学生数量实际上仅下降了 1.2%。全美残疾人事务委员会的研究报告显示，在 2000 年“各州都没有执行《残疾人教育法案》的规定，而且美国官员也没有强制学校执行”（Kluth et al.，2001）。学校找的借口完全不符合法律制定的标准，诸如“我们不提供全纳教育”，“这个孩子残疾太严重了，不能随普通班就读”，“我们为他们制定了特殊教育计划”。法律以及相关司法判决要求学校一律实行全纳教育，除非学生的残疾程度严重到会妨碍普通班学生接受正常的教育。但是这种高标准并不允许学校忽略或不顾及为绝大多数残疾生提供全纳教育的要求（Kluth et al.，2001；Cigman，2007）。

全纳这一概念涉及一系列学校做法，著名的全纳教育倡导者斯坦贝克夫妇和杰克逊将其概述为：

- 应该将所有儿童都组织到学校和课堂的教育生活及社会生活之中。
- 学校和课堂共同体的基本目标不排斥任何人（这样就不必再进行融合教育，因为没有人必须回归主流）。
- 重点关注全体师生员工的援助需求（Stainback，Stainback and Jackson，1992）。

全纳教育并不意味着学校接纳特殊需求学生，同时要求所有学生盲目服从一个统一的标准，也并不意味着在“普通”学校里，达不到标准的学生就应该受忽视或受虐待。更确切地说，全纳教育理念是基于这样一种认识：对于每个学生的个体需求，无论是否确定为“特殊”需求，都要予以认真考虑，这样才能提供优质的教育。这种认识是对“特殊”或“异常”学生实行全纳教育的基础。

全纳教育的法律基础

在过去的 25 年里，美国国会一直明确表示，所有残疾儿童都应该享受公立学校免费且适性的教育。从 1975 年至今，对配套法规所做的一系列修改提高了残疾儿童及其家庭的教育权。下一步必然是全纳教育。特恩布尔将这一不断演变的政策解释成“零拒绝”，并且指出其重要性在于“重新界定了残疾儿童教育机会平等的原则，确立了‘平等’对残疾人和非残疾人的不同含义”（Turnbull and Turnbull，1998：92）。更早的法规所界定的平等概念是指平等享用各种资源，让学生到不同的特殊教育班级和学校就读。新法规认为，教育机会平等包括充分享用普通资源——普通班级和普通学校，但是需要特殊援助，帮助学生变得“更像没有残疾的人而不是与没有残疾的人不一样”（Turnbull and Turnbull，1998：93）。

1975年，美国国会通过了《全体残疾儿童教育法》（94-142公法），这一具有里程碑意义的特殊教育立法标志着回归主流教育运动的发端，但全纳教育原则超越了回归主流的思潮。当国会考虑这一法律的时候，21岁以下的800万残疾人中有100万人被完全排斥在美国公立学校的大门之外。他们是“被抛弃的孩子”（Dickman，1985：181）。回归主流源于“最少受限制环境”这一法律条款——意思是，特殊需求学生只要能“表现出恰当的行为和技能”，就应该在普通课堂学习，而不是接受隔离教育。这项法律使得一些有特殊需求学生同样得到了其他学生在教育、情感以及社会上所享受的种种好处，也使家长成了“有能力为别的孩子打造适性教育”的理直气壮的倡导者。

后来对1975年的94-142公法所做的修改补充只是一些在措辞上的变化——例如，用“disabled”替代了“handicapped”，并将其更名为1990年的《残疾人教育法案》。其他一些重要修订包括增加了对回归主流的期待，从而催生了全纳教育。1990年的《残疾人教育法案》及其2004年修正案要求学校提供一套安置模式来满足残疾学生的需求，最大限度地保护残疾儿童和其他正常儿童在一起接受教育。此外，法律希望学校在必要时为残疾儿童提供额外援助和服务，还规定只有当孩童即使得到了额外援助和服务却仍无法在普通班级学习时，才能实行隔离教育或将残疾儿童从普通教育环境中转移出来。要想把残疾学生抽离出普通班级，学校要达到一个很高的标准才行。

法律和法院判决越来越认可全纳教育给个人和社会带来的好处。在米尔斯诉哥伦比亚特区教育委员会（Mills v. Board of Education of the District of Columbia，1972）这一集体诉讼案中，法院依照机会平等和正当程序的原则做出了判决。该案件的法官裁定，身体或智力残疾的儿童有权接受免费且适性的公立教育，且资金缺乏不得成为学校不接纳学生的理由。回归主流是迈向全纳教育过程中的一个过渡阶段。家长追求的是全纳教育，而且得到了法庭越来越强的支持（Oberti v. Board of Education of the Borough of Clementon School District，1933）。

全纳教育——教育民主化

在一个民主国家，机会平等和公平正义是教育的核心理念。民主本身就要求所有公民有接受全面教育的机会。全纳教育理念强调的就是机会平等和公平公正。之所以要让特殊学生融入普通学校的班级和活动还有其他诸多重要原因，但最根本的原因在于，这是民主的基本前提（Burrello et al.，2001）。

教育是实现《独立宣言》和宪法确立的伟大目标的基本手段。隔离特教生不仅给他们贴上了“异常”的标签，使他们蒙受耻辱，同时也在最关键的性格形成期使他们无法与他人进行充分交流。这显然不利于他们的成长，也不利于那些“非异常”学生对完整社会生活的理解。

允许所有学生充分参与学校活动具有明显的教育价值，同时全纳教育也属于一个民权问题。在美国，歧视残疾学生是违法行为。1990年的《美国残疾人法案》（ADA）规定不得歧视残疾人，就像其他法律禁止种族歧视、性别歧视和年龄歧视一样。

一些制度只不过是在客观要求上达到了《美国残疾人法案》所规定的确保残疾人自由进出的规定——为残疾人提供专用卫生间和无障碍门、专用通道、无障碍电梯和明步楼梯等。但是，为残疾人提供的这一最低保障就如同种族歧视行为被判定为非法之后，仅仅摘下“白人专用”的牌子，却再无所作为一样，仍不能解决潜在的、更普遍存在的限制机会的制度性歧视。在更大的语境之下，教育是一切社会机会平等的基本手段。对非裔美国人实行的“隔离但平等”的教育实际上是隔离但不平等；同样，隔离式特殊教育也是隔离但不平等。

社会政策因素

除了牵涉民主和民权问题之外，把特殊需求儿童与其同龄人隔离开来进行教育的政策还有其他一些缺陷。作为社会政策问题，隔离特殊生与美国在更大范围的利益不一致（Sailor，Gerry and Wilson，1991）。

确保有特殊需求的青年在一切社会活动和制度上的融入原则是以宽泛的社会政策目标为基础的。充分参与社会需要学校实行全纳教育。否认残疾人的这些权利也就让社会看不到残疾人在充分参与的过程中所体现出来的技能、经济生产力以及社会和政治价值观。

在 1910 年之前，美国人习惯于将残疾儿童送到收容所，使之与社会隔离。这些残疾儿童的家长会把他们藏起来，给予“秘密”照顾或是将他们送到远离公众视野也没有公共活动的收容所里度过余生。承认为弱势群体提供教育所带来的整体经济价值以及公众对照顾残疾人的社会责任的认识发生改变引起了社会政策和教育政策的一系列变化。这与公立学校教育在 20 世纪初的扩张是同步发生的。对于残疾人而言，这意味着他们在学校/班级、师资以及教育计划方面被隔离开来。特殊教育的目的也许本来是好的，但是隔离作为一种社会政策是不完善的。

支持全纳教育的社会心理依据

除了可以从民主基本原则和公平社会政策中找到支持全纳教育的有力论据之外，还可以从社会心理和个人心理方面找到其他一些重要论据。无论是按照种族、性别还是能力把特殊儿童与学校的主流儿童群体隔离开来，对那些被隔离的儿童来说，都会带来心灵的创伤。在布朗诉教育委员会一案中，最高法院做出了具有里程碑意义的裁决：实施种族隔离的学校以及“隔离但平等”的原则都是违宪的，首席大法官厄尔·沃伦认为，学校实行隔离制度可能使孩子们“产生一种自卑感……地位低下的这种自卑感对他们心灵的影响可能永远不会消除”（Brown v. Board of Education，1954：493）。参议员洛厄尔·韦克说：“作为一个社会，我们把残疾人视为低人一等的人，使他们在许多活动中不受欢迎，也得不到其他美国人可以得到的机会。”（quoted in Stainback and Stainback，1990：7）

显然，隔离教育也极大地影响了特殊需求儿童的观点。除了在心理上没有安全感之外，他们还会认为社会不重视他们，社会不希望他们露面。

有研究表明，无论是在学业还是社会适应性方面，特殊需求学生在主流学校和普通班级都做得更好。塞梅尔、戈特利布和鲁宾逊报告说，研究结果显示，随班就读是特殊学生学业成绩更优的一个因素，至少也和他们在特殊班就读时取得的成绩一样好（Semmel，Gottlieb and Robinson，1979）。而且，卡尔伯格和卡瓦莱还发现，回归主流学校生活之后，特殊需求学生的社会适应能力提高了（Carlberg and Kavale，1980）。如果这些学生的社交能力增强了，而学业成绩提高或至少维持原先水平，那么全纳教育就是有积极意义的教育实践。万格、雷诺兹和沃尔伯格报告说，多种研究的结果均支持全纳教育（Wang，Reynolds and Walberg，1990）。

避免全纳教育实践中可预见的失误

积极的全纳教育取决于从事普通教育和特殊教育的教师、家长以及行政管理者的共同努力。以往回归主流过程中曾出现的准备不足、管理不善的情况造成了一些负面影响，在全纳教育中必须尽量避免再出现这些情况。师资培养计划和在职培训计划应该把特殊教育研究和实践中最有用的知识纳入其中，应该强调用特殊方法来应对各种不同的学生、进行个别化教学（Cooley，2008）。

把特殊儿童安置在隔离的环境中，不仅对特殊儿童会产生极其有害的影响，而且"正常"学生也同样会丧失进行真实社会交流的机会，丧失满怀同情地去理解他人生活的机会。而且，整个社会都将因隔离造成的怀疑、不信任和误解而失去应有的和谐（Risko and Bromley，2001 ）。

"特殊群体"与"普通群体"

对异常的鉴定与测量是现代社会的一种习惯，尽管在某种程度上会随着国家和时期的不同而变化（Taylor，2003）。目前，在美国，"异常"通常是指在身体、智力、情感或其他能力方面可观察到或可测量的差异。在一些教育术语里，是基于儿童在学校的表现来区分异常儿童与非异常儿童的，比如说，在读、写、听、聚精会神地静坐以及视觉听觉等方面的表现。在美国，异常包括智力的两个极端——重度的智力障碍或学习能力障碍和天才智力，具有这两种智力的学生都会得到特殊待遇和学校帮助。异常儿童也包括那些与"正常"儿童有着一系列可测量身体差异的那些人，包括视力、听力以及肢体机能上的差异，但是并不包括那些有特异功能的人。同样，情感能力的光谱中只有一端被列入了异常类——只有被称为情感障碍的才属于异常。另外，我们在使用"异常"这一定义时也会出现不一致的问题。

导致异常的原因包括遗传、出生缺陷、医疗过失、疾病、家长失职、事故以及医疗保健不当等。这些异常性不是自己引起的，通常是偶然事件引起的，正如事故、出生缺陷或小时候的疾病所导致的各种痛苦一样。尽管这些术语中的异常性相对少见，但也不应该因此就竖起一道隔离之墙，把社会其他人赶出自己的世界。人类个体差异特别复杂，其范围之宽泛令人难以置信。我们已经提高了鉴别能力，但仍不了解人类差异的程度。而且，分类本身就反映了文化规范和偏见。

"残疾""异常"或"有障碍"的分类取决于我们的社会、时代和社会标准。根据迪克曼的解释，残疾（disability）是一种先天性缺陷或由于其他疾病或某种其他事故引起的缺陷；而障碍（handicaps）是因为歧视、虐待或没有得到救治或耽误救治而引起的继发性问题（Dickman，1985）。根据这一界定，"有障碍"这个术语代表的是偏见和歧视引发的社会问题，而"残疾"是个人问题。另外一个例子是"无学习能力的"（learning disabled）这个术语，它在美国学校里被广泛使用，但在界定标准上分歧很大。发展中国家不用这个术语，因为在发展中国家，技术素养不像在发达国家那么重要，在企业界通常也不用这个术语对员工进行分类（Cushner，

McClelland，and Safford，2000；Cameron，2008）。

对异常儿童由来已久的偏见和歧视大多是基于对“正常”（average）这个词的错误理解，以及人们对自身能力和天资产生的怀疑感。与众不同的人常被贴上负面的标签以维护另外那些“宠儿”的地位。尽管我们经常提到正常人，但从遗传特点、社会特征以及偏好行为的角度而言，也许没有真正“正常”的人。我们中来自平均有 2.3 个孩子家庭的人，谁在身高、体重、智商和鞋码上是完全正常的呢？谁的学习成绩或考试分数是正常的呢？当高达 50%以上的婚姻以离婚告终时，谁又想要正常婚姻呢？我们每一个人做的许多事都比“正常”要好得多或差得多。“正常”也表示愚笨和循规蹈矩，而丰富多彩则源于差异。“正常”只适合作为一个大致标准以对很多情况进行暂时性的比较和判断，例如收入税扣除额度或是每天需要的睡眠时间，但是不应该把它盲目地用作划分人群素质等级的标准。对照正常的衡量标准，异常儿童是异常的，但每一名儿童事实上在某一方面都与众不同。

迎战全纳教育中的潜在问题

让所有儿童充分融入校园生活不是一件容易的事。特殊教育的历史清楚地表明，许多问题与实施全纳教育有关。学校必须通过制订有说服力的信息计划、讨论计划、培养计划和积极互动计划来消除一些家长、教师、行政管理者和社区成员的疑虑。特殊教师可能担心失去其专家地位或丢了饭碗；普通教师可能担心自己准备不足，担心再也不能把捣乱的学生送到特殊教育班级。萨桑德和维拉把学校常声称其改革困难的原因归纳为：“（1）教师准备不足；（2）管理的结构、政策和程序不当；（3）缺乏对学校教育文化层面的关注；（4）领导不力。”（Thousand and Villa，1995：53）

这些因素不利于学校实施全纳教育计划。只有提高师资培养质量，才能培养出能够教育千差万别的学生、满足个体学生需要的教师。从事普通教育的教师也需要得到帮助才能改变原来的教学习惯，才能与特殊教师及特教生家长合作共同拟定设计合理、便于实施的个体学生教育方案。我们要让因循守旧的课程、按能力分班制以及现行学校结构中普遍存在的孤立教师的现象统统瓦解。为了达到最佳效果，我们在实行全纳教育的过程中必须寻求参与和支持，提供高质量的帮助，制定促进全纳教育的激励措施，并争取得到学校全体教师和行政管理者的支持。

我们可以从缺乏充分准备的回归主流中出现的错误中汲取一些教训。回归主流在许多学校取得了成功，并对原先被转到隔离学校或班级的许多学生的生活也产生了积极的影响。在缓解特教生被隔离和被孤立的状态以及揭露特教生的不利处境方面，回归主流也取得了成功。这些学生的需求，以及学校以往在满足其需求方面的不足之处，现在已经成了大众话语的一部分。

一些学校的回归主流之所以失败，原因包括：特殊需求学生被“扔”在目前所在班级后没有得到足够的帮助，学校教职员工或社区没有做好接纳学生的准备或是没有考虑到学生个体需求。一些特殊需求学生无法展示学校所规定的“恰当行为和技能”，这些学校也几乎不做任何努力来改变计划或调换员工以确保这些学生的成功（Lombardi and Ludlow，1996；Low，2007）。回归主流在 20 世纪 80 年代大受欢迎，但许多学校和教师对于如何应对特殊需求毫无准备，感到气馁；要不就是在看法和运作上受到了不必要的限制。重度残疾学生每天只有几节课是回归主流，而且通常仅是在艺术课和体育课上回归主流。

个别化教育计划（the Individualized Education Plan，IEP）要求普通教师通过加入IEP团队以及研制适合个体学生的个别化教育计划来更多地参与为特殊需求学生拟定教育方案的活动。另外，学校必须考虑学生的残疾状况对其参与学校普通课程的学习有何影响。

全纳教育，超越了回归主流，为特殊需求学生提供接受“最大程度的适性”教育的机会（公法94－142），而且是在（如果不是因为残疾）“他/她本就应该就读的学校或班级”里接受这样的教育（Rogers，1993）。全纳教育所提供的内容广泛的教育计划与建立在民主和道德基础之上的社会更加一致。

全纳教育的全球需要

全纳教育不是一个只局限于美国的话题。中度到重度残疾影响着大约5.2%的世界人口。这一数字中包括发达国家人口总数的7.7%，不发达地区人口总数的4.5%。据估计，21世纪初残疾人口已经超过了3亿。发达地区和不发达地区在残疾人比例上的差异也体现了在残疾的界定、健康习惯、不同国家报道残疾的政府政策上存在的差异。全世界健康习惯的改进预计会造成残疾人比例的增加，因为原先可能在出生或胎儿期死亡的儿童将存活下来——但可能留有严重的后遗症（Mittler，Brouillette，and Harris，1993；UNESCO，2008）。

在许多国家，把特殊需求学生编入普通学校还只是当代才有的创举。比如说，意大利制定了实行融合教育的国家政策，英国确立了鼓励地方学校实行融合教育的法律政策，奥地利为了证明融合教育的价值提出了示范性实验方案（Wedell，1993；Sefa Dei et al.，2000）。美国有着关爱儿童的悠久历史，其中也包括残疾儿童；1959年颁布的《儿童权利宣言》承认每个儿童都拥有充分发挥其潜能的权利。《联合国儿童权利公约》（1989）肯定了儿童享有接受教育的权利，而且规定，对残疾儿童的服务“应该以一种有利于儿童实现最充分的社会融合和个人发展的方式，确保残疾儿童享有接受教育、培训、健康保健服务、康复服务、就业培训以及娱乐机会”（Article 23，3）。《联合国残疾人权利公约》（2007）是应对残疾问题的国际性文件。联合国教科文组织赞助的大型项目“为所有人的教育”重点关注优质全纳教育（UNESCO，2008）。在过去的几十年里，美国达到或超越了与残疾儿童有关的国际人权文书的立法期待。

社会正义感要求所有公民都有创造美好生活的平等机会。无论是作为个人还是社会，我们都不需要强制性隔离以及由此产生的耻辱感。在我们的学校里继续把特殊需求儿童与其他孩子隔离开来的做法，无论在道德上还是实际上，都是自相矛盾的。

观点2：特殊计划有利于特殊学生

我听一位在中学工作的朋友讲过普通学校的回归主流是怎么一回事。他们根本得不到所需要的关注，而正是那种对关注的需要促使他们决定转到我所在的学校。

——Charlotte Farber，in Buchman，2006：194

在全纳教育的课堂上，普通教师是主要的关怀给予者，但是由于增加了不同障碍类型的特教生，他们的教学工作量和教学职责无形中已经增加了，更不用说在原本已十分拥挤的普通教育课堂上扩大这份额外拥挤！

——Callard-Szulgit，2005：xii

《残疾人教育法案》的核心要点是：以"最大程度的适性"为标准，让残疾儿童和非残疾儿童一起接受教育。那些宣称这一规定需要学校把所有残疾儿童都安置在普通班级的说法是错误的。全纳教育的倡导者忽略了法律上"最大程度的适性"这一术语的含义。

对于许多残疾儿童来说，进入普通课堂是对其身体、智力和情感的挑战，强迫他们接受这种挑战是没有道理的，也是"不妥"的。作为一种理念，全纳教育可能反而会误导普通教师在其课堂上以"不当"的方式对待特殊的学生。个体学生的特殊需求千差万别，普通教师往往对这一切毫无准备。教师的做法可能本意是好的，但并不恰当。学校条件可能也不适合特教生。

NCLB 法案的学业要求、过多的学区课程或考试要求以及经费问题等使得学校和教师只能实行标准化课堂教学并限制个别化教学（Kabzem，2003；Taylor，2003；Koenig and Bachman，2004）。这不利于有特殊需求的学生。全纳教育并非对每个人都是最佳选择（Cromwell，2004）。但全纳教育的倡导者似乎忽略了儿童之间存在的重要个体差异以及学校和教师所承受的压力。由于错误的诊断、不当的对待、普通教师的准备不足以及普通课堂不断增强的标准化趋势，特殊儿童并未因为全纳教育而得到特殊待遇（Kauffman，2002；Buchman，2006）。

残疾儿童的处境特别困难，需要专职人员给予特殊照顾。历史上曾有一段时间，残疾儿童受到非人的待遇，遭抛弃，人见人躲，无人关注，被送入收容院。幸好那一凄惨时期早就过去了。在美国，对残疾儿童特殊的教育和情感需求的认可是半个世纪以来我们最优良的传统之一。这些儿童所需要的比我们在普通课堂上能给予他们的更多，他们也理应得到特殊照顾。特殊照顾并不包括劣质的教育、素质不合格的教师、对残疾的错误诊断、带有偏见的同学和学校教职员工、不恰当的课程或是把他们"扔到"普通课堂以满足考虑不周的好做善事者的要求。我们只需要看看报纸和电视新闻就明白普通学校在普通学生的教育中尚有许多有待改进的地方，又怎么可能指望他们教育好特殊学生呢？

凡是仁慈、理性的人都不会要求一个真正残疾的儿童为了迎合对一项法律的极端、僵硬、粗糙的诠释而经受更大的痛苦。但那显然是极力主张残疾儿童进入普通班级接受全纳教育的人所持的立场。当然，把轻度残疾儿童安置在普通班级，同时配备接受过专门培训的教师，制订特殊教育计划，提供适性的教育，是有益的也是应该的。对法律的死板诠释进一步扩大了对儿童和学校的潜在危害。

支持实行谨慎的融合教育

在学校实行全纳教育是没有必要的。以对个体情况的具体分析为基础，在适当的情况下，谨慎地让一些特殊需求儿童进入普通班级、参与普通学校活动的做法对学校和学生都是有益的。谨慎的融合教育是管理成熟的学区专为那些学业成绩有可能提高、孩子自身行为不会影响他人学习的学生家长提供的，它有积极的一面，但谨慎的融合教育不是全纳教育。有些人把这二者的区别称为"硬对软"的融合教育，亦即激进普世主义者对中庸主义者的融合教育观（Low，2007）。

显然，在许多好学校已经施行了谨慎的融合教育，其中包括专家诊断、分类、家长参与、个别化特殊教育计划、学习进步的准确评估、分级进入普通班级等一系列程序。这些学校给残疾儿童及其家庭提供优质资源，主动进行适当调整以满足孩子的特殊需求，并精心拟订计划以支持孩子的发展。聚焦孩子高度个性化的需求和发展是这一工作的基础。

潮流与学校并存。在语言、音乐、服装和行为等方面，最容易发现年轻人赶潮流的地方就是学校。潮流在大众文化里显而易见，而且学校也是各种潮流的发源地，这通常是对学校或社会改革号召的一种回应。遗憾的是，我们在追赶许多教育潮流时缺乏思考，结果也适得其反。

全纳教育似乎是教育受潮流和口号影响的一个新例子。全纳教育政策对其声称要帮助的儿童造成的危害可谓不小。全纳教育对学校、教师、家长、孩子和社区都产生了消极影响。更糟糕的是，“支持全纳教育者”用听上去高尚的口号掩盖了全纳教育本身的缺陷。他们别有用心地批评反对全纳教育的人冷漠、没有人性或是不民主（Petch-Hogan and Haggard，1999；Cromwell，2004）。

还没有做好迎接残疾儿童及其新教师的充分准备，就把许多残疾儿童强行推进了普通班级，而且还对其寄予了过高的期望，这样的回归主流运动引起了同样的“防御性”攻击。反对大规模回归主流的人是理性的，却受到指责、抨击和冷落。全纳教育变成了又一政治正确的观点，即使它会破坏我们学校多年以来不断研究并不断改进的有效特殊援助计划。正如许多专家所提出的那样，全纳教育是幻想，因为普通学校和普通课堂永远也无法满足所有特殊学生或异常学生的需求。这些儿童需要单独帮助和特殊设备。事实上，有特殊需求的儿童受全纳教育之害最深（Kauffman and Hallahan，1995；Kauffman，2002）。肯尼迪和费希尔指出：“通过实施1990年的《残疾人教育法案》、公法101－476以及其他法律，联邦政府给予残疾人士的支持已经有了近20年的历史，但接受特殊教育服务的学生中获得毕业文凭的还不足一半。”（Kennedy and Fisher，2001）

普通学校和普通课堂的目标是尽量让所有学生都获得毕业文凭，它们对培养特殊需求儿童缺乏兴趣和能力，因此也不适合这些学生。对那些教师、学生和学校行政人员而言，过不了多久，全纳教育的热潮就会逐渐消失——留下得不到恰当关注和教育的特殊需求学生及其家庭。这就是不加批判的全纳教育热潮所造成的后果。

典型的特殊教育计划包括接受过专门培训的教师和准专业人士，学生人数更少的班级，调整过的课程和更公平的竞争。那样的计划使教师和家长能共同制订可充分发挥孩子长处和满足其需求的个别化教育方案。计划中还包括安排校外专家来帮助特殊需求儿童做好从学校生活过渡到社会生活的准备。

全纳教育与普通课堂的局限性

全纳教育限制了从事普教的一线教师，因为它不仅要求教师为需要额外帮助的每个儿童制订并实施个别化教育方案，而且还要求他们把额外的时间和精力都分给这些孩子。全纳教育也限制了非残疾儿童，因为它为了满足少数几个学生的特殊需求而分散了教师的时间和精力，有时还会因为一个有特殊需求的儿童在普通课堂上的不当行为而扰乱了他们的学习。同时，全纳教育也限制了学校做出最有利于个体学生的教育决策的能力。全纳教育是一种社会工程，若想实现最初的承诺，必然是以对其他儿童和学校造成严重影响为代价。当一些残疾学生被迫回归主流或融入普通班级之后，可能会出现故意捣乱和其他纪律问题。

美国审计总署的一项研究显示，接受调查的公立中学中有 81%的学校报告称，1999—2000 年间，学校发生了一起或多起“性质非常恶劣的违规事件”（“Student Discipline：Individuals with Disabilities Act”，2001）。而且，对学校里数量相对较少的特殊学生的研究结果显示，普通教育环境下特教生出现严重违规行为的比率是普通学生的 3 倍多（每 1 000 个普通学生中有 15 人出现严重违规行为，而每 1 000 个特殊学生中有 50 人出现严重违规行为）。当然，普通学生和特殊学生都可能出现违规行为，但随班就读的特殊学生受到奚落或得不到尊重是诱发他们违规的主要原因。这种情况并不总是教师和学校行政人员所能控制的，在这种情况下，特殊学生显然也得不到适合其发展的环境和特殊待遇。

另外，每五位校长中就有一位报告说，《残疾人教育法案》所规定的特殊类学生保护性纪律程序“既难操作又费时”。许多有行为问题的学生被错误地归入特殊学生是出于各种原因，包括学校为了得到联邦政府和州政府提供的额外资助。正如纳瓦里特所说：“调皮捣蛋的学生和被误诊的学生混杂在真正需要特殊教育的学生之中，混杂在那些有智力障碍和其他残疾的学生之中。”（Navarrette，2002）全纳教育实施之前尚需全面考察其适应性。

全纳教育与学校现实

理论上讲，全纳教育可以提供特殊教育当前所能提供的一切——特殊教师、个别化教学以及更多的自尊，但它的额外好处是可以使特殊学生被充分纳入学校计划。学校改革的长期经验表明，全纳教育带来的任何即时的积极影响都有可能被一直因循守旧的标准化、官僚主义以及资金要求所“吞没”，这些因素也使得大多数学校甚至在许多普通学生眼里都变成了乏味、无效的地方。特殊需求儿童在这些学校是得不到重视的。

教师关注的重点将从特别关注学生个体的长处和残疾问题转向关心如何达到联邦或州政府官员所规定的团体标准，如何使考试成绩达到社区期望值，或是如何应对团队成功的其他问责标准。大班化教学使得普通教师难以为异常儿童提供特殊帮助。学校将无法完全控制其他学生贬损伤人的言论，而遭罪的又是异常儿童。学校经费将下降到普通标准，也没有用于培养特殊儿童的专门资金。异常学生需要特殊努力的培养，但学校竭尽全能也无法做到（Noonan，2008）。

另外，全纳教育的倡导者认为，与普通学生的交往有利于残疾学生，其实这种观点也不对。受普通学生的奚落、嘲讽和排斥的悲惨历史不太可能因为某种法定的交往计划就消失。也没有任何证据显示，只要实行全纳教育，非残疾儿童就会形成良好的课堂行为习惯。学校行政官员的训斥和警告，不管本意有多好，也不可能对解决这个问题产生多大作用。即使大多数学生听话守纪，没有偏见，但对那些经常遭人冷眼和轻视的残疾儿童来说，只需几个人就可足以毁掉他们所处的学校环境。对于许多碰巧与其他同龄人不一样的普通学生而言，学校够“残酷”的了。在许多学校，那些来自贫困家庭的学生、患口吃的学生、明显比别人高或者矮胖的学生、跑不快的学生、智力弱的学生、来自某种特殊文化背景的学生以及不像其他人那样合群、健壮或漂亮的学生，他们是享受不到愉快的学校生活的。学校的亚文化致使许多因为小小的与众不同而不被接受的学生陷入绝望（Palonsky，1975）。想想看那些有明显残疾的学生在普通学校里面临的难题有多大。布克曼（Buchman，2007）描述了她女儿接受特殊教育的种种好处，她的女儿也希望所有有学习障碍的孩子都能享受到特殊待遇（Farber，2007）。

值得称赞但不现实的目标

在某些情况下，对某些学生而言，全纳教育这一目标也许是值得称赞的。但是，全纳教育这一理想与大量学生所面对的日常现实并不合拍。许多儿童已成功地融入了适合他们的特殊教育班级和学校。齐格勒和霍尔指出，20 世纪 80 年代回归主流运动中有过激行为问题。该运动是以“正常化”原则为基础的，即认定我们应该提供更“正常的”学校环境才能使残疾儿童适应社会：

> 具有讽刺意味的是，旨在保护残疾儿童及其父母的法律（1975 年的《全体残疾儿童教育法案》），因其强迫学校实施无法满足残疾儿童需求的普通教育安置方案，最终可能反而限制了他们的选择权，反会损害了立法者们关于这些人试图保护的利益。正常化原则以及回归主流教育实践，由于不承认儿童有与众不同的权利，可能对一些孩子造成不良影响……正常化这一理念的基础是推行同质化教育，这对那些残疾儿童是不公平的，因为他们的特殊需求可能被视为难以接受。(Zigler and Hall，1986：2)

全纳教育远远超越了回归主流（Ryndak and Apler，2003）。因此，它更大的风险在于可能使教育方法同质化，使得对特殊需求儿童的特殊照顾和关注减少。我们奋斗多年才争取到的对特殊教育计划和经费的政治支持也将随之削弱。特殊教育经费预算将减少。由于特殊教育经费的减少，对于占学生总数比例很小的这一群“开销庞大”的学生的利益诉求，学校行政管理者可能将不会再理睬。普通班级的教师，因为班上学生太多，已经在超负荷工作，将无法腾出更多精力来帮助那些需要更多个别化辅导的孩子。非残疾儿童的家长可能满怀同情之心，但也不太可能支持把普通教育的资金、资源及教师时间从自己孩子身上“分流”出去。

麦克勒斯基和沃尔德伦倡导全纳教育，但他们也指出，有研究显示，普通学校的教师仍然持有一些令人遗憾的主观臆断，不利于学校实行全纳教育。这些主观臆断包括：接受“全纳教育”的学生即使被编入了普通班级，仍应被视为“不普通”；接受融合教育的学生所需要的专门资料和专门辅导是“一线教师无法提供的”，只有从事特殊教育的工作者才能应对（McKleskey and Waldron，2000：70）。这些主观臆断是可以理解的，但同时也表明，在学区实行大规模全纳教育还有许多障碍。

我们希望尽可能多的残疾儿童能够自立自强，能够打造成功而富有成效的生活，能够积极参与更广阔的社会生活，能够拥有个人价值感。我们对任何孩子的希望都一样，但是残疾儿童需要得到特别的关注和帮助才能达到这些目标。特殊教育计划的基本目标就是提供这些孩子所需要的教育环境和个别化关注，以帮助他们形成自立自强的个性，创造成功且富有成效的生活，树立个人价值感。全纳教育倡导者所采用的“全纳压倒一切”的策略会毁掉这些计划。

理应得到的特殊待遇

唱出有关全纳教育和民主的高调言辞并不难，但对以不同方式对待学校异常儿童将引起什么样的后果进行批判性分析却是难中之难。将特殊需求儿童安置在普通学校和班级是一项需要批判性评价的教育政策。挥舞民主旗帜可能会打动教育界的时尚主义者，但却掩盖不了全纳教育本身存在的严重问题。

长期以来，残疾儿童受尽折磨，他们遭人辱骂，受人排挤，遭人嘲笑，不为人关注，甚至还曾出现过将残疾人处死的事例。一些残疾人成了马戏团的成员，一些被家人藏匿起来不得见人，还有一些被送进了资金不足、管理不善的收容所，根本没有“翻身”的机会。残疾儿童家庭也受到社会的诽谤。具有各种天资的残疾人本可以为社会做出自己力所能及的贡献，但社会却因此失去了他们那份特别的贡献。

幸运的是，社会对待残疾人的方式发生了显著变化。我们现在承认这些儿童的特殊需求需要我们给予他们特殊的待遇。在学校和生活中，异常儿童能获得成功并按照自己的条件选择发展道路。特殊教育计划使过去受排挤、被忽视的儿童看到了一线希望。许多特殊教育学校和特殊教育计划在培养学生为社会贡献力量这一方面是成功的。

用于特殊教育的额外资金使得学校可以为残疾学生提供更有特色的教育、准备更充分的师资、更恰当的教学材料、质量更好的设备和布局更好的环境。全纳教育可被用来控制学校预算，因为一旦实行全纳教育，目前用于特殊教育和天才儿童计划的配套资金就会随之减少。当然，让特殊需求学生随班就读所需费用更少，但这不是一个明智的举措，从长远来看，反而是一个经济上的愚蠢行为。异常儿童实际所占比例非常小，全国约为5%。少数这些人应该得到特殊经费、特殊待遇、特殊教师以及特殊计划，这样才能确保他们今后成为不失自尊、具有生产能力的社会成员。

特殊教育和特殊计划对儿童有莫大的好处：师生比率低有利于加强个别化教学，提高对学生的关注度；经过特殊培训有能力培养异常学生的教师；有专家研究小组对学生发展情况进行诊断、诊治和评估；同类分组使老师可以把注意力集中在学生共同的需求和特点上；和自己同样的伙伴相比较，特教生成功机会更大，在学业和/或体育运动上的竞争也更切合实际；有用于购置所需设施、特殊设备和专门设计的学生学习材料的资金；由于受人关注而且与非残疾学生的消极交往得到了限制而增强了学生自尊心。另外，特殊教育计划为轻度残疾儿童回归普通学校的补救教育提供了机会。特殊教育计划带来的好处还会更多，而全纳教育的出现则会消灭这些好处。除了常规教育活动之外，普通学校没有做好提供这些便利的准备，最初的额外资金将枯竭或是耗费在学校的持续运营上。

对待其他异常儿童：天才儿童

全纳教育要求学校取消单独制订的特殊教育计划，迫使所有异常学生进入普通学校的普通班级。只有当家长和学校一致认为孩子在普通班级学不好时，才会反对全纳教育。但是为异常儿童拟订的特殊教育计划却各不相同。其中就有天才班、优等班课程计划和按能力分班等。

例如，天才班通常是单独组织、单独教学和单独评估。正如克拉克在天才班教育计划的综合分析中所说："与智商一般和智力低下的学生相比，天才学生的需求更为复杂……我们现在所知道的就是，如果这些需求得不到满足，他们的那种能力也就发挥不出来；实际上，脑科学研究告诉我们，那种能力将会消失，……当没有任何计划来帮助这类学习者时，不仅会对这些学生而且会对整个社会造成损失，因为我们最优秀的脑袋不仅缺乏滋养，而且被浪费掉了。"（Clark，1996：60）这也是一种特殊教育。难道这些学生也应该像全纳教育倡导者所设想的那样，彻底融入普通班级并参与常规活动以达到法律要求吗？

另外，我们必须认识到取消天才儿童、优等生和高成就资优学生等特殊培养计划所牵涉的政治现实。这些计划通常涉及社区中权势家庭的子女，同时也证明特殊待遇不仅对学生成绩有显著影响，而且还有助于提高学校的学术声誉。按照全纳教育的规定，天才学生有可能被退回普通班级。同样，优等班、补救教育班和按能力分班也注定要被取消。一视同仁的学校教育，就像全纳教育思想所"暗示"的那样，是走向平庸的"秘诀"。

分类与谬论

关于强行让孩子加入隔离式特殊教育计划，有许多没有事实依据的谬论。第一个谬论是：这些被划为另类的学生感到闷闷不乐或是这些计划对他们不利，于是就辍学了。实际上，美国 14 岁以上学生的辍学率约为 50%，但是残疾学生的辍学率只有 4%（Carlson and Parshall，1996；Heckman and LaFontaine，2008）。第二个谬论是：归入特殊教育是一条单行道，那些被选为接受特殊教育的学生再也回不到常规教育轨道。实际上，特教生脱离特殊教育，回到常规教育的比率高于他们的辍学率，每年为 4%～9%（Carlson and Parshall，1996）。第三个谬论，也是最有害的一个谬论，就是接受隔离式特殊教育的残疾学生没有接受过挑战，永远也不可能做出必要的学习调整、社会调整和行为调整来适应普通学校或社会。卡尔森和帕歇尔（Carlson and Parshall，1996）对密歇根州大约 7%的特教生脱离特殊教育回到普通班级的数据进行了持续 5 年的分析，总结出反对一视同仁全纳教育计划的两个重要论点：

- 特殊教育计划是有效的，学生可以成功地脱离特殊教育；绝大多数脱离特殊教育的学生在随后的学习、社会和行为分类方面很适应。
- 少数脱离特殊教育的学生仍需要得到关注，其中约 11%的学生需要额外照顾，约 4%的学生又再次回到了特殊教育班级。

一方面，接受特殊教育的学生中能够融入普通班级的比例相当大，并能成功地达到学校标准、社会标准和行为标准。另一方面，仍需特殊照顾的学生虽然所占比例很小，但这说明，对于那些无论出于什么原因，在因材施教的特殊教育中反而收获更大或是较难适应普通学校的学生，我们应该为他们保留隔离式教育计划。卡尔森和帕歇尔说："如果没有特殊教育服务，这些学生可能在学校里表现得不像现在这样好。"（Carlson and Parshall，1996：98）

口号与谬论：教育平等

社会上有许多大家熟悉的口号：拯救鲸鱼、履行职责以及坚定不移等。这些想法比在汽车保险杠上贴个小标语、抵制外货或是参与投票显然要复杂得多。遗憾的是，这些简单质朴、充满正义的口号可能是骗人的。生活的问题很复杂，喊口号的那些人忽略了生活的复杂性，给出的是诱人的单一答案。过于简单的回答可能使问题变得更糟糕。让教育成为民主的基石是一个很好的想法，但是把这个想法付诸实践需要的绝不是未加证实的说法和道德上的故作姿态（Meier，2005）。

自由、开放式教育、人人都可享受且待遇或结果都一样，是有趣的乌托邦梦想，非但不现实而且令人痛苦。然而，当今对全纳教育的兴趣正是基于这一基本理念。对于在“普通”公立学校读书的广大学生而言，我们并没有给他们平等的教育、平等的待遇或平等的结果。相信为了实现全纳教育目标而被转移到普通学校接受融合教育的学生真的会享有平等入学、平等待遇或平等结果也是不现实的。“普通”课堂只是凭空想象，学校现在还无法给予所有学生真正的平等。

目前，即使除开隔离式特殊教育班级，其他学生接受教育的机会也不一样。根据考试成绩和教师评价将学生按成绩或能力分班的分轨制教育实际上也使得学生在其大部分学校生涯中处于隔离状态（Oakes，1985，2005；Urban and Waggoner，1996；Spring，1998；Meier，2005）。因为公民投票通过的教育经费投入存在差异，所以不同社区的学校给学生提供的有利条件也不相同（Kozol，1991）。对于学区来说，培养中学生运动员比人文学科学生所花费的代价更大，而且只有最优秀的运动员才能被选入校队。在小学，阅读能力强的学生被编入一组，阅读能力弱的学生被编入另一组。也并非所有学生都能进入大学预备班或优等班学习高级课程。高级木工课仅限于优等生选修，正如高级拉丁语和高等化学仅限于优等生选修一样。调皮捣蛋打扰他人学习的学生在学校里被隔离，可能因为被停学或被开除而上不成课。特殊教育成本约为普通教育成本的 2.3 倍，其中大部分成本都超出了学区经费的预算范围。尽管被划入特殊类学生的数量越来越多，但这部分经费在学校经费中所占比例相对较小（Moe，2002）。

学生生活的地方与他们将在学校取得怎样的成绩以及继续深造学习的概率有关，因为收入更高的社区拥有学生标准化考试成绩更高、大学录取率也更高的学校。从性别上看，女生进入高阶数学班和高阶科学班的机会少于男生。此外，一般说来，少数族裔学生上重点大学的机会要少于多数族裔学生。从平等的角度来看，这些情况也许不够理想甚至不可忍受，但这就是学校教育的现状。民主并不需要条件完全平等。使美国如此成功的资本主义经济观与强制推行的平等主义是不一致的，因为资本主义要求我们奖励竞争和创业者。

关于生活的公平

生活，如我们所知，是不公平的。我们看到的不公平存在于各种人际关系之中，包括学校里的各种关系。我们不可能解决所有不公平的问题，但我们必须限制不当的歧视和偏见。如果歧视不符合逻辑、不道德或缺乏科学根据，那它就是不当的。如果歧视意味着区分现存个体差异，以便更好地对待、保护或是培养他们，那么它就是正当的。通过颁发学业成果奖，我们把成绩好和成绩差的学生区别开来；通过治疗病人保护社会，我们将健康人与非健康人区别开来；通过确定哪些动物属于濒危物种因而应该得到特殊待遇，我们把动物与动物区别开来。偏见的意思是我们在不了解情况时“凭预想判断”，但基于对已获取信息的理解做出判断就不是偏见。未经品尝就断言西兰花不好吃是一种偏见——但品尝之后再这样说就不是偏见。我们整个一生都在进行判断，其中一些判断结果是错误的，但我们只能尽量利用最佳、最完整的可获信息和推理来形成判断。

如果标准合理且与社会目标和个人利益一致，那么公平有时可能就意味着得让人各尽其能、各得其所。让所有学生都学习高级拉丁语或木工是没有意义的；把爱捣乱或有暴力倾向的学生留在普通班级而不考虑他们的行为对他人的影响，是没有道理的；把所有学生录入其向往的大学也是没有道理的。我们利用标准来限定哪些人能够开车、接触食品、行医、剪头发、做发型、竞选总统或是哪些人将被审判。只有当这些限制条件被滥用、运用不当、持有先入之见或是不合理时，才是不公平的。

在试图把异常儿童全部融入普通学校实行全纳教育的过程中，有趣而又颇具讽刺意味的是，极力倡导全纳教育的人中有不少人都来自特殊教育系统，但他们自己也不想被融入“普通”教师教育学院或“普通”教师教育系。1989—1994 年全美教育学院领导民意调查结果显示，几乎 3/4 的人认为把教师教育分成普通教育系和特殊教育系对特殊教育最有利（Heller，1996）。对于隔离式教育的可取性，最常列举的原因之一就是学生有必要与“有着同样兴趣、同样专长和共同目标的同伴打成一片”（Heller，1996：258）。另一主要原因是隔离式教育使得从事特殊教育的人得到了更多重视，也提高了他们的地位。特教专家不希望加入普通高等教育是有道理的。学校实行隔离式特殊教育，若组织恰当，将给需求各异的儿童带来同样的利益。

当肯定性行动计划只使用定额分配制，不考虑个人能力时，招致了来自政治光谱各端的强烈批评。现在还在捍卫肯定性行动计划的主要是部分坚定的“信徒”。肯定性行动的主要目的——确保美国宪法所保障的机会平等——已经被立法的狂热和官僚的操纵所颠覆。各界理性人士纷纷谴责偏见、歧视、仇视性犯罪以及基于成见的歧视行为——但是他们都不希望政府在最好交由个人抉择的问题上采取行动强行干预。要划定界限不容易，但是在一个民主社会里必须这样做。

法律、法院以及全纳教育引起的问题

接纳残疾儿童回归普通班级的全纳教育同样也有引致过分热心的立法风潮和激进的法院释法的风险。法院强制性规定回归主流给学校、教师、社区以及残疾儿童和非残疾儿童都造成了很大的麻烦。法院释法有可能致使回归主流陷入另一种社会工程的困境之中，类似于肯定性行动所遭遇的困境。把回归主流拓展成全纳教育很可能导致更复杂的问题，可能使解决问题的方式变得更官僚。奥贝蒂诉克莱门顿学区教育委员会（Oberti v. Board of Education of Clementon School District，1993）一案解释了与回归主流、影响回归主流的法律以及法院释法有关的问题。该案件与一个智力和语言交流能力受损且患有唐氏综合征的 8 岁小孩有关。经过专家测试和鉴定之后，其所在的学区认为最符合他教育利益的安排是：早上安排他在学前班观察同龄孩子、与同龄人交往，但是下午在隔离式特殊教育班级完成学习任务。早上上课时，这个孩子有严重的行为问题，包括反复尿裤子、发脾气、在地上爬、往家具下面躲以及打其他小朋友和向别人吐唾沫等。而且，这个孩子还一再攻击教师和助教。

显然，他影响了他人学习，于是沮丧的老师求助于学区“儿童研究组”。因为

“个别化教育计划”——《残疾人教育法案》规定学校必须制订用于初步安置学生的计划——并未说明如何处理这种行为问题。有趣的是，这个孩子在下午的隔离式特教班上没有出现这些捣乱行为。经研究，学区希望对这个孩子实行完全隔离式特殊教育，但他的父母不同意。举行听证会之后，双方达成了让他在完全隔离式特教班待一年的一致意见。就在那一年，他的行为变好了，学习也进步了。但是，当他父母发现第二年学区没打算让他重新回到“普通”班级时，他们坚决反对，于是，由一名行政法官再次主持了一场听证会。法官与学区的意见一致：隔离式特教班符合《残疾人教育法案》对“最少受限制环境”的要求，这个孩子在学前班的捣乱行为很多，而且在那样的班上学习也没有任何有意义的收获。家长对此不满意，于是提起申诉，找了一位威斯康星州的教授做专家证人，这位专家证人声称，孩子可以上普通班，只要辅以额外帮助和特殊援助，例如：

- 为这个学生修改现行常规课程。
- 修改这个孩子的教育方案，制定另一套不同的教育标准。
- 采取“双轨制”教学——孩子随班上课，但单独活动。
- 把学生从普通教育环境里抽离出来，接受个别化教学。

学区的专家证人声称，这个孩子不可能受益于随班就读，他的行为不可能得到控制，因为他有交流障碍，老师也不可能与他交流，而且，要把课程修改到能满足这个孩子的需求必然破坏课程的完整性。其他证人，包括在其他公立学校和天主教学校教过这个孩子的教师，也证明他有捣乱行为，包括打人、乱扔东西以及上课乱跑等。

通过引证《残疾人教育法案》的相关条款，法官裁定学区负有举证责任，没有达到回归主流的法律要求（Oberti v. Board of Education，1993）。

这一案件表明，全纳教育给学校、家长、社区和儿童带来了一系列问题。法庭判决一个捣乱违规的学生应该在普通班级上课，即使他的行为可能影响其他学生的学习和老师的课堂教学。残疾儿童的学校作业，在隔离式特教班里显然是令人满意的，在普通班里就很糟糕，即使是只有部分时间在普通班上课也一样；然而根据法院命令，他现在得做全日制普通班学生。家长可能认为孩子在普通班要好一些，但孩子怎么可能进步呢？非残疾儿童的父母没有类似拒绝教育安置的权利，没有权利要求就他们不喜欢的细节情况举行正式听证会，当自己的孩子在面对大幅修订的课程或扰乱课堂秩序的行为无能为力时，他们也无权在法庭上抗议。校纪校规是为所有孩子制定的，其目的是保证学校秩序和安全，但法院指令使得学校对某一个学生家长的要求过于敏感，从而使得校纪校规也失去了其应有的尊严。

威斯康星州的专家证人提出回归主流离不开辅助性活动和援助，这个建议引出了一些课堂问题。教师努力钻研学校课程，想办法教好学生，他们怎么能为了一个重度残疾儿童就修改课程内容，破坏课程结构的完整性呢？如果教师给一个残疾儿童非常特殊的待遇，设计不同的活动和表现测评标准，而不为其他每一个孩子同样这样做，这算是平等而公平的待遇吗？如果特殊需求儿童享受“双轨制”教学，既可在普通班上课，又可从普通班级抽离出来接受特殊教育，那这与隔离式特殊教育计划又有什么样的本质区别呢？尽管孩子编在普通班级，但还得抽离出来接受许多特殊教育；而正因为这种特殊待遇，他甚至更容易成为其他孩子攻击的目标。

过度回归主流使学校毫无准备，使优秀教师感到懊恼，使学生得到的特殊服务减少，造成了学校的混乱。现在，许多学区并不缺乏硬件设施完备的学校、接受过专门培训的教师、进行诊断与教育的明确指导方针、人数更少的班级、促进学习的特殊课程内容以及有利于最优化教育的环境——特殊教育计划和天才儿童计划就能提供这些好处。全纳教育将颠覆这一切，强制推行全纳教育所造成的混乱在某种程度上已经超过了过度回归主流运动中所出现的混乱。

学校与学校之间差别很大：我们无法对“普通”学校或普通课堂进行界定。内华达州的乡村单室学校（one-room school）是“普通”学校吗？曼哈顿的都市学校或贝弗利山庄的郊区学校呢？学校有一些共同的模式，但是许多教育也是学生分组进行的。布朗克斯（Bronx）科学高中、职业技术中学、按能力分班制、优等班课程、补救课程、基础课和高级课、阅读小组以及体育和音乐人才选拔计划等都说明，由于种种特殊原因对学生实行隔离式教育是普遍做法。全纳教育威胁着为因材施教所做的这些努力。

讨论

1. 辩证推理练习：找出支持和反对全纳教育的最有力证据。它们提出了正题和反题吗？分析各方提出的证据。提供证据需要进行何种研究？你将去哪里找到这种研究？关于这些问题，现在能进行什么研究？你目前的观点是什么？如果要改变你对全纳教育的看法，什么才是最有说服力的证据？能得出一个符合社会政策、教育利益以及个体学生及其家长要求的合题吗？

2. 讨论：全纳教育运动是如何影响教师教育计划的？你对这方面的教师培养计划有什么建议？对于统一安置在普通班级的特殊学生，教师应该对他们有哪些了解，又能为他们做些什么呢？

3. 美国教育部提供的数据显示，在3～21岁的人当中，接受特殊教育的残疾学生年增长率（约3%）仍超过了接受普通教育的非残疾学生年增长率（约1%）。天才儿童约占学生总人数的3%。需要特殊教育的儿童比例上升是什么原因造成的呢？这种年增长率的不同对学校全纳教育的决策有什么影响？如果要对这一话题进行批判性分析，你需要什么证据？你希望在哪里找到这样的证据呢？

4. 从全纳教育政策来看，应该怎样看待天才儿童计划？应该废除还是隔离，是加强好还是缩减招生计划好，还是……？你是基于什么理由？这一问题应该由谁来决定？根据什么标准？在一个民主的国家，公立学校实行隔离式教育计划恰当吗？这个问题与《残疾人教育法案》所规定的特教生待遇有哪些相似之处、哪些不同之处呢？

参考文献

ANDERSON, G. R., AND ANDERSON, S. K. (1983). "The Exceptional Native American," in *The Politics of Special Education*, ed. L. Barton. London: Falmer Press.

ARTILES, A. J., AND BAL, A. (2008). "The Next Generation of Disproportionality Research," *Journal of Special Education*. 42(1), 4–14 May.

BARTON, L. (1988). *The Politics of Special Education Needs*. London: Falmer Press.

BATES, P., ET AL. (1984). "The Effect of Functional vs. Nonfunctional Activities on Attitude/Expectations of Non-handicapped College Students: What They See Is What We Get." *The Journal of the Association for Persons with Severe Handicaps* 9:73–78.

BRANTLINGER, E. A., AND GUSKIN, S. L. (1987). "Ethnocultural and Social Psychological Effects on Learning Characteristics of Handicapped Children," in *Handbook of Special Education*, Vol. 1, ed. M. C. Wang et al. Oxford: Pergamon.

Brown v. Board of Education of Topeka, Kansas. (1954). 347 U.S. 483.

BUCHMAN, D. (2006). *A Special Education.* Cambridge, MA: DeCapo Press.

BURRELLO, L. C., ET AL. (2001). *Educating All Students Together.* Thousand Oaks, CA: Corwin Press.

CALLARD-SZULGIT, R. (2005). Teaching the Gifted in an Inclusive Classroom. Lanham, MD: Scarecrow Press.

CAMERON, L. (2008). "The Maine Effect or How I Finally Embraced the Social Model of Disability," *Intellectual and Developmental Disabilities* 46(1) 54–57. Feb.

CARLBERG, C., AND KAVALE, K. (1980). "The Efficacy of Special Versus Regular Class Placement for Exceptional Children: A Meta-Analysis." *Journal of Special Education* 14:295–309.

CARLSON, E., AND PARSHALL, L. (1996). "Academic, Social, and Behavioral Adjustment for Students Declassified from Special Education." *Exceptional Education* 63(1):89–100.

CIGMAN, R. ed., (2007). *Included or Excluded?* New York: Routledge.

CLARK, B. (1996). "The Need for a Range of Program Options for Gifted and Talented Students," in *Controversial Issues Confronting Special Education*, 2nd Ed, ed. W. and S. Stainback. Boston: Allyn and Bacon.

COOLEY, S. M., ET AL., (2008). "A Field at Risk: The Teacher Shortage in Special Education." *Kappan* 89(8), 597–600. April.

CROMWELL, S. (2004). "Inclusion: Has It Gone Too Far?" *Education World. www.education-world.com.*

CUSHNER, K., MCCLELLAND; A., AND SAFFORD, P. (2000). *Human Diversity in Education.* 3rd Ed. New York: McGraw-Hill.

DICKMAN, I. (1985). *One Miracle at a Time.* New York: Simon and Schuster.

EDUCATION WEEK ON THE WEB. (1998). "Inclusion." Washington, DC: Editorial Projects in Education. www.edweek.org.

EDUCATIONAL TESTING SERVICE. (1980). "New Vistas in Special Education." *Focus* 8:1–20.

EIDE, B. AND EIDE, F. (2006). The Mislabeled Child. New York: Hyperion.

FARBER, C. (2006). "Afterword." In Buchman, D. (2006). *A Special Education.* Cambridge, MA:DeCapo Press.

FERRI, B. J., AND CONNOR, D. J. (2005). "Tools of Exclusion: Race, Disability, and (Re)segregated Education." *Teachers College Record* 107(3):453–474.

GORE, M. C. (2004). *Successful Inclusion Strategies for Secondary and Middle School Teachers.* Thousand Oaks, CA: Corwin.

GROSSMAN, H. (1998). *Ending Discrimination in Special Education.* Springfield, IL: Charles C Thomas.

HARRY, B. AND KLINGNER, J. (2006). *Why Are so Many Minority Students in Special Education?* New York: Teachers College Press.

________, ET AL., (2008). "Schooling and the Construction of Identity Among Minority Students in Spain and the United States," *Journal of Special Education* 42(1) 15–25. May.

HECKMAN, J. J. AND LAFONTAINE, P. A. (2008). "The Declining American High School Graduation Rate," *National Bureau of Economic Research Report.* www.nber.org.

HELLER, H. W. (1996). "A Rationale for Departmentalization of Special Education," in *Controversial Issues Confronting Special Education*, 2nd Ed, ed. W. and S. Stainback. Boston: Allyn and Bacon.

HELLER, K. A., HOLTZMAN, W. H., AND MESSICK, S., eds. (1982). *Placing Children in Special Education: A Strategy for Equity.* Washington, DC: National Academy of Sciences Press.

HUXLEY, T. (1897). *Evolution and Ethics, and Other Essays.* New York: D. Appleton.

Inclusive Education. (2008). www.inclusive-international.org. June.

KABZEMS, V. (2003). "Labeling in the Name of Equality." Chapter in Devliger, P., et al., *Rethinking Disability*. Philadelphia: Garant.

KAUFFMAN, J., AND HALLAHAN, D., eds. (1995). *The Illusion of Full Inclusion.* Austin, TX: Pro-Ed.

KAUFFMAN, J., ET AL., (2002). "Separate and Better." Exceptionality 10(3) 149–170.

KENNEDY, C. H., AND FISHER, D. (2001). *Inclusive Middle Schools.* Baltimore: Paul H. Brookes.

KLEINFIELD, S. (1979). *The Hidden Minority: America's Handicapped.* Boston: Little, Brown.

Kluth, P., et al. (2001). "'Our School Doesn't Offer Inclusion' and Other Legal Blunders." *Educational Leadership* 50(4):24–27.

KOENIG, J A., AND BACHMAN, L. F., eds. (2004). *Keeping Score for All.* Washington, DC: National Academies Press.

KOZOL, J (1991). *Savage Inequalities.* New York: Crown Publishers.

LIPSKY, D. K., AND GARTNER, A. (1996). "Inclusion, School Restructuring, and the Remaking of American Society." *Harvard Education Review* 66(4):762–796.

LOMBARDI, T P (1994). *Responsible Inclusion of Students with Disabilities: Fastback 373.* Bloomington, IN Phi Delta Kappa Educational Foundation.

LOMBARDI, T P., AND LUDLOW, B. L. (1996). *Trends Shaping the Future of Special Education.* Bloomington, IN Phi Delta Kappa Educational Foundation.

LOW, C. (2007). "A Defense of Moderate Inclusion and the End of Ideology," in Cigman, R. ed., (2007). *Included or Excluded?* New York: Routledge.

MCKLESKEY, J., AND WALDRON, N (2000). *Inclusive Schools in Action.* Alexandria, VA. ASCD.

MEIER, K. J (2005) "School Boards and the Politics of Education Policy." Chapter in Wolbrecht, C., and Hero, R. E., *Politics of Democratic Inclusion.* Philadelphia. PA. Temple University Press.

MEISEL, C. J., ed. (1986). *Mainstreaming Handicapped Children.* Hillsdale, NJ Lawrence Erlbaum.

MERRITT, S. (2001). "Clearing the Hurdles of Inclusion." *Educational Leadership* 59(3):67–70.

Mills v. Board of Education of the District of Columbia. (1972). 348 F. Supp. 866.

MITTLER, P., BROUILLETTE, R., AND HARRIS D., eds. (1993). *Special Needs Education. World Yearbook of Education.* London. Kogan Page.

MOE, T M. (2002). *A Primer on America's Schools.* Stanford, CA. Hoover Institution Press.

NAVARRETTE, R. "The Special Ed Dumping Ground," *San Diego Union-Tribune,* April 17, 2002.

NOONAN, M. A. (2008). "When Special Education as We Know it Ends—What, if Anything Will Replace It?" *Educational Horizons* 86(3) 139–141 Spring.

OAKES, J (1985). *Keeping Track: How Schools Structure Inequality.* New Haven, CT· Yale University Press.

———. (2005). *Keeping Track: How Schools Structure Inequality* 2nd Ed. New Haven, CT· Yale University Press.

Oberti v. Board of Education of the Borough of Clementon (NJ) School District. (1993). 995 f.2d 1204 (3rd Cir. 1993).

PALONSKY, S. (1975). "Hempies and Squeaks, Truckers and Cruisers: A Participant-Observer Investigation in a City High School." *Educational Administration Quarterly* 2:86–103.

PETCH-HOGAN, B., AND HAGGARD, D. (1999). "The Inclusion Debate Continues." *Educational Forum* 35(3):128–140.

RICHEY, D., AND WHEELER, J (2000). *Inclusive Early Childhood Education.* Albany, NY· Delmar.

RISKO, V., AND BROMLEY, K. (2001). *Collaboration for Diverse Learners.* Newark, DE: International Reading Association.

ROGERS, J (1993). "The Inclusion Revolution." *Phi Delta Kappa Research Bulletin* 11:1–6.

RYNDAK, D. L., AND ALPER, S., eds. (2003). *Curriculum and Instruction for Students with Significant Disabilities in Inclusive Settings.* 2nd Ed., Boston: Allyn and Bacon.

SAILOR, W., GERRY M., AND WILSON, W C. (1991). "Policy Implications of Emergent Full

Inclusion Models," in *Handbook of Special Education. Research and Practice,* Vol. 4., ed. M. C. Wang et al. Oxford. Pergamon.

SEFA DEI, G., ET AL. (2000). *Removing the Margins.* Toronto: Canadian Scholars' Press.

SEMMEL, M. I., GOTTLIEB, J., AND ROBINSON, N. M. (1979). "Mainstreaming." *Review of Research in Education* 7:223–279.

SKRTIC, T. M. (1995). *Disability and Democracy.* New York: Teachers College Press.

"THE SPECIAL EDUCATION FIASCO." (2001). *Wilson Quarterly,* Autumn. Review of W. F. Horn, and D. Tynan, "Revamping Special Education," in *The Public Interest,* Summer 2001.

SKIBA, R. J., ET AL., (2008). "Achieving Equity in Special Education." *Exceptional Children* 74(3) 264–288.

SPRING, J. (1998). *American Education.* 8th Ed. New York: McGraw-Hill.

STAINBACK, W., AND STAINBACK S. (1990). *Support Networks for Inclusive Schooling.* Baltimore, MD: Paul H. Brookes.

STAINBACK, S., STAINBACK, W., AND JACKSON, H. J. (1992). "Toward Inclusive Classrooms," in *Curriculum Considerations in Inclusive Classrooms,* ed. S. and W. Stainback. Baltimore, MD: Paul H. Brookes.

"STUDENT DISCIPLINE: INDIVIDUALS WITH DISABILITIES ACT." (2001). *Report to Committees on Appropriations: House and Senate.* Washington, DC: General Accounting Office.

TAYLOR, R. E. (2003). *Assessment of Exceptional Students.* 6th Ed. Boston: Allyn and Bacon.

THOUSAND, J. S., AND VILLA, R. A. (1995). "Managing Complex Change Toward Inclusive Schooling," in *Creating an Inclusive School,* ed. R. A. Villa and J. S. Thousand. Alexandria, VA: Association for Supervision and Curriculum Development.

TURNBULL, H. R., AND TURNBULL, A. P. (1998). *Free Appropriate Public Education: The Law and Children with Disabilities.* 5th Ed. Denver: Love Publishing.

UNESCO. (2008). "Inclusive Quality Education," Education for All. www.portal.unesco .org. Apr.

UNITED NATIONS CONVENTION ON THE RIGHTS OF THE CHILD. (1989). New York: United Nations.

URBAN, W., AND WAGGONER, J. (1996). *American Education: A History.* New York: McGraw-Hill.

VARGAS, S. R. L. (1999). "Democracy and Inclusion." *Maryland Law Review* 58(1):150–179.

WANG, M. C. (1990). "Learning Characteristics of Students with Special Needs," in *Special Education: Research and Practice,* ed. M. C. Wang et al. Oxford: Pergamon.

WANG, M. C., REYNOLDS, M. C., AND WALBERG, H., eds. (1990). *Special Education: Research and Practice.* Oxford: Pergamon.

———. (1991). *Handbook of Special Education: Research and Practice.* Oxford: Pergamon.

WEDELL, K. (1993). "Varieties of School Integration," in *Special Needs Education: World Yearbook of Education,* ed. P. Mittler et al. London: Kogan Page.

WINZER, M. A. (1993). *The History of Special Education: From Isolation to Integration.* Washington, DC: Gallaudet University Press.

WOLBRECHT, C., AND HERO, R. E. (2005). *The Politics of Democratic Inclusion.* Philadelphia: Temple University Press.

ZIGLER, E., AND HALL, N. (1986). "Mainstreaming and the Philosophy of Normalization," in *Mainstreaming Handicapped Children,* ed. C. J. Meisel. Hillsdale, NJ: Lawrence Erlbaum.

第19章

校园暴力：学校可应对还是无法控制？

学校能够有效应对暴力学生或有暴力倾向的学生吗？

观点1：学校能够而且应该遏制暴力行为

> 我认为学校首先是一种社会机构。既然教育是一种社会化过程，学校便是那种社会生活形式。在那种社会生活形式里，凡能最有效地促使儿童分享人类所继承下来的财富，凡能最有效地促使儿童运用个人能力来实现社会目标的一切手段都被集中起来。……因此，我认为教育是生活的过程，而不是未来生活的准备。
>
> ——Dewey，1897，“My Pedagogic Creed”，reprinted in Dworkin，1959：22

约翰·杜威阐述过美国人与公立学校的关系。他认为学校是社区的延伸，照顾社区儿童并帮助他们形成生存和发展所必备的技能与习惯是学校理应承担的责任。学校承载着社会的最高理想并将之转换成培养所有孩子的学业计划和社会计划。每个人都要对儿童的教育负责。正如杜威所说：“最好、最明智的父母希望自己子女所能拥有的东西也必定是社会希望所有儿童所拥有的东西。”（Dworkin，1959：54）

杜威认识到社会状况在不断变化，学校总是要适应社会的新要求。当社会问题破坏了社会资源时，学校要给予相应的支持和帮助。在1899年的一次演讲中，他说：“过去，孩子们谦虚谨慎、尊敬他人而且绝对听话，但哀叹已经逝去的美好往日是没有用的，我们不能指望仅仅通过埋怨和劝诫就能回到美好的过去。情况发生了彻底的变化，只有对教育进行同样彻底的变革才足以适应这种变化。”（Dworkin，1959：37）

在19世纪末期，工业革命颠覆了传统社会的结构和工作的性质。家长每天离家外出工作，工时很长，没有时间看管孩子。许多儿童也从事一些繁重、危险的工作。因此，家庭变了，无法完全履行原先的全套家庭职能。学校被迫扩大其职能范围，不仅要教孩子们读书写字和算术知识，还要帮助他们适应那个时代的“新情况”。帮助孩子们适应新型工业化经济所带来的各种问题给公立教育增加了很大的负担，帮助孩子们理解并适应急剧变化的21世纪需要学校做出更大的努力，这是学校无法逃避的责任。社会的问题通常也是学校的问题。我们在这里关注的是暴力问题，造成这一历史性社会问题的原因有很多。

暴力社会

暴力是美国及其学龄儿童当前所面临的最"极端的情况"之一。暴力行为对学生日常生活的影响越来越大，暴力行为预防计划和侵犯行为应对计划（violence-prevention&aggression-management programs）已经成了学校普通课程的一部分。社会在过去的几十年里不断发生变化，当前学生生活问题重重，而且这些问题在以往学校从未碰到过。

从某种意义上来说，校园暴力既是美国的新问题，也是老问题。美国社会是暴力社会，而且一直以来都如此。你也许会想起安德鲁·杰克逊（Andrew Jackson），因妻子遭人言语侮辱愤而与人决斗并在决斗中将对方击毙，还有亚伦·伯尔（Aaron Burr）在新泽西州那场著名的决斗中杀死了政敌亚历山大·汉密尔顿（Alexander Hamilton）。美国天生爱好革命，美国塑造的英雄都是枪战高手和勇士。美国人见证过对民族英雄的谋杀，对黑人处以私刑，以及有组织的劳工、农民和学生暴动。据说美国人喜欢暴力就像喜欢苹果派一样（Alvarez and Buchman，2008）。直到 20 世纪 30 年代，我们才开始对暴力犯罪率进行量化统计，但自从那时起，美国联邦调查局《统一犯罪报告》（Uniform Crime Reports）所记载的包括谋杀、强奸、抢劫和严重伤害等在内的暴力犯罪数量就一直呈显著上升的趋势。在工业化国家中，美国的谋杀犯罪率最高，我们的校园犯罪率也"遥遥领先"于其他国家。

暴力与媒体

目前，暴力对学龄儿童的危害堪称前所未有。美国的电影、音乐影片和电视是世界上最暴力的。无论家长怎样费心来"屏蔽"与攻击性行为有关的不良内容，但它们还是会进入孩子们的世界。孩子从自己的亲身体验乃至新闻报道、电影、音乐和广告中了解到这些内容。战争玩具摆满了商店的货物架，电视电影中的卡通英雄消灭坏蛋，音乐电影体现的是愤怒和毁灭等沉重的主题，电脑游戏中尽是互动性的暴力游戏。许多孩子因为生活中的暴力而噩梦连连（Jordan，2002）。

电视不断把间接暴力带入我们的生活空间。超过 97%的美国家庭至少有 1 台电视机，小孩子每天看电视的时间约为 4 小时。他们可能被动地看到各种暴力镜头——通常是没有大人在场的时候。典型的美国小孩估计还没念完小学就会在电视上看到 8 000 桩谋杀案和 10 万起暴力事件（Galezewski，2005）；他们可能还没念完高中但看电视的时间又多了 10 万个小时。此外，研究人员还发现，观看暴力画面可导致攻击性行为，接触媒体暴力与真实世界的暴力犯罪有重要联系（Kunkel and Zwarun，2006）。一些研究人员指出：孩子观看媒体暴力与随后出现暴力行为之间存在因果关系（Trend，2007；Grimes，Anderson，and Bergen，2008）。不过，另一些研究人员发现，经常接触媒体暴力可能使人们特别害怕日常生活中出现暴力，而且会使他们在面对真正的暴力时又变得无动于衷（Galezewski，2005）。

暴力日益成为学生生活的一部分（见图 19－1），遭人欺凌[1]是学龄儿童的共同经历。最新校园犯罪和安全报告的统计数据显示，78%的学校报告称，在上一学年出现过一起或多起暴力犯罪案件，12～18 岁的学生中有 28%的人报告称他们在上半年有过受欺凌的经历（U. S. Department of Justice，2007）。学生报告称，学童欺凌早在学前班时就出现了。几乎有一半中学生报告称，因为担心被袭击或被骚扰而不敢使用学校浴室（Smith-Heavenrich，2005）。如果我们认为自己不太可能受到暴力攻击，那就是太天真了。尽管暴力行为在城区以及贫困人群和少数族裔之间更猖獗，但不论哪个地方的人都难免会受暴力的影响。校园暴力既影响城区也影响城郊和乡村。实际上，在城郊和乡村，参与帮派的学生人数——校园暴力的指标之一——比城区学生更多（U. S. Department of Justice，2007）。

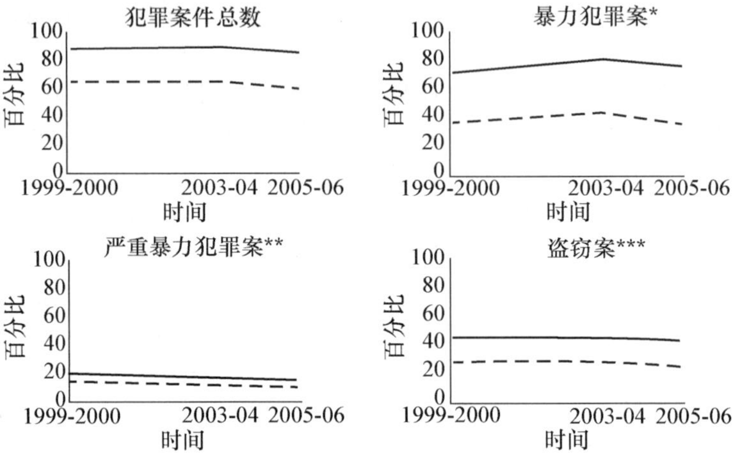

图 19－1　公立学校所经历以及已报案的各类犯罪案件百分比

* 暴力犯罪案包括强奸、强奸未遂、性攻击、人身攻击、威胁他人要进行人身攻击、使用武器或不用武器殴打他人、使用武器或不用武器进行抢劫。

** 严重暴力犯罪案包括强奸或强奸未遂、性攻击、人身攻击或使用武器殴打他人、使用武器或不用武器进行抢劫。

*** 盗窃案指偷盗物品的金额超过 10 美元且没有发生肢体冲突。

资料来源：U. S. Department of Education，National Center of Education Statistics，Indicators of School Crime and Safety，December 2007. http://nces. ed. gov/programs/crimeindicators2007.

有关校园暴力的最新报告既有好消息也有坏消息。坏消息是，在 2005 年，12～18岁的学生是 150 万桩犯罪案件的受害者，有 10％的男生和 6％的女生受到过武力威胁或伤害。好消息是，校园犯罪案件的比例在 2005—2006 年间有所下降，与 1999—2000 年的校园犯罪案件比例持平（U. S. Department of Education，2007）。坏消息也许不会变得更糟糕，但它还是令人感到不安。从校园暴力的受害者或是受害学生家长的立场来看，学校出现任何暴力行为都是不可接受的。

暴力预防课程

我们可以通过列表来统计坏消息。统计资料令人忧虑：校园暴力很普遍；太多的孩子觉得在学校不安全；许多学校不得不投资安装金属探测器，增加保安，而不是购置图书和实地考察。好消息更难以量化，但应该是让人感到宽慰：学校计划在防范儿童攻击性行为和未来成年人暴力行为方面还是起作用的（*Recess from Violence*，1993；Astor et al.，2002；Bowen et al.，2002；Zins，Elias，and Maher，2007）。尽管只靠学校不可能解决暴力问题，但学校的关键作用在于它们能保护儿童免遭暴力伤害，能教导他们懂得攻击他人从来都不是解决问题的办法。暴力问题很复杂，不容易解决。但是，暴力问题也不是通过实施零容忍政策或简单的惩罚措施就可以解决好的那类问题。要解决校园暴力问题，孩子们必须学会如何理解和控制自己的愤怒情绪，掌握使用非暴力解决问题的各种技巧。学校可以通过暴力预防课程来帮助学生不使用暴力而是采取另一种方式来控制自己的好斗情绪。

考虑一下预防暴力的一些策略。我们提出这些策略只是举例说明，而不是规定必须采取这些办法。许多学校现在采用上课解决冲突的办法，即要求学生自己处理争端，并承担起帮助其他同学和平解决分歧的责任。这些行动计划简单有效，可以消除人与人之间的戒备心理。首先应教学生认识到，矛盾是不可避免的，在大多数争执中，双方都可能认为自己并且只有自己是对的。矛盾解决法鼓励学生彼此倾听，承担起通过谈话和协商，而不是通过武力来解决矛盾的责任。无论是小学生还是中学生，都可通过类似的程序来解决问题，不同的只是问题的性质和复杂程度而已。思考一下解决小学课堂冲突的这个例子：开始活动时，教师给全班同学分发“活动卡”，卡上所述内容是学生所熟悉的同学间冲突。

> 玛利亚乘公共汽车上学。公车上的另一个女孩子卡特莎心情很糟糕，骂了玛利亚一句。玛利亚既难过又气愤。下车后，两人就冲着对方大吼大叫，互相推搡，直到老师前来才制止住她俩的打斗。两个孩子因为打架被带到办公室，两个孩子都对对方很生气。如何解决她俩的问题？（Osier and Fox，2001：10）

教师向全班同学念了这张卡片，要求学生们指出问题出在哪儿。当全班对问题实质达成了共识之后，教师又要求学生提议采取哪种行动来解决问题。年纪小一点的孩子可能会画一张解决问题的图画，大一点的孩子会写出自己的解决方案。然后教师要求全班同学分享他们的解决方案，并找出全班一致认可的那些解决方案。教师还要求学生记住他们喜欢的那些解决方案，以备日后在课堂内外发生新冲突时使用。

教师鼓励中学生采用类似角色扮演的策略来分析生活中的突发事件，目的是让学生看到普通事件是如何升级为暴力事件的。以下这一案例选自 8 年级学生写的一个剧本，场景是一年轻女士嘲笑另一女士：

> “我听说她昨天和你男朋友看电影了，还对他殷勤得很呢。”
> “这我可受不了。”另外一个女孩儿补充说。
> “她不需要你的男朋友，但是她现在正和他干什么呢？”

这些年轻女士假装推推搡搡，然后又停下来，故意大笑起来，也许是意识到在真实生活中，她们写在剧本里那些愤怒的言语经常升级成真正的暴力行为。教师称赞同学们在剧本上所做的努力，并让全班分析发生了什么事情。流言传开了，引起了谩骂，言语指责可能演变成肢体冲突。在真实生活中，这很容易造成躯体损伤。教师问道，本来可以如何避免发生这一切呢？其他人是如何使情况变得更糟糕的呢？他们本应该做些什么？（*Violence in the Schools*，1993）

许多学校已经采纳了全校性暴力预防计划，亦即教给学生一系列理性的方法来处理矛盾。学生学习如何把生活中出现的矛盾情况视为有益无害的经历（Smith and Daunic，2005）。在这些学校里，当发生校园争执时，经过教师培训的较年长的学生会要求争执双方分别讲述发生了什么事情。一些基本原则是双方早就认可的：不可吼叫、不可骂人、不可打断别人说话、不可讲令人难堪的话。另一些学生充当矛盾纠纷调解员，设法引导争执者解决问题。如果他们自己解决不了问题，矛盾纠纷调解员就要尽量帮助他们。教师或行政管理者也可以帮助他们。这样做的目的就是创立一个相互关爱的共同体，在这个共同体里，所有学生都感到安全，都能够解决自己遇到的问题，而且人人都对他人的福祉负责。相互关爱的共同体教会学生不必诉诸武力就可以解决问题，学生警惕性和共同责任感的增强有利于他们主动预防暴力（Davies，2004）。

实施全校性暴力预防计划可以帮助学生找到另一种不用暴力就可解决问题的办法。“非暴力”可以作为贯穿社会学、语言艺术以及其他学科重要的课程主轴。暴力不是本能的反映，因为它是后天习得的，所以也可通过学习消除（Noguera，1995）。学校与社会服务机构和心理学家共同合作，能够培养学生用亲社会行为取代反社会行为，并为他们提供积极的行为榜样。暴力预防课程是新型课程，我们尚未对其有效性进行仔细评估或是科学鉴定（Devine and Lawson，2003）。但是，就目前搜集的证据来看，冲突解决方案以及其他暴力预防干预计划（如愤怒情绪控制和应对愤怒情绪方案以及反欺凌策略）在教育学生通过非暴力手段处理冲突方面是有效的（Bowen et al.，2002；Devine and Cohen，2007）。更令人信服的证据是，这些课程开设后学校发生了显著的变化。正如一位学校行政管理者所说：“开设这些课程对我们学校是有用的，我遇到的问题减少了10%。在我看来，这就足以说明问题了。我不需要研究者来告诉我这些课程的有效性如何。”（Lawton，1994：10）

大学生可以通过辅导计划来贡献自己的力量。缺乏恰当父母监管的学生很有可能不会遵守学校纪律。原先多数人认为这个问题只会发生在穷人身上，但现在缺乏监管和正面的行为榜样变成更具普遍性的问题。来自各个阶层的学生除了需要家庭的支持外，还需要得到其他人的支持。现在许多大学都计划把志愿辅导者与高危学生搭配在一起。辅导者充当行为楷模、大哥哥或大姐姐以及代理父母。他们辅导家庭作业，传播学习技巧。他们是不用暴力就能解决问题的典范，是能抵制犯罪诱惑的典型成功人士。尤其重要的是，高危学生的生活中有了一个关心体贴他们的人。可见，辅导者的作用不可小觑。有暴力倾向的学生在生活中遇到的正面楷模太少了，但学校和老师可以帮助他们。研究表明：“只需一个有爱心的成年人，就能改变这些高危青年人的生活。”（Sautter，1995：K8）

简单说来，暴力是不理性的破坏行为，是愤怒在一时冲动之下的爆发。但是暴力也并不是莫名其妙发生的，它不是无缘无故产生的行为，也不是不可理喻的行为。要防止暴力行为，学校和社会应该考察一下暴力行为产生的历史、经济和文化背景。除非学校和社区重点关注引起暴力行为的社会和政治因素，否则暴力行为将防不胜防。暴力行为是当今被研究得最多的社会现象之一。社会行为科学对于暴力行为已经有了很多了解，我们完全有理由相信学校能够成功地控制暴力行为蔓延的势头，能够保护孩子和社会免遭暴力的伤害。总之，我们对学校的看法是非常乐观的，我们也乐观地相信学校员工一定有能力把学校打造成更公平也令所有学生更满意的地方。教师和校长可以把学校教育的力量拓展到学生的日常生活中去，在减少社会冲突和个人暴力行为方面，学校可以发挥自己的作用。这个过程可能是缓慢的，代价是昂贵的，但如果不从学校做起，未来的社会和个人为之付出的代价将会更大。有暴力倾向的孩子以及他们的问题不会自动消失，用约翰·杜威的话来说，那就是最好、最明智的父母希望自己子女所能拥有的东西也必定是社会希望所有儿童所拥有的东西。

观点 2：校园暴力问题超出了学校的可控范围

社会科学家和教育工作者制订了学校反欺凌行为计划，目的是防止可觉察的校园暴力问题。这些计划是不必要的，因为与大众看法相反的是，校园暴力不是在增加而是在减少。这些计划也没多大效果，因为它们只教育学生如何理解、如何表达自己的感情，却不教给学生应对欺凌行为的有效手段。一些缜密的研究也没能证明那些计划确实能减少欺凌行为。反欺凌行为计划的坏处比好处还多，因为它们让孩子们对人际关系冲突的心理准备不足。事实上，人际关系冲突虽令人不愉快，却是校园生活的一部分。

——Labash，2005：13

美国学校创建之初所制定的学业目标不算高——教孩子读书写字。多年以来，学校不断提升课程品质，学校现在不仅传授技能也传授学科内容知识，并且涵盖从艺术到社会学的各种主题。本部分的论点简单、直接：学校应该以最有说服力、最合法的方式来传授学业内容。这是社会和家庭托付给学校的工作，是经过专门培训的教师所应做的事情。没有掌握学业技能，学生会处于不利地位，他们将不能在最好的大学争得一席之地，得不到奖学金，找不到好工作或是无法开启令人满意的职业生涯。学科内容的教与学以及如何掌握打造成功生活所必备的技能是学校教育的主要任务。当社会要求学校参与社会工程计划时——比如说，防止暴力行为或解决违法犯罪的问题——就会使得学校混淆认知学习的重点，使得学校增加额外负担（Finn，1993）。如果我们这个民族要生存要发展，则学校必须教给学生我们的历史和文学知识，灌输公民责任感。如果要取得个人成功，则学校必须使学生具备理解科学、数学、艺术和人文学科所不可或缺的心智技能。学校不应该把重点放在社会改革上，而是应该放在学业成绩上。学校成功与否的衡量标准是教学的严谨性和质量，而不是看学校处理社会问题的能力如何（Ravitch，2001）。

我们将进一步论证：（1）校园暴力是一个言过其实的问题；（2）暴力预防课程的有效性值得怀疑；（3）学校不应该越俎代庖，不应该去做福利机构、警察或社会心理学家的工作。

家庭价值观的衰退

花费太多精力争论说这个时代不正常没有任何意义。人们对家庭破裂解体感到司空见惯，许多美国人几乎已经丧失了家庭价值观。30%的孩子生于单亲家庭，这个问题在少数族裔中更加严重。太多的孩子在基本技能、社会可接受行为以及其他家庭价值观方面得不到任何人的指导。太多孩子出现在这个国家的学校大门口时，是非观模糊，没有自我约束力，而且与其他孩子相处的能力非常有限。今天，越来越多的青年人声称，挑战主流文化（反文化）或是帮派生活给了他们在家庭中找不到的归属感、价值感和目标感。太多学生拒绝为自己的行为承担责任，教师经常说，学生找的借口是“不是我的错，是别人做的这件事”，以及“我没迟到，我刚到教室上课铃就响了”等（Conrath，2001：586）。

从进幼儿园的第一天起，孩子们就不是一块白板了：刻在记忆中的幼年生活经历给他们留下了许多复杂的、好坏并存的印象。大多数孩子做好了上学的准备，因为家长为他们的早期教育投入了大量的时间和精力。这些孩子有自制力，他们的言行举止无不透露出他们对情绪的控制力、对学习的热情和对教师权威的尊重。另外一些孩子则没有做好上学的准备，他们是父母教养无方或是根本没有教养的牺牲品，他们没有为学校的学习做好充分准备，在与同龄人相处时还不能充分控制自己的行为。老师很快就能分辨出这些学生。他们过于冲动、富有攻击性而且缺乏合作精神。心理学家对学校恶霸和有暴力倾向青年的特点进行了总结。此外，他们往往是缺乏同情心的孤独者，常常是家庭暴力的受害者，有太多压抑在心中的愤怒，受挫容忍度低，有过药品滥用或其他危险行为的记录而且缺乏道德良心（MacNeil，2002）。这些“问题青年”的智力正常或高于平均水平，但他们在学校里成绩不好，而且对教育质量和其他人以及自己的身体健康构成了威胁。

但是只有一小部分学生有攻击性行为或是其他一些暴力倾向。实际上，校园暴力问题言过其实了。有暴力倾向的学生只占在校学生的1%，而且校园暴力犯罪率在近20年并没有上升。2008年美国国家教育数据统计中心（http://nces.ed.gov）提供的数据显示，1992—2005年间，暴力犯罪受害者的比率普遍下降了。根据12～18岁学生的自我报告，针对学生的犯罪率同样呈下降趋势。在2005年，每1 000名12～18岁学生中，发生57起校内犯罪案件，发生47起校外犯罪案件（见图19-2）。

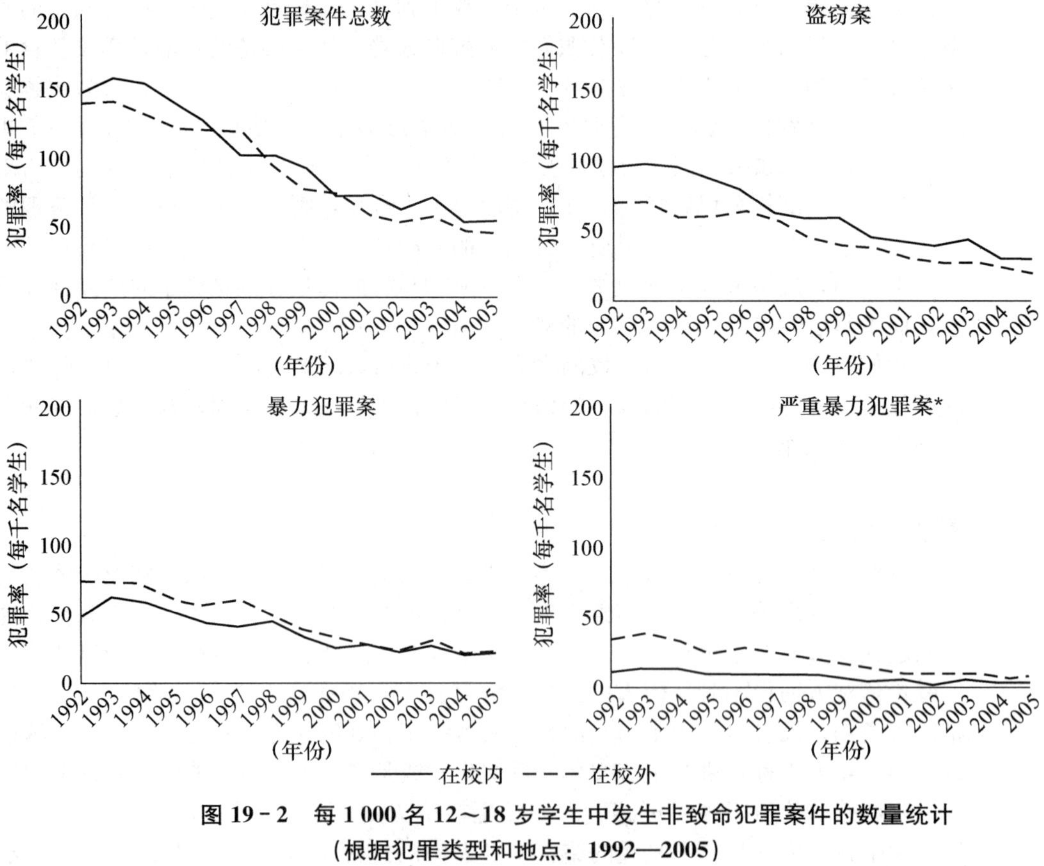

图 19-2 每 1 000 名 12～18 岁学生中发生非致命犯罪案件的数量统计
（根据犯罪类型和地点：1992—2005）

*严重暴力犯罪案包括强奸、性骚扰、抢劫和重伤害。暴力犯罪包括严重暴力犯罪及一般伤害罪。犯罪案件总数包括暴力犯罪案和盗窃案。

资料来源：U.S. Department of Education，National Center of Education Statistics，Indicators of School Crime and Safety，December 2007. http://nces.ed.gov/programs/crimeindicators2007.

尽管媒体不厌其烦地报道学校是一个充满暴力与犯罪的危险之地，然而从有关学生暴力犯罪报告中得出的结论是，与其说校园暴力是学校面临的一个严重问题，倒不如说是媒体编造的故事。至少从目前来看，这样说是恰当的——相比过去的20年，学校对学生而言是更安全了。自从1969年以来，卡潘/盖洛普民意调查组织每年都会调查公众对公立学校的看法。在进行民意调查的头16年，每当要求那些参与民意调查的受访者指出自己所在社区的学校所面临的最大问题时，大多数人都认为“纪律”是最大的问题；直到1991年“吸毒”才取代纪律问题，与“缺乏财政支持”并列成为人们最关心的问题；2000年以来，公众一致认为“缺乏财政支持”是公立学校所面临的主要问题；2007年，“缺乏纪律”在所有学校问题中排名第二，只有10%的公众认为缺乏纪律是自己所在社区的学校所面临的主要问题(Rose and Gallup，2007：44)。

教书是美国最安全的职业之一。教育部提供的数据与针对学生的犯罪数据相似：针对教师的犯罪案件数量在公立学校和私立学校均不断减少。与10年前相比，遭到学生人身攻击的教师数量减少了7%。男教师比女教师更有可能成为暴力犯罪的受害者。中学教师比小学教师遭受人身攻击的风险更大，城区教师比城郊和乡村教师经历的暴力犯罪更多，但是，针对各类教师的犯罪比率呈下降趋势(U. S. Department of Education，2007)。

总的来说，学校是安全之地，但是捣蛋的学生也确实存在。学校对于这少数几个分散大家注意力、无法控制自己攻击性行为的学生该承担起什么样的责任呢? 这不是一个简单的问题。我们中没有任何人想对孩子麻木不仁或是漠不关心，但学校并不是社会福利机构，教师也不是社会工作者，不是精神病专家。教孩子们阅读、数学、社会学以及其他重要课程和技能是经过培训的教育工作者的任务。公平合理地讲，我们不可能指望学校和教师充当教人驾驭愤怒情绪的心理治疗师或是教人如何控制暴力行为的专家。暴力预防课程听上去很高尚，但是它们背离了学校的学术使命，其成效也是令人怀疑的。美国国家审计总署对投入资金高达24亿、旨在减少校园暴力和物质滥用行为的70项联邦政府资助项目进行审核之后，得出的结论是这些项目没有证明其应有的价值(U. S. General Accounting Office，1997)。

同样，对加拿大安大略省近400所学校进行的调查表明，“学校为反欺凌计划投入了大量资源，但还缺乏证明计划有效性的充足证据……几乎没有学校对其反欺凌计划进行评估，即使评估了通常也缺乏严谨性”(Smith，Ryan，and Cousins，2007：120)。

换言之，在极少数人身上花费了大量金钱，却又看不出任何效果。现在，少数问题学生不仅耗费了联邦政府和州政府太多的资金，而且也引起了太多的课程关注。少数不守规矩的学生正威胁着积极配合教师的大多数学生的教育。

哪些是有潜在暴力倾向的学生?

哪些人可能犯罪? 哪些幼年时期的经历导致暴力行为? 以及什么样的个性和家庭背景可以避免使孩子长大后成为暴力犯罪者? 这些我们都了解。我们也知道哪些行为会让教师和行政管理者意识到潜在的麻烦(见表19-1)。遗憾的是，除了找出问题学生，我们的研究成果尚不足以建立一个强大的知识库以供我们全面了解暴力行为产生的原因或是预防暴力行为的方法。没有人知道如何防止有潜在暴力倾向的学生成为暴力犯罪者。虽然现在有些学校开设了暴力控制或其他相关课程，但却没有足够的证据来证明这些课程的有效性。暴力行为产生的诸多原因其实不在学校的控制范围之内（Weishew and Peng，1993）。暴力儿童长大后成了暴力犯罪者。事实上，如果孩子们踏进学校的时候还未学会如何控制自己的攻击性行为，那么他们也不太可能摆脱幼年时期形成的暴力行为模式。

表 19-1　　问题学生的特点

1. 经常耍脾气，而且一旦爆发愤怒情绪，自己无法控制。
2. 动辄污言秽语或恶语伤人。
3. 一生气就进行暴力威胁。
4. 曾经带凶器到学校。
5. 在学校和社区造成过严重的违纪问题。
6. 有吸毒、酗酒、药物滥用或药物依赖的经历。
7. 受同龄人排斥，几乎没有或根本没有亲密的朋友。
8. 对武器、爆炸物品或其他纵火设备特别感兴趣。
9. 以前旷课逃学、被勒令停学或被学校开除过。
10. 虐待动物。
11. 几乎没有或根本没有得到过父母或有爱心的成年人的监管和帮助。
12. 是家庭虐待或疏于照顾的见证人或受害者。
13. 受人欺凌并且/或是恐吓同龄人或比自己年龄更小的孩子。
14. 往往把自己造成的问题归咎于他人。
15. 一直喜欢以暴力为主题或有暴力情节的电视节目、电影或音乐。
16. 喜欢阅读与暴力主题、暴力仪式和暴力虐待有关的内容。
17. 论文或写作计划中反映自己的愤怒情绪、挫败感和生活的黑暗面。
18. 参与不被同龄人接受的帮派组织或反社会组织。
19. 经常感到压抑或/和情绪波动大。
20. 曾威胁要自杀或企图自杀。

资料来源：全国校园安全中心跟踪调查美国的校园暴力死亡事件，制定了暴力行为一览表以使教师和行政管理者意识到问题学生的存在。具体见 www.nssc1.org/reporter/checklist.htm。

在一个完美的世界里，所有孩子来上学的时候都没有任何暴力倾向，所有孩子都在充满爱心的“无毒的”（drug-free）家庭环境中长大，所有孩子都与大人建立起依恋关系，因为大人给了他们无限的爱，教他们懂得了归属感。孩子们最初的经历告诉他们，人与人之间产生分歧是生活的一部分，但是大家可以通过冷静的讨论而不是以怨恨或暴力的方式来解决纷争。我们希望所有孩子的智商都高，希望所有孩子的父母都有文化，不酗酒、不吸毒，研读育儿书籍，跟孩子讲故事，限制孩子看电视的时间。我们希望所有这些以及更多美好的设想都变成现实，但是社会政策不可能创造这一切。太多孩子在单亲家庭长大，他们的母亲还没有做好育儿的准备，或是无法给予他们创造成功生活所需要的一切。吸毒、犯罪和贫困等问题不是学校所能控制的。学校不可能对财富进行重新分配，也不可能解决社会问题。不管怎样，学校就是社会的缩影，它们现在不是、过去也从来不是社会变革的使然力。它们的使命就是教育学生，没有做其他任何事情的权利。

尽管公立学校必须与各类学生打交道，但它们也不必把爱捣乱和有潜在暴力倾向的学生与表现好的学生混编在一个班，更不必鼓励有暴力倾向的学生一直待在学校直到毕业。我们应该让上学时就做好了学习准备的学生得到严谨而全面的学历教育，因为在学校接受的学历教育对他们一生都很重要。学生到学校就是为了提高学业技能，增加智力资本——创造成功生活所必须具备的知识。正如赫希所说：“社会学家证明，智力资本（亦即在学校所学的知识）几乎在现代社会的每一个领域都起作用，社会阶层归属，在学校的成功或失败，甚至心理健康和身体健康等都取决于智力资本。”（Hirsch，1996：19）学生若智力资本太少就会处于不利地位，所以他们必须尽早尽快采取行动以争取获得尽可能多的智力资本。绝大多数学生不需要通过特殊课程来学习如何与他人相处，也不用学习如何不用暴力解决争端或是如何控制自己的攻击性行为。他们需要的是开创成功生活所必备的学业知识，学校应该不负学生所望。

开设解决冲突的课程分散了学生对学业追求的注意力，而且无意之中给学生传递的也是令人不快的信息：“我们希望学校成为暴力学校，因此讨论一下这个问题吧。”（Davine，1996：165）对绝大多数学生而言，暴力并不是一种生活方式。不是让少数暴力学生而是让所有学生都关注冲突控制计划，其结果就是在传递这样的消极信息：暴力是生活的一部分，每个人必须学会如何控制或是应对暴力行为。

学校与暴力

让我们一起来看看我们对有潜在暴力倾向的学生了解多少，学校又可合情合理地做些什么：在幼儿园就应该识别出极具攻击性的孩子，从那时起就应该训练他/她学会控制自己的愤怒情绪。尽管学校不能取代家庭，但却可以提供一些在有自制力、高成就学生的家庭中所发现的一些有效方法。比如说，学校应该把中产阶级父母成功教育子女所采用的奖惩制度纳入学校的纪律政策。学生应该了解，他们之所以能赢得教师的表扬，并享受一些特殊待遇，就是因为在学校的行为恰当，而不当行为则会让自己失去这一切。这样做合情合理，不用花多少钱，而且不会侵犯学生或家长的隐私权。不占用教学时间，与帮助学生解决问题的辅导教师一对一合作时，暴力学生和有潜在暴力倾向的学生应该成为适当干预和预防计划重点关注的对象（Bemak and Keys，2000）。

仅靠学校是不可能解决暴力问题的（Casella，2001；Bowen et al.，2002）。童年时期的家庭经历以及社会对学生的影响无处不在。对于学校干预能成功预防暴力的观点，相关研究并不令人鼓舞，毕竟这些研究可能仅仅是肯定了已有的大众常识。当然，学校应该尽量帮助所有学生，但是也不能妨碍好学生取得学业进步。学校应该想方设法帮助年幼的孩子适应学校生活，遵守学校纪律。但是有一些学生永远也无法适应学业要求，也无法养成获得成功所需要的自律能力。对美国司法部统计数据的分析显示，约6%的青少年要为2/3的未成年人暴力犯罪案件负责（Bodine and Crawford，1998：6）。占青少年人口比例很小的这些学生不应该是学校关注的重点，也不应该不断耗费学校资金。如果这些学生到青少年初期还未学会如何控制自己，学校就不应再在他们身上浪费时间或金钱。

另类学校

西泽读9年级时，他的职业抱负是成为一名杀手。他的履历给人印象深刻：城区犯罪团伙的成员、顽固的街头斗士、手枪狂热者……3年之后（作为另类学校的一名学生），他变成了小有名气的诗人，获得了私立大学的奖学金。

(Leiding，2008：29)

教育工作者早就认识到，在服务青少年妈妈或残疾学生等特殊群体学生时，公立教育中的选择权有时是必不可少的。综合性公立中学一视同仁的教学模式并非对每个学生都同样适合，有些学生对传统教育的竞争性、趋同性和秩序要求很反感。许多教育工作者现在都认识到，传统中学的学业要求和社会结构可能助长了校园暴力。有些学生不习惯于左右师生行为且不近人情的学校规则，不习惯于学校对安静服从的反复强调，这些学生可能会因此而攻击教师及其他学生（EPP and Watkinson，1997；Brown and Beckett，2007）。到他们上中学的时候，学生才会知道学校教育看重的是学业成绩，遗憾的是，成绩不好的学生往往就会逐渐对学业形成漠不关心或敌视的态度。正如另类学校的一位支持者所说："他们的行为也并非不理性。正如乐意接受成功的体验是理性的一样，对不成功的体验尽量避免同样是理性的。"(Conrath，2001：587)

另类学校能够"抽走"问题学生、叛逆的学生、有潜在暴力倾向的学生以及那些不适合接受传统教育的学生。同时，另类学校又能够为不爱学习的学生提供更好的服务，能让传统学校把注意力放在大多数学生的学业需求上。有时待在普通学校的大楼里，有时待在属于自己的空间里，另类学校服务的对象是有问题的学生，他们因为各种问题——学习问题、行为问题或社会问题——而无法在传统学习环境里好好学习。现在，40%的公立学区都有某种形式的另类学校计划，有时是作为学校的一部分，有时是自成体系，有自己的师资和行政管理者。另类学校和计划专为那些有失学风险的学生而服务。中小学中约有 6% 的学校是另类学校（U. S. Department of Education，2007）。

另类学校可能没有传统学校那么正规，通常师生比率也更低。有记录显示，这些学校特别有助于减轻某些学生在传统学校体验到的那种孤独感和被边缘化的感觉(Dunbar，2001；Brown and Beckett，2007)。许多原先爱捣乱的学生在人数不多、能得到更强支持的小班环境中表现得更好了。他们找到了在传统学校里找不到的"称心如意"的生活方式，他们发现教师愿意关注他们带到学校来的个人问题和社会问题（Conchas and Rodriguez，2008）。

另类学校可能成为非常有效的学校。如果特殊的课程服务和辅导对普通学校普通班级里那些爱捣乱的学生没有多大作用，那么另类学校可能就是适合这类学生的教育选择。遗憾的是，尽管另类学校尽量为有各种问题的学生提供方便，但也不是对每个人都有效。实际上，许多特别爱捣乱的学生在另类学校也同样学不好。在传统学校里爱惹麻烦的学生即便转学到另类学校仍然会问题不断。对这些学生，可能需要采取更"大"的行动。

学校应该平等地接纳所有刚踏入学校大门的学生。特殊课程干预——所谓能解决冲突和争端的课程——应该专为那些表现出趋同于成年人暴力行为（例如，人身攻击和缺乏自制力）的学生开设。学校应该采取一切可用之法来控制学生的捣乱行为，让那些不听话的孩子重新回到乖孩子的行列。但是，进入中学之后，那些妨碍其他学生学习或是对其他学生的福祉造成了威胁的学生应该被考虑送进另类学校。在传统学校不太可能成功的学生应该有机会到另一种不同的学校去尝试一下。这些另类学校对那些叛逆学生的教育虽称不上完美，却也算是够好了。至于那少数几个在另类学校也不配合、特别调皮捣蛋的学生，将其开除出学校虽然很严厉，却也是很明智的最后一招。

将问题学生驱逐出公立学校会增强其暴力和犯罪倾向吗？这些学生最终会受到刑法的制裁吗？我们对这些问题很难回答。研究表明，未来的辍学者在学校会出现更多的犯罪行为，但是有些证据又表明，这些学生辍学之后可能违法的概率反而更低（Herrnstein and Murray，1994）。学校往往会加重年轻人的问题。许多学业不成功的学生感到灰心丧气，还有些学生觉得学校规章制度以及学校过度拥挤的状况让他们很受限制（Noguera，1995；Neumann，2003；Leiding，2008）。有些学生换个环境可能学得更好，学校应该为这类学生找到能促进其学习的地方。毕竟学校终究是培养学生认知技能的学术机构。无法学会按照文明行为规则行事的学生——自律性差、不守纪律以及不尊重他人——最终也不可能在学校里占有一席之地。

讨论

1. 青少年不仅是最常见的校园暴力受害者，也是最常见的校园暴力的始作俑者。一位研究人员说，年轻男性深受《男孩行为规范》（Boy Code）的不良影响："男孩子的暴力行为以及对男孩子的暴力行为似乎通常源于我们对他们的行为期待，来自社会对男子气概的界定。《男孩行为规范》上写的是：要成为一个男子汉，你必须在受到另一男性挑战时保持自己的本色。你可以表示愤怒，但除此之外不得表露任何其他感情。你必须捍卫你的荣誉，不惜一切代价报仇雪恨。"（Pollack，2005：64）

我们社会对男性以及男性行为的期望必然导致男孩暴力吗？学校能消除《男孩行为规范》的影响，或修改《男孩行为规范》而又不与根深蒂固的社会期望相冲突吗？

2. 研究人员发现，学生以及其他年轻人性别不同，欺凌他人的方式也不同。男生倾向于人身攻击，女生则是"关系暴力"，也就是说，通过说闲话、散播流言以及社交上的排斥来伤害他人（Leff et al.，2007）。该研究结果能反映你在中小学经历的欺凌行为和暴力行为吗？根据你的经历，学校能恰当处理受欺凌者所遭遇的欺凌行为以及恃强凌弱者的欺凌行为吗？对于男生的身体暴力以及女生的关系暴力，学校在应对方式上有不同吗？应该采用不同的应对方式吗？

3. 在斯堪的纳维亚国家，法律禁止在学校和家里对孩子进行体罚。美国唯一禁止以任何方式体罚孩子的州是明尼苏达州，在这个州甚至父母也不得体罚子女（Smith，2003）。全美幼教协会2006年制定的合格鉴定标准中，对学前班、幼儿园和托儿所的教师与孩子之间的互动交流做了如下说明："教师不应该以体罚、羞辱或吓唬学生的方式来维持纪律。"

这是一个合理的标准吗？家长应该有权决定是否能在家里或公立学校采用体罚的方式对自己的孩子进行纪律约束吗？

注释

［1］对"欺凌"（bullying）一词没有标准的界定（Zins，Elias，and Maher，2007）。美国州议会联合会认为，欺凌是旨在对他人造成伤害或痛苦的行为模式。欺凌包括骚扰，不同程度的恐吓、嘲弄和讽刺。有时，恃强凌弱者伤害他人是出于仇恨和偏见，有时是因为文化差异、同伴压力或报复心理……有时，也找不出

任何原因；当询问孩子谁是学校恶霸的欺凌对象时，他们的回答是：那些不优秀的人。恃强凌弱者攻击的目标是那些“相对弱小”“个头不大”“看上去可笑”或“智力低下”的人（National Council of State Legislatures，2008）（www. ncsl. org/programs/educ/schbullying. html）。欺凌和暴力并不限于造成身体伤害的行为，还包括否定他人有能力成为自我主宰的行为。恃强凌弱者总是在动拳头的时候还要进行言语威胁和恐吓。受欺凌者感到难堪、焦虑，遭人排斥，他们受到的心理折磨比身体折磨还要多，他们的伤痛是真实且难以消除的（MacNeil，2002）。

参考文献

ASTOR, R. A., ET AL. (2002). "Public Concern and Focus on School Violence, in *Handbook of Violence*, ed. L. A. Rapp-Paglicci et al. New York: John Wiley and Sons.

BARBOUR, S. (2005). *How Can School Violence be Prevented*? Detroit, MI: Greenhaven.

BEMAK, F., AND KEYS, S. (2000). *Violent and Aggressive Youth: Intervention and Prevention Strategies for Changing Times*. Thousand Oaks, CA: Corwin Press.

BODINE, R. J., AND CRAWFORD, D. K. (1998). *The Handbook of Conflict Resolution Education: A Guide to Building Quality Programs in Schools*. San Francisco: Jossey-Bass.

BOWEN, G. L., ET AL. (2002). "Reducing School Violence: A Social Capacity Framework," in *Handbook of Violence*, ed. L. A. Rapp-Paglicci et al. New York: John Wiley and Sons.

BROWN, L. H. AND BECKETT, K. S. (2007). *Building Community in an Alternative School*. New York: Peter Lang.

CONCHAS, G. Q. AND RODRIGUEZ, F. F. (2008). *Small Schools and Urban Youth*. Thousand Oaks, CA: Sage.

CONRATH, J. (2001). "Changing the Odds for Young People: Next Steps for Alternative Education." *Kappan* 82:585–587.

DAVIES, L. (2004). *Education and Conflict; Complexity and Chaos*. New York: Routledge Falmer.

DEVINE, J. (1996). *Maximum Security*. Chicago: University of Chicago Press.

DEVINE, J., AND Lawson, H. A. (2003). "The Complexity of School Violence; Commentary from US, in "*Violence in Schools; the Response in Europe*, ed. P. K. Smith. New York: Routlege Falmer.

DEVINE, J., AND COHEN, J. (2007). *Making Your School Safe; Strategies to Protect Children and Promote Learning*. New York: Teachers College Press.

DOWD, N. E., SINGER, D. G., AND WILSON, R. F., eds. (2006) *Handbook of Children, Culture, and Violence*. Thousand Oaks, CA: Sage.

DWORKIN, M. S. (1959). *Dewey On Education*. New York: Teachers College Press.

EPP, J. R., AND WATKINSON, A. M. (1997). *Systemic Violence in Education: Broken Promise*. Albany: State University of New York.

FINN, C. E., JR. (1993). "Whither Education Reform?" in *Making Schools Work*, ed. C. L. Fagnano and K. N. Hughes. Boulder, CO: Westview Press.

GALEZEWSKI, J. (2005). "Bullying and Aggression Among Youth," in *Violence in Schools; Issues, Consequences, and Expressions*, ed. K. Sexton-Radek. Westport, CT: Praeger.

GRIMES, T., ANDERSON, J. A. AND BERGEN, L. (2008). *Media Violence and Aggression: Science and Ideology*. Los Angeles, CA: Sage.

HERRNSTEIN, R. J., AND MURRAY, C. (1994). *The Bell Curve: Intelligence and Class Structure in American Life*. New York: Free Press.

HIRSCH, E. D., JR. (1996). *The Schools We Need and Why We Don't Have Them*. New York: Doubleday.

JORDAN, K. (2002). "School Violence Among Culturally Diverse Populations," in *Handbook of Violence*, ed. L. A. Rapp-Paglicci et al. New York: John Wiley and Sons.

KUNKEL, D. AND ZWARUN, L. (2006). "How Real is the Problem of TV Violence?" In *Handbook of Children, Culture, Culture, and Violence*, eds. N. E. Dowd and R. F. Wilson.

Thousand Oaks, CA: Sage.

LABASH, M. (2005). "Antibullying Programs are Ineffective and Unnecessary," in *How Can School Violence be Prevented*? ed. S. Barbour. Detroit, MI: Greenhaven.

LAWTON, M. (1994). "Violence-Prevention Curricula: What Works Best?" *Education Week*, Nov. 9, pp. 1, 10–11.

LEFF, S. S. ET AL. (2007). "Using a Participatory Action Research Model to Create a School-Based Intervention Program for Relationally Aggressive Girls—The Friend to Friend Program. "*In Bullying, Victimization, and Peer Harrassment*, eds. J. E. Zins, M. J. Elias, and C. A. Maher. New York: Hayworth.

LEIDING, D. (2008). *The Hows and Whys of Alternative Education*. Lanham, MD: Rowman and Littlefield.

MACNEIL, G. (2002). "School Bullying: An Overview," in *Handbook of Violence*, ed. L. A. Rapp-Paglicci et al. New York: John Wiley and Sons.

NATIONAL ASSOCIATION FOR THE EDUCATION OF YOUNG CHILDREN. (2005). "Early Childhood Program Standards and Accreditation Criteria." (www.naeyc.org/accreditation/criteria98.asp).

NEUMANN, R. (2003). *Sixties Legacy; A History of the Public Alternative Schools Movement, 1967–2001*. New York: Peter Lang.

NOGUERA, P. A. (1995). "Preventing and Producing Violence: A Critical Analysis of Responses to School Violence." *Harvard Educational Review* 65:189–212.

OSIER, J., AND FOX, H. (2001). *Settle Conflicts Right Now! A Step-by-Step Guide for K–6 Classrooms*. Thousand Oaks, CA: Corwin Press.

POLLACK, W. S. (2005). "Changing Society's Expectations of Boys Can Prevent School Violence," in *How Can School Violence be Prevented*? ed. S. Barbour. Detroit, MI: Greenhaven.

RAVITCH, D. (2001). "Education and Democracy," in *Making Good Citizens: Education and Civil Society*, ed. D. Ravitch and J. P. Viteritti. New Haven, CT: Yale University Press.

Recess from Violence: Making Our Schools Safe. (1993). Hearings Before the Subcommittee on Education, Arts, and Humanities of the Committee on Labor and Human Resources. U.S. Senate, One Hundred Third Congress, First Session on S.1125 (Sept. 23). Washington, DC: U.S. Government Printing Office.

ROSE, L. C. AND GALLUP, A. M. (2007). The 39th Annual Phi Delta Kappa/Gallup Poll of the Public's Attitudes Toward the Public Schools." *Kappan* 89:33–45.

SAUTTER, C. R. (1995). "Standing Up to Violence." *Kappan* 76:K1–K12.

SMITH, J. D., RYAN, W., AND COUSINS, J. B. (2007). "Antibullying Programs. A Survey of Evaluation Activities in Public Schools." *Studies in Educational Evaluation* 33:120–134.

SMITH, P. K., ed. (2003). *Violence in Schools: The Response in Europe*. New York: Routledge Falmer.

SMITH, S. W., AND DAUNIC, A. P. (2005). "Conflict Resolution and Peer Mediation." In K. Burns, ed., *School Violence*. Detroit, MI: Greenhaven.

TREND, D. (2007). *The Myth of Media Violence; A Critical Introduction*. Malden, MA: Oxford.

U.S. DEPARTMENT OF EDUCATION. (2007). *Number and Types of Public Elementary and Secondary Schools from the Common Core of Data: School Year 2005–06*. www.nces.ed.gov .pubsearch/pubid2007354.

U.S. DEPARTMENT OF JUSTICE. *Indictors of School Crime and Safety*, 2007. http://nces.ed.gov/programs/crimeindicators2007.

U.S. GENERAL ACCOUNTING OFFICE. (1997). "Substance Abuse and Violence Prevention." Testimony before the Subcommittee on Oversight and Investigations, Committee on Education and the Workforce House of Representatives. Washington, DC: Author.

VAN ACKER, R. (2007). "Antisocial, Aggressive, and Violent Behavior in Children and Adolescents Within Alternative Education Settings: Prevention and Intervention." *Preventing School Failures* 51:5–12.

Violence in the Schools. (1993). National Education Association Video, Teacher TV Episode #15. West Haven, CT: National Education Association.

WEISHEW, N. L., AND PENG, S. S. (1993). "Variables Predicting Students' Problem Behaviors." *Journal of Educational Research* 87:5–17.

ZINS, J. E., ELIAS, M. J., AND MAHER, C. A. (2007). *Bullying, Victimization, and Peer Harassment; A Handbook of Prevention and Intervention*. New York: Haworth.

译后记

在这个乍暖还寒的3月，我提笔叙写我的译后记，无数次幻想过完稿后的如释重负和欣喜，没想到此时此刻的我却是如此平静。这又一次验证了人们所说的，人生重要的是过程而不是结果。我想，翻译重要的也是过程，不是结果。因为无论什么样的译本，总有可圈可点之处，也难免瑕疵疏漏，但是，如果译者在翻译过程中尽心尽责了，那至少于译者而言是问心无愧的。也就是基于这种心理，我一再请求推迟交稿的时间，从年前拖到年后直到今日，从一个守信用的人被迫变成了一个不守信用的人。至今记得给胡庆芳博士的短信："时刻牢记交稿日期，保证保质保时交稿。"现在想来仍然觉得不好意思。但也就是这样一个承诺，成了我排除万难、浴血奋战的根本动力。在翻译的过程中，"浴血奋战"可谓是我内心最真实的写照，从不习惯几天待在家里不出门到习惯于十几天待在家里不出门，从不习惯颈椎病带来的不适到习惯于颈椎病，习惯于用万通筋骨贴来缓解症状，从不习惯一个人到习惯于一个人的生活，翻译的过程也改变了我。

在漫漫的译途跋涉，虽然有许多不为外人所知的辛苦，却也有许多只有自己才能体会的乐趣和收获。对我而言，这本书的翻译既是一个反复求证的过程，也是一次文化之旅。翻译中到处都是陷阱，一不小心就掉入了望文生义、文化阻隔的陷阱，需要上下求索方能从陷阱里爬出来。比如说"hard data"就是"硬数据"，不是"确凿数据"，"relative merits"不是"相对优点"而是"优缺点"等。当然还有许多句式结构上的陷阱，都需要译者反复研读原文。同时，这样一本探讨一些最有争议的热点教育问题的书，必然涉及美国自身独特的文化背景。择校权、标准本位教育改革、学校私营化、价值观教育、多元文化教育、标准化考试、学校零容忍、教师学术自由以及回归主流和全纳教育等问题的背后都是政治、经济、历史和文化的折射。在这个不断收获新知识的过程中，我有幸随着作者的思维，了解了美国杰出的政治学家塞缪尔·亨廷顿、哲学家罗伯特·诺齐克、心理学家霍华德·加德纳以及其他许多著名学者"碎片"式的思想。虽然只是碎片，却让我感到振奋，禁不住一次又一次感叹，在这个世界上没有什么比读书更好的事情了，浮躁的心无形之中多了一分宁静。同时，在人类浩瀚的知识面前又一次体会到自己的渺小，渺小到甚至做知识海洋里一滴水的资格都没有。正是因为渺小，所以多了一份对那些为这个世界贡献智慧的人的敬仰。

借此机会，我还要感谢我的老朋友胡庆芳博士，他的鼓励和信任以及体谅和欣赏给了我无穷的动力！感谢我的母亲，在我最后冲刺的阶段，为我做好一日三餐，让我全身心投入工作！感谢超过我想象的这份辛苦，它磨练了我的意志！在有限的生命里，我将更加珍惜时间，争取做更多有意义的事情！

由于本人水平有限，译著中难免有错漏之处，敬请各位专家、读者批评指正。

杨晓琼

2013 年 3 月 6 日初稿于湖北民族学院

2016 年 3 月 8 日终稿于华中师范大学

Jack L. Nelson，Stuart B. Palonsky，Mary Rose McCarthy
Critical Issues in Education：Dialogues and Dialectics，7e
007337864X

北京市版权局著作权合同登记号：01-2012-6271

图书在版编目（CIP）数据

教育的关键议题：第七版/（美）杰克·L. 纳尔逊，（美）斯图尔特·B. 帕隆斯基，（美）玛丽·罗丝·麦卡锡著；杨晓琼译. —北京：中国人民大学出版社，2018.1
（教育新视野）
ISBN 978-7-300-25250-6

Ⅰ.①教… Ⅱ.①杰… ②斯… ③玛… ④杨… Ⅲ.①教育研究 Ⅳ.①G40-03

中国版本图书馆 CIP 数据核字（2017）第 297811 号

教育新视野
教育的关键议题（第七版）
杰克·L. 纳尔逊（Jack L. Nelson）
[美] 斯图尔特·B. 帕隆斯基（Stuart B. Palonsky） 著
玛丽·罗丝·麦卡锡（Mary Rose McCarthy）
杨晓琼 译
胡庆芳 校
Jiaoyu de Guanjian Yiti

出版发行	中国人民大学出版社		
社　　址	北京中关村大街 31 号	**邮政编码**	100080
电　　话	010－62511242（总编室）		010－62511770（质管部）
	010－82501766（邮购部）		010－62514148（门市部）
	010－62515195（发行公司）		010－62515275（盗版举报）
网　　址	http://www.crup.com.cn		
	http://www.ttrnet.com（人大教研网）		
经　　销	新华书店		
印　　刷	涿州星河印刷有限公司		
规　　格	185 mm×260 mm　16 开本	**版　　次**	2018 年 1 月第 1 版
印　　张	25.75 插页 1	**印　　次**	2018 年 1 月第 1 次印刷
字　　数	599 000	**定　　价**	108.00 元